HELMUT ALLISCHEWSKI

RETRIEVAL NACH PREUSSISCHEN INSTRUKTIONEN

Retrieval nach Preußischen Instruktionen

Darstellung der Recherche-Probleme
in „preußisch" geführten Katalogen anhand
einer Systematik der Schriftenklassen

von

Helmut Allischewski

WIESBADEN 1982

DR. LUDWIG REICHERT VERLAG

CIP-Kurztitelaufnahme der Deutschen Bibliothek

Allischewski, Helmut:

Retrieval nach Preussischen Instruktionen : Darst. d. Recherche-Probleme in „preuss." geführten Katalogen anhand e. Systematik d. Schriftenklassen / von Helmut Allischewski.
– Wiesbaden : Reichert, 1982.
ISBN 3-88226-143-9

©1982 Dr. Ludwig Reichert Verlag Wiesbaden
Gesamtherstellung: Hubert & Co. Göttingen
Alle Rechte vorbehalten Printed in Germany

Lob der Praxis

„Katalogisieren ist schlechthin ein praktischer, ja sogar ein überwiegend technischer Vorgang. Man kann an ihn mit oder ohne forschendes Erwägen treten. Wer letzteres für erforderlich hält, ist damit noch nicht ‚unpraktisch‘.“

H. Trebst, ZfB. 51. 1934, 445.

„Die Katalogpraxis ist aber früher dagewesen als die Theorie, sie ist, wie wir uns oben verständigt haben, auch sachlich das Primäre, von dem man stets ausgehen muß.“

J. Vorstius, ZfB. 51. 1934, 572.

Lob der Einfachheit

„Der alphabetische Katalog ist nichts weiter als eine nützliche und notwendige Maschine; je einfacher ihre Konstruktion ist, je geräuschloser ihr Gang, je geringer bei gleicher Leistung der Kraftaufwand, je leichter die Bedienung, umso vollkommener wird die Maschine genannt werden müssen.“

R. Gradmann, ZfB. 25. 1908, 298.

Lob der Benutzerfreundlichkeit

„Als Bibliothekare lassen Sie uns an unsere Benutzer denken, nicht an unsere Steckenpferde.“

A. W. Pollard, zitiert nach ZfB. 14. 1897, 466.

„… da es ein berechtigter Anspruch jedes Benützers ist, beim Nachschlagen so direct als möglich die eigentlichen Eintragungen zu finden und nicht erst durch Hinweise gewissermaßen in tiefere Geheimnisse der Katalogisierung eingeweiht zu werden.“

R. Daublebsky von Sterneck, Mitt. d. österr. Vereins f. Bibliothekswesen. 1899, 78.

„Schlimmer werden diese Dinge bei Rücksicht auf den Benutzer. Man kann nicht verlangen, daß er die bibliothekarischen Regeln kennt. Die Regeln sind so abgefaßt, daß die *Einordnung* auf jeden Fall ermöglicht wird – wird aber auch dem *Finden* beim Suchen der größtmögliche Vorschub geleistet? Ich glaube: Nein!“

H. Schreiber, ZfB. 48. 1931, 482.

„Wir brauchen eben Katalogregeln, die von jedem verstanden werden und so klar und kurz formuliert sind, daß jeder Benutzer sie in den Grundlagen begreifen und ohne lange Einarbeitung anwenden kann.“

R. Samulski, Mitt. NRW. NF. 4. 1954, 55.

„… daß die Katalogvorschriften doch im Hinblick auf die praktische Benutzung des Katalogs erlassen sind, daß der Benutzer auf sein Suchen nicht nur eine Auskunft, sondern vor allem eine schnelle Auskunft haben möchte.“

H. Fuchs, Kommentar 1955, 223.

VORWORT

Seit mit einem allmählichen Rückgang der Katalogisierung nach Preußischen Instruktionen sicher zu rechnen ist, während andererseits jedoch auch künftig noch gewisse Kenntnisse des Regelwerks erforderlich sein werden, entsteht für die Vermittlung der Regelwerkkenntnis eine neue Situation. Man könnte vielleicht eine andere, in zweifacher Hinsicht neue Darstellung versuchen, die sich auf den Gesichtspunkt der Benutzung und des Retrievals am Alphabetischen Katalog beschränkt und daraus eine kritische Haltung entwickelt: als ich Herrn Dr. Reichert diese Überlegungen zum ersten Male vortrug, da hat er spontan zugesagt, eine solche Arbeit in sein Verlagsprogramm aufnehmen zu wollen. Ich muß gestehen, daß ich ohne sein Angebot und das gegenseitige Vertrauen, das mich mit tiefer Dankbarkeit erfüllt, das Vorhaben nicht in Angriff genommen hätte.

Während der Arbeit erweiterte sich der Plan in bibliographischer Hinsicht. Die eigenen Bemühungen, eine genaue Vorstellung von der Entwicklung des Regelwerks zu gewinnen, zeigten das Erfordernis einer Literaturübersicht; auch zu den einzelnen Schriftenklassen mußte ich gelegentlich Literatur heranziehen. Da lag es nahe, die bibliographischen Quellen etwas systematischer durchzusehen und die festgestellten Veröffentlichungen wenigstens in Auswahl an den Leser weiterzugeben. Denn nur an Zettelkästen, aus denen auch andere Nutzen ziehen können, hat der Bibliograph seine Freude.

Angesichts der thematischen Breite der Darstellung und bei dem Streben nach annähernder Vollständigkeit wenigstens der Gesichtspunkte (eine Vollständigkeit der Darstellung verbietet sich von selbst) mußte ich auf die kritische Hilfe der Freunde und Kollegen bauen, die mich auch diesmal nicht im Stich gelassen haben. Meine Berliner Kollegen Lothar Brödner, Dr. Hinrich Dierks, Dr. Hartmut-Ortwin Feistel, Sabine und Rainer Klemmt, Sigrid Seltmann und Rudolf Ziesche haben das Manuskript in den verschiedenen Phasen der Entstehung mitgelesen und mich vor manchen Fehlern und Lücken bewahrt und zur Beseitigung von Unklarheiten gedrängt, die ich allein nie oder zu spät erkannt hätte. Frau Barbara Winter (Heidelberg) und Herr Theodor Neu (Tübingen), bei denen ich vor Jahren meine Ausbildung in der Katalogisierung nach Preußischen Instruktionen erhielt, haben mir mit ihren Stellungnahmen über viele Zweifel hinweggeholfen. Eine ganz ungewohnte Intensität erreichte allerdings die Auseinandersetzung über das Manuskript mit den Kollegen Hubert Knopp (Berlin) und Torsten Seela (Leipzig), die mich mit ihrer eindringlichen Kritik bis in die kleinsten Einzelheiten immer wieder gezwungen haben, besser zu gliedern, neu zu formulieren, zu präzisieren – womit sie mir obendrein das Vergnügen an einer intelligenten Diskussion über die Sache bereitet haben. Seit ich den allermeisten ihrer Einwände glücklich entkommen zu sein glaube, habe ich ein wenig Zuversicht gewonnen in der Überzeugung, daß das, was sich nun noch an Fehlern und Mängeln im Text herausstellen wird, für den einzelnen, der in seinem Text befangen ist und keinesfalls mehr als vier Jahre drangeben will, unerreichbar bleibt. Herr Brödner und Herr Dr. Feistel haben zum Schluß auch noch die Mühe auf sich genommen, die Korrekturen mitzulesen. Allen Kollegen sage ich meinen herzlichen Dank für die selbstlose Unterstützung.

Darstellungen wie die vorliegende, die möglichste Kürze und zugleich hohe Informationsdichte anstreben, müssen ständig Kompromisse schließen. Die Suche nach einem vielleicht besseren, nützlicheren Kompromiß kann man oft nur beenden, indem man sie an einem bestimmten Punkt resignierend für beendet erklärt, in der blanken Hoffnung, daß es wenigstens kein fauler Kompromiß geworden ist.

Berlin, April 1982   H. A.

INHALT

0. Einleitung

0.1 Zielsetzung der vorliegenden Arbeit

Wenn heute eine kritische Aufarbeitung der Preußischen Instruktionen in bezug auf das Retrieval an „preußisch" geführten Katalogen vorgelegt wird, so bedarf dieses Vorhaben einiger Überlegungen zur Begründung angesichts der Tatsache, daß es um ein Regelwerk geht, dessen Zeit offensichtlich abgelaufen ist.

Die deutschen wissenschaftlichen Bibliotheken stehen mit ihren Katalogen seit etwa dreißig Jahren in einer Phase des Umbruchs. Die alten, „preußisch" geführten Kataloge werden zunehmend abgebrochen und neue Kataloge auf der Grundlage der neuen „Regeln für die alphabetische Katalogisierung (RAK)" aufgebaut.

Bibliotheken sind jedoch ihrem Wesen nach bewahrende, „konservative" Einrichtungen, nicht nur in bezug auf das ihnen anvertraute Sammelgut, sondern auch hinsichtlich ihrer Verwaltungsmethoden, wenn es um die Katalogführung geht. Die Kataloge sollen von mehreren Bibliothekarsgenerationen auf Jahrzehnte weitergeführt werden und auch für die Benutzer funktionsfähig bleiben: sie sind also geradezu Symbole des Strebens nach Beständigkeit und Kontinuität. Damit der Katalog funktionstüchtig bleibt, muß die Identität seiner Regelungen gewahrt bleiben; häufige kleinere Änderungen könnten die Arbeitsgrundsätze am Katalog allmählich in eine Vielfalt von Ausnahmeregelungen verwandeln, Klarheit und Konsequenz der Handhabung könnten dabei unmerklich verlorengehen. Ohne Not wird daher ein Katalog nicht geändert und nicht abgebrochen: Abbruch des alten und Beginn eines neuen Kataloges würde einen Teil der Recherchearbeit schlicht verdoppeln. Lieber schleppt man sogar erkannte Mißlichkeiten weiter, um die funktionelle Einheit und Überschaubarkeit des Instruments für die Arbeit zu erhalten.

Einrichtungen mit derartig ausgeprägtem Beharrungsvermögen tun sich naturgemäß schwer, wenn es um Veränderungen oder gar völlig neue Konzeptionen geht, die das Bisherige nicht nur in Frage stellen und reformieren, sondern an seine Stelle etwas völlig Neues setzen. Die verschiedenen Kataloge und an erster Stelle der Formalkatalog stehen im Zentrum aller Bibliotheksarbeit. Die Einführung eines neuen Regelwerks für den alphabetisch geordneten Formalkatalog hat derart weitreichende Folgen für die gesamte Arbeit einer Bibliothek, daß die Entscheidung darüber sehr gut überlegt und in jeder Hinsicht mit den Erfordernissen der Arbeit abgestimmt sein muß; es ist daher nur verständlich, daß die wissenschaftlichen Bibliotheken, solange sie nicht durch zentrale Verfügungen zu einheitlichem Vorgehen veranlaßt werden, die Frage in jedem Haus individuell prüfen und zu verschiedenen Zeitpunkten zu verschiedenen Entscheidungen kommen.

In den letzten Jahrzehnten neugegründete Bibliotheken begannen ihre Kataloge selbstverständlich auf der Grundlage des neuen Regelwerks, auch wenn es zum Zeitpunkt der Entscheidung noch nicht vollständig ausgearbeitet vorlag. Für bestehende Bibliotheken mit Katalogen nach Preußischen Instruktionen stellte sich die Frage, ob der Katalog umzuarbeiten oder aber abzubrechen und ein neuer Katalog anzufangen sei – oder ob man vorerst den alten Katalog unverändert weiterführen solle. Wie die Frage beantwortet wird, hängt von vielen Faktoren im Einzelfall ab: von der gesamten Katalogsituation des Hauses, von den Beständen, der Benutzung, der Personalkapazität und von der Möglichkeit, zentrale Dienstleistungen zu nutzen. Tendenziell wird sich zu Umarbeitung oder Abbruch und Neubeginn nur entschließen, wer sich bedeutende Vorteile ausrechnen kann. Es ist daher nicht zu erwarten, daß die vom neuen Regelwerk erzwungenen Entscheidungen in der Katalogfrage über Weiterführung, Umarbeitung, Abbruch und Neubeginn von den Bibliotheken in großem Maßstab einheitlich getroffen würden. Vorerst ist im deutschen Bibliothekswesen noch mit einem Nebeneinander von alten PI-Katalogen und neuen RAK-Katalogen zu rechnen.

Auf diese Situation stellt sich zunehmend die berufliche Ausbildung der Bibliothekare ein. Das Regelwerk der Vergangenheit, die Preußischen Instruktionen, wird nur noch als Bürde mitgeschleppt, die man verständlicherweise auf ein äußerstes Minimum reduzieren wird. Die Definition dieses Minimums wird in den verschiedenen Ausbildungszentren wohl nicht ganz einhellig erfolgen, aber doch ungefähr auf eine passive Kenntnis des Regelwerks hinauslaufen: denn die Arbeitssituation wird den Bibliothekar an wissenschaftlichen Bibliotheken noch auf einige Zeit auch mit „preußisch" geführten Katalogen konfrontieren.

Unter passiver Kenntnis des Regelwerks ist die Fähigkeit zu verstehen, die bestehenden „preußisch" geführten Kataloge in der Recherche sicher auszuschöpfen. Diese Kenntnis zu vermitteln ist das Ziel der folgenden Darstellung. Unter Bezug auf das Regelwerk selbst sowie auf den Kommentar von H. Fuchs und das Lehrbuch von G. Rusch soll derjenige Teil des Regelwerks dargestellt werden, der für das Wiederauffinden der Einträge im Katalog wichtig ist. Eine derartige Teildarstellung zu geben, erscheint erst jetzt sinnvoll, da auf die aktive Kenntnis des Regelwerks zum Aufbau von Katalogen verzichtet werden kann.

Auch die Art der Darstellung wird sich ganz am Problem des Retrievals, der Recherche orientieren. Die Darstellung wird daher kritisch vorgehen, die Mängel aus der Sicht der Katalogbenutzung herausarbeiten und Hinweise zur erfolgreichen Suche am Katalog geben müssen. Da mit einer vollständigen Durcharbeitung des gebotenen Stoffes künftig nicht mehr sicher zu rechnen ist, muß die Darstellung darauf abzielen, *auch* punktuell Auskunft zu geben, was in einigen Fällen zu Wiederholungen Anlaß geben wird, damit wichtige Sachverhalte und Zusammenhänge auch bei punktuellem Einstieg des Lesers in die Darstellung möglichst nicht verlorengehen. Überwiegend werden die Zusammenhänge und Querverbindungen jedoch, wie allgemein üblich, durch Verweisungen dargestellt.

Für die Disposition des Stoffes ist eine Gliederung in drei Abschnitte gewählt worden. Der erste Abschnitt (Kapitel 0) gibt einen historisch orientierten Überblick über das Wesen des Regelwerks, seine Entstehung und Entwicklung, anhand einer Auswahlbibliographie, die nur so weit annotiert ist, daß der Leser für eine eingehendere Beschäftigung mit dem Gegenstand die Fachliteratur gezielt heranziehen kann. Grundsätzlich jedoch ist das Büchlein auch ohne Kenntnis des historischen Abschnitts zu benutzen: er soll eine Zugabe für Interessierte sein, mehr nicht.

Im zweiten Abschnitt (Kapitel 1–7) werden in einer Systematik aller eventuell gesuchten Schriftenklassen die Einordnungsentscheidungen des „preußisch" geführten Katalogs dargestellt. Jede Schriftenklasse wird knapp definiert, ihre Katalogproblematik umrissen, die Einordnung nach Preußischen Instruktionen angegeben und – soweit nachweisbar – eine Auswahl von Literatur über die Schriftenklasse genannt.

Im dritten Abschnitt (Kapitel 8–14) werden zunächst die Bestimmung der Ordnungsworte für Verfassereinträge und Sachtiteleinträge, ferner die Ordnung im Katalog und schließlich Faustregeln zur Recherche entwickelt. Das Register (Kapitel 15) und die Abkürzungsliste (Kapitel 16) vermitteln den direkten Einstieg in alle Teile des Regelwerks und sichern die Funktion als Nachschlagewerk.

An einigen Stellen geht die Darstellung im zweiten und dritten Abschnitt etwas weiter, als es bei strikter Beschränkung auf die Recherchebedürfnisse eigentlich nötig gewesen wäre. Dies geschah in der Überzeugung, daß nur eine kritische Darstellung sinnvoll ist, die für die schwierigen und problematischen Seiten des Regelwerks besonderes Interesse weckt und ihr Verständnis fördert, damit die Schwierigkeiten um so sicherer beherrscht werden. Außerdem konnte mit nur geringem Mehraufwand zugleich eine Registerfunktion zum Regelwerk, zum Kommentar und zum Lehrbuch erfüllt werden.

Als Zielgruppe für die vorliegende Darstellung sind zunächst nur die in der Ausbildung stehenden Bibliothekare an wissenschaftlichen Bibliotheken ins Auge gefaßt worden, die noch gewisse Kenntnisse der Preußischen Instruktionen erwerben müssen, um die bestehenden Kataloge sachkundig zu pflegen und in der Recherche sicher und vollständig auszuschöpfen. Ob auch fachlich nicht vorgebildete Benutzer der großen, alten Kataloge von der Darstellung profitieren können, wird sich im Einzelfall herausstellen.

Auf die Zielsetzung als kritische Einführung und Nachschlagewerk in der bibliothekarischen Ausbildung sind die bibliographischen Angaben zugeschnitten. Die Auswahlbibliographie zur Entstehung der Preußischen Instruktionen (Kap. 0.4) beruht auf Autopsie und ist annotiert; dagegen stammen die Literaturhinweise zu den Schriftenklassen aus mittelbaren Quellen, den Fachbibliographien zum Buch- und Bibliothekswesen, und sind daher auf deren Erschließung und Zuverlässigkeit der Daten angewiesen. Ein großer Teil der bibliographisch selbständigen Titel wurde zwar an Allgemeinbibliographien überprüft und ergänzt, aber nur in Einzelfällen wurde die Einschlägigkeit am Buch selbst nachgeprüft; die eigentlich auch für die Literaturangaben zu den Schriftenklassen wünschenswerte generelle Autopsie war allerdings aus Zeitgründen nicht möglich.

0.2 Die Grundvorstellungen der Preußischen Instruktionen

Zur Einführung in ein Regelwerk, das noch nie als einfach und übersichtlich gegolten hat, wird es nützlich sein, die Grundvorstellungen des Regelwerks mit deutlicher Akzentuierung zu beschreiben.

Die Instruktionen regeln den Aufbau des sogenannten „Alphabetischen Kataloges" einer Bibliothek. Diese Bezeichnung kündigt nur das Ordnungsprinzip des Kataloges an (das Alphabet), bringt jedoch nicht zum Ausdruck, *was* denn eigentlich alphabetisch geordnet wird. Der sogenannte „Alphabetische Katalog" ordnet nun keinesfalls die Druckschriften selbst, sondern nur bestimmte *Merkmale* der Druckschriften, nämlich die formalen Merkmale der Verfassernamen und der Sachtitel. Ältere Bezeichnungen wie z.B. „Formalkatalog" oder „Nominalkatalog" brachten diesen Sachverhalt zum Ausdruck.

0.2.1 Die Bevorzugung des Verfassers

Die Instruktionen kennen nur den *personalen* Verfasser. Der korporative Verfasser ist bis auf eine gänzlich unbedeutende Ausnahme (Firmenschriften, PI 142–145) nicht in Betracht gezogen worden. Wenn irgend möglich, erhalten die Druckschriften also den Eintrag unter dem personalen Verfasser. Diese Bevorzugung drückt sich in folgenden Regelungen aus:

(a) Ist ein Verfasser auf dem Titelblatt genannt, so erhält die Schrift nur den Verfassereintrag; nur unter bestimmten Bedingungen erhält die Schrift weitere Einträge (Verweisungen) für Herausgeber, Übersetzer usw. Vgl. PI 30.

(b) Auch wenn der Verfasser *nicht* auf dem Titelblatt genannt, aber aus dem Buch oder aus anderen Quellen ermittelt worden ist, erhält die Schrift ihre Hauptaufnahme unter dem Verfasser. Vgl. PI 30.

(c) Auch für Schriften mit 2–3 Verfassern werden noch alle drei Verfasser voll berücksichtigt. Vgl. PI 67. 68.

(d) Steht der Verfassername auf dem Titelblatt der Schrift, so wird das Verweisungsprogramm eingeschränkt, weil die Schrift mit dem Verfassereintrag bereits als weitgehend sicher nachgewiesen gelten kann. Vgl. PI 20,3.

(e) Das Regelwerk kennt sogar eine *Erweiterung* des Verfasserbegriffs, vgl. PI 36 ff. Dies hat zur Folge, daß in bestimmten Fällen Personen, die selbst keinen Text verfaßt haben, zu Verfassern im Sinne des Regelwerks werden können: so z.B. Herausgeber von bestimmten Sammlungen, wenn der Herausgeber das Buch durch die von ihm getroffene Auswahl und Anordnung der Sammlung so entscheidend geprägt hat, daß seine redaktionelle Leistung der eines Autors gleichzusetzen ist; ebenso kann der Adressat einer Sammlung von Briefen (von denen er also keinen einzigen Brief selbst geschrieben hat) zum Verfasser im erweiterten Sinn werden, weil sein Name die Sammlung definiert.

(f) Im Falle der beigefügten Schriften, die grundsätzlich Verweisungen erhalten sollen, werden Verfasserschriften bevorzugt behandelt: Verfasserschriften *müssen* eine Verweisung erhalten, während Anonyma oder Vielverfasserschriften (mit mehr als 3 Verfassern) eventuell unberücksichtigt bleiben können. Vgl. PI 20,3 d.

Angesichts dieser ausgeprägten Bevorzugung des personalen Verfassers ist es bemerkenswert, daß das Regelwerk andererseits den Verfasserbegriff auch gelegentlich einschränkt, was allerdings nur äußerst selten geschieht: so werden z.B. periodische Veröffentlichungen generell unter dem Sachtitel eingetragen, auch wenn jeder Jahrgang des Periodikums von einem (demselben oder auch wechselndem) Verfasser stammt, der dann lediglich eine Verweisung als Mitarbeiter erhält, vgl. PI 61. Ein weiterer, leichter Fall von Einschränkung des Verfasserbegriffs liegt vor, wenn Opernlibretti (also die Texte) unter dem Komponisten eingetragen werden und vom Textbuchautor nur verwiesen wird, vgl. PI 51.

0.2.2 Das Fehlen des korporativen Eintrags

Das Fehlen des korporativen Eintrags fällt nur auf, wenn man die Instruktionen mit Katalogregeln aus dem angelsächsischen Sprachkreis vergleicht.

Die angelsächsische Katalogpraxis mit einem voll entwickelten korporativen Eintrag war spätestens seit dem Beginn des Katalogdrucks für die Bibliothek des British Museum, London, im Jahre 1881 weltweit dokumentiert. Mit der Entscheidung der Preußischen Instruktionen von 1899, den korporativen Eintrag auszuschließen, ist diese Möglichkeit demnach bewußt verworfen worden.

Wie sich aber im Laufe der ersten Jahrzehnte der Katalogisierung nach Preußischen Instruktionen herausgestellt hat, war das Verwerfen des korporativen Eintrags eine Fehlentscheidung, weil es Schriftenklassen gibt, die ohne den korporativen Eintrag nicht befriedigend und angemessen erschlossen werden können: hier sind an erster Stelle die Amtsdruckschriften zu nennen.

Zur gerechten Würdigung dieser Entscheidung im historischen Kontext muß allerdings der Umstand beachtet werden, daß gegen Ende des 19. Jh. die in den Bibliotheken überwiegende sachliche Aufstellung in vielen Fällen zur Vereinigung der Veröffentlichungen einer Korporation an einer Stelle im Bestand führte, sodaß der standortgebundene systematische Katalog in einem gewissen Umfang, wenn auch keineswegs vollständig, den korporativen Eintrag darstellen konnte. Die spätere Entwicklung im Bibliothekswesen mit dem Verzicht auf die sachliche Aufstellung und der schnell wachsende Anteil von Veröffentlichungen mit korporativen Trägern haben das Fehlen des korporativen Eintrags immer deutlicher spürbar werden lassen. So hat bereits das in den zwanziger Jahren erarbeitete „Gesamtverzeichnis der ausländischen Zeitschriften (GAZ) 1914–24" trotz genereller Ordnung nach Preußischen Instruktionen sich veranlaßt gesehen, *zwei* korporative Einträge, nämlich für den Völkerbund und für das Internationale Arbeitsamt einzuführen. Diese Erfahrung hat jedoch keinen Anlaß gegeben zu einer nun naheliegenden Ergänzung des Regelwerks in diesem Punkt.

Nur in einem Ausnahmefall sehen die Preußischen Instruktionen einen korporativen Eintrag vor: für einen Teil der Firmenschriften; ihr Anteil an der Gesamtmenge aller in den Katalog aufzunehmenden Schriften ist jedoch verschwindend gering, sodaß die Firmenschriftenregelung nichts am Fehlen des korporativen Eintrags ändert.

0.2.3 Das Ordnen der Sachtitel nach grammatischer Analyse

Grundsätzlich ist die Ordnung der Sachtitel für alle Druckschriftenverzeichnisse das schwierigste Problem. Für die Lösung gibt es nur wenige Alternativen: (A) Strikte Ordnung nach der im Sachtitel gegebenen Wortfolge; (B) Prinzipiell Ordnung nach der gegebenen Wortfolge, jedoch mit Übergehungen von gewissen, weniger aussagekräftigen Worten; (C) Bestimmung eines Stichworts aus dem Sachtitel zum ersten Ordnungswort, nach festzulegenden Regeln, und gegebenenfalls Bestimmung weiterer Ordnungsworte.

Die Preußischen Instruktionen haben sich für die Lösung (C) entschieden und für die Bestimmung der Sachtitelordnungsworte eine sehr individuelle Kasuistik mit zahlreichen willkürlichen Festsetzungen entwickelt, die auf jeden uneingeweihten Katalogbenutzer wie eine Geheimlehre wirken muß. Die Bestimmung der Sachtitelordnungsworte setzt sowohl bei den Bearbeitern wie bei den Benutzern des Kataloges folgende Fähigkeiten voraus:

(1) Grundkenntnisse der Sprache, in der der Sachtitel vorliegt, sodaß man den Titel versteht. Wer einen Sachtitel nicht versteht, kann ihn nach Preußischen Instruktionen weder richtig einordnen noch gezielt wiederfinden.

(2) Die Fähigkeit, den jeweiligen Sachtitel in seinem grammatischen Aufbau nach Wortarten (Substantiv, Adjektiv, Pronomen, Präposition, Konjunktion usw.), nach Wortgebrauch (z.B. dem substantivischen Gebrauch eines Adjektivs), nach Satzfunktionen (Subjekt, Prädikat usw.) und nach Abhängigkeiten zwischen den Worten zu analysieren, und zwar nach den Definitionen der Grammatik der jeweiligen Sprache – und nicht etwa nach der deutschen Übersetzung des Titels.

(3) Kenntnis des Regelwerks so weit, daß man das Ergebnis der grammatischen Analyse und die Kasuistik des Regelwerks richtig aufeinander beziehen kann; hierbei tritt die Schwierigkeit auf, daß das Regelwerk gewisse grammatische Begriffe wie Apposition und Kompositum auf ganz eigene Weise, sozusagen katalogspezifisch definiert, sodaß sie nichts mehr mit den gleichlautenden Begriffen der Grammatiken zu tun haben.

Mit diesen Voraussetzungen für eine erfolgreiche Katalogbearbeitung und -benutzung sind objektiv große Schwierigkeiten geschaffen worden, die Anlaß zu heftiger Kritik gegeben haben. Merkwürdigerweise wird gerade die grammatische Sachtitelanalyse, die sich als sehr problematisch erwiesen und deshalb berechtigte Kritik auf sich gezogen hat, in der Literatur von den Verfechtern der Preußischen Instruktionen als Zeichen für die wissenschaftliche Haltung des Regelwerks betrachtet. Wahrscheinlich kann nur in einer vergleichenden Betrachtung zusammen mit anderen Regelwerken die widersprüchliche Bewertung der grammatischen Sachtitelanalyse geklärt und der Begriff der „Wissenschaftlichkeit" von Katalogregeln objektiv bestimmt werden.

Übrigens war die gewählte Lösung (C) nicht hinreichend tragfähig, denn es gibt Sachtitel, die sich der Ordnungswortbestimmung mit grammatischer Analyse nach Preußischen Instruktionen entziehen: für diese sogenannten „Titel in Satzform" muß das Regelwerk daher, gewissermaßen als Notlösung, auf die Lösung (A) zurückgreifen, d.h. auf die Ordnung nach der gegebenen Wortfolge. Vgl. PI 204–206.

Nach Fuchs (105,2 f) sollte die „Notlösung" mit der Ordnung nach gegebener Wortfolge auch auf alle nicht-flektierenden (agglutinierenden, isolierenden) Sprachen ausgedehnt werden, zweckmäßigerweise auch auf die semitischen und hamitischen Sprachen. Es liegt eine gewisse Tragik darin, daß die Ordnungswortbestimmung nach grammatischer Analyse, die so hohe Anforderungen an ihre Handhabung stellt, in ihrer praktischen Anwendung nur begrenzt einsatzfähig ist; um dennoch sämtliche anfallenden Sachtitel einordnen zu können, muß ein zusätzlicher zweiter Ordnungsgrundsatz eingeführt werden, der die Katalogbenutzung erheblich belastet, da nicht nur die Kenntnis beider Regelungen, sondern auch noch die Erkenntnis vorausgesetzt wird, unter welche der beiden Regelungen ein gegebener Sachtitel fällt.

0.2.4 Verfügungscharakter und Begründungsverzicht

Die Preußischen Instruktionen sind nach Inhalt und Sprachduktus reine Anordnung. Die Paragraphen unterscheiden eine Reihe von Fällen und sagen nur aus, wie in jedem der Fälle zu verfahren ist. Gegen diesen Verfügungscharakter wäre nichts einzuwenden, zumal er zwangsläufig jeder Katalogisierungsvorschrift anhaftet, wenn er nicht zugleich mit einem eklatanten Begründungsverzicht verbunden wäre. Es gibt fast keine Aussagen über die Zielvorstellungen des Regelwerks für die einzelnen Fälle, weder im Regelwerk selbst, noch in der Form von Protokollnotizen zum Regelwerk. Diesem Mangel haben dann die Kommentare und Lehrbücher abhelfen wollen.

Da kein Regelwerk mit seiner Kasuistik je die Vielfalt der Büchertitel abdecken kann, besteht die Leistung des Katalogbearbeiters darin, für alle auftretenden Fälle, über die das Regelwerk nichts ausdrücklich verfügt, eine im Sinne des Regelwerks richtige Analogie zu finden und anzuwenden. Diese Aufgabe, in deren Bewältigung das Handwerk des Katalogisierens zur Kunst wird, ist um so schwieriger zu erfüllen, je weniger das Regelwerk über seine Zielvorstellungen mitteilt.

Gewisse Anhaltspunkte zur Interpretation geben die Instruktionen mit den Titelbeispielen zu jedem Paragraphen. Aber auch sie müssen erst interpretiert und können dabei auch mißverstanden werden, sodaß sie keinen vollgültigen Ersatz für die fehlenden Zielvorstellungen bieten.

Im Paragraphenwerk wird oft *ein* Sinnzusammenhang über mehrere Paragraphen verteilt, was ausgesprochen irritierend wirken kann, weil man bei der Lektüre stets prüfen muß, welche weiteren Paragraphen eigentlich für die Klärung eines Falles heranzuziehen sind.

0.2.5 Erschließung nur des bibliographisch Selbständigen

Als bibliographisch selbständig erschienen gelten Schriften, die durch einen eigenen Sachtitel als Texteinheit gekennzeichnet und mit einem *eigenen Titelblatt* ausgestattet sind. Nur Schriften, die dieser groben Definition entsprechen, erhalten Einträge in einem nach Preußischen Instruktionen geführten Katalog.

Alle unterhalb dieser Größenordnung liegenden und nicht mit einem eigenen Titelblatt ausgestatteten Textteile wie z. B.

- einzelne *Kapitel* einer Schrift,
- einzelne *Beiträge* zu einer Festschrift oder einem anderen Sammelwerk,
- einzelne *Aufsätze* in einer Zeitschrift

gelten als *bibliographisch unselbständig erschienen* und erhalten keine Einträge.

Von dieser Regelung gibt es nur vereinzelt Ausnahmen, die allerdings nicht ins Gewicht fallen; z. B. für beigefügte Schriften, Sonderdrucke und Akademieschriften.

0.2.6 Differenzierte Beschreibung der Druckschriften

Für die Beschreibung der Druckschriften wählen die Instruktionen einen Mittelweg zwischen den Extremen der vollständigen Abschrift sämtlicher Angaben des Titelblatts einerseits und der äußersten Kürzung und Beschränkung auf wenige wesentliche Daten andererseits. Die Titelblattangaben werden in drei Gruppen sortiert und jede Gruppe nach eigenen Grundsätzen berücksichtigt:

- *Abschrift* in Reihenfolge und Formulierung des Titelblatts für Sachtitel, Verfasserangabe und die Nennung weiterer Beteiligter.
- *Kürzung* der Angaben und eine *genormte Reihenfolge* und Form für den Zusatz zum Sachtitel, Beigabenvermerk, Ausgabebezeichnung, Bandangabe, Erscheinungsvermerk, Umfang und Format.

5

    – *Verzicht* auf Personalangaben (Herkunft, Ämter, Funktionen der beteiligten Personen) und Beiwerk (Motti, Segensformeln usw.), d.h. diese Angaben werden grundsätzlich nicht in die Titelaufnahme übernommen.

Für die Recherche bereiten die Grundsätze der Beschreibung keine Probleme. Die Angaben auf den Katalogkarten sind gewöhnlich unmittelbar verständlich und zur Identifizierung der gesuchten Schrift und Ausgabe mehr als ausreichend.

0.3 Die Entwicklung der Preußischen Instruktionen: Literaturübersicht

Entstehung, amtliche Einführung und Durchsetzung des Regelwerks im Königreich Preußen und später im Deutschen Reich und in gewissem Umfang auch im Ausland hingen ursächlich mit den Projekten der Berliner Titeldrucke und des anfangs preußischen, später deutschen Gesamtkatalogs zusammen. Zentrale Unternehmen und Dienstleistungen setzen Einigkeit der Beteiligten und Einheitlichkeit der Bearbeitung voraus. Damit ein Katalog für die Bestände mehrerer Bibliotheken in gemeinsamer Arbeit entstehen kann, müssen alle teilnehmenden Bibliotheken ein und dieselbe Katalogisierungsvorschrift anwenden. Für den Gesamtkatalog waren es die „Instruktionen für die alphabetischen Kataloge der preußischen Bibliotheken", kurz als Preußische Instruktionen bezeichnet und mit der Abkürzung PI zitiert.

Als das Katalogwerk erfolgreich begonnen worden war und auch für Bibliotheken außerhalb Preußens eine aktive Teilnahme oder auch nur die Verwertung der Berliner Titeldrucke für die eigenen Kataloge attraktiv erscheinen konnte, standen auch diese Bibliotheken vor der Notwendigkeit der Übernahme der Preußischen Instruktionen als unerläßlicher Voraussetzung für eine Teilnahme.

Für alle Überlegungen zum Regelwerk und seiner Entwicklung müssen die Wechselwirkungen zwischen Regelwerk und Katalogvorhaben, die das Regelwerk anwenden, stets bedacht werden, wenn man zu gut begründeten Urteilen kommen will. Zuerst einmal hat das Regelwerk die Katalogvorhaben überhaupt ermöglicht. Der Erfolg der Katalogisierung wiederum hat die Verbreitung des Regelwerks über die Grenzen Preußens hinaus gefördert; zugleich haben jedoch die laufenden Katalogprojekte auch jede einschneidende Reform des Regelwerks verhindert, weil man Brüche in der Katalogisierung zu vermeiden suchte, besonders während der Arbeit am Alphabet des Grundwerks des Gesamtkataloges. Erst der Abbruch der Katalogprojekte mit dem Ende des Zweiten Weltkriegs schuf eine neue Situation mit größerer Bewegungsfreiheit in Reformfragen.

Die ca. 150 Titel der Literaturübersicht (vgl. 0.4-Auswahlbibliographie) wurden nach folgenden Gesichtspunkten ausgewählt: (a) Beschränkung auf deutschsprachige Veröffentlichungen; (b) möglichst vollständig das Regelwerk in allen Entwürfen, Ausgaben, Kommentaren und Lehrbüchern; (c) alle Beiträge zu Fragen der Einordnung von Schriften, der Bestimmung der Ordnungsworte und der Ordnung im Katalog; (d) von den nach Preußischen Instruktionen geführten Katalogen nur die größten gedruckt erschienenen Werke; (e) aus der Literatur über zentrale Dienstleistungen (Titeldrucke, Zetteldrucke) eine kleine Auswahl von solchen Beiträgen, die auch auf das Regelwerk eingehen.

Die chronologische Reihenfolge der Titel wurde nur gelegentlich durchbrochen, um enge dialogische Bezüge (Entgegnungen, Rezensionen) darzustellen; spätere Auflagen wurden überwiegend unter dem Eintrag der ersten Ausgabe erwähnt, wenn sie nicht durch Bearbeitungen und Änderungen einen wesentlich neuen Sachstand darstellten und in diesem Fall zweckmäßigerweise unter ihrem eigenen Erscheinungsjahr einzutragen waren. Für einige Titel, die nicht beschafft werden konnten, wird die Quelle angegeben, gegebenenfalls auch Bezugnahmen in anderen Veröffentlichungen. Für einige Drucke, die nicht leicht nachzuweisen sind, werden Besitzvermerke für die eingesehenen Exemplare angegeben, um eine gezielte Bestellung im Leihverkehr zu ermöglichen. Die Literaturangaben werden nur so weit annotiert, daß der Leser eine gezielte Auswahl für die weiterführende Lektüre treffen kann.

0.3.1 Vorgeschichte (1874–1899)

Das endgültige Regelwerk von 1899 ist bis in entscheidende Formulierungen den Katalogvorstellungen von CARL DZIATZKO verpflichtet, sodaß man sein Wirken als direkte Vorgeschichte der Preußischen Instruktionen begreifen kann. Mit seiner Instruction 1874 für die UB Breslau regelt er zunächst nur den Umfang der Beschreibung der Druckschriften sowie die Gliederung der Angaben auf den Katalogzetteln, verzichtet jedoch auf jegliche Aussagen zur Einordnung der Schriften, zur Bestimmung der Ordnungsworte und zur Ordnung im Katalog.

Hiermit wird eine wichtige Unterscheidung angesprochen. Jede Katalogisierungsarbeit beschreibt und ordnet; das Beschreiben und das Ordnen können durchaus auch unabhängig voneinander geregelt werden. Daher können Instruktionen und Entwürfe eventuell *nur* die Beschreibung oder *nur* die Ordnung oder aber auch *beide* Fragenkomplexe behandeln. Diese Unterscheidung ist zur Vermeidung von Mißverständnissen unbedingt zu beachten, damit man z.B. DZIATZKOS Instruction 1886 nicht irrigerweise für eine Neubearbeitung seiner Instruktion 1874 hält, wie es in der Literatur gelegentlich geschehen ist, vgl. TREBST 1934 (S. 439) und OSBORN in der Einführung zur englischen Übersetzung der Preußischen Instruktionen 1938 (S. XIV–XV).

1886 veröffentlicht DZIATZKO mit seiner „Instruction für die Ordnung der Titel" den 1874 noch ausgeklammerten Teil über die Ordnungsfragen, der einstimmig als bedeutende Leistung gewürdigt wird; 1887 wird diese Instruktion ins Italienische übersetzt und 1890 von LINDERFELT der angelsächsischen Bibliothekswelt, zusammen mit 9 angelsächsischen Regelwerken, vergleichend und zusammenfassend vorgestellt.

Als um 1890 die Berliner Titeldrucke projektiert werden, entsteht zunächst die BERLINER INSTRUKTION 1890: sie regelt selbst nur die Beschreibung und legt (§ 17. 18) bemerkenswerterweise für die Ordnung DZIATZKOS Instruction von 1886 zugrunde. Diese Berliner Instruktion wird 1891 in einem neuen Entwurf gefaßt, ihr Druck von 1892 als erste Instruktion für alle königlichen Bibliotheken in Preußen erlassen; 1893 erscheint eine weitere Ausgabe.

Auch der nächste Anstoß zur Weiterentwicklung kommt von einem Katalogvorhaben: dem preußischen Gesamtkatalog. Seit 1896 werden jährlich neue Regelwerkentwürfe erarbeitet, 1898 folgen sogar zwei Entwürfe aufeinander, bis das Regelwerk seine vorerst endgültige Form findet und am 10.5.1899 in Preußen eingeführt wird. „Die weitgehende Übereinstimmung der ‚Preußischen Instruktion' mit der Instruktion von 1886 kann als Anerkennung der Arbeit Dziatzkos aufgefaßt werden" (KUSKE 1965, S. 38).

0.3.2 Durchsetzung des Regelwerks

Auf die erste Ausgabe des Regelwerks 1899 folgten 1905 die Erläuterungen, Nachträge, Beispielzusätze und 1909 eine Neubearbeitung vom 10.8.1908: diese ist die letzte allgemeinverbindliche Fassung geblieben und seither unverändert oder nur in kleinsten Fehlern berichtigt nachgedruckt worden. Die Einführung der Preußischen Instruktionen konnte 1899 zunächst durch ministerielle Anordnung nur in Preußen durchgesetzt werden. Die Verbreitung des Regelwerks über Preußen hinaus erfolgte in den ersten Jahrzehnten nur vereinzelt, je nach Interessenlage der Bibliotheken im Hinblick auf die zentralen Katalogunternehmungen. Gelegentlich wurden auch die örtlichen Katalogvorschriften nur in einigen Punkten an die Preußischen Instruktionen angeglichen, um die Titeldrucke aus Berlin leichter verwenden zu können. 1912 arbeiteten 30 von 80 befragten Bibliotheken „ganz oder im allgemeinen nach der P.I., vorwiegend norddeutsche, fünf süddeutsche" (HILSENBECK 1912, S. 313). Um 1920 arbeiteten von den größeren deutschen wissenschaftlichen Bibliotheken etwa die Hälfte nach Preußischen Instruktionen (FRELS 1921, S. 171); die weitergehende Durchsetzung in ganz Deutschland kam erst später: „Als Epochenjahr für diese Einigung kann wohl 1930 angesehen werden, als der Druck des Preußischen Gesamtkatalogs begann. Seit 1935 arbeiteten die außerpreußischen Bibliotheken an den Berliner Titeldrucken mit. Über Deutschland hinaus beeinflußte die Preußische Instruktion die Katalogvorschriften Ungarns, Rußlands, Polens und Schwedens und wurde von einzelnen Bibliotheken Österreichs (Graz UB 1924) und der Schweiz übernommen. In Österreich gewann sie seit 1931 durch die Mitarbeit der österreichischen Bibliotheken an Titeldrucken und Gesamtkatalog normative Bedeutung" (ROLOFF 1961, S. 271).

Als Beispiele für gedruckte Kataloge und Bibliographien, die nach Preußischen Instruktionen ordnen, sind zu nennen: Berliner Titeldrucke seit 1899; GK-Probedruck 1912; GZV 1914; GAZ (1914–24) 1929; Gesamtkatalog 1931–44; Deutsche Nationalbibliographie, Wöchentliches Verzeichnis, 1931–73; Deutsches Bücherverzeichnis (1941–73) 1953 ff.; Deutsche Bibliographie. Fünfjahresverzeichnis. (1945–65) 1953–79; GAZ (1939–59) 1961 ff.; ZAZ 1962–76.

0.3.3 Reformbestrebungen (1943– ca. 1960)

Forderungen nach einer Reform der Preußischen Instruktionen wurden schon sehr bald nach Erlaß des Regelwerks erhoben: BESS 1906; GRADMANN1908; FICK: Behandlung der Anonyma, 1913; REUTER 1929; SCHREIBER 1931; WEINREICH 1931. Sie betrafen vor allem die entscheidenden Fragen der Einordnung der Schriften, der Sachtitelordnung und des Eintrags für Korporationen; daneben traten die Fragen der Beschreibung der Titel und des Verweisungsprogramms, die ebenfalls erörtert wurden, zurück. Solange jedoch der Gesamtkatalog und die Berliner Titeldrucke erschienen, wurden alle einschneidenden Reformvorschläge auch mit der Begründung zurückgewiesen, die laufenden Katalogprojekte dürften nicht gefährdet werden.

Im Jahr 1943 erhielten J. Vorstius und H. Fuchs den ministeriellen Auftrag, Reformentwürfe des Regelwerks auszuarbeiten. Erst mit ihren Entwürfen tritt die Reform in eine Phase konkreter Vorschläge, die das gesamte Regelwerk berücksichtigen. Die Entwürfe von VORSTIUS und FUCHS entstanden 1943 noch im Hinblick auf die laufenden zentralen Katalogprojekte; beide Entwürfe tasten die Sachtitelordnung nicht an, schlagen jedoch ergänzend die Einführung des Korporationseintrags vor.

Mit dem Ende des 2. Weltkriegs, dem Verlust des GK-Manuskripts und dem Abbruch der Berliner Titeldrucke entstand für die Reform der Regelwerke eine völlig neue Situation. Die ersten Arbeiten begannen 1949 in Nordrhein-Westfalen und führten zum ersten Teilentwurf 1951, der bis 1956 schrittweise vervollständigt, in sich wieder neubearbeitet und 1958 als Ganzes veröffentlicht wurde. Der Ost-Berliner Instruktionsausschuß begann seine Beratungen 1952 und legte noch im selben Jahr einen ersten Teilentwurf vor, dem 1954 und 1956 weitere Teile folgten; insgesamt sind jedoch nur die ersten 56 Paragraphen für die Beschreibung der Titel und einige Einordnungsentscheidungen ausgearbeitet worden.

Über mehr oder weniger vollständige Entwürfe ist die Reform der Preußischen Instruktionen nicht mehr hinausgekommen, da die Katalogkonferenz in Paris 1961 alle diesbezüglichen Überlegungen in die völlig andere Bahn der internationalen Vereinheitlichung lenkte, deren mögliche Vorteile für alle Beteiligten klar auf der Hand lagen; und realistischerweise hat wohl niemand angenommen, daß eine Neufassung der Preußischen Instruktionen sich auf internationaler Ebene hätte durchsetzen können. So wurden die Preußischen Instruktionen seit den Vorbereitungen auf die Pariser Konferenz ohne Revision weiterhin angewendet, in Erwartung eines völlig neuen und grundsätzlich andersartigen Regelwerks angelsächsischen Typs.

Alle Erörterungen über die Reform stoßen irgendwann auf die Frage, was man eigentlich unter einer *Reform* der Preußischen Instruktionen verstehen will. Denn wenn die Urheber und Verfechter der Preußischen Instruktionen in der grammatikalischen Sachtitelordnung und im Verzicht auf den Korporationseintrag die wahren Leistungen des Regelwerks gesehen haben, so wäre aus ihrer Sicht eine weitgehende Reform z.B. mit Umstellung der Sachtitelordnung auf gegebene Wortfolge und mit Einführung des korporativen Eintrags wohl eher als *Abschaffung* des alten und Einführung eines neuen Regelwerks zu interpretieren. Die Frage stellt sich für einen der seltenen Fälle, daß ein Teilentwurf aus den Reformarbeiten tatsächlich angewendet worden ist, nämlich für die von L. SICKMANN 1956 im Rahmen des NRW-Entwurfs ausgearbeitete „Ordnung der Sachtitel nach gegebener Wortfolge", die der Ordnung der Titel im GAZS zugrunde gelegt worden ist.

Darstellungen der Reformbemühungen geben: NOBBE 1951 ff.; VORSTIUS 1954; SAMULSKI 1954 u. 1956; SICKMANN 1961; JUNG 1974.

0.3.4 Kommentare, Lehrbücher, Beispielsammlungen, Bearbeitungen

Die hierunter fallenden Veröffentlichungen lassen sich nicht scharf trennen. Der Kommentar hat auch Lehrbuchcharakter; das Lehrbuch kommentiert zugleich; eine Beispielsammlung, die auch Lösungen in Form von ausgearbeiteten Titelaufnahmen bietet, interpretiert und kommentiert damit das Regelwerk; und eine Bearbeitung für spezielle Zwecke vereinigt in sich gewöhnlich alle Funktionen. Die folgenden Gruppierungen sind daher nur als Akzentsetzungen zu verstehen und dienen nur der besseren Übersicht.

Kommentare, Lehrbücher

Diese Kategorien sind kaum zu trennen. FUCHS 1955 hat den ausgeprägtesten Kommentarcharakter; die übrigen Werke tendieren eher zum Lehrbuch: BERNHARDI 1923; SASS 1927; RUSCH 1965.

Beispielsammlungen

VORSTIUS 1927; STRASSNIG 1973.

Bearbeitungen

Sie stellen sich die Aufgabe, das Regelwerk auf spezielle Zwecke auszurichten und nehmen dabei auch einschneidende Änderungen vor, wo dies erforderlich erscheint: BERLINER ANWEISUNG 1938 für Volksbüchereien; FUCHS 1957 und SCHÜRFELD 1961 und 1970 für Institutsbibliotheken; SEELING 1966 für Informationsstellen; SEIDEL 1967 für Kirchenbibliotheken.

0.3.5 Theorie, Diskussion, Kritik

Eine Auseinandersetzung mit den Grundfragen des Regelwerks kann sinnvoll nur im weiteren Zusammenhang der allgemeinen Entwicklung der Formalkatalogisierung erfolgen, mit Betrachtung der konkreten Katalogbeispiele und Vergleichung der verschiedenen Problemlösungen. Hieran entzünden sich Diskussion und Kritik, die Reflexion über das Regelwerk.

Die Literatur in dieser Hinsicht ist nicht sehr zahlreich. Kurz nach Erscheinen der 2. Fassung der Preußischen Instruktionen im Jahr 1909 kommt ein Anstoß durch die auch international geführte Diskussion über die Vereinheitlichung von Katalogisierungsregeln: KAISER 1911; HILSENBECK 1912; KAISER 1918; FRELS 1919 und 1921; ZEDLER 1922; KAISER 1924; VORSTIUS 1933; TREBST und VORSTIUS 1934. In dieser ersten Phase von ca. 25 Jahren überwiegen die den Preußischen Instruktionen zustimmenden und sie rechtfertigenden Stellungnahmen; die wenigen ablehnenden Äußerungen gehen konsequenterweise oft bis zur Forderung nach einschneidender Revision und sind daher bereits unter 0.3.3-Reformbestrebungen genannt, hier ist insbesondere auf GRADMANN 1908 und WEINREICH 1931 hinzuweisen.

Eine wirkliche Diskussion über das Regelwerk setzt in der Literatur erst nach langer Pause wieder ein, als um 1950 die Reformbemühungen den Anstoß geben. Nun wurden die Schwächen und Mängel des Regelwerks als altbekannt bezeichnet und sehr deutlich dargestellt: ganz offensichtlich wurde damit ein Nachholbedarf an offener Aussprache und Kritik befriedigt. Die Jahre von 1950 bis 1957 sind verhältnismäßig reich an Entwürfen, die in konzentrierter Form Auseinandersetzung und Kritik am alten Regelwerk enthalten; die dazugehörigen Berichte aus den Arbeitsgruppen informieren über die Grundsätze der Reformarbeit; dazu kommen individuelle Untersuchungen und Stellungnahmen von FUCHS, BAUHUIS und SAMULSKI im Jahr 1954, VORSTIUS 1955, SICKMANN und KAMMEL 1957. Damit ist die Diskussion über die Preußischen Instruktionen im Grunde beendet.

Nach 1957 wendet sich die Auseinandersetzung von der Betrachtung der Preußischen Instruktionen ab; das eigentliche Thema ist jetzt das anzustrebende neue Regelwerk, von dem alle Beteiligten annehmen, daß es in den Grundsätzen nicht mehr viel mit dem alten Regelwerk zu tun haben wird.

0.3.6 Geschichtliche Darstellungen

Die vorhandenen Darstellungen sind knapp gehalten und beschränken sich im wesentlichen auf den äußeren Ablauf der Ereignisse, auf die Aufzählung der Gremien, ihrer Mitglieder und ihrer Beratungstermine und auf die Zitierung ihrer Entwurfsvorlagen; hier ist auch die Quellenlage unbefriedigend, weil nicht einmal alle Entwürfe bibliographisch genau zu fassen sind, vielleicht auch nicht vervielfältigt worden und deshalb nicht mehr nachzuweisen sind.

Wenn man an die geradezu überschwenglich rühmenden Urteile über die Preußischen Instruktionen denkt wie z.B. an dasjenige von VORSTIUS: „das großartigste Zeugnis wissenschaftlicher Haltung auf dem Gebiet der Katalogisierung" (ZfB. 69. 1955, 91), so fällt der völlige Mangel an Darstellungen auf, die die wissenschaftliche Haltung in der Entstehungsphase des Regelwerks im einzelnen aufzeigen, etwa das Problembewußtsein und den Entscheidungshorizont der Gremien und ihrer Mitglieder analysieren und alle die offenen Fragen beantworten, die sich dem kritischen Betrachter geradezu aufdrängen. Wie hat man sich z.B. mit den angelsächsischen Katalogisierungsgrundsätzen auseinandergesetzt, die doch zumindest seit 1881 in dem erscheinenden Katalogdruck des British Museum – von imponierendem Umfang und hoher Aussagekraft – zu studieren waren und die schon LINDERFELT 1890 im Vergleich aufgearbeitet hatte? Auf welchen objektivierenden Untersuchungen beruhte die bewußt erfolgte Ablehnung der angelsächsischen Problemlösungen? Welche Alternativen standen überhaupt zur Diskussion? Wie verlief die Meinungsbildung innerhalb der Gremien, wieweit haben Ministeriale Einfluß auf die bibliothekarischen Entscheidungen genommen, wer hat die Benutzungsprobleme und das Benutzerinteresse gesehen und vertreten, wer hat die im Regelwerk verborgene Problematik erkannt? Wann ergaben sich in der späteren Entwicklung bibliothekspolitische Gelegenheiten zur Ergänzung oder Reform und wie wurden sie genutzt? Gab es in der Entwicklungsphase allgemeinere kulturpolitische Erwägungen und wer hat sie gegebenenfalls vertreten und zur Wirkung gebracht? Die Erforschung und Beantwortung dieser Fragen bleibt ein Desiderat an künftige bibliotheks- und kataloggeschichtliche Arbeiten.

Vorerst muß, wer sich für die Geschichte des Regelwerks interessiert, die Literatur, die jeweils nur Teilaspekte behandelt, durchsehen und sich selbst ein Bild zu machen versuchen: PAALZOW 1905, FRELS 1919, KAISER 1921 und 1933, ROLOFF 1961, KUSKE 1965, JUNG 1974.

0.4 Auswahlbibliographie

Vgl. 0.3: Die Entwicklung der Preußischen Instruktionen

1874   DZIATZKO, CARL: Instruction betr. die Ausarbeitung des alphabetischen Zettelkatalogs (der Königlichen und Universitätsbibliothek zu Breslau). Breslau 1874. 12 S. (7: 4° Hist.lit. libr. VI 2235)
Regelt den Umfang der Beschreibung, jedoch keine Einordnungsfragen.

1885   KEYSSER, A.: Über die Einrichtung der alphabetischen Hauptkataloge öffentlicher Bibliotheken. – ZfB. 2. 1885, 1–19; Repliken: 91–96: H.B. Mecklenburg; 173–181: K. Steiff; 345–382: H.B. Mecklenburg.

1886   DZIATZKO, CARL: Instruction für die Ordnung der Titel im Alphabetischen Zettelkatalog der Kgl. u. UB zu Breslau. Berlin 1886. XI, 74 S.
Regelt nur Fragen der Einordnung und Ordnung: §§ 1–192: „Wahl des Haupt-OW", 193–242: „Alphabetische Ordnung der Titel", 243–342: „Ordnung der Titel bei gleichem 1. OW".
Rez.: ZfB. 3. 1886, 289–293: H.B. Mecklenburg; 293–295: O. Hartwig; 4. 1887, 118–121: H. Feigl; Neuer Anzeiger für Bibliographie und Bibliothekswissenschaft. 1886, 145–148; Deutsche Literaturzeitung. 1890, 1757–1758: O. Meyer.

1887   FEIGL, H.: Bemerkungen zu C. Dziatzko, Instruction für die Ordnung der Titel ... 1886. – ZfB. 4. 1887, 118–121.
DZIATZKO, CARLO: Regole per il catalogo alfabetico a schede della Reale Biblioteca universitaria di Breslavia. Firenze 1887. VII, 110 S.
Ital. Übersetzung von Dziatzko 1886.

1888   BERICHT über die Herstellung gedruckter Titelaufnahmen. Dazu Anlage: ENTWURF einer Instruktion für die Herstellung gedruckter Titelaufnahmen. o.O. (1888). 14, 10 S. (Als Manuskript gedruckt.)
Quellen: Deutsche Staatsbibliothek 1661–1961. Bd. 2: Bibliographie. Leipzig 1961. S. 58, Nr. 1023; vgl. auch: C. Balcke: Bibliographie zur Geschichte der Preußischen Staatsbibliothek. Leipzig 1925. Nr. 698 u. 704. – Im Leihverkehr der deutschen Bibliotheken 1981 nicht beschaffbar.
Vermutlich identisch mit der von Kaiser 1921, S. 103, Fußnote, erwähnten und Dziatzko zugeschriebenen Schrift: „Vor kurzem entdeckte ich eine Instruktion Dziatzkos für die Aufnahme der Titel aus dem Jahre 1888 in lithographischer Reproduktion. Sie scheint ganz unbekannt geblieben zu sein, fehlt sowohl im Gesamtkataloge wie bei Frels." Kaiser gibt keine genauen bibliographischen Daten, macht auch keine weiteren Angaben über den Inhalt. Die in den beiden bibliographischen Quellen beschriebene Schrift wie auch die von Kaiser wiederaufgefundene Instruktion scheinen in der Literatur nicht weiter erwähnt worden zu sein.

1890   LINDERFELT, KLAS AUGUST: Eclectic card catalog rules. Author and title entries. Based on Dziatzko's „Instruction" compared with the rules of the British Museum, Cutter, Dewey, Perkins, and other authorities. Boston 1890. VIII, 104 S.
Eine vergleichende Darstellung, keine Übersetzung von Dziatzkos Instruktion 1886.

BERLINER INSTRUKTION. – Königliche Bibliothek (Berlin). Instruction für die Herstellung der Zettel des alphabetischen Kataloges. Als Handschrift gedr. Berlin 1890. 7 S. (1a: Ao 4911/4)
Verfasserschaft nach Paalzow 1905, S. 411, u. Kaiser 1921, S. 104: Eduard Ippel. Regelt die Beschreibung der Titel und legt für die Ordnung Dziatzkos Instruktion 1886 zugrunde.

1891   BERLINER INSTRUKTION. – Entwurf zu einer Instruction für die Herstellung der Zettel des alphabetischen Kataloges. Als Handschrift gedr. 1891. 7 S. (1a: Ao 4911/5)
Für die Beschreibung der Titel unwesentlich geänderte Fassung, jedoch fehlt die Heranziehung von Dziatzkos Instruktion 1886 für die Ordnung der Titel, die nicht geregelt wird.

1892   BERLINER INSTRUKTION. – Instruktion für die Herstellung der Zettel des alphabetischen Kataloges. Burg b. M. 1892. 10 S., 4 ungez. Bl. (1a: Ao 5268/2)

Nur geringfügig geänderte Fassung des Entwurfs 1891. Durch ministerielle Anordnung für die preußischen Universitätsbibliotheken vorgeschrieben. Grundlage für die Teilnahme der Bibliotheken an den Berliner Titeldrucken. Abdruck ohne die Anlage A: ZfB. 9. 1892, 172–179. Vgl. Paalzow 1905, S. 411; Frels 1919, S. 19; Kaiser 1921, S. 103; Kuske 1965, S. 39.

BERLINER TITELDRUCKE (BTD). – Verzeichnis der aus der neu erschienenen Litteratur von der Königlichen Bibliothek zu Berlin erworbenen Druckschriften. 1892 ff. Neue Folge 1954 ff.

Für die ersten Jahrgänge bis zum Erlaß der PI erfolgt die Beschreibung der Titel nach der Berliner Instruktion 1892; für die Ordnung war seit dem Entwurf 1891 die Einbeziehung von Dziatzkos Instruktion 1886 nicht mehr vorgesehen: die fettgedruckten ersten OW und die gesperrt gesetzten zweiten OW in Sachtiteleinträgen entsprechen jedoch ungefähr Dziatzkos Vorstellungen; in Sachtiteln der Verfasserschriften sind OW erst ab Jg 1893 durch Satz in anderer Schriftart hervorgehoben.

1893   BERLINER INSTRUKTION. – Instruktion für die Titeldrucke. Burg b. M. 1893. 13 S. (7: 4° Cod. MS. Dziatzko 4a, Angeb. 2)

Neudruck der Ausgabe 1892 mit geringfügigen Änderungen.

1894   HORN, E.: Zur Orthographie von U und V, I und J. – ZfB. 11. 1894, 385–400.

Bezug auf die Instruktion 1892.

1896   (Frels 1919, S. 20, Fußnote 1 erwähnt einen Entwurf Milkaus von 1896 zu einer neuen Instruktion; Kuske 1965, S. 5 präzisiert die Entstehung auf Juli 1896; der Entwurf wurde im Oktober 1896 in einer Kommission beraten.)

1897   (DZIATZKO:) Entwurf einer Instruction für die Ordnung der Titel alphabetischer Kataloge in den staatlichen Bibliotheken Preußens. Göttingen 1897. 57 S. (1a: 4° Ao 4919)

Neubearbeitung seiner eigenen Instruktion 1886 für Breslau im Hinblick auf eine Verwendung als Grundlage für den geplanten Gesamtkatalog. Die 3 Hauptabschnitte tragen unverändert dieselben Überschriften wie 1886, die Stoffdisposition entspricht ungefähr der alten Reihenfolge und verwendet weitgehend dieselben Fallbeispiele, die Gesamtzahl der Paragraphen ist etwas verringert und folgendermaßen auf die 3 Hauptabschnitte verteilt: §§ 1–183, 184–221, 222–306.
Vgl. Frels 1919, S. 20.

(MILKAU:) Zum Entwurf einer Instruction für die Ordnung der Titel alphabetischer Kataloge in den staatlichen Bibliotheken Preußens. (Ca. 1897.) 39,XI Bl. (7: 4° Hist. lit. libr. VII, 263)

Von Milkau besorgte Stellungnahme zu Dziatzkos Entwurf 1897. Inhaltsangabe: „Blatt 1–39: Abweichungen des Entwurfs von den Ordnungsgrundsätzen der Königlichen Bibliothek in Berlin mit Kennzeichnung der Stellung, die die Universitätsbibliotheken dazu einnehmen. Blatt I–XI: Weitere Äußerungen von Universitäts-Bibliotheken zu einzelnen Bestimmungen des Entwurfs." Vgl. Kuske 1965, S. 6 u. 40.

(Frels 1919, S. 20, Fußnote 1: „Milkau verfaßte 1897 einen neuen Entwurf, jedoch erst der dritte von 1898 wurde endgültig angenommen." Für einen Entwurf Milkaus von 1897 sind in der Literatur keine bibliographischen Angaben zu finden.)

1898   (MILKAU:) Entwurf einer Instruction für die Ordnung der Titel alphabetischer Kataloge in den staatlichen Bibliotheken Preußens. (Berlin) 1898. 2 ungez. Bl.; VIII, 64 S. (7: 4° Hist. lit. libr. VII, 263)

Verfasserschaft bzw. Redaktion Milkaus nach Frels 1919, S. 20.
2 ungez. Bl.: Zusammenstellung der vom Redaktionsausschuß stammenden, gegenüber dem letzten Beratungsstand abweichenden und neuen Bestimmungen.
S. III–VIII: Inhaltsübersicht; Paragraphenkonkordanz zum Entwurf Dziatzkos 1897.
S. 1–64: T. 1. Einordnung unter Verfasser oder Sachtitel; mehrere, unbekannte, strittige Verfasser; §§ 1–47. – T. 2. Ansetzung der Verfassernamen, Ordnung der Verfasser im Katalog; §§ 48–156. – T. 3. OW des Sachtitels; Ordnung der Sachtitel im Katalog; §§ 157–220. – T. 4. Ordnung von Verfassereinträgen und Sachtiteleinträgen im Katalog; § 221.
Kuske 1965, S. 6–7: Völlig neue Anordnung des Stoffes, in der Gliederung der späteren PI von 1899.

(Frels 1919, S. 20: „Über die Gutachten der Bibliotheken, den hauptsächlich von Milkau redigierten Entwurf von 1898 und den *revidierten Entwurf von 1898* führt der Weg weiter und weiter von Dziatzko fort …" Für einen revidierten Entwurf 1898 sind in der Literatur keine bibliographischen Angaben zu finden.)

ENTWURF einer Anweisung zur Aufnahme der Titel für die alphabetischen Kataloge in den staatlichen Bibliotheken Preußens. (Berlin) 1898. 33 Bl. (7: 4° Hist.lit.libr. VII, 263).

Nach Kuske 1965, S. 5 soll dieser Entwurf von Milkau stammen. Regelt nur die *Beschreibung* der Titel, stellt damit die Ergänzung der Entwürfe für die Ordnung der Titel dar. S. 1–16: Formalien der Beschreibung; S. 17: Anlage A für Transkriptionen (nicht ausgeführt); S. 19–20: Anlage B: Benennung des Titels und seiner Teile; S. 21–33: 91 Beispiele.

MILKAU, FRITZ: Centralkataloge und Titeldrucke. Geschichtliche Erörterungen und praktische Vorschläge im Hinblick auf die Herstellung eines Gesamtkatalogs der preußischen wissenschaftlichen Bibliotheken. Mit 35 Taf. u. 1 Tab. Leipzig 1898. X, 151 S. (ZfB. Beih. 20.)

S. 91: Berliner Titeldrucke; S. 115–116: Berliner Instruktion 1892, kann nicht unverändert für GK-Unternehmen zugrundegelegt werden; Kürze der bisherigen Anwendung gestattet noch Änderungen; Hauptproblem ist jedoch die *Ordnung* der Titel; fordert, „daß der durch eine Kommission revidierten Dziatzkoschen Instruktion amtliche Geltung gegeben wird."
Rez.: ZfB. 15. 1898, 578–582: Schnorr v. Carolsfeld.

1899 INSTRUKTIONEN für die alphabetischen Kataloge der preußischen Bibliotheken und für den Preußischen Gesamtkatalog. Vom 10. Mai 1899. Berlin 1899. 163 S.

Enthält: Ministerialerlaß v. 10.5.99 für die Einführung in Preußen; Instruktion für die Aufnahme der Titel (d.h. die Beschreibung der Titel); Instruktion für die Ordnung der Titel; weiterer Ministerialerlaß v. 10.5.99 betr. den Gesamtkatalog; Instruktion für den Gesamtkatalog.
Rez.: ZfB. 16. 1899, 375–376: O. Hartwig; Mitteilungen d. österr. Vereins f. Bibliothekswesen. 3. 1899, 74–85: R. Daublebsky von Sterneck; 4. 1900, Beilage 2, S. 1–22: S. Laschitzer.

1905 INSTRUKTIONEN für die alphabetischen Kataloge der preußischen Bibliotheken vom 10. Mai 1899. Erläuterungen, Nachträge, Beispielzusätze. Burg b.M. 1905. 26 S.

Enthält Ergänzungen zu einzelnen Paragraphen des Regelwerks, die sich aus der Katalogpraxis der Kgl. Bibliothek Berlin und aus der Arbeit am Gesamtkatalog ergeben haben. Die Ergänzungen von 1905 sind in die 2. Ausgabe der Instruktionen 1909 eingearbeitet worden. Vgl. ZfB. 22. 1905, 100: Mitteilung.

PAALZOW: Einheitliche Katalogisierung und Zetteldruck. – ZfB. 22. 1905, 406–418.

Korreferate: 418–445: Erman, mit Diskussion; 517–522: A. Schulze. S. 408–415: Vorgeschichte u. Entstehung der PI; Berliner Titeldrucke, Gesamtkatalog.

1906 BESS, B.: Acht Thesen zum Gesamtkatalog. – ZfB. 23. 1906, 61–63.

Empfiehlt für bestimmte Schriftenklassen anstatt PI-Regelung Einträge unter Schlagworten oder fingierten Titeln oder überhaupt nur in der Sacherschließung (!).

GLAUNING, O.: Zur Frage des Gesamtkatalogs. – ZfB. 23. 1906, 153–159; Nachwort d. Hrsg.: S. 160–162: P. Schwenke.

S. 156: PI-Anwendung, Neubearbeitung.

1908 GRADMANN, R.: Über das Ordnungswort im alphabetischen Katalog. – ZfB. 25. 1908, 289–302.

Behandelt nur die Ordnungsworte der Sachtitel. Vergleicht die PI-Regelung mit der international üblichen Praxis der Ordnung nach Wortfolge; schlägt für den geplanten Druck des Gesamtkatalogs Ordnung nach Wortfolge vor. Enthält bereits alle wesentlichen Gesichtspunkte der Kritik an der Sachtitelordnung nach PI.

1909 INSTRUKTIONEN für die alphabetischen Kataloge der preußischen Bibliotheken vom 10. Mai 1899. 2. Ausg. in der Fassung vom 10. August 1908. – Berlin 1909. X, 179 S. (Neudr. 1915.)

Berücksichtigt die Ergänzungen von 1905. Die 1899 noch getrennten „Instruktionen" für die Beschreibung und für die Ordnung der Titel sind in einer Instruktion mit durchlaufender Paragraphenzählung vereinigt; die Instruktion für den Gesamtkatalog ist entfallen. Erweiterung durch 3 neue Anlagen: für Wiegendrucke, Karten und den Gebrauch großer Anfangsbuchstaben. Die Änderungen betreffen überwiegend die Beschreibung der Titel, vor allem durch die Einführung der vereinfachten Aufnahme (§ 23); Änderungen der Einordnung betreffen vor allem die Personalschriften und die Teilsammlungen. Für die Folgezeit die maßgebliche und nicht wieder revidierte Ausgabe des Regelwerks. Im Neuabdruck 1915 sind nur kleinere Fehler berichtigt worden.
Berichtigungen: ZfB. 26. 1909, 144. Rez.: ZfB. 26. 1909, 5–12: R. Kaiser.

1911 KAISER, R.: Vergleichung der englisch-amerikanischen Katalogregeln mit der preußischen Instruktion und die Frage einer internationalen Einigung. (Mit Diskussion.) – ZfB. 28. 1911, 412–430.

Nüchterner Vergleich in den wichtigsten Punkten; erkennt Bedeutung und Vorzüge des korporativen Eintrags an; beurteilt auch die Ordnung nach Wortfolge als „höchst einfach und bequem zu handhaben", hält jedoch das „grammatisch geschulte ... Sprachgefühl" und die daraus resultierende traditionsreiche Ordnungspraxis der PI für gewichtiger und lehnt eine Umstellung ab; eine internationale Einigung sei nicht wahrscheinlich.

1912 HILSENBECK, A.: Zur Frage einheitlicher Katalogisierungsregeln. – ZfB. 29. 1912, 310–320.

Korreferate: 320–321: G. A. Crüwell; 321–332: H. Escher; Diskussion: 332–336.
Berichtet über Umfrage an Bibliotheken, nach welchem Regelwerk sie katalogisieren und ob sie eine einheitliche deutsche Katalogisierungsordnung für erstrebenswert halten; Stand der Verbreitung der PI.

PROBEDRUCK des Gesamtkatalogs der preußischen wissenschaftlichen Bibliotheken. Ira-Isocrates. Chronica-Chronicon. Juni 1912. Berlin 1912. 43 S.

PI-Anwendung. Rez.: Fick 1913.

1913 FICK, R.: Der Probedruck des preußischen Gesamtkatalogs. – ZfB. 30. 1913, 153–160.

S. 159: Begrenzung des Verweisungsprogramms; S. 160: Anonyma-Probleme.

FICK, R.: Zur Frage der Behandlung der Anonyma in der Buchausgabe des Preußischen Gesamtkatalogs. – ZfB. 30. 1913, 529–538.

Schlägt bei einer Häufung von Sachtiteleinträgen mit weitgehend gleichen Ordnungsworten vor, spezielle kleine Register hinzuzufügen; für Amtsdruckschriften ohne Buchcharakter empfiehlt er Sonderbände mit Ordnung nach Ländern und Chronologie; Ausgliederung der Zeitschriften in einen Sonderkatalog wegen des hohen Redaktionsaufwands; in Sonderfällen auch Abweichungen von der Bestimmung des 1. OW nach PI.

1914 GZV. – Gesamt-Zeitschriften-Verzeichnis. Hrsg.: Auskunftsbureau der deutschen Bibliotheken. Berlin 1914. XVII, 355 S.

Ordnung nach PI, mit internationalen Kongressen unter deutsch fingierten Kongreßnamen.
Vgl. ZfB. 30. 1913, 84–85: Fick (Bericht über Stand der Arbeiten); 31. 1914, 36 u. 374: Mitteilung über Fertigstellung; Literarisches Zentralblatt. 65. 1914, Sp. 1502–1503: Rezension.

LUEDICKE, FELIX, u. Willy Pieth: Grundlagen einer Instruktion für die Kataloge von Volks- u. Stadtbüchereien. Charlottenburg 1914. 67 S.

Auf PI-Grundlage, mit Vereinfachungen und Abwandlungen. Rez.: ZfB. 31. 1914, 319: Kaiser; vgl. Sulz 1914; vgl. Frels 1919, S. 26.

SULZ, E.: Die vereinfachten Instruktionen. – Blätter für Volksbibliotheken u. Lesehallen. 15. 1914, 121–123.

Verhältnis zwischen PI und deren Vereinfachung durch Luedicke/Pieth 1914.

1915 INSTRUKTIONEN für die alphabetischen Kataloge der preußischen Bibliotheken vom 10. Mai 1899. 2. Ausg. in der Fassung vom 10.8.1908. Neuer Abdruck. Berlin 1915. X, 179 S.

Mit Berichtigung kleinerer Fehler u. mit Zusätzen im Sachregister. Vgl. ZfB. 32. 1915, 172: (Mitteilung).

1916 FRELS, W.: Die Titelaufnahme der buchhändlerischen Bibliographie. – ZfB. 33. 1916, 233–248.

Vergleicht die Einordnung und Ordnung in den Verzeichnissen von Heinsius, Kayser u. Hinrichs; gelegentlich Vergleich mit PI.

1918 KAISER, R.: Neuere ausländische Instruktionen für alphabetische Kataloge. – ZfB. 35. 1918, 101–119.

Behandelt und vergleicht mit PI die Regelwerke aus Stockholm, Kopenhagen, Kristiania, Zürich, Basel.

1919 FRELS, WILHELM: Die bibliothekarische Titelaufnahme in Deutschland. Leipzig 1919. VIII, 54 S., 5 Faltbl. (ZfB. Beih. 47.)

S. 16–21: Vorgeschichte u. Entwicklung der PI; in tabellarischen Übersichten Vergleich mehrerer bibliothekarischer Regelwerke. Rez.: ZfB. 37. 1920, 85–86: Schneider.

1920 LABES, F.: Zur Aufnahme juristischer Schriftentitel und zur Einordnung von Universitätsschriften. – ZfB. 37. 1920, 259–266.

Erörtert auch allg. Grundsätze: Sammlungen; Verfassereigenschaft; Übergehungen im Sachtitel.

1921 KAISER, R.: Der alphabetische Zettelkatalog. In: Fünfzehn Jahre Königliche und Staatsbibliothek. Berlin 1921. S. 99–109.

S. 105–106: Umstellung des Kataloges auf PI.

FRELS, W.: Einheits- und Zentralkatalogisierung. – ZfB. 38. 1921, 169–177.

S. 169–174: Möglichkeiten einer „deutschen Einheitsinstruktion".

SCHWIDETZKY, G.: Die unpersönlichen Drucksachen im alphabetischen Katalog. In: Alere flammam. Festschrift G. Minde-Pouet. Leipzig 1921. S. 123–133.

Plädiert für den korporativen Eintrag, insbesondere für Amtsdruckschriften; vergleicht mehrere nationale Regelwerke.

1922 ZEDLER, G.: Ein kritischer Vergleich der preußischen und bayrischen Ordnungsregeln für den alphabetischen Verfasserkatalog. – ZfB. 39. 1922, 445–450.

Betont das Benutzerinteresse; stellt in 15 Punkten erhebliche Unterschiede fest, die einer Vereinheitlichung wenigstens in Deutschland im Wege stehen.

1923 BERNHARDI, LUISE: Lehr- und Handbuch der Titelaufnahme. Berlin 1923. VIII, 194 S., 2 Anl. (Schriften der Zentrale f. Volksbücherei. 3.)
Erstes Lehrbuch für Titelaufnahme nach PI.
Rez.: ZfB. 40. 1923, 517–521: J. Vorstius.

KLEIN, W.: Anweisung für das Einordnen der Katalogzettel. – Bücherei und Bildungspflege. 3. 1923, 16–20.
Stellt die betr. Paragraphen nach PI und nach Luedicke/Pieth 1914 zusammen, kürzt und bearbeitet.

1924 KAISER, R.: Die neue italienische Instruktion für den alphabetischen Katalog. – ZfB. 41. 1924, 249–255.
Das ital. Regelwerk von 1922 urteilt, daß das angelsächsische Regelwerk eine unbezweifelbare Überlegenheit gegenüber allen anderen Katalogisierungsordnungen (somit also auch gegenüber den PI) besitze.

1925 GRADMANN, R.: Zentralisation und freie Entwicklung. – ZfB. 42. 1925, 152–155.
S. 155: Zitiert Schwenke mit Äußerungen von 1908 über die PI: „… daß die Gelder, die für die Durchführung der Instruktion von 1899 verwendet sind, für einen Irrtum aufgewendet worden sind."

MÜLLER, H.: Behördenbibliotheken. – ZfB. 42. 1925, 512.
Kündigt PI-Kurzform für Behördenbibliotheken an.

1927 VORSTIUS, JORIS: Übungsbeispiele zu den preußischen Katalogisierungsvorschriften.
T. 1. Stettin 1927. 42 S. (2. Aufl. 1930.)
T. 2: Schlüssel. Stettin 1929. 38 S.
(Veröffentlichungen d. Bibliothekskurse in der Berliner Stadtbibliothek. 4. 4 a.)
T. 1 enthält genaue Titelblattabschriften mit Kennzeichnung der Zeilenschlüsse, dazu bibliographische Angaben; T. 2 gibt zu jedem der 141 Beispiele die instruktionsgemäßen Titelaufnahmen einschließlich aller Verweisungen.
Rez.: ZfB. 45. 1928, 424–425: R. Kaiser (T. 1); 48. 1931, 199–200: R. Kaiser (T. 2).

SASS, DALE: Erläuterungen zu den Instruktionen für die alphabetischen Kataloge der preußischen Bibliotheken. Leipzig 1927. VIII, 154 S., 1 Faltbl. (2. Aufl. 1931.)
Nach Bernhardi 1923 das zweite Lehrbuch für Titelaufnahme nach PI.
Rez.: ZfB. 45. 1928, 85–86: R. Kaiser.

1928 SACHSE, ARNOLD: Friedrich Althoff und sein Werk. Berlin 1928. XVI, 361 S.
S. 288: PI.

SCHNACKE, M.: Deutsche und amerikanische Bibliotheken an den Beispielen der Preußischen Staatsbibliothek und der New York Public Library. – ZfB. 45. 1928, 544–551.
S. 551: Urteil über die PI aus angelsächsischer Sicht.

1929 REUTER, H.: (Bericht über die Tagung des Verbands Rheinisch-Westfälischer Bibliotheken v. 15. 10. 18.) – ZfB. 46. 1929, 266–267.
S. 267: G. Breusing schlägt Verbesserung der PI vor, nämlich den Begriff der Verfasserschaft auf Vereine auszudehnen.

GAZ. – Gesamtverzeichnis der ausländischen Zeitschriften, 1914–24. Hrsg.: Auskunftsbureau der deutschen Bibliotheken. Berlin 1929. XXXIV, 784 S.
Ordnung nach PI; internationale Kongresse unter fingierten Kongreßnamen; 2 Korporationseinträge.
Rez.: ZfB. 44. 1927, 528–531: W. Weinreich (Lfg. 1. 1927); 47. 1930, 274–287: W. Weinreich.

1930 LEO, U.: Alphabetischer Katalog und Preußische Instruktionen. – ZfB. 47. 1930, 111–129.
Umarbeitung vorhandener Titelaufnahmen zu PI-gerechten Aufnahmen; Einzelprobleme der bibliographischen Beschreibung und der Ordnung nach PI.

JESINGER, A.: Österreichische Katalogfragen. – ZfB. 47. 1930, 418–435.
S. 432 ff.: PI in Österreich.

FUCHS, H.: Die Drucklegung des Preußischen Gesamtkatalogs. – ZfB. 47. 1930, 486–496.
S. 491: Erarbeitung ergänzender Regelungen zu den PI.

ORIENTALIA. – Alphabetische Einordnung orientalischer Namen in der Ansetzung der Berliner Titeldrucke.
o.O.u.J. (Um 1930.) 2 ungez. S. (Bl.?) (1 a: Kopie)
Enthält 7 Paragraphen: 1. Orientalische Namen in jeder Form gelten als persönliche Namen, auch wenn die Ansetzung wie ein Familienname mit nachgestelltem Vornamen aussieht; sie gehen daher allen etwa gleichlautenden

europäischen Familiennamen voraus. 2. Ordnung bei gleichlautendem ersten Namensteil. 3. Weitere Ordnung innerhalb gleichlautender Namen. 4. Bindestriche in Namen. 5. Der arabische und der hebräische Artikel. 6. Akzente und Transkriptionszeichen. 7. Ausnahme von § 1: jüdische Familiennamen der neueren Zeit sollen wie moderne Familiennamen behandelt werden. Vgl. 8.8.3 aa.

1931 SCHREIBER, H.: Bibliothekskataloge als Universalkataloge? – ZfB. 48. 1931, 478–495.
Kritik an Mängeln der bibliothekarischen Terminologie; S. 482 ff.: Kritik an den PI aus der Sicht der Katalogbenutzung.

WEINREICH, W.: Die grammatikalische Reihenfolge der Ordnungsworte nach den Preußischen Instruktionen. (Mit Diskussion.) – ZfB. 48. 1931, 495–507.
Bilanz der bisherigen PI-Kritik; erwägt Möglichkeiten der Revision; S. 495: speziell zur Sachtitelordnung: „Mir scheint, daß ihre Befürworter ausgestorben oder eines Besseren belehrt sind.“

GESAMTKATALOG der preußischen Bibliotheken. Bd. 1 ff. Berlin 1931 ff.
Rez.: ZfB. 49. 1932, 117–130: E. Kuhnert; 148–155: H. Escher (Bd. 1); 302–305: H. W. Eppelsheimer (Goethe); Göttingische gelehrte Anzeigen. 198. 1936, 461–477: R. Fick (Bd. 9). Weitere Rez. vgl.: Deutsche Staatsbibliothek 1661–1961. Bd. 2: Bibliographie. Leipzig 1961. Nr. 1141–1148.

1932 KUHNERT, E.: Zur Entstehung und Gestaltung des Gesamtkatalogs. – ZfB. 49. 1932, 117–130.
Entwicklung von GK und BTD. S. 127: PI.

1933 VORSTIUS, JORIS: Die Katalogprobleme im Spiegel der ausländischen Fachliteratur seit 1930. Leipzig 1933. 48 S. (Sammlung bibliothekswissenschaftlicher Arbeiten. H. 44 = Ser. 2, H. 27.)
S. 10–19: Alphabet. Katalog; S. 14: PI und angelsächsische Regelwerke.

KAISER, R.: Die Katalogisierung. In: Handbuch d. Bibliothekswissenschaft. Bd. 2. Leipzig 1933. S. 237–318.
S. 253–271: Alphabet. Katalog; S. 254–255: PI; S. 261–271: Darstellung der wichtigsten AK-Probleme, jeweils mit Bezug auf PI und bedeutende andere Regelwerke.

1934 TREBST, H.: Der heutige Erkenntnisstand in der Formal- und in der Sachkatalogisierung. (Mit Diskussion.) – ZfB. 51. 1934, 435–451.
Versucht eine Periodisierung der Entwicklung der Formalkatalogisierung. S. 435–445: Formalkatalog, PI, kritischer Vergleich mit anderen Regelwerken.

VORSTIUS, J.: Kritische Gedanken über den neuesten Beitrag zur Kataloggeschichte und Katalogtheorie. – ZfB. 51. 1934, 567–578.
Replik auf Trebst 1934. S. 570–575: PI, Entwicklung und Kritik.

1935 REGELN für die Abgrenzung der Satztitel von den Titeln in gewöhnlicher Form. 1935. 2 ungez. S. (21: Ke XXIII 448[b] 4° angeb.)
Für die Arbeit an den Berliner Titeldrucken herausgegeben. In einer Vorbemerkung („völlige Aufrechterhaltung von Wortlaut und Sinn" der PI-§§ 187 u. 204) und 8 Paragraphen wird die Abgrenzung so geregelt, wie später im Kommentar von H. Fuchs 1955 u. ö., § 105,2, dargestellt, wobei Fuchs die Formulierungen der Regeln 1935 weitgehend wörtlich übernommen hat.

1936 PI-ÜBERSETZUNG ins Neugriechische, von Stellas Peppa. Vgl. BTD 36. 53400.

FICK, R.: Deutscher Gesamtkatalog. Bd. 9: B-Bailey. (Rezension.) – Göttingische gelehrte Anzeigen. 198. 1936, 461–477.
S. 474–475: Sachtitelproblem, PI.

1937 VORSTIUS, J.: Vergangenheit, Gegenwart und Zukunft des Deutschen Gesamtkatalogs. In: Festschrift Georg Leyh. Leipzig 1937. S. 312–328.
S. 315–316: Bedeutung der PI für den GK; Verbreitung der PI; S. 327: Forderung nach einer Neuausgabe der PI.

GÖTTINGER UB. – Geschichte der Göttinger Universitätsbibliothek. Hrsg.: K. J. Hartmann, H. Füchsel. Göttingen 1937. 331 S.
S. 282–283: PI-Entstehung, Dziatzkos Mitwirkung.

1938 PRUSSIAN INSTRUCTIONS. – The Prussian instructions. Rules for the alphabetical catalogs of the Prussian libraries. Transl. and notes: A. D. Osborn. Ann Arbor 1938. XLII, 192 S. (University of Michigan general library publications. 4.)
Rez.: ZfB. 55. 1938, 623–625: J. Vorstius.

15

Berliner Anweisung. – Anweisung für den alphabetischen Katalog der Volksbüchereien. Ausgabe f. große Büchereien und Büchereischulen. Leipzig 1938. 58 S. (Durchgesehener Neudruck 1942.)

Kürzung und Abwandlung der PI; wichtigste Änderung: Sachtitelordnung nach Wortfolge, erfolgte auf Anraten von J. Vorstius.

1940   Johanssen, U.: Die polnischen und russischen Katalogisierungsvorschriften. – ZfB. 57. 1940, 387–394.

Tendenzen der Abkehr von den PI und Hinwendung zur angelsächsischen Praxis.

Tobolka, Z.: Slavistische Nachträge zu den „Instruktionen f. d. alphabet. Kataloge d. Preuß. Bibliotheken". – Slavische Rundschau. 12. 1940, 208–212.

Sprachenspezifische und auch allgemeine Ergänzungsvorschläge.

1943   Fuchs, Hermann: Entwurf zu einer Neufassung der Instruktionen für die alphabetischen Kataloge der preußischen Bibliotheken. (Maschinenschr. Berlin 1943.) 218 Bl. (6: 50 Okt 2616; Bibliothek d. BLI, Köln: Al 12 a Fuc)

Wird in der Literatur auch mit dem Jahr 1945 zitiert. Neubearbeitung des Regelwerks in allen Teilen, neue Stoffdisposition und Paragraphenzählung:
1–94: Formalien der Beschreibung.
95–125: Einordnungsentscheidung, Verfasser- oder Sachtiteleintrag.
126–212: Namensansetzung, Ordnung gleicher Namen, Ordnung innerhalb des Verfassers.
213–262: Sachtitelabgrenzung, Bestimmung der OW, Ordnung im Katalog.
263–265: Ordnung im Katalog, Schlußbestimmung. Vorgesehene Anlagen nicht ausgeführt.
Führt in § 96 eine generelle VW von Korporationsnamen ein, wenn die Schrift unter dem Sachtitel eingeordnet wird und die Korporation entweder im Sachtitel genannt oder auf dem Titelblatt als Herausgeber oder Veranlasser genannt ist. Entsprechend werden für die Ansetzung der Korporationen eigens die §§ 182–183 eingeführt: enthält der Korporationsname einen Familiennamen, Ansetzung wie Firmennamen; ohne Familienname Ansetzung unter dem Ortsnamen (Ort als Sitz) in landessprachlicher Schreibung; internationale Vereinigungen mit Ansetzung unter ihren Namen in deutscher Form mit OW-Bestimmung wie für Sachtitel, also z.B.: Kreuz, Rotes. Für die Sachtitel bleibt die PI-Regelung unverändert. – Die weitreichende Neuerung von Fuchs 1943 hat sich in der Nachkriegs-Reformdiskussion nicht durchsetzen können. Andere Teile seiner Ausarbeitung hat Fuchs in seinen Kommentar 1955 u. ö. aufgenommen.

Vorstius, Joris: Instruktion für die alphabetischen Kataloge der deutschen Bibliotheken. Entwurf Oktober 1943. (Maschinenschr. Berlin 1943.) 110 Bl. (1 a: Mikrofilm.)

Vollständige Überarbeitung des Regelwerks, hält sich in Stoffdisposition und Paragraphenzählung genau an die PI, fügt neue Paragraphen mit Kleinbuchstaben-Indices an der sachlich einschlägigen Stelle ein. Führt in § 32 a die generelle VW von Korporationen für Anonyma und Periodika ein; Ansetzung der Korporation unter dem Ortsnamen für Gebietskörperschaften (Ort als Sitz), für alle anderen unter dem Korporationsnamen; nach § 145 a erfolgt die Bestimmung der OW für die Korporationsnamen „mechanisch nach der Reihenfolge der wesentlichen Wörter", d. h. unter Übergehung der unwesentlichen Worte wie Artikel, Präpositionen, Konjunktionen. Nach § 141 a erhalten Schriften mit Verfasserangabe nur mit Namensinitialen zusätzlich eine VW von den Initialen auf den Sachtitel. Die Sachtitelordnung der PI bleibt unverändert, nur zwei Lücken werden geschlossen: mit § 204 a für die Komposita in Satztiteln, und mit § 201 a für Relativsätze in Titeln in gewöhnlicher Form. – Auch die von Vorstius vorgeschlagenen Neuerungen, die mit der Ordnung der Korporationsnamen nach gegebener Wortfolge noch einen Schritt weitergehen als Fuchs 1943, haben sich später nicht durchsetzen können.

1946   Gantner, E.: Wie lege ich den alphabetischen Verfasserkatalog an? – Der Volksbibliothekar. 1. 1946/47, 52–53.

Die Berliner Anweisung 1938 mit Sachtitelordnung nach Wortfolge hat sich bewährt.

1951   Entwurf eines Vorschlages zur Ergänzung der Preußischen Instruktionen. (Wien 1951.) 21 S. (Mitteilungen der Vereinigung Österreichischer Bibliothekare. 4. 1951, Beil.)

Ergänzungen zu fast allen Paragraphen der PI; Verdeutlichung und Präzisierung der Regeln, keine erheblichen Neuerungen.

NRW-Entwurf: Essener Fassung. – Instruktionen für den alphabetischen Grundkatalog. Entwurf. Vorgelegt vom Katalogausschuß des Verbandes der Bibliotheken des Landes Nordrhein-Westfalen. – Mitt. NRW. NF. 1. 1950/51, 33–47.

Enthält für die geplante Neufassung des Regelwerks eine Gliederung mit eigener Stoffdisposition und neuer Paragraphenzählung; ferner ausgearbeitet nur die §§ 1–25 für Terminologie und Formalien der Beschreibung.

Nobbe, K.: Zur Neufassung der „Preußischen Instruktionen". Arbeitsbericht des Katalogausschusses. – Nachrichten für wissenschaftliche Bibliotheken. 4. 1951, 32–34.

Weitere Berichte: 5. 1952, 191–192; 6. 1953, 138–139. Auf Vorschlag von Vorstius ist beabsichtigt, für die Sachtitelordnung sowohl die PI-Regelung wie auch die Ordnung nach gegebener Wortfolge auszuarbeiten („zweigleisige Lösung"), sodaß die Bibliotheken wählen können.

1952 REGELN für die alphabetische Katalogisierung in wissenschaftlichen Bibliotheken. Unveränd. Nachdr. d. Instruktionen f. d. alphabet. Kataloge d. preußischen Bibliotheken. Leipzig 1952 u. ö.

PI-Ausgabe der DDR. Sickmann 1961, S. 1835, Fußnote 1a, stellt die Frage, warum die Ausgabe 1908 (1909) und nicht die berichtigte Ausgabe 1915 für den Nachdruck gewählt worden ist.

ARBEITSBERICHT der Kommission für Katalogwesen (DDR). – ZfB. 66. 1952, 183–185.

Reform der PI: die neue Instruktion soll gesamtdeutsch sein, sie soll ein Abbrechen der bestehenden Kataloge vermeiden, und für Bibliotheken mit vorwiegend deutschsprachigem und modernem Bestand soll eine gekürzte, aber inhaltlich identische Fassung hergestellt werden.

DDR-ENTWURF. – Regeln für den alphabetischen Katalog an wissenschaftlichen Bibliotheken. Entwurf, vorgelegt von der Bibliothekskommission für das Katalogwesen ... der DDR. – ZfB. 66. 1952, 329–343.

Schließt sich inhaltlich und in der Gliederung eng an den NRW-Entwurf 1951 an. Auch die DDR-Kommission plant eine „zweigleisige Lösung" mit Kannvorschriften für die Sachtitelordnung nach Wortfolge. Vgl. Kral 1952.

KRAL, W.: Über den neuen Berliner Katalogisierungsentwurf. – ZfB. 66. 1952, 411–418.

Betr.: DDR-Entwurf 1952.

BIEBER, H.: Die Neubearbeitung der Preußischen Instruktionen und die Volksbücherei. – BuB. 4. 1952, 1159–1161.

Stand der PI-Reform; Folgen für das Büchereiwesen mit Katalogisierung teils nach PI, teils nach Berliner Anweisung.

NRW-ENTWURF. – Instruktionen für den alphabetischen Katalog. Entwurf, vorgelegt vom Katalogausschuß d. Verbandes d. Bibliotheken d. Landes Nordrhein-Westfalen. Köln 1952–56.
(T.1:) §§ 1–32 (Zählung d. Entwurfs). 2. Fassung v. 24.5.52. 1952. 31 S.
T.4,1: §§ 30–77 der PI. Vom 2.7.53. 1953. 15 S.
T.4,2: §§ 78–145 u. 161–170 der PI. 1954. 27 S.
T.4,3: §§ 181–230 der PI. 1954. 15 S.
T.4,4: §§ 171–180 u. 230–241 der PI. 1954. 27 S.
(Sickmann, Ludwig:) Instruktionen für den Alphabetischen Katalog. Die Ordnung der Sachtitel nach der gegebenen Wortfolge – mechanische Ordnung nach Wörtern. 1956. 12 S.

Für ausführliche bibliographische Angaben und Zusammenhänge vgl. Jung: Reform ... 1976, Nr. 30–45. Die für die Sachtitelordnung vorgesehene Alternative der Ordnung nach gegebener Wortfolge wurde erstmals für das GAZS angewandt. Vgl. Jung 1971.

1953 DBV. – Deutsches Bücherverzeichnis. 1941–1973. Leipzig 1953 ff.
Für den Berichtszeitraum 1941–73 mit Sachtitelordnung nach PI.

1954 BERLINER TITELDRUCKE. Neue Folge. 1954–75. Berlin 1954–77.
Verzeichnung nach PI. Vgl. Osmann 1965.

VORSTIUS, J.: Bericht über die Katalogkommission. Erstattet auf der Tagung der wissenschaftlichen Bibliothekare in Berlin, 23.9.53. – ZfB. 68. 1954, 29–37.

Bekräftigt die Grundsätze des Arbeitsberichts 1952. Bericht über den Stand der Reformarbeiten. Ziele der DDR-Kommission: Ausfüllung der Lücken in den PI, bessere Stoffanordnung, genauere Terminologie; Frage der Sachtitelordnung und des korporativen Eintrags noch offen, Absprache mit NRW-Kommission wird angestrebt.

DDR-ENTWURF. – Regeln für den alphabetischen Katalog an wissenschaftlichen Bibliotheken. Entwurf der Vorschriften für die regelmäßige Form der Titelbeschreibung (§§ 1–35). Vorgelegt i. Auftr. d. Berliner Instruktionsausschusses von J. Vorstius. – ZfB. 68. 1954, 37–63.

FUCHS, H.: Für und wider die Preußischen Instruktionen. – ZfBB. 1. 1954, 173–185.

Erkennt Reformbedürftigkeit der PI an; einer der Gründe dafür sei der Übergang der Katalogarbeit auf den gehobenen Dienst, der weniger sprachliche Schulung habe als die Schöpfer der PI, gleiches gelte für die Benutzer; für das Problem der Sachtitelordnung sieht Fuchs einen Mittelweg: Beibehaltung des alten Ordnungsprinzips und für Sachtitelschriften zusätzlich VW für Korporationen und für das erste Sachtitel-OW nach gegebener Wortfolge, wenn es vom alten PI-Ordnungswort abweicht.

BAUHUIS, W.: Katalogreformen. – ZfBB. 1. 1954, 185–208.

Ziel der PI-Reform soll hauptsächlich Verkürzung und Vereinfachung der Katalogisierung sein; nach Verlust des GK Gelegenheit zu Änderungen gegeben; S. 199–203: Sachtitelordnung der PI von Anfang an verfehlt; fordert dringend Sachtitelordnung nach gegebener Wortfolge und Einführung des korporativen Eintrags. Vgl. Fuchs: Der alphabetische Katalog ... 1959.

SAMULSKI, R.: Die gegenwärtigen Probleme des alphabetischen Katalogs in Deutschland. Der Stand der Neubearbeitung der Preußischen Instruktionen. – Mitt. NRW. NF. 4. 1953/54, 49–62.
Umfassender Überblick.

FLEISCHHACK, C.: Deutsche Bücherei und Zentralkatalogisierung. In: Bibliothek, Bibliothekar, Bibliothekswissenschaft. Festschrift J. Vorstius. Leipzig 1954. S. 143–150.
S. 146–147: PI-Anwendung in der Nationalbibliographie.

1955 VORSTIUS, J.: Die Ordnung der Sachtitel im alphabetischen Katalog. – ZfB. 69. 1955, 90–110.
Problematik der PI-Regelung: eine der Ursachen liege im Auftreten des nichtakademischen Bibliotheksdienstes, der „in mühseliger Ausbildung zur logisch-grammatischen Schärfe des Denkens erzogen werden" müsse. Plädiert für Umstellung auf Ordnung nach Wortfolge, erörtert die Möglichkeiten der Anwendung u. den Kompromiß des NRW-Entwurfs.

VORSTIUS, J.: Aus der Arbeit der Bibliothekskommission für Katalogfragen. In: Aus der Arbeit der wissenschaftlichen Bibliotheken der DDR. Leipzig 1955. S. 65–68.
S. 66: PI-Reform dürfe keinesfalls zu völlig neuen Ordnungsgrundsätzen führen, weil ein Katalogabbruch oder eine Umarbeitung den Bibliotheken nicht zugemutet werden könne.

FUCHS, HERMANN: Kommentar zu den Instruktionen für die alphabetischen Kataloge der preußischen Bibliotheken. Wiesbaden 1955. 302 S. (2. Aufl. 1958; 3. Aufl. 1962 u. ö.)
Wichtigster, durch weitgehende Anwendung maßgeblich gewordener Kommentar zum Regelwerk; beruht auf der Erfahrung der GK-Arbeit, verarbeitet die Satztitel-Regeln 1935 und den eigenen Reform-Entwurf 1943, jedoch ohne die dort vorgesehene Einführung des korporativen Eintrags.
Rez.: ZfBB. 4. 1957, 124–130: H. Braun; Biblos. 7. 1958, 226–227: W. Ritzer.

1956 DDR-ENTWURF. – Regeln für den alphabetischen Katalog an wissenschaftlichen Bibliotheken. Entwurf des Berliner Instruktionsausschusses. § 1–56. April 1956. Maschinenschrift. Berlin 1956. 56 S. (1a: 163 757)
Enthält: Gesamtübersicht für den geplanten Entwurf; ausgeführt nur die §§ 1–56 für Allgemeines, Formalien der Beschreibung, gewisse Einordnungsentscheidungen für einige spezielle Schriftenklassen, Verweisungsprogramm.

SAMULSKI, R.: Reform der Instruktionen. Bericht der Kommission des VdB für Katalogfragen, 24.5.56. – ZfBB. 3. 1956, 294–297.
Folgerungen für die Reformarbeit aus dem Kommentar von Fuchs 1955.

MÜLLEJANS, F.: Das englische Kompositum und die Instruktionen. – ZfBB. 3. 1956, 114–118.
Versuch, die Problematik des Kompositums im Englischen durch lexikalische Quellen zu klären; Interpretation des engl. Gerundiums. Vgl. 11. 10. 3 e.

1957 SICKMANN, L.: Aktuelle Probleme des alphabetischen Katalogs. – ZfBB. 4. 1957, 246–261.
Hauptthema der Reformdiskussion seit 1954 ist die Sachtitelordnung. Empfiehlt Ordnung nach Wortfolge: Zweckmäßigkeit, Möglichkeiten, Vorteile gegenüber PI; empfiehlt Einführung des korporativen Eintrags. Zur PI-Verzeichnung von Veröff. von Behörden u. a. Korporationen unter dem Sachtitel, eventuell mit Ergänzung aus dem Anlaß: „Ich bin der Überzeugung, daß dadurch viele Schriften nach der Katalogisierung im AK begraben werden und nicht mehr aufzufinden sind." (S. 253)

KAMMEL, K.: Die mechanische Wortfolge beim Nominalkatalog. In: Der Österreichische Bibliothekartag 1956. Tagungsberichte und Referate. Wien 1957. (Biblos-Schriften. 16.) S. 68–112.
Erörtert Sachtitelordnung nach PI, Wortfolge und eine Mischform (1. OW ungefähr wie PI, weitere OW nach Wortfolge); vergleicht 4 typische Regelwerke: PI, ALA-Rules, NRW-Entwurf von Sickmann für die mechanische Ordnung 1956, sowie eine alte Vorschrift der k. k. Hofbibliothek Wien (für die Mischform). S. 75–76: 7 Gründe für die Abkehr von der PI-Sachtitelordnung. S. 101–105: Abdruck eines Briefes von H. Fuchs.

FUCHS, HERMANN: Kurzgefaßte Verwaltungslehre für Institutsbibliotheken. Mit e. Anh.: Regeln für die alphabet. Katalogisierung. Wiesbaden 1957. 132 S. (2. Aufl. 61; 3. Aufl. 68; 4. Aufl. 74)
S. 43–127: Kurzfassung der PI. Führt die Möglichkeit des korporativen Eintrags ein (§ 23), mit Ansetzung in § 30 ungefähr wie in seinem Entwurf 1943; für die Sachtitelordnung wird in § 38 die Alternative der Ordnung nach Wortfolge empfohlen, in § 39 mit der weiteren Alternative der strikten Ordnung oder der Ordnung mit Übergehungen.
Rez.: ZfBB. 4. 1957, 189–190: U. Charisius; ZfB. 72. 1958, 51–53: R. Unger; ZfBB. 16. 1969, 231–232: E. Zimmermann; vgl. Richter 1966.

1958 POGGENDORF, DIETRICH: Die Umstellung alphabetischer Kataloge von der grammatischen auf die gegebene Folge der Ordnungswörter. Statistische Untersuchungen u. Arbeitszeitstudien am ZK des Landes NRW. Köln 1958. 137 S. (Arbeiten aus dem BLI des Landes NRW. 16.)

S. 67–68: Ergebnis von Stichproben aus dem ZK-Titelmaterial für Sachtiteleinträge; von 3.300 Zetteln enthielten 65 Zettel (ca. 2 %) grobe Fehler in den OW, „ein erstaunlich hoher Anteil"; hätten die Bibliotheken „alle für die Einordnung im Zentralkatalog nötigen Ordnungswörter auswerfen müssen, so wäre der Prozentsatz der falschen Zettel sicher noch höher gewesen."

DECKERT, H.: Probleme der alphabetischen Katalogisierung. – ZfB. 72. 1958, 86–88 u. 117–133.

Empfiehlt grundsätzlich korporativen Eintrag, jedoch Umstellung der Sachtitelordnung auf Wortfolge nur für neue Kataloge. Betrachtet Katalogschnitt, -abbruch u. -umarbeitung unter der Maxime, funktionierende Kataloge nicht ohne Not anzutasten. Empfiehlt behutsame Revision der PI-Sachtitelordnung und zugleich Ausarbeitung der Ordnung nach Wortfolge.

KRAMM, H.: Die Titelaufnahme von geographischen Karten im alphabetischen Katalog. Zur Reform der „PI", Anlage VI. – ZfBB. 5. 1958, 1–11.

S. 6–11: Entwurf einer Neufassung.

NRW-ENTWURF. – Regeln für den alphabetischen Katalog. Entwurf, vorgelegt vom Katalogausschuß d. Verbandes d. Bibliotheken d. Landes NRW. Diskussionsentwurf. Köln 1958. XV, 128 S.

Zusammenfassung aller Teilentwürfe. Stellungnahmen dazu referiert Pflug 1959; vgl. auch Fuchs 1959: Stellungnahme.

1959 PFLUG, G.: Bericht über die eingegangenen Stellungnahmen zu den „Regeln für den alphabetischen Katalog". – Mitt. NRW. NF. 9. 1959, 10–19.

FUCHS, H.: Stellungnahme zu dem vorliegenden Entwurf neuer Katalogregeln. – Mitt. NRW. NF. 9. 1959, 19–21.

Sehr differenziertes Urteil. Begrüßt die Ordnung der Sachtitel nach Wortfolge, kritisiert die zahlreichen Übergehungen dabei; hält jedoch die Sachtitelordnung nach Wortfolge nur für sinnvoll, wenn zugleich der korporative Eintrag eingeführt wird.

FUCHS, H.: Der alphabetische Katalog und seine Leute. In: Libris et litteris. Festschrift H. Tiemann. Hamburg 1959. S. 84–92.

Grundsätzliche Anforderungen an den Katalogbearbeiter. S. 88: PI-Reform; S. 90–91: Auseinandersetzung mit Bauhuis 1954.

ROLOFF, H.: Sexagenarius de ponte? Betrachtungen zum 60. Geburtstag der Preußischen Instruktionen. – ZfB. 73. 1959, 183–187.

ROLOFF, H.: Auf dem Wege zu einer internationalen Einigung über Grundsätze der Katalogisierung. – ZfB. 73. 1959, 502–511.

Vorbereitungen für die geplante Katalogkonferenz Paris 1961. S. 508–509: Für die Konferenz in Paris haben die Sachtitelordnung der PI und der Verzicht der PI auf den korporativen Eintrag keine Aussicht auf mehrheitliche Zustimmung. Daher wird nach 1961 ein völlig neues Regelwerk zu entwickeln sein; und die PI-Reform sollte daher ohne wesentliche Eingriffe betrieben werden.

1961 GAZ. – Gesamtverzeichnis ausländischer Zeitschriften, 1939–1959. Hrsg.: Deutsche Staatsbibliothek, Auskunftsbüro der deutschen Bibliotheken. Lfg. 1 ff. Berlin 1961 ff.

Verzeichnung nach PI.
Rez.: ZfB. 77. 1963, 271–275: R. Unger.

WAGNER, EWALD: Regeln für die alphabetische Katalogisierung von Druckschriften in den islamischen Sprachen (arabisch, persisch, türkisch). Auf Grund von Beratungen eines Gremiums von Fachbibliothekaren zusammengest. Wiesbaden 1961. 73 S.

S. 34–39: Einordnung der Sachtitel. Grundlage ist PI, jedoch wird die Alternative der Ordnung nach Wortfolge ebenfalls erörtert.
Rez.: ZfB. 76. 1962, 25–27: I. Engelke.

(SCHÜRFELD, LOTTE:) Kurzgefaßte Regeln für die alphabetische Katalogisierung an den Institutsbibliotheken der Rheinischen Friedrich Wilhelms-Universität, Bonn. Hrsg.: UB Bonn. Bonn 1961. 52 S.

Auf PI-Grundlage, für fachlich nicht vorgebildete Katalogbearbeiter konzipiert. 2. Aufl. mit neuen Ergänzungen vgl. Schürfeld 1966.

ROLOFF, H.: Die Katalogisierung. In: Handbuch der Bibliothekswissenschaft. 2. Aufl. Bd 2. Wiesbaden 1961. S. 242–356.

S. 262–286: Alphabetischer Katalog; S. 270–274: PI-Durchsetzung, Reform.

Sickmann, L.: Die Diskussion der Probleme des alphabetischen Katalogs in Deutschland und die Internationale Konferenz der IFLA über Grundsätze der alphabetischen Katalogisierung, vom 9.–18.10.61 in Paris. – BöBl. Ffm. 17. 1961, 1834–1838.

Reformdiskussion seit 1949.

1962 Franz, R.: Die Titeldrucke der Deutschen Bücherei. Beiträge zur Terminologie, Entwicklung und gegenwärtigen Lage. In: Deutsche Bücherei 1912–1962. Leipzig 1962. S. 157–173.

S. 165–166: PI-Anwendung, Abweichungen, Kennzeichnung der OW.

Nádvorník, M.: Bemerkungen zur internationalen Konferenz über Grundsätze der alphabetischen Katalogisierung. – ZfB. 76. 1962, 145–156.

S. 152: Sachtitelordnung; PI-Regelung sei im Diskussionsentwurf in Paris nicht erwähnt gewesen; der westdeutsche Vertreter habe erklärt, den großen, alten Bibliotheken wäre es nicht möglich, die PI-Grundsätze aufzugeben.

ZAZ. – Zentralkatalog neuerer ausländischer Zeitschriften und Serien in österreichischen Bibliotheken. Hrsg.: Österr. Nationalbibliothek. Grundwerk u. Erg.-Bde 1.2. Wien 1962–76.

Verzeichnung nach PI; internationale Kongresse ohne Fingierungen.
Rez.: ZfB. 78. 1964, 288–289: H. Gittig.

1965 Kuske, Guntram: Dziatzkos „Instruktionen für die Ordnung der Titel im alphabetischen Zettelkatalog" von 1886 und ihre Bedeutung für die „Preußischen Instruktionen". Köln: BLI-Hausarbeit 1965. 40 S.

S. 35: „Etwa die Hälfte aller Bestimmungen der P. I. kommt bei D. bereits vor. Je ungefähr ein Viertel lautet bei D. anders als in den P. I. bzw. fehlt dort." Da die Abweichungen z.T. nur geringfügig sind, ist die inhaltliche Übereinstimmung als sehr weitgehend zu beurteilen.

MKO. – Katalogisierungsordnung der BSB München. Ausgabe 1965. Red.: F.G. Kaltwasser. München 1965. VII, 118 S.

Die MKO ist seit ihrer Ausgabe 1911 den PI weitgehend angeglichen worden. Verzichtet auf substantielle Änderungen, um neues Regelwerk und EDV-Einsatz abzuwarten.

Osmann, S.: Probleme der Formalkatalogisierung. In: Deutsche Staatsbibliothek 1661–1961. Berlin 1965. S. 222–225.

Berliner Titeldrucke sind auch seit Wiederaufnahme 1954 maßgebliche Interpretation der PI. Bei neuem Regelwerk keine Umarbeitung des Kataloges, sondern Katalogschnitt.

Rusch, Gerhard: Einführung in die Titelaufnahme nach den „Regeln für die alphabetische Katalogisierung in wissenschaftlichen Bibliotheken". Bd 1.2 u. Lösungsheft. Leipzig 1965–66. (Lehrbücher für den Nachwuchs an wissenschaftlichen Bibliotheken. 4.)
Lizenzausgabe: München 1967. 423 S., 16 Taf., 70 S. Aufgabenlösungen.

Lehrbuch zur Titelaufnahme nach PI. Stützt sich weitgehend auf den Kommentar von Fuchs 1955.
Rez.: Der Bibliothekar. 21. 1967, 1005: B. Reblin; Bulletin des bibliothèques de France. 12. 1967, *641–642: M.-C. Hubert; ZfB. 82. 1968, 42–46: K. Penzin; ZfBB. 16. 1969, 231: B. Winter.

1966 Schürfeld, Charlotte: Kurzgefaßte Regeln für die alphabetische Katalogisierung an Institutsbibliotheken. Mit e. Anh. über die mechanische Ordnung der Titel u. den körperschaftlichen Verfasser. 2. Aufl. Bonn 1966. 95 S. (Bonner Beiträge zur Bibliotheks- u. Bücherkunde. 12.) (4. Aufl. 1970; 5. Aufl. 1977.)

Der Hauptteil entwickelt die Titelaufnahme nach PI. S. 57–77: Darstellung der alternativen Möglichkeiten der Verzeichnung, nämlich die Sachtitelordnung nach Wortfolge und den korporativen Eintrag.
Rez.: BöBl. Ffm. 23. 1967, 27: B. Hack; Mitt. NRW. NF. 17. 1967, 52–53: I. Sobottke; Nachrichten – Nouvelles – Notizie. 43. 1967, 166–167: hg; vgl. Richter 1966.

Braun, H.: Verfasser und Urheber. In: Aktuelle Probleme der Bibliotheksverwaltung. Festgabe H. Fuchs. Wiesbaden 1966. S. 41–51.

S. 41–44: PI; personaler, erweiterter, korporativer Verfasser.

Richter, E.: Neuere Anleitungen zur Katalogisierung. – DFW. 15. 1966, 35–38.

Sammelbesprechung: Schürfeld 1961 u. 2. Aufl. 1966, Fuchs 1957 u. 2. Aufl. 1961.

Kaltwasser, F.G.: Probleme des Ansatzes und der Ordnung mehrgliedriger persönlicher Namen im alphabetischen Katalog. – ZfBB. 13. 1966, 69–81.

Erörtert alle Lösungsmöglichkeiten: PI, andere Regelwerke und Pariser Katalogkonferenz 1961.

SEELING, HORST: Die Titelaufnahme von wissenschaftlicher und Fachliteratur in Informationsstellen. Leipzig 1966. 70 S. (Einführung in die Information und Dokumentation. 10.)

Verarbeitet Elemente der PI und des DDR-Standard TGL 20972 (Entwurf Jan. 1965); S. 62–63: Ordnung der Sachtitel u. Korporationsnamen nach Wortfolge mit Übergehungen.
Rez.: Der Bibliothekar. 21. 1967, 96–98: B. Reblin; ZfB. 82. 1968, 425–426: G. Schmoll.

1967 SEIDEL, HANS WERNER: Die Titelaufnahme für den alphabetischen Katalog. Ein Leitfaden der Katalogisierung für Kirchen- und theologische Fachbibliotheken. Neustadt a. d. Aisch 1967. 298 S. (Veröffentlichungen d. Arbeitsgemeinschaft f. d. Archiv- u. Bibliothekswesen i. d. Evangelischen Kirche. 6.)

Auf PI-Grundlage; in der Sachtitelordnung mit der Alternative Wortfolge; grundsätzlich korporativer Eintrag mit Ansetzung nach Wortfolge.
Rez.: Bull. bibl. de France. 15. 1970, *426–428: J. Betz.

1968 DÖLL, H.: Die Praxis der bibliographischen Ordnung im Buchhandel. Die mechanische Wortfolge und die Preußischen Instruktionen. – BöBl. Ffm. 24. 1968, 1412–1414.

Nebeneinander von PI und neuen Ordnungsgrundsätzen (Wortfolge, Korporationen) in Buchhandelsverzeichnissen.

DOMAY, FRIEDRICH: Formenlehre der bibliographischen Ermittlung. Stuttgart 1968. 410 S.

S. 40–44: PI; 45–69: Ordnung der Verfasser- u. Sachtiteleinträge.

1969 KAMMEL, K.: Katalogisierungsfragen. (Mit Diskussion.) In: Österreichischer Bibliothekartag 1968. Wien 1969. (Biblos-Schriften. 51.) S. 80–94.

S. 81: Einführung der PI 1930–35; Frage des erneuten Katalogschnitts für neues Regelwerk; S. 86: Entscheidung von PI-Zweifelsfällen im Sinne des zu erwartenden neuen Regelwerks.

1970 KITTEL, P.: Die Reform der alphabetischen Katalogisierung. – ZfB. 84. 1970, 11–18.

Reformbedürftigkeit der PI; angestrebte neue Lösungen.

1971 OPPEN, E. L. v.: Die Ordnung der Eintragungen im alphabetischen Katalog. Ein Vergleich der Regeln der Preußischen Instruktionen mit den Regeln des Vorabdrucks „Ordnung der Eintragungen". T. 1. 2. – ZfB. 85. 1971, 196–218 u. 265–275.

JUNG, R.: Zwanzig Jahre „Instruktionen für den alphabetischen Grundkatalog". – Mitt. NRW. NF. 21. 1971, 274–280.

Interpretiert die NRW-Entwürfe 1951 u. 1952.

GRÖBLI, F.: Zur Vereinheitlichung der alphabetischen Katalogisierung in der Schweiz. – Nachrichten – Nouvelles – Notizie. 47. 1971, 225–233.

Überblick über schweizerische Katalogisierungsregeln, ihr Verhältnis zu den PI u. zu internationalen Bestrebungen; eine schweizerische Mischform für die Sachtitelordnung: 1. OW nach PI, weitere OW nach Wortfolge.

1973 STRASSNIG, FRIEDRICH: Beispielsammlung für die Titelaufnahme. T. 1: Vorlagen. T. 2: Auflösungen nach den Instruktionen für die alphabetischen Kataloge der preußischen Bibliotheken. Wien 1973. (Leitfäden zur Bibliotheksprüfung. Hrsg.: Österr. Inst. f. Bibliotheksforschung, Dokumentations- u. Informationswesen. 8.)

Enthält für 170 Druckschriften Faksimiles der Titelblätter u. weitere Angaben zur Titelaufnahme; Liste mit 233 Sachtiteln für Übungen zur Bestimmung der Ordnungsworte; PI-gemäße Titelaufnahmen für die 170 Drucke; Liste der richtigen Ordnungsworte für die 233 Sachtitel.

RIX, I.: Einführung neuer Regeln für die alphabetische Katalogisierung und ihre Bedeutung für die staatlichen Allgemeinbibliotheken. T. 1. 2. – Der Bibliothekar. 27. 1973, 16–23 u. 85–94.

T. 1: Historischer Überblick. T. 2: Auswirkungen des neuen Regelwerks.

1974 JUNG, R.: Die Reform der alphabetischen Katalogisierung in Deutschland und die internationale Vereinheitlichung der Katalogisierungsregeln. – Libri. 24. 1974, 1–18.

Historischer Überblick: Kritik an PI; Reformbemühungen.

KUSKE, G.: Der Weg zu einheitlicher Katalogisierung in Deutschland. Zur Vorgeschichte der „Preußischen Instruktionen". – DFW. 22. 1974, 119–122.

1975 STINNER, E.: Ein Stoffplan für den Katalogisierungsunterricht nach den „Preußischen Instruktionen" (gehobener Dienst an wissenschaftlichen Bibliotheken). In: Bibliothekarische Ausbildung in Theorie und Praxis. Hrsg.: R. Jung, L. Sickmann. Köln 1975. S. 183–190.

21

1976 KIRFEL, G.: Methodisch-didaktische Überlegungen zum Fach „Alphabetische Katalogisierung" nach den „Preußischen Instruktionen". In: Methodisch-didaktische Probleme des Lehrfachs Alphabetische Katalogisierung. Hrsg.: R. Jung. Berlin 1976. S. 7–18.

JUNG, R.: Methodik und Didaktik einer Einführung in die RAK nach vorausgegangenem Unterricht der Titelaufnahme nach den „Preußischen Instruktionen". In: Methodisch-didaktische Probleme des Lehrfachs Alphabetische Katalogisierung. Hrsg.: R. Jung. Berlin 1976. S. 19–30.
Untersucht Anknüpfungspunkte in den PI für die Vermittlung der RAK.

JUNG, RUDOLF: Die Reform der alphabetischen Katalogisierung in Deutschland 1908–1976. Eine annotierte Auswahlbibliographie. Köln 1976. 53 S. (Bibliographische Hefte. Hrsg.: Bibliothekar-Lehrinstitut des Landes Nordrhein-Westfalen. 7.) Erg. für die Berichtsjahre 1976–79 in ZfBB. 28. 1981, 1–26.
Teils ausführliche Annotationen referieren den Inhalt und verknüpfen die Veröffentlichungen untereinander. Rez.: ZfBB. 24. 1977, 128: H.-A. Koch; BuB. 22. 1977, 847: C. Kirchner; Mitt. NRW. NF. 27. 1977, 318–319: S. Corsten; Bibliothek. Forschung u. Praxis. 1. 1977, 66–67: L. Sickmann.

LOGE, PETRA: Analyse und Korrektur der in der Anlage 1 der PI aufgeführten Beispiele. In Bezugnahme auf PI und den Kommentar von H. Fuchs. Hausarbeit zur Diplomprüfung. Berlin 1976. 159 S., 6 ungez. Bl.
S. 4–12: Bedeutung der Beispiele als Interpretationen des Regelwerks.

1978 BUDER, J.: Zur Entwicklung der Periodika-Katalogisierung in Deutschland. – DFW. 26. 1978, 167–169.
Kritischer Vergleich der PI, der Berliner Anweisungen 1938, der Reformansätze seit 1943 und der RAK hinsichtlich der Periodikaverzeichnung.

1980 HALLER, KLAUS: Katalogkunde. Formalkataloge und formale Ordnungsmethoden. München 1980. 314 S.
S. 211–214: PI; 214–216: Berliner Anweisungen; 285–287: PI-Ordnung.

GÖRLITZ, GERTY, u. Carmen-Celia Weberstädt: Katalogisierung. 1: Studienanleitung Alphabetische Katalogisierung. Hrsg.: Fachschule f. wissenschaftl. Bibliothekswesen, Leipzig. Als Ms. gedr. Karl-Marx-Stadt (1980). 36 S.
Die Studienanleitung gliedert den Stoff, skizziert die Thematik nach PI und verweist zur eingehenden Beschäftigung auf Rusch 1965.

0.5 Bedeutung der Schriftenklassen für die Katalogisierung

Jede Katalogisierung steht vor einer prinzipiell unbegrenzten Vielfalt von Druckschriften, die in den Katalog einzuordnen sind. Ein erster Schritt, um die Vielfalt überschaubar zu machen, ist die Bildung von Schriftenklassen.

Die Schriftenklassen fassen Druckschriften nach gemeinsamen charakteristischen Merkmalen zusammen; die Schriftenklassen selbst bilden größere Gruppen nach bestimmten Kriterien, z.B. nach der Verfasserschaft, der Erscheinungsweise, der Gestaltung des Buchblocks, dem Inhalt und den korporativen Trägern.

Durch die Bildung von Schriftenklassen erhält die Katalogisierung zwar einerseits die Möglichkeit, für jede Schriftenklasse die spezifischen, sinnvollen Entscheidungen zu treffen; andererseits wird jedoch durch die Differenzierung nach Schriftenklassen mit den daraus folgenden zahlreichen besonderen Regelungen die Katalogarbeit objektiv erschwert.

Keine Veröffentlichung kann mit der Bestimmung nach *einem* Kriterium vollständig definiert sein, sondern wird nach jedem Kriterium einer anderen Schriftenklasse zuzuordnen sein. Um es an einem Beispiel zu verdeutlichen: einunddasselbe Buch kann nach der Verfasserschaft eine *Vielverfasserschrift*, nach dem Inhalt und der Titelblattaussage eine *Festschrift*, nach der Erscheinungsweise ein *mehrbändiges Werk*, nach dem korporativen Träger eine *Amtsdruckschrift*, nach dem Vertriebsweg eine *Buchhandelsveröffentlichung* sein. Das geradezu zwangsläufige Zusammentreffen verschiedener Schriftenklassen an einem Buch stellt für die Katalogisierung die Frage nach den Prioritäten in der Behandlung des Falles, wenn für die zusammentreffenden Schriftenklassen vom Regelwerk her einander widersprechende Regelungen vorgesehen sind: hierbei inhaltliche und formale Gesichtspunkte gegeneinander abzuwägen und eine sachgerechte und elegante Lösung zu finden, die nicht gegen wichtige Grundsätze des Regelwerks verstößt und zugleich das sichere Wiederauffinden der Schrift ermöglicht, ist das

Kernproblem aller Katalogisierungsarbeit (und nicht, wie gelegentlich angenommen wird, das richtige Setzen von Klammern und Punkten in der Titelbeschreibung).

Jede Katalogisierung beginnt mit der Frage nach der Schriftenklasse. Und insofern die Recherche am Katalog einen *Nachvollzug der Einordnung* in den Katalog darstellt, wird die Unterscheidung der Schriftenklassen und die Kenntnis der für sie geltenden Einordnungsentscheidungen auch für die Recherche wichtig.

„Bücher und Zeitschriften aber sind Lebenserscheinungen so gut wie die Schöpfungen der Natur und gewiß nicht geringere. Der denkende Bibliothekar steht vor ihnen wie Linné vor seinen Pflanzen, auch wenn er sich nur auf die Vorarbeiten zu einer wissenschaftlichen Ordnung zu beschränken hat." So formuliert Adolf von Harnack 1914 in seinem Geleitwort zum Gesamt-Zeitschriften-Verzeichnis (GZV), einer Formalerschließung nach Preußischen Instruktionen. Die Bibliothekare haben die Systembildung für ihre Bücherschätze bisher fast nur nach inhaltlichen Gesichtspunkten betrieben, um Sachkataloge aufzubauen und die Bücher danach aufzustellen. Eine vollständige Sammlung und systematische Gliederung aller Schriftenklassen nach den Gesichtspunkten der Formalerschließung sucht man in der deutschsprachigen Fachliteratur seit 1900 vergebens. Zwar orientiert sich jegliche bibliographische und bibliothekarische Arbeit tagtäglich an den Schriftenklassen: zu einer vollständigen und systematischen Gesamtübersicht jedoch finden sich merkwürdigerweise nicht mehr als Ansätze, die sich auf eine summarische Behandlung oder eine zweckbestimmte Auswahl beschränken[1]. Lexikalischen Quellen, die noch am besten Auskunft geben, fehlt die systematische Gliederung und auch die Vollständigkeit.

Eher neigen Katalogisierungsregelwerke dazu, diesen Gesichtspunkt aufzugreifen. Sie stellen die Schriftenklassen jedoch nach ihren eigenen, regelwerkinternen Bedürfnissen dar, was dazu führt, daß nur behandelt wird, was aus der Sicht der *Katalogisierung* besondere Regelungen und Erläuterungen erhält. Eine Übersicht zur Orientierung für die *Recherche* ist dabei gewöhnlich nicht beabsichtigt.

0.5.1 Die Schriftenklassen in den Preußischen Instruktionen

Die Instruktionen behandeln die Schriftenklassen unter ca. 45 Oberbegriffen und weiteren ca. 60 Unterbegriffen. Die folgende Übersicht beläßt die Aufzählung annähernd in der Reihenfolge des Regelwerks, vereinigt jedoch Zusammengehöriges möglichst an einer Stelle.

PI – §§	*Schriftenklassen*
	(Oberbegriffe)
	(Unterbegriffe)
13	Mehrbändige Werke / Supplemente
16	Titellose Schriften
17	Beigedruckte Schriften
18	Sammelbände
	Angebundene Schriften
20,3	Beigefügte Schriften
23	Minderwichtige Schriftenklassen
	Lehrmittel
	Elementar-Lehrbücher
	hauswirtschaftl. Literatur
	populärwiss. Literatur
	militärische Instruktionsbücher
	abergläubische, okkulte Literatur
	minderwichtige Unterhaltungsliteratur
	Jugendschriften
	Traktatliteratur
	Einzeldrucke von Predigten
	kleine Schriften von rein örtlichem Interesse ohne historisch-topographischen Wert

---

[1] Vgl. hierzu: G. Abel, K. Bartusch: Literaturkategorien. Charakter, Bedeutung, Beschaffung. 2. Aufl. Lpz. 1968. 119 S. (Einführung in die Information u. Dokumentation. 3.) • Humboldt-Universität zu Berlin. Institut f. Bibliothekswissenschaft u. wissenschaftl. Information. Literatur- und Publikationsformen. Lehrbrief. (Verf.: F. Kunz.) Berlin 1971. 59 S. • Methodisch-didaktische Probleme des Lehrfachs Alphabetische Katalogisierung. Hrsg.: R. Jung. Berlin 1976. S. 31–54: K.-W. Mirbt (Publikationskunde).

58	Amtliche Veröffentlichungen
	Gesetze, Patente, Abschiede, Bullen, Hirtenbriefe
59	Kataloge von Privatsammlungen
25.60	Firmenschriften
61	Taschenbücher (= fachliche Nachschlagewerke), Fachkalender
	Adreßbücher
	Jahresberichte von Anstalten und Vereinen
	Zeitschriftenartige Reihen
62.63.65.	Zeitschriften
227–229.	Generalregister
189.	Beihefte
62.64.65.	Sammelwerke (Werke von mehr als 3 Verfassern)
227.228	
62.64.65.	Serienwerke
227–229.	
66	Sammlungen von Einzelschriften mit übergeordnetem Gesamttitel
67	Einzelwerke von 1–3 Verfassern
69–70	Anonyme Schriften
	Verfasser nicht zu ermitteln
	Verfasser ermittelt
	Verfasser nicht sicher ermittelt
72.73	Schriften mit verkleideter Verfasserangabe
	Initialen, Zeichen
	Autor einer anderen Schrift
	Appellativa
	Pseudonyme
74–76.	Apokryphe Werke: Verfasser genannt, aber die Verfasserschaft ist strittig („angeblicher Verf.")
77	Authentische Schriften mit besonderer Zitierweise: Verfasser ist bekannt und nicht strittig, das Werk wird jedoch bevorzugt unter dem Sachtitel zitiert
176–177	Sammlungen der Schriften eines Verfassers

Die Verteilung der Schriftenklassen auf die Paragraphen der Instruktionen zeigt, daß nur in wenigen Komplexen einige Schriftenklassen nach inneren Kriterien (Wichtigkeit, Sammlungscharakter, korporativer Träger, Verfasserschaft) zusammengefaßt dargestellt sind und in vielen Fällen für eine Schriftenklasse weit auseinander liegende Paragraphen des Regelwerks heranzuziehen sind. Aus dem Zeitpunkt der letzten Redaktion des Regelwerks (1908) ergibt sich, daß gewisse, erst später ausgeprägte und heute stark entwickelte Schriftenklassen nicht berücksichtigt sein können.

0.5.2 Bedeutung der Schriftenklassen für die Recherche

Die Katalogisierung orientiert sich an den Schriftenklassen; da die Recherche Nachvollzug der Einordnung ist, muß auch die Recherche sich an den Schriftenklassen orientieren.

Jede Recherche am alphabetischen Katalog zur Feststellung einer gesuchten Schrift muß in *drei Schritten* überlegen, unter welchem Ordnungswort im Katalog nachzuschlagen ist:

1. Schritt: Welchen *Schriftenklassen* kann die gesuchte Schrift angehören und welche dieser Schriftenklassen wird für die Einordnung maßgeblich sein?

2. Schritt: Unter welchen *Merkmalen* (Personen, Sachtiteln) wird die angenommene Schriftenklasse im Katalog verzeichnet?

3. Schritt: Unter welchem *Ordnungswort* wird ein gesuchtes Merkmal (Person, Sachtitel) im Katalog eingetragen?

Die Überlegungen zur Recherche lauten z.B. für eine gesuchte Schrift mit dem Titel „Mélanges offerts à Henri Du Pin": (1) der Titel gehört wahrscheinlich zur Schriftenklasse der Festschriften; (2) diese Schriftenklasse wird entweder unter 1–3 Verfassern oder unter dem Sachtitel eingetragen, stets jedoch mit einer Verweisung für den Gefeierten; (3) der Name des Gefeierten ist unmittelbar zu erkennen, er wird im Katalog unter dem Ordnungswort DU PIN, Henri eingetragen.

Da zur Recherche die gesuchte Druckschrift selbst gewöhnlich nicht vorliegt, kann man die Schriftenklasse nicht sicher feststellen, sondern muß sich mit Annahmen begnügen, die als *Arbeitshypothe-*

sen für die Recherche dienen. Eventuell müssen verschiedene Arbeitshypothesen ausprobiert werden; ihre Richtigkeit stellt sich erst im Laufe der Recherche heraus.

Wie die Übersicht unter 0.5.1 gezeigt hat, führen die Preußischen Instruktionen die Schriftenklassen unter insgesamt ca. 100 Begriffen ein. Dennoch fehlen einige Schriftenklassen im Regelwerk; so sind z.B. nicht erwähnt: Wörterbücher, Amtsdruckschriften im weiteren Sinn (über Gesetze und Verordnungen hinausgehend), Interviews, Werkstattgespräche, Schallplatten, Normen, Reports usw. Für die Behandlung der nicht aufgeführten Schriftenklassen kann man zunächst Kommentare und Lehrbücher befragen; nötigenfalls muß der Katalogbearbeiter selbst versuchen, die richtigen *Analogien* zu finden, z.B. das Interview in Analogie zum Briefwechsel behandeln.

Wie die Übersicht unter 0.5.1 ferner gezeigt hat, werden die einzelnen Schriftenklassen im Regelwerk nicht jeweils an einer Stelle abgehandelt, sondern ihre Darstellung wird vielmehr auf mehrere, auch weit auseinanderliegende Paragraphen verteilt. Diese Art der Darstellung entspricht bestenfalls den Bedürfnissen der aktiven Katalogisierung, keinesfalls jedoch den *Anforderungen der Recherche* auf eine schnelle und vollständige Information über die zu erwartenden Einträge im Katalog für eine bestimmte Schriftenklasse.

Im Kommentar von H. Fuchs ist die Anordnung des Stoffes um nichts günstiger. Die Einordnungsentscheidungen werden derart auf die Teile 1: Hauptaufnahmen und 2: Verweisungen verteilt, daß wichtigste Entscheidungen über die *Hauptaufnahmen* (z.B. für die Gruppenschriften eines Verfassers und für die Verfasser im erweiterten Sinn) im Teil 2: *Verweisungen* zu suchen sind. Nur für jemanden, der das Kommentarwerk sehr gut kennt, werden die Merkwürdigkeiten der Stoffdisposition keine Schwierigkeiten mehr bereiten.

Die Recherche kann sich also für eine Darstellung der Schriftenklassen weder hinsichtlich des Umfangs mit den in den Preußischen Instruktionen genannten Schriftenklassen begnügen, noch kann sie die Stoffdispositionen des Regelwerks oder des Kommentars übernehmen. Für die Recherche müssen vielmehr *alle* im Katalog eventuell gesuchten Schriften aufgezählt und ihre Behandlung angegeben werden. Für die Darstellung muß wegen der Sachzusammenhänge und um die Möglichkeiten der summarischen Behandlung nutzen zu können, die *Systematik* gewählt werden, unterstützt durch eine schnelle, punktuelle Erschließung in ausführlichen Registereinträgen.

0.6 Systematik der Schriftenklassen

In Ermangelung von Vorlagen muß man für eine systematische Übersicht über die Schriftenklassen eigene Wege gehen und kann nur versuchen, vorhandene Ansätze nach Möglichkeit aufzugreifen.

Wegen der überragenden Bedeutung der *Verfasserschaft* in allen Katalogfragen sollte diesem Kriterium der erste Abschnitt gewidmet werden. Die hierunter zusammenzufassenden Schriftenklassen werden zum größten Teil unter PI 67–77 abgehandelt.

Als zweites, äußerst wichtiges Kriterium muß die *Erscheinungsweise* gelten. Die hierunter fallenden Schriftenklassen sind über weit auseinanderliegende Paragraphen der Instruktionen verteilt.

Ein bisher kaum systematisch herangezogenes Kriterium ist die *Erscheinungsform,* d.h. die formale Gestaltung des gesamten Buchblocks einer Veröffentlichung und seiner einzelnen Elemente wie bedrucktes Material, Druckart, Schrift, Titelblatt, Einband und Ausstattung. Eine systematische Darstellung wird zeigen, daß hier einige Schriftenklassen von besonderer Bedeutung erscheinen werden (allein schon wegen der hier zu behandelnden formalen Gestaltung des Titelblatts), während viele andere Schriftenklassen dieses Abschnitts für die Formalkatalogisierung keine große Rolle spielen und folglich auch keine nähere Darstellung erfordern.

Weitgehende Einigkeit herrscht allgemein auch über die Bedeutung des *korporativen Trägers* einer Veröffentlichung als Kriterium zur Begründung von Schriftenklassen. Wie jedoch die Übersicht unter 0.5.1 gezeigt hat, behandeln die Instruktionen nur wenige Gruppen: Universitäten und Schulen, amtliche Stellen, Firmen, Anstalten und Vereine. Das Regelwerk konnte allerdings den Schriftenklassen des korporativen Trägers eigentlich nicht gerecht werden, weil es – mit der Ausnahme der Firmen – keine korporativen Einträge vorsieht bzw. für amtliche Korporationen nur den personalen Amtsinhaber berücksichtigt (PI 58).

Ein weiter Kreis von Schriftenklassen wird definiert durch das Kriterium des *Inhalts*; dabei geht es überwiegend um textliche, aber auch um nicht-textliche Inhalte. Aber nur ein kleiner Teil der nach dem Inhalt definierten Schriftenklassen bereitet im Hinblick auf die formale Erschließung im alphabetischen Katalog spezielle Probleme. Das Regelwerk hat die für die Katalogisierung relevanten Schriftenklassen des Inhalts über alle Paragraphen verstreut behandelt.

26

Nach diesen größeren Komplexen bleiben noch einige Schriftenklassen, die der Vollständigkeit halber wenigstens erwähnt werden müssen, weil sie im Zusammenhang mit Druckschriften auftreten können und dadurch eventuell Gegenstand der alphabetischen Katalogisierung werden: Schriftenklassen der *nicht-gedruckten Information* (Handschriften, Tonaufzeichnungen, Bildaufzeichnungen); ferner die Schriftenklassen der *druckrechtlichen Verhältnisse* und der *Vertriebswege.*

Der *Darstellung der Schriftenklassen,* die sich über die Kapitel 1–7 erstreckt, sind noch methodische Überlegungen vorauszuschicken, um Mißverständnisse zu vermeiden. Die hier entwickelte Systematik ist in ihrer Art neu und als ein Versuch zu verstehen, über dessen Wert in der praktischen Benutzung entschieden wird. Die vorliegende Systematik erhebt keinen Anspruch auf Wissenschaftlichkeit, die verlangen würde, sämtliche in der Literatur anzutreffenden Klassenbildungen zu erfassen und unter allen Anwendungsgesichtspunkten darzustellen, ferner strenge Definitionen der Begriffe zu entwickeln und sie wissenschafts- und literaturgeschichtlich einzubinden, im Sinne etwa der „Literärgeschichte" früherer Zeiten. Stattdessen will diese Systematik nur dem praktischen Zweck dienen, die Katalogprobleme eines bestimmten Regelwerks darzustellen; zu diesem Zweck wählt sie aus, verzichtet auf die geschichtliche Ableitung, definiert die Schriftenklassen nur im Hinblick auf die Katalogprobleme und auch nur so weit, daß der angehende Bibliothekar sich orientieren kann. Die Darstellung der Schriftenklassen kann nicht ausführlich beschreiben, sondern will Erfahrungen nur zusammenfassen, die in anderen Zusammenhängen der beruflichen Ausbildung bereits gesammelt worden sind: anders wäre die Anzahl von 300 Schriftenklassen auf so engem Raum nicht darstellbar. Einen gewissen Ausgleich für die äußerste Kürze und den Stichwortcharakter sollen die weiterführenden Literaturhinweise bieten.

Keinesfalls erhebt die vorliegende Ausarbeitung den Anspruch, die in der deutschsprachigen Fachliteratur fehlende umfassende Publikationsmorphologie zu ersetzen, die übrigens, wie es scheint, bisher auch nicht sehr vermißt worden ist.

0.7 Darstellung der Schriftenklassen

Innerhalb von sieben Abschnitten

    1: Schriftenklassen der Verfasserschaft
    2: Schriftenklassen der Erscheinungsweise
    3: Schriftenklassen der Erscheinungsform
    4: Schriftenklassen des korporativen Trägers
    5: Schriftenklassen des textlichen Inhalts
    6: Schriftenklassen des nicht-textlichen Inhalts
    7: Sonstige Schriftenklassen

erhält jede einzelne Schriftenklasse eine Kennzahl, die je Abschnitt durchläuft; die sachlichen Untergliederungen der Abschnitte dienen der Orientierung, werden aber nicht mehr dezimal ausgedrückt, um die Kennzahlen für die Schriftenklassen möglichst einfach zu halten. Um spätere Ergänzungen zu erleichtern, werden die Kennzahlen springend vergeben.

Die Artikel für die einzelnen Schriftenklassen werden, soweit erforderlich, gleichbleibend in vier Kategorien gegliedert:

DEF Definition der Schriftenklasse, vor allem im Hinblick auf die Verzeichnungsproblematik.
PRO Problematik der Schriftenklasse: in der Druckschriftenverzeichnung allgemein und für die PI speziell. Hinweise für die Recherche.
EOE Einordnungsentscheidungen nach PI für Hauptaufnahme und Verweisungen; Angabe der Paragraphen des Regelwerks und der Werke von Fuchs 1955 und Rusch 1965.
LIT Literatur über die Schriftenklasse.

0.7.1 Die Kategorie „Einordnungsentscheidung" (EOE)

Hierunter wird über *alle* Einträge informiert, mit denen eine Schrift dieser Schriftenklasse im Katalog verzeichnet ist, und zwar mit Angaben über

    – die *Einordnung* der Einträge: Personennamen, Sachtitel;
    – die *Art* der Einträge: Hauptaufnahmen (HA), Verweisungen (VW);
    – die *Bedingungen* der Einträge: obligatorisch (zwingend vorgeschrieben) oder fakultativ (nach Ermessen des Katalogbearbeiters) oder unter speziellen Voraussetzungen;

27

– die *Begründungen* für die Einträge: durch Angabe der Paragraphen der Preußischen Instruktionen, des Kommentars von H. Fuchs und des Lehrbuchs von G. Rusch (abgekürzt: PI, F, R).

Neben den Angaben unter EOE sind zwei Grundregeln der PI für Hauptaufnahmen und Verweisungen ständig zu beachten: sie gelten immer dann, wenn unter EOE keine anderslautenden Regelungen gegeben werden.

Die Grundregel für die „Hauptaufnahmen" (HA)
Alle Schriften, für die im Regelwerk nichts anderes verfügt ist, erhalten die *HA unter dem Verfasser*, bei einer Schrift mit 2 oder 3 Verfassern unter dem erstgenannten, oder aber, wenn kein Verfasser oder mehr als 3 Verfasser bekannt sind, die *HA unter dem Sachtitel*. PI 30.67.

Die Grundregel für die „Verweisungen" (VW)
Nach PI hängt die Dringlichkeit der VW von der *Einordnung der HA* ab, nämlich ob die Schrift die HA unter dem Verfasser oder dem Sachtitel erhalten hat. Zweck der VW ist das sichere Auffinden der Schrift im Katalog. Für *Verfasserschriften* erscheint das Wiederauffinden mit dem Verfassereintrag weitgehend abgesichert, sodaß VW für weitere Beteiligte wie Herausgeber, Übersetzer usw. nur fakultativ vorgesehen und damit in das Ermessen des Katalogbearbeiters gestellt sind. Für *Sachtitelschriften* dagegen gelten VW von Beteiligten zum sicheren Auffinden als derart wichtig, daß für sie VW von *Herausgebern, Bearbeitern, Mitarbeitern, Kommentatoren und Übersetzern* zwingend vorgeschrieben werden. PI 20.

Die Angaben unter EOE
Die Entscheidung über die HA wird *generell* angegeben. Dagegen werden von den VW nur solche ausdrücklich erwähnt, die für die jeweilige Schriftenklasse *spezifisch* sind, sodaß die ganz allgemein von der Grundregel vorgesehenen VW zusätzlich zu erwarten sind, s.o. „Die Grundregel für die Verweisungen".

0.7.2 Die Kategorie „Literatur" (LIT)

Hierunter soll *Fachliteratur* speziell über die Schriftenklasse angegeben werden, um dem weitergehenden Interesse zu dienen. Der Umfang dieser Kategorie muß in engen Grenzen gehalten werden und kann daher nur das wirklich Einschlägige berücksichtigen. Für einige Schriftenklassen hat es sich als schwierig herausgestellt, auch nur eine einschlägige Veröffentlichung nachzuweisen, während für andere Schriftenklassen die reichhaltige Fachliteratur eine rigorose Auswahl erfordert.
Kriterien der *Auswahl* waren, in der Priorität etwa der Reihenfolge: (1) Behandlung der Katalogisierungsprobleme nach PI oder auch anderen Regelwerken, obwohl diese Anforderung oft nicht zu erfüllen ist; (2) leichte Verfügbarkeit der Schriften, in wichtigen Fachzeitschriften und Festschriften; (3) Verzicht auf die Auswertung von Fachlexika und Handbüchern, die ohnehin bekannt sind, um den Umfang zu begrenzen; (4) Bevorzugung der neueren Veröffentlichungen; (5) Beschränkung auf deutsche und englische Literatur; (6) weitgehender Verzicht auf die Angabe von Bibliographien, obwohl diese auch als reine Verzeichnisse schon viele Informationen über die Schriftenklasse und die Verzeichnungsproblematik bieten; sie wurden jedoch dort genannt, wo es wenig andere Literatur gab.
Die Auswahl konnte nur aufgrund der *Erschließung in den ausgewerteten Quellen*, Fachbibliographien und Lexika, vorgenommen werden; eine Autopsie der in Frage kommenden Veröffentlichungen war nur in sehr wenigen, unklar oder problematisch erscheinenden Fällen möglich.
Umfang und *Gliederung* der bibliographischen Angaben sollen in möglichster Kürze nur dem sicheren Auffinden und Identifizieren dienen; da jedoch der Umfang der Schriften bei der Auswahl für die weiterführende Lektüre eine wichtige Rolle spielt, ist für alle einbändigen Werke die Seitenzahl des Textteils ermittelt und angegeben worden, die nur wenig Raum beansprucht und doch sehr informativ ist. Für Zeitschriftenaufsätze und anderes bibliographisch Unselbständige ist in der Aufführung die Zeitschrift usw. vorangestellt worden, um bei mehreren Aufsätzen aus derselben Zeitschrift die Wiederholung der Zeitschriftentitel leicht einsparen zu können; auf die Angabe der Aufsatzsachtitel wurde verzichtet, wenn sie nicht mehr als die Behandlung der Schriftenklasse zum Ausdruck bringen, und in den anderen Fällen wurden von den Aufsatzsachtiteln nur die aussagekräftigen Stichworte angegeben, um eine sinnvolle Auswahl zu ermöglichen.

28

0.8 Zur Benutzung der vorliegenden Darstellung

Die Recherche ist Nachvollzug der Einordnung, vgl. 0.5.2; es ist zu überlegen, unter welchen Ordnungsworten im Katalog gesucht werden *muß* oder zumindest gesucht werden *kann*. Die Einordnung erfolgt in drei Schritten: Schriftenklasse – Merkmal – Ordnungswort. In der praktischen Sucharbeit spielen sich die Überlegungen in komplexen Zusammenhängen ab, sodaß die Dreistufigkeit von der Routine verdeckt wird. Eine Analyse der Recherchearbeit enthüllt jedoch die drei Schritte:

1. Schritt: Bestimmung der *Schriftenklasse* oder im Zweifelsfalle Annahmen darüber.
            Hierzu sind die Kapitel 1–7 heranzuziehen, mit Einstieg entweder über das Inhaltsverzeichnis oder das Register.
2. Schritt: Bestimmung der *Merkmale,* unter denen gesucht werden kann: Personennamen, Sachtitel.
            Ergibt sich durch Vergleich der gegebenen bibliographischen Daten mit den Einordnungsentscheidungen für die Schriftenklasse: hierzu ist also die Darstellung der Schriftenklasse mit der Kategorie EOE heranzuziehen.
3. Schritt: Bestimmung der *Ordnungsworte.*
            Führte der 2. Schritt zu einem Personennamen, so ist für die Ordnungsworte das Kapitel 8 heranzuziehen. Führte der 2. Schritt dagegen zu einem Sachtitel, so sind die wesentlich umfangreicheren Kapitel 9–12 heranzuziehen.

Bereitet die Ordnung im Katalog selbst, d.h. die *Reihenfolge der Einträge,* irgendwelche Probleme, so ist das Kapitel 13 heranzuziehen.

Allgemeine Hinweise und *Faustregeln zur Recherche* am PI-Katalog bietet das Kapitel 14, das jedoch kaum punktuell herangezogen werden kann, sondern als Ganzes durchgearbeitet werden müßte.

1. Schriftenklassen der Verfasserschaft

Verfasser im Sinne der PI kann nur eine natürliche Person sein. Für den korporativen Verfasser vgl.: 0.2.2; 4.; 4-G; 8.7.

LIT   IFLA. International Conference on Cataloguing Principles, Paris 1961. Report. London 1963. S. 40–51: Single personal author, corporate authors; 60–68: Multiple authorship; 91–96: Statement of principles; 125–218: Working papers. • D.V. Erdman, E.G. Fogel: Evidence for authorship. Essays on problems of attribution. Ithaca, N.Y. 1966. 559 S. • Aktuelle Probleme der Bibliotheksverwaltung. Festgabe H. Fuchs. Wiesbaden 1966. S. 41–51: H. Braun (Verfasser u. Urheber). • F. Domay: Formenlehre der bibliographischen Ermittlung. Stuttgart 1968. S. 45–57. • ZfBB. 17.1970, 108–111: H. Rosenfeld (Vor- u. Nachwort-Verfasser als Autoren u. Herausgeber). • Libri. 23.1973, 307–330: A. Domanovszky (Editor entries).

1-A.   *Verifizierung der Verfasserschaft*

1.1 Authentische Schriften

DEF   Schrift, deren Verfasser bekannt und nicht strittig ist.

PRO   Die Authentizität (Echtheit) wird nach *maßgeblichen Quellen* entschieden: Enzyklopädien, Lexika, Handbücher; damit hängt die Entscheidung auch von der jeweils geltenden wissenschaftlichen Lehrmeinung ab und kann sich ändern. • In der Katalogpraxis wird der auf dem Titelblatt genannte oder ein ermittelter Verfasser solange als authentisch betrachtet, wie sich keine begründeten Zweifel ergeben. • Die Authentizität ist unabhängig davon, woher die Verfasserangabe stammt: auch ein aus dem Buch oder anderen Quellen *ermittelter Verfasser* kann der authentische sein. • Die EOE nach PI wird von der Aussage des *Titelblatts* beeinflußt: ob der Verfasser (a) mit seinem wahren Namen, (b) mit einem unzutreffenden Namen oder (c) überhaupt nicht mit Namen genannt ist. Der Fall (b) mit einer unzutreffenden Namensangabe gilt als 1.5-Pseudonyme Schrift. • Die *Recherche* ist weitgehend abgesichert durch VW vom Sachtitel, wenn der Verfasser auf dem Titelblatt nicht genannt ist.

EOE   Abhängig von Titelblattaussage u. Zitierweise.

(A) Wahrer Verfassername auf Titelblatt *genannt*: HA unter dem Verfasser. PI 30.31. F 21. R 2.2–2.3.

(B) Verfassername aus dem Buch oder anderen Quellen *ermittelt:* HA unter dem Verfasser, VW für den Sachtitel und einen darin genannten Personennamen. PI 70. F 21. 80. 96,3. R 2.11.3.

(C) Die authentisch zugeschriebene Schrift wird in der Literatur *vorzugsweise unter ihrem Sachtitel zitiert:* s. 1.2.

1.2   Authentische Schriften mit besonderer Zitierweise

DEF   Schrift, deren Verfasser bekannt und nicht strittig ist, die jedoch vorzugsweise unter ihrem Sachtitel zitiert wird.

PRO   In den abendländischen Literaturen seltener, in den orientalischen Literaturen häufiger Fall; z.B. für den „Roman de la rose" sind zwei Verfasser bekannt, dennoch wird die Schrift unter ihrem Sachtitel zitiert. • Die EOE wird von Zitierweisen abhängig gemacht, die oft nicht erkannt werden und gegebenenfalls nur schwer zu belegen sind.

EOE   Wie alle authentischen Schriften HA unter dem Verfasser, zusätzlich VW für den aufgrund der besonderen Zitierweise eventuell gesuchten Sachtitel. PI 77. F 80,3.

1.3   Unsicher zugeschriebene Schriften

DEF   Schrift, deren Verfasser auf dem Titelblatt nicht genannt ist, für die jedoch ein Verfasser ermittelt wurde, dessen Autorschaft allerdings strittig ist; der ermittelte gilt deshalb nur als mutmaßlicher Verfasser.

PRO   Die Definition der Schriftenklasse hängt von der *Gestaltung des Titelblatts* (fehlende Verfasserangabe) und von der *Ermittlungslage* (mutmaßlicher Verfasser ermittelt) ab. • Für die *Recherche* sind beide Kriterien nicht kalkulierbar, sie ist jedoch durch Einträge unter mutmaßlichem Verfasser und Sachtitel abgesichert; ist allerdings ein Verfasser nicht ermittelt worden, fehlt sein Eintrag im Katalog; ist dagegen der ermittelte Verfasser nicht als mutmaßlicher, sondern als der wirkliche Verfasser aufgefaßt worden, so erhält die Schrift mit ermitteltem Verfasser doch stets einen Eintrag für den Sachtitel, vgl. 1.1-EOE(B). Daher gilt als *Faustregel:* kommt auch nur der geringste Zweifel an der Verfasserschaft auf, ist unbedingt auch unter dem Sachtitel der Schrift nachzuschlagen.

EOE   HA unter dem Sachtitel, VW für den mutmaßlichen Verfasser. PI 71. F 21,2. 98,4. R Bsp. 129.

LIT   J.-M. Quérard: Les supercheries littéraires dévoilées. 2. éd. T. 1. Paris 1882. Sp. 18–25: Des auteurs et des ouvrages supposés. • G. Schneider: Handbuch der Bibliographie. 4. Aufl. Lpz. 1930. S. 458.

1.4   Apokryphe Schriften

DEF   Schrift, für die auf dem Titelblatt ein Verfasser genannt ist, dessen Verfasserschaft jedoch strittig oder sogar nachweislich falsch ist (angeblicher Verfasser); daneben ist ein anderer Verfasser ermittelt, dessen Verfasserschaft als wahrscheinlicher, wenn auch nicht als gesichert gilt (mutmaßlicher Verfasser).

PRO   Ein formal genannter *angeblicher* und ein ermittelter *mutmaßlicher* Verfasser konkurrieren miteinander; keiner von beiden gilt als der wahre Verfasser: er ist nicht bekannt. • Die EOE nach PI folgt den *Formalien* und ordnet die Schrift unter dem auf dem Titelblatt genannten, strittigen Verfasser ein. • Die *Recherche* wird durch VW weitgehend abgesichert.

EOE   HA unter dem angeblichen Verfasser, fakultative VW für den mutmaßlichen Verfasser und den Sachtitel. PI 74. 75. F 21,2. 86.

Sonderfall: Wird die apokryphe Schrift überwiegend unter ihrem Sachtitel zitiert (wegen der Ungewißheit über die Verfasserschaft), so erhält sie die HA unter dem Sachtitel, mit VW für alle angeblichen und mutmaßlichen Verfasser. PI 76. F 21,2. 98,4.

LIT   J.-M. Quérard: Les supercheries littéraires dévoilées. 2. éd. T. 1. Paris 1882. Sp. 4–17. • G. Schneider: Handbuch der Bibliographie. 4. Aufl. Lpz. 1930. S. 454 f., 458 f.

1.5 Pseudonyme Schriften

DEF Schrift, auf deren Titelblatt der Verfasser in einer verkleideten Form (dem Pseudonym) genannt wird, die wie ein Name aussieht oder aufzufassen, aber nicht der wahre Name des Verfassers ist.

PRO Die Pseudonyme sind eine von mehreren Arten der Verhüllung der wahren Verfasserschaft („verkleidete Literatur"). Für die *Abgrenzung* der Pseudonyme von den Anonyma, Appellativa, Asteronymen usw., ihre Formen und ihre Ordnung im Katalog vgl. 8.6. • Die EOE hängt davon ab, ob durch Ermittlungen der *wahre Name des Verfassers* festgestellt werden kann: in diesem Fall konkurrieren Pseudonym und wahrer Name für den Eintrag der HA und die Entscheidung fällt nach dem *überwiegenden Gebrauch,* wie er auf den Titelblättern der Schriften oder in maßgeblichen bibliographischen Quellen belegt ist, damit die HA unter demjenigen Namen liegt, mit dem der Autor überwiegend gesucht wird. • Die *Recherche* ist gesichert durch eine VW vom anderen Namen, der als weniger gebräuchlich betrachtet worden ist.

EOE Abhängig von der Ermittlungslage.
(A) *Kein wahrer Name* für den Verfasser ermittelt: HA unter dem Pseudonym.
(B) Der *wahre Name des Verfassers ermittelt*: HA unter dem im Gebrauch durchgesetzten Namen, VW vom anderen Namen.
PI 73. 141. 169. 170. F 21,3. 80,3. 98,4. 101,8. R 2.3.5.

LIT J.-M. Quérard: Les supercheries littéraires dévoilées. 2.éd. T.1. Paris 1882. Sp. 26–69. • ZfB. 2. 1885, 327–328: v. Grienberger (Katalogisierung von Kryptonymen). • M. Holzmann, H. Bohatta: Deutsches Pseudonymen-Lexikon. Wien 1906. S. III–IX: Vorw. • ZfB. 42. 1925, 31–35: E. Drahn (russ. Autoren). • G. Schneider: Handbuch der Bibliographie. 4.Aufl. Lpz. 1930. S. 449–467. • A. Taylor, F. J. Mosher: The bibliographical history of anonyma and pseudonyma. Chicago 1951. 288 S. • J. A. Sint: Pseudonymität im Altertum. Innsbruck 1960. 175 S. • D. V. Erdman, E. G. Fogel: Evidence for authorship. Essays on problems of attribution. Ithaca, N. Y. 1966. 559 S. • H. S. Sharp: Handbook of pseudonyms and personal nicknames. 1.2. Metuchen, N.J. 1972. Vol. 1, S. V–XI. • G. Söhn: Literaten hinter Masken. Eine Betrachtung über d. Pseudonym in d. Literatur. Berlin 1974. 206 S. • J. F. Clarke: Pseudonyms. London 1977. S. XI–XIV.

1.6 Anonyme Schriften

DEF Schrift, deren Verfasser unbekannt ist: er ist weder auf dem Titelblatt der Schrift genannt, noch aus anderen Quellen ermittelt.

PRO Für die Entscheidung, welche Arten der Verfasserangabe (z.B.: Initialen, Appellativa, Asteronyme usw.) als Anonyma und welche als Pseudonyme gelten, vgl. 8.6.3 u. 8.6.5. • Auch die Definition dieser Schriftenklasse ist von der *Ermittlungslage* abhängig: sobald nämlich der Verfassername doch ermittelt werden kann, handelt es sich um eine authentische Schrift mit ermitteltem Verfasser, vgl. 1.1-EOE (B). • Ist der Verfasser einer Schrift nicht bekannt, so vereinfacht sich die EOE erheblich, weil für den Eintrag nur der *Sachtitel* übrigbleibt. • Ist die anonyme Schrift vor ca. 1500 entstanden, so muß geprüft werden, ob es sich eventuell um ein 1.7-Klassisches Anonymum handelt. • Die *Recherche* ist durch das nach Grundregel 0.7.1 besonders umfassende Verweisungsprogramm für anonyme Schriften und alle anderen Sachtitelschriften abgesichert.

EOE HA unter dem Sachtitel, VW für einen im anonymen Sachtitel genannten Personennamen. PI 20,3 e. 30. 69. F 21,2. 90. 91. R 2.4.1 u. Bsp. 265.

LIT M. Holzmann, H. Bohatta: Deutsches Anonymenlexikon. 1–7. Weimar 1902–28. • ZfB. 30. 1913, 529–538: R. Fick (Anonyma im GK). • Libri. 17. 1967, 175–183: E. Zunker (Enthüllung anonymer Schriften). • M. A. Rohdy: Cataloging anonymous works. An historical and theoretical study. Thesis. Chicago 1973. 127 S. • Vgl. 1.5-LIT: Schneider 1930, Taylor 1951.

1.7 Klassische Anonyma

DEF Ältere Texte, die (a) gewöhnlich vor Erfindung des Buchdrucks entstanden sind und deshalb (b) noch in handschriftlicher Form Verbreitung gefunden haben, und die (c) wegen der handschriftlichen Überlieferung noch unter verschiedenen Sachtiteln oder Bezeichnungen bekannt geworden sind, sodaß für diese Texte (d) zur bibliographischen Identifizierung *ein* bestimmter Sachtitel als maßgeblicher Titel festgesetzt werden muß.

31

PRO   Der eingeführte Begriff „Klassische Anonyma" ist zu eng gefaßt, weil eventuell ähnliche Sachlagen sich auch für Verfasserschriften ergeben können. • Erst die allgemein verbindliche Bestimmung eines *maßgeblichen Sachtitels* ermöglicht die Vereinigung aller Ausgaben der Schrift in allen Katalogen unter demselben Sachtitel; deshalb werden für klassische Anonyma *Titellisten* auf nationaler oder internationaler Ebene erarbeitet.

EOE   HA unter dem als maßgeblich festgesetzten Sachtitel, VW für alle anderen Sachtitel der vorhandenen gedruckten Ausgaben. PI 217. 238, Bsp. Nibelungenlied. F 20,1 b. 79,1.

LIT   Library quarterly. 4. 1934, 274–281: H.D. MacPershon (Cataloging). • A.L.A. catalogers' and classifiers' yearbook. 6. 1937, 95–110: A.C. Smith (Cataloging of medieval romances); 8. 1939, 62–75: R.H. Dare (Anonymous entries in the catalog of the British Museum); 11. 1942, 27–31: C. Beetle (Anonymous classics in the LoC catalog). • ZfB. 1939, 129–134: L. Denecke (E. Schröders „Anfänge des deutschen Buchtitels"). • G. Lohse: Grundsätzliches zur Bildung, Bibliographie und Katalogisierung altnordischer Titel. Köln 1954. 45 S. • IFLA. International list of uniform headings for anonymous classics. Ed.: R. Pierrot. Ed. provisoire. Paris 1964. 120 S. • H.-J. Scholz: Probleme der Einordnung „klassischer Anonyma" der deutschsprachigen Literatur in den Alphabetischen Katalog. Köln: BLI-Ex.-Arb. 1964. 70 S. • Verein Deutscher Bibliothekare. Kommission f. Alphabetische Katalogisierung. Regeln für die alphabetische Katalogisierung. Teilentwurf. Januar 1965. Ffm. 1965. (ZfBB. Sonderh. 2.) S. 71–92: Anhang. Klassische deutsche Anonyma. • Mitt. NRW. NF. 19. 1969, 125–138: P.K. Liebenow (Oster- u. Passionsspiele als klassische Anonyma). • List of uniform titles for liturgical works of the Latin rites of the Catholic Church. Ed.: P. Baader. London: IFLA 1975. 17 S. • Bibliothekswelt und Kulturgeschichte. Festgabe J. Wieder. München 1977. S. 171–186: G. Lohse (Mittelalterliche deutsche Buchtitel). • IFLA. Anonymous classics. A list of uniform headings for European literatures. Ed.: R.C. Hewett. London 1978. 119 S.

1-B.   Gleichstellung mit Verfasserschaft
(PI: Erweiterung des Begriffs Verfasser)

1.10   Eigenständige Übersetzungen

DEF   Übersetzung, die selbständige Bedeutung hat, z.B. als Sprachdenkmal für die Übersetzungssprache.

PRO   Das Kriterium der selbständigen Bedeutung ist sehr unscharf. PI geben als Beispiele (a) Ulfilas gotische Bilbelübersetzung, (b) König Alfreds englische Übersetzung von Orosius, (c) Chaucers englische Übersetzung der Boethius-Schrift De consolatione philosophiae. Damit ist die Größenordnung angedeutet: nur *wenige Werke der Weltliteratur* werden dieses Kriterium erfüllen. • Für derart seltene Fälle eine eigene Regelung vorzuschreiben, erscheint wenig sinnvoll. Die *Recherche* wäre auch mit einer HA nach Grundregel 0.7.1 und VW vom Übersetzer gesichert. • Vgl. 5-Cd: Übersetzungen.

EOE   HA unter dem Übersetzer (als Verfasser im erweiterten Sinn), VW vom Haupteintrag des Originaltextes (Verfasser oder Sachtitel). PI 43. R 2.13.

1.11   Eigenständige Bearbeitungen

DEF   Bearbeitung, die vom Urtext so stark abweicht, daß sie als selbständiges Werk anzusehen ist.

PRO   Das Kriterium des selbständigen Werks ist sehr unscharf: es bleibt offen, wie stark formale und inhaltliche Änderungen zu bewerten sind. Die Entscheidung, ob *Urtext oder Bearbeitung* vorliegt, soll sich auch an der Titelblattaussage orientieren: gibt z.B. die Bearbeitung im Titelblatt nicht zu erkennen, daß sie die Bearbeitung einer anderen Schrift ist, so soll sie als selbständiges Werk angesehen werden. • Die *Arten der Bearbeitung* sind vielfältig: Umarbeitung eines Stoffes in eine andere literarische Form, Bearbeitung für spezielle Leserkreise, inhaltliche Abwandlungen, Neudeutungen, Modernisierungen usw. Für gekürzte Ausgaben vgl. 5-Cb. Allgemein vgl. 5-Ce: Bearbeitung.

EOE   HA unter dem Bearbeiter (als Verfasser im erweiterten Sinn), nur fakultative VW vom Haupteintrag des Urtextes (Verfasser oder Sachtitel). PI 44. 45. F 79,1 (= S. 168). R 2.13.4.

1.12 Textausgaben mit entscheidender Herausgebertätigkeit

DEF   Ausgabe eines Textes, in deren Titelblattangaben die Arbeit des Herausgebers als die Hauptsache hervortritt.

PRO   Das Kriterium der Hauptsache ist völlig unscharf. Die PI-Beispiele sind Einzelfälle, von denen man keine genaueren Definitionen für das Kriterium gewinnen kann. Die genannten Fragment- und Urkundensammlungen vermitteln überdies den Eindruck, daß nur *äußerst wenige Druckschriften* unter diese Regelung fallen können. • Für derart seltene Fälle eine eigene Regelung vorzuschreiben, erscheint wenig sinnvoll, vgl. 1.10. Die *Recherche* ist nur gesichert, wenn die fakultative VW vom Text vorhanden ist. • Sonderfall: wenn die Textausgabe Gegenstand und Inhalt einer *Dissertation* (4.81; 4.82) ist, gilt der Doktorand generell als Verfasser und die enthaltene Schrift erhält eine VW, womit der Nachweis gesichert ist; für die *Buchausgabe der Dissertation* kann die EOE genau umgekehrt lauten, HA für den Text und VW für den Hrsg.; vgl. F 62,5.

EOE   HA unter dem Herausgeber (als Verfasser im erweiterten Sinn), nur fakultative VW vom Haupteintrag des Textes (Verfasser oder Sachtitel). PI 42. F 62,5. 79,1. 93,1e. R 2.13.

1.13 Auswahl-Sammlungen mit entscheidender Herausgebertätigkeit

DEF   Sammlung von Texten oder Textstellen von mehr als 3 Verfassern, deren Auswahl nach Inhalt und Gliederung entscheidend vom Herausgeber bestimmt worden ist.

PRO   Grundgedanke: Der *Herausgeber prägt durch Auswahl und Anordnung des Stoffes derart das Buch als Ganzes,* daß seine Tätigkeit die Verfasserschaft jedes einzelnen Autors, der mit Texten in der Auswahlsammlung vertreten ist, überragt. • Nach PI fallen hierunter insbesondere

- Chrestomathien, Anthologien, Florilegien, Zitatensammlungen (PI 36),
- Gesang-, Gebet-, Liederbücher (PI 36),
- Regesten, Konkordanzen, Wörterbücher (PI 36),
- Sammlungen von Sagen, Märchen, Sprichwörtern, Rätseln, Volksliedern usw. (PI 39),
- sachlich und örtlich begrenzte Sammlungen von Gesetzen, Verordnungen, Inschriften usw. (PI 40. 41).

Nach den PI-Beispielen wird für derartige Auswahl-Sammlungen stets angenommen, daß ein *Herausgeber genannt* ist: der Hrsg. wird zum Verfasser im erweiterten Sinn; nach F 21,1 wird auch ein nur aus dem Buch oder anderen Quellen *ermittelter Hrsg.* zum Verfasser im erweiterten Sinn. Ist jedoch *kein Hrsg.* genannt oder ermittelt, so kann die EOE nur nach der Grundregel 0.7.1 getroffen werden: HA unter dem Sachtitel, eventuell mit VW vom erstgenannten Autor als Mitarbeiter. • Dagegen werden Sammlungen, deren *Auswahl vorgegeben* und nicht vom Hrsg. entschieden worden ist, nach der Grundregel 0.7.1 behandelt, mit HA unter dem Sachtitel und VW für den Hrsg. als Beteiligten. • Für die *Recherche* ist es ein erheblicher Nachteil, daß bei HA unter dem Herausgeber als Verfasser im erweiterten Sinn der Sachtitel keine VW mehr erhält: besteht der Verdacht auf eine Auswahl-Sammlung und ist kein Hrsg. genannt, so sollte eventuell eine bibliographische Recherche zur Feststellung des Hrsg. erwogen werden.

EOE   Abhängig von der Angabe oder Ermittlung eines Hrsg.
(A) *Herausgeber genannt:* HA unter dem Hrsg. (als Verfasser im erweiterten Sinn), keine VW für den Sachtitel.
(B) *Herausgeber ermittelt:* HA unter dem Hrsg., jedoch mit VW für den Sachtitel, wie im Falle des ermittelten Verfassers, vgl. 1.1-EOE(B).
(C) *Kein Herausgeber* genannt oder ermittelt: HA unter dem Sachtitel, VW für den ersten im Buch genannten Verfasser als Mitarbeiter (F 93,2).
PI 36. 39–41. F 13,2. 21,1. 93,1a-c.f. R 2.13.1.

LIT   Vgl. *5.62*-Anthologien, *5.65*-Sammlungen mündlicher Tradition, ferner die genannten einzelnen Schriftenklassen.

1-C. Anzahl der beteiligten Verfasser

1.20 Ein-Verfasser-Schriften

DEF   Schrift, für die nur ein Verfasser auf dem Titelblatt genannt oder anderweitig ermittelt ist.

EOE   Abhängig von der Verifizierung der Verfasserschaft nach 1.1–1.5.

1.21 Zwei- u. Drei-Verfasser-Schriften

DEF   Schrift, die die gemeinsame Arbeit von zwei oder drei Verfassern ist, die auf dem Titelblatt genannt oder anderweitig ermittelt sind.

PRO   Entscheidendes Kriterium ist die *gemeinsame Arbeit*. Die beteiligten Verfasser müssen entweder die ganze Schrift gemeinsam verfaßt oder, wenn im Buch ihre Verfasserschaft nach Textanteilen getrennt angegeben wird, ihre Beiträge offensichtlich als Teile für die vorliegende Veröffentlichung (für das Handbuch, für das Lehrbuch, für die Festschrift, als Kongreßvortrag usw.) konzipiert und geschrieben haben. • *Dagegen* werden solche Sammlungen von Einzelschriften, die unabhängig voneinander entstanden sind und deren nachträgliche Vereinigung in einer Veröffentlichung von ihren verschiedenen Verfassern nicht beabsichtigt gewesen ist, völlig anders nach eigenen Regelungen behandelt, vgl. 1.23. • Das Kriterium der gemeinsamen Arbeit kann zuverlässig nur nach *inhaltlicher Prüfung* des Buches erkannt werden, was der *Recherche* gewöhnlich nicht möglich ist: sie muß daher zwei Möglichkeiten bedenken, entweder (a) liegt die gemeinsame Arbeit vor, die nur unter den *Verfassern* zu suchen ist, oder (b) es handelt sich um eine Sammlung von Einzelschriften, die Einträge unter ihrem *Sachtitel* und einem *Herausgeber* oder dem *erstgenannten Verfasser* (als Mitarbeiter) erhalten hat.

EOE   HA unter dem erstgenannten Verfasser (nach Reihenfolge auf dem Titelblatt), VW für 2. u. 3. Verfasser.
PI 67. F 2,1a. 41,1. 84. 98,3. R 2.2.3.

1.22 Vielverfasserschriften

DEF   Schrift, die die gemeinsame Arbeit von mehr als drei Verfassern ist, die auf dem Titelblatt genannt oder anderweitig ermittelt sind.

PRO   Bei mehr als drei Verfassern stellen sich die PI auf den Standpunkt, daß die Anteile der einzelnen Autoren erheblich zurücktreten gegenüber dem Ganzen: die *Verfasser* erhalten daher in den meisten Fällen *keine Einträge mehr* oder höchstens der erstgenannte Verfasser eine VW als Mitarbeiter, s.u. • Vielverfasserschriften sind ebenfalls definiert durch die *gemeinsame Arbeit*; deshalb Abgrenzung sowohl gegen die verschiedenen Sammlungen von Einzelschriften nach 1.23 wie auch gegen die 1.13-Auswahlsammlungen (Anthologien usw.). • PI 62. 64. 65 verwenden den Begriff *Sammelwerk*, der dort sowohl die Vielverfasserschriften wie auch die Sammlungen von Einzelschriften umfaßt und nach F 2,1b-e zweckmäßigerweise zerlegt werden sollte. • Die EOE für die Personal-VW ist stark abhängig von der *Titelblattgestaltung*: sind dort Herausgeber genannt, entfällt jegliche VW für Verfasser. • Die *Recherche* sollte nötigenfalls immer auch noch unter dem Sachtitel nachschlagen, weil hierunter die HA zu finden sein muß.

EOE   HA stets unter dem *Sachtitel*. VW abhängig von der Titelblattgestaltung und der Ermittlungslage:
(A) *Herausgeber genannt* oder ermittelt: VW für maximal 2 Hrsg;
(B) *kein Herausgeber* genannt oder ermittelt: VW nur für den erstgenannten Verfasser – auch einem ermittelten – als Mitarbeiter.
PI 62. 65. F 2,1b. 80,1. 93,2. 98,3. R 2.4.2.

1.23 Sammlung verschiedener Schriften mehrerer Verfasser

Nachdem die beiden vorhergehenden Schriftenklassen durch das Kriterium der *gemeinsamen Arbeit* mehrerer Verfasser definiert waren:

> 1.21-Zwei- u. Drei-Verfasser-Schriften
> 1.22-Vielverfasserschriften

ist zur deutlichen Abgrenzung auf die große und aus sehr verschiedenen Schriftenklassen gebildete *Gruppe von Sammlungen* hinzuweisen, in denen *unabhängig voneinander entstandene Schriften verei-nigt* worden sind: bei ihrer Abfassung war gewöhnlich an eine Vereinigung in einer Druckschrift nicht gedacht, die Zusammenfassung erfolgte nachträglich, die Sammlung ist *nicht* die gemeinsame Arbeit der vertretenen Verfasser. Allerdings ist das Kriterium der gemeinsamen Arbeit nie scharf gefaßt worden, sodaß über seine Auslegung leicht Zweifel entstehen können, so z.B. im Falle der Zeitschriften und der Festschriften. Die EOE für die hierunter fallenden Sammlungen sind sehr verschieden; insbesondere gehören hierzu:

> 1.13-Auswahlsammlungen (Anthologien usw.)
> 2.15-Zeitschriften
> 2.17-Zeitungen
> 5.40-Beigefügte Schriften
> 5.41-Beigedruckte Schriften
> 5.50-Werkausgaben: 2–3 Verfasser
> 5.51-Werkauswahlen: 2–3 Verfasser
> 5.61-Sammlungen von Einzelschriften
> 5.62-Anthologien
> 5.63-Florilegien
> 5.66-Briefwechsel
> 5.67-Briefsammlungen
> 5.210-Bibelausgaben
> 5.251-Gesetze, Verordnungen: Sammlungen

Hinweis: Nicht immer haben Regelwerk und Kommentar das Kriterium der „gemeinsamen Arbeit" konsequent angewendet; es sind gelegentlich Fälle, die das Kriterium *nicht* erfüllen, doch so behandelt worden, als handele es sich um die gemeinsame Arbeit der vertretenen Verfasser, vgl. insbesondere 5-Bb: Schriftensammlungen von 2–3 Verfassern.

2. Schriftenklassen der Erscheinungsweise

2-A. *Einmalige, abgeschlossene Veröffentlichungen*

2.1 Monographien

DEF Druckschrift, die bibliographisch völlig unabhängig von anderen Veröffentlichungen erschienen ist: d.h. sie ist *nicht* Stück einer Reihe, *nicht* Jahrgang, Sonderheft oder Beiheft einer Zeitschrift, *nicht* Teil eines Sammelwerks.

PRO Das Kriterium der hier gegebenen bibliothekarischen Definition ist die *Unabhängigkeit* von anderen Veröffentlichungen: sie bedeutet, nicht Teil eines größeren Ganzen zu sein. • Daneben wird der Begriff Monographie auch *umgangssprachlich* definiert (Schrift, die einen einzelnen Gegenstand als abgesondertes Ganzes behandelt) und rein *inhaltlich* (Einzelwerk, in sich abgeschlossene geistige Schöpfung). • Die Monographie kann als *mehrbändiges Werk* erscheinen, entweder mit allen Bänden zugleich (= einmalig abgeschlossen) oder aber die einzelnen Bände nacheinander (= fortlaufend), vgl. 2.12.

EOE   HA und VW nach Grundregel 0.7.1. PI 20. 30. 31.

LIT   F. Domay: Formenlehre der bibliographischen Ermittlung. Stuttgart 1968. S. 88–137. • ISBD(M). Internationale standardisierte bibliographische Beschreibung für Monographien. Deutsche Fassung: I. Bouvier. Berlin: DBV 1974. 78 S. • ISBD(M). International standard bibliographic description for monographic publications. 1. standard ed. revised. London: IFLA 1978. 51 S.

2.2   Serienstücke

DEF   Druckschrift, die als Teil (= Stück) einer gezählten oder ungezählten Serie erschienen ist.

PRO   Serienstücke haben einen *Doppelcharakter*: sie sind einerseits in sich abgeschlossene Werke mit eigenem Sachtitel (dem Stücktitel) und können als solche den verschiedensten Schriftenklassen zugehören – andererseits sind sie Teile eines größeren Ganzen, der Serie. • Als Folge seines Doppelcharakters kann das Serienstück einen *doppelten Nachweis* erhalten: (1) in jedem Fall erhält das Serienstück seine eigene HA, die sogenannte *„Stücktitelaufnahme"* unter Verfasser oder Sachtitel, je nach Schriftenklasse; (2) ein zweiter Eintrag für das Serienstück unter der Serie, der sogenannte *„Stücknachtrag"* unter der Serie, kann nur für Stücke gezählter – auch fingiert gezählter – Serien entstehen, vgl. 2.14. • Die *Recherche* unter dem Stücktitel ist also stets gesichert, ob gezählte oder ungezählte Serie; dagegen hängt der Nachweis des Stückes unter der Serie völlig vom Vorhandensein einer *Serienzählung* ab.

EOE   Getrennt für Stücktitelaufnahme und Stücknachtrag.
(A) *Stücktitelaufnahme:* HA nach Grundregel 0.7.1.
(B) *Stücknachtrag* unter der Serie: nur für Stücke *gezählter* Serien möglich, weil nur gezählte Serien überhaupt eigene HA erhalten, unter denen der Nachtrag verzeichnet werden kann, vgl. 2.14-EOE.
PI 8,5–6. 21,4–5. 64. F 45. R 2.6.4.1.

LIT   BFB. 3. 1975, 191–195: F. Junginger (Doppelter Nachweis unter Serie und Stücktitel).

2-B.   *Fortlaufende Veröffentlichungen*

2.10   Loseblattsammlungen

DEF   Veröffentlichung in Einzelblättern, die in einem Ordner durch einen Schließmechanismus zusammengehalten werden, der es gestattet, die Sammlung an jeder Stelle zu öffnen, um einzelne Blätter zu entfernen oder hinzuzufügen.

PRO   Andere technische Lösungen, die ebenfalls eine laufende Ergänzung ermöglichen, sind die 3.26-Kartei und das 3.25-Ringbuch; deshalb auch als „Karteibuch" oder „mobiles Buch" bezeichnet. • *Erscheinen* gewöhnlich in einem Grundwerk und anschließend, über einen nicht begrenzten Zeitraum, in *Lieferungen*. Durch das Entfernen und Einfügen von Blättern der Lieferungen kann das Werk eine *ständige Neubearbeitung* erfahren und inhaltlich in jedem Augenblick den neuesten Berichtsstand bieten. Anwendung auf den Gebieten der Rechtsprechung, Verwaltung, Technik, Medizin. • Loseblattsammlungen, die nicht ergänzt werden, gelten als „unechte" (H. Kunze: Grundzüge der Bibliothekslehre. 4. Aufl. Lpz. 1976. S. 267). • *Ständiger Bezug* der Ergänzungslieferungen und deren umgehende Einarbeitung in das Werk sind unerläßliche Voraussetzungen für die volle Funktionsfähigkeit der Loseblattsammlung. • Werden der aktuelle *Umfang und Berichtsstand* der Sammlung im AK nicht laufend nachgetragen, so sind diese Angaben nur den beigegebenen „Kontrollblättern" oder „Anweisungen zum Einordnen" zu entnehmen.

EOE   Nach Grundregel 0.7.1. F 2,3. 35,2. R 2.7.2.

LIT   ZfBB. 3. 1956, 30–36: H. Kirchner. • BöBl. Lpz. 129. 1962, 336–338: H. Schuster. • Biblos. 17. 1968, 57–61: G. Silvestri. • DFW. 23. 1975, 173–175: K. Schlegtendal (Loseblatt-Sintflut). • ZfB. 92. 1978, 560–562: J. Freytag.

2.11 Lieferungswerke

DEF Druckschrift, die in Lieferungen (von einem oder mehreren Bogen Umfang, unaufgeschnitten) an den Käufer ausgeliefert wird, der bei Abschluß des Werkes die Bogen zu einem oder mehreren Buchblöcken zusammenfaßt und binden läßt, wozu der Verlag eventuell Einbanddecken liefert.

PRO Die einzelnen Lieferungen erscheinen gewöhnlich mit *eigenen Titelblättern*, die die Erscheinungsjahre der Lieferungen tragen. So ergeben sich für einen Buchblock oft *Erscheinungszeiträume* von mehreren Jahren. • Vom Verlag gelieferte abschließende *Titelblätter und Einbanddecken* tragen das Abschlußjahr als Erscheinungsjahr für das Gesamtwerk. Auf diese Weise können, je nachdem welche Titelblätter zugrundeliegen, widersprüchliche bibliographische Angaben entstehen. • Sind die Lieferungstitelblätter nicht erhalten, so ist der Lieferungscharakter u. U. am fertig gebundenen Buch nicht mehr zu erkennen. • Inhaltlich kann das Erscheinen in Lieferungen einen von Lieferung zu Lieferung fortschreitend aktuellen *Berichtsstand* zur Folge haben. • Im Erscheinungszeitraum der Lieferungen können sich die bibliographischen Daten (Sachtitel, Verfasser, Verlag usw.) ändern, d. h. auch Lieferungswerke haben einen *Erscheinungsverlauf*, vgl. 2.12-Mehrbändige Werke.

EOE Nach Grundregel 0.7.1. PI 15,4. F 34,6. R 1.2.1 u. 2.7.1.

2.12 Mehrbändige Werke

DEF Veröffentlichung in mehreren Bänden, von denen jeder ein eigenes Titelblatt trägt und durch den Sachtitel und in den meisten Fällen auch durch eine Zählung seine Zugehörigkeit zum mehrbändigen Werk ausdrückt.

PRO Zur Abgrenzung des mehrbändigen Werks von der 2.14-Serie, die auf den ersten Blick auch nur ein mehrbändiges Werk ist, dient ein inhaltliches Kriterium: das mehrbändige Werk hat aufgrund seiner Konzeption einen *begrenzten Umfang*, einen im Thema oder Gegenstand des Werks liegenden, gewissermaßen natürlichen Abschluß (dagegen ist die Serie von Anfang an auf unbegrenztes Erscheinen angelegt). • Die Bände eines mehrbändigen Werks erscheinen entweder alle auf einmal oder (häufiger) einzeln nacheinander: im letzteren Fall stellt sich das Problem des *Erscheinungsverlaufs*, denn im *Erscheinungszeitraum*

(a) können einzelne bibliographische Daten sich ändern (Sachtitel, Verfasser, Beteiligte usw.), sowohl für das Gesamtwerk als auch für einzelne Bände;

(b) können einzelne Bände auch ohne Kennzeichnung ihrer Zugehörigkeit zum Ganzen erscheinen;

(c) kann das Erscheinen eingestellt und später mit veränderter Konzeption und Anlage wiederaufgenommen werden;

(d) können einzelne Bände in weiteren Auflagen erscheinen, ohne daß eine Neuauflage des Gesamtwerks existiert;

(e) können einzelne Bände oder das Ganze in andere bibliographische Zusammenhänge gestellt werden, z. B. als Stücke einer Serie erscheinen;

(f) können bei späteren Auflagen einzelne Bände einen anderen Inhalt oder eine andere Stelle in der inneren Gliederung des Gesamtwerks (Zählungen, Untergliederungen) erhalten.

Die *Vielfalt der möglichen Änderungen* im Erscheinungsverlauf wird im Katalog nur so weit festgehalten, wie es zur Identifizierung des Gesamtwerks und seiner Teile erforderlich ist. • Für die EOE nach PI ist wichtigstes Kriterium, ob das mehrbändige Werk eine *Zählung für die einzelnen Bände* aufweist: nur ein *gezähltes* mehrbändiges Werk erhält eine eigene HA; ein *ungezähltes* mehrbändiges Werk kann als Ganzes in den AK nicht aufgenommen werden, sondern jeder einzelne Band erhält eine eigene HA unter seinem Stücktitel, sodaß in vielen Fällen die Einträge für die einzelnen Bände über das Katalogalphabet verstreut liegen und der Titel des ungezählten Gesamtwerks nicht nachgewiesen wird. Um ein wichtiges mehrbändiges Werk dennoch als Gesamtwerk in den AK aufnehmen zu können, darf der Katalogbearbeiter ein ungezählt erschienenes Werk mit einer *fingierten Zählung* versehen; die Fingierung soll in Anlehnung an maßgebliche bibliographische Quellen oder nach der Reihenfolge des Erscheinens erfolgen; mit der fingierten Zählung wird das Werk wie ein gezählt erschienenes behandelt. • Die weitere EOE, ob neben der HA für das Gesamtwerk noch einzelne Bände eigene HA, sogenannte *Stücktitelaufnahmen*, erhalten, wird nach F 51,8. 52 anhand von Kriterien entschieden, die für die Recherche nicht erkennbar sind: Art der Zählung, Titelblattgestaltung, Buchinhalt. *Nur bedingt* also entstehen Stücktitelaufnahmen für einzelne Bände: wenn sie z. B. ihre Zugehörigkeit zum mehrbändigen Werk nicht deutlich zu erkennen geben, wenn sie inhaltlich selbständig sind und andere Titel- und Verfasserangaben tragen als das Gesamtwerk. • Für mehrbändige 5.50-Werkausgaben wird sogar auf Stücktitelaufnahmen weitgehend verzichtet. • Für die *Recherche* ergeben sich zwei Faustregeln: (1) bei vorhandener Zählung ist die HA für das Gesamtwerk gewiß, weshalb sicherheitshalber auch unter dem Gesamtwerk gesucht werden sollte, während man mit Stücktitelaufnahmen für einzelne Bände nicht sicher rechnen kann; (2) bei fehlender Zählung erhalten nur die einzelnen Bände eigene HA, das Gesamtwerk ist für den Nachweis im Katalog verloren.

EOE   Abhängig vom Vorhandensein einer Zählung; erfolgt getrennt für das Ganze und seine Teile.
(A)   *Gezählt* erschienen oder fingiert gezählt:
(Aa) *mehrbändiges Werk:* eigene HA nach Grundregel 0.7.1;
(Ab) *einzelne Bände:* nur bedingt Stücktitelaufnahmen nach Grundregel 0.7.1.
(B)   *Ungezählt* erschienen, auch nicht fingiert gezählt:
(Ba) *mehrbändiges Werk:* keinen Eintrag im AK;
(Bb) *einzelne Bände:* eigene Stücktitelaufnahmen nach Grundregel 0.7.1.
PI 10,3–4. 13. 19. 20,4. 21,4–5. F 46–54. R 2.6.1–2.6.3.

2.13   Periodika

DEF   Veröffentlichung (a) in einer Folge von Teilen, (b) die von vornherein unbegrenztes Erscheinen anstrebt; die Teile (c) tragen den Sachtitel der Folge (den Gesamttitel) und ihre Zählung und (d) erscheinen periodisch in regelmäßigen oder unregelmäßigen Abständen.

PRO   Der *Begriff* des Periodikums wird nicht einheitlich gebraucht; PI 229 rechnet die Serien offensichtlich den Periodika zu; in seiner weitesten Auslegung umfaßt er folgende Schriftenklassen, die wegen der erheblichen Unterschiede *eigene Katalogregelungen* erhalten:

2.14-Serien   2.17-Zeitungen
2.15-Zeitschriften   2.18-Periodische Kongreßschriften
2.16-Zeitschriftenartige Serien

Ein engerer Periodikum-Begriff schließt die Serien aus. • Für ISSN vgl. 3.78. • VW für Herausgeber von Periodika sind zwar nach PI 65 vorgesehen, in der Praxis jedoch nicht sicher zu erwarten.

LIT   D.E. Davinson: Periodicals. London 1964. 200 S. • Serial publications in large libraries. 16. Allerton Park Institute, 1969, papers. Ed.: W.C. Allen. Urbana 1970. 194 S. • A.D. Osborn: Serial publications, their place and treatment in libraries. 2.ed. Chicago: ALA 1973. 434 S. • ISBD(S). Internationale standardisierte bibliographische Beschreibung für fortlaufende Sammelwerke. Empfehlung. Deutsche Fassung: G. Franzmeier. Berlin: DBV 1974. 80 S. • Library resources and technical services. 19. 1975, 164–169: J.P. Cannan; 294–300: W. Simonton; 301–313: M. Gorman; 327–332: M. Carpenter. • ISBD(S). International standard bibliographic description for serials. 1. standard ed. London: IFLA 1977. 61 S. • 2. Blackwell's Periodicals Conference, Oxford 1977. Economics of serials management. Ed.: D.P. Woodworth. Loughborough 1977. 149 S. • Interlending review. 6. 1978, 55–57: M. Smith (Mortality rate of serial titles). • DFW. 26. 1978, 167–169: J. Buder (Katalogisierung in Deutschland). • ZfBB. 26. 1979, 305–315: G. Franzmeier (Katalogisierung, Zeitschriftendatenbank); 490–493: I. Bouvier (Katalogisierung nach RAK).

2.14   Serien

DEF   Schriftenreihe mit allen Merkmalen des 2.13-Periodikums: (a) Folge, (b) unbegrenzt, (c) Gesamttitel, (d) periodisch; darüber hinaus tragen die einzelnen Teile („Stücke") der Serie noch eigene Stücktitelangaben (Sachtitel, Verfasser).

PRO   Das entscheidende Kriterium der Serie ist *formaler* Art: jeder Teil der Folge trägt einen eigenen *Stücktitel,* der mit Sachtitel und gegebenenfalls Verfasser den Inhalt des Stückes individuell kennzeichnet und das Stück damit von allen anderen Stücken der Serie unterscheidet. • Der *Inhalt des Serienstücks* ist in keiner Weise beschränkt: es kann sich um Verfasserschriften, Sachtitelschriften, Festschriften, Dissertationen u.a. handeln, auch ein mehrbändiges Werk und sogar eine Zeitschrift oder zeitschriftenartige Reihe können mit jedem ihrer Bände oder Jahrgänge als Stücke von Reihen erscheinen. • Der *Erscheinungsverlauf* von Serien (vgl. hierzu 2.12-Mehrbändige Werke) kann besonders wechselvoll geraten: mit Titelvarianten, Titeländerungen, Unterbrechungen im Erscheinen, Wiederaufnahme als „Neue Folge" oder weiter gezählte Folgen, einfache oder mehrstufige Untergliederungen in gezählte oder ungezählte Unterserien, mit Serien in Serien oder Parallelserien. Besondere Schwierigkeiten entstehen, wenn einzelne Serienstücke in weiteren Auflagen erscheinen und von Auflage zu Auflage andere Zählungen innerhalb der Serie erhalten. • Für die EOE nach PI ist wichtigstes Kriterium, ob die Serie eine *Zählung* für die Teile der Folge aufweist: die Problematik und die Lösungen sind für die Serien dieselben wie für die 2.12-Mehrbändigen Werke; nur *gezählte* Serien erhalten eigene HA für den Serientitel, *ungezählte* Serien erhalten keinerlei Einträge im AK; eine ungezählt erschienene Serie kann jedoch vom Katalogbearbeiter eine *fingierte Zählung* erhalten und wird dann in jeder Hinsicht wie eine gezählte Serie behandelt. • Die in PI 8,5 angedeutete Möglichkeit, daß auch eine *Serie ohne Zählung* eine HA erhalten kann, und daß eine Zählung dann fingiert werden „kann", also nicht fingiert werden muß, ist in den Katalogen nicht angewendet worden. Nach F 46,1 erhält die ungezählte Serie eine fingierte Zählung und eine HA – oder sie erhält überhaupt keine Aufnahme. • Nach PI 8,6 sollten auch *Verlegerserien* keine Einträge erhalten: durch die allgemeine Entwicklung (starkes Anwachsen der Zahl der Serien) ist diese Einschränkung jedoch in den Katalogen nicht mehr praktiziert worden, d.h. auch Verlegerserien mit echten oder fingierten Zählungen sind allmählich wie alle anderen Serien behandelt worden. • Für die Verzeichnung der *Serienstücke* vgl. 2.2. • Für die *Recherche* sind also nur echt oder fingiert gezählte Serientitel im Katalog aufzufinden; Serienstücke dagegen sind sämtlich – auch von ungezählten Serien – mit eigenen Stücktitelaufnahmen verzeichnet. Vergleich mit den 2.12-Mehrbändigen Werken in der Stücktitelfrage: für Stücke aller Serien ist die eigene HA sicher, für die einzelnen Bände eines mehrbändigen Werks dagegen gibt es Stücktitelaufnahmen nur unter gewissen Bedingungen.

EOE Abhängig vom Vorhandensein einer Zählung; EOE getrennt für das Ganze und seine Teile.
(A) *Serie.*
(Aa) Mit echter oder fingierter *Zählung:* HA unter dem Sachtitel, dort Aufführung aller Stücke der Serie (Stücknachtrag); VW für Titeländerungen und Nebentitel; für Herausgeber-VW vgl. 2.13.
(Ab) *Ohne* jegliche Zählung: kein Eintrag im AK.
(B) *Serienstück:* stets eigene HA nach Grundregel 0.7.1; Stücknachtrag unter der Serie nur für gezählte Serien. Vgl. 2.2.
PI 8,5–6. 23,4. 62. 64. 65. 227–229. F 2,2a. 46,1. 69. R 1.2.1.2a u. 2.6.4.1.

LIT F. Domay: Formenlehre der bibliographischen Ermittlung. Stuttgart 1968. S. 175–186. • Vgl. 2.13-Periodika.

2.15 Zeitschriften

DEF Veröffentlichung mit allen Merkmalen des 2.13-Periodikums: (a) Folge, (b) unbegrenzt, (c) Gesamttitel, (d) periodisch; darüber hinaus stehen die Hefte in der Reihenfolge einer Zählung, die zur Chronologie ihres Erscheinens parallel läuft; jedes Heft enthält mehrere Beiträge verschiedener Verfasser zu verschiedenen Themen, und von Heft zu Heft fortschreitend werden Sachzusammenhänge entwickelt und mit aktuellen Ereignissen und Meinungen verknüpft.

PRO Dies der *enge* Zeitschriftenbegriff. Gelegentlich wird, weil die Zeitschriften den überwiegenden Anteil stellen, der Begriff „Zeitschriften" als Sammelbegriff für alle Periodika verwendet. • Wenn *Jahrbücher* inhaltlich der Zeitschriftendefinition entsprechen, werden sie wie Zeitschriften verzeichnet; andernfalls vgl. 2.16. • Der *Erscheinungsverlauf* (vgl. 2.12-Mehrbändige Werke) kann zusätzlich folgende Besonderheiten aufweisen: *zeitliche* Aufteilung in mehrere Folgen, *inhaltliche* Aufteilung in mehrere Abteilungen, bezeichnet oder gezählt; ferner das Erscheinen von *Sonderheften, Ergänzungsheften* und *Beiheften*, regelmäßig oder unregelmäßig, gezählt oder ungezählt, den einzelnen Jahrgängen zugeordnet oder als selbständige Folge mit eigener Zählung; zusätzlich Ausstattung von Heften oder Jahrgängen mit *Stücktiteln*, z.B. als Festschrift, Kongreßbericht, Themenheft, wobei die Stücktitel VW erhalten; als zusammenfassende Erschließungen für mehrere Jahrgänge *Generalregister*. • In der Zeitschrift abgedruckte *Aufsätze* und sonstige Beiträge gelten als bibliographisch unselbständig erschienen (ohne eigenes Titelblatt) und erhalten nach PI keine Einträge, vgl. 3.62. Dagegen gelten 2.22-*Sonderabdrucke* von Aufsätzen als bibliographisch selbständig erschienen (mit eigenem Titelblatt oder wenigstens mit Kopftitel ausgestattet) und erhalten eigene HA. • Den für Zeitschriften besonders wichtigen korporativen Eintrag kennen die PI nicht. • Die *Recherche* ist weitgehend abgesichert: alle an der Zeitschrift festgestellten Sachtitel, Nebentitel und Titeländerungen erhalten Einträge.

EOE
(A) *Für die Zeitschrift:* grundsätzlich HA unter dem Sachtitel; entweder unter dem *ursprünglichen* oder im Bestand frühesten Titel (PI 227) oder unter einem *späteren* Titel (PI 228); zusätzlich HA

für *erheblich geänderte* Titel, wenn die Zeitschrift zugleich eine neue Zählung erhalten hat (PI 229); VW für alle Sachtitelformen, die vom Sachtitel der HA abweichen; VW für Herausgeber vgl. 2.13.

(B) *Für Stücktitel* an Jahrgängen, Sonderheften, Beiheften, Themenheften: VW vom Stücktitel auf die Zeitschrift.

(C) *Gezählte Beihefte* werden wie selbständige 2.14-Serien verzeichnet.

PI 21,4–5. 61–63. 65. 227–229. F 2,2 b. 69. 70. 83,2 a. R 1.2.1.2 b u. 2.6.4.2.

LIT   G. Schneider: Handbuch der Bibliographie. 4. Aufl. Lpz. 1930. S. 131–137 u. 369–374. • Herbert E. Lehmann: Einführung in die Zeitschriftenkunde. Lpz. 1936. 253 S. • J. Kirchner: Das deutsche Zeitschriftenwesen, seine Geschichte und seine Probleme. 1.2. Wiesbaden 1958–62. • W. Traiser: Behandlung der Zeitschriften in Nationalbibliographien. Köln: BLI-Ex.-Arb. 1968. 61 S. • F. Domay: Formenlehre der bibliographischen Ermittlung. Stuttgart 1968. S. 137–160. • Verlagspraxis. 15. 1968, 274–278: W. Haacke (Wer taufte die Zeitschrift „Zeitschrift"?). • W. Haacke: Die politische Zeitschrift, 1665–1965. Bd. 1. Stuttgart 1968. • DFW. 18. 1970, 195–210: P. Samulski (Das Novum Kennziffer-Zeitschrift). • Vgl. auch 2.13-Periodika, 5.183-Fachzeitschriften.

2.16   Zeitschriftenartige Serien

DEF   Veröffentlichung mit allen Merkmalen des 2.13-Periodikums: (a) Folge, (b) unbegrenzt, (c) Gesamttitel, (d) periodisch; alle Teile der Folge, d.h. die Jahrgänge oder Ausgaben werden jedoch nach einer gleichbleibenden inhaltlichen Konzeption gestaltet, derzufolge jeder Jahrgang denselben Stoff auf einen neuen, aktuellen Berichtsstand bringt; typische Beispiele: Jahresberichte, Rechenschaftsberichte u. Haushaltspläne von Korporationen, Adreßbücher, Telefonverzeichnisse, Kursbücher, Kalender, Vorlesungsverzeichnisse, Fach-Taschenbücher.

PRO   Die periodische Erscheinungsweise rückt diese Schriftenklasse in die Nähe der Zeitschrift; die Abgrenzung von der Zeitschrift ergibt sich aus der *inhaltlichen Konzeption.* • Gelegentlich werden auch die 2.18-Periodischen Kongreßberichte den zeitschriftenartigen Serien zugerechnet, obwohl sie das inhaltliche Kriterium nicht genau erfüllen. • Oft erscheinen zeitschriftenartige Serien als *gezählte weitere Auflagen* in längeren, mehrjährigen Abständen: dann wird der periodische Charakter erst nachträglich, eventuell auch gar nicht erkannt (insbesondere bei gleichzeitigen Titeländerungen), sodaß jede weitere Auflage eine eigene HA wie eine Monographie erhält, vgl. 2.20-Neuauflagen. • Der *periodische Charakter* gilt nach PI 61 als derart vorrangig, daß sogar solche zeitschriftenartigen Serien, von denen „jeder Band das Werk e i n e s (bleibenden oder wechselnden) Verfassers ist, nach ihrem Sachtitel eingeordnet (werden); vom Verfasser wird verwiesen." Hier liegt eine *Einschränkung des Verfasserbegriffs* vor. • Für die *Recherche* ist entscheidend, daß zeitschriftenartige Serien genau wie Zeitschriften unter den Sachtiteln verzeichnet werden.

EOE   HA unter dem Sachtitel, VW für den alleinigen Verfasser eines Jahrgangs, einer Ausgabe. PI 61. F 2,2 c. 69. R 1.2.1.2 b u. 2.6.4.2.

LIT   Vgl. 2.13-Periodika, 2.15-Zeitschriften.

2.17   Zeitungen

DEF   Veröffentlichung mit allen Merkmalen des 2.13-Periodikums: (a) Folge, (b) unbegrenzt, (c) Gesamttitel, (d) periodisch; die einzelnen Teile („Ausgaben") der Folge erscheinen in kurzen Abständen, überwiegend täglich bis wöchentlich, um aktuelle Nachrichten zu verbreiten.

PRO   Entscheidend ist das *inhaltliche* Kriterium: aktuelle Information, Nachrichtencharakter. Ohne inhaltliche Prüfung der Veröffentlichung kann man daher einen Sachtitel nicht mit Sicherheit zuordnen. • Es gibt Periodika, die sich in ihren Sachtiteln „Zeitung" nennen, nach inhaltlicher Prüfung jedoch den Zeitschriften zuzurechnen sind, etwa Titel wie „Gießereizeitung", „Kundenzeitung für das Bäckerhandwerk" usw. • Die *Katalogisierung* der Zeitungen entspricht in allen wesentlichen Punkten den 2.15-Zeitschriften; allerdings geben Zeitungen nur selten Anlaß zu Stücktiteleinträgen. • *Zeitungsbeilagen* mit eigenen Sachtiteln erhalten eigene HA als selbständige 2.14-Serien oder 2.15-Zeitschriften, werden jedoch mit der HA der Zeitung durch bibliographische Notizen verknüpft. • Für die Erschließung von *Zeitungsartikeln* vgl. 3.62. • Für die *Recherche* besteht kein Unterschied zur Zeitschrift; mit VW für Herausgeber ist bei Zeitungen so gut wie nicht zu rechnen.

EOE   Wie 2.15-Zeitschriften: HA unter dem Sachtitel, VW für alle Nebentitel und geänderten Titel.

LIT   ZfB. 37. 1920, 214–227: A. Hilsenbeck (Bibliotheken); 48. 1931, 518–522: H. Traub (Erschließung in Bibliotheken); 55. 1938, 259–268: O. Kilger (Tageszeitung in der Bibliothek). • O. Groth: Die Zeitung. 1–4. Mannheim 1928–30. • O. Groth: Die unerkannte Kulturmacht. Grundlegung der Zeitungswissenschaft. 1–7. Berlin 1960–72. • ZfBB. 10. 1963, 1–33: W. Barton (Bibliothek). • M. Lindemann, K. Koszyk: Geschichte der deutschen Presse. 1–3. Berlin 1966–72. • Deutsche Zeitungen des 17. bis 20. Jh. Hrsg.: H.-D. Fischer. Pullach 1972. 415 S. • Zeitung und Bibliothek. Ein Wegweiser zu Sammlungen u. Literatur. Hrsg.: G. Hagelweide. Pullach 1974. 302 S. • W. Höfig: Die Behandlung von Tageszeitungen an wissenschaftlichen Bibliotheken. Pullach 1975. 163 S. • Kooperationsmöglichkeiten für Zeitungssammelstellen. Hrsg.: W. Höfig, W. Ubbens. Berlin: DBV 1978. 201 S. • ZfBB. 27. 1980, 365–379: W. Ubbens (Bibliotheken). • Vgl. auch 2.13-Periodika, 2.15-Zeitschriften, 2.33-Flugschriften.

2.18   Periodische Kongreßschriften

DEF   Kongreßberichte, deren Anlässe (Kongresse) periodisch stattfinden und daher, wenn zu jedem Kongreß ein Bericht erscheint, die periodische Erscheinungsweise verursachen.

PRO   Grundsätzlich vgl. 4.190-Kongreßschriften. • Die regelmäßige oder unregelmäßige *Periodizität* von Anlaß und Bericht wird erkannt an der *Kontinuität* der Veranstalter, der Kongreßnamen und der Kongreßzählungen; an die Stelle von *Zählungen* können auch die Veranstaltungsjahre treten. • Wegen des periodischen Erscheinens in *Jahres- und Mehrjahresabständen* werden Kongreßberichte wie 2.16-Zeitschriftenartige Reihen verzeichnet. • *Internationale Kongresse* verursachen besondere Probleme durch häufig und sogar ständig wechselnde Sachtitel, sodaß eine Vereinigung aller Berichte in einer Aufnahme schwierig wird. Nach PI-Katalogpraxis in deutschen Periodika-Katalogen (GZV; GAZ 1914–24; GAZ 1939–59) und nach F 103,1 werden – als Ausnahme vom Regelwerk – alle periodischen Berichte internationaler Kongresse unter dem *deutschen Schlagwort* „Internationaler Kongreß für ...", mit Hinzufügung der *deutschen Bezeichnung des Kongreßthemas*, vereinigt, mit VW von allen einzelnen Sachtiteln auf das Schlagwort; sofern Kongresse selbst korporativen Charakter haben, steckt in dieser Schlagwortbildung ein korporativer Eintrag. Die OW des Schlagworts werden wie für Sachtitel bestimmt, vgl. Kapitel 11, d.h.: *Kongress internationaler ...* . • Mit Ausnahme des Schlagworteintrags für internationale Kongresse erfolgt die EOE für andere periodische Kongreßberichte wie für 2.16-Zeitschriftenartige Serien.

EOE   Abhängig von der Organisationsebene des Kongresses.
(A) *Internationaler* Kongreß: HA unter dem deutschen Schlagwort „Internationaler Kongress für ...",
   VW für alle Nebentitel und geänderten Titel.
(B) *Andere Kongresse:* HA unter dem Sachtitel, VW für alle Nebentitel und geänderten Titel.
F 103,1. R 2.7.3.

LIT   Vgl. in 0.4-Auswahlbibliographie: GZV 1914; GAZ (1914–24) 1929; GAZ (1939–59) 1961. • Hans-Oskar Weber: Die alphabetische Katalogisierung der Berichte internationaler Kongresse. o.O.: Verein Deutscher Bibliothekare 1962. 15 S. • Vgl. 4.190-Kongreßschriften.

2-C.   Wiederholte Veröffentlichung

2.20   Neuauflagen

DEF   Unveränderter oder veränderter Neudruck einer bereits früher erschienenen gedruckten Ausgabe eines Werkes.

PRO   Mit *Auflage* wird die Gesamtheit aller Druckexemplare bezeichnet, die demselben Druckvorgang entstammen und daher normalerweise bis in alle typographischen Einzelheiten übereinstimmen. Bei typographischen Änderungen während des Auflagendrucks entstehen sogenannte Doppel- oder Zwitterdrucke, vgl. 3.44. • Anstatt Auflage wird gelegentlich auch der Begriff *Ausgabe* gebraucht, der jedoch überwiegend eine bestimmte Textfassung oder Ausstattung des Druckes oder druckrechtliche Verhältnisse charakterisiert, vgl. 5-C u. 7-A. • Von Auflage zu Auflage desselben Werks können sich die bibliographischen Daten der Druckschrift *ändern*: Namen von Verfassern und Beteiligten, Sachtitel, Erscheinungsvermerk; Änderungen dieser Daten können zu Änderungen der EOE führen.

EOE   Jede Auflage erhält eine eigene HA. Führen Verfasser- u. Sachtiteländerungen zu neuen OW oder anderen EOE, so gibt es zwei Arten der Verzeichnung:

(A) Vereinigung aller Ausgaben unter derselben EOE, mit VW für abweichende Namens- u. Sachtitelformen, soweit zum sicheren Auffinden erforderlich.

(B) Jede Auflage erhält die HA nach eigener EOE, und alle HA im AK werden durch bibliographische Notizen miteinander verknüpft.

Mit beiden Arten der Verzeichnung wird sichergestellt, daß die *Recherche* auch andere Ausgaben als die gesuchte findet. PI 234. 235. F 79,1. R 2.12.

2.21 Reprints

DEF Fotomechanischer Nachdruck eines älteren, vergriffenen und vielfach gesuchten, jedoch auch antiquarisch nicht mehr ausreichend beschaffbaren Werkes („antiquarischer Reprint").

PRO Der Begriff kann in englischsprachigen Veröffentlichungen auch einfach nur den weiteren Druck einer bestimmten Auflage bezeichnen. • Der „antiquarische" Reprint wählt die *fotomechanische Reproduktion* eines bestimmten Druckes, um die Satzkosten zu sparen, und ist prinzipiell mit der Vorlage bis in die Druckfehler *identisch*: daher kann ein Reprint eines wissenschaftlichen Werkes für bestimmte Zwecke das Original ersetzen. • Die Gelegenheit des Reprints wird jedoch oft zu *inhaltlichen Veränderungen* genutzt, vor allem für Ergänzungen: neue Vorworte und Einleitungen, auch gewisse Korrekturen im Satz, hinzumontierte Fußnoten, neuere Literaturangaben; gelegentlich werden auch *ursprünglich verschiedene Drucke in einem Reprintdruck vereinigt,* sodaß eine neue Ausgabe mit einer Sammlung von Einzelschriften und eigener EOE entsteht, vgl. 5-B. • Sonderfall: der neuere Typ der *Reprintkumulation* für mehrere ältere 5.20-Bibliographien und 4.102-Kataloge. • Formal tragen Reprints entweder (a) das *alte Titelblatt* mit Zusätzen für den neuen Erscheinungsvermerk oder (b) ein *neues Titelblatt* oder aber (c) neues und reproduziertes altes Titelblatt nacheinander. Für die EOE wird nach Möglichkeit das neue Titelblatt zugrundegelegt und abweichende ursprüngliche Titelangaben als Nebentitel mit VW berücksichtigt, sodaß die *Recherche* weitgehend abgesichert ist.

EOE .HA wie für das nachgedruckte Werk, eventuell VW für neue bibliographische Daten (Herausgeber, Sachtitel); bei neuem Titelblatt eventuell HA als neue Veröffentlichung mit eigener EOE und fakultativen VW für abweichende Daten (Personen, Sachtitel) der nachgedruckten Ausgabe. PI 8,7. F 67. R 1.2.3,7.

LIT Mitt. NRW. NF. 16. 1966, 103–107: I. Sobottke (Katalogisierung). • BöBl. Ffm. 23. 1967, 3055–3059: F. Redenbacher (bibliothekarische Sicht); 25. 1969, 3005–3006: H. Rosenfeld (Reprint u. Forschung); 3007–3008: F. de Nobele (Reprint u. Antiquariat); 27. 1971, 128–129: E. Mertens; 2836–2840: B. Fabian (Reprint u. Forschung). • DFW. 20. 1971/72, 61–67: R. M. Hasse (Analyse der Literaturkategorie). • Biblos. 21. 1972, 266–268: F. Steininger (Rara im Nachdruck). • Buchmarkt. 8. 1973, 66–74: F. Pfäfflin (Reprints ein Fest für Bibliographen). • Journal of librarianship. 5. 1973, 28–36: V. Neuburg (Reprint trade). • Internationale Bibliographie der Reprints. 1.2. München 1976–80.

2.22 Sonderabdrucke

DEF Separater, selbständig erschienener Druck eines Textes, der ursprünglich (zugleich oder vorher) als Beitrag in einer Zeitschrift oder einem anderen Sammelwerk erschienen ist.

PRO Der Sonderabdruck erfolgt entweder noch vom originalen Satz des Sammelwerks (trägt dann auch noch dessen Paginierung) oder wird neu gesetzt. • Im Sammelwerk erschien der Beitrag ohne eigenes Titelblatt und gilt damit als bibliographisch unselbständig; der separate *Sonderabdruck* dagegen erscheint mit eigenem *Titelblatt,* sei es auch nur ein Umschlagtitel oder ein Kopftitel, gilt deshalb als *bibliographisch selbständig* und erhält nach PI eine eigene HA; in einer *bibliographischen Notiz* unter der Aufnahme wird das Sammelwerk genannt, in dem der Text ursprünglich abgedruckt worden ist; es gibt im AK jedoch keine Verknüpfung vom Sammelwerk zum Sonderabdruck.

EOE Wie für 2.1-Monographien: HA nach Grundregel 0.7.1.   PI 26. F 59. R 2.18.3.

LIT ZfB. 12. 1895, 489–494: H. Simon (Katalogisierung). • ZfBB. 3. 1956, 101–107: F. Model (Sonderabdruckreihen). • F. Domay: Formenlehre der bibliographischen Ermittlung. Stuttgart 1968. S. 166–169. • Accademie e biblioteche d'Italia. 42. 1974, 182–186: D. Maltese (Estratti di periodici).

2.23 Ständig teilrevidierte Neudrucke

DEF   Neudrucke eines umfangreichen, mehrbändigen Werks, die während einer ständig fortgeführten inhaltlichen Überarbeitung des Gesamtwerks in kurzen Abständen erscheinen; jeder Neudruck ist gegenüber dem vorhergehenden Druck nur in einzelnen Bänden, Kapiteln oder Beiträgen überarbeitet, d.h. teilrevidiert.

PRO   Spezielle Erscheinungsweise für Enzyklopädien, Nachschlagewerke: eine vollständige Überarbeitung würde eine längere Zeit beanspruchen, das Gesamtwerk soll jedoch in jedem Augenblick lieferbar sein, deshalb wird jeder Neudruck nur teilweise revidiert. • Der genaue *Berichtsstand* eines solchen Neudrucks in allen Bänden ist nur mit Mühe festzustellen; die Titelaufnahme kann ihn nicht ausdrücken. • Die EOE wird von dieser Erscheinungsweise nicht berührt. Vgl. 2.12-Mehrbändige Werke.

2.24 On-demand publishing (ODP)

DEF   Herstellung und Vertrieb einzelner Textkopien bei Bedarf.

PRO   *Neuentwicklung* der letzten Jahre durch Einsatz fotografischer und elektronischer Speicher- und Kopierverfahren. • ODP dient bei *hochspezialisierter Literatur* mit kleinem Käuferkreis zur Reduzierung des verlegerischen Aufwands und Risikos: die Schrift wird in einem kopierfähigen Exemplar oder im EDV-Speicher bereitgehalten und erst bei Bedarf und nur in Höhe der Bestellungen vervielfältigt. • Über die *Verfügbarkeit* der Schrift durch ODP informieren Fachzeitschriften, Referatedienste usw. • *Technische Formen* der gelieferten Kopien: (a) Papierkopie, (b) Mikroform (Film, Fiche). • Die EOE wird von der Erscheinungsweise nicht berührt. Durch jederzeit leicht mögliche Textänderungen in der Kopiervorlage können schneller als bei anderen Erscheinungsweisen *neue Ausgaben* entstehen. *Papierkopien* werden wie Drucke behandelt, für *Mikroformen* vgl. 3.137.

LIT   BöBl. Ffm. 33. 1977, H. 100, 9–10: K.W. Otten (Neue Informationstechniken: ODP). • Special libraries. 69. 1978, 61–65: J. Bier (On-demand computer cartography). • Aslib proceedings. 31. 1979, 561–582: A. Singleton (ODP).

2-D. Sonderfälle.

2.30 Fortsetzungen

DEF   Veröffentlichung, die inhaltlich die Fortsetzung eines anderen Werks darstellt und diesen Zusammenhang in den Titelblattangaben ausdrückt.

PRO   Die oben definierte Fortsetzung ist ein *bibliographisches* Problem der Verknüpfung zwischen verschiedenen Veröffentlichungen; hiervon ist zu unterscheiden das „Fortsetzungswerk", nach F 2,4 ein mehrbändiges Werk, dessen einzelne Bände nicht alle auf einmal erscheinen, sondern nacheinander: es handelt sich jedoch um die Bände desselben 2.12-Mehrbändigen Werks. • Die EOE hängt von *Schriftenklasse* und *Titelblattgestaltung* ab; prinzipiell gibt es eine klare Alternative: (a) entweder wird die Fortsetzung in die HA des Grundwerks, Hauptwerks, Vorgängers usw. einbezogen und ihre abweichenden Merkmale (Personennamen, Sachtitel) erhalten VW; (b) oder die Fortsetzung erhält eine eigene HA und die Verknüpfung mit dem Grundwerk usw. erfolgt durch gegenseitige bibliographische Notizen unter den Aufnahmen. • Für die *Recherche* ist die Verknüpfung zwischen den Veröffentlichungen gesichert, wenn der Zusammenhang auf dem Titelblatt der Fortsetzung zum Ausdruck kommt.

EOE   Abhängig von Schriftenklasse und Titelblattaussage.
(A) *2.1-Monographie:* eigene HA mit Verknüpfung durch bibliographische Notiz; in Ausnahmefällen kann die Fortsetzung mit fingierter Zählung als weiterer Band des Grundwerks aufgenommen worden sein, mit VW für abweichende Daten.
(B) *2.13-Periodikum:* vgl. die speziellen EOE für 2.14-Serien und 2.15-Zeitschriften in Bezug auf Fortsetzungen.
PI 20,2 b. 46. F 51,1–2. 69,2. 79,1 (= S. 170). 85,1. R 2.2.3 u. Bsp. 65.

2.31 Unvollständig Erschienenes

DEF Mehrbändige Werke, deren Erscheinen im Druck vor dem beabsichtigten Abschluß des Werkes eingestellt worden ist.

PRO Es ist schwierig festzustellen, ob das Erscheinen eines 2.12-Mehrbändigen Werks *eingestellt* worden ist: solange dies nicht sicher bekannt ist, wird die Aufnahme im AK unabgeschlossen bleiben müssen. • Sollte nach *längerer Unterbrechung* das Werk sein Erscheinen fortsetzen, so können sich erhebliche Änderungen der bibliographischen Daten (Personen, Sachtitel) ergeben, eventuell ein Fortsetzungsverhältnis nach 2.30. • Vgl. 2.12.

LIT M.O. Krieg: Mehr nicht erschienen. Ein Verzeichnis unvollendet gebliebener Druckwerke. 1.2. Bad Bocklet 1954–58.

2.32 Unregelmäßig Erscheinendes

DEF Veröffentlichungen, die völlig unregelmäßig in Mehrjahresabständen erscheinen und durch häufige Sachtiteländerungen oder das Fehlen von Zählungen ihre Zusammengehörigkeit und damit die Periodizität ihres Erscheinens nicht deutlich zu erkennen geben.

PRO *Spezielles Verzeichnis* für derartige Veröffentlichungen: Irregular serials and annuals. 6.ed. New York 1980. • Die hierunter fallenden 2.18-Periodischen Kongreßschriften haben eigene Regelungen erhalten. Für alle anderen Veröffentlichungen hängt die EOE davon ab, *ob die Periodizität erkannt* wird. • Für die *Recherche* ist die Behandlung dieser Veröffentlichungen nicht abzusehen, da eventuell auch die Recherche die Periodizität nicht erkennt.

EOE Abhängig vom Ermittlungsstand.
(A) *Periodizität nicht erkannt:* jede einzelne Veröffentlichung erhält die HA wie eine 2.1-Monographie nach Grundregel 0.7.1.
(B) *Periodizität erkannt:* alle zusammengehörigen Veröffentlichungen erhalten eine HA als 2.16-Zeitschriftenartige Serie.
(C) *Periodische Kongreßschrift:* vgl. 2.18.

2.33 Flugschriften

DEF Druckschrift, die (a) inhaltlich pointiert und streitbar abgefaßt ist zum Zweck der Meinungsbildung, (b) in möglichst knappem Umfang als Flugblatt oder kleine Broschüre von wenigen Seiten erscheint, (c) damit sie leicht und mit geringen Kosten hergestellt und als aktuelle Information schnell vertrieben werden kann, um auf diese Weise die öffentliche Meinung zu beeinflussen.

PRO Der Begriff der Flugschrift schließt nach dem *Inhalt* (a) die Pamphlete (Streitschriften) und Famosschriften (Schmäh- und Spottschriften) und nach dem *Umfang* (b) die Flugblätter und Broschüren ein und ist mit dem *Nachrichtencharakter* (c) mit den 2.17-Zeitungen verwandt: die Flugschriften gelten als ihre Vorläufer. • Die EOE für Flugschriften erfolgt nach der Grundregel 0.7.1, so weit die Drucke Sachtitel tragen und Verfasser nennen; für Drucke, die *keine Sachtitel* tragen, sondern mit dem Text beginnen, und die auch keine Personen als Verfasser oder Beteiligte nennen, müssen entweder schlagwortartige Bezeichnungen fingiert oder ihre Erschließung auf den Sachkatalog beschränkt werden. • Für Flugschriften der *früheren Jahrhunderte* soll nach PI 28,3 u. Bsp. 61 in der bibliographischen Beschreibung die genauere Aufnahme angewandt werden, um die häufig erfolgten Nachdrucke unterscheiden zu können. • Die *Recherche* muß damit rechnen, daß Flugschriften eventuell nicht in den AK aufgenommen, sondern als Sondersammlungen separat erschlossen sind.

EOE Nach Grundregel 0.7.1, wenn nicht als Folge mit periodischer Erscheinungsweise erkannt und dementsprechend als 2.17-Zeitung oder 2.15-Zeitschrift zu behandeln. PI 28,3. F 57.

LIT E. Weller: Die ersten deutschen Zeitungen. Stuttgart 1872. 383 S. • ZfB. 34.1917, 23–34: F. Behrend (literarische Form). • K. Schottenloher: Flugblatt und Zeitung. Berlin 1922. 555 S. • ZfB. 53.1936, 609–625: V. Eichstädt (bibliographische Erschließung). • H. Wäscher: Das deutsche illustrierte Flugblatt. 1.2. Dresden 1955–56. • J. Halle: Newe Zeitungen, Relationen, Flugschriften, Flugblätter, Einblattdrucke von 1470–1820. Nieuwkoop 1967. 404 S. • Mitt. NRW. NF. 23.1973, 239–244: H.-B. Meyer (Schmähschriften in Bibliotheken). • K. Kirchner:

Flugblätter. (2. Weltkrieg.) München 1974. 192 S. • ZfB. 92.1978, 215–221: K. K. Walther (Kommunikationstheoretische Aspekte, Flugschriften 17. Jh.). • Staatsbibliothek P. K., Berlin. Flugblattpropaganda im 2. Weltkrieg. Ausstellung und Katalog: E. Bliembach. Berlin 1980. 160 S. • Provokationen. Die Studenten- u. Jugendrevolte in ihren Flugblättern 1965–71. Hrsg.: J. Miermeister, J. Staadt. Darmstadt 1980. 277 S. • Deutsche illustrierte Flugblätter des 16. und 17. Jh. Hrsg.: W. Harms. Bd 2: Sammlung der HAB, Wolfenbüttel, Bd 2: Historica. München 1980. 648 S.

3. Schriftenklassen der Erscheinungsform

3-A. *Druckträger (Bedruckmaterialien)*

Der Druckträger hat keinen Einfluß auf die EOE für den gedruckten Text. Auf die selten verwendeten Materialien kann allenfalls in einem Vermerk unter der Titelaufnahme hingewiesen worden sein.

3.1 Drucke auf Papier, Karton

LIT   A. Renker: Das Buch vom Papier. 4. Ausg. Wiesbaden 1951. 230 S. • M. Ziegler: Papierkunde. Lpz. 1952. 88 S., 35 Bl. • K. Keim: Das Papier. Ausg. A. 2. Aufl. Stuttgart 1956. 464 S. • V. W. Clapp: The story of permanent durable book-paper, 1115-1970. Copenhagen 1972. 51 S. • Die Dauerhaftigkeit von Papier. Hrsg.: H. Bansa u. a. Ffm. 1980. 240 S.

3.2 Drucke auf Pergament

LIT   Catalogue des livres imprimés sur vélin de la Bibliothèque du Roi. (Verf.: J. B. B. van Praet.) 1–6. Paris 1822–28. • Catalogue de livres imprimés sur vélin, qui se trouvent dans des bibliothèques tant publiques que particulières. (Verf.: J. B. B. van Praet.) 1–4. Paris 1824–28. • K. Lüthi: Das Pergament, seine Geschichte, seine Anwendung. Bern 1938. 34 S.

3.3 Drucke auf Leder

3.4 Drucke auf Textilien

3.5 Drucke auf Kunststoff

3-B. *Druckverfahren*

Die Druckverfahren haben keinen Einfluß auf die EOE für den gedruckten Text. Wenn aus originalgraphischen Verfahren 6.1-Druckgraphik entsteht, so sind die dort angegebenen EOE zu beachten. Allgemein werden in der bibliographischen Beschreibung allenfalls besondere drucktechnische Gestaltungen des Titelblatts (z. B. Kupfertitel, vgl. 3.53-Bildertitel) oder die maschinenschriftliche Herstellung des Textes vermerkt.

LIT   Der moderne Druck. Handbuch d. graphischen Techniken. Hrsg.: E. Kollecker, W. Matuschke. 2. Aufl. Hamburg 1958. 696 S., Abb. • E. A. D. Hutchings: A survey of printing processes. London 1970. 211 S. • Claus Gerhardt: Geschichte der Druckverfahren. T. 1: Prägedruck, Siebdruck. T. 2: Buchdruck. T. 3: Tiefdruck, Kleinere Druckverfahren. Stuttgart 1974–78. • Bruckmann's Handbuch der Drucktechnik. Hrsg.: E. D. Stiebner. 2. Aufl. München 1978. 302 S. • Vgl. 6.1.

3.10 Hochdruck Buchdruck, Holzschnitt

3.11 Tiefdruck Kupferstich, Radierung, Stahlstich, Heliogravüre, Rakeltiefdruck

LIT H. Baum: Grundsätzliches und Wissenswertes vom Tiefdruck. Lpz. 1960. 151 S.

3.12 Flachdruck Steindruck (Lithographie), Zinkdruck, Offsetdruck, Lichtdruck, Manuldruck

LIT J. Husnik: Das Gesamtgebiet des Lichtdrucks und der Emailphotographie. Bearb.: A. Albert. 5. Aufl. Wien 1922. 247 S. • A. Engelmann, K. Schwend: Der Offsetdruck. 4. Aufl. Stuttgart 1962. 719 S. • Lichtdruck. 1865–1965. Dresden 1965. 77 S., 12 Bl. Abb.

3.13 Durchdruck Siebdruck

LIT K. F. Ehlers: Siebdruck. Neuausg. München 1972. 218 S.

3.14 Prägedruck

LIT Claus Gerhardt: Die Anfänge des Prägedrucks. Darmstadt 1969. 248 S. • Claus Gerhardt, H. Widmann: Geprägte Form – Embossed forms. Prägen als Technik u. literarischer Begriff. Darmstadt 1972. 75 S.

3.15 Moderne Verfielfältigungsverfahren

LIT Wirtschaftliches Vervielfältigen im Büro. Kopieren und Drucken. Leitfaden für die Auswahl u. Anwendung von Verfahren u. Geräten. Eschborn 1978. 47 S.

3.16 Schreibmaschinentext Vgl. 7.32-Typoskripte

3-C. Buchblockformen

3.20 Einblattdrucke

DEF Selbständig erscheinender Druck auf einem Blatt: ungefalzt, ein- oder beidseitig bedruckt, mit oder ohne Illustrationen.

PRO Nach Inhalt, Zwecksetzung und Gestaltung sehr verschieden. • In der *Frühdruckzeit:* Ablaß-briefe, Pestblätter, Kalender, Flugblätter, Holzschnitte; Material, das nur selten erhalten ist, oft nur als 3.81-Einbandmakulatur, als entsprechend wertvoll gilt und eine *genauere Beschreibung* erhält; enthalten Einblattdrucke dieser Periode bildliche Darstellungen, vgl. die spezielle EOE (A). • Wegen der Seltenheit und eigenen Verzeichnungsproblematik werden Einblattdrucke oft in *Sondersammlungen* vereinigt und erschlossen, worüber die *Recherche* rechtzeitig Auskunft einholen sollte.

EOE

(A) *Frühe Einblattdrucke mit bildlichen Darstellungen:* der Künstler, von dem das Bild stammt, wird zum Verfasser; das Bild wird beschrieben, für den beigegebenen Text sein Charakter, die Spalten-zahl, die Satzmaße und die Placierung auf dem Blatt angegeben.

(B) *Andere Einblattdrucke* entsprechend der Schriftenklasse:

2.33-Flugschriften	5.260-Karten
4.32-Formulare	6.2-Plakate
4.166-Ablaßbriefe	6.11-Kunstdrucke
5.224-Bilderbogen	

PI 27,3. 28. Anl. IV,18. F 66,3.

LIT   ZfB. 22.1905, 565–576: W. Molsdorf (UB Breslau). • Einblattdrucke des 15. Jahrhunderts. Hrsg.: P. Heitz. Straßburg 1906 ff. Teils gez., teils ungez. Folge. • Einblattdrucke des 15. Jahrhunderts. Ein bibliogr. Verzeichnis. Halle 1914. 553 S. • Die Einblattdrucke des 15. Jahrhunderts in der Kupferstichsammlung der Hofbibliothek zu Wien. Hrsg.: M. Haberditzl, A. Stix. 1.2. Wien 1920. • M. Geisberg: Der deutsche Einblattholzschnitt der 1. Hälfte des 16. Jh. Lfg. 1–40. München 1923–29. • J. Halle: Newe Zeitungen, Relationen, Flugschriften, Flugblätter, Einblattdrucke v. 1470–1820. Nieuwkoop 1967. 404 S. • Bruno Weber: Wunderzeichen und Winkeldrucker 1543–1586. Einblattdrucke, Sammlung Wikiana, Zürich. Dietikon-Zürich 1972. 153 S. • R. Schenda: Volk ohne Buch. München 1977. S. 271.

3.21   Kodexform

DEF   Der Kodex entsteht, indem der Druckträger (Papier, Pergament usw.) blattweise zu Lagen gefaltet, mehrere Lagen aufeinandergeschichtet und am Rücken miteinander verbunden werden, sodaß der Buchblock aufgeblättert und die Blätter auf beiden Seiten gelesen werden können.

PRO   Die typische Buchform des Abendlands und der Moderne. Die Kodexform hat keinen Einfluß auf die EOE für den abgedruckten Text; von besonderer Bedeutung für die Formalkatalogisierung ist jedoch das vorangestellte *Titelblatt*, vgl. 3-E.

LIT   Vgl. 3-F: Einbandgestaltung.

3.22   Leporello-Faltung

DEF   Buchblock, in dem die Blätter nicht in der Art des Kodex alle auf derselben Seite (am Rücken) zusammengeheftet, sondern an den beiden Längsseiten abwechselnd mit Falzen verbunden werden; eine durchgehende Papierbahn wird in gleichmäßigen Abständen in wechselnden Richtungen gefalzt (Zick-Zack-Falz, Leporellofalz).

PRO   Bezeichnung nach dem Diener Leporello in Mozarts „Don Giovanni", der ein Verzeichnis der Geliebten Don Giovannis in *Faltbuchform* aufbewahrt. • Die Faltbuchform hat keinen Einfluß auf die EOE; sie wird jedoch in der *Umfangsangabe* der Titelaufnahme vermerkt. F 35,5. R 1.4.2.10.

3.23   Rollenform

DEF   Druckträger, der in langer Bahn geschnitten, einseitig bedruckt und mit der Schrift nach innen aufgerollt wird.

PRO   Typische Buchform der *Antike,* daher vor allem als Handschriften überliefert. • Moderne Anwendung höchst selten, für gewisse liturgische (jüdische Thora-Rolle) oder andere feierliche Zwecke (Urkunden). • Die Rollenform hat keinen Einfluß auf die EOE; sie wäre allenfalls in der *Umfangsangabe* der Titelaufnahme zu vermerken.

LIT   ZfB. 7.1890, 1–18: C. Haeberlin (Einfache u. Misch-Rollen). • T. Birt: Die Buchrolle in der Kunst. Lpz. 1907. 352 S. • W. Schubart: Das Buch bei den Griechen und Römern. 3. Aufl. Heidelberg 1962. 157 S.

3.24   Mappenwerke

DEF   Druckschriften in Einzelblättern oder Tafeln, die lose in einer Mappe zusammengefaßt erscheinen, die wie ein Buchumschlag gewöhnlich die Titelangaben trägt.

PRO   Hierunter fallen nur solche Veröffentlichungen, die ursprünglich als Mappenwerke erschienen sind; die Mappe stellt die *bibliographisch selbständige Einheit* dar, die nach PI zu katalogisieren ist. • Gewöhnlich trägt die Mappe die *Titelangaben* für das Gesamtwerk: diese werden der EOE zugrundegelegt; Titelangaben auf den enthaltenen Blättern, Tafeln oder Beiheften können von den Angaben auf der Mappe abweichen. • Die Mappenform hat keinen Einfluß auf die EOE.
PI 11,1.6. F 35,7. R 1.4.2.10.

3.25 Ringbücher

DEF Buchblock in Kodexform, jedoch ohne eine feste Verbindung der Blätter am Rücken: sie sind vielmehr mit Lochungen in Metallringe eingehängt, die durch einen Mechanismus geöffnet und geschlossen werden können.

PRO Im Prinzip dem Aktenordner verwandt. Wegen der Möglichkeit, an jeder Stelle einzelne Blätter zu ergänzen oder herauszunehmen, auch als „mobiles Buch" bezeichnet. Verbindet die Buchform mit der sonst nur der 3.26-Kartei möglichen *Flexibilität der Inhaltsgestaltung*. • Typische Erscheinungsform der 2.10-Loseblattsammlung. • Die Ringbuchform hat keinen Einfluß auf die EOE.

3.26 Karteien

DEF Veröffentlichung in Form einzelner Karteikarten in Formaten DIN A 5 und kleiner, die in Karteikästen bzw. Karteischränken aufbewahrt werden.

PRO Technische Formen: Steilkartei, Flachsichtkartei. Die *Titelangaben* befinden sich in sehr unterschiedlichen Formen als Beschriftungen auf Karteikästen, ersten Blättern (Karten) oder Deckblättern weiterer Lieferungen, Begleitheften usw. • Beschreibung und EOE wie für 2.10-Loseblattsammlungen.

LIT W. Postmann: Karteikunde. 4. Aufl. Berlin 1950. 269 S. • Organisation. 3.1969, H. 4., 11–18: W. Mitternacht (Aufbau einer Kartei). • G. Weilenmann: Die zweckmäßige Kartei. Stuttgart 1970. 128 S.

3-D. *Typographische Gestaltung*

LIT S. Morison: Meisterdrucke der Neuzeit. Berlin 1925. 66 S., 328 Abb. • P. Renner: Die Kunst der Typographie. 2. Aufl. Berlin 1948. 308 S. • S. Morison: Four centuries of fine printing. 272 examples of the work of presses, 1465–1924. 2. ed. New York 1949. 342 S. • A. F. Johnson: Type designs. Their history and development. 2. ed. London 1959. 183 S. • Fotosatz. Stuttgart 1962. 140 S. • D. B. Updike: Printing types. Their history, forms, and use. 3. ed. 1–2. Cambridge, Mass. 1962. • P. Fritzsche: Der Schriftsetzer. 3. Aufl. Lpz. 1968. 340 S. • John Lewis: Typographie. Grundlagen und Experimente. Ravensburg 1969. 96 S. • H. Jensen: Die Schrift in Vergangenheit und Gegenwart. 3. Aufl. Berlin 1969. 607 S. • A. Kapr: Schriftkunst. Dresden 1971. 470 S. • Bruckmann's Handbuch der Schrift. Hrsg.: E. D. Stiebner, W. Leonhard. München 1977. 276 S. • F. Genzmer: Umgang mit der schwarzen Kunst. 4. Aufl. Berlin 1978. 264 S.

3-Da. *Schriftarten*

3.30 Lateinische Druckschriften

Das lateinische Alphabet ist die Schrift für alle westlichen Sprachen und deshalb auch die Schrift des AK; die deutsche Alphabetfolge der lateinischen Schrift liefert das Ordnungsprinzip für den AK nach PI. Die Anwendung der lateinischen Schrift in allen Formen gilt daher für die Katalogarbeit als selbstverständlich. Nur nicht-lateinische Schriften sind eventuell besonders zu vermerken.
PI 4. F 25.26. R 1.3.2 u. 2.10.

LIT G. Milchsack: Was ist Fraktur? 2. Aufl. Braunschweig 1925. 56 S. • E. Crous, J. Kirchner: Die gotischen Schriftarten. Lpz. 1928. 46 S., 64 Taf.; 2. Aufl. Braunschweig 1970.

3.31 Lateinische Schreibschriften

LIT Bulletin Jugend + Literatur. 1970, H. 8, 26: M. Frauhof (Schreibschriftbücher).

3.32 Kurzschriften (Stenographien)

Kurzschriften sind im wesentlichen Silbenschriften und daher nicht mehr rein schriftbezogen, sondern spezieller für einzelne Sprachen konzipiert. • Wenn das *Titelblatt* des Druckes in Langschrift gedruckt ist, entsteht für die Titelaufnahme kein Problem; der Druck des Buchtextes in Kurzschrift wird in einer *Notiz unter der Aufnahme* vermerkt. Ist jedoch auch das Titelblatt in Kurzschrift gedruckt, so müssen die Angaben in Langschrift umgeschrieben werden. • Die Verwendung der Kurzschrift hat keinen Einfluß auf die EOE.

LIT   F. Moser, K. Erbach: Lebendige Kurzschrift-Geschichte. 2. Aufl. Darmstadt 1942. 136 S.

3.33 Blindenschriften

Schriftsysteme, in denen *erhaben geprägte Punkt-Kombinationen* (Braille-Schrift: 6 Punkte) die Buchstaben des lateinischen Alphabets oder anderer Alphabete ausdrücken oder auch die Buchstaben selbst erhaben geprägt gedruckt werden, sodaß der blinde Leser sie mit den Fingerspitzen abtasten kann. • Blindenbücher tragen oft auch *Titelangaben in Klarschrift,* die den Titelaufnahmen zugrundegelegt werden. • Wegen des speziellen Benutzerkreises werden Blindenbücher in *Sondersammlungen* verwaltet und erschlossen.

LIT   Gegenwart. 9. 1955. 59–63: E. Kohlmann (Wie entsteht ein Blindenbuch?). • Handbuch des Büchereiwesens. Halbbd 2. Wiesbaden 1965. S. 577–588: H. Thiekötter (Blindenbücherei). • 75 Jahre Deutsche Zentralbücherei für Blinde zu Leipzig. 1894–1969. Lpz. 1969. 159 S. • Library services to the blind and physically handicapped. Ed.: M. G. Strom. Metuchen, N. J. 1977. 285 S.

3.34 Nicht-lateinische Schriften

Von den nicht-lateinischen Schriften werden die
   3.35-Griechische Schrift
   3.36-Kyrillische Schrift
im *europäischen* Kulturkreis verwendet und gelten daher als verhältnismäßig bekannt. • Dagegen stammen die anderen nicht-lateinischen Schriften, in denen gedruckt wird, überwiegend aus den *orientalischen und fernöstlichen* Kulturkreisen: die Kenntnis dieser Schriften ist nicht von der Kenntnis der Sprachen zu trennen, ihre Bearbeitung ist daher den Fachleuten vorbehalten; Drucke in diesen Schriften werden unter dem Oberbegriff
   3.37-Orientalia
zusammengefaßt. • Für die Katalogisierung ist die Titelblattgestaltung entscheidend:

(A) *Titelblatt in lateinischer Schrift* und nur der Text in nicht-lateinischer Schrift: das Titelblatt kann unmittelbar verwendet werden, nur Namensansetzungen und Originaltitel müssen in transkribierter Form festgestellt werden.

(B) *Titelblatt und Text in nicht-lateinischer Schrift:* die Titelblattangaben müssen transkribiert, der Buchinhalt geprüft, der Originaltitel festgestellt und ebenfalls transkribiert werden.

Bei der *Umschreibung* nicht-lateinischer Schriften in die lateinische Schrift wird zwischen Transkription und Transliteration unterschieden: die *Transkription* gibt das Lautbild wieder und ist daher an die Aussprache einer bestimmten Sprache gebunden, während die *Transliteration* ohne Rücksicht auf das Lautbild Buchstaben für Buchstaben umschreibt und daher nicht an die Aussprache einer bestimmten Sprache gebunden ist. So ist z. B. die Umschreibung der griechischen Schrift nach PI 22,2 eine Transkription, die Umschreibung der kyrillischen Schrift nach PI Anl. II, Schema 1 jedoch eine fast reine Transliteration. • Die *Recherche* sollte sich stets über das Umschreibungsverfahren für eine bestimmte Schrift oder Sprache Klarheit verschaffen.

Anmerkung. Auch für europäische Sprachen in lateinischer Schrift gibt es nach PI 22,2 die Transkription einzelner Buchstaben, die nicht zum lateinischen Alphabet in seiner ursprünglichen Form gehören: die Umlaute generell, ferner im Deutschen -ß-, im Holländischen -ij-, im Dänischen -ø-, sowie Sonderzeichen des Altnordischen, Alt- und Mittel-Englischen.

PI 4. 22,2. 163. 164. Anl. II. F 7. 26,1. 76 a. R 1.3.2 u. 2.10.

LIT ZfB. 42.1925, 498–508: F.H. Weissbach (Transkriptionsfragen). • Germanisch-romanische Monatsschrift. 15.1927, 385–395: J. Forchhammer (Ergebnisse der Kopenhagener Konferenz). • Die wissenschaftliche Redaktion. 1.1965, 77–89: M. Mangold (Transliteration u. Transkription). • H. Wellisch: Transcription and transliteration. Annotated bibliography. Silver Springs, Md. 1975. 133 S. • International library review. 8.1976, 55–84: H.H. Wellisch (Script conversion in libraries). • H.H. Wellisch: The conversion of scripts – its nature, history and utilization. New York 1978. 509 S.

3.35 Griechische Schrift

Sollte ursprünglich nach PI 4,1 und Anl. I, Bsp. 6 von der Titelblattvorlage übernommen werden, ohne Umschreibung: einzig die Ordnungsworte sollten in lateinische Schrift transkribiert werden. Ein *Transkriptionsschema* für Griechisch fehlt in den PI, nur Hinweise für einzelne Buchstaben finden sich in PI 22,2. • In der *Katalogpraxis* wird seit langem vollständig transkribiert.

LIT ZfB. 74.1960, 337–346: H. Ditten (Transkription, Transliteration); 78.1964, 600–603: H. Roloff (internationale Vereinheitlichung); 80.1966, 468–473: H. Ditten (Replik auf Roloff).

3.36 Kyrillische Schrift

In dieser Schrift werden mehrere Sprachen geschrieben. Sie wird nach PI 4,2 und Anl. II, Schemata 1–6 transkribiert, wobei die Schemata 2–6 nur Varianten für Besonderheiten des Kleinrussischen, Alt- und Neubulgarischen, Serbischen und Walachischen darstellen.

LIT ZfB. 46.1929, 615–617: E. Koschmieder; 65.1951, 61–65: W. Kral; 66.1952, 47–50: W. Kral; 69.1955, 343–356: W. Kral • BöBl. Ffm. 16.1960, 1332–1337: E. Richter. • DFW. 10.1961/62, 128–133: E. Richter. • ZfBB. 11.1964, 1–8: E. Richter (Norm DIN 1460). • P. Bruhn: Russisch für Bibliothekare. Wiesbaden 1968. 75 S. • Int. Organization for Standardization. Int. system for the transliteration of Slavic Cyrillic characters. 2. ed. Geneva 1968. 8 S. (ISO/R9).

3.37 Orientalia

DEF Druck in orientalischer oder asiatischer Schrift.

PRO Die Schriftenklasse wird unterschiedlich weit definiert. Hauptkriterium ist die *Schriftart:* sie hat zur Folge, daß eine engere Bestimmung nach Herkunft oder Sprachkreis der Veröffentlichungen nicht möglich ist; auch afrikanische Veröffentlichungen in semitischen Sprachen (arabisch, äthiopisch, koptisch) gehören zu den Orientalia: deshalb wird der Begriff der Orientalia oft auch auf alle Drucke in afrikanischen Sprachen ausgedehnt, ohne jedoch das Afrikaans Südafrikas einzuschließen. Das 2. Kriterium ist die *Sprache:* die orientalischen Schriftarten stellen gewöhnlich Werke in orientalischen Sprachen dar; daher werden im weiteren Sinn auch solche Drucke zu den Orientalia gerechnet, deren orientalische Sprache in lateinischer Schrift gedruckt ist. Als 3. Kriterium gelten *Übersetzungsverhältnisse:* während Übersetzungen abendländischer Werke in orientalische Sprachen gewöhnlich den Orientalia zugerechnet werden (was auch von den Gesichtspunkten Schriftart und Sprache abgedeckt ist), so bleibt die Behandlung von Übersetzungen orientalischer Werke in abendländische Sprachen offen; für den preußischen Gesamtkatalog gehören alle diejenigen Übersetzungen zu den Orientalia, die nach PI 221 ihre HA unter einem *orientalischen Originaltitel* erhalten müssen: vgl. Definition in ZfB. 21.1904, 492. • In der Katalogpraxis richtet sich die Behandlung der Orientalia oft weitgehend nach dem Kriterium der *Titelblattgestaltung:* (a) Drucke mit Text und Titelblatt ausschließlich in orientalischen Schriftarten können als „echte" Orientalia nur mit Sprachkenntnissen, also nur von Fachleuten identifiziert, transkribiert und katalogisiert werden; (b) Drucke mit wenigstens einem Titelblatt in westlicher Sprache können prinzipiell auch von Nicht-Fachleuten bearbeitet werden, die die Katalogisierung nach dem Titelblatt in westlicher Sprache vornehmen und die originalen Namensansetzungen und Sachtitel selbst ermitteln können. • Für die *Transkription* orientalischer Schriftarten enthält PI, Anl. II die Schemata

7: Sanskrit	11: Hindustani	15: Äthiopisch
8: Arabisch	12: Malaiisch	16: Koptisch
9: Persisch	13: Hebräisch	17: Armenisch
10: Türkisch	14: Syrisch	18: Georgisch

Die Schemata sind nicht ohne Sprachkenntnisse anzuwenden; ferner muß in der Transkriptionspraxis gelegentlich mit Abänderungen gegenüber den PI-Schemata gerechnet werden, ebenso künftig mit der Anwendung von RAK-Transkriptionen in PI-Katalogen. • Die *Recherche* nach Orientalia erfordert besondere Sorgfalt: (a) Auskunft, ob Orientalia im AK verzeichnet sind oder eventuell eine eigene Erschließung erhalten haben; (b) Auskunft, wie die Sachtitel geordnet sind, eventuell nach gegebener Wortfolge oder auch als eine Buchstabenfolge; (c) Beachtung der Besonderheiten in der Ansetzung der Verfassernamen, vgl. 8.8.3; (d) Beachtung der Besonderheiten in der Ordnung der Sachtitel, vgl. 11.11.5; (e) Vergewisserung über die im Katalog angewendete Transkriptionsmethode; (f) Beachtung besonderer Zitierweisen, vgl. 1.2.

EOE   Abgesehen vom Fall besonderer Zitierweise (vgl. 1.2) unterliegen Orientalia keinen speziellen Einordnungsentscheidungen. PI 4,2. 77. 146–160. Anl. II. F 32,4. 100. R 2.10.

LIT   ZfB. 21.1904, 492: (Definition der Orientalia für den GK); 24.1907, 538–559: E. Sieg (indische Serien). • Alphabetische Einordnung orientalischer Namen in der Ansetzung der Berliner Titeldrucke. Um 1930. (Vgl. 0.4-Orientalia 1930.) • E. Wagner: Regeln für die alphabetische Katalogisierung von Druckschriften in den islamischen Sprachen. Wiesbaden 1961. 73 S. • ZfB. 76.1962, 481–487: A. Matthies (Titelaufnahme chinesischer Werke). • ZfBB. 11.1964, 9–32: H. Braun (Katalogisierung: Werke in arab., persischer u. türk. Sprache). • Hebrew Union College annual. 40–41. 1969–70, 1–32: W. Weinberg (Transliteration and transcription of Hebrew). • ZfBB. 17.1970, 18–25: E. Wagner (Zentralkatalog der Orientalia). • Vgl. 8.8.3.

3-Db.   Sonstige Gestaltung

3.40 Großdruckbücher

DEF   Buchausgabe, deren Text in größeren Schriftgraden gesetzt ist, damit sehbehinderte Leser das Buch auch ohne optische Lesehilfen lesen können.

PRO   Kostspielig in der Herstellung wegen kleinerer Auflagen für eine kleine Zielgruppe. • Der Großdruck hat keinen Einfluß auf die EOE. Der Charakter der Ausgabe sollte, wenn er nicht aus der Titelaufnahme hervorgeht, eigens vermerkt sein.

LIT   Alison Shaw: Print for partial sight. A research report. London: LA 1969. 92 S. • Libri. 19.1969, 249–253: A. Shaw (Print for partial sight). • Large type books in print. 2. ed. New York 1976. 455 S. • BuB. 31.1979, 504–508: C. Liedtke-Gil (Die Lage an der Großdruck-Front). • Verzeichnis lieferbarer Bücher in großer Schrift. Bearb.: Hannelore Schmidt. 5. Ausg. Berlin 1981. 120 S.

3.41 Mikrobücher

DEF   Kleinstdruckbuch; Miniaturbuch; mit allerkleinsten Schriftgraden gedrucktes und in geringsten Abmessungen gehaltenes Buch, das möglicherweise nur mit dem Vergrößerungsglas zu lesen ist.

PRO   Wird nur zum Beweis typographischer Kunstfertigkeit hergestellt, gilt als bibliophile Kuriosität. • *Abgrenzung* gegen 3.137-Mikroformen, die Bücher fotografisch verkleinert auf Film abbilden und selbst keine Buchform mehr haben. • Die Mikrobuchform hat keinen Einfluß auf die EOE, muß jedoch aus der Formatangabe hervorgehen oder eigens vermerkt sein.

LIT   K. J. Lüthi: Bücher kleinsten Formates. Vortrag. Bern 1924. 46 S., Abb. • ZfB. 43.1926, 533–553: A. Tüneewa (Staatsbibliothek Odessa). • Mikrobiblion. Das Buch von den kleinen Büchern. Berlin 1929. 176 S. • ZfB. 62.1948, 278–291: W. Hinsch (Grundlagen, Möglichkeiten); 63.1949, 17–29: H. Lübeck (Grundsätzliches). • Kleinod der Buchkunst. Hrsg.: E. Walter. München 1979. 382 S.

3.42 Einseitig bedruckte Ausgaben

DEF   Druckschrift, deren Blätter nur einseitig bedruckt sind.

PRO   Entstehen aus verschiedenen Gründen: (a) wenn Abbildungen nur im Schöndruck (Blattvorderseite) stehen und nicht durch den Widerdruck (Blattrückseite) beeinträchtigt werden sollen; (b) wenn moderne Vervielfältigungsverfahren einen Widerdruck nicht gestatten; (c) wenn zugleich mit einer normalen, beidseitig bedruckten Ausgabe eine einseitig bedruckte Sonderausgabe erscheint, die zu Ausschnittzwecken verbraucht werden kann, z.B. im Falle von Titeldrucklisten als zentrale Dienstleistungen für die Bibliotheken. • Auch die 3.101-Blockbücher wurden (im Reibedruckverfahren von Holztafeln) nur einseitig bedruckt, die Blätter mit ihren unbedruckten Rückseiten jedoch aneinandergeklebt. • Der einseitige Druck hat keinen Einfluß auf die EOE; die Fälle (a) und (b) kommen in der Titelaufnahme nicht zum Ausdruck, der Fall (c) erhält eine entsprechende Ausgabebezeichnung.

3.43 Durchschossene Bände

DEF   Druckschrift, in die nach jedem bedruckten Blatt ein unbedrucktes Blatt eingefügt worden ist.

PRO   Das Einschießen unbedruckter Blätter wird selten vom Verlag, gewöhnlich vom Erwerber des Buches veranlaßt, um handschriftliche Textergänzungen eintragen zu können. • Nur vom Verlag durchschossene Bände, die als solche erschienen sind, erhalten einen Vermerk in der Titelaufnahme.

3.44 Doppeldrucke

DEF   Druck, dessen Auflage nicht in allen Exemplaren druckidentisch ist.

PRO   Entsteht (a) wenn während des Auflagendrucks Veränderungen am Satz erfolgt sind (Doppeldruck, Paralleldruck) oder (b) wenn während des Auflagendrucks die Auflage erhöht worden ist, sodaß der Satz für die bereits gedruckten Bogen zum Nachdruck neu gesetzt werden muß und daher in diesen Bogen der Druck gewisse typographische Abweichungen bieten wird (Zwitterdruck). • Der Sachverhalt des *Doppeldrucks bzw. Zwitterdrucks* interessiert nur bei buchgeschichtlich relevanten Drucken. Die normale PI-Aufnahme kann die genauen Merkmale des Doppeldrucks nicht festhalten; deshalb für diese wenigen Fälle die *genauere Aufnahme.* PI 28. F 57. 58.

LIT   ZfB. 13.1896, 537–567: G. Milchsack (Doppeldruck, Verlagsrecht); 14.1897, 500–509: R. Voigtländer; 509–516: G. Milchsack; 15.1898, 362–363: E. Kück; 20.1903, 375–378: G. Kohfeldt (Inkunabel-Doppeldrucke). • Zeitschrift für Bücherfreunde. NF. 1.1909, 109–114: J. Luther (Zwitterdrucke, Reformationszeit). • Beiträge zum Bibliotheks- und Buchwesen. Festschrift P. Schwenke. Berlin 1913. S. 127–129: R. Kaiser (Unterscheidung anscheinend identischer Drucke). • G. Milchsack: Gesammelte Aufsätze über Buchkunst und Buchdruck. Wolfenbüttel 1922. S. 282–302: Doppeldrucke. • Texte und Varianten. Hrsg.: G. Martens, H. Zeller. München 1971. S. 385–400: B. Fabian, D. Kranz (Interne Kollation).

3-E.   Titelblattgestaltung

Das Titelblatt ist die *Grundlage* jeder Formalkatalogisierung, so auch für den PI-Katalog. Die Gestaltung des Titelblatts hat daher größten Einfluß auf die Verzeichnung der Druckschrift: in vielen Fällen auf die Einordnungsentscheidung, in allen Fällen auf die Ordnungsworte, insgesamt also auf Anzahl und Art der Einträge.

Für die *Recherche* bedeutet dies, daß im Formalkatalog (der die „Formalien", d.h. die Angaben des Titelblatts erschließt) nur solche Schriften sicher aufzufinden sind, von denen die wesentlichen Titelblattangaben (Verfasser, Sachtitel, Beteiligte) *richtig bekannt* sind; daraus ist die Folgerung zu ziehen, daß bei erheblichen *Zweifeln* an der Richtigkeit der Angaben, die zur Recherche vorliegen, eine Überprüfung dieser Angaben an bibliographischen Quellen erforderlich wird. *Es wäre sinnlos,* eine Schrift im Katalog unter unkorrekten Ordnungsworten zu suchen, unter denen sie gar nicht verzeichnet sein kann.

PI 1–8. F 1,1–2 (Grundregeln). 3 (Arten von Titeln). 4 (Teile des Titels). 10–18 (Wiedergabe der Titelblattangaben). R 1.1–1.4.2.9.

LIT   M. Sondheim: Das Titelblatt. Ansprache. Mainz 1927. 24 S. • One hundred title-pages, 1500–1800. Selected with introd.: A.F. Johnson. London 1928. 24 S., 100 Taf. • Buch und Schrift. 3.1929, 1–96: Das Titelblatt im Wandel der Zeit (6 Beiträge). • Nachrichten von der Gesellschaft der Wissenschaften zu Göttingen. Phil.-hist. Klasse. Neuere Philologie u. Literaturgeschichte. NF. 2,1. 1937. S. 1–48: E. Schröder (Anfänge des deutschen Buchtitels). • ZfB. 56.1939, 129–134: L. Denecke (E. Schröders „Anfänge des deutschen Buchtitels"). • J. Rodenberg: Größe und Grenzen der Typographie. Stuttgart 1959. 203 S. • R. Mühlenweg: Studien zum deutschen Romantitel (1750–1914). Wien, Diss. 1960. 186 Bl. • P. Lehmann: Erforschung des Mittelalters. 5. Stuttgart 1962.

S. 1–93: Mittelalterliche Büchertitel. • BöBl. Ffm. 23.1967, 1081–1170: H. Volkmann (Der deutsche Romantitel, 1470–1770). • E. Nachmanson: Der griechische Buchtitel. Darmstadt 1969. 52 S. • Revue française d'histoire du livre. NS. 1.1971, H. 1–2: G. Parguez (Des pages de titre des livres anciens). • T. L. De Vinne: The practise of typography. A treatise on title-pages. New York 1972. 485 S. • Bibliothekswelt und Kulturgeschichte. Festgabe J. Wieder. München 1977. S. 171–186: G. Lohse (Mittelalterliche deutsche Büchertitel). • Deutsche Literatur in Titelblättern. Reproduktionen. Hrsg.: A. Estermann, H.-A. Koch. München 1978. 212 S.

3-Ea. Entwicklungsstufen

3.50 Inkunabel-Titelblätter

Die Inkunabel übernimmt zunächst (bis ca. 1470) die Praxis der Handschriften: auf der ersten Textseite der *einleitende Vermerk,* daß hier die Schrift beginnt (hic incipit ...), für die noch nicht immer ein Sachtitel formuliert wird; am Ende des Druckes das *Kolophon* (Explicit ...) mit Angaben zum Titel, Verfasser und Erscheinungsvermerk (Ort, Datum, Drucker). • Ab ca. 1470 werden Inkunabeln zunehmend mit Titelblättern ausgestattet, um 1500 ist das Titelblatt allgemein üblich. • Vgl. 3.102-Inkunabeln.

LIT G. Kießling: Die Anfänge des Titelblatts in der Blütezeit des deutschen Holzschnitts (1470–1530). Lpz. 1930. 140 S.

3.51 Frühdruck-Titelblätter

Der Frühdruck-Zeitraum wird unterschiedlich weit definiert, bis zum Einschluß des ganzen 16. Jh., vgl. 3.103-Frühdrucke. • Das Titelblatt entwickelt graphisch und typographisch reichen *Schmuck* und erst allmählich auch ausführliche *Information* über die Schrift, ihren Inhalt, die Verfasserschaft, die Umstände ihrer Entstehung und des Druckes.

LIT A. Götze: Die hochdeutschen Drucker der Reformationszeit. Straßburg 1905. 127 S., Abb. Nachdr. 1963. • J. v. Pflugk-Harttung: Rahmen deutscher Buchtitel im 16. Jh. Stuttgart 1909. 32 S., 102 Taf. • J. Luther: Die Titeleinfassungen der Reformationszeit. Lfg 1 ff. Lpz. 1909 ff. • Buch und Schrift. 2.1928, 17 ff.: K. Schottenloher (Holzschnittitel).

3.52 Barock-Titelblätter

Vom 16. Jh. bis in das 18. Jh. hinein entwickeln die Titelblätter eine Reihe von Besonderheiten: (a) wortreiche, überladen und *formelhaft wirkende Angaben* über Titel, Inhalt, Verfasserschaft, Anlaß, an Landesherren und Förderer gerichtete Devotionsformeln, Ausgabe, Ausstattung, Druckprivileg, Erscheinungsvermerk und Vertriebsnachweise; (b) vorwiegend lateinische Abfassung oder Verwendung einer *Mischung* aus lateinischen und landessprachlichen Formulierungen, woraus sich (c) verschieden weitgehende *Latinisierungen* der Verfassernamen ergeben, teils nur latinisierte Endungen, teils regelrechte Übersetzungen, vgl. 8.9.1 u. 11.9.1; (d) Einbindung aller (oder fast aller) Titelblattangaben vor dem Erscheinungsvermerk in ein entsprechend umständliches *Satzgebilde,* das durch Relativ-Anschlüsse, Kasus- und Konjugationsendungen eine Einheit darstellt, aus der die einzelnen Teile für die bibliographische Beschreibung erst herausoperiert und einzelne Worte in andere Kasus umgewandelt werden müssen, vgl. 9.4.3, 10.2, 11.9.1b; (e) Verwendung bereits moderner Sprachstufen, jedoch mit *veraltetem Wortschatz* und in veralteter *Rechtschreibung,* vgl. 9.4.4.

LIT Bibliothekswelt und Kulturgeschichte. Festgabe J. Wieder. München 1977. S. 160–170: F. Barbieri (Titoli di libri italiani nell'età barocca). • Vgl. 3.104-Drucke des 17. Jh.

3.53 Bildertitel

Das Titelblatt ist als bildliche Darstellung gestaltet (Titelkupfer, Titelholzschnitt u. a. Techniken; Accipiesholzschnitt: Darstellung von Lehrer und Schüler); die *Titelblattangaben* sind in die bildliche Darstellung eingefügt. • Der Bildertitel kann Haupttitel sein und dann der Titelaufnahme zugrundeliegen, aber auch Nebentitel zu einem anderen Haupttitelblatt, vgl. 3.60-Drucke mit mehreren Titelblättern. • Wenn die bildliche Darstellung keine Titelangaben enthält, steht sie gewöhnlich nur als ein *Frontispiz* auf der dem Titelblatt gegenüberliegenden Seite. • Vgl. 3.111-Illustrierte Ausgaben. F 3 a, 5 u. Faksimiles 11 u. 15 a. R 1.2.2.(7) u. 2.8 u. Faksimile 4.

LIT Buch und Schrift. 3.1929, 51–56: E. v. Rath (Kupferstichtitel, Entwicklung).

3.54 Moderne Titelblätter

Das Titelblatt ist gewöhnlich die erste (oder nach einem Schmutztitelblatt: die dritte) bedruckte Seite eines Buches und trägt auf Vorder- u. Rückseite in unterschiedlichem Umfang die *wichtigsten bibliographischen Daten* der Druckschrift: Verfasser, Beteiligte, Anlässe, korporative Urheber; Sachtitel, Zusatz zum Sachtitel, Inhaltsangabe; Ausgabebezeichnung, Beigaben, Zählungen, Erscheinungsvermerk mit Ort, Verleger, Drucker, Jahr. • Daten, die oft auf der *Rückseite des Titelblattes* stehen: Originaltitel; Copyright-Vermerk mit Jahresangabe, die ersatzweise an die Stelle des Erscheinungsjahres treten kann; ISBN-Vermerk, vgl. 3.77-Titelblatt mit ISBN/ISSN-Angaben; diese Angaben erscheinen, weil nicht von der Vorderseite des Titelblatts stammend, in der Titelaufnahme in runde Klammern gesetzt.

3-Eb. *Anzahl der Titelblätter*

3.60 Drucke mit mehreren Titelblättern

Trägt ein Druck nur ein Titelblatt, so wird dieses zwangsläufig der Titelaufnahme zugrundegelegt, sei es auch noch so unvollständig ausgestattet. Trägt ein Druck dagegen mehrere Titelblätter, so wird nach teils formalen, teils inhaltlichen Kriterien in drei Schritten unterschieden:

(1) Dasjenige Titelblatt mit den *vollständigsten Angaben* wird zum *Haupttitelblatt* erklärt und der EOE zugrundegelegt.

(2) Die anderen Titelblätter werden geprüft, ob sie eventuell die Titelangaben für ein *mehrbändiges Werk oder eine Serie* tragen, von denen der vorliegende Druck ein Teil ist: ein solcher *Gesamttitel* – gleichgültig, ob auf eigenem Titelblatt oder mit den Stücktitelangaben auf gemeinsamem Titelblatt – erhält seine eigene EOE nach 2.12 bzw. 2.14.

(3) Alle übrigen Titelblätter (die also nicht zum Haupttitelblatt erklärt werden und nicht ein Gesamttitelblatt darstellen) gelten als *Nebentitelblätter:* von ihren Angaben werden nur diejenigen Sachtitel und Personennamen, die von den Angaben des Haupttitelblatts erheblich abweichen, mit fakultativen VW im Katalog berücksichtigt.

Für die *Recherche* liegt das Buch gewöhnlich nicht vor, sodaß die Entscheidungen über eine Mehrheit von Titelblättern nicht nachvollzogen werden können: die Recherche kann sich daher nur an die gegebenen Daten halten und unter ihnen suchen.

PI 3. 8. 216. 220. F 3. 10. 38. 39. R 1.2.2.

3.61 Drucke ohne Titelblatt

Trägt ein Druck kein Titelblatt, so ist zu prüfen, (a) ob er ursprünglich ohne Titelblatt erschienen ist oder (b) ob das vorliegende Exemplar das vorhanden gewesene Titelblatt nur verloren hat. • *Ohne Titelblatt erschienene* Drucke werden entweder nach den Umschlagtitelangaben katalogisiert oder, wenn auch ein Umschlagtitel fehlt, nach der Überschrift der ersten Textseite („Kopftitel", vgl. 3.77) und eventuell am Schluß des Textes stehenden Angaben über Verfasser und Erscheinungsdaten katalogisiert. • Druckexemplare, deren *Titelblatt verloren* ist, müssen anhand bibliographischer Quellen möglichst identifiziert und nach den ermittelten Daten katalogisiert werden; das Fehlen des Titelblatts wird unter der Titelaufnahme vermerkt. Kann das Druckexemplar nicht identifiziert werden, entfällt die Formalkatalogisierung. Nach PI 16 soll jedoch notfalls ein Titel in der Sprache des Textes fingiert werden: eine darauf basierende HA stellt keine formale Erschließung, sondern einen Schlagworteintrag dar. • PI 16. F 24. R 1.4.3.

3.62 Schriften ohne eigenes Titelblatt

Enthält ein Druck mehrere Schriften (eines Verfassers oder verschiedener Verfasser), so stellt er inhaltlich eine *Sammlung* dar; vgl. die Schriftenklassen 5.40–5.67 sowie insbesondere auch 2.15-Zeitschriften, 2.17-Zeitungen und 2.18-Periodische Kongreßschriften, aber auch allgemein 4.190-Kongreßschriften. • Für die Formalerschließung nach PI können nur solche Schriften einen Eintrag erhalten, die ein *eigenes Titelblatt* tragen und damit als *bibliographisch selbständig* erschienen gelten. Auf die Sammlung bezogen heißt dies, daß nur die Sammlung bibliographisch selbständig erschienen ist und daher eine HA erhält; dagegen haben die in der Sammlung *enthaltenen Schriften* gewöhnlich keine eigenen Titelblätter, gelten daher als bibliographisch *unselbständig* erschienen und können folglich *keine Einträge im AK* erhalten. • *Ausnahmefälle,* daß enthaltene Schriften dennoch Einträge erhalten können, sind eng definiert, deshalb selten und für die Recherche nicht abzuschätzen:

(a) 5.40-Beigefügte Schriften: sie sind auf dem Titelblatt genannt und erhalten Verweisungen.

(b) 5.61-Sammlungen von Einzelschriften *ohne* Gesamttitel: wenn kein Gesamttitel vorhanden ist, müssen zwangsläufig Titel der enthaltenen Schriften auf dem Titelblatt genannt sein, von denen bis zu 3 Schriften VW erhalten können.

(c) Von F 41 eingeführte Ausnahmeregelung, nach Ermessen des Katalogbearbeiters enthaltene Schriften unter der Titelaufnahme mit „Darin" oder „Darin außerdem" aufzuführen und mit VW zu berücksichtigen.

Abgrenzung gegen 2.22-Sonderabdrucke, die als bibliographisch selbständig erschienen gelten.

LIT Nachrichten für Dokumentation. 12.1961, 153–157: D. Rasmussen (Dokumentation von Zeitschriften, Sammelwerken). • Mitteilungen der DFG. 1963, 5–11: Kataloge von Zeitschriftenaufsätzen in wiss. Bibliotheken? • Aktuelle Probleme der Bibliotheksverwaltung. Festgabe H. Fuchs. Wiesbaden 1966. S. 143–151: H. Weber (Bibliographisch selbständig, unselbständig). • ZfBB. 18.1971, 153–162: K. Schreiber (DFG-Programm); 327–332: W. Haenisch (Entgegnung). • Dienst an Büchern, Lesern und Autoren. Festschrift F. Hüser. Berlin 1973. S. 155–158: W. Körner (Zeitungsausschnitt-Slg.). • BuB. 25.1973, 479–480: W. Kupfer (Erschließung unselbständigen Schrifttums). • J. Buder: Die Inhaltserschließung von Zeitungen. Berlin: DBV 1978. 119 S. • ZfBB. 26.1979, 66–73: M. Komorowski (Zeitschriftenaufsatz-Katalogisierung). • DFW. 27.1979, 143–145: J. Buder (Zeitungsinhalt, Erschließung).

3-Ec. *Inhalte der Titelblätter*

3.70 Titelblatt in anderer Sprache als der Text

Handelt es sich um das *Haupttitelblatt,* so wird es der Aufnahme zugrundegelegt. Geht der Sachverhalt (Buchtext in anderer Sprache) aus den Angaben der Titelaufnahme nicht hervor, so wird er in einer Notiz unter der Aufnahme vermerkt. • Handelt es sich um ein *Nebentitelblatt,* so werden vom Haupttitelblatt abweichende Angaben mit VW berücksichtigt, vgl. 3.60-Drucke mit mehreren Titelblättern. F 20,3. 44,3. R 1.4.2(12).

3.71 Titelblatt in anderer Schrift als der Text

Die andere Schriftart bedeutet gewöhnlich zugleich auch eine andere *Sprache,* in diesem Fall vgl. 3.70. • Wenn Titelblatt und Text jedoch tatsächlich nur in der *Schriftart* differieren (z.B.: Titelblatt in Langschrift, Text in Kurzschrift oder Blindenschrift), so wird der Sachverhalt in einer Notiz unter der Aufnahme vermerkt, wenn er nicht schon aus dem Text der Aufnahme hervorgeht.

3.72 Titelblatt mit verkleideter Verfasserangabe

Als „verkleidet" gilt jede Verfasserangabe, die nicht den wahren, wirklichen Namen des Verfassers nennt, sondern eine *unzutreffende, irreführende* Namensform oder nur eine Andeutung zur Verfasserschaft gibt. Im weiteren Sinn werden auch Schriften *ohne* jede Verfasserangabe auf dem Titelblatt der „verkleideten Literatur" zugerechnet. • Drucke mit verkleideter Verfasserangabe gelten als 1.5-Pseudonyme Schriften, 4.180-Tarnschriften; Drucke ohne Verfasserangabe gelten als 1.6-Anonyme Schriften; zur Abgrenzung zwischen *pseudonymen* und *anonymen* Schriften nach PI vgl. 8.6.3.

3.73 Titelblatt ohne Verfasserangabe

Die Schrift gilt als *anonym* erschienen, vgl. 1.6-Anonyme Schriften.

3.74 Titelblatt mit fingiertem Erscheinungsvermerk

Die Titelblattangaben zum Erscheinungsvermerk (Ort, Verleger, Drucker, Jahr) können *„verkleidet",* d.h. unzutreffend oder fingiert abgefaßt (oder auch ganz weggelassen) worden sein. • Der Erscheinungsvermerk hat zwar keinen Einfluß auf die EOE, wird jedoch zur Feinordnung im Katalog herangezogen, vgl. 13.8, und kann entscheidend für die *Identifizierung* des Druckes sein: deshalb sollen als falsch erkannte Angaben richtiggestellt und fehlende Angaben ergänzt werden.
PI 7,8–11. 15. F 32–34. R 1.4.2(9) u. 1.4.3.

LIT   E. Weller: Die falschen und fingierten Druckorte. 2. Aufl. 1–2. Lpz. 1864. • G. Brunet: Imprimeurs imaginaires et libraires supposés. Paris 1866. 290 S. • Philomneste junior (d.i. G. Brunet): Recherches sur les imprimeries imaginaires, clandestines et particulières. Bruxelles 1879. 113 S. • M. Parenti: Dizionario dei luoghi di stampa falsi, inventati o supposti. Firenze 1951. 311 S. • ZfB. 91.1977, 101–107: K.K. Walther (Fingierte Druck- u. Verlagsorte, 17.–19. Jh.). • Vgl. 7.7-Fälschungen.

3.75 Titelblatt mit übergeklebter Verlagsangabe

Verlagsangaben auf dem Titelblatt werden überklebt oder überstempelt, wenn die Restauflage der Veröffentlichung an einen anderen Verlag übergeht, der auf diese Weise die Exemplare der Restauflage mit seiner Firmenangabe versieht. • Im Erscheinungsvermerk der HA werden der frühere (wenn noch feststellbar) und der neue Verlag genannt. F 33,3i. R 1.4.2(9).

3.76 Titelblatt mit mehreren Sachtiteln

Trägt ein Titelblatt mehrere *Sachtitelformulierungen,* so sind sie in 3 Schritten zu interpretieren:

(1) Feststellung des *Haupttitels* für den vorliegenden Druck: er wird der HA zugrundegelegt.
(2) Prüfung der anderen Sachtitel, ob einer von ihnen den *übergeordneten Gesamttitel* eines 2.12-Mehrbändigen Werks oder einer 2.14-Serie darstellt, von denen der vorliegende Druck ein Teil ist: eigene EOE für das mehrbändige Werk oder die Serie.
(3) Alle übrigen Sachtitel haben gegebenenfalls nur noch die Funktionen von *Nebentiteln,* die fakultativ VW erhalten können.

Die Feststellung von Haupt- und Nebentiteln hängt ab von (a) der Reihenfolge der Titel auf dem Titelblatt, (b) von der Sprache der Titel und (c) von der Aussagekraft bzw. Selbständigkeit der Titelformulierungen in bezug auf den Buchinhalt: insgesamt also von Kriterien, die für die *Recherche* gar nicht zu kalkulieren sind. PI 215. 220. F 78. 79. R 1.2.2 u. 2.5.1(2) u. 2.8.

3.77 Kopftitel

Wenn ein Druck kein regelrechtes Titelblatt speziell für die Titelangaben aufweist, sondern bereits auf der ersten Druckseite mit dem Text der abgedruckten Schrift beginnt, so werden die *Überschrift* und eventuell vorhandene *Verfasserangaben* als „Kopftitel" gewertet: in Ermangelung anderer Formalien wird dieser der HA zugrundegelegt, vgl. 3.61-Drucke ohne Titelblatt.

3.78 Titelblatt mit ISBN/ISSN-Angaben

Seit ca. 1970 werden Druckschriften, insbesondere wissenschaftliche Veröffentlichungen zunehmend mit ISBN oder ISSN als *neuartigen bibliographischen Daten* versehen, die eine schnelle und sichere *Identifizierung* von Schriften, Ausgaben und Einbandausstattungen ermöglichen. • ISBN und ISSN, die überwiegend auf den *Rückseiten der Titelblätter,* eventuell auch auf dem Umschlagtitel stehen, werden zunehmend in die HA auch der PI-Kataloge mitabgeschrieben. • Die *Erschließung* der Drucke nach ISBN und ISSN zeichnet sich ab, wäre grundsätzlich auch der Formalerschließung zuzurechnen, ist jedoch nicht mehr Aufgabe des Alphabetischen Katalogs.

LIT ZfBB. 18.1971, 333–338: K. W. Neubauer (ISBN, ISSN); 24. 1977, 34–42: H. Hüttermann (ISBN-Projekt, Hessischer Zentralkatalog); 230–234: K. D. Wawersig (Internationale Weiterentwicklung des ISBN-Systems). • ISBN. Internationale Standard-Buchnummer. Leitfaden. Ffm. 1978. 31 S. • ZfBB. 25.1978, 80–95: D. Wolf (ISSN, BRD). • BöBl. Ffm. 34.1978, 844–845: K. D. Wawersig (ISBN als bibliographische Nummer). • IFLA journal. 5.1979, 8–21: K. W. Neubauer (present status, future expectations, ISBN).

3-F. Einbandgestaltung

Die Einbandgestaltung hat auf die Katalogisierung nur dann Einfluß, wenn der Druck in einem Einband (Verlegereinband) erschienen ist, der *bibliographische Angaben* trägt:

(1) Wenn die Druckschrift als einziges Titelblatt ein *Umschlagtitelblatt* trägt, so wird dies für die Katalogisierung zugrundegelegt.

(2) Wenn der Einband auf Umschlag oder Rücken vom Haupttitelblatt abweichende *Nebentitelangaben* trägt, so können diese eventuell VW erhalten, vgl. 3.60.

(3) Wenn die *Zählung* für ein 2.12-Mehrbändiges Werk oder eine 2.14-Serie nur am Einband angebracht ist, so wird dadurch für das mehrbändige Werk oder die Serie überhaupt erst eine HA möglich.

PI 3. 8,1. F 3. 37–39. R 1.2.2 u. 2.8.

Buchgeschichtlich interessante oder für die Provenienz bestimmter Druckexemplare aussagekräftige Einbände können eventuell selbst Gegenstand der Einbandkatalogisierung werden, vgl. 3.80.

LIT Adolf Schmidt: Bucheinbände aus dem 14.–19. Jh. in der Landesbibliothek zu Darmstadt. (164 Abb.). Leipzig 1921. • G. A. E. Bogeng: Der Bucheinband. 3. Aufl. Halle/S. 1951. 198 S. • H. Helwig: Handbuch der Einbandkunde, 1–2. u. Reg. Bd. Hamburg 1953–55. • F. Wiese: Der Bucheinband. 4. Aufl. Stuttgart 1964. 392 S. • ZfB. 82.1968, 522–529: I. Schunke (Einbandwissenschaft, Bibliothekar). • H. Helwig: Einführung in die Einbandkunde. Stuttgart 1970. 278 S. • O. Mazal: Europäische Einbandkunst aus Mittelalter und Neuzeit. 270 Einbände der Österreichischen Nationalbibliothek. Graz 1971. 96 S., 270 Taf. • Einbandstudien. Festschrift I. Schunke. Berlin 1972. 162 S. • Kostbare Bände, seltene Drucke. Karlsruhe 1974. 96 S., 44 Taf. • BöBl. Ffm. 31.1975, B 201–228: K. Köster (Mehrfachbände, Vexierbücher: Einbandkuriosa des 16.–17. Jh.). • I. Schunke: Einführung in die Einbandbestimmung. 2. Aufl. Dresden 1978. 127 S. • Einbandprobleme an wissenschaftlichen Bibliotheken. (Seminar.) Berlin: DBV 1978. 73 S., 16 Anl.

3.80 Historische Einbände

Vor dem Aufkommen des maschinell gefertigten 3.82-Industriellen Einbands war der Bucheinband eine für jeden Buchblock *individuelle handwerkliche Arbeit*. • Man unterscheidet vor allem drei Fälle: (a) den *Originaleinband* (der ursprüngliche, erstmalige Einband), (b) den *Einband der Zeit* bis etwa 10 Jahre nach der Druckentstehung, (c) den *Einband im Stil der Zeit*, der erheblich später angefertigt wurde, jedoch stilistisch dem Einband zur Zeit der Druckentstehung entspricht. • Historische Einbände, deren Herkunft und Werkstattzusammenhänge Gegenstand der buchgeschichtlichen Forschung sind, werden durch eine spezielle *Einbandkatalogisierung* erfaßt; der Einband selbst ist nicht Gegenstand der PI-Katalogisierung.

LIT H. Loubier: Der Bucheinband von seinen Anfängen bis zum Ende des 18. Jh. 2. Aufl. Lpz. 1926. 272 S. • K. Haebler: Rollen- und Plattenstempel des 16. Jh. Bd 1–2. Lpz. 1928–29. • ZfB. 50.1933, 316–321: E. Kyriss (Einbandforschung, 15. u. 16. Jh.) • I. Schunke: Studien zum Bilderschmuck der deutschen Renaissanceeinbände. Wiesbaden 1959. 151 S. • H. Helwig: Einbandfälschungen. Stuttgart 1968. 98 S. • Jahrbuch der Deutschen Bücherei. 7.1971, 93–112: H. Schaefer (Einbandsammlung, Forschung, Erschließung im Buchmuseum). • M. Menzel: Wiener Buchbinder der Barockzeit. Wiener Einbände aus 4 Jahrhunderten. Wien 1972. 130 S. • *Einbandkatalogisierung*: ZfB. 43.1926, 470–472: J. Hofmann (Bucheinbandkatalog). • Entwurf. Richtlinien für die einheitliche Katalogisierung der Bucheinbände. Von d. Komm. für Bucheinbandkatalogisierung des Vereins Deutscher Bibliothekare. Lpz. 1927. 5 S. • ZfB. 44.1927, 489–503: J. Hofmann (Richtlinien); 46.1929, 458–462: J. Hofmann (Umfrageergebnis); 47.1930, 528–529: J. Hofmann (Ausschußbericht). • Bezeichnungen von Einbandstempeln und Deckelmustern. (15. u. erstes Viertel d. 16. Jh.) Red.: E. Ziesche, P. J. Becker. Hrsg.: Staatsbibliothek Pr. K., Berlin. 1977. 59 S.

3.81 Einbandmakulatur

In historischen Einbänden von Handschriften und Frühdrucken sind *handschriftliche oder bedruckte Materialien* als Makulatur verwendet worden. Sie werden nach Möglichkeit restauriert und sind Gegenstand einer *eigenen Katalogisierung* und Erforschung.

LIT ZfB. 25.1908, 535-544: K. Häbler (Makulatur-Forschung); 30.1913, 424–435: G. Kohfeldt (Katalogisierung); 48.1931, 1–8: O. Lenze (Makulatur-Forschung); 59.1942, 478–484: F. Eichler (Makulatur-Forschung) • H. Schreiber: Einführung in die Einbandkunde. Lpz. 1932. S.239 ff.

3.82 Industrielle Einbände

Seit Beginn der industriellen Massenfertigung im 19. Jh. können alle Exemplare einer Druckauflage mit einem *Verlegereinband* ausgestattet erscheinen: der Verlegereinband als der Originaleinband ist seither der Normalfall, der 3.83-Handwerkliche Einband tritt zurück • Trägt der Verlegereinband auf Umschlag oder Rücken *Verfasser- und Titelangaben,* so sind sie allen Exemplaren gemeinsame *echte bibliographische Daten* (wohingegen Umschlag- und Rückenaufdruck eines handwerklichen Einzeleinbands nach Ermessen des Eigentümers individuell gestaltet und daher *keine* bibliographischen Daten des Druckes sind). • Für die Möglichkeiten der Berücksichtigung bibliographischer Daten vom Einband für die Titelaufnahme vgl. 3-F: Umschlagtitelblatt, Nebentitelangaben, Zählungen.

3.83 Handwerkliche Einbände

Einzelfertigung, die den Erhaltungszustand des Buchblocks berücksichtigen und Reparaturen einschließen kann. Umschlag- und Rückenaufdrucke nach individuellem Ermessen stellen *keine bibliographischen Daten des Druckes* dar und werden daher für die PI-Aufnahme nicht berücksichtigt. Einziger Ausnahmefall: 5.43-Sammelbände mit fingierten Titeln.

3.84 Künstlerische Einbände

Gehen über die rein handwerkliche Zwecksetzung, das Buch benutzbar zu machen und vor Verschleiß zu bewahren, hinaus und sind entweder *Teil der Gesamtkonzeption* einer Buchgestaltung oder stellen eine *eigene künstlerische Leistung* dar, unabhängig vom Inhalt der Druckschrift. Als Bücher besonderer Ausstattung sind sie Objekte der 3-Gb: Bibliophilie.

3.85 Verlegereinbände

Der vom Verleger für die gesamte Auflage – oder Teile der Auflage – veranlaßte Einband ist der ursprüngliche, erstmalige Einband und damit der *Originaleinband.* • Verlegereinbände gibt es in begrenztem Umfang bereits seit der Frühdruckzeit; vor dem 19. Jh. sind es jedoch noch handwerkliche Einbände, vgl. 3.80-Historische Einbände. • Seit dem 19. Jh. ist der Verlegereinband normalerweise ein 3.82-Industrieller Einband; vgl. 3.86-Buchumschläge, 3.87-Schutzumschläge.

LIT ZfB. 25.1908, 383-387: C. Nörrenberg. • M. Sadleir (M.T.H. Sadler): The evolution of publishers' binding styles, 1770–1900. London 1930. 95 S., Abb. • BöBl. Ffm. 27.1971, 2775–2794: V. Sack (Verlegereinbände u. Buchhandel Peter Schöffers).

3.86 Buchumschläge

Ein um den Buchblock gelegter und am Buchrücken *angeklebter einfacher Verlegereinband* aus Papier oder Karton (Broschur). • Wenn das Buch vom Besitzer fest gebunden wird, sollte der originale Buchumschlag mitgebunden werden, wenn er bibliographisch informativ oder buchkünstlerisch interessant ist. Vgl. 3.85-Verlegereinband, 3.82-Industrieller Einband.

LIT C. Rosner: Die Kunst des Buchumschlags. Stuttgart 1954. 34 S., 74 S. Abb. • G.K. Schauer: Kleine Geschichte des deutschen Buchumschlags im 20. Jh. Königstein i. T. 1962. 47 S., Abb. • W. Scheffler, G. Fiege: Buchumschläge 1900–1950. Aus d. Samml. Curt Tillmann. Ausstellung, Marbach. Gilching 1971. 235 S. • Library. Transactions of the Bibliographical Society, London. 26.1971, 91-134: T. Tanselle (Book-jackets, blurbs and bibliographers).

3.87 Schutzumschläge

Vom Verleger zum Schutz des Einbands *lose um das Buch gelegter Papierumschlag,* also ein Teil des 3.85-Verlegereinbands; oft typographisch oder gebrauchsgraphisch besonders werbewirksam gestaltet, trägt auf den Einschlagklappen oft „Klappentexte". • Hat sich Mitte des 19. Jh. aus dem Buchumschlag entwickelt; sollte nach denselben Kriterien wie 3.86-Buchumschläge mitgebunden werden; Berücksichtigung der bibliographischen Daten wie bei 3.85-Verlegereinband, 3.82-Industrieller Einband.

LIT Vgl. 3.86.

3-G. Buchgestaltung

LIT H. Bohatta: Einführung in die Buchkunde. Wien 1927. 328 S. • W.H. Lange: Das Buch im Wandel der Zeiten. 6. Aufl. Wiesbaden 1951. 296 S. • H. Presser: Das Buch vom Buch. Bremen 1962. 496 S. • Deutsche Buchkunst. 1890–1960. Text: G.K. Schauer. 1–2. Hamburg 1963. • A. Kapr: Buchgestaltung. Dresden 1963. 354 S. • Jahrbuch der Deutschen Bücherei. 4.1968, 59-92: E. Schwanecke (Sammlung „Künstlerische Drucke"). • K. Kirchner: Satz, Druck, Einband und verwandte Dinge. 9. Aufl. Wiesbaden 1970. 323 S. • F. Funke: Buchkunde. 3. Aufl. Lpz. 1972. 324 S. • A. Kapr: Hundertundein Sätze zur Buchgestaltung. Lpz. 1973. 72 S. • Liber librorum. 5000 Jahre Buchkunst. Hrsg.: H.D.L. Vervliet. Genf 1973. 545 S. • H. Kunze: Alles für das Buch. Lpz. 1974. 404 S. • H. Presser: Das Buch vom Buch. 5000 Jahre Buchgeschichte. 2. Aufl. Hannover 1978. 243 S.

3-Ga. Buchgeschichtlich frühe Beispiele

LIT K. Schottenloher: Das alte Buch. 3. Aufl. Braunschweig 1956. 467 S. • A.G. Thomas: Alte Buchkunst. Ffm. 1974. 120 S. • Das Alte Buch als Aufgabe für Naturwissenschaft und Forschung. Hrsg.: D.-E. Petersen. Bremen 1977. 320 S. • International cataloguing. 8.1979, H. 1, S. 6–12, u. H. 2, S. 16–18: The bibliographic control of older books. • Vgl. 3.120-Rara.

3.100 Handschriftliche Bücher

Das handschriftliche Buch ist vor der Erfindung des Buchdrucks im Abendland im 15. Jh. eine Selbstverständlichkeit, danach eine Rarität. *Nicht Gegenstand der Druckschriftenverzeichnung;* es ist nach Textfassung und formaler Gestaltung ein einmaliges, individuelles Objekt, ein *Unikat,* und erfordert deshalb eine spezifische Art der Verzeichnung. Vgl. 7-C: Nicht-Gedrucktes.

3.101 Blockbücher

Vor der Mitte des 15. Jh. von Holztafeln gedruckte Bücher (xylographische Drucke), Vorläufer der mit beweglichen Lettern gedruckten Bücher (typographische Drucke). Im Reibedruckverfahren hergestellt; die Blätter werden nur einseitig bedruckt und mit ihren unbedruckten Rückseiten aneinandergeklebt. • Verzeichnung wie 3.102-Inkunabeln.

3.102 Inkunabeln

DEF Typographische Drucke bis einschließlich 1500.

PRO Der *Begriff:* Druck aus der Zeit, in der der Buchdruck „in der Wiege lag" = lat. „in cunabula"; daher auch die Bezeichnung „Wiegendruck". • Besondere *Merkmale:* in der Typographie Nachahmung der Handschriften (z.B. Ligaturen); erst allmählich Herausbildung des Titelblatts, vgl. 3.50-Inkunabel-Titelblätter; in der Herstellung eine starke Uneinheitlichkeit der Druckexemplare einer Auflage; geringe Auflagenhöhen und entsprechend seltene Erhaltung. • Nach PI 28 u. Anl. IV erhalten Inkunabeln eine *genauere Aufnahme,* um durch ausführliche Beschreibung alle Besonderheiten zu erfassen, die zur Identifizierung eines *Druckes,* eventuell bestimmter *Exemplare* erforderlich sind. • Da die genauere Aufnahme für Inkunabel-Sonderkataloge vorgesehen ist, sollen Inkunabeln *zusätzlich* eine kurze Aufnahme für den AK erhalten. Der Inkunabelcharakter hat keinen Einfluß auf die EOE für die HA, jedoch sind *zusätzliche VW* (Anl. IV, 29) und ein *Register der Drucker und Druckorte* (Anl. IV, 31) vorgesehen. • Da Inkunabeln gewöhnlich in Sondersammlungen verwaltet und erschlossen werden, sollte die *Recherche* unbedingt Auskunft einholen. PI 28. Anl. IV. F 58.

LIT K. Haebler: Handbuch der Inkunabelkunde. Lpz. 1925. 187 S. • ZfB. 57.1940, 214–232: C. Wehmer (Inkunabelkunde) u. ff. Beiträge v. Schottenloher, v. Rath, Ohly, Holter. • Deutscher Buchdruck im Jahrhundert Gutenbergs. (100 Taf.) Lpz. 1940. 206 S. • F. Geldner: Die deutschen Inkunabeldrucker. 1–2. Stuttgart 1968–70. • H. Lülfing: Johannes Gutenberg und das Buchwesen des 14. u. 15. Jh. Lpz. 1969. 165 S. • W. L. Schreiber: Handbuch der Holz- und Metallschnitte des 15. Jh. Neudr. 10 Teile in 11 Bdn. Stuttgart 1969. • Deutsche Buchdrucker des fünfzehnten Jahrhunderts. Zsgest. u. beschrieben v. Carl Wehmer. Wiesbaden 1971. 238 S. • E. Rücker: Die Schedelsche Weltchronik, das größte Buchunternehmen der Dürer-Zeit. München 1973. 144 S. • BFB. 4.1976, 191–211: E. Hertrich (Inkunabelkatalog der BSB München). • F. Geldner: Inkunabelkunde. Wiesbaden 1978. 287 S. • ZfB. 93.1979, Oktober-H. (S. 441–504): Der internationale Stand der Inkunabelkatalogisierung. 75. Jahrestag der Arbeit am GW (23 Beiträge). • Aus dem Antiquariat. 1979, H. 10, S. A 345–354: E. Hertrich (75 Jahre GW).

3.103 Frühdrucke

Unscharfer Begriff. Umfaßt entweder (a) Inkunabeln oder (b) Drucke von 1501 – ca. 1550, die sogenannten Postinkunabeln, oder (c) sämtliche Drucke bis ca. 1550. • Besondere *Merkmale;* das Buchgewerbe ist noch nicht sehr nach Funktionen differenziert, vielmehr sind Verlag, Druck und Vertrieb noch weitgehend in einer Hand, sodaß ein genannter *Drucker-Verleger* auch den Text ausgewählt, also Herausgeberfunktion ausgeübt haben kann. • Nach PI 28 ist die *genauere Aufnahme* auch für solche Veröffentlichungen der früheren Jahrhunderte vorgesehen, wenn zur Unterscheidung abweichender Drucke die normale Aufnahme nicht ausreicht. Der Frühdruckcharakter hat keinen Einfluß auf die EOE. Vgl. 3.51-Frühdruck-Titelblätter.

LIT E. P. Goldschmidt: The printed books of the Renaissance. Amsterdam 1966. 93 S. • H. Schüling: Die Postinkunabeln der UB Gießen. Gießen 1967. 533 S. • A. F. Butsch: Handbook of Renaissance ornament. 1290 designs from decorated books. New York 1969. 231 S. • R. Juchhoff: Kleine Schriften zur Frühdruckforschung. Bonn 1973. 224 S. • ZfBB. 21.1974, 177–185: I. Bezzel (Verzeichnis der dt. Drucke d. 16. Jh.). • BFB. 4.1976, 17–24: I. Bezzel („Literarische Beiträger" im Schrifttum des 16. Jh.).

3.104 Drucke des 17. Jahrhunderts

Drucke des 17. Jh. bereiten mit den für sie charakteristischen *3.52-Barocktitelblättern* besondere Probleme für das Zitieren, für das Katalogisieren und für die Recherche. • In den alten Katalogen der Bibliotheken sind die Drucke des 17. Jh. oft nur unzureichend erschlossen. • Die Problematik erstreckt sich z. T. auch auf Drucke des 18. Jh.

LIT Aus dem Antiquariat. 1979, H. 2, S. A 33–45: H. Urban (Erschließung der dt. Drucke d. 17. Jh.); 1980, H. 10, S. A 441–446: G. Dünnhaupt (Der barocke Eisberg. Erfassung d. Schrifttums d. 17. Jh.). • Vgl. 3.52.

3-Gb. *Bibliophile Werke und Ausgaben*

Gegenstand der Bibliophilie (Bücherliebhaberei) sind alte, schöne, seltene, besonders ausgestattete, kostbare Bücher ohne thematische Begrenzung; ferner Erstausgaben insbesondere der Belletristik, Drucke in Originaleinbänden, Druckexemplare bedeutender Vorbesitzer, Widmungsexemplare, Exemplare mit handschriftlichen Marginalien, Exlibris usw.; grundsätzlich ist das individuelle Sammlerinteresse frei gewählt und damit das Gebiet der Bibliophilie nicht eingeschränkt. • Der *bibliophile Charakter* des Buches hat keinen Einfluß auf die EOE; wenn überhaupt, dann kommt er nur im Text der Aufnahme oder in bibliographischen Notizen unter der Aufnahme zum Ausdruck. Die Berücksichtigung des bibliophilen Charakters in der Aufnahme richtet sich nach den Beständen und dem Anstaltszweck der Bibliothek. F 44.

LIT G. A. E. Bogeng: Einführung in die Bibliophilie. Lpz. 1931. 251 S. Nachdr. 1968. • F. L. Wilder: How to identify old prints. London 1969. 192 S. • Internationale Buchkunst im 19. u. 20. Jh. Hrsg.: G. K. Schauer. Ravensburg 1969. 421 S. • Typographie und Bibliophilie. Aufsätze. Hrsg.: R. v. Sichowsky, H. Tiemann. Hamburg 1971.

272 S. • L. Bielschowsky: Der Büchersammler. Eine Anleitung. Darmstadt 1972. 375 S. • J. Peters: Book collecting: a modern guide. New York 1977. 288 S. • G. A. E. Bogeng: Umriß einer Fachkunde für Büchersammler. Nachdr. Hildesheim 1978. Getr. Pag. • J. Willms: Bücherfreunde, Büchernarren. Entwurf zur Archäologie e. Leidenschaft. Wiesbaden 1978. 227 S. • Collectible books. Some new paths. Ed.: J. Peters. New York 1979. 294 S.

3.110 Ältere Abbildungswerke

Illustrationstechniken sind Holzschnitt und Kupferstich. Für ältere Abbildungswerke können daher die Künstler der Abbildungsvorlagen, die Holzschneider oder Kupferstecher und veranlassende Drukker/Verleger als Herausgeber für Katalogeinträge in Frage kommen. Vgl. 6.1.

LIT   ZfB. 13.1896, 193–232: C. Schuchhard (Die Zeiller-Merianschen Topographien). • F. Bachmann: Die alten Städtebilder. Verz. d. graphischen Ortsansichten von Schedel bis Merian. Lpz. 1939. 376 S.

3.111 Illustrierte Ausgaben

DEF   Ausgabe, in der die Illustrationen nur eine Beigabe zum abgedruckten Text darstellen.

PRO   Die Illustrationen haben keinen Einfluß auf die EOE für den Text, erhalten jedoch VW für den Künstler als Beteiligten, wenn die Illustrationen „einen *wichtigen Bestandteil* der Schrift ausmachen" (PI 20,3 c), was für bibliophile Ausgaben angenommen werden darf. • Vgl. auch 6.14-Abbildungswerke von Illustrationen *ohne* den dazugehörigen Text. • Für Drucke, in denen die Abbildungen überwiegen, vgl. 6-A: Originaldrucke oder 6-B: Abbildungswerke.

LIT   Reallexikon zur deutschen Kunstgeschichte. Bd 2. Stuttgart 1948, 1384–1420: W. H. Lange (Buchillustration). • F. Brunner: Handbuch der Druckgraphik. 2. ed. Teufen 1964. 379 S. • Die Buchillustration in Deutschland, Österreich und der Schweiz seit 1945. Hrsg.: W. Tiessen. 1–4. Neu-Isenburg 1968–75. • D. Bland: A history of book illustration. 2. ed. London 1969. 459 S. • R. M. Slythe: The art of illustration. 1750–1900. London: LA 1970. 144 S. • Librarium. 17.1974, 51–61: C. Nissen (Zoologische Buchillustration); 18.1975, 68–75: W. Eichenberger (Anfänge der gedruckten Buchillustration). • H. Kunze: Geschichte der Buchillustration in Deutschland. Das 15. Jh. Bd 1–2. Lpz. 1975. • L. Lang: Expressionistische Buchillustration in Deutschland, 1907–27. Luzern 1975. 242 S. • Biblos. 25.1976, 16–32: H. Kunze (Glanz u. Elend der Buchillustration). • J. Eyssen: Buchkunst in Deutschland. Vom Jugendstil zum Malerbuch. Hannover 1981. 260 S. • J. Harthan: The history of the illustrated book. The Western tradition. London 1981. 288 S. • Vgl. 6.1.

3.112 Ausgaben mit originaler Druckgraphik

DEF   Ausgabe mit Illustrationen in original-graphischen Techniken (z.B. Holzschnitt, Kupferstich, Lithographie), für die der Künstler selbst den Druckstock herstellt. Vgl. 6.1.

PRO   Die Abdrucke vom *Druckstock des Künstlers* sind gewöhnlich nur in begrenzter Anzahl möglich; sie werden gewöhnlich signiert und nur einem Teil der Auflage beigegeben, als 3.116-*Vorzugsausgabe* oft mit numerierten Exemplaren; der *Rest der Auflage* wird mit Reproduktionen der Illustrationen ausgestattet. • Originalgraphik stellt einen besonderen Wert dar; der Sachverhalt sollte, wenn erkannt, aus der Titelaufnahme hervorgehen; auf die EOE könnte die Originalgraphik insofern einwirken, daß der *Künstler* eher mit einer VW berücksichtigt wird. Vgl. 6-A: Originaldrucke.

LIT   Vgl. 3.111; 6.1.

3.113 Faksimileausgaben

DEF   Ausgabe, die ein handschriftliches oder gedrucktes Buch möglichst bis in alle Einzelheiten (Druckträger, Lagen, Heftung, Einband, Typographie und Farbigkeit) so originalgetreu abbildet, daß das Faksimile von der Vorlage nur schwer zu unterscheiden ist.

PRO   Die Nachbildung kann *auf gewisse Aspekte verzichten;* anstatt auf Pergament auf Papier drukken, bei der Heftung auf echte Bünde oder überhaupt auf die Einbandnachbildung verzichten, eventuell auch auf die Farbwiedergabe. • *Abgrenzung* gegen den 2.21-Reprint, der nur die Typographie des nachgedruckten Drucks getreu wiedergibt. • Trotz der täuschend ähnlichen Nachbildung trägt das Faksimile einen neuen *Erscheinungsvermerk,* oft auch ein eigenes Titelblatt und neue Begleittexte, stellt also eine *neue Ausgabe* dar. Die EOE kann daher eventuell neue Beteiligte mit VW berücksichtigen. Der Charakter der Faksimileausgabe muß aus der Titelaufnahme hervorgehen, die *Ordnung im Katalog* soll nach dem Faksimile-Erscheinungsjahr erfolgen. PI 8,7. F 3 a(12). 67. R 1.2.2 u. 2.8.

LIT L. Hills, T. J. Sullivan: Facsimile. New York 1949. 319 S. • BöBl. Ffm. 16.1960. 739–741: B. Hack (Was ist eine F.?). • Biblos. 22.1973, 136–147: P. Struzl (Erschließung früher Schrift- u. Bilddenkmäler); 23.1974, 330–340: H. Zotter (Terminologie; Verhältnis Handschriften – Reproduktionen). • BöBl. Ffm. 32.1976, 3–10: J. Rüger (Faksimile, Reprint). • DFW. 25.1977, 177–183: E. Richter (Faksimile, Buchmalerei). • BöBl. Ffm. 36.1980, 2821–2826: L. Reichert (Aufgaben, Nutzen, Existenzbedingungen der F.).

3.114 Drucke berühmter Drucker, Verleger, Privatpressen

Aus den *frühen Jahrhunderten* Drucke des Aldus Manutius („Aldinen"), der Familien Giunti („Giuntinen") und Elzevier („Elzeviere") usw.; seit dem *19. Jh.* der Privatpressen mit buchkünstlerischer, bibliophiler Zielsetzung, in Deutschland z.B. Janus-Presse (1907), Ernst-Ludwig-Presse (1907), Einhorn-Presse, Bremer Presse (1911). • Der AK kennt *keine Einträge unter Druckern oder Verlegern*; vgl. jedoch 3.102-Inkunabeln, für die ein separates Druckerregister vorgesehen ist.

LIT J. Rodenberg: Deutsche Pressen. Bibliographie. Wien 1972. 614 S., ca. 50 Abb. • G. Fock: Bibliotheca Aldina. Lpz. 1933. 186 S. • D. W. Davies: The world of the Elseviers. 1580–1712. Repr. Westport 1971. 159 S. • R. Cave: The private press. London 1971. 376 S. • J. Moran: Printing presses. 15. century to modern times. London 1973. 263 S. • Library quarterly. 44.1974, 334–349: W. A. Pettas (Giunti). • La France, les Etats-Unis et leurs presses, 1632–1976. Paris 1977. 267 S. • G. Mardersteig: Die Officina Bodoni. Das Werk einer Handpresse, 1923–77. Hamburg 1979. 289 S.

3.115 Erstausgaben   Vgl. 7.3

3.116 Vorzugsausgaben

Bevorzugte *Ausstattung* von Teilen einer Auflage (gegenüber dem Rest der Auflage) oder von besonderen Ausgaben, Liebhaberausgaben, Luxusausgaben (gegenüber gewöhnlichen Ausgaben) in verschiedenster Weise: Druck auf feineres Papier, Pergament, Leder, Textilien; vermehrte, originalgraphische oder handkolorierte Illustrationen; Numerierung der Exemplare und Signierung durch Verfasser oder Künstler; aufwendiger Einband, Handeinband. • Die besondere Ausstattung sollte aus der Titelaufnahme hervorgehen, insbesondere eine vorhandene Exemplarnummer vermerkt sein.

3.117 Exlibris-Exemplare

Exlibris sind meist graphisch gestaltete, separat gedruckte und auf der Innenseite des vorderen Buchdeckels eingeklebte *Besitzerzeichen* (Ex libris … = Aus der Büchersammlung …) mit dem Namen des Sammlers. • *Supralibros* sind auf der Außenseite des vorderen Buchdeckels angebrachte und in die Einbandgestaltung einbezogene Besitzerzeichen. • Als *selbständige kleine Druckgraphik* ist das Exlibris Gegenstand besonderer Sammlerinteressen, Erforschung und Verzeichnung. Das Vorhandensein eines Exlibris am katalogisierten Buch wird nur in Bibliotheken mit speziellen Beständen und Aufgaben in der Titelaufnahme vermerkt. Für die *Recherche* nach Exlibris ist daher unbedingt Auskunft einzuholen.

LIT Zeitschrift für Bücherfreunde. 8,2. 1904/05, 337–359: S. Kekulé v. Stradonitz (Super-Exlibris). • R. Braungart: Das moderne deutsche Gebrauchsexlibris. München 1922. 101 S. • W. v. Zur Westen: Exlibris. 3. Aufl. Bielefeld 1925. 163 S. • M. F. Severin: Making a book plate. London 1949. 88 S. • Archiv für Geschichte des Buchwesens. 4.1963, 741–767: E. Kyriss (franz. Supralibros). • F. Funke: Exlibris aus dem Buch- und Bibliothekswesen. Lpz. 1966. 50 S. • N. H. Ott: Exlibris. Motive, Gestaltungsformen, Techniken. Ffm. 1967. 39 S. • ZfB. 81.1967, 408–410: A. Schmitt (Katalogisierung). • H. Wiese: Exlibris aus der UB München. München 1972. 120 S. • M. Severin, A. Reid: Engraved bookplates. European ex-libris 1950–70. Pinner 1972. 176 S. • F. Dressler: Die Exlibris der Bayerischen Hof- u. Staatsbibliothek. 17.–20. Jh. Wiesbaden 1972. 100 S., Abb. • Biblos. 21.1972, 270–274: R. Altmüller (Exlibriskunst in Österreich). • Librarium. 17.1974, 68–81: M. Severin u. a. (Europäische Exlibris 1950–70). • Die Kunst des Exlibris. Hrsg.: A. Hopf. München 1980. 93 Abb.

3.118 Druckexemplare mit handschriftlichen Marginalien

Handschriftliche Einträge in Büchern (Widmungen, Marginalien) können sachgerecht nur nach den Grundsätzen der *Handschriftenkatalogisierung* erfaßt werden, vgl. 7.33. • Handschriftliche Einträge in Büchern werden in der Titelaufnahme allenfalls von Bibliotheken mit speziellen Beständen und Aufgaben vermerkt; Katalogeinträge für die *Marginalien- oder Widmungsverfasser* gibt es im AK grundsätzlich nicht.

LIT   Zeitschrift für Bücherfreunde. 40.1936, 9–12: A. v. Harnack (Randbemerkungen in Büchern). • Festschrift für Josef Benzing zum 60. Geburtstag. Wiesbaden 1964. S. 127–131: F. Geldner (Wiegendrucke, handschriftl. Einträge, Bedeutung). • Buch, Bibliothek, Leser. Festschrift H. Kunze. Berlin 1969. S. 551–553: J. Kuczynski (Widmungen, Einschriften, Randbemerkungen). • M. Meskath-Reich: Handschriftliche Anmerkungen in Büchern des Bibliotheksbestandes. Berlin: IfB, Dipl.-Arb. 1978. Ca. 80 Bl.

3.119 Druckexemplare bedeutender Vorbesitzer

Die Frage der Vorbesitzer eines Druckes kann in bestimmten Fällen Gegenstand *buch- und bibliotheksgeschichtlicher Forschung* sein; die Erschließung des Sachverhalts kann in der *Nachlaßkatalogisierung* erfolgen, vgl. 7.38. • Provenienzzusammenhänge sind grundsätzlich *nicht* Gegenstand der Formalerschließung im AK.

3.120 Rara

Unscharfer Sammelbegriff (Einzahl: das Rarum). Umfaßt außer den Handschriften alle jene *Drucke,* die aus verschiedensten Gründen als *selten, gesucht und kostbar* gelten; sie sind besonders schutzwürdig, werden deshalb gewöhnlich in eigenen Sammlungen aufbewahrt und verwaltet. • In der Titelaufnahme kommt der Rarum-Charakter höchstens in der Signatur zum Ausdruck.

LIT   J. M. Quérard: Livres perdus et exemplaires uniques. Bordeaux 1872. 102 S. • A. Delpy: Essay d'une bibliographie spéciale des livres perdus, ignorés ou connus à l'état d'exemplaire unique. 1–2. Paris 1906–11. • Libri. 14.1964, 243–252: H. Deckert (Wiss. Bibliothek u. das alte Buch). • ZfB. 78.1964, 641–655: H. Lülfing (Rara in wiss. Bibliotheken der DDR). • P. Breillat: The rare books section in the library. Paris: Unesco 1965. 37 S. Zugl. in: Unesco bulletin for libraries. 19.1965, 174–194 u. 251–263. • Library Association record. 69.1967, 109–115: S. Roberts (Relevance of rare book collections). • Buch, Bibliothek, Leser. Festschrift H. Kunze. Lpz. 1969. S. 249–261: H. Roloff (Sondersammlungen, wiss. Bibliotheken). • New York Public Library. Dictionary catalog of the Rare Book Division. 1–21. New York 1971. • V. A. Bradley: The book collector's handbook of values. An encyclopedia of rare books. New York 1972. 570 S. • P. S. Dunkin: How to catalog a rare book. 2. ed. Chicago: ALA 1973. 105 S. • R. Cave: Rare book librarianship. London 1976. 168 S. • Vgl. 3-Gb, 3.111, 3.114.

3-Gc.   Sonstige Gestaltungskonzeptionen

3.130 Broschüren

DEF   Druckschrift (a) von geringem Umfang, oft definiert auf max. 48 oder 50 Seiten, (b) mit aktueller Information als Inhalt und (c) in einfachster Einbandart (Broschur) nur durch Heftung und Papierumschlag nicht sehr haltbar ausgestattet, (d) damit sie insgesamt leicht und billig herzustellen und zu vertreiben ist.

PRO   In der gegebenen *engen* Definition ist die Broschüre verwandt mit den 2.33-Flugschriften: sie ist Aufklärungs- oder Streitschrift und soll die öffentliche Meinungsbildung beeinflussen. • *Abgrenzung* gegen kleinere Schriften *sonstigen Inhalts,* die in der Einbandart der Broschur erscheinen. • Für die *Recherche* ist zu beachten, daß Broschüren im AK (a) eventuell als 2.33-Flugschriften verzeichnet sind, (b) eventuell auch wegen ihres geringen Umfangs in 5.43-Sammelbänden zusammengefaßt und dann nur begrenzt erschlossen worden sind, (c) eventuell auch unter die Schriftenklassen der 5-D: Minderwichtigen Literatur gefallen sind und eine vereinfachte Aufnahme erhalten haben.

3.131 Taschenbücher (Paperbacks)

DEF Buch (a) im Taschenformat, (b) mit sehr leichtem Einband, nämlich mit dem Buchblock am Rücken in einen Kartonumschlag eingeklebt, und (c) mit äußerst niedrig kalkuliertem Preis durch einfachste Ausstattung und hohe Auflagen.

PRO Außer Format, Einband und Preis gibt es *kein striktes inhaltliches Kriterium,* obwohl Taschenbücher oft nur die billige Lizenzausgabe oder gekürzte Ausgabe eines früher oder gleichzeitig als gebundenes Buch erschienenen Werks darstellen; der Sachverhalt der *gekürzten Ausgabe* muß aus der Titelaufnahme hervorgehen. • *Abgrenzung* gegen 5.8-Fach-Taschenbücher. • Taschenbücher erscheinen überwiegend als 2.14-Serien.

LIT H.K. Platte: Soziologie der Massenkommunikationsmittel. München 1965. S. 97–136: Taschenbuch. • Library journal. 95.1970, 2875–2883: W.H. Kaiser (management of paperbacks in libraries). • Buchmarkt. 6.1971, H.1, S. 32–72: Thema Taschenbuch; H.7, S.41–42 u. 80–92; H. 8, S.50–63; H. 11, S. 38–40. • J.T. Gillespie, D.L. Spirt: The young phenomenon: paperbacks in our schools. Chicago: ALA 1972. 140 S. • Der Polygraph. 25.1972, 76–80: J.J. Hock (Gesicht des dt. Taschenbuchs, Vorbilder). • Y.Johannet: Quand le livre devient poche: une sémiologie du livre au format de poche. Grenoble 1978. 200 S. • Library journal. 104.1979, 2411–2416: P. Little (Effectiveness of paperbacks).

3.132 Rotationsromane

Romanausgaben in Zeitungsformat und -ausstattung, in den ersten Jahren nach 1945 in Deutschland vom Rowohlt Verlag herausgebracht; technisch die Vorläufer der 3.131-Taschenbücher, für die der Zeitungsrotationsdruck mit Schön- und Widerdruck in einem Arbeitsgang und hoher Druckgeschwindigkeit die kalkulatorischen Möglichkeiten schafft.

3.133 Ringbücher, Ordner Vgl. 3.25

3.134 Karteien Vgl. 3.26

3.135 Blindenhörbücher Vgl. 7.52

3.136 Tonbildbücher Vgl. 7.63

3.137 Mikroformen

DEF Fotografischer Träger, Rollfilm oder Planfilm, der Texte oder Abbildungen in derart verkleinerten Abbildungen enthält, daß sie nur nach Rückvergrößerung durch Lesegeräte gelesen werden können.

PRO Als Planfilm: Microfiche, Mikrokarte, Mikratkarte. • *Verkleinerungsfaktor* bis zur Größenordnung 1000 zu 1, je nach Schriftgrad des handschriftlichen oder gedruckten Originals. • Bei EDV-Datenausgabe mit Lichtsatz direkt auf den fotografischen Träger entsteht die sogen.COM-*Ausgabe* (computer output microfilm): sie ist oft die einzige, wenigstens aber die primäre Ausgabe des Textes in Schriftform. COM-Ausgaben können große Datenmengen sehr preiswert speichern, daher für oft wiederholte und inhaltlich revidierte Ausgaben besonders geeignet, z.B. für Kataloge. • Mikroformen tragen *Beschriftungen* in normal lesbarer Schrift; wenn sie Druckschriften abbilden, ist gewöhnlich auch deren *Titelblatt* in den verkleinerten Abbildungen enthalten. Für die Katalogisierung kann die Beschriftung oder ein abgebildetes Titelblatt zugrundegelegt werden. • EOE wie für die enthaltene *Druckschrift;* bildet die Mikroform eine *Handschrift* ab, so ist sie in erster Linie Gegenstand der Handschriftenkatalogisierung, vgl. 7-C: Nicht-Gedrucktes; soll sie zugleich auch in den AK der Druckschriften aufgenommen werden, so ist die EOE nur in Analogie zu den Druckschriften zu treffen, anhand der Titelangaben in der Beschriftung. • Vgl. dagegen 3.41-Mikrobücher.

LIT   ZfB. 64.1950, 91–100: E. Zimmermann (Bibliothekarische Behandlung). • Nachrichten für wissenschaftliche Bibliotheken. 6.1953, 61–67: E. Zimmermann (Titelaufnahme). • F. Reichmann, J. Tharpe: Bibliographic control of microforms. Westport 1972. 256 S. • ZfBB. 22.1975, 12–27: G. Hagelweide (Mikrofilm in wiss. Bibliotheken). • Mikrofilm Service in der Bundesrepublik Deutschland, in Österreich und in der Schweiz. Hrsg.: W. Scheffel. Langenfeld 1976. 131 S. • ZfB. 91.1977, 126–129: J. Freytag (Mikroform-Zeitschriften). • Mikroformen und Bibliothek. Hrsg.: G. Hagelweide. München 1977. 471 S. • Bibliothek, Buch, Geschichte. Festschrift H. Köster, Ffm. 1977. S. 135–138: H. Arntz (Mikropublikationen, Bibliotheken u. private Gelehrtenbüchereien). • W. Saffady: Computer-output microfilm: its library applications. Chicago: ALA 1978. 190 S. • Mikrofilmtechnik in Bibliotheken. Berlin: DBV 1978. 90 S. • S. J. Teague: Microform librarianship. 2.ed. London 1979. 125 S. • Microforms management in special libraries. A reader. Ed.: J.H. Fair. Westport 1979. 272 S. • A. Werner, M. Wiesner, P. Heydt: Mikroformen. Leitfaden für Einkauf u. Bearb. in Bibliotheken. München 1980. 224 S. • Guide to microforms in print. (Cumulative annual listing.) 1: Author, title. 2: Subject. Westport 1980.

4. Schriftenklassen des korporativen Trägers

Im Hinblick auf die Formalkatalogisierung entwickeln viele Schriften, die von Korporationen veröffentlicht werden, eine *Problematik,* für deren Bewältigung den Preußischen Instruktionen das entscheidende Instrument, nämlich der korporative Eintrag, fehlt; die wenigen Ansätze des Regelwerks zu einem korporativen Eintrag für 4.141-Schriften zu Geschäftszwecken, 4.142-Auktionskataloge und in gewissem Sinn auch für periodische Berichte internationaler Kongresse (vgl. 2.18) bleiben, gemessen an der Gesamtheit der Katalogeinträge, unbedeutende Ausnahmen.

Das Problem beginnt damit, daß eine *personale Verfasserschaft,* die von den PI so stark bevorzugt wird, für den Text oft nicht klar und eindeutig zu erkennen ist, weil er in gemeinschaftlicher Arbeit entstanden ist und als Personen eventuell nur ein redaktioneller Bearbeiter oder ein qua Amt Verantwortlicher genannt werden, sodaß eine personale Verfasserschaft weitgehend fehlt und im Zweifelsfall eher zu verneinen ist. In diesem Falle muß die Schrift, da die Instruktionen für die Einordnungsentscheidung nur die Alternative des personalen Verfassers oder des Sachtitels kennen, zwangsläufig unter ihrem Sachtitel eingetragen werden.

Das Problem verschärft sich dadurch, daß die *Sachtitel* häufig nur generische Aussagen enthalten (Bericht; Jahresbericht; Geschäftsbericht; Verhandlungen; Statuten; Katalog; Katalog der Bibliothek; Sitzungsberichte; Mitgliederverzeichnis; Neuerwerbungen; Haushaltsplan usw.), weil der Korporationsname ebenfalls auf dem Titelblatt genannt wird und die zur Identifizierung der Schrift nötige Information liefert: um welchen oder wessen Bericht, Statuten, Haushaltsplan usw. es sich handelt. Ohne selbst Teil des Sachtitels zu sein, ist der Korporationsname die unerläßliche inhaltliche Ergänzung des Sachtitels.

In dem Dilemma, die Einordnung auf einen Sachtitel stützen zu müssen, der so häufig keine Identifizierung erlaubt, greifen die Instruktionen mit PI 186 zur *Ergänzung von Ordnungsworten aus dem Anlaß,* d.h. aus dem Korporationsnamen, vgl. 9.2. Einerseits wird mit diesem Verfahren zwar die Unentbehrlichkeit der Korporationsnamen für die Ordnung im Katalog in bestimmten Fällen eingestanden; indem die Korporationsnamen jedoch durch das Ergänzungsverfahren auf die zweiten und weiteren Ordnungsworte verwiesen werden, entgeht dem Katalog die Möglichkeit, derartige Veröffentlichungen unter dem Korporationsnamen an einer Stelle im Katalog zu vereinen.

LIT   G. Peters: Korporative Verfasserschaft als Katalogisierungsproblem. Köln: BLI-Ex.-Arb. 1954. 37 S. • Libri. 11.1961, 115–158: A. Domanovsky (Korp. Verfasserschaft). • Drei Hauptprobleme der alphabetischen Katalogisierung. Wiesbaden 1962. S. 1–50: P. Baader (Körperschaftl. Verfasser). • International Conference on Cataloguing Principles, Paris 1961. Report. London 1963. S. 165–174: V. A. Vasilevskaya (Entries under corporate authors; laws and treaties); 175–183: S. Honoré (Corporate authorship). • E. Verona: Corporate headings. Their use in library catalogues and national bibliographies. London: IFLA 1975. 224 S. • Library of Congress. Name headings with references. 1975 ff. Washington 1977 ff. • RAK. Wiesbaden 1977. Kap. 1.4; 5; 7.2. • Staatsbibliothek Pr. K., Berlin. Deutsche Bibliothek, Ffm. BSB München. Gemeinsame Körperschaftsdatei. GKD. 1–4. Wiesbaden 1980.

4-A. Allen Korporationen gemeinsame Schriftenklassen

Hinweis: Die Schriftenklassen 4.1–4.11 sind prinzipiell für alle unter 4-B bis 4-L aufgeführten Korporationen zu berücksichtigen, insbesondere dann, wenn für eine Korporation keine spezifischen Schriftenklassen genannt sind.

4.1 Gründungsurkunden, Satzungen, Statuten, Geschäftsordnungen

Ein *Unterzeichneter* oder anders bezeichneter *Beteiligter* ist gewöhnlich nur Bearbeiter, Redakteur, Herausgeber oder für die Korporation Veranlassender: er ist nicht ohne zwingenden Grund als Verfasser zu interpretieren. EOE für HA unter dem Sachtitel, VW für Beteiligte. • Wird ausdrücklich ein *personaler Urheber* genannt, so handelt es sich gewöhnlich um eine „Wir"-Verordnung, vgl. 4.22-Ältere Amtsdruckschriften, mit HA unter dem Verfasser.

4.2 Chroniken, Selbstdarstellungen   EOE nach Grundregel 0.7.1.

4.3 Jahresberichte, Tätigkeitsberichte, Haushaltspläne

Periodische Veröffentlichungen: 2.16-Zeitschriftenartige Serien. Zugleich 5.187-Graue Literatur.

4.4 Interne Verwaltungsschriften

Soweit *verfielfältigt,* grundsätzlich als Druckschriften zu katalogisieren; gegebenenfalls Angabe des Vervielfältigungsverfahrens. • *Maschinenschriftliche Originale* und Durchschriften gelten als 7.32-Typoskripte bzw. 7.34-Archivalien und unterliegen nicht der Druckschriftenverzeichnung, von Ausnahmen abgesehen. • Gehören in jeder Form zur 5.187-Grauen Literatur. F 26,2. 69.3.

4.5 Hauszeitschriften

Inhaltlich zu unterscheiden: (a) *wissenschaftliche* Zeitschriften, (b) Veröffentlichungen zur *Selbstdarstellung,* Image- und Kontaktpflege nach außen, (c) *interne Informationsblätter.* • Periodische Veröffentlichungen: 2.15-Zeitschriften; (c) gehört zur 5.187-Grauen Literatur.

LIT   Progress in library science 1967. Ed.: R.L. Collison. London 1967. S. 1–96: I. J. Haberer (House journals). • Buchmarkt. 4.1969, 112–115: E. Heinold (Opas Hauszeitschrift ist tot).

4.6 Personenverzeichnisse

Verzeichnisse von Mitgliedern, Mitarbeitern, Teilnehmern an Veranstaltungen oder Dienstleistungen, Einwohnern usw. • Gehören teilweise zur 5.171-Verbrauchsliteratur (Telefonverzeichnisse usw.); bei periodischem Erscheinen Verzeichnung als 2.16-Zeitschriftenartige Serien. • EOE für HA unter dem Sachtitel.

4.7 Handbücher, Adreßbücher für Korporationengruppen

Behandlung hängt weitgehend von der Erscheinungsweise ab: (a) bei *periodischem* Erscheinen als 2.16-Zeitschriftenartige Serien; (b) bei Erscheinen als *weitere Auflagen in mehrjährigen Abständen* Verzeichnung als 2.20-Neuauflagen. • EOE für das Periodikum unbedingt, für die Neuauflagen sehr wahrscheinlich für HA unter dem Sachtitel: denn auch weitere Auflagen mit personalen Bearbeitern bieten denselben Stoff auf neuem Berichtsstand, sodaß personale Bearbeiter nur mit einer VW zu berücksichtigen sind.

4.8 Gelegenheitsschriften (Korporative Anlässe)

DEF Druckschrift, die (a) zu einem Anlaß erscheint, (b) die Veranlassung auf dem Titelblatt in einem Präsentationstitel ausdrückt und (c) eventuell auch Texte über den Anlaß, wenigstens jedoch auch eine thematisch unabhängige Abhandlung enthält.

PRO Die *Verknüpfung der drei Kriterien* – Erscheinen aus dem Anlaß, Präsentationstitel und thematisch unabhängige Abhandlung – ist entscheidend. Fehlt eins der Merkmale, fehlt die Abhandlung oder der Präsentationstitel oder nennt die Schrift einen Anlaß, aus dem sie gar nicht erschienen ist, so fällt sie nicht unter den Begriff der Gelegenheitsschrift. • Der *Anlaß* oder Veranlasser kann korporativer, öffentlicher (Gedenktag usw.) oder persönlicher Art (Geburt, Hochzeit usw.) sein. Vgl. 4-M. • Folgende Gelegenheitsschriften haben eigene Regelungen erhalten:

> 4.85-Akademische Gelegenheitsschriften
> 4.230-Gelegenheitsschriften
>   (zu persönl. Anlässen)
> 4.231-Nozze-Schriften
> 4.232-Festschriften (für Personen)

Die EOE hängt ab vom formalen Kriterium des *Präsentationstitels* und vom inhaltlichen Kriterium der *Anzahl der enthaltenen Abhandlungen.* Der Präsentationstitel kann auch bei einem korporativen Anlaß einen personalen Gefeierten nennen, der als Gefeierter eine VW erhält; andererseits kann der Präsentationstitel durch Nachstellung (hinter einem Sachtitel) zum *Zusatz zum Sachtitel* werden und dadurch die Titelqualität verlieren: er kann in diesem Fall keine VW als Sachtitel mehr erhalten, wohl aber eine im Zusatz genannte Person; steht schließlich die *Präsentationsformulierung* auf einem Blatt nach dem Haupttitelblatt des Druckes, so kommen die Präsentationsangaben überhaupt nicht für Katalogeinträge in Frage: es handelt sich vielmehr um gewidmete Schriften, vgl. 4.213 (allgemeine Anlässe), 4.233 (persönliche Anlässe). • Für die *Recherche* sind die Merkmale der Gelegenheitsschrift (vor allem das inhaltliche Kriterium) oft nicht zu erkennen: sie kann dann nur vorsorglich unter allen Personennamen und Sachtiteln nachschlagen.

EOE Abhängig vom Inhalt und vom Vorhandensein eines Präsentationstitels; *generell* VW für gefeierte Personen.

(A) Enthält *mehrere Abhandlungen:* HA unter dem Präsentationstitel; wird die Präsentationsformulierung nur als Zusatz zum Sachtitel gewertet: HA unter dem Sachtitel; VW für die auf dem Titelblatt genannten Abhandlungen.

(B) Enthält *eine Abhandlung:* HA für die Abhandlung (Verfasser oder Sachtitel), nur fakultative VW für den Präsentationstitel.

(C) *Ohne* thematisch unabhängige Abhandlung ist die Definition nicht erfüllt; es kann sich in diesem Fall handeln um:

4.61-Preisausschreibungen	4.212-Festschriften zu öffentlichen Anlässen
4.62-Preisschriften	4.220-Personalschriften
4.143-Firmenfestschriften	4.221-Hochzeitsschriften
4.210-Beschreibungen von Anlässen	4.222-Leichenpredigten
4.211-Reden, Grußadressen, Festvorträge	

PI 24. 25. 56. F 42. 64,5. R 2.18.5.

4.9 Kongreßschriften, Tagungsberichte

Vgl. allgemein 4.190-Kongreßschriften sowie 2.18-Periodische Kongreßschriften, speziell auch 4.60-Sitzungsberichte der Akademien.

4.10 Herausgegebene Monographien

Für von Korporationen herausgegebene 2.1-Monographien hat die *korporative Herausgeberschaft* nur dann Einfluß auf die EOE, wenn bei HA unter einem rein generischen Sachtitel OW aus dem Anlaß ergänzt werden, vgl. 9.2. • Wird die Korporation auf dem *Titelblatt* erst nach dem Sachtitel genannt, so kann sie nach PI 7,5 und F 14 sogar im Text der Aufnahme weggelassen werden, insbesondere bei

Verfasserschriften. • Die *Trägerschaft* von Korporationen ist oft nicht genau auf eine Funktion festzulegen; eine reine Finanzierungsbeihilfe (Druckkostenzuschuß) gilt nicht als Trägerschaft im bibliographischen Sinn; eine Korporation als Verlag wird nur im Erscheinungsvermerk angegeben und kann nur in Ausnahmefällen als Herausgeber gewertet werden. PI 2e. 7,5. F 14. R 1.2.3(5) u. 1.4.2(4) u. 1.7.3 (S. 69).

4.11 Herausgegebene Periodika

Für 2.13-Periodika generell HA unter dem Sachtitel: daher spielt für sie die Ergänzung von OW aus dem Anlaß eine größere Rolle, vgl. 9.2.

4-B. *Internationale Organisationen*   Vgl. 4.1–4.11

LIT   Mélanges offerts à Marcel Godet. Neuchâtel 1937. S. 7–14: A. C. de Breycha-Vauthier. • ZfBB. 11.1964, 87–98: R. Lansky (Veröff. in deutschen Bibliotheken). • P. Spillner: Internationales Wörterbuch der Abkürzungen von Organisationen. 2. Aufl. 1–3. München 1970–72. • H. N. M. Winton: Publications of the United Nations system. A reference guide. New York 1972. 202 S. • Documents of international organizations. A bibliographical handbook. Ed.: T. D. Dimitrov. Chicago: ALA 1973. 301 S. • F. A. Buttress: World guide to abbreviations of organizations. 5. ed. London 1975. 470 S. • Handbuch Vereinte Nationen. Hrsg.: R. Wolfrum u. a. München 1977. 577 S. • Yearbook of international organizations. Ed.: Union of Int. Associations. 17. ed. Brussels 1978. • O. Steiner: Dokumente und Publikationen der Vereinten Nationen und der Sonderorganisationen. Tübingen 1978. 95 S.

4-C. *Supranationale Einrichtungen*   Vgl. 4.1–4.11

LIT   Communautés europénnes. Catalogue des publications 1952–71. Vol. 1. Bruxelles 1972. 306 S. • Europäische Gemeinschaften. Katalog der Veröffentlichungen 1952–71. Bd 1. Brüssel 1972. 326 S. • Commission of the European Communities. List of the publications of the European Communities in English. Provisional ed. 1972. 135 S. • Kommission der Europäischen Gemeinschaften. Katalog der Veröffentlichungen der europäischen gemeinschaftlichen Institutionen 1972–73. Bruxelles 1974. 446 S. • Veröffentlichungen der Europäischen Gemeinschaften. Publications of the European Communities. Katalog. Catalogue. Bruxelles 1974 ff. (Jährl.) • L. Partington: European Communities. A guide to the literature. London 1974. 101 S. • ZfBB. 25.1978, 535–538: B. Hoffmann (EG-Veröff., Verteilung, Aufbereitung). • Annuaire européen. European yearbook. Ed.: Council of Europe. Vo. 26.1978. The Hague 1980. 696 S. • J. Jeffries: A guide to the official publications of the European Communities. 2. ed. London 1981. 318 S. • Bibliographie der EG-Zeitschriften, 1952-80. Bearb.: E. Seusing. Kiel 1981. 280 S.

4-D. *Gebietskörperschaften*   Vgl. 4.1–4.11
(Legislative, Exekutive, Jurisdiktion)

4.20 Amtsdruckschriften

Sammelbegriff für Veröffentlichungen von Körperschaften des öffentlichen Rechts, der unterschiedlich weit definiert wird: (a) der Hauptkomplex sind Veröffentlichungen von *Gebietskörperschaften* und ihren Organen, also Behörden der Legislative, der Exekutive und der Jurisdiktion; (b) zusätzlich solche von nachgeordneten *Einrichtungen,* die der Rechts-, Fach- oder Dienstaufsicht durch eine Behörde unterliegen; (c) zusätzlich solche von *Körperschaften, Anstalten und Stiftungen* des öffentlichen Rechts; (d) eventuell solche von *privatrechlich* organisierten Vereinen, Firmen usw., in denen die öffentliche Hand durch Mitgliedschaft oder Kapitaleigentum Kontrolle ausübt und Entscheidungen fällt; (e) ferner können Veröffentlichungen der 4-H: *Religionsgemeinschaften* dazugerechnet werden, wenn sie vom Staat als Körperschaften des öffentlichen Rechts anerkannt sind. • Veröffentlichungen von öffentlich-rechtlichen Einrichtungen der 4-F: Wissenschaft, Lehre und Forschung, sowie von 4-Jc: Parteien und Verbänden und 4-Jd: Standesorganisationen, Gewerkschaften und Dachverbänden rechnen gewöhnlich nicht zu den Amtsdruckschriften. • Als „amtlich" gelten die Veröffentlichungen unter (a) – (c), alle übrigen gelten als „halbamtlich" oder „offiziös". • *Vertriebswege:* Amtsdruck-schriften können sowohl im Buchhandel wie auch außerhalb des Buchhandels erscheinen; ihre Verbrei-tung erfolgt oft durch Schriftentausch, die *Benutzung* kann auf den Dienstgebrauch beschränkt oder völlig gesperrt sein. • Für die Katalogisierung vgl. die einzelnen Schriftenklassen:

4.21-Parlamentaria   4.23-Neuere Amtsdruckschriften
4.22-Ältere Amtsdruckschriften   4.24-Gesetzblätter usw.

LIT G. Schwidetzky: Deutsche Amtsdrucksachenkunde. Lpz. 1927. 109 S. • E.S. Brown: Manual of government publications: United States and foreign. New York 1950. 121 S. • H. Kaspers: Die Abgabe amtlicher Drucksachen an die öffentlichen Bibliotheken. Das Pflichtexemplarrecht für amtl. Drucksachen in Deutschland von seinen Anfän-gen bis zum gegenwärtigen Stand. Köln 1954. 167 S. • Bibliographie und Buchhandel. Ffm. 1959. S. 78–85: A. Bu-dach (Deutsche Bibliothek). • W. Hardt: Besonderheiten des Behördenschrifttums (Katalogisierung). Karlsruhe 1965. 68 S. • L.F. Schmeckebier, R.B. Eastin: Government publications and their use. 2. ed. Washington 1969. 502 S. • Nachrichten – Nouvelles – Notizie. 1972, 6–19: T. Schweizer (Definition, Sammlung, Bibliographie). • J.E. Pemberton: British official publications. 2. ed. Oxford 1973. 328 S. • J.A. Downey: U.S. federal official publi-cations. Oxford 1977. 352 S. • Bibliothek, Buch, Geschichte. Festschrift H. Köster. Ffm. 1977. S. 93–108: H. Booms (Sorgenkind der Bibliotheken). • ZfB. 92.1978, 374–383: J. Kaubisch (Gebietskörperschaften, Ansetzung nach RAK). • J.J. Cherns: Official publishing. Int. survey and review of the role, organization and principles of official publishing. Oxford 1979. 527 S. • Vgl. auch 5.251–5.252; speziell: 0.4-1921 Schwidetzky.

4.21 Parlamentaria

DEF Schriften der gesetzgebenden Körperschaften.

PRO Wegen ihrer Besonderheiten eine der *schwierigsten Schriftenklassen* für die Katalogisierung. • Der *Aufbau* der gesetzgebenden Körperschaften ist in jedem Land anders; ihre Arbeit erfolgt in *Tätig-keitsperioden;* daneben sind *ad-hoc gebildete Gremien,* Kommissionen, Ausschüsse und Unteraus-schüsse mit thematisch begrenzten Arbeitsaufträgen tätig. • Daraus ergeben sich charakteristische bibliographische Merkmale ihrer Veröffentlichungen: (a) die Periodizität der Tätigkeiten führt zu *periodischer Erscheinungsweise* mit *Zählungen* nach Legislaturperioden, unterteilt in Sitzungsperi-oden, eventuell mit verschieden langen Berichtszeiträumen, mit *Unterteilungen* nach dem korporativen Aufbau, so daß eine sachgerechte Verzeichnung und eine entsprechende Recherche eventuell auf die Kenntnis landesspezifischer Sachverhalte angewiesen sind; Verzeichnung als 2.16-Zeitschriftenartige Serien oder 2.15-Zeitschriften; (b) daneben entstehen aus der Kommissionsarbeit *einzelne Untersu-chungen und Berichte,* sachlich begrenzte und abgeschlossene Komplexe, die eigene Sachtitel tragen und einbändige oder 2.12-Mehrbändige Werke darstellen: sie erscheinen sehr häufig als Stücke von *2.14-Serien,* die eventuell ebenfalls nach dem korporativen Aufbau gegliedert sind; diese Serien von Materialien der parlamentarischen Gremien weisen oft *mehrere Zählungen* auf, eine über viele Jahre durchlaufende Hauptzählung, an Sitzungs- oder Legislaturperioden orientierte Parallelzählungen und an korporativen Gliederungen orientierte Unterzählungen. • Die EOE für Parlamentaria führt fast ausschließlich zu HA und VW unter *Sachtiteln:* damit wird das Titelmaterial einer Körperschaft über das gesamte Katalogalphabet verteilt, die gerade für dieses Material so wünschenswerte Übersicht an einer Stelle verhindert. • Für die *Recherche* liegen oft nur Zitierungen der Zeitschriften und Serien vor: dann müssen die Zählungen richtig identifiziert und mehrere Zählungen richtig einander zugeordnet werden; im Zweifelsfalle muß sie sich an bibliographischen Quellen den Überblick verschaffen und sich vergewissern, daß die gesuchte Schrift bibliographisch selbständig und unter welchen genauen Sachtiteln sie erschienen ist.

EOE Als Zeitschriften, Serien und mehrbändige Werke fast ausschließlich Einträge unter Sachtiteln.

LIT ZfB. 17.1900, 505–516: G. Kerber (Katalogisierung). • Consuetudines der Königlichen Bibliothek. 3. Zeit-schriftensaal. Berlin 1910. S. 15–17: Anl. 1: Die Bearbeitung der engl. Parlamentspapiere. • Staatsbibliothek Pr.K. Deutsche Parlamentaria. Bestandsverzeichnis der bis 1945 erschienenen Druckschriften. Berlin 1970. 140 S. • M.F. Bond: Guide to the records of Parliament. London 1971. 352 S. • Congressional Quarterly's guide to the Congress of the United States. Washington 1971. 983 S. • P. Ford, G. Ford: A guide to parliamentary papers. 3. ed. Shannon 1972. 87 S. • Staatsbibliothek Pr.K. Ausländische Parlamentaria. Bestandsverzeichnis der bis 1945 er-schienenen Druckschriften. Berlin 1972. 336 S.

4.22 Ältere Amtsdruckschriften

DEF Amtsdruckschrift, die unter monarchischen, absolutistischen Regierungsformen (15.–19. Jh.) entsteht und eine Einzelperson als Urheber nennt.

PRO Der Begriff der „älteren" Amtsdruckschrift kann hier auf diejenigen Drucke eingeschränkt werden, die zwei für die Katalogisierung wichtige Merkmale aufweisen: (a) *Fehlen eines Sachtitels,* statt dessen beginnt der Druck mit (b) einer *formelhaften Nennung des Ausstellers,* z.B.: „Wir Carl Theodor, von Gottes Gnaden Pfaltzgraf bey Rhein ... verordnen ...", daher als *Wir-Verordnung* bezeichnet. Alle anderen älteren Drucke werden wie 4.23-Neuere Amtsdruckschriften behandelt. • Veröffentlichungen von *Kirchenbehörden* mit ähnlicher Titelgestaltung sollen wie ältere Amtsdruckschriften behandelt werden, vgl. 4.161–4.163. • Die EOE soll sich nach PI 58 daran orientieren, ob der *Urheber* (Amtsinhaber) auf dem Titelblatt genannt ist: nur dann soll die HA unter dem Urheber eingetragen werden. Dagegen sollen nach F 80,2 diese Schriften auch unter einem *ermittelten Urheber* eingetragen, also ganz normal als 1.1-Authentische Schriften, gegebenenfalls mit ermitteltem Verfasser, behandelt werden. • Das Problem des fehlenden Sachtitels ist nur durch *Fingierung eines Sachtitels* aus den Formulierungen des Titelblatts zu lösen, vgl. PI, Anl. I, Bsp. 52. • Die *Recherche* muß wegen der Differenz zwischen PI und Fuchs und wegen der Sachtitelfingierungen mit gewissen Uneinheitlichkeiten rechnen.

EOE Als 1.1-Authentische Schrift oder, wenn kein personaler Verfasser bekannt ist, als 1.6-Anonyme Schrift.
PI 58. Anl. I, Bsp. 52. F 24,1. 80,2.

LIT Korrespondenzblatt des Gesamtvereins der deutschen Geschichts- u. Altertumsvereine. 59.1911, 347–362: A. Schmidt (15. Jh.) • Kölner Schule. Festschrift R. Juchhoff. Köln 1955. S. 45–55: H. Kaspers (ältere deutsche ADS). • Vgl. auch 4.20: Schwidetzky 1927, S. 9–13; Kaspers 1954.

4.23 Neuere Amtsdruckschriften

DEF *Amtsdruckschriften* etwa seit dem 19. Jh.

PRO Unscharfer Sammelbegriff. Eine zeitliche Abgrenzung müßte für jedes einzelne Land entsprechend seiner Verfassungsgeschichte erfolgen. Nach Ausgliederung der 4.21-Parlamentaria (wegen ihrer besonderen Problematik) und der 4.24-Gesetzblätter (weil für sie Unterscheidungen nach der Entstehungszeit oder der Regierungsform keine Bedeutung haben) fallen hierunter alle übrigen *Schriften der Exekutive,* die den ganz überwiegenden Anteil ausmachen, und der *Jurisdiktion.* • Mit dem Ausbau der Funktionen und Aufgaben des modernen Staats ist die Zahl der Amtsdruckschriften stark angestiegen; Behörden, Körperschaften, Anstalten und Stiftungen veröffentlichen Material zu allen *Themen,* in allen *Erscheinungsformen* (gedruckt, vervielfältigt usw.), mit personaler oder anonymer bzw. korporativer *Verfasserschaft,* mit allen *Erscheinungsweisen* (Monographien, Serien, Zeitschriften usw.) und auf allen *Vertriebswegen* (außerhalb und innerhalb des Buchhandels sowie im Tausch). • Die *Funktion der Behörde,* Körperschaft usw. beim Entstehen der Amtsdruckschrift wird in der Fachliteratur sehr unterschiedlich definiert, z.B. als (a) Urheber der Schrift oder (b) Veranlasser der Schrift und der Veröffentlichung oder (c) nur Herausgeber der Veröffentlichung. In der Bibliothekspraxis definiert man zweckmäßigerweise nach dem am sichersten festzustellenden Kriterium: der *Herausgeberschaft* für die Veröffentlichung, unabhängig von der Verfasserschaft für die enthaltene Schrift; fehlt die Herausgeberschaft der Behörde, Körperschaft usw., so liegt keine Amtsdruckschrift vor; so ist z.B. die Behörde Urheber einer Verordnung, aber nur der von der Behörde herausgegebene Druck ist *Amtsdruckschrift,* der von einem Verlag herausgegebene Druck ist die *Buchhandelsausgabe:* nennt die Buchhandelsausgabe die Behörde als Herausgeber, dann ist die Buchhandelsausgabe zugleich Amtsdruckschrift. • Der korporative Träger hat *keinen Einfluß* auf die EOE für die Amtsdruckschrift; in der Beschreibung der Druckschrift wird er mit Sicherheit nur angegeben, wenn er „an der Spitze des Titelblattes steht" (PI 7,5. F 14); steht er hinter dem Sachtitel, so kann er, insbesondere bei Verfasserschriften, überhaupt weggelassen werden. • Als Sachtitel gilt nach PI 217 grundsätzlich der *„amtliche Originaltitel",* abweichende Sachtitel erhalten fakultative VW. • *Datierungen in Sachtiteln* von Gesetzen und Verordnungen werden nach PI 202,4 für die Ordnung übergangen, wenn neben der Datierung das Gesetz noch durch sachliche Angaben näher bestimmt wird; ist die Datierung jedoch die einzige Kennzeichnung des Gesetzes, so wird die Datierung vollständig zur Bestimmung der OW herangezogen. Vgl. 11.12.6.

EOE Nach Grundregel 0.7.1.

70

4.24 Gesetzblätter, Verordnungsblätter, Amtsblätter, Intelligenzblätter

Als Periodika nach 2.16-Zeitschriftenartige Serien oder 2.15-Zeitschriften zu behandeln.

LIT   Mitteilungen der Arbeitsgemeinschaft der Parlaments- und Behördenbibliotheken. Nr. 46. 1979, 1–25: R. Jung (Titelaufnahme von Gesetz- u. Verordnungsblättern usw. nach RAK).

4-Da.   Verwaltung, Polizei, Militär   Vgl. 4.1–4.11

4.30 Dienstanweisungen, Instruktionsbücher

Gehören zur 5.187-Grauen Literatur, größtenteils auch zur 5-D: Minderwichtigen Literatur, insbesondere 5.141-Militärische Instruktionsbücher. Als Minderwichtiges vereinfachte Aufnahme nach PI 23.

4.31 Fahndungsbücher

Überwiegend Periodika, 2.16-Zeitschriftenartige Serien. Unterliegen gewöhnlich Benutzungsbeschränkungen.

4.32 Formulare

Normalerweise kein Sammelobjekt der Bibliotheken. Allenfalls mit 7.35-Akten in Archivbeständen.

LIT   M. Helbig: Vordrucke gestalten, verwalten, verwenden. Aachen 1965. 196 S.

4-E.   Öffentliche Versorgungseinrichtungen   Vgl. 4.1–4.11

Bei privatrechtlicher Organisationsform des Versorgungsunternehmens wären diese Schriften als 4.140-Firmenschriften zu behandeln.

4.40 Allgemeine Informationsschriften

Broschüren und Prospekte, dienen der Geschäftsabwicklung und werden höchstens in Pflichtexemplarbibliotheken gesammelt. Erschließung als 5.171-Verbrauchsliteratur oder 4.141-Schriften zu Geschäftszwecken.

4.41 Plakate   Vgl. 6.2

4.42 Tarife

Gehören zur 5.171-Verbrauchsliteratur, zugleich auch zur 5.187-Grauen Literatur, gegebenenfalls zu den Firmenschriften als 4.141-Schriften zu Geschäftszwecken. Dem kontinuierlichen Leistungsangebot der Versorgungsunternehmen entspricht das überwiegend periodische Erscheinen: Verzeichnung als 2.16-Zeitschriftenartige Serien.

4.43 Fahrpläne, Kursbücher   Vgl. 4.42

LIT   Enzyklopädie des Eisenbahnwesens. 2. Aufl. Bd 5. Berlin 1914. S. 1–19: Fahrplan; Bd 7. S. 42–44: Kursbücher. • Hundert Jahre deutsche Eisenbahnen. 2. Aufl. Lpz. 1938. S. 363–377: Fahrplanwesen.

4.44 Veranstaltungspläne, Programme

Gehören zur 5.171-Verbrauchsliteratur, gegebenenfalls auch zu den 4.141-Schriften zu Geschäftszwecken. Programme zu künstlerischen Veranstaltungen vgl. 5.234-Theaterzettel.

4-F. Einrichtungen der Wissenschaft Vgl. 4.1–4.11

LIT Wissenschaftliche und kulturelle Institutionen der Bundesrepublik Deutschland. München 1976. 758 S. •
Vademecum deutscher Lehr- und Forschungsstätten (VDLF). 7. Aufl. Essen 1978. 1572 S. • Verbände und Gesell-
schaften der Wissenschaft. Int. Verzeichnis. 2. Ausg. München 1978. 510 S. • World of learning. 31. ed.: 1980/81.
Vol. 1–2. London 1980.

4.50 Forschungsberichte Vgl. 5.270-Reports

4-Fa. Organisationen der Wissenschaftsförderung Vgl. 4.1–4.11

4-Fb. Akademien, wissenschaftliche Gesellschaften Vgl. 4.1–4.11

LIT Minerva. Internationales Verzeichnis wissenschaftlicher Institutionen. Wissenschaftliche Gesellschaften. Hrsg.:
W. Schuder. 33. Ausg. Berlin 1972. 724 S. • F. Domay: Handbuch der deutschen wissenschaftlichen Akademien
und Gesellschaften. 2. Aufl. Wiesbaden 1977. 1209 S.

4.60 Sitzungsberichte

DEF Drucke der Vorträge, die in den Zusammenkünften der Mitglieder wissenschaftlicher Gesellschaften oder Akademien gehalten und als sogenannte „Sitzungsberichte" veröffentlicht werden.

PRO Erscheinen oft *fachlich untergliedert*, z.B.: mathematisch-naturwiss. Klasse; historisch-philolo-
gische Klasse. • Oft erscheinen außerdem *Abhandlungen:* „von Mitgliedern oder anderen Gelehrten
zur Kenntnisnahme oder Prüfung eingereichte ... Arbeiten ... Oft ist beider Anlage zum Verwechseln
gleichartig" (Schneider 1930, S. 413). • Die EOE hängt davon ab, wie die Sitzungsberichte *formal
ausgestattet* sind: ob (a) jeder einzelne Vortrag wie ein 2.2-Serienstück ein eigenes Titelblatt trägt oder
ob (b) die Vorträge eines bestimmten Zeitraums ohne eigene Titelblätter und wie Aufsätze in einer
2.15-Zeitschrift zusammengefaßt erscheinen. Beide Formen treten auf, und nicht selten *wechseln* die
Sitzungsberichte einer Korporation im Laufe der Zeit die Erscheinungsform von der Zeitschrift zur
Serie und umgekehrt, mit allen Folgen für die Erschließung. • Von der formalen Ausstattung mit
Titelblättern hängt es ab, ob die einzelnen Vorträge eigene HA erhalten können. Für die *Recherche* ist
dieser Sachverhalt meist nicht abzuschätzen: sicher ist nur der Eintrag unter dem Gesamttitel, d.h.
unter dem Periodikum; dies besonders deshalb, weil eventuell, trotz vorhandener Titelblätter für die
einzelnen Vorträge, wegen des hohen Aufwands auf Stücktitel verzichtet worden ist.

EOE Abhängig von der Ausstattung der einzelnen Vorträge mit eigenen Titelblättern.

(A) *Mit* eigenen Titelblättern: 2.14-Serie mit HA für die 2.2-Serienstücke.
(B) *Ohne* eigene Titelblätter: 2.15-Zeitschrift (*ohne* Einträge für die einzelnen Vorträge).

LIT G. Schneider: Handbuch der Bibliographie. 4. Aufl. Lpz. 1930. S. 408–417.

4.61 Preisausschreibungen, Preisverkündungen

DEF Gedruckt erscheinende Mitteilung der von einer Akademie oder Gesellschaft öffentlich gestellten
Preisaufgabe bzw. Mitteilung über die eingereichten Preisschriften und ihre Bewertung.

PRO Die gestellten Preisaufgaben sind gewöhnlich wissenschaftliche Themen, die schriftlich abzuhandeln sind. • Die Ausschreibungen erfolgen oft *periodisch* (jährlich); Verkündung der Preisträger und Bekanntgabe neuer Preisaufgaben erfolgen oft in *einer* feierlichen Veranstaltung, worüber *ein* gedruckter Bericht erscheint; erscheint der Bericht selbständig, so ist er je nach Erscheinungsweise als 2.16-Zeitschriftenartige Reihe oder als 2.1-Monographie zu behandeln; gelegentlich erscheint er bibliographisch unselbständig, einem allgemeinen 4.3-Tätigkeitsbericht der Korporation nur angehängt, und kann dann keinen Eintrag erhalten. • Vgl. 4.62-Preisschriften, d. h. die eingereichten Arbeiten.

EOE Wenn bibliographisch selbständig erschienen: 2.16-Zeitschriftenartige Serie oder 2.1-Monographie.

4.62 Preisschriften

DEF Alle zu einer öffentlich gestellten Preisaufgabe eingereichten Schriften.

PRO Der Begriff wird auch *enger* gefaßt und meint dann nur die lobend erwähnten oder mit Preisen ausgezeichneten Schriften. • Die Veröffentlichung erfolgt gewöhnlich auf eigene Veranlassung des Preisträgers, eventuell aber auch auf Veranlassung der preisverleihenden Korporation, eventuell zusammen mit mehreren eingereichten Arbeiten. • Der Charakter der Preisschrift hat keinen Einfluß auf die EOE.

EOE Grundregel 0.7.1.

4-Fc. *Forschungsinstitute* Vgl. 4.1–4.11

LIT Forschungsinstitute, ihre Geschichte, Organisation und Ziele. Hrsg.: L. Brauer u. a. 1–2. Hamburg 1930. • Minerva. Internationales Verzeichnis wissenschaftlicher Institutionen. Forschungsinstitute. Hrsg.: W. Schuder. 33. Ausg. Berlin 1972. 1142 S.

4.70 Reports Vgl. 5.270

4.71 Reportserien Vgl. 5.271

4-Fd. *Universitäten, Hochschulen* Vgl. 4.1–4.11

Die von Hochschulen herausgegebenen oder veranlaßten Druckschriften werden eingeteilt in

(a) *Verwaltungsschriften* nach 4.1–4.11, speziell 4.80-Vorlesungsverzeichnisse;
(b) *Schriften zur Gradverleihung,* nämlich Dissertationen der älteren (4.81) und der neueren (4.82) Form, 4.83-Habilitationsschriften, 4.84-Sonstige Examensarbeiten;
(c) die 4.85-*Gelegenheitsschriften,* die im akademischen Bereich in den früheren Jahrhunderten besonders florierten.

LIT E. Horn: Die Disputationen und Promotionen an den deutschen Universitäten, vornehmlich seit dem 16. Jh. Lpz. 1893. 128 S. • ZfB. 11.1894, 201–225: G. Kaufmann (akadem. Grade, Disputationen); 278–279: E. Horn (Erwiderung an Kaufmann); 14.1897, 179–183: F. Eichler (zu Horn 1893). • W. Erman, E. Horn: Bibliographie der deutschen Universitäten. 1–3. Lpz. 1904–05. • ZfB. 37.1920, 259–266: F. Labes (Einordnung von Universitätsschriften). • W. Falckenheiner: Universitäts-Matrikeln. Göttingen 1928. 25 S. • G. Schneider: Handbuch der Bibliographie. 4. Aufl. Lpz. 1930. S. 423–437. • Minerva. Jahrbuch der gelehrten Welt. Abt.: Universitäten u. Fachhochschulen. Jg. 35: 1. Europa; 2. Außereuropa. Berlin 1966–70. • Deutsches Universitätshandbuch. 2. Ausg. 1–3. München 1969–70. • Internationales Universitätshandbuch. 2. Ausg. 1–2. München 1976–77. • ZfB. 91.1977, 326–329 u. 92.1978, 274–275: J. Freytag (bibliothekar. Sammelobjekte). • Jahrbuch der Deutschen Bücherei. 16.1980, 79–100: G. Rost, A. Knobloch (Sammlung, Verzeichnung von Hochschulschriften).

4.80 Vorlesungsverzeichnisse

Erscheinen periodisch, an den Vorlesungsperioden (Semestern) orientiert, als 2.16-Zeitschriftenartige Serien; zugleich gehören sie zur 5.171-Verbrauchsliteratur und können nach PI 23,4 eine vereinfachte Aufnahme erhalten. Enthalten sie beigefügte Abhandlungen, so werden diese wie 4.86-Programmabhandlungen verzeichnet.

4.81 Dissertationen: ältere Form

DEF   Schrift zur Erlangung des Doktorgrades, die einem Promotionsverfahren älterer Form entstammt und auf dem Titelblatt einen Professor als Praeses und einen oder mehrere Doktoranden als Respondenten nennt.

PRO   Spezieller Begriff: Inauguraldissertation. • Im *älteren Promotionsverfahren* (bis ca. 1800 allgemein, an einigen Universitäten auch später noch üblich) stellt der Präses Themen (Thesen) auf, die von den Respondenten in öffentlicher Disputation erörtert werden. Deshalb gilt der *Praeses als Verfasser* der Diss., die oft nur die Themen der Disputation enthält; die *Respondenten als Beteiligte* erhalten VW. • Ein Sachtitel „Dissertatio de …" allein ist noch kein hinreichendes Kriterium: eine Diss. im Sinne der Schriftenklasse liegt nur vor, wenn auf dem Titelblatt die Hochschule und der verliehene Grad genannt sind. Die Uneinheitlichkeit der Titelblattgestaltungen in Universitätsschriften des 16.–18. Jh. erschwert in vielen Fällen die zweifelsfreie Feststellung, ob der *Doktorgrad oder ein geringerer Grad* verliehen worden ist, sodaß viele Schriften, die Hochschule, Praeses, Respondenten und Datum der Veranstaltung nennen, in Bibliographien und Katalogen als Diss. verzeichnet werden, obwohl eventuell nur eine vorbereitende Disputation stattgefunden hat. • *Andere Universitätsschriften* wissenschaftlichen Inhalts, die ebenfalls als Dissertationen, Disputationen betitelt sein können, sind zu bestimmten Anlässen entstanden: zu Ehren von Stipendienstiftern, als Antrittsvorlesungen usw. und gehören dann zu den 4.85-Akademischen Gelegenheitsschriften. • Diss. der älteren Form erhalten die *HA unter den Praesiden:* folglich würde sich innerhalb der Schriften eines Praeses eine Häufung von „Dissertatio" als 1.OW ergeben; um dies zu vermeiden, wird *nur bei Dissertationen* im Sinne der Schriftenklasse *„Dissertatio" als 1.OW für die Ordnung übergangen,* in der Sachtitelabschrift sogar weggelassen. (Dagegen gilt die Übergehung von „Dissertatio" am Schluß des Sachtitels nach PI 192 für alle Schriftenklassen. Vgl. 11.12.4.)

EOE   HA unter dem Praeses, VW für alle Respondenten.
PI 52–55. F 61. 63. R 2.18.2.

LIT   ZfB. 4.1887, 335–342: A. Roquette (Autorschaft); 466–468: C.S. Köhler (Autorschaft, Katalogisierung); 468–469: A. Roquette (Erwiderung auf Köhler); 43.1926, 174–177: C. Haeberlin (Autorschaft); 55.1938, 330–331: P. Losch. • H. Mundt: Bio-Bibliographisches Verzeichnis von Universitäts- u. Hochschuldrucken (Dissertationen) vom Ausgang des 16. bis Ende des 19. Jh. 1–3. Lpz., München 1936–77. • Vgl. 4-Fd: Horn 1893.

4.82 Dissertationen: neuere Form

DEF   Schrift zur Erlangung des Doktorgrades, die einem Promotionsverfahren neuerer Form entstammt und auf dem Titelblatt nur einen Doktoranden nennt.

PRO   Im neueren Promotionsverfahren seit ca. 1800 tritt fast ausschließlich nur noch *ein* Doktorand (Disserent) auf, und der *Doktorand gilt als Verfasser der Diss.* • *Erscheinungsformen:* (a) maschinenschriftlich in wenigen Exemplaren, dann eventuell ein Auszug (Teildruck) gedruckt erschienen; (b) als Diss. gedruckt; (c) als Buchhandelsausgabe gedruckt, die eventuell zugleich als Dissertationsausgabe an die Fakultät abgeliefert worden ist; (d) gelegentlich Druck als Zeitschriftenaufsatz, dessen 2.22-Sonderabdrucke als Dissertation abgeliefert werden. • *Vertriebsweg:* Ablieferung einer bestimmten Zahl von Ex. an die gradverleihende Institution zum Zwecke des Schriftentauschs zwischen den Institutionen; eventuell Buchhandelsausgabe. • *Inhalt:* ein Sonderfall entsteht, wenn Gegenstand der Diss. die Textfeststellung und der Abdruck der Schrift eines anderen (antiken, mittelalterlichen) Autors ist. • Für die EOE gilt der Doktorand als Verfasser, der die HA erhält, auch wenn er die Schrift eines anderen Autors herausgibt; in diesem Sonderfall (Ausgabe einer anderen Schrift) soll nach F 62,5 die *Buchhandelsausgabe* genau umgekehrt verzeichnet werden: HA für den herausgegebenen Text, VW für den Doktoranden als Herausgeber! • Für die *Recherche* spielt die gegensätzliche EOE für Diss. und Buchhandelsausgabe nach F 62,5 keine Rolle, weil beide Einträge stets vorhanden sind.

74

EOE   Abhängig von den Titelblattangaben. Generell VW für eine enthaltene andere Schrift; generell keine VW für einen Praeses. Generell „Dissertatio" als 1. OW zu übergehen, vgl. 4.81.

(A) Nur *ein Doktorand* genannt: HA unter dem Doktoranden als Verfasser.

(B) *Zwei Doktoranden und kein Praeses* genannt: 1.21-Zwei-Verfasser-Schrift. (Wäre ein Praeses genannt, würde die Schrift nach 4.81 zu behandeln sein.)

(C) *Auszug:* EOE unverändert; Vermerk in der Titelaufnahme.

(D) *Sonderabdruck* eines Zeitschriftenaufsatzes: gilt als Diss., EOE unverändert; Vermerk in der Titelaufnahme mit Angabe der Zeitschrift.

(E) *Buchhandelsausgabe:* als 2.20-Neuauflage zu behandeln; gilt nicht als Diss., deshalb keine Übergehung von „Dissertatio" als 1. OW.

PI 24. 52–55. F 61–62. R 2.18.2.

LIT   ZfB. 38.1921, 294–297: M. Zobel v. Zabeltitz (Auszüge); 47.1930, 473–486: O. Glauning; 49.1932, 371–378: O. Glauning; 51.1934, 423–434: G. Leyh (Diss. in Zeitschriften, Reihen); 52.1935, 248–264: H. Bihl (Zeitschriften, Reihen); 55.1938, 67–71: G. Leyh (Veröffentlichung). • Bibliotheksprobleme der Gegenwart. Ffm. 1951. S. 29–37: W. Bauhuis. • Mitt. NRW. NF. 11.1961, 62–70: G. Pflug (Druckzwang). • K. Schnieders: Druckzwang für Dissertationen und Dissertationentausch. Köln 1972. 441 S. • ZfBB. 21.1974, 120–124: E. Zimmermann (Verbreitung, westdeutsche Diss.); 24.1977, 236–242: F. Görner (Diss. aus der Sowjetunion). • D. Davinson: Theses and dissertations as information sources. London 1977. 88 S. • Dissertationen in Wissenschaft und Bibliotheken. Hrsg.: R. Jung, P. Kaegbein. München 1979. 175 S. • D. H. Borchardt, J. D. Thawley: Guide to the availability of theses. München 1981. 443 S.

4.83 Habilitationsschriften

DEF   Schrift zur Erlangung der Venia legendi (Erlaubnis zur wissenschaftlichen Lehre) im Habilitationsverfahren an einer Fakultät bzw. einem Fachbereich.

PRO   Verhältnismäßig selten. Für Hab.-Schr. besteht überwiegend kein Druckzwang, keine Ablieferungspflicht, kein Schriftentausch. Wegen ihrer größeren Bedeutung erscheinen sie gewöhnlich als *Buchhandelsausgaben.*

EOE   HA unter dem Habilitanden als Verfasser; Hab.-Schr.-Vermerk unter der Aufnahme. F 62,3.

LIT   Bibliotheksdienst. 1981, 257–265: W. Liebich (Ablieferung an Universitätsbibliotheken).

4.84 Sonstige Examensarbeiten

Magisterarbeiten, Diplomarbeiten usw. erscheinen gewöhnlich nicht gedruckt oder vervielfältigt und finden dann auch *keine Verbreitung,* sind nur am Entstehungsort vorhanden. • Wo sie in den Katalog aufzunehmen sind, Behandlung wie 4.82-Dissertationen, mit entsprechendem Vermerk unter der Aufnahme.

4.85 Akademische Gelegenheitsschriften

DEF   Druckschrift, die (a) zu einem akademischen Anlaß erscheint und (b) die Veranlassung auf dem Titelblatt ausdrückt.

PRO   Sammelbegriff; auch als „Universitätsprogramme" oder „Programmschriften" bezeichnet. • Wegen ihrer *inhaltlichen und formalen Vielfalt* können die akademischen Gelegenheitsschriften nicht so eng definiert werden wie die allgemeinen 4.8-Gelegenheitsschriften. Sie nennen zwar ihre Veranlassung auf dem Titelblatt, jedoch nicht immer in der Form des Präsentationstitels; ferner handeln sie oft nur vom Anlaß, es fehlt ihnen dann die nach 4.8 geforderte, vom Anlaß thematisch unabhängige Abhandlung. • Zu den akademischen Gelegenheitsschriften rechnen

– Einladungsschriften zu akademischen Veranstaltungen,
– Reden, Festvorträge,
– Antritts-, Abschieds-, Probedisputationen u. dergl. (dagegen Disputationen „pro gradu", zur Gradverleihung, nach 4.81-Dissertationen),
– Preisausschreibungen, Preisschriften, vgl. 4.61, 4.62,
– Personalschriften aus akademischen Anlässen, vgl. 4.220.

Die *älteren* Gelegenheitsschriften des 16.–18. Jh. gelten als 5.144-Gelehrte Makulatur und gehören zur 5-D: Minderwichtigen Literatur: wegen ihrer großen Anzahl und geringen Bedeutung sind sie oft nur *verkürzt* oder *summarisch,* eventuell auch *überhaupt nicht* katalogisiert worden, obwohl ihre Verzeichnung nach PI 24 vorgesehen ist. Oft sind sie in 5.43-Sammelbänden gebunden, vgl. deren Problematik der fingierten Titel. • Für die *Recherche* ist unbedingt anzuraten, (a) die Regelungen für die einzelnen Schriftenklassen zu beachten, (b) die Möglichkeiten der Zusammenfassung in Sammelbänden unter geographisch-korporativen Gesichtspunkten sowie (c) die Erschließung im AK zu erfragen und (d) den von Fuchs für die Sammelbände empfohlenen „Umweg über den Sachkatalog" (F 68,3) nicht zu scheuen.

EOE   Vgl. 4.8 allgemein sowie die speziellen Fälle 4.61, 4.62 und 4.220.   PI 24. F 42. 64. R 2.18.5.

LIT   ZfB. 49.1932, 527–540: E. Eckhardt (Geschichte der Programme, Univ. mit dt. Unterrichtssprache); 60.1943/44, 337–353: H. Müller (Sammlung, UB Jena).

4.86   Programmabhandlungen

DEF   Abhandlung, die in einer 4.85-Akademischen Gelegenheitsschrift abgedruckt ist.

PRO   Generell vgl. 4.8-Gelegenheitsschriften • Die Abhandlung ist vom Anlaß der Gelegenheitsschrift *thematisch unabhängig.* • Die EOE hängt nach 4.8 von der Anzahl der enthaltenen Abhandlungen und dem Vorhandensein eines Präsentationstitels ab. • Die *Recherche* muß die Programmabhandlung stets im Zusammenhang mit der Gelegenheitsschrift sehen, als deren Teil sie erschienen ist.

EOE   HA entweder unter dem Verfasser, oder unter dem Präsentationstitel oder Sachtitel der Gelegenheitsschrift, vgl. 4.8.

4-Fe.   *Schulen*   Vgl. 4.1–4.11

4.90   Schulprogramme

DEF   Jahresbericht einer höheren Schule (Gymnasium, Lyzeum) über das abgelaufene Schuljahr, gewöhnlich zugleich Einladungsschrift (Programm) zur Jahresabschlußfeier, oft mit Abdruck einer wissenschaftlichen Abhandlung von einem Mitglied des Lehrerkollegiums.

PRO   Auch als Schulschriften bezeichnet. • Der Abdruck einer 4.91-Programmabhandlung war in Deutschland im 19. Jh. und bis ca. 1930 üblich. • *Getrennte Verzeichnung* für Jahresbericht und Abhandlung: der *Jahresbericht* als Periodikum, 2.16-Zeitschriftenartige Serie; die *Programmabhandlung* erhält, vom Jahresbericht völlig unabhängig, eine eigene HA, vgl. 4.91. • Bei der Katalogisierung gilt das *Hauptinteresse* der wiss. Abhandlung: enthält der Jahresbericht eine oder mehrere Abhandlungen und haben diese nach 4.91 eigene HA erhalten, so ist nach F 60,5 der Jahresbericht meistens gar nicht mehr verzeichnet worden; d. h. weitgehend haben *nur Jahresberichte ohne Abhandlungen* eigene HA als Periodika erhalten. • Die *Recherche* muß also damit rechnen, daß gerade die Jahresberichte derjenigen Schulen, die ihren Berichten durch beigefügte Abhandlungen besonderes Gewicht geben wollten, im AK keine Einträge erhalten haben: da die Schulprogramme gewöhnlich in Sammelbänden nach Orten zusammengefaßt worden sind, sollte man Auskunft einholen, ob die Jahresberichte über den Sachkatalog oder den Standortkatalog der Bibliothek festzustellen sind.

EOE   Prinzipiell als 2.16-Zeitschriftenartige Serie, jedoch mit der Einschränkung in der Praxis nach F 60,5. Beigegebene Abhandlungen erhalten eigene Verzeichnung nach 4.91.   PI 24. F 60. R 2.18.1.

LIT   ZfB. 2.1885, 96–98: K. Kochendörffer (Katalogisierung); 4.1887, 20–21: F. Schnorr v. Carolsfeld; 5.1888, 511–523: C. F. Müller (Verzeichnis); 23.1906, 126–127: Schnorr v. Carolsfeld (Vorschlag zur Neuordnung); 164–169: A. Hortzschansky (Neuordnung). • R. Ullrich: Programmwesen und Programmbibliothek der höheren Schulen in Deutschland, Österreich und der Schweiz. Berlin 1908. S. 81–767. • ZfB. 40.1923, 503–512: O. Achelis (Bibliographie). • Gesamtverzeichnis der Programme und Festschriften der Schulen Österreichs. 1945–55. Zusammengest.: W. Krause. Wien 1956; Gesamtverzeichnis der Festschriften und Jahresberichte der Schulen Österreichs. 1955–63. Wien 1966.

4.91 Programmabhandlungen

DEF   Abhandlung, die in einem 4.90-Schulprogramm abgedruckt ist.

PRO   Vgl. 4.90. • Erscheinen gelegentlich auch zugleich oder später als Buchhandelsausgaben, die wie 2.20-Neuausgaben verzeichnet werden. • Das Titelblatt kann die sogenannte *Teubner-Nr* tragen, unter der die Abhandlung im „Verzeichnis von Programm-Abhandlungen ..." verzeichnet ist. • Die EOE erfolgt völlig unabhängig vom Jahresbericht mit HA für *jede enthaltene Abhandlung* unter dem Verfasser, auch unter dem Herausgeber eines anderen Textes. • Vereinfachte Aufnahme nach PI 24, mit einer Schlußformel, die Ort, Lehranstalt, Programmcharakter und Berichtsjahr angibt, eventuell auch die Teubner-Nr.

EOE   Grundregel 0.7.1. PI 24. F 60. R 2.18.1.

LIT   Verzeichnis von Programm-Abhandlungen, welche von Gymnasien ... u. höheren Bürger-Schulen Deutschlands u. Österreichs veröffentlicht worden sind. Jg 1–36. Lpz. 1876–1916. • R. Klußmann: Systematisches Verzeichnis der Abhandlungen, welche in den Schulschriften ... erschienen sind. 1–5. Lpz. 1889–1916. • Jahresverzeichnis der an den deutschen Schulanstalten erschienenen Abhandlungen. 1–28. Berlin 1890–1931.

4.-Ff. *Bibliotheken*   Vgl. 4.1–4.11

LIT   L. Buzas: Deutsche Bibliotheksgeschichte. (1–3.) Wiesbaden 1975–78. • Deutsches Bibliotheksadreßbuch. 2. Ausg. Berlin 1976. 498 S. • Spezialbestände in deutschen Bibliotheken. Bearb.: W. Gebhardt. Berlin 1977. 739 S. • J. Vorstius, S. Joost: Grundzüge der Bibliotheksgeschichte. 7. Aufl. Wiesbaden 1977. 163 S. • G. v. Busse: Struktur und Organisation des wissenschaftlichen Bibliothekswesens in der Bundesrepublik Deutschland. 1945–75. Wiesbaden 1977. 890 S. • R.C. Lewanski: Subject collections in European libraries. 2. ed. London 1978. 495 S. • C. Köttelwesch: Das wissenschaftliche Bibliothekswesen in der Bundesrepublik Deutschland. 1 (in 2. Aufl.). 2. Ffm. 1980. • World guide to libraries. 5. ed. München 1980. 1030 S.

4.100 Bibliotheksführer, Benutzungsordnungen

Der Abdruck der Benutzungsordnung als Informationsbroschüre wird oft zum Bibliotheksführer erweitert. Gilt als 5.171-Verbrauchsliteratur und kann eine vereinfachte Aufnahme nach PI 23 erhalten. • Bei *Bibliothekenführern* dagegen handelt es sich um 4.7-Handbücher, Adreßbücher. • *Verzeichnung* wie 4.1-Geschäftsordnungen usw. mit HA unter dem Sachtitel, VW für Beteiligte.

LIT   Nachrichten – Nouvelles – Notizie. 49.1973, 217–231: R. Luck (Bibliotheksführer, Bibliothekenführer, Bibliotheksführungen). • ZfB. 94.1980, 471–474: J. Wegener (Bewertung ausgewählter Benutzungsführer).

4.101 Bestandsbeschreibungen

Die Beschreibung der Bestände wird oft mit einem Abriß der Geschichte der Bibliothek verbunden und hat einen erheblichen inhaltlichen Wert. • *Verzeichnung* nach Grundregel 0.7.1.

4.102 Gedruckte Kataloge

DEF   Verzeichnis für Druckschriften oder andere Sammelobjekte, das die Beschreibungen der Objekte nach bestimmten Prinzipien ordnet und für jedes Objekt die Standortsignatur im Bestand der Bibliothek (oder Besitzvermerke für mehrere Bibliotheken) angibt.

PRO   Das *Grundwerk* kann durch Nachträge und laufende Fortsetzung in eine 2.16-Zeitschriftenartige Serie übergehen, eventuell in verschieden umfassenden Kumulierungen erscheinen, die wie neue Ausgaben zu verzeichnen sind, vgl. 2.20. • *Abgrenzung* gegen den Sonderfall 4.142-Auktionskataloge. • Für die EOE wird zwischen Katalogen *öffentlicher* und *privater* Bibliotheken unterschieden: für letztere ist ein Sammler genannt.

EOE   (A) Kataloge *öffentlicher* Bibliotheken: HA unter 1–3 Verfassern nur dann, wenn der Katalog deren alleiniges Werk sein kann; im Zweifelsfall HA unter dem Sachtitel, VW für Beteiligte.

(B)   Kataloge *privater* Bibliotheken:
(Ba) *mit* Verfasser: HA unter dem Verfasser, VW für den Sammler;
(Bc) *ohne* Verfasser: HA unter dem Sammler.
PI 59. F 80,2. 87. R 2.13.5.

LIT   J. Ranz: The printed book catalogue in American libraries, 1723–1900. Chicago: ALA 1964. 144 S. • ZfB. 81.1967, 267–273: H. Roloff (Renaissance des Bandkatalogs). • Library automation. A state of the art review. Chicago 1969. S. 55–78: K. L. Cartwright (Automated production of book catalogs). • Book catalogs. Ed.: M. F. Tauber, H. Feinberg. Metuchen, N. J. 1971. 572 S. • R. L. W. Collison: Published library catalogues. London 1973. 184 S. • Vgl. auch 5.20-Bibliographien.

4.103   Neuerwerbungslisten

Erscheinen gewöhnlich periodisch, werden dann verzeichnet wie 2.16-Zeitschriftenartige Serien.

4-Fg.   *Archive*   Vgl. 4.1–4.11

LIT   Archivalische Zeitschrift. 50/51.1955, 167–183: H. O. Meisner (Archive, Bibliotheken, Literaturarchive). • ZfBB. 4.1957, 23–34: W. Hoffmann (Bibliothek, Archiv, Literaturarchiv). • A. Brenneke: Archivkunde. Beitr. zur Theorie u. Geschichte des europäischen Archivwesens. Nachdr. d. Ausg. 1953. München 1970. 542 S. • F. P. Kahlenberg: Deutsche Archive in West und Ost. Düsseldorf 1972. 153 S. • Minerva-Handbücher. Archive. Archive im deutschsprachigen Raum. 2. Aufl. 1–2. Berlin 1974. 1418 S. • Der Archivar. 27.1974, 71–106: H. Schmitz usw. (Gesetzl. Bestimmungen, Verwaltungsvorschriften f. d. staatl. Archivwesen). • Medien und Archive. Festschrift R. Seeberg-Elverfeldt. Pullach 1974. 348 S. • J. Rogalla v. Bieberstein: Archiv, Bibliothek und Museum als Dokumentationsbereiche. Pullach 1975. 116 S. • Lexikon Archivwesen der DDR. Berlin 1976. 320 S. • M. Cook: Archives administration. Folkstone 1977. 258 S. • E. G. Franz: Einführung in die Archivkunde. 2. Aufl. Darmstadt 1977. 140 S.

4.110   Archivführer, Benutzungsordnungen   Vgl. 4.100

4.111   Bestandsbeschreibungen   Vgl. 4.101

4.112   Bestandserschließungen: Findlisten, Register, Kataloge   Vgl. 4.102

4-Fh.   *Museen, Sammlungen*   Vgl. 4.1–4.11

LIT   Handbuch der Museen. Deutschland, Österreich, Schweiz. 1–2. Pullach 1971. • Museologie. Int. Symposium, München, 8.–13.3.71. München 1973. 210 S. • J. Rogalla v. Bieberstein: Archiv, Bibliothek und Museum als Dokumentationsbereiche. Pullach 1975. 116 S. • Museums of the world. 2. ed. Pullach 1975. 808 S. • The directory of museums. Ed.: K. Hudson. London 1975. 864 S.

4.120   Museumsführer

Der Museumsführer kann (anders als die gedruckten Führer für Bibliothek und Archiv) auf Benutzungsregelungen verzichten und vor allem durch *Darstellung und Erläuterung der Schausammlung* eine Übersicht vermitteln, informieren, anregen und um Verständnis werben. Als Verzeichnis der *ständigen* Schausammlung inhaltlich an das Museum gebunden (anders dagegen der 4.200-Ausstellungskatalog für befristete Ausstellungen) und daher in der *Verzeichnung* wie 4.102-Gedruckte Kataloge öffentlicher Bibliotheken zu behandeln.

4.121 Bestandsbeschreibungen   Vgl. 4.101

4.122 Ausstellungskataloge   Vgl. 4.200

4-Fj. Informationsstellen, Dokumentationsstellen   Vgl. 4.1–4.11

LIT H. Seeling: Die Titelaufnahme von wissenschaftlicher und Fachliteratur in Informationsstellen. Lpz. 1966. 70 S. • G. Abel, K. Bartusch: Literaturkategorien. 2. Aufl. Lpz. 1968. 119 S. • M. Gray, K. London: Documentation standards. London 1970. 172 S. • A. J. Michajlov, J. Cernyi, R. S. Giljarevskij: Grundlagen der wissenschaftlichen Dokumentation und Information. 1–2. Köln 1970. 628 S. • B. C. Vickery: Dokumentationssysteme. Einf. in die Theorie. München 1971. 247 S. • Dokumentation und Information. Probleme und Methoden. Hrsg.: E. Lutterbeck. Ffm. 1971. 322 S. • T. P. Loosjes: On documentation of scientific literature. London 1973. 200 S. • Verzeichnis deutscher Informations- und Dokumentationsstellen. 2. Ausg. Wiesbaden 1976. 451 S. • Handbuch der Information und Dokumentation. Hrsg.: R. Haake usw. Lpz. 1979. 342 S. • K. Laisiepen, E. Lutterbeck, K.-H. Meyer-Uhlenried: Grundlagen der praktischen Information und Dokumentation. 2. Aufl. München 1980. 826 S. • Deutscher Dokumentartag 1979, Willingen, 1.–5.10.79. Bearb.: M. v. d. Laake u. a. München 1980. 594 S.

4.130 Bibliographien   Vgl. 5.20

4.131 Dokumentationen   Vgl. 5.22

4-G. Korporationen der Wirtschaft   Vgl. 4.1–4.11

4.140 Firmenschriften

DEF Druckschrift, die von einer Firma aus Handel, Gewerbe oder Industrie herausgegeben wird.

PRO Für die Firmenschriften sind ganz überwiegend die *Firmen auch als Urheber* der Texte und nicht nur als Herausgeber anzusehen. • Grundsätzlich unterliegen auch Firmenschriften den *allgemeinen Regelungen* nach 4.1–4.11, insbesondere Gründungsurkunden, Geschäftsordnungen, Chroniken, Jahres- u. Geschäftsberichte, Bilanzen, Hauszeitschriften, Personenverzeichnisse, Tagungsberichte. *Eigene Regelungen* erhalten nur bestimmte Firmenschriften:

4.141-Schriften zu Geschäftszwecken   4.143-Firmenfestschriften
4.142-Auktionskataloge   4.144-Ausschreibungsunterlagen

Für die Firmenschriften 4.141–4.144 kann die EOE davon abhängen, *ob der Firmenname einen Familiennamen enthält* oder nur aus Sachbegriffen gebildet ist. Für die OW vgl. 8.7-Firmenname.

PI 25,3. 59. 60. 142–145. F 8,2. 65. 101,9. 108,2. R 2. 13.5.

LIT ZfB. 82.1968, 65–90: M. Mičátek (in wiss. Bibliotheken). • D. Johannes: Technisches Firmenschrifttum, unter bes. Berücksichtigung der Elektrotechnik in Deutschland. Köln: BLI-Ex.-Arb. 1968. 142 S.; gekürzt in: DFW. 17.1968/69, 185–189. • K. Bartusch: Untersuchungen über den Wert der Firmenliteratur für die Information und Dokumentation. Ilmenau, TH, Abschlußarbeit 1970. • ZfB. 84.1970, 533–535: J. Krummsdorf (Sondersammlung, Akad. d. Wiss.). • ZfBB. 20.1973, 36–38: J. Siegert (Bearbeitung, UB Trondheim). • Handling special materials in libraries. Ed.: F. E. Kaiser. New York 1974. S. 46–57: B. E. Prudhomme (Proprietary company publications); S. 58–68: R. Johnston (Company and trade literature). • Aslib proceedings. 27.1975, 376–384: M. C. Drott u. a. (Scientific journals of industry). • Arbeitsgemeinschaft der Spezialbibliotheken. Bericht über die 16. Tagung, Augsburg 1977. Berlin 1979. S. 229–236: K. Spohn (Firmenschriften, Nutzung).

4.141 Schriften zu Geschäftszwecken

DEF Direkt geschäftlichen Zwecken dienende Druckschrift: Verkaufskatalog, Auktions-, Antiquariats-, Verlagskatalog, Warenliste, Preisverzeichnis, Prospekt, Reklameschrift usw.

PRO *Ältere Drucke,* etwa vor 1850 erschienen, sind selten und haben einigen Quellenwert; nach 1850 erschienene *neuere Drucke* sind zahlreich erschienen, gelten als 5-D: minderwichtige Literatur und erhalten eine vereinfachte Aufnahme nach PI 23 (F 56,2). • Vgl. den *Sonderfall* 4.142-Auktionskataloge. • In der EOE werden die Gesichtspunkte der *Verfasserschaft* und der *Erscheinungsweise* miteinander verknüpft. • Für die *Recherche* ist interessant, ob das Spezifikum der Schriftenklasse, der Firmenname, einen Eintrag erhält: (a) bei Anonyma, Vielverfasserschriften und Serien stets, (b) bei Zeitschriften und zeitschriftenartigen Serien nur bedingt, (c) bei Verfasserschriften nie; (d) nach PI 25,3 für *5.43-Sammelbände* von Geschäftsschriften keine Stücktitel für die einzelnen Drucke.

EOE Abhängig von Erscheinungsweise und Verfasserschaft.

(A) *Periodika*

(Aa) *Serien:* HA unter dem Firmennamen, vgl. 8.7; Stücktitel-HA nur für solche Stücke, die ihre HA unter Verfasser oder Sammler erhalten; allgemein vgl. 2.14-Serien.

(Ab) *2.15-Zeitschriften* und *2.16-Zeitschriftenartige Serien:* wie gewöhnliche Zeitschriften mit HA unter dem Sachtitel; VW für den Firmennamen nur, wenn der Firmenname einen Familiennamen enthält.

(B) *Nicht-periodische Schriften*

(Ba) *1–3 Verfasser* genannt: nach 1.20–1.21 HA unter dem Verfasser; keinerlei VW für Firmennamen.

(Bb) *Anonyma und Vielverfasserschriften:* abweichend von 1.6 und 1.22, mit HA unter dem Firmennamen, vgl. 8.7; VW für personale Beteiligte.

PI 25,3. 59. 60. F 65. R 2.13.5.

4.142 Auktionskataloge

DEF Gedrucktes Verzeichnis von Büchern, Handschriften, Kunstgegenständen oder anderen Objekten, die zu einem bestimmten Termin versteigert werden sollen.

PRO Müssen vor dem Auktionstermin erscheinen, daher sind *Erscheinungsjahr* und *Auktionsjahr* nicht unbedingt identisch. • Dienen direkt geschäftlichen Zwecken, weisen jedoch gegenüber den Schriften nach 4.141 bibliographische Besonderheiten auf: (a) die Auktionsobjekte sind oft durch einen *Sammler, Vorbesitzer oder Nachlasser* als eine Einheit definiert; (b) für jede Auktion ist gewöhnlich ein *Auktionator* (Firma oder Einzelperson) genannt, in sehr seltenen Fällen allerdings nur der Ort der Auktion; (c) die Kataloge einer Firma bilden oft gezählte *2.14-Serien,* die wie nach 4.141 die HA unter dem Firmennamen und für ihre Stücke nur sehr bedingt eigene HA erhalten. • Bei der Interpretation der *Verfasserschaft* kann, wenn kein anderer ausdrücklich als Verfasser genannt ist, leicht der Auktionator für den Verfasser gehalten werden, ohne daß es einen zwingenden Grund gibt. • Für die *Recherche* ist bemerkenswert, daß der Sachtitel so gut wie nie einen Eintrag erhält, auch nicht für die Serie (!), daß dagegen alle genannten Personen prinzipiell Einträge erhalten können.

EOE Abhängig von den bibliographischen Daten, nach den Prioritäten der Entscheidungen aufgezählt:

(A) *Verfasser* genannt: HA unter Verfasser, VW für Sammler.

(B) *Sammler* genannt, kein Verfasser: HA unter Sammler.

(C) *Auktionator* genannt, kein Verfasser, kein Sammler: HA unter dem Auktionator (Firma oder Einzelperson).

(D) Im seltenen Fall, daß kein Verfasser, kein Sammler und kein Auktionator genannt sein sollten: HA unter dem Sachtitel.

(E) *Gezählte Serie:* wie nach 4.141-EOE (Aa).

PI, F u. R wie zu 4.141.

LIT F. Lugt: Répertoire des catalogues de ventes publiques intéressant l'art ou la curiosité. 1–3. La Haye 1938–53. • A.H. Lancour: American art auction catalogues, 1785–1942. A union list. New York 1944. 377 S. • Metropolitan Museum of Art, New York. Library catalog. Vol. 24–25: Sales catalogs. Boston 1960. • Bücher, Sammler, Antiquare. Aus deutschen Auktionskatalogen. Ausgew. u. eingel.: R. Adolph. Wiesbaden 1971. 301 S. • G. Loh: Bibliographie der Antiquariats-, Auktions- u. Kunstkataloge. 1–2. Lpz. 1975–76.

4.143 Firmenfestschriften

DEF Festschrift zum Anlaß (Eröffnung, Jubiläum usw.) einer Firma.

PRO Sonderfall, weil der *Gefeierte die Firma* ist, und weil sehr oft zwischen der Firma und dem genannten *Firmenbegründer* (oder Inhaber) nicht strikt getrennt werden kann. • Die EOE wird wie für *4.8-Gelegenheitsschriften* getroffen: je nach Anzahl der enthaltenen Abhandlungen HA unter Präsentationstitel oder Sachtitel oder Verfasser. Der Festschriftcharakter legt die Frage nahe, ob (a) die Firma als Gefeierter oder (b) ein genannter Firmenbegründer VW erhalten können: weder PI 25,1. 56. 60 noch F 42. 65 erwähnen eine Firma als Gefeierten, so daß mit einer VW nicht zu rechnen ist; dagegen könnte jedoch nach PI 20,3 e und F 90. 91 ein Firmenbegründer als Personenname im anonymen Titel (Präsentationstitel) eine VW erhalten.

EOE Vgl. 4.8; eventuell VW für Firmenbegründer, Inhaber.

LIT Bücherei des Reichsbankdirektoriums. Katalog der Fest- und Denkschriften wirtschaftlicher Betriebe. (Dr. H. Schacht-Sammlung.) Berlin 1937. 262 S. • H. Corsten: Hundert Jahre deutscher Wirtschaft in Fest- und Denkschriften. Bibliographie. Köln 1937. 428 S. • Mitteilungen der Bibliothek der Wirtschafts-Hochschule Mannheim. 1952, Nr. 7; 1954, Nr. 3; 1956, Nr. 6–10; 1958, Nr. 9–12; 1964, Nr. 3–6. Enthalten: Bibliographie der Firmenschriften. 1–5. 1952–64. • Buchhandelsgeschichte. Folge 2, H. 1.1979. S. B 40–47: G. Schulz (Grundsätzliches zum Thema Firmenfestschriften); zugleich in: BöBl. Ffm. 35.1979, Nr. 18.

4.144 Ausschreibungsunterlagen

Vervielfältigte Beschreibungen von Konstruktions- und Handels-Projekten, für deren Ausführung das günstigste Firmenangebot auf dem Wege der Ausschreibung gefunden werden soll. • Werden nur in *kleinster Anzahl* vervielfältigt und allenfalls in *Spezialbibliotheken* gesammelt.

4-Ga. Buchwesen   Vgl. 4.1.–4.11

LIT Vgl. 4.142; 7.20. • The book trade of the world. Ed.: S. Taubert. 1–2. Hamburg 1972–76. • Handbuch des Buchhandels. Hrsg.: P. Meyer-Dohm, W. Strauß. 1–4. Hamburg 1974–77. • Internationales Buchhandelsadreßbuch. 1. Ausg. München 1978. 948 S.

4.150 Verlagskataloge

Dienen direkt geschäftlichen Zwecken, vgl. 4.141.

LIT Buchhandelsgeschichte. Folge 2, H. 1.1979, S. B 78–95: H. Sarkowski (Der „historische" Verlagskatalog); zugleich in: BöBl. Ffm. 35.1979, Nr. 46.

4.151 Verlagsalmanache

Informieren über die Arbeit des Verlages, geben Textproben aus den Werken der Autoren: dienen der literarischen Information, Anregung, Diskussion. • Erscheinen jährlich, gehören zu den literarischen oder 4.5-Hauszeitschriften: Verzeichnung als 2.15-Zeitschriften oder 2.16-Zeitschriftenartigen Serien. Vgl. 5.8-Almanache.

LIT E.-M. Gass, L. Stolz: Verlagsalmanache. Begriff, Arten, Verwendbarkeit in der Öff. Bücherei. Köln: BLI-Ex.-Arb. 1970. • BöBl. Ffm. 28.1972, 1781–1936: R. Wittmann (Frühe Buchhändlerzeitschriften als Spiegel des literarischen Lebens).

4.152 Barsortimentskataloge

Kataloge des Buchgroßhandels. Dienen zwar direkt geschäftlichen Zwecken, stellen jedoch zugleich wertvolle bibliographische Quellen dar und werden wie 5.20-Bibliographien behandelt.

4.153 Buchhandelsbibliographien

Bibliographien für die Druckschriften eines Landes, eines Sprachkreises; dienen zwar auch direkt geschäftlichen Zwecken, sind jedoch gewöhnlich bedeutende nationalbibliographische Quellen und werden wie 5.20-Bibliographien behandelt. • Meßkatalog: Verzeichnis aller auf einer Messe angebotenen Druckschriften.

LIT Von Büchern und Bibliotheken. Festschrift E. Kuhnert. Berlin 1928. S. 97–102: H. v. Müller (Meßkataloge als Quelle für die Literaturgeschichte). • Beiträge zur Geschichte des Buches und seiner Funktion in der Gesellschaft. Festschrift H. Widmann. Stuttgart 1974. S. 183–229: G. Richter (Buchhändlerische Kataloge, 16.–17. Jh.).

4.154 Antiquariatskataloge

Verkaufskataloge des Antiquariatsbuchhandels. Dienen direkt den geschäftlichen Zwecken des Bucheinzelhandels, können jedoch erhebliche Bedeutung haben als *bibliographische Quellen,* die alte und seltene Werke anzeigen, die wertvolleren Objekte genauer beschreiben, auf Besonderheiten wie Vorbesitzer und Erhaltungszustand der angebotenen Exemplare hinweisen, Preise angeben, eventuell sogar Abbildungen von Titelseiten oder Illustrationsbeispielen usw. enthalten. • Antiquariatskataloge sind gelegentlich zugleich *4.142-Auktionskataloge,* insbesondere wenn vollständige Privatbibliotheken zum Verkauf stehen: in diesem Fall ist der Auktionskatalog zugleich Verzeichnis der Sammlung und erhält einen obligatorischen Eintrag für den Sammler (HA oder VW), vgl. 4.142-EOE. • Entsprechend der kontinuierlichen Geschäftstätigkeit der Antiquariatsbuchhandlungen erscheinen deren Kataloge oft *periodisch* als 2.14-Serien, die die Besonderheit aufweisen, daß die einzelnen Stücke zwar oft eigens Stücktitel tragen, oft aber auch ohne regelrechte Stücktitel erscheinen und nur mit einer Zählung oder einer Fachgebietsbezeichnung (z.B.: Geschichte; Kunst; usw.) als Inhaltsangabe ausgestattet sind. In manchen Fällen tragen sie als Titelelemente nur den Firmennamen und eine Zählung, so daß ein generischer Begriff wie „Antiquariatskatalog" als fingierter Sachtitel zu ergänzen ist. • Für die EOE sind Antiquariatskataloge offensichtlich 4.141-Schriften zu Geschäftszwecken und erhalten dieselbe Verzeichnung; allerdings werden neuere Antiquariatskataloge von besonderem innerem Wert gewöhnlich nicht der vereinfachten Aufnahme unterworfen.

EOE Vgl. 4.141-Schriften zu Geschäftszwecken; 4.142-Auktionskataloge.

LIT British Museum. List of catalogues of English book sales, 1676–1900, now in the British Museum. (Comp.: H. Mattingly, I. A. K. Burnett.) London 1915. 523 S. • Bibliographie der deutschen Antiquariatskataloge. Hrsg.: H. Stäglich. (Maschinenschr.) Lpz. 1922–25; 1933–34. • B. Wendt: Der Versteigerungs- und Antiquariatskatalog im Wandel dreier Jahrhunderte. Lpz. 1937. 47 S. • G. Loh: Bibliographie der Antiquariats-, Auktions- u. Kunstkataloge. 1–2. Lpz. 1975–76. • A. N. L. Munby, L. Coral: British book sale catalogues, 1676–1800. A union list. London 1977. 146 S. • Vgl. 4.142-Auktionskataloge.

4-H. *Religionsgemeinschaften* Vgl. 4.1–4.11

Veröffentlichungen von Religionsgemeinschaften mit öffentlich-rechtlichem Status können den 4.20-Amtsdruckschriften zugerechnet werden.

LIT Unsere Sammlung. Zeitschrift f. d. Buch- u. Bücherarbeit in den Bistümern. Köln. 1979, H. 2, S. 45–49: Kirchliche Dokumente und Verlautbarungen in den katholischen öffentlichen Büchereien.

4.160 Gemeindeblätter, Pfarrblätter

Gehören durch ihren Inhalt zur 5.172-Literatur von rein örtlichem Interesse; werden allenfalls in Pflichtexemplarbibliotheken katalogisiert, aufgrund ihres periodischen Erscheinens als 2.15-Zeitschriften.

4.161 Enzykliken

Päpstliche Rundschreiben. • Die Enzyklika wird gewöhnlich mit den *ersten Worten des Textes* zitiert, die deshalb als der Originaltitel gelten, z.B.: Quanta cura ...; Rerum novarum ...; für die Ordnung als Titel gibt es keine Regelung; wahrscheinlich werden sie in den Katalogen nach Wortfolge geordnet. • EOE nach PI 58 mit HA unter dem auf dem Titelblatt genannten Urheber (Papst), nach F 80,2 *generell unter dem Urheber (Papst)*, auch wenn er von anderer Stelle ermittelt ist: vgl. hierzu 4.22-Ältere Amtsdruckschriften. • Für die Ansetzung der Papstnamen vgl. 8.5.3.

4.162 Bullen

Päpstliche Erlasse. • Bullen und andere Arten päpstlicher Verlautbarungen, die den *Papst als Verfasser* nennen, werden wie 4.161-Enzykliken behandelt. • Andere Erlasse und Verwaltungsschriften vatikanischer Behörden werden dagegen wie Amtsdruckschriften behandelt, vgl. 4.20.

4.163 Hirtenbriefe

Bischöfliche Verordnungen. • EOE mit HA unter dem normalerweise *als Verfasser genannten Bischof.* • Bischöfliche amtliche Verlautbarungen, für die nicht der Bischof als Verfasser genannt ist, werden wie Amtsdruckschriften behandelt, vgl. 4.20.

4.164 Predigten

Für die EOE sind zu unterscheiden:

4.222-Leichenpredigten und andere zu den 4.220-Personalschriften zählende Predigtdrucke: Einträge für Verfasser und Gefeierte.
5.51-Werkauswahl eines Verfassers: HA unter dem Verfasser.
5.62-Anthologie: Auswahlsammlung von mehreren Verfassern: HA unter dem Herausgeber, andernfalls unter dem Sachtitel.
5.147-Einzeldrucke von Predigten: HA unter dem Verfasser.

4.165 Liturgische Schriften

DEF Druckschrift, die Texte und Vorschriften für den Gottesdienst und andere religiöse Feiern enthält.

PRO Unterscheiden sich nach Religionen, Glaubensrichtungen, regionalen und lokalen Traditionen. • Im engeren Sinn rechnen hierzu nur die von den Glaubensgemeinschaften, den Kirchen herausgegebenen *offiziellen, amtlichen Ausgaben;* ein weiterer Kreis von nicht-offiziellen Drucken enthält *Zusammenstellungen und Bearbeitungen* der offiziellen Texte: je nach dem Grad der Bearbeitung sind sie entweder als 2.20-Neuauflagen der amtlichen Texte oder als Bearbeitungen nach 1.11 u. 5.130–5.132 oder als Sammlungen nach 5.62-Anthologien zu behandeln. • *Nicht* zu den liturgischen Schriften rechnen die Bibelausgaben, vgl. 5.210–5.213. • Der Sammlungscharakter und die in der Überlieferung liegende Anonymität haben zur Folge, daß liturgische Schriften unter ihren *Sachtiteln zitiert* werden; Texte der *christlichen Kirchen* tragen z.B. folgende Bezeichnungen: Agenda, Agenden, Agendenbuch, Agenden-Kern; Antiphonar, Antiphonale, Antiphonaire, Antiphonary; Book of common prayer; Missale, Breviarium, Graduale, Responsoriale; Gebetbuch, Gesangbuch. • Für *ältere* liturgische Schriften stellt sich wegen der uneinheitlichen Überlieferung zusätzlich das Problem der Ansetzung von maßgeblichen Sachtiteln wie für 1.7-Klassische Anonyma. • Die EOE führt überwiegend zur *HA unter dem Sachtitel,* eventuell mit der Ansetzung von maßgeblichen Titeln zur Vereinigung aller Ausgaben einer Schrift an einer Stelle; *Ausnahmen* für Bearbeitungen und Sammlungen eventuell mit HA unter personalen Bearbeitern oder Herausgebern.

EOE Abhängig von Herausgeberschaft und Inhalt.

(A) *Offizielle, amtliche* Ausgaben: HA unter dem Sachtitel; eventuell fingierter maßgeblicher Sachtitel, mit VW für alle vorliegenden Titelformen; vgl. Einträge in GK und BTD 1935–39 unter den oben aufgeführten Bezeichnungen als 1.OW.

(B) *Nicht-offizielle* Ausgaben der amtlichen Texte: wie (A).

(C) *Sammlungen* von personalen Herausgebern: 5.62-Anthologien.

(D) *Bearbeitungen:* nach 1.11 u. 5.130–5.132.

LIT   J. Weale: Bibliographia liturgica. Catalogus missalium ritus Latini. London 1928. 380 S. • Catholic library world. 25.1953/54, 83–86: A. Hrdlicka (Cataloguing the liturgical books of the eastern rites). • O. L. Kapsner: A manual of cataloging practice for Catholic author and title entries. Washington 1954. 107 S. • J. M. Lynn: An alternative classification for catholic books. 2. ed. Washington 1954. 508 S. • International Conference on Cataloguing Principles. Report. London 1963. S. 108: Liturgies and other religious texts; 199–206: R. C. Eisenhart (Cataloguing of liturgies and religious texts). • Zur Katalogisierung mittelalterlicher und neuerer Handschriften. Ffm. 1963. S. 105–137: V. Fiala, W. Irtenkauf (Versuch einer liturgischen Nomenklatur). • Aktuelle Probleme der Bibliotheksverwaltung. Festgabe H. Fuchs. Wiesbaden 1966. S. 24–40: P. Baader (Kirchen und Liturgien im AK). • Librarium. 15.1972, 96–110: M. Jenny (Auf der Jagd nach Kirchengesangbüchern). • List of uniform titles for liturgical works of the Latin rites of the Catholic church. Ed.: P. Baader. London: IFLA 1975. 17 S. • Staatsbibliothek Pr. K., Berlin. Das christliche Gebetbuch im Mittelalter. Ausstellung u. Katalog: G. Achten. 1980. 144 S.

4.166   Ablaßbriefe

DEF   Der Ablaßbrief (Beichtbrief; lat.: Confessionale, Littera indulgentiale) ist ein mit päpstlicher Vollmacht gedrucktes Urkundenformular.

PRO   Der Ablaßbrief wird durch eine Geldspende erworben und durch einen Vermerk über die Zahlung zur Urkunde, die den Inhaber zur freien Wahl eines Beichtvaters berechtigt, um sich von ihm unter bestimmten Bedingungen Ablaß (Nachlaß zeitlicher Sündenstrafen) erteilen zu lassen. • *Erscheinungsform:* 3.20-Einblattdrucke, im wesentlichen des 15.-16. Jh., erhalten daher als 3.102-Inkunabeln oder 3.103-Frühdrucke genauere Aufnahmen. • Wegen ihres Alters, ihrer Seltenheit und ihrer besonderen Erscheinungsform oft in *Sondersammlungen* verwaltet und eigens erschlossen, sodaß sie im AK eventuell nicht nachgewiesen sind. • Die EOE für den AK ist *weder durch PI noch Fuchs* geregelt; als Einblattdrucken fehlt den Ablaßbriefen gewöhnlich ein regelrechter Sachtitel, sodaß für eine Titelaufnahme entweder der *Textanfang* als Sachtitel fungieren oder ein Sachtitel aus generischen Bezeichnungen *fingiert* werden muß; an *Personen* können genannt sein: (a) der die Vollmacht gebende Papst, eventuell auch ein Kardinal oder Bischof; (b) der für den Vertrieb des Ablasses eingesetzte Ablaßkommissar. • Anhaltspunkte für die EOE nach PI sind den Einträgen in GK und GW zu entnehmen:

GK   OW: Ablass; Ablassbrief; teilweise als VW auf die HA unter dem Ablaßkommissar oder Ablaßbegründer.

GW   OW: Ablaesse; Ablass; Ablassbrief; Ablassverkuendigung; Aflaten; mit siehe-auch-VW auf: Jndulgentiae; Indulgenze; teilweise als VW auf die HA unter dem Ablaßkommissar oder Ablaßbegründer.

Offensichtlich wird für die HA der Personeneintrag bevorzugt, in vielen Fällen wird vom Hauptsinnwort des Textanfangs „Ablaß" usw. verwiesen.

LIT   G. Zedler: Die Mainzer Ablaßbriefe der Jahre 1454 und 1455. Textbd. u. Tafelbd. Mainz 1913. • Beiträge zum Bibliotheks- und Buchwesen. Festschrift P. Schwenke. Berlin 1913. S. 227–233, Taf. 19–22: A. Schmidt-Darmstadt (Lippische Ablaßbriefe). • F. Behringer, P.A. Steinen: Die Ablässe, ihr Wesen und ihr Gebrauch. 15. Aufl. Bd 1–2 u. Nachtr. Paderborn 1921–30. • N. Paulus: Geschichte des Ablaß im Mittelalter. 1–3. Paderborn 1922–23. • ZfB. 51.1934, 547–555: F. Juntke (Unbekannte Ablaßbriefe, 15.–16. Jh.). • Gutenberg-Jahrbuch. 1937, 43–54: Fritz Beyer (Gedruckte Ablaßbriefe, sonstige mit Ablässen in Zusammenhang stehende Druckwerke des Mittelalters). • BöBl. Ffm. 27.1971, 2809–2817: F. Geldner (Mainzer Ablaßbriefe, 1454–55).

4.167   Heiligsprechungsakten, Seligsprechungsakten

Derartige Aktenpublikationen weisen eine besondere *Titelblattgestaltung* auf, vgl. PI 185,5: Sac. Rituum Congregatione …; sie nennen (a) die Körperschaft, (b) einen Berichterstatter oder Prozeßleiter, (c) das Verfahren und den Betroffenen. • Für die EOE empfiehlt F 103,1 die HA unter einem *Schlagwort,* je nach Sachlage: *Beatificatio, Canonizatio, Sanctificatio* (eine Bestimmung der OW des Sachtitels würde auf größte Schwierigkeiten stoßen); VW für den Seligen oder Heiligen; ferner VW nach F 93,8 für den Berichterstatter oder Prozeßleiter als Beteiligten. • Vgl. die *Einträge im GK* unter den OW: Beatificatio; Beatification; Beatificationis, dort den Hinweis auf Canonizationis.

4-J.   Interessenverbände   Vgl. 4.1–4.11

4-Ja.   Stiftungen

4-Jb.   Fachliche Zusammenschlüsse: Vereine, Gesellschaften

4-Jc.   Politische Zusammenschlüsse, Parteien

*4-Jd.   Soziale Zusammenschlüsse, Standesorganisationen,
        Gewerkschaften, Dachverbände*

4-Je.   Ethnische Zusammenschlüsse

4-Jf.   Untergrundorganisationen

4.180   Tarnschriften

DEF   Politische Propagandaschrift, die von verbotenen Organisationen in der Illegalität herausgegeben und deren Umschlag und Titelblatt mit erfundenen, harmlos wirkenden Verfasser- und Titelangaben versehen werden.

PRO   Gehören einerseits zur verkleideten Literatur, die die *Identität des Verfassers* verbirgt: 1.6-Anonyme Schriften, 1.5-Pseudonyme Schriften; verbergen jedoch mit fingierten, irreführenden Sachtiteln auch die *Identität der Schrift*. • Der Charakter der Tarnschrift ist aus den Titelblattangaben allein nicht zu erkennen, sondern nur durch die Prüfung des *Inhalts*. • Die EOE ist weder nach PI noch Fuchs geregelt; der *krasse Widerspruch* zwischen Titelangaben und Buchinhalt erfordert für eine sachgerechte Verzeichnung die Berücksichtigung beider Gesichtspunkte: *Beschreibung* sowohl der Titelangaben und des Inhalts, wie auch die *Erschließung* beider Merkmale. • Gittig 1972 beschreibt beide Merkmale, Formalien und Inhalt, ordnet die Titelaufnahmen im Hauptteil chronologisch und erschließt in 4 Registern: (1) wirkliche Verfassernamen; (2) wirkliche Inhalte nach Schlagworten; (3) Tarn-Verfassernamen und Tarn-Titel für Monographien; (4) Tarn-Titel für Periodika. • Für die *Recherche* ist unbedingt Auskunft einzuholen, ob bei Tarnschriften auch der enttarnte Inhalt in den AK aufgenommen worden ist, womit keineswegs sicher gerechnet werden kann.

LIT   O. Atzrott: Sozialdemokratische Druckschriften und Vereine, verboten auf Grund des Reichsgesetzes vom ... 21.10.1878. Hauptwerk u. Nachtrag. Berlin 1886–88. • E. Drahn, S. Leonhard: Unterirdische Literatur im revolutionären Deutschland während des Weltkrieges. Berlin 1920. 200 S. • E. Engelberg: Revolutionäre Politik und Rote Feldpost, 1878–90. Berlin 1959. 291 S. • H. Gittig: Illegale antifaschistische Tarnschriften, 1933–45. Lpz. 1972. 262 S. • J. Stroech: Die illegale Presse, eine Waffe im Kampf gegen den deutschen Faschismus. Lpz. 1979. 302 S. • Buchhandelsgeschichte. Folge 2, H. 1.1979, S. B 3–21: D. Dooijes (Untergrunddrucke in den besetzten Niederlanden, 1940–45); zugleich in: BöBl. Ffm. 35.1979, Nr. 18.

4-K.   Befristete Einrichtungen korporativer Art   Vgl. 4.1–4.11

4-Ka.   Kongresse

LIT K. Hoche: Konferenzen. München 1973. 225 S.; derselbe: Kongreßhandbuch. Baden-Baden 1977. 172 S. •
H. B. Lemp: Manual for the organization of scientific congresses. Basel 1978. 82 S.

4.190 Kongreßschriften

DEF Druckschrift, die vor, während oder nach einem Kongreß erscheint und folgende Texte enthalten kann: Berichte und Arbeitsunterlagen für den Kongreß, Redetexte, Verhandlungsprotokolle, Beschlußvorlagen und verabschiedete Texte, Kongreßprogramm, Teilnehmerliste, Bericht über den Kongreßverlauf.

PRO Eine der bibliographisch schwierigsten Schriftenklassen. • Als Kongresse im Sinne der Schriftenklasse gelten *alle befristeten Zusammenkünfte* von Personen zum Zwecke des Informationsaustauschs und der Meinungsbildung, unter allen Bezeichnungen: Konferenz, Tagung, Symposium, Treffen usw.; *Ausnahme:* in seltenen Fällen bezeichnet „Kongreß" oder „Konferenz" eine ständig bestehende Korporation, deren Veröffentlichungen daher nicht zu den Kongreßschriften rechnen. • Der *Kongreß als Anlaß* ist gewöhnlich definiert durch eine Korporation als Veranstalter, den Kongreßnamen, Ort und Zeitpunkt der Zusammenkunft; die *veranlaßte Kongreßschrift* wird oft von einer Korporation herausgegeben, trägt Sachtitel, Erscheinungsort, Erscheinungsjahr; dadurch kann sich eine *Parallelität der Daten* ergeben, die zu Verwechslungen führen kann: daher muß für die Verzeichnung und ganz besonders für die Recherche klar getrennt werden:

Anlaß:	*Druckschrift:*
– veranstaltende Korporation	– herausgegebene Korporation
– Kongreßname, Kongreßthema	– Sachtitel
– Tagungsort	– Erscheinungsort
– Tagungsjahr	– Erscheinungsjahr

Eine *Periodizität des Anlasses* ist oft nicht von Anfang an geplant, sondern entwickelt sich erst allmählich; daraus ergibt sich gewöhnlich eine *Periodizität des Kongreßberichts,* die auch dann anzunehmen ist, wenn nicht lückenlos zu jedem Kongreß ein Bericht erscheint. Bevor ein Kongreß seine Periodizität entwickelt hat oder die Periodizität erkannt worden ist, können die ersten Berichte des Kongresses noch als Monographien erschienen und katalogisiert worden und erst später als Periodikum verzeichnet worden sein. • Die *Organisationsebene* (regional, national, international) hat nur im Falle der internationalen und zugleich periodisch erscheinenden Kongreßberichte Einfluß auf die EOE, vgl. 2.18. • Der *Kongreßgegenstand* (Thema, Zweck) hat keinen Einfluß auf die Verzeichnung. • Die *Erscheinungsweisen* der Kongreßschriften sind äußerst vielfältig: Monographien, Serienstücke, mehrbändige Werke, Periodika oder deren einzelne Jahrgänge, Beihefte, Sondernummern usw.; die *Erscheinungsform* ist überwiegend bibliographisch selbständig, kann jedoch auch unselbständig sein, wenn der Bericht nur als Zeitschriftenaufsatz ohne eigenes Titelblatt erscheint und folglich keinen Eintrag im AK erhalten kann, vgl. 3.62. Die *Problematik* der Schriftenklasse ergibt sich aus der Vielfalt der Möglichkeiten und der Uneinheitlichkeit in Erscheinungsweise und -form, mit der die Berichte einunddesselben Kongresses erschienen sein können. • *Nicht* zu den Kongreßschriften rechnen Festgaben oder Festschriften aus Anlaß oder mit Widmung an einen Kongreß, z.B. „Festschrift der 33. Versammlung deutscher Philologen und Schulmänner gewidmet", auch darf hier die Zählung nicht unbedingt als Periodizität der Veröffentlichung gewertet werden. • Die EOE hängt ab von *Inhalt, Erscheinungsweise und Erscheinungsform* und führt zu entsprechend vielfältigen Lösungen, s. u. Hinzuweisen ist auf die Interpretation folgender Fälle:

(a) Der *Kongreßbericht* mit Abdruck von Materialien und Vorträgen mehrerer Verfasser ist eine Sammlung von Schriften, die durch Zusammenarbeit auf dem Kongreß entsteht, als *gemeinsame Arbeit* aller Beteiligten anzusehen ist und daher als 1.22-Vielverfasserschrift die HA unter dem Sachtitel erhält. *Keinesfalls* kann ein personaler Herausgeber zum Verfasser im erweiterten Sinn werden, da er, auch wenn er eine gewisse Auswahl trifft, die Zusammenstellung nicht entscheidend verändern kann.

(b) Der *Kongreßbericht* nur als Verlaufsschilderung mit Kurzreferaten von einzelnen Beiträgen stammt gewöhnlich von einem Verfasser und ist dann als *Verfasserschrift* zu behandeln: HA unter dem Verfasser, kein Eintrag für den Sachtitel, kein bibliographischer Zusammenhang zu anderen Berichten über frühere oder spätere Treffen desselben Kongresses oder zu einer periodischen Veröffentlichung über denselben Kongreß. Ist der Kongreßbericht eines Verfassers als Zeitschriftenbeitrag erschienen, kann er nach 3.62 überhaupt keinen Eintrag im AK erhalten.

(c) Der Druck *eines einzelnen Vortrags* oder einer vorgelegten Ausarbeitung gilt nicht als Kongreßschrift, sondern wird nach der Grundregel 0.7.1 eingeordnet.

Die *Recherche* muß angesichts der Probleme mit größter Umsicht vorgehen und sollte unbedingt – vorausgehend oder, bei negativem Katalogbefund, abschließend – die gegebenen Daten an bibliographischen Quellen überprüfen, um sicherzustellen, daß am AK unter den richtigen Merkmalen und OW gesucht wird. Auf die Möglichkeit der Verwechslung von Daten des Anlasses mit den Daten der Druckschrift ist zu achten: Daten des Anlasses werden nur in sehr eng definierten Fällen OW im AK. Besondere Schwierigkeiten kann die Unterscheidung zwischen *Kongreßnamen, Kongreßthema* und *Sachtitel des Kongreßberichts* bereiten. Bei unspezifischen Sachtiteln (Bericht; Verhandlungen; Proceedings usw.) ist mit *Ergänzung von OW* aus dem Anlaß zu rechnen, vgl. 9.2.

EOE Abhängig von Organisationsebene, Inhalt, Erscheinungsweise, Erscheinungsform. Für Preprints vgl. 7.9.

(A)   *Internationale Kongresse*
(Aa)   Kongreßberichte als *Vielverfasserschriften:* Abdruck der Vorträge und Materialien.
(Aaa) *Periodisch* erschienen: vgl. 2.18; HA unter deutschsprachig fingierten Kongreßnamen, VW für den Sachtitel.
(Aab) *Nicht-periodisch* erschienen: wie alle übrigen Fälle (B)–(D).
(B)   *Kongresse anderer Organisationsebenen*
(Ba)   Kongreßberichte als *Vielverfasserschriften:* Abdruck der Vorträge und Materialien.
(Baa) *Periodisch* erschienen: als 2.15-Zeitschrift oder 2.16-Zeitschriftenartige Serie, mit HA unter dem Sachtitel, VW für die Stücktitel einzelner Berichte.
(Bab) *Nicht-periodisch* erschienen: als 1.22-Vielverfasserschriften mit HA unter dem Sachtitel.
(Bb)   Kongreßberichte von *1–3 Verfassern:* vgl. 1.20–1.21; HA unter dem erstgenannten Verfasser, VW für den 2. u. 3. Verfasser.
(C)   *Keine Kongreßschriften,* weil sie nicht über den Kongreß berichten:
(Ca)   *Einzeldrucke* von Vorträgen: gewöhnlich Verfasserschriften.
(Cb)   *Festschriften, Begrüßungsschriften* zu Kongressen: vgl. 4.8-Gelegenheitsschriften, und speziell 4.212-Festschriften zu öffentlichen Anlässen.
(D)   *Bibliographisch unselbständige* Kongreßschriften jeglichen Inhalts erhalten keine Einträge im AK, vgl. 3.62.

F 103,1. 109,2 e. R 2.7.3.

LIT Unesco bulletin for libraries. 16.1962, 113–126: P. Poindron (Content, influence, value of scientific conference papers). • H.-O. Weber: Die alphabetische Katalogisierung der Berichte internationaler Kongresse. VDB 1962. III, 15. S. • Revue internationale de la documentation. 31.1964, 46–49: N. J. Chamberlayne, H. Coblans (Proceedings of meetings, identification, cataloguing). • International associations. 1964, 462–472: A. Judge (Proceedings of int. meetings). • Special libraries. 55.1964, 230–232: M. L. Pflueger (Bibliographic control). • Journal of chemical documentation. 5.1965, 126–128: C. A. Moore (Preprints). • Acquisition of special materials. Ed.: I. H. Jackson. San Francisco 1966. S. 119ff.: H. J. Waldron (Conferences, symposia). • W. Jacob: Die Literatur internationaler und nationaler Tagungen im Bereich der Technik. Köln: BLI-Ex.-Arb. 1967. 118 S. • ZfB 90.1976, 272–274: J. Freytag (bibliothekarische Sammelobjekte). • DFW. 24.1976, 47–56 u. 25.1977, 27–29 u. 27.1979, 93–94: H. Drubba (Tagungs- u. Konferenzliteratur). • Library resources and technical services. 22.1978, H. 2, 168–173: J. E. Cole (Conference publications: serials or monographs?). • L. Kalok: Die Behandlung von Konferenzschriften in wissenschaftlichen Bibliotheken. Köln: BLI-Ex.-Arb. 1978. 79 S. • Mitt. NRW. NF. 29.1979, 191–193: K. Löffler (Unspezifische Sachtitel, RAK).

4.191 Kongreßkalender

DEF Verzeichnis geplanter, künftig stattfindender Kongresse, mit Angaben über Veranstalter, Tagungsthema, Ort und Termin.

PRO Die Chronologie der geplanten Kongresse ergibt den *Kalendercharakter;* entwickeln entsprechend dem Kalendercharakter eine *periodische* Erscheinungsweise und sind dann als 2.16-Zeitschriftenartige Serien zu behandeln. • Retrospektiv erfassende Verzeichnisse von Kongressen der Vergangenheit sind gewöhnlich 5.20-Bibliographien oder 4.102-Bibliothekskataloge, die die Eintragungen gelegentlich chronologisch ordnen, jedoch keinen Kalendercharakter haben.

4-Kb. Ausstellungen Vgl. 4.1–4.11

4.200 Ausstellungskataloge, Ausstellungsführer

DEF Druckschrift, die aus Anlaß einer Ausstellung erscheint, eine Einführung in das Ausstellungsthema und ein Verzeichnis der Ausstellungsobjekte enthält, gewöhnlich mit Beschreibungen, Erläuterungen und Abbildungen.

PRO Die Ausstellung als *befristete Einrichtung* ist zu unterscheiden von ständig ausgestellten Beständen in Museen, Schausammlungen jeder Art, vgl. 4.120-Museumsführer, 4.121-Bestandsbeschreibungen, Kataloge; ferner Abgrenzung gegen 4.142-Auktionskataloge, deren Objekte allenfalls für Kaufinteressenten kurzzeitig ausgestellt werden. • Wenn Gegenstand der Ausstellung eine *Sammlung* ist, so ist nach PI 59 und F 80,2 zwischen *privaten* und *öffentlichen* Sammlungen zu unterscheiden: private Sammlungen sind gewöhnlich nach dem Sammler benannt, mit seinem Personennamen ist ein für die Verzeichnung besonders interessantes Merkmal genannt. F 80,2 bezieht die Unterscheidung (privat – öffentlich) auch auf Ausstellungen und spricht vom „*Aussteller*" in Analogie zum Sammler: es bleibt jedoch offen, ob der „Aussteller" z. B. auch ein ausstellender Künstler sein kann. • Die EOE hängt von folgenden Kriterien ab: (a) vom privaten oder öffentlichen Charakter der Sammlung bzw. Ausstellung; (b) welche personalen *Beteiligten* genannt sind: Verfasser, Sammler, Künstler; (c) dagegen stellt sich die Frage, ob der Katalog Abbildungen der Werke eines Künstlers enthält und ob der Künstler bei Überwiegen der Abbildungen zum Verfasser werden kann, für den Ausstellungskatalog nicht, sondern nur für 6.12-Kunstbände. • PI 23,1 k bezieht sich nur auf den Fall der minderwichtigen Schriftenklassen, vgl. 5.172, ist also nicht generell anzuwenden. • Für die *Recherche* ist entscheidend, daß bei HA unter einem Verfasser oder Sammler keinerlei VW zustande kommen für den Sachtitel oder den Namen des Künstlers, dessen Werke ausgestellt werden.

EOE Abhängig vom Charakter der Sammlung (privat, öffentlich) und vom Kreis der Beteiligten.

(A) Kataloge von *öffentlichen Sammlungen* und Ausstellungen.

(Aa) *Verfasser ausdrücklich genannt,* auf Titelblatt oder im Katalog: HA unter dem Verfasser; die Verfasserschaft ist nach F 80,2 eng auszulegen, also im Zweifelsfall zu verneinen. *Keine* VW für Sachtitel oder genannte Künstler.

(Ab) *Kein Verfasser* ausdrücklich genannt: HA unter dem Sachtitel (F 80,2);

(Aba) zusätzlich ein *Sammler* genannt, was auch bei öffentlichen Ausstellungen der Fall sein kann: nach PI und Fuchs wäre eine VW für den Sammler nicht vorgesehen, aber als VW für Personennamen im anonymen Titel zu begründen (PI 20,3 e), oder als zur „sicheren Auffindung" erforderlich (PI 80. 183);

(Abb) zusätzlich ein *Künstler* genannt, dessen Werke ausgestellt sind: VW für den Künstler (F 93,6 = S. 207).

(B) Kataloge von *privaten Sammlungen* und Ausstellungen.

(Ba) *Verfasser genannt:* HA unter dem Verfasser, VW für den Sammler (PI 59).

(Bb) *Kein Verfasser* genannt: HA unter dem Sammler (PI 59).

(C) *Kataloge mit Werkabbildungen von 1–3 Künstlern* als Hauptinhalt und kein Katalogverfasser genannt: wahrscheinlich als 6.12-Kunstbände mit HA unter den Künstlern als Verfassern.

PI 48. 49. 59. F 80,2. 93,6 (= S. 205–208). R 2.13.5.

LIT ZfB. 82.1968, 157–161: W. Löschburg (Kunstkataloge mit neuem Gehalt); 529–531: B. Knospe (Kunstkataloge in Bibliotheken). • Accademie e bibliotheche d'Italia. 40.1972, 117–124: M. D'Addezio (Introduzione a una bibliografia dei cataloghi delle nostre librarie italiane). • A. Mandt: Kataloge von Kunstausstellungen im Landesteil Nordrhein zwischen 1960 und 1970. Bonn: BLI-Ex.-Arb. 1974. • Special libraries. 66.1975, 313–320: J. D. Collins (Cataloguing); 372–377: L. C. Ho (Cataloging, Metropolitan Museum of Art). • BuB. 28.1976, 192–193: P. Sager (Kunstkataloge, öffentl. Bibliotheken). • Art library manual. Ed.: P. Pacey. London 1977. S. 47–98: (Kunstkataloge); S. 32–46: (Kunstbücher). • Arbeitsgemeinschaft der Spezialbibliotheken. Bericht über die 16. Tagung, Augsburg 1977. Berlin 1979. S. 199–205: E. Rücker (Beschaffung, Verzeichnung). • Vgl. 4.142: G. Loh.

4-Kc. *Veranstaltungsreihen, Vortragsreihen, Festwochen,*
Festspiele, Ferienkurse   Vgl. 4.1–4.11

4-Kd. *Expeditionen*   Vgl. 4.1–4.11

4-Ke. *Versuchsstationen*   Vgl. 4.1–4.11

4-L. *Sonstige Einrichtungen korporativer Art*

4-M. *Anlässe nicht-korporativer Art*

Im Anschluß an die korporativen Träger sind ergänzend auch die Anlässe nicht-korporativer Art
aufzuführen, da sie für die Verzeichnung eventuell dieselbe Rolle spielen; so nennt z.B. PI 185,5 eine
Jubelfeier zum 100. Geburtstag und eine Auktion als Anlässe.
An dieser Stelle ist auf die Problematik der sogenannten *Gelegenheitsschriften* hinzuweisen.
(1) In der Fachliteratur, in den speziellen Bibliographien und Katalogen wird der Begriff mit *größter Un-*
einheitlichkeit gebraucht: mit Gelegenheitsschriften sind oft die Personalschriften gemeint, oft aber alle
zu irgendwelchen (persönlichen, öffentlichen, korporativen) Anlässen erschienenen Schriften; die PI
definieren ihren Begriff nicht, sondern verwenden ihn wie selbstverständlich; Fuchs definiert einmal
(F 42,1) sehr weit und formal als Druck, der seinen Anlaß in Form eines Präsentationstitels nennt, an
anderer Stelle dagegen (F 64,5) sehr eng und inhaltlich als Druck, der eine vom Anlaß thematisch
unabhängige Abhandlung enthält; für die Zwecke der vorliegenden Darstellung ist der engere Begriff
nach F 64,5 vorzuziehen und für 4.8-Gelegenheitsschriften zugrunde gelegt.
(2) *Übersicht* über die Schriftenklassen, die zu einem bestimmten Anlaß erscheinen, den sie auf dem
Titelblatt nennen:

  4.8-Gelegenheitsschriften (korporative Anlässe)
  4.85-Akademische Gelegenheitsschriften
  4.143-Firmenfestschriften
  4.210-Beschreibungen der Anlässe
  4.211-Reden, Grußadressen, Festvorträge
  4.212-Festschriften (öffentliche Anlässe)
  4.220-Personalschriften (4.221-Hochzeitsschriften, 4.222-Leichenpredigten)
  4.230-Gelegenheitsschriften (persönliche Anlässe; 4.231-Nozze-Schriften)
  4.232-Festschriften (persönliche Anlässe)

Dieser Kreis von Schriftenklassen kann eventuell gemeint sein, wenn von Gelegenheitsschriften im
weitesten Sinne die Rede ist. Dagegen werden die folgenden Schriftenklassen, die einen Anlaß haben
und ihn gewöhnlich auch nennen, *nicht* zu den Gelegenheitsschriften gerechnet: 4.61-Preisausschrei-
bungen, 4.90-Schulprogramme, 4.142-Auktionskataloge, 4.190-Kongreßschriften, 4.200-Ausstellungs-
kataloge.

4-Ma. *Anlässe von öffentlichem Interesse*

  Gedenktage, Jubiläen; Siegesfeiern, Totenfeiern; höfische Feste; Einzüge („Entrées"): historische Einzüge des Landesherrn, siegreicher Feldherren, durchreisender Potentaten oder sonsti-
  ger hochgestellter Persönlichkeiten in Städten; Staatsbesuche, Eröffnungen, Einweihungen,
  Feiern und Feste jeder Art.

4.210 Beschreibungen der Anlässe

Für einen Anlaß ist eventuell nur mit einer Veröffentlichung zu rechnen. • Die *Erscheinungsform* kann durchaus bibliographisch unselbständig sein: dann kann die Schrift keinen Eintrag im AK erhalten, vgl. 3.62. • Der *Hauptgesichtspunkt* der Schrift, der Anlaß, kann im AK nach PI keinen Eintrag erhalten: nach ihrem Anlaß kann die Schrift nur in der Sacherschließung gesucht werden. • Die EOE erfolgt nach der Grundregel 0.7.1: ergibt sich die HA unter dem Sachtitel, so besteht immerhin die *Möglichkeit,* daß ein im Anlaß genannter Jubilar, feiernder Herrscher, Einzug haltender Potentat, Staatsgast oder Namenspatron eine VW vom Personennamen im anonymen Titel erhält (PI 20,3 e) – die jedoch entfällt, wenn für den Bericht ein Verfasser genannt ist. • PI 23,1k (Berichte über Festlichkeiten) bezieht sich nur auf minderwichtige Schriften (rein örtliches Interesse, kein historisch-topographischer Wert), vgl. 5.172.

LIT   W. Weisbach: Trionfi. Berlin 1919. 162 S. • G. Mourey: Le livre des fêtes françaises. Paris 1930. 380 S. • J. Landwehr: Splendid ceremonies. State entries and Royal Funerals in the Low Countries. 1515–1791. Bibliography. Nieuwkoop 1971. 206 S., 70 Taf.

4.211 Reden, Grußadressen, Festvorträge

Der Redner ist gewöhnlich genannt, daher ganz überwiegend *Verfasserschriften.* • Wenn bibliographisch selbständig erschienen, hat der Einzeldruck naturgemäß nur geringen Umfang; inhaltlich oft nur von rein örtlichem Interesse und ohne historisch-topographischen Wert, vgl. 5.172.

4.212 Festschriften   (öffentliche Anlässe)

DEF   Zu einem der unter 4-Ma genannten Anlässe (Gedenktage, Feiern usw.) veröffentlichte Druckschrift, die ihren Anlaß in einem Präsentationstitel nennt.

PRO   Grundsätzlich vgl. 4.8-Gelegenheitsschriften. • *Inhaltlich* nicht definiert: kann thematisch ausschließlich vom Anlaß handeln, kann aber auch zusätzlich thematisch unabhängige Abhandlungen enthalten. • Eine *im Präsentationstitel genannte Person* kann der Gefeierte sein: in diesem Fall als 4.232-Festschrift für Personen zu behandeln. Bezeichnet der Personenname im Anlaß keinen direkt Gefeierten, so kann der Personenname (als Name im anonymen Präsentationstitel) eine VW erhalten. • Für die EOE fehlt nach PI, Fuchs und Rusch eine spezielle Regelung; daher entweder als 4.8-Gelegenheitsschrift oder als 4.232-Festschrift für Personen zu behandeln.

EOE   Abhängig von der Verfasserschaft.

(A) *1–3 Verfasser* genannt: HA nach 1.20–1.21; nur fakultative VW für den Präsentationstitel.

(B) *Mehr als 3 Verfasser* genannt: HA unter dem Präsentationstitel; wird die Präsentationsformulierung nur als Zusatz zum Sachtitel gewertet: HA unter dem Sachtitel, ohne VW vom Präsentationstitel.

4.213 Gewidmete Schriften   (öffentliche Anlässe)

DEF   Druckschrift, die eine Präsentationsformulierung (Widmung) erst nach dem Haupttitelblatt angibt.

PRO   Die Definition durch die Lage hinter dem Haupttitelblatt ist sehr *formal;* eine so placierte Widmung erscheint als weniger wichtig, sie ist eine Geste des Dankes, der Zuneigung usw., hat aber nicht die Bedeutung eines Anlasses für die Veröffentlichung. • Nach F 42,3 wird eine Widmung für die Katalogisierung *nicht berücksichtigt,* nicht einmal in der Titelaufnahme mitgeschrieben. • Einzige *Ausnahme* bei der Aufnahme von 3.102-Inkunabeln, vgl. PI, Anl. IV, 28 c.

LIT   Zeitschrift für Bücherfreunde. NF. 12.1920, 149–183: K. Schottenloher (Buchwidmungsbilder in Handschriften und Frühdrucken). • ZfB. 41.1924, 177–182: A. v. Harnack (Bücher-Widmungen, Titelaufnahme). • K. Schottenloher: Die Widmungsvorrede im Buch des 16. Jh. Münster 1953. 274 S.

4-Mb. Anlässe von persönlichem Interesse

Geburten, Hochzeiten, Amts- u. Würdenverleihungen, Geburtstage, persönliche Jubiläen, Begräbnisse.

4-Mba. Schriften rein persönlichen Inhalts

4.220 Personalschriften

DEF Schrift, die aus persönlichem Anlaß nach 4-Mb erscheint, ihren Anlaß im Sachtitel ausdrückt und inhaltlich nur von der betreffenden Person, dem Gefeierten, handelt.

PRO Personalschriften entstanden vorwiegend im 17. u. 18. Jh., haben gewöhnlich einen Umfang von nur wenigen Seiten und sind, weil sie *nur von der gefeierten Person* handeln, inhaltlich nicht von allgemeinerer Bedeutung, sondern vornehmlich für die *Genealogie* und *Landesgeschichte* interessant. • *Abgrenzung* gegen 4.230-Gelegenheitsschriften zu persönlichen Anlässen: die Gelegenheitsschrift enthält thematisch unabhängige Abhandlungen, die Personalschrift dagegen ist inhaltlich auf die Person des Gefeierten beschränkt. • Das Hauptinteresse an der Personalschrift gilt dem *Gefeierten:* sein Name erhält daher mit Sicherheit einen Eintrag (HA oder VW); zugleich verliert der *Sachtitel* der Personalschrift an Bedeutung: nur die Anfangsworte des Sachtitels werden in der Titelaufnahme abgeschrieben, der Rest des Sachtitels wird in einer *fingierten Formel* zusammengefaßt, die nur den Anlaß und den Gefeierten möglichst knapp angibt. • Personalschriften besonderen Charakters sind: 4.221-Hochzeitsschriften; 4.222-Leichenpredigten. • Die *Recherche* ist weitgehend abgesichert durch Einträge für alle Gefeierten, mit nur einer geringen Einschränkung für die 4.221-Hochzeitsschriften.

EOE Abhängig von der Verfasserschaft.

(A) *1–3 Verfasser* genannt oder ermittelt: HA unter dem erstgenannten Verfasser nach 1.20–1.21; VW für den Gefeierten, auch für mehrere Gefeierte. Bei ermitteltem Verfasser keine VW vom Sachtitel, hierin abweichend von 1.1–EOE(B). Die VW vom Gefeierten *kann* unterbleiben, wenn es sich um eine bekannte fürstliche Persönlichkeit handelt (PI 57).

(B) *Kein Verfasser* oder mehr als 3 Verfasser genannt: HA unter dem Gefeierten, VW für weitere genannte Gefeierte; keine VW vom Sachtitel, keine VW von weiteren Beteiligten.

PI 25,2. 57. F 64. R 2.18.4.

LIT ZfB. 23.1906, 63–66: W. Schultze (Gelegenheitsschriften im GK). • Germanisch-romanische Monatsschrift. 1.1909, 292–307: C. Enders (Deutsche Gelegenheitsdichtung bis zu Goethe). • Aufsätze Fritz Milkau gewidmet. Lpz. 1921. S. 1–9: A. Biber (Gelegenheitsschriften, Familienkunde, Bibliotheken). • Die Personalschriften der Bremer Staatsbibliothek bis 1800. Bearb.: H. J. v. Witzendorff-Rehdiger. Bremen 1960. S. 4–5: Vorw. • Universität Bremen. Bibliothek. Gelegenheitsschriften. Ausstellungskatalog u. Literaturverz. Mitarb.: J. Drees. Bremen 1977. 36 S., Abb. • W. Segebrecht: Das Gelegenheitsgedicht. Stuttgart 1977. 487 S. • Marburger Personalschriften-Forschungen. Hrsg.: R. Lenz. 1: Abkürzungen aus Personalschriften des 16.–18. Jh. Bearb.: F. Ansbüttel. Marburg 1978. 78 S.

4.221 Hochzeitsschriften

4.220-Personalschriften zu Hochzeiten. • *Besonderheit:* mit Braut und Bräutigam sind stets zwei Gefeierte genannt; nach PI 57 und F 64,4 wird vom Namen des Bräutigams verwiesen, nicht jedoch vom Namen der Braut, hierin abweichend von der Regelung nach 4.220 mit VW für alle Gefeierten. • *Abgrenzung* gegen die italienischen 4.231-Nozze-Schriften, die stets auch einen Text (literarisch, wissenschaftlich) enthalten, der thematisch von den gefeierten Personen unabhängig ist: deshalb gehören die Nozze-Schriften zu den 4.230-Gelegenheitsschriften.

LIT ZfB. 9.1892, 153–169: P. Bahlmann (Deutsche, insbesondere Hamburger Hochzeitsgedichte des 17.–18. Jh.). • Vgl. 4.220.

4.222 Leichenpredigten

DEF 4.220-Personalschrift für einen Verstorbenen, die mindestens einen Predigttext enthält, in den meisten Fällen jedoch noch weitergehende Texte und Angaben: z.B. Angaben zur Person des Verstorbenen, seiner Herkunft, seinen Familienverhältnissen, eventuell mit Bildnis und Wappenabbildung, Nachrufen von Freunden (Epicedien = Trauergedichte) und Grabinschriften (Epitaphien).

PRO *Abgrenzung* gegen 5.147-Einzeldrucke von Predigten, die keinen persönlichen Anlaß für die Veröffentlichung nennen. • Die EOE ist oft mit dem *Widerspruch* zwischen formalem und inhaltlichem Befund konfrontiert: auf dem *Titelblatt* ist zwar ein Verfasser genannt (gewöhnlich der Autor der Predigt), jedoch nach dem *inhaltlichen Befund* liegt eine Sammlung von mehreren Beiträgen als 1.22-Vielverfasserschrift vor, sodaß die Entscheidung über die Verfasserschaft weitgehend Ermessenssache sein kann. • Anstelle des *Sterbedatums* kann aus der Leichenpredigt oft nur das *Begräbnisdatum* festgestellt werden.

EOE Vgl. 4.220-Personalschriften.

LIT Familiengeschichtliche Blätter. 17.1919, H. 7–9: F. Wecken (Sammlungen von Leichenpredigten in Deutschland). • W. Friedrich, Carl Güttich: Katalog der fürstlich Stolberg-Stolberg'schen Leichenpredigten-Sammlung. 1–4. Lpz. 1927–32. • Katalog der Leichenpredigten-Sammlungen der Peter-Paul-Kirchenbibliothek und anderer Kirchenbibliotheken in Liegnitz. Marktschellenberg 1938. 756 S. • Katalog der Leichenpredigten-Sammlung der Niedersächsischen Staats- u. Universitätsbibliothek in Göttingen. Bearb.: M. v. Tiedemann. 1–3. Göttingen 1954–55. • F. Roth: Restlose Auswertungen von Leichenpredigten und Personalschriften für genealogische Zwecke. 1ff. Boppard 1959ff.; Bd 1, S. III–XX: Vorrede, Geschichte der Leichenpredigten. • Leichenpredigten als Quelle historischer Wissenschaften. (1. Personalschriftensymposion, Marburg 1974.) Hrsg.: R. Lenz. Köln 1975. 557 S., 14 Taf.; S. 209–233: U. Bredehorn (Leichenpredigten aus bibliothekarischer Sicht). • Leichenpredigten in der Hauptbibliothek der Franckeschen Stiftungen zu Halle (Saale). Ein Verzeichnis. Halle 1975. 241 S. • Bibliothek. Forschung und Praxis. 3.1979, 112–121: R. Lenz (Methoden der Erschließung). • R. Lenz: Leichenpredigten. Bibliographie u. Ergebnisse einer Umfrage. Marburg 1980. 198 S.

4-Mbb. Schriften nicht-persönlichen Inhalts

4.230 Gelegenheitsschriften (persönliche Anlässe)

DEF Druckschrift, die zu einem persönlichen Anlaß nach 4-Mb erscheint, ihren Anlaß in einem Präsentationstitel ausdrückt und wenigstens eine vom Anlaß thematisch unabhängige Abhandlung enthält.

PRO Zur *allgemeinen Problematik* der Gelegenheitsschriften vgl. 4-M. • *Abgrenzung* gegen 4.220-Personalschriften, die ebenfalls zu persönlichen Anlässen erscheinen, jedoch keine thematisch unabhängigen Abhandlungen enthalten. • *Sonderfälle* der Gelegenheitsschriften: 4.231-Nozze-Schriften, 4.232-Festschriften. • Für die *Verzeichnung* wie 4.8-Gelegenheitsschriften für korporative Anlässe zu behandeln, nur mit der Besonderheit, daß im persönlichen Anlaß naturgemäß eine *gefeierte Person* genannt ist, die generell eine VW erhält: für die Recherche der sicherste Anhaltspunkt.

EOE Vgl. 4.8-Gelegenheitsschriften (korporative Anlässe). PI 25. 56. 57. F 42. 64. R 2.18.5.

LIT Vgl. 4.220.

4.231 Nozze-Schriften

DEF In Italien früher übliche Art einer Hochzeitsschrift, die eine Novelle oder ein Romankapitel enthält und in einem Präsentationstitel (ital. Formulierung: „Per le faustissime nozze di …") die Hochzeit (le nozze) nennt, an deren Festgäste sie überreicht wird.

PRO Durch den enthaltenen Abdruck eines meist belletristischen Werks gehören die Nozze-Schriften nicht mehr zu den 4.221-Hochzeitsschriften, obwohl der Anlaß derselbe ist. • Im italienischen *Präsentationstitel* wird die Hochzeit eventuell nur sehr kurz und formelhaft genannt, z.B. „Nozze Baschiera-Sartogo": die beiden Familiennamen bilden einen *scheinbaren Doppelnamen,* der eine VW erhält; problematisch ist jedoch die Bestimmung der OW für einen derartigen *Präsentationstitel als Sachtitel,* weil ein Ausdruck der Form „Nozze Baschiera-Sartogo" als Sonderfall der Apposition nach 11.5.3 g behandelt werden soll (F 64,5):

– Nozze Baschiera-Sartogo
    3   1   2

Der scheinbare Doppelname wird aufgetrennt und *abweichend von der Appositionsregelung* behandelt. • Ist der Präsentationstitel ein *Titel in Satzform* (vgl. Kap. 10), so wird er in einen Titel in gewöhnlicher Form umgewandelt (F 42,4). • Die EOE erfolgt wie für 4.8-Gelegenheitsschriften (korporative Anlässe), jedoch wird in Analogie zu 4.221-Hochzeitsschriften auf die VW für die Braut verzichtet. • Für die *Recherche* von Nozze-Schriften sind daher folgende Besonderheiten zu beachten: als Vorteil (a) die VW für den scheinbaren Doppelnamen aus den Familiennamen von Bräutigam und Braut, als Nachteile (b) der Verzicht auf die VW für die Braut, (c) die ungewöhnliche OW-Bestimmung für den scheinbaren Doppelnamen in einer Apposition im Präsentationstitel, (d) die Umformung der hier häufig auftretenden Präsentationstitel in Satzform.

EOE   Vgl. 4.8-Gelegenheitsschriften (korporative Anlässe); in Analogie zu 4.221-Hochzeitsschriften keine VW für die Braut. PI 56. F 64,5.

LIT   F. A. Casella: Bibliografia di operette italiane pubblicate nel secolo XIX in occasione di nozze. Lfg. 1–5 = A-Fio. Napoli 1897–1900. • ZfB. 45.1928, 11–19: F. Schillmann (Sammlung Casella, Preußische Staatsbibliothek). • H. Margreiter: Anonymen-Lexikon von ital.-tirol. Nozze- u.a. Glückwunschpublikationen. Linz 1929. 20 S. • O. Pinto: Nuptialia. Saggio di bibliografia di scritti italiani pubblicati per nozze dal 1484 al 1799. Firenze 1971. S. VII–XXV: Vorw. • Vgl. 4.220.

4.232 Festschriften (persönliche Anlässe)

DEF   Druckschrift, die zu einem persönlichen Anlaß nach 4-Mb erscheint und ihren Anlaß in einem Präsentationstitel ausdrückt; sie wird dem Gefeierten von seinen Freunden, Kollegen, Schülern u.a. als Festgabe zu einem Jubiläum dargebracht und enthält gewöhnlich wissenschaftliche Abhandlungen zum Fachgebiet oder Tätigkeitsfeld des Gefeierten.

PRO   Trotz Abgrenzung der verschiedenen Fälle von Festschriften:

    4.8-Gelegenheitsschriften: u.a. Festschriften (korporative Anlässe)
    4.143-Firmenfestschriften (spezieller korporativer Anlaß)
    4.212-Festschriften (öffentliche Anlässe)
    4.232-Festschriften (persönliche Anlässe)

können in allen vier Fällen Personen genannt sein, sei es als direkt *Gefeierte,* sei es nur als Namen in anderen Benennungen, die im Präsentationstitel vorkommen. • Die Festschrift für persönliche Anlässe folgt einer besonderen *inhaltlichen Konzeption,* durch die sie gewöhnlich zu einer wichtigen wissenschaftlichen Veröffentlichung wird: neben den (a) Grußworten an den Gefeierten kann sie enthalten (b) ein Bildnis des Gefeierten, (c) eine Liste der Gratulanten, die „Tabula gratulatoria", die außer den Autoren der Festschrift eine große Zahl weiterer Namen nennt, (d) eine Liste der Schriften des Gefeierten und der Schriften über ihn, d.h. eine Personalbibliographie; (e) anstelle von wissenschaftlichen Abhandlungen der Freunde, Kollegen usw. kann die Festschrift eine Ausgabe von Schriften des Gefeierten enthalten, z.B. eine Sammlung seiner verstreut erschienenen Aufsätze. • Die persönlichen Festschriften weisen oft besonders vielfältige und komplizierte *Titelblattgestaltungen* auf, sodaß bereits die Feststellung des Präsentationstitels schwierig sein kann, vgl. F 42. • Die EOE erfolgt wie für 4.8-Gelegenheitsschriften (korporative Anlässe); der im persönlichen Anlaß genannte Gefeierte erhält generell eine VW. • Für die *Recherche* ist die VW für den Gefeierten der sicherste Anhaltspunkt. • Vgl. 10.8 d.

EOE   Vgl. 4.8-Gelegenheitsschriften (korporative Anlässe). PI 25. 56. F 42. R 2.18.5

LIT   German life and letters. NS. 12.1959, 204–210: P. Pick (Some thoughts on festschriften and a projected subject index). • J. P. Danton: Index to festschriften in librarianship. (1–2.) New York 1970–79. Vol. 1, S. 1–8: Introd. • O. Leistner: Internationale Bibliographie der Festschriften. Osnabrück 1976. 893 S. • ZfB. 91.1977, 229–231: A. Krause (Festschrift ein bibliographisches Stiefkind?). • Biblos. 26.1977, 211–219: H. Frodl (Österr. Festschriften-Inhaltsbibliographie). • New York Public Library. Research Libraries. Guide to Festschriften. 1–2. Boston 1977.

4.233 Gewidmete Schriften   (persönliche Anlässe)

Formale Definition der Widmung (hinter dem Haupttitelblatt) und Behandlung wie 4.213-Gewidmete
Schriften zu öffentlichen Anlässen.

5. Schriftenklassen des textlichen Inhalts

5-A.   *Quellen der ersten Information*

Die Gruppe der Nachschlagewerke, Handbücher, Druckschriftenverzeichnisse usw. weist eine Reihe
von Besonderheiten auf, sodaß es möglich wird, über die EOE für die einzelnen Schriftenklassen 5.1–
5.31 allgemeinere Aussagen zu machen.

(a) Vorgegebener Stoff

Nachschlagewerke enthalten einen weitgehend vorgegebenen Stoff, sodaß der Ermessens- und Gestaltungsspielraum für den Bearbeiter oder Herausgeber prinzipiell etwas eingeschränkt ist. Die Herstellung des Drucktextes ist oft nur Redaktionsarbeit an vorliegendem Material oder Auswertung anderer
Quellen, wobei das Material nach neuen Gesichtspunkten zusammengestellt und eine gewisse Auswahl
getroffen werden kann.

(b) Begründer im Sachtitel

Bei erfolgreichen Nachschlagewerken kann sich im Laufe ihres wiederholten Erscheinens die Verfasserschaft verschieben: das ursprünglich von *einem* Verfasser stammende Werk kann von Auflage zu
Auflage derart an Umfang zunehmen, daß es nur noch von Redaktionsstäben bearbeitet werden kann:
aus Gründen des Renommés wird der ursprüngliche Verfasser weiterhin auf dem Titelblatt genannt,
wobei seine genaue Beteiligung am Zustandekommen der Veröffentlichung nicht immer zu erkennen
ist; eventuell ist er als Begründer genannt und sein Name in den Sachtitel aufgenommen worden.

(c) Verleger im Sachtitel

Monumentale Nachschlagewerke, speziell Enzyklopädien, sind oft eine wesentlich unternehmerisch-
organisatorische Aufgabe, sodaß für sie ein Verleger wie ein Herausgeber oder Begründer genannt
und sein Name mit dem Sachtitel verschmolzen sein kann.

(d) Erscheinungsweise

Nachschlagewerke, die jederzeit eine möglichst aktuelle Information bieten wollen, entwickeln eine
Tendenz zu regelmäßigen Neuauflagen in möglichst kurzen Abständen: sie erscheinen anfangs als
Monographien in Neuauflagen und werden allmählich zu 2.16-Zeitschriftenartigen Serien. Ein anderer
typischer Fall für Nachschlagewerke ist das Erscheinen eines ein- oder mehrbändigen Grundwerks, das
eine laufende Fortsetzung erhält: die Fortsetzungsbände gelten entweder als weitere Bände des mehrbändigen Werks (sodaß sich die Erscheinungsweise nicht ändert), oder sie werden als Periodikum
interpretiert, unter Einbeziehung des eigentlich als Monographie erschienenen Grundwerks. Mit derartigen Übergängen und Wechseln in der Erscheinungsweise sind oft zugleich Änderungen der bibliographischen Daten, insbesondere der Verfasserschaft verbunden.

Aus den Besonderheiten (a)–(d) ergeben sich für die Katalogisierung bestimmte *Folgerungen,* die für
die Schriftenklassen 5.1–5.31 gelten, wenn im Einzelfall keine anderslautenden Regelungen genannt
sind.

(1) Enge Auslegung der Verfasserschaft

Als Verfasser werden nur solche Personen gewertet, die auf dem Titelblatt ausdrücklich als Verfasser
bezeichnet werden oder deren Namen in der Titelblattgestaltung deutlich hervorgehoben erscheinen.

In manchen Fällen ergibt sich die echte Verfasserschaft einer auf dem Titelblatt als „Bearbeiter" oder ähnlich genannten Person auch erst aus dem Vorwort. Sind 1–3 Verfasser anzuerkennen, so erhält das Werk die EOE nach 1.20–1.21: HA unter dem erstgenannten Verfasser, VW für den 2. und 3. Verfasser. Mit dieser Entscheidung *entfällt jedoch jede Grundlage für einen weiteren Eintrag unter dem Sachtitel:* weil Nachschlagewerke jedoch tendenziell auch unter ihren Sachtiteln gesucht werden, sollte die Verfasserschaft eng ausgelegt und im Zweifelsfall gegen die Verfasserschaft entschieden werden, um den Sachtiteleintrag zu ermöglichen: für diese Handhabung spricht sich F 80,2 anläßlich der Kataloge öffentlicher Sammlungen aus; sie wird auch nahegelegt durch das in PI 80.183 ausgedrückte „Interesse der sicheren Auffindung".

Ausnahme: Erweiterter Verfasserbegriff für Wörterbücher

Nach PI 36 ff. sind Wörterbücher nicht ausdrücklich als Fall für die Erweiterung des Verfasserbegriffs (Herausgeber als Verfasser) genannt; wohl aber unter F 93,1 a, d. h. sie sollen der Anthologie-Regelung unterliegen (vgl. 1.13-Auswahl-Sammlungen und speziell 5.62-Anthologien) und ihre Herausgeber sollen als Verfasser im erweiterten Sinn behandelt werden. Diese Regelung nach Fuchs steht in klarem Widerspruch zur grundsätzlich auch von ihm vertretenen Tendenz in der Bearbeitung von Nachschlagewerken.

(2) Im Zweifelsfall: Sachtitelschrift

Im Zweifelsfall soll gegen die Verfasserschaft entschieden werden (F 80,2. 93,1 b). Folglich erhält das Werk die HA unter seinem Sachtitel; als weitere Folge erhalten nach PI 20,2 die weiteren Beteiligten obligatorische VW. Insgesamt ist mit dieser Lösung mit ihren Einträgen für Sachtitel *und* Beteiligte die *Recherche* wirklich abgesichert; zu den Beteiligten rechnen auch, in Analogie zu den Fortsetzern, die Begründer.

(3) Beteiligter im Sachtitel

Im Falle der Verschmelzung des Begründernamens mit dem Sachtitel (Beispiel PI 200: J. A. Seuffert's Archiv für Entscheidungen der obersten Gerichte …; vgl. F 79,3) gibt es für die Katalogisierung und damit für die Recherche eine klare Alternative: *entweder* wird der Begründer vom Sachtitel abgetrennt und erhält eine VW als Begründer – *oder* der Begründer wird als Teil des Sachtitels betrachtet und für den Sachtitel zur Ordnung herangezogen und erhält eine VW für den Personennamen im anonymen Titel (PI 20,3 e).

Der Begründer erhält in beiden Lösungen stets eine VW. Für den Sachtiteleintrag ergeben sich jedoch erhebliche Unterschiede in der Bestimmung der OW:

Begründer abgetrennt:

– Archiv für Entscheidungen der obersten Gerichte …
  1   2   4   3

Begründer zum Sachtitel gerechnet:

– J. A. Seuffert's Archiv für Entscheidungen der obersten Gerichte
  3 4 2   1   5   7   6

(4) Verknüpfung aller Ausgaben eines Werkes

Sind die Ausgaben eines Nachschlagewerkes als weitere 2.20-Neuauflagen erschienen, so ist der Zusammenhang zwischen den Ausgaben entweder durch Einordnung unter demselben Verfasser oder Sachtitel oder aber, bei veränderter Einordnung für spätere Ausgaben, durch bibliographische Notizen unter den Titelaufnahmen gesichert. Damit ist auch der Fall abgedeckt, daß aus einer ursprünglichen Verfasserschrift eine Vielverfasserschrift mit neuer Einordnung (HA unter dem Sachtitel) wird.

Vermitteln die aufeinanderfolgenden Ausgaben den Eindruck von einem kontinuierlichen Erscheinen des Werks, so wird das Werk als 2.16-Zeitschriftenartige Serie verzeichnet. Damit erhält das Werk zwangsläufig die HA unter dem Sachtitel, eventuell genannte Verfasser gelten nur noch als Beteiligte, und sämtliche Ausgaben des Werkes werden in einer HA zusammengefaßt, wie Jahrgänge eines Periodikums.

Folgt auf ein ein- oder mehrbändiges Grundwerk eine kontinuierlich erscheinende Fortsetzung, die als 2.16-Zeitschriftenartige Serie aufzufassen ist, so kann das Grundwerk *entweder* seine eigene HA behalten und Grundwerk und Serie werden durch gegenseitige bibliographische Notizen unter den Aufnahmen miteinander verknüpft – *oder* das Grundwerk wird als erste Ausgabe der zeitschriftenartigen Serie in die HA der Serie einbezogen. So wird auch bei einer Änderung in der Erscheinungsweise der Zusammenhang zwischen allen Ausgaben immer hergestellt.

(5) Hinweise für die Recherche

Schon für die Verzeichnung sind die Erscheinungsweisen von Nachschlagewerken und die Funktionen von Beteiligten (Verfasser oder weitere Beteiligte) nicht immer eindeutig zu beurteilen. Um so weniger ist es für die Recherche möglich: aus ihrer Sicht können nur allgemeine Überlegungen formuliert werden. (a) Den größten Einfluß auf die EOE hat die *periodische Erscheinungsweise:* der Sachtitel erhält die HA; VW für personale Beteiligte sind zwar vorgesehen, realistischerweise sollte man aber nicht sicher mit ihnen rechnen. (b) Bei *nicht-periodischer Erscheinungsweise* sind Einträge für Beteiligte ziemlich gewiß: seien es HA für Verfasser oder VW für weitere Beteiligte, auch Fortsetzer oder Begründer. (c) Problematisch kann die Suche nach einem Werk mit *Verfassereintrag* werden, weil dann der Sachtiteleintrag im AK fehlt. Die Recherche kann scheitern, wenn ihr nur der Sachtitel vorliegt – während das Werk nur unter seinem Verfasser im AK verzeichnet ist. Dies gilt in besonderem Maße für 5.3-Wörterbücher (s. o.: Enge Auslegung der Verfasserschaft, Ausnahme).

LIT G. A. Zischka: Index lexicorum. Bibliographie der lexikalischen Nachschlagewerke. Wien 1959. 290 S. • W. Totok, R. Weitzel, K.-H. Weimann: Handbuch der bibliographischen Nachschlagewerke. 4. Aufl. Ffm. 1972. 367 S. • BuB. 24.1972, 304–312: M. Beaujean (Nachschlagewerke zur Literaturwiss.); 25.1973, 984–985: W. Henning (Seminar Nachschlagewerke); 26.1974, 357–358: U. Roth (Seminar Nachschlagewerke). • Guide to reference material. Ed.: A. J. Walford. 3. ed. 1–3. London: LA 1973–77; 4. ed.: 1980 ff. • M. Beaudiquez, A. Zundel-Benkhemis: Ouvrages de référence pour les bibliothèques publiques. Paris 1974. 195 S. • Guide to reference books. Comp.: E. P. Sheehy. 9. ed. Chicago: ALA 1976. 1015 S. • Dictionaries, encyclopedias, and other word-related books. Ed.: A. M. Brewer. 2. ed. 1–2. Detroit 1979. • F. N. Cheney, W. J. Williams: Fundamental reference sources. 2. ed. Chicago: ALA 1980. 351 S. • Vgl. 5.20.

5-Aa. Nachschlagewerke

5.1 Enzyklopädien

Enzyklopädien, enzyklopädische Lexika und Konversationslexika: umfassen alle Wissensgebiete (Universallexika usw.) oder nur einzelne Fachgebiete (Fachlexika usw.). • Verteilen den Stoff auf zahlreiche Artikel, die gewöhnlich nach Stichworten in alphabetischer Folge angeordnet sind. • Speziell bei Enzyklopädien ist das Erscheinen in 2.23-Ständig teilrevidierten Neudrucken anzutreffen. • Für die EOE vgl. 5.-A.

LIT B. Wendt: Idee und Entwicklungsgeschichte der enzyklopädischen Literatur. Würzburg 1941. 85 S. • Georg Meyer: Das Konversationslexikon, eine Sonderform der Enzyklopädie. Göttingen: Diss. 1966. 183 S. • R. L. Collison: Encyclopaedias. Their history throughout the ages. 2. ed. New York 1966. 334 S. • BöBl. Ffm. 24.1968, 2947–2968: B. Koßmann (Deutsche Universallexika, 18. Jh.). • W. Lenz: Kleine Geschichte großer Lexika. Gütersloh 1972. 144 S. • BuB. 25.1973, 546–551: U. Kirchner (Lexika für Kinder, Jugendliche). • DFW. 27.1979, 163–188 u. 28. 1980, 23–38: Rehm (Bibliographischer Nachweis von Allgemeinenzyklopädien). • H. Riedel, M. Wille: Über die Erarbeitung von Lexika: Grundsätze und Kriterien. Lpz. 1979. 214 S. • Vgl. 5-A: Zischka 1959 u. a.

5.2 Biographien (Lexika)

Biographische Lexika enthalten Artikel über Personen, mit Angaben über Lebensdaten, Herkunft, Lebensweg, persönliche Entwicklung, Verzeichnis der Schriften von und über den Dargestellten. • *Nekrologe* (Totenlisten) verzeichnen, oft laufend und dann selbst periodisch erscheinend, die im Berichtszeitraum Verstorbenen mit biographischen Artikeln. • *Abgrenzung* gegen selbständig erscheinende Einzelbiographien. • Für die EOE vgl. 5-A.

LIT R. Dimpfel: Biographische Nachschlagewerke, Adelslexika, Wappenbücher. Lpz. 1922. 128 S. • G. Schneider: Handbuch der Bibliographie. 4. Aufl. Lpz. 1930. S. 468–473. • R. B. Slocum: Biographical dictionaries and related works. Grundwerk u. Suppl. 1–2. Detroit 1967–78.

5.3 Wörterbücher

Sprachwörterbücher: einsprachig, zweisprachig, mehrsprachig, rückläufig (von den Wortendungen her alphabetisch geordnet); *Sachwörterbücher,* mit ihnen verwandt die *Abkürzungsverzeichnisse.* • Die *Abgrenzung* zu den 5.1-Enzyklopädien kann bei fachlich begrenzten Werken schwierig werden: das fachlich begrenzte Sachwörterbuch bringt reine Worterklärungen, das Fachlexikon dagegen geht über Worterklärungen hinaus und entfaltet alle Sachzusammenhänge des Faches. Ferner Abgrenzung gegen die Wörterbücher zu bestimmten Einzelwerken (z.B.: Bibelwörterbuch) oder zum Gesamtwerk eines Verfassers (z.B.: Goethe-Wörterbuch), vgl. 5.201, 5.213. • Im Gegensatz zur allgemeinen Tendenz in der EOE für Nachschlagewerke (vgl. 5-A: (1) Enge Auslegung der Verfasserschaft) wird auf Wörterbücher die *Erweiterung des Verfasserbegriffs* angewandt: während in PI 36 die Wörterbücher nicht ausdrücklich erwähnt werden, sollen nach F 93,1a die Wörterbücher in Analogie zu den 5.201-Konkordanzen die HA auch unter einem *Herausgeber oder Bearbeiter als Verfasser* erhalten: in diesem Fall erhält der Sachtitel keinen Eintrag mehr; die oft rein generischen und dann sehr ähnlich klingenden Wörterbuch-Sachtitel mögen diese Behandlung gefördert haben. • Die *Recherche* ist weitgehend auf die Personennamen der Beteiligten angewiesen, andererseits muß grundsätzlich auch die Möglichkeit des Sachtiteleintrags bedacht werden, wenn kein Beteiligter genannt ist.

EOE   Vgl. 1.13-Auswahlsammlungen mit entscheidender Herausgebertätigkeit.

LIT W. Zaunmüller: Bibliographisches Handbuch der Sprachwörterbücher. Stuttgart 1958. 495 S. • P. Spillner: Internationales Wörterbuch der Abkürzungen von Organisationen. 2. Ausg. 1–3. München 1970. • O. Leistner: Internationale Titelabkürzungen von Zeitschriften, Zeitungen, wichtigen Handbüchern, Wörterbüchern, Gesetzen usw. Osnabrück 1970. 893 S. • DFW. 20.1971/72, 170–184 u. 21.1972/73, 11–28: I. Borchert (Ostsprachige Wörterbücher, Titelliste); 21.1973, Sonderh., 5–39: P. Samulski (Abkürzungsverzeichnisse). • P. Wennrich: Angloamerikanische und deutsche Abkürzungen in Wissenschaft und Technik. 1–4. München 1976–80. • International bibliography of standardized vocabularies (Normwörterbücher). Begr.: E. Wüster. Hrsg.: H. Felber u.a. 2. ed. München 1979. 540 S. • Fachwörterbücher und Lexika. Ein int. Verzeichnis. 6. Ausg. München 1979. 470 S. • Acronymus, initialisms and abbreviations dictionary. 7. ed. (Vol. 1.) Detroit 1980. 1330 S.

5.4 Adreßbücher

Adreßbücher, Telefonverzeichnisse, Telexverzeichnisse, Teilnehmerverzeichnisse jeder Art. • Nach ihrem *Inhalt* 5.171-Verbrauchsliteratur; erscheinen in längeren oder kürzeren Abständen neu und entwickeln durch kontinuierliches Erscheinen eine *Periodizität,* sie sind dann als 2.16-Zeitschriftenartige Serien zu behandeln. • EOE nach 2.16 oder 5-A.

LIT Guide to American directories. 8. ed. New York 1972. • Internationale Bibliographie der Fachadreßbücher. Hrsg.: H. Lengenfelder. 6. Ausg. München 1978. 473 S.

5.5 Atlanten   Vgl. 5.261

5.6 Ortsnamenverzeichnisse

Verzeichnisse von Ortsnamen oder allen geographischen Namen, international oder national; Verzeichnisse von historischen, nicht mehr gebräuchlichen Ortsnamen (z.B. lateinische Ortsnamen des Mittelalters). • Erscheinen selbständig, aber auch als Register oder Registerbände zu 5.261-Atlanten. • Für die EOE vgl. 5-A.

5.7 Kalender

Drucke, die als Anlaß und Hauptzweck eine Liste aller Tage des Jahres (das Kalendarium) enthalten, können zugleich in verschiedenster Weise *inhaltlich ergänzt und ausgebaut* werden: mit astronomischen Daten, Wetterregeln, christlichen Festen, Tagesheiligen, Illustrationen, Ratschlägen zur praktischen Lebensführung („Kalendersprüche"). • *Abgrenzung* gegen die sogenannten „Hundertjährigen Kalender" oder „Ewigen Kalender", die Tabellen und Berechnungsanweisungen für die Daten über weite Zeiträume enthalten. • Durch weitere inhaltliche Ausgestaltung des Kalenders entstehen *neue, selbständige Schriftenklassen,* die eventuell nur noch einen allgemeinen Bezug zum Berichtsjahr und gar kein Kalendarium mehr enthalten: volkstümlich belehrende und unterhaltende Almanache gehören zur Trivialliteratur, vgl. 5.222; fachlich, wissenschaftlich oder literarisch-künstlerisch orientierte Kalender, Taschenbücher, Almanache, Jahrbücher, vgl. 5.8. • Gehören inhaltlich zur 5.171-Verbrauchsliteratur; erscheinen gewöhnlich *periodisch* und erhalten dann die EOE als 2.16-Zeitschriftenartige Serien.

LIT ZfB. 8.1891, 89–122: J. Berthold (Hundertjährige Kalender, Entwicklung). • H. Grotefend: Zeitrechnung des deutschen Mittelalters und der Neuzeit. 1–2. Hannover 1891–98; derselbe: Taschenbuch der Zeitrechnung ... 10. Aufl. Hannover 1960. 224 S. • Biblos. 17.1968, 40–50: H. W. Lang (Wiener Wandkalender, 15.-16. Jh.). • H. Kaletsch: Tag und Jahr. Geschichte unseres Kalenders. Zürich 1970. 96 S. • A. Dresler: Kalender-Kunde. Eine kulturhistorische Studie. München 1972. 95 S. • L. Rohner: Kalendergeschichte und Kalender. Eine Gattung in ihrem Medium. Wiesbaden 1978. 552 S. • H. Zemanek: Bekanntes und Unbekanntes aus der Kalenderwissenschaft. München 1978. 168 S. • Der teutsch Kalender mit den Figuren (Ulm 1498). Komm.: P. Amelung. Nachdr. Zürich 1978. 159 S., Abb. • Archiv für Geschichte des Buchwesens. 20.1979, Sp. 329–794: H. Sührig (Niedersächsische Kalender, 17. Jh.).

5.8 Fach-Kalender, Fach-Taschenbücher, Almanache

Der *Fach-Kalender* enthält ein Kalendarium und dazu grundlegende und aktuelle Informationen für ein Berufsfeld, Arbeits- oder Fachgebiet: Gesetze, Verordnungen, Bestimmungen, staatliche Stellen, Verbände, Organisationen, Tabellen, Statistiken; das *Fach-Taschenbuch* verzichtet gegenüber dem Fach-Kalender gewöhnlich auf das Kalendarium; der *Almanach* ist ursprünglich ein astronomisches Kalender- oder Tafelwerk (5.275-Ephemeriden), seit dem 18. Jh. ein literarisches (Musenalmanach) oder anderen künstlerischen oder wissenschaftlichen Gebieten gewidmetes Jahrbuch mit Textbeiträgen; speziell 4.151-Verlagsalmanache sind im Grunde literarische Zeitschriften. • Durch die gleichbleibende inhaltliche Konzeption und das gewöhnlich *periodische Erscheinen* erhalten sie die EOE wie 2.16-Zeitschriftenartige Serien.

LIT V. Champier: Les anciens almanachs illustrés. Paris 1886. 136 S., Taf. • J. Grand-Carteret: Les almanachs français. 1600-1895. Paris 1896. CX, 847 S. • F. Lachèvre: Bibliographie sommaire de l'Almanach des muses. 1765–1833. Paris 1928. 206 S. • H. Köhring: Bibliographie der Almanache, Kalender und Taschenbücher, 1750–1860. Hamburg 1929. 175 S. • Philobiblon. 11.1939, 7–24: A. Rümann (Historisch-genealogische Kalender); 97–112: M. u. L. Lanckoroński (Deutsche Musenalmanache, 18. Jh.); 185–200: A. Rümann (Historische Almanache, Taschenbücher). • M. Lanckorońska, A. Rümann: Geschichte der deutschen Taschenbücher und Almanache aus der klassisch-romantischen Zeit. München 1954. 215 S., 160 S. Abb. • Archiv für Geschichte des Buchwesens. 1.1956–58, 398–489: M. Zuber (Dt. Musenalmanache, schöngeistige Taschenbücher, 1815–1848). • F. Marwinski: Almanache, Taschenbücher, Taschenkalender. Weimar 1967. 105 S., Taf. • E. Baumgärtel: Die Almanache, Kalender und Taschenbücher (1750–1860) der Landesbibliothek Coburg. Wiesbaden 1970. 143 S. • Vgl. 4.151; 5.7.

5.9 Handbücher

Handbücher und andere handbuchartige Werke (Lehrbücher, Grundrisse, Kompendien, Leitfäden, Abrisse zu einem Fachgebiet) bieten in unterschiedlichem Umfang eine *systematische Darstellung des Stoffes,* eventuell auch als Folge von Einzeldarstellungen für Teilgebiete, mit dem Anspruch, auf wissenschaftlichem oder fachlichem Niveau objektiv den Sachstand und die offenen Fragen zu referieren und die wichtigste weiterführende Literatur anzugeben. • Für die EOE vgl. 5-A.

LIT ZfBB. 14.1967, 73–82: C. Köttelwesch (Lehrbuchsammlungen in deutschen Bibliotheken). • BöBl. Lpz. 137.1970, 312–313: H. Reichelt (Lehrbuch, didaktische Gestaltung). • Universitätsbibliothek Stuttgart. Lehrbuchsammlung. Hrsg.: M. Koschlig. Stuttgart 1970. 167 S. • Nachrichten – Nouvelles – Notizie. 47.1971, 286–289: H. Strahm (Lehrbuchsammlung, UB Bern). • DFW. 27.1979, 59–61: W. Thieme (Lehrbuchsammlung – Wundermittel?).

5.10 Tabellenwerke, Statistiken

Tabellenwerke bieten in Form von Tabellen oder graphischen Darstellungen Inhalte jeder Art; *Statistiken* bedienen sich besonders häufig der Tabellenform. • Statistiken und z.T. auch andere Tabellenwerke enthalten zeitbedingte Daten und können daher einer regelmäßigen Aktualisierung bedürfen, die dann zu *periodischem Erscheinen* führen kann: in diesem Fall werden sie wie 2.16-Zeitschriftenartige Serien behandelt; in allen anderen Fällen EOE nach 5-A.

LIT   W. Feitscher: Graphische und tabellarische Wissensspeicher. Berlin 1967. 83 S., Abb. • ZfBB. 18.1971, 97–112: L. Kaiser (Zentrale statistische Bibliotheken in Europa).

5-Ab. *Literaturverzeichnisse*

5.20 Bibliographien

DEF   Gedrucktes Verzeichnis, in dem Druckschriften beschrieben und ihre Beschreibungen nach bestimmten Ordnungsprinzipien geordnet werden.

PRO   Die Bibliographie behauptet nur das *Erscheinen* der beschriebenen Drucke; dagegen ist der Nachweis der Standorte bestimmter Druckexemplare Aufgabe der 4.102-Gedruckten Kataloge. • Gelegentlich geben auch Bibliographien die Standorte bestimmter Exemplare als zusätzliche Information an: entscheidend für den Charakter des Verzeichnisses ist sein Gebrauch, als Kataloge gelten daher nur solche Verzeichnisse, die zur Benutzung eines Buchbestandes dienen. • Charakteristisch ist das *Kumulieren* (Zusammenfassen) des Inhalts für größere Berichtszeiträume, entweder in 2.20-Neuauflagen oder bei periodischem Erscheinen eventuell durch *laufendes Kumulieren* von Heft zu Heft. • Für die EOE vgl. 5-A.

LIT   G. Schneider: Einführung in die Bibliographie. Lpz. 1936. 203 S. • R. Weitzel: Bibliographische Suchpraxis. Stuttgart 1962. 140 S. • H. Baer: Bibliographie und bibliographische Arbeitstechnik. 2. Aufl. Frauenfeld 1964. 172 S. • L.-N. Malclès: La bibliographie. 3. éd. Paris 1967. 134 S. • Vergleichende Analyse von Referatediensten. Mitarb.: I. Gaszak u. a. München 1971. 78 S. • Von der systematischen Bibliographie zur Dokumentation. Hrsg.: P. R. Frank. Darmstadt 1978. 556 S. • E. Bartsch: Die Bibliographie. München 1979. 280 S. • Vgl. 5-A.

5.21 Kataloge   Vgl. 4.102-Gedruckte Kataloge.

5.22 Dokumentationen

DEF   Der gedruckt erscheinende Dokumentationsdienst ist ein Verzeichnis, in dem Informationsträger jeder Art mit Informationen jeder Art (Schrift, Bild) und jeder Form (gemalt, geschrieben, gedruckt, fotografiert, mechanisch oder elektronisch aufgezeichnet usw.) beschrieben und ihre Beschreibungen nach bestimmten Ordnungsprinzipien geordnet werden.

PRO   Zur Abgrenzung gegen 5.20-Bibliographien entscheidende Charakteristika sind die Erfassung auch des *Nicht-Gedruckten,* des *Nicht-Schriftlichen* und die Erfassung auch von *Textteilen aus Druckschriften;* außerdem eine gewöhnlich *intensivere* Sacherschließung der beschriebenen Dokumente. • Für die EOE vgl. 5-A.

LIT   T. P. Loosjes: Dokumentation wissenschaftlicher Literatur. München 1962. 143 S. • J. Koblitz: Methoden des Referierens von Dokumenten. 2. Aufl. Lpz. 1968. 113 S. • H. Siegel: Hilfsmittel zur Literatur-Erschließung und Dokumentation. Bearb.: Bibliothek des Dt. Patentamts. 3. Aufl. München 1971. 307 S. • C. Hitzeroth, D. Marek, I. Müller: Leitfaden für die formale Erfassung von Dokumenten in der Literaturdokumentation. München 1976. 493 S. • P. Brüderlin: Dokumentation in der Praxis. Eine Anleitung zur Ordnung von Dokumentensammlungen jeder Art. Zürich 1977. 106 S. • D. A. Kemp: Current awareness services. London 1979. 181 S. • Vgl. 4-Fj.

5-Ac. Spezielle Informationsquellen

5.30 Fortschrittsberichte

DEF Bericht über den Stand oder die Entwicklung (den „Fortschritt") der Forschung über einen bestimmten Gegenstand oder ein Sachgebiet in einem bestimmten Zeitraum oder zu einem bestimmten Zeitpunkt.

PRO Referiert, interpretiert und wertet die Forschungsergebnisse, muß deshalb die einschlägigen Veröffentlichungen nennen und ist insofern immer auch *Literaturbericht*. • *Abgrenzung* gegen Forschungsberichte = 5.270-Reports; ferner gegen Sammelrezensionen, die sich hauptsächlich mit den rezensierten Werken auseinandersetzen, vgl. 5.31; Periodika mit Sachtiteln wie „Fortschritte auf dem Gebiet der Augenheilkunde" sind wissenschaftliche Zeitschriften und keine Fortschrittsberichte. • *Erscheinen* ganz überwiegend bibliographisch unselbständig und können dann keine Einträge erhalten, vgl. 3.62.

EOE Nur für bibliographisch Selbständiges: Grundregel 0.7.1.

LIT Dokumentation. 8.1961, 49–53 u. 73–79: J. Spirit (Bedeutung, Anfertigung thematischer Studien); 9.1962, 97–106: J. Koblitz (Fortschrittsbericht, thematische Studie). • Bibliothek der Rheinisch-Westfälischen Technischen Hochschule Aachen. Verzeichnis der laufend erscheinenden Fortschrittsberichte. 1969. 21 S. • Dokumentation. 7.1970, 80–84: G. Schmoll (Übersichten, Stand der Technik). • DFW. 19.1970/71, 101–104: J. Tehnzen (Technik, Naturwiss.). • Geisteswissenschaftliche Fortschrittsberichte. Titelnachweis 1965–75. Red.: U. Jentzsch. Ffm. 1977. 285 S. • Staatsbibliothek Preußischer Kulturbesitz. Mitteilungen. 9.1977, 107–118 u. 11.1979, 47–54: U. Jentzsch (Katalogisierung). • F. Fuchs: Fortschrittsberichte als Informationsmaterial in den Geistes- und Sozialwissenschaften. Köln: BLI-Ex.-Arb. 1979. 193 S.

5.31 Rezensionen

Die *Einzel-Rezension* referiert und beurteilt eine, die *Sammel-Rezension* mehrere Druckschriften im Zusammenhang. • Abgrenzung der Sammel-Rezension gegen 5.30-Fortschrittsberichte. • Erscheinen mit seltenen Ausnahmen *bibliographisch unselbständig* und erhalten dann keine Einträge, vgl. 3.62.

LIT F. Eckardt: Das Besprechungswesen. Lpz. 1927. 128 S. • P. Glotz: Buchkritik in deutschen Zeitungen. Hamburg 1968. 226 S. • F. Domay: Formenlehre der bibliographischen Ermittlung. Stuttgart 1968. S. 221–225. • A. Carlsson: Die deutsche Buchkritik von der Reformation bis zur Gegenwart. Bern 1969. 420 S. • Library quarterly. 41.1971, 275–291: J. A. Virgo (The review article, characteristics and problems). • Unsere Sammlung. Zeitschrift f. d. Buch- u. Büchereiarbeit in den Bistümern. Köln 1974, 93–101: H. Bemmann (Buchkritik in einer standpunktlosen Gesellschaft). • ZfB. 91.1977, 216–220: W. Hübner (Rezensionen in Fachzeitschriften, Bedeutung).

5-B. Sammlungen von Schriften

Die Begriffe „Schrift" (Einzelschrift, Einzelwerk) und „Sammlung von Schriften" sind weder im Regelwerk noch im Kommentar definiert und gegeneinander abgegrenzt, sondern als selbstverständlich vorausgesetzt worden. Dadurch wird alle definitorische Arbeit erschwert und die Katalogpraxis mit Unsicherheiten belastet, die zu Uneinheitlichkeiten in der Handhabung führen; daher ist auch das Teilsammlungsproblem (vgl. 8.10.2) nicht befriedigend zu lösen. • Bei Sammlungen von Schriften verschiedener Verfasser kann nicht mehr von „gemeinsamer Verfasserschaft" oder „gemeinsamer Arbeit" gesprochen werden; dennoch haben Regelwerk und Kommentar inkonsequenterweise derartige Sammlungen gelegentlich so behandelt, als handele es sich um eine gemeinsame Arbeit der vertretenen Verfasser, vgl. 1.23.

5-Ba.   Formal definierte Sammlungen

5.40   Beigefügte Schriften

DEF   Sind in einer einbändigen Druckschrift verschiedene Schriften vereinigt, und trägt das Titelblatt des Bandes auch die Titelangaben der enthaltenen zweiten (dritten, vierten usw.) Schrift, so werden die erste Schrift als Hauptschrift und alle weiteren genannten als beigefügte Schriften bezeichnet.

PRO   Die Definition der beigefügten Schrift verlangt, daß auch ihr Sachtitel auf dem Titelblatt stehen muß; sind etwa *nur die Verfassernamen* der enthaltenen Schriften auf dem Titelblatt genannt, so handelt es sich nicht um beigefügte Schriften, sondern um Sammlungen nach 5-Bb (1–3 Verfasser) oder 5-Bc (mehr als 3 Verfasser). • Beigefügte Schriften, auch solche mit eigenen Sondertiteln im Buchinnern, gelten als *bibliographisch unselbständig* erschienen, vgl. 3.62; sie erhalten dennoch eigene Einträge in Form von In-VW (F 94–96) und stellen damit eine Ausnahme dar. • Die EOE hängt in besonderem Maße von der formalen Gestaltung der Druckschrift ab: (a) ob den einzelnen enthaltenen Schriften im Buchinneren eigene *Sondertitelblätter* mit Erscheinungsvermerk (wenigstens einem Element davon: Ort oder Verlag oder Jahr) vorangestellt sind; (b) ob das Haupttitelblatt des Bandes nur Titelangaben der enthaltenen Schriften, oder zusätzlich einen thematisch zusammenfassenden, *übergeordneten Gesamttitel* trägt; (c) ob die enthaltenen Schriften alle von *einem oder von verschiedenen Verfassern* stammen; (d) ob nur *eine oder mehrere beigefügte Schriften* auf dem Haupttitelblatt genannt sind. • Die Behandlung der beigefügten Schriften ist mit *widersprüchlichen Anweisungen* belastet: nach PI 20,3 d sollen nur beigefügte Schriften mit Verfassern, nach F 94,2 sollten dagegen auch beigefügte anonyme bzw. Vielverfasserschriften VW erhalten, wobei Fuchs allerdings seine Empfehlung an gewisse Bedingungen knüpft. • Für die *Recherche* sind beigefügte Schriften meistens gar nicht als solche zu erkennen, und die hoch differenzierte Katalogregelung nach PI und Fuchs ist *absolut unkalkulierbar:* für Schriften e i n e s Verfassers ist der Nachweis deutlich eingeschränkt, für Schriften m e h - r e r e r Verfasser ist der Nachweis sicherer, aber auch für sie ist der Nachweis nur bei Ausstattung mit Sondertitelblättern wirklich gesichert.

EOE   Abhängig von der Anzahl der beteiligten Verfasser, der Zahl der beigefügten Schriften, von Gesamttiteln und Sondertitelblättern.

(A) Ohne Gesamttitel
(Aa)   *Ohne Sondertitelblätter.*
(Aaa)   Enthält Schriften *eines Verfassers:*
         – Hauptschrift und *nur eine beigefügte* Schrift: HA für die Hauptschrift, keine VW für die beigefügte Schrift. F 96,1.
         – Hauptschrift und *mehrere beigefügte* Schriften: HA unter dem Verfasser als „Teilsämmlung", vgl. 5.51-Werkauswahlen (wenn nicht sogar 5.50-Werkausgaben); VW innerhalb des Verfassers von der erstgenannten Schrift auf die Gruppe. F 96,2.
(Aab)   Enthält Schriften *verschiedener Verfasser:* HA für die Hauptschrift, VW für höchstens 3 beigefügte Schriften. F 95. 96,3.
(Ab)   *Mit Sondertitelblättern.*
(Aba)   Enthält Schriften *eines Verfassers:* die Sondertitelblätter haben keinen Einfluß auf die EOE, deshalb unverändert wie (Aaa). F 96,2.
(Abb)   Enthält Schriften *verschiedener Verfasser:* HA für die Hauptschrift, VW für alle beigefügten Schriften mit Sondertitelblättern. F 96,1.

(B) Mit Gesamttitel
(Ba)   Enthält Schriften *eines Verfassers:* HA unter dem Verfasser als „Teilsammlung", vgl. 5.51-Werkauswahlen (wenn nicht sogar 5.50-Werkausgaben); VW innerhalb des Verfassers vom Gesamttitel auf die Gruppe; keine VW für beigefügte Schriften, auch nicht für solche mit Sondertitelblättern. F 96,2.
(Bb)   Enthält Schriften *verschiedener Verfasser:* HA unter dem Gesamttitel; VW für höchstens 3 beigefügte Schriften ohne Sondertitelblätter, jedoch für alle beigefügten Schriften mit Sondertitelblättern. F 96,1.3.

PI 20,3 d. 66. F 5,2 a–b. 40. 51,7. 94–96. R 2.16.

5.41 Beigedruckte Schriften

DEF Wenn ein Druck zwei oder mehr Schriften enthält und jede Schrift ihr eigenes, selbständiges Titelblatt mit Erscheinungsvermerk trägt, *ohne* daß die zweite und folgende Schriften auf dem Titelblatt der ersten Schrift erwähnt sind, so gelten die zweite und alle folgenden Schriften als beigedruckte Schriften.

PRO Beigedruckte Schriften sind auf dem Titelblatt der ersten Schrift *nicht erwähnt:* darin unterscheiden sich die beigedruckten von den 5.40-Beigefügten Schriften. • Die Zusammengehörigkeit der ersten mit allen beigedruckten Schriften, d.h. die *Einheit der Veröffentlichung,* ist nur zu erkennen an (a) durchlaufender Seitenzählung oder (b) durchlaufenden Bogensignaturen oder (c) Kustoden oder (d) Druckanschluß der beigedruckten Schrift auf dem letzten Druckbogen der vorhergehenden Schrift oder (e) Angaben des Verfassers, Herausgebers oder Verlegers in Vorwort, Verlagsanzeige, Prospekt usw. über die beabsichtigte Vereinigung der verschiedenen Schriften in einer Ausgabe, oder (f) am Verlagseinband für den Buchblock oder (g) an einem gemeinsamen Inhaltsverzeichnis. • *Abgrenzung* gegen 5.42-Angebundene Schriften, denen jeglicher Druck- oder Veröffentlichungszusammenhang fehlt. • Die *Recherche* ist gesichert durch Einträge für alle enthaltenen Schriften.

EOE HA für die erste enthaltene Schrift, VW für alle beigedruckten Schriften. PI 17. 20,2 c. F 5,2 c. 40. 94. R 2.17.

5.42 Angebundene Schriften

DEF Wenn zwei oder drei unabhängig voneinander erschienene Drucke auf Veranlassung des Besitzers in einem Buchblock zusammengebunden worden sind, so gelten die zweite und dritte als angebundene Schriften.

PRO *Abgrenzung:* werden mehr als 3 Schriften zusammengebunden, so entsteht ein 5.43-Sammelband. • Grund für die *buchbinderische Zusammenfassung* sind entweder thematische Zusammenhänge der Schriften oder andere Gemeinsamkeiten (Werke eines Verfassers usw.), aber auch Einsparungen am Bindeaufwand. • Die *Recherche* ist gesichert durch Einträge für alle enthaltenen Schriften.

EOE HA für jede der Schriften nach ihren eigenen Merkmalen; unter der Aufnahme der 1. Schrift Aufführung der 2. und 3. Schrift. PI 18,1. F 5,3. 68. R 2.15.

5.43 Sammelbände

DEF Wenn mehr als drei unabhängig voneinander erschienene Drucke auf Veranlassung des Besitzers in einem Buchblock zusammengebunden worden sind, so gilt der Band als Sammelband.

PRO Zweck des Sammelbands ist die *buchbinderisch sparsame Zusammenfassung* vieler Drucke geringen Umfangs, die nach Inhalt, Schriftenklasse oder anderen Gemeinsamkeiten zusammengehören; typische *Anwendungen:* Dissertationen-, Leichenpredigten-, Auktionskatalog- oder Theaterzettel-Sammelbände. • Enthalten Sammelbände Schriften vermischten Inhalts, für die kein zusammenfassendes Schlagwort gewählt werden kann, so werden sie als *Miszellanbände* bezeichnet. • Problematisch ist die Gewohnheit, den Sammelbänden *fingierte Sachtitel* zu geben: (a) entweder hat der Besitzer nach eigenem Ermessen Titelangaben fingiert und sie auf dem Buchrücken aufdrucken lassen; (b) oder ein Verfasser, Herausgeber oder Verleger hat für eine Gruppe von Drucken *nachträglich ein zusammenfassendes Titelblatt mit einem Gesamttitel* gedruckt und verteilt: dadurch wird der Anschein erweckt, die einzelnen Drucke seien als Teile des Gesamtwerks erschienen – obwohl kein einziger Druck den Gesamttitel trägt. • Woher auch die Fingierung stammt, sie ist kein echtes bibliographisches Merkmal der im Sammelband zusammengefaßten Drucke. Dennoch erhält nach PI 18,2 der fingierte „gemeinsame Titel" eine HA, den „Sammelzettel", der schon nach F 68,3 „wie alle fingierten Titel *für die Benutzung wertlos* ist". Die Fingierung von Titelangaben nach dem Inhalt der Drucke hat Schlagwortcharakter und ist ein Element der Sacherschließung. • Die EOE für die *enthaltenen Schriften* sieht zwar eigene HA (PI 18,2: „Stückzettel") für die einzelnen Drucke vor, wird jedoch eingeschränkt auf Schriften, die (a) ein eigenes Titelblatt oder (b) einen selbständigen Wert besitzen. Als Schriftenklassen, denen gewöhnlich Titelblatt und selbständiger Wert im Sinne des Regelwerks fehlen, nennt PI 18,2 „gleichartige Drucksachen geringen Umfanges ... wie Theaterzettel, Plakate usw." und ergänzt

in PI 25,3 „Verkaufskataloge, Preisverzeichnisse, Reklameschriften und sonstige Schriften zu geschäftlichen Zwecken". Einen *Sonderfall* für die EOE stellt ein Sammelband mit vielen kleinen Schriften
eines Verfassers dar: er soll wie eine „Teilsammlung" nach 5.51-Werkauswahlen behandelt werden
(F 68,4). • Für die *Recherche* sind Sammelbände ein Problem, weil einerseits fingierte Titel, die Einträge erhalten, nicht bekannt sind, und weil andererseits nicht alle enthaltenen Schriften Einträge
erhalten: F 68,3 kritisiert diese PI-Regelung, weil „dann die einzelnen Stücke für den alphabetischen
Katalog verloren ... (und) nur auf dem Umweg über den Sachkatalog zu finden sind". Insbesondere
dann, wenn es sich um kleinere Druckschriften handelt, für die eigene Einträge ungewiß oder gar
nicht zu erwarten sind, ist mit Fuchs der Umweg über den Sachkatalog anzuraten.

EOE   Abhängig von der Bedeutung, der formalen Ausstattung (Titelblätter) und der Verfasserschaft
der enthaltenen Schriften.

(A)   *Sammelband:* HA unter fingiertem Sachtitel; unter der HA Aufführung derjenigen enthaltenen
         Schriften, die eigene Einträge erhalten.
(B)   *Enthaltene Schriften.*
(Ba)   Schriften nur *eines Verfassers:* HA unter dem Verfasser als „Teilsammlung", vgl. 5.51-Werk-
         auswahlen; keine Einträge für einzelne Schriften.
(Bb)   Schriften *mehrerer Verfasser:*
(Bba)   Schriften mit Titelblatt oder von „selbständigem Wert": eigene HA;
(Bbb)   andere Schriften: keine Einträge.

PI 18,2. 25,3. F 5,3. 68. R 2.15.

5-Bb.   Schriftensammlungen eines Verfassers

Schriftensammlungen von 2–3 Verfassern stellen ihrem Wesen nach gewöhnlich *keine gemeinsame*
Arbeit der vertretenen Verfasser dar; nach F 2,1a werden sie jedoch den 1.21-Zwei- und Drei-Verfasser-Schriften gleichgestellt, unterliegen also gegebenenfalls auch den Regeln nach 5.50–5.56, erhalten
aber zusätzlich VW für die 2. und 3. Verfasser.

LIT   The arrangement of entries for complex material under headings for personal authors. London: IFLA
1975. 6 S.

5.50 Werkausgaben

DEF   Ein- oder mehrbändiger Druck, der die gesammelten Schriften eines Verfassers enthält.

PRO   Die Werkausgabe strebt *Vollständigkeit* an, wird sie jedoch nur selten erreichen; deshalb gelten
als Werkausgaben alle Ausgaben, die *Vollständigkeit anstreben;* das Streben nach Vollständigkeit wird
bereits angenommen, wenn sie auf dem Titelblatt nicht ausdrücklich verneint wird (so F 93,1b in
vergleichbarem Zusammenhang). • *Abgrenzung:* Sammlungen, die im Titelblatt ihren Auswahlcharakter zeigen, gelten als „Teilsammlungen" nach 5.51-Werkauswahlen; Auswahlen nur von Textteilen
werden als „Auszüge aus den Werken" nach 5.53-Florilegien behandelt. • Für Werkausgaben als 2.12-
Mehrbändige Werke wird auf *Stücktitel* für einzelne Bände verzichtet, weil bei der Recherche nach
Einzelschriften, für die keine Einzelausgaben im AK zu finden sind, ohnehin in der Gruppe „Werke"
nach Werkausgaben gesucht wird, die den Text der jeweils gesuchten Einzelschrift enthalten. • Für die
Recherche ist lediglich darauf hinzuweisen, daß eine gesuchte Werkausgabe in Wirklichkeit eine Werk-
auswahl sein und als solche in der Gruppe „Teilsammlungen" eingetragen worden sein kann, vgl. 5.51.

EOE   HA unter dem Verfasser in der Gruppe „Werke", vgl. 8.10; VW innerhalb des Verfassers vom
Sachtitel auf die Gruppe erfolgt nur, wenn der Charakter der Werkausgabe am Sachtitel nicht zu erkennen ist.

PI 20,4. 176. 177. F 20,1a. 40,3. 45,4. 47,2. 51,8. 79,2. R 2.11.4.

LIT   Festschrift für Ed. Tièche. Bern 1947. S. 103–124: F. Strich (Herausgabe gesammelter Werke); zugl. in:
F. Strich: Kunst und Leben. Bern 1960. S. 24–41. • Deutsche Vierteljahrsschrift. 31.1957, 425–442: M. Windfuhr
(Grundsätze kritischer Gesamtausgaben). • Vgl. 5.91-Kritische Ausgaben.

5.51 Werkauswahlen

DEF   Ein- oder mehrbändiger Druck, der eine Auswahl von Schriften eines Verfassers enthält.

PRO   Die *Auswahl* kann nach den verschiedensten Gesichtspunkten erfolgt sein: literarische Gattungen, Schaffensperioden, Themenkreise, Leserkreise usw.; der *Auswahlcharakter* muß aus den Titelblattangaben hervorgehen. • Nicht alle Werkauswahlen sind „*Teilsammlungen*" nach PI 176,2, sondern nur drei *formal definierte Fälle:*

(a) der Sachtitel definiert die Auswahl sehr allgemein: „Ausgewählte Werke", „Meisterwerke", „Populäre Schriften", „Nachgelassene Werke" usw.;
(b) der Sachtitel definiert die Auswahl nach literarischen Kategorien: „Dramatische Werke", „Poetische Schriften" usw.;
(c) auf dem Titelblatt sind drei oder mehr Einzelschriften aufgeführt.

Alle anderen Werkauswahlen sind keine Teilsammlungen; im *Zweifelsfall* ist anzunehmen, daß keine Teilsammlung vorliegt. • Die Regelung nach PI 176,2 läßt die Frage offen, wie die zahlreichen Sammlungen von Schriften der *kleineren literarischen Gattungen* zu behandeln sind: Studien, Untersuchungen, Abhandlungen, Aufsätze, Essays, Vorlesungen, Reden, Predigten, Briefe, Gedichte, Novellen, Erzählungen, Märchen usw., insbesondere die Fälle, in denen die *Sammlung zusätzlich thematisch begrenzt* wird, in der Art: „Gesammelte Aufsätze zur Parapsychologie". F 79,2 hat die Lücke zu schließen versucht; er konnte jedoch die eingetretene *Uneinheitlichkeit in der Katalogpraxis,* die besonders sogar in den BTD als einer maßgeblichen Interpretation des Regelwerks festzustellen ist, nicht beheben. Zur Problematik vgl. 8.10.2. • Angesichts der Uneinheitlichkeiten ist für die *Recherche* anzuraten: Sammlungen von Briefen und Gedichten suche man im Alphabet der Einzelschriften, vgl. 5.54–5.55; alle anderen Sammlungen sicherheitshalber in der Gruppe „Teilsammlungen" *und* im Alphabet der Einzelschriften.

EOE   HA stets unter dem *Verfasser;* Einordnung innerhalb des Verfassers abhängig von Sachtitelaussage und Inhalt.

(A)   *Sachtitelgestaltung.*
(Aa)   *Generischer* Sachtitel: „Ausgewählte Werke", „Dramatische Werke", „Populäre Schriften" usw.: HA in der 2. Gruppe „Teilsammlungen".
(Ab)   *Mehr als 3 Sachtitel* auf dem Titelblatt genannt: HA in der Gruppe „Teilsammlungen"; VW innerhalb des Verfassers von der erstgenannten Schrift auf die Gruppe; vgl. 5.40-Beigefügte Schriften.
(Ac)   *Individueller* Sachtitel: „Bunte Steine", „Nachtstücke" usw.: HA unter dem Sachtitel im Alphabet der Einzelschriften.
(B)   *Sonderfälle:* Sammlungen kleinerer literarischer Gattungen.
(Ba)   *Briefsammlungen:* vgl. 5.54.
(Bb)   *Gedichtsammlungen:* vgl. 5.55.
(Bc)   *Reden, Predigten, Essays usw.:* vgl. 5.56.

PI 20,4. 176–177. F 20,1 a. 20,5. 40,3. 51,8. 68,4. 79,2. 96,2. R 2.11.4.

5.52 Fragmentsammlungen

DEF   Sammlung von Fragmenten der Werke eines Autors.

PRO   Betrifft nur wenige Autoren, überwiegend des Altertums. • *Abgrenzung:* Fragmente *einer* Schrift werden unter dem Sachtitel der Schrift eingetragen, vgl. 5.97. • Ein Autor, von dem alle oder einige seiner Schriften nur in Fragmenten überliefert sind, wird keinen sehr umfangreichen Katalogeintrag erhalten: daher ist mit Problemen für die *Recherche* nicht zu rechnen.

EOE   HA unter dem Verfasser in der 3. Gruppe „Fragmente", vgl. 8.10.
PI 176. F 20,1 a. 79,2. 93,1 e. R 2.11.4.

5.53 Florilegien

DEF Sammlung von Textstellen (Zitaten) aus mehreren Schriften eines Verfassers.

PRO Unterschiedliche *Bezeichnungen:* Blütenlese, lat.: Florilegium, Zitatenschatz, Ana (Bildungssilbe für übliche Bezeichnungen derartiger Sammlungen: „Goetheana", „Shakespeareana", „Schilleriana", „Kantiana" usw.). • Eine Sammlung von Textstellen aus nur *einer* Schrift gilt als 5.96-Auszug und wird unter demselben Sachtitel verzeichnet wie vollständige Ausgaben der Schrift. • Die EOE richtet sich nur nach dem Inhalt des Drucks; das Regelwerk hat innerhalb des Verfassers eine eigene 4. Gruppe für Florilegien vorgesehen: „Werke, Auszüge". • Die *Recherche* ist abgesichert durch VW für spezifische Sachtitel, die den Charakter des Florilegiums nicht erkennen lassen.

EOE HA unter dem Verfasser in der 4. Gruppe „Werke, Auszüge", vgl. 8.10; VW innerhalb des Verfassers vom Sachtitel auf die Gruppe, wenn der Sachtitel den Charakter des Florilegiums nicht erkennen läßt.
PI 37. 176–177. F 20,1 a. 79,2. 93,1. R 2.11.4.

LIT P. Namur: Bibliographie des ouvrages publiés sous le nom d'Ana. Bruxelles 1839. 64 S. • A. F. Aude: Bibliographie critique et raisonnée des Ana français et étrangers. Paris 1910. 122 S.

5.54 Briefsammlungen

DEF Sammlung von Briefen eines Verfassers.

PRO Der wirklich abgeschickte Brief ist zu unterscheiden von fiktiven „Briefen" als literarischer Form. Für einen Brief sind gewöhnlich Schreiber und Adressat genannt; in einem Briefwechsel stehen die Briefe in einem chronologischen und dialogischen Zusammenhang; in einer reinen Briefsammlung fehlt der dialogische Zusammenhang zwischen den Briefen. • Für die *Verzeichnung* sind folgende Fälle mit eigenen Regelungen zu unterscheiden:
(a) Drucke, die *„Briefe" als literarische Fiktion* enthalten, werden nicht als Briefsammlung behandelt, sondern als Einzelschrift mit EOE nach Grundregel 0.7.1.
(b) Drucke, die nur *einen Brief* enthalten: HA wie 1.20-Ein-Verfasser-Schrift.
(c) Drucke, die einen *Briefwechsel* zwischen mehreren Korrespondenten enthalten: mit 2–3 Korrespondenten EOE als 1.21-Zwei- und Drei-Verfasser-Schriften; mit mehr als 3 Korrespondenten vgl. 5.66-Briefwechsel.
(d) Drucke, die eine Sammlung von *Briefen an einen Adressaten* enthalten: HA unter dem Adressaten, vgl. 5.67-Briefsammlungen.
(e) Drucke, die *Briefsammlungen* von mehr als drei Verfassern enthalten: vgl. 5.67-Briefsammlungen.

Für Sammlungen von *Briefen eines Verfassers* (oder von 1–3 Verfassern, ohne gegenseitige Bezugnahme) ist zu beachten, daß sie *nicht* zur 2. Gruppe „Teilsammlungen" rechnen, vgl. 5.51-Werkauswahlen. • EOE nach PI 38 mit HA unter dem Verfasser, dort unter ihrem Sachtitel im Alphabet der Einzelschriften. Erst während der Arbeit am Gesamtkatalog wurde die Regelung nach F 20,5 entwickelt, die Briefsammlung im Alphabet der Einzelschriften nicht unter ihrem Sachtitel, sondern unter dem *fingierten Formschlagworttitel „Briefe"* einzutragen, um „z.B. die gesamten Ausgaben der Briefe Goethes an einer einzigen Stelle" (F 20,5) zu vereinigen: diese Regelung hat sich in der Katalogpraxis weitgehend durchgesetzt. • Die *Recherche* ist abgesichert durch VW innerhalb des Verfassers vom Sachtitel auf den Formschlagworttitel „Briefe"; die Vereinigung aller Briefausgaben unter dem fingierten Titel kann die Suche erleichtern.

EOE HA unter dem Verfasser, dort im Alphabet der Einzelschriften unter dem Formschlagworttitel „Briefe", vgl. 8.10.3; VW innerhalb des Verfassers vom Sachtitel auf „Briefe". PI 38. F 20,5. 78,2 d. 79,2. 84. R 2.13.2.

LIT F. Schlawe: Briefsammlungen des 19. Jh. Bibliographie der Briefausgaben, 1815–1915. Stuttgart 1969. 1173 S. • BuB. 23.1971, 368–370: J. Eyssen (Briefbände: Döblin, Roth, Joyce). • Probleme der Kommentierung. Hrsg.: W. Frühwald. Boppard 1975. S. 183–197: J. Behrens (Kommentierte Briefedition).

5.55 Gedichtsammlungen

DEF   Sammlung von Gedichten eines Verfassers.

PRO   *Abgrenzung* gegen Sammlungen von Gedichten von mehr als 3 Verfassern: vgl. 5.62-Anthologien; Drucke, die ein einzelnes Gedicht enthalten, werden als Einzelschrift nach 0.7.1 behandelt. • *Sonderfall:* vom Verfasser als *Gedichtzyklus* mit individuellem Sachtitel veröffentlichte Sammlung, z.B. Rilke: Duineser Elegien. • Gedichtsammlungen rechnen *nicht* zur 2. Gruppe „Teilsammlungen", vgl. 5.51-Werkauswahlen. Die EOE ist nach PI nicht eigens geregelt, folglich wäre die Gedichtsammlung, da sie keine Teilsammlung sein soll, unter dem Verfasser als *Einzelschrift (!)* im Alphabet der Einzelschriften einzutragen. In Analogie zu 5.54-Briefsammlungen ist nach F 20,5 auch für Gedichte die Regelung entwickelt worden, die Gedichtsammlung im Alphabet der Einzelschriften – anstatt unter ihrem Sachtitel – unter dem *fingierten Formschlagworttitel „Gedichte"* einzutragen: auch diese Regelung hat sich in der Katalogpraxis weitgehend durchgesetzt; es ist nur fraglich, ob auch alle Sammlungen mit ursprünglich *individuellem Sachtitel* (s.o.: „Duineser Elegien") unter „Gedichte" eingetragen worden sind; vgl. 8.10.3. • Für die *Recherche* folgt daraus, daß außer unter „Gedichte" auch stets unter einem individuell klingenden Sachtitel gesucht werden muß.

EOE   HA unter dem Verfasser, dort im Alphabet der Einzelschriften mit der *Alternative:*

(A)   entweder unter dem *individuellen Sachtitel*
(B)   oder unter dem Formschlagworttitel „*Gedichte*", in diesem Fall VW innerhalb des Verfasser vom Sachtitel auf „Gedichte".

F 20,5. 78,2 d. 79,2.

5.56 Sonstige Sammlungen kleinerer literarischer Gattungen

DEF   *Kleinere* literarische Gattungen sind für die Katalogisierung solche Texte, die wegen ihrer Kürze überwiegend nicht einzeln selbständig, sondern als Sammlungen gedruckt erscheinen: außer 5.54-Briefen und 5.55-Gedichten z.B. Reden, Predigten, Essays, Aufsätze usw.

PRO   Die Katalogproblematik liegt darin, daß für derartige *Sammlungen von Schriften* eines Verfassers die Einordnung durch PI und Fuchs nicht hinreichend geklärt ist. • Nach PI 176 hat es den Anschein, daß diese Sammlungen nicht den „Teilsammlungen" zugerechnet werden sollen, schon im Zweifelsfall soll gegen die Teilsammlung entschieden werden, vgl. 5.51; folglich können diese Sammlungen nur *als Einzelschriften behandelt* werden. • F 20,5. 78,2 d. 79,2 bekräftigt den Ausschluß von den „Teilsammlungen" und damit die Einordnung im *Alphabet der Einzelschriften;* Fuchs strebt jedoch die *Vereinigung aller gleichartigen Sammlungen* auch im Alphabet der Einzelschriften an, und zwar durch das Instrument des *Formschlagworttitels,* wie schon für „Briefe" und „Gedichte" so auch für „Reden, Predigten, Essays und ähnliche Schriftengattungen" (F 20,5), sogar für Abbildungswerke der bildenden Kunst unter dem Künstler als Verfasser, wobei er von seinem Grundsatz, die Formschlagworttitel in deutscher Sprache zu fingieren, abweicht:

F 20,5: *Cicero:* Epistolae	F 78,2 d: *Churchill:* Reden
Cicero: Orationes	*Daumier:* Gravures

Diese weitergehenden Vorschläge haben sich nicht allgemein durchgesetzt. • Die *Recherche* kann im Alphabet der Einzelschriften überwiegend mit Einträgen unter den Sachteln rechnen; sind Formschlagworte eingeführt worden, müßten VW für die Sachtitel vorhanden sein; allerdings ist die Abgrenzung gegen die Gruppe „Teilsammlungen" auch nach Fuchs nicht ganz strikt (vgl. F 79,2-Bsp. „Schrenck-Notzing"), sodaß sicherheitshalber derartige Sammlungen auch noch in der Gruppe „Teilsammlungen" gesucht werden sollten.

EOE   HA unter dem Verfasser; überwiegend im Alphabet der Einzelschriften, jedoch ist der Eintrag in der Gruppe „Teilsammlungen" nicht ganz auszuschließen; im Alphabet der Einzelschriften überwiegend unter dem Sachtitel, wahrscheinlich nur selten unter einem Formschlagworttitel, im letzteren Fall mit VW vom Sachtitel auf den Formschlagworttitel.
PI 176. F 20,5. 78,2 d. 79,2.

5-Bc. Schriftensammlungen von mehr als 3 Verfassern

5.60 Sammelwerke

DEF   Mehrbändiges Werk von mehr als 3 Verfassern, mit einem Gesamttitel für das Sammelwerk und Stücktiteln für die einzelnen Bände, die gewöhnlich von verschiedenen Verfassern stammen.

PRO   Der PI-Begriff „Sammelwerk" in PI 62–65 ist unscharf, weil er 1.22-Vielverfasserschriften, 5.60-Sammelwerke und z.T. auch 5.61-Sammlungen von Einzelschriften umfaßt; der obige Begriff folgt deshalb F 2,1c. • Die *Besonderheit dieser Schriftenklasse* liegt in der Verbindung einer Sammlung als 1.22-Vielverfasserschrift mit dem Einzelwerk-Carakter der einzelnen Bände: fehlt ihnen nämlich der Einzelwerk-Charakter, so kann keine Sammlung (von Schriften) vorliegen, und die mehrbändige Veröffentlichung ist selbst ein Einzelwerk als 1.22-Vielverfasserschrift. • Die EOE erfolgt auf zwei Ebenen nach der *Verfasserschaft:* (a) am mehrbändigen Sammelwerk sind die mehr als 3 Verfasser nur Mitarbeiter; (b) für die einzelnen Bände sind sie Verfasser; die Verzeichnung einschließlich der *Entscheidung für die Stücktitel* erfolgt wie für 2.12-Mehrbändige Werke. • Für die *Recherche* ist das Sammelwerk problemlos erschlossen: der Gesamttitel mit seinem Herausgeber und die einzelnen Verfasser für die Stücktitel erhalten Einträge. Problematisch werden nur Fälle, die von der Recherche für Sammelwerke mit Stücktiteln gehalten werden, in Wirklichkeit jedoch nur mehrbändige Vielverfasserschriften ohne Stücktitel sind: ihnen fehlen die Einträge für die beteiligten Verfasser; um so wichtiger ist im Zweifelsfall stets der Eintrag unter dem Gesamttitel.

EOE   (A) *Sammelwerk:* gilt als 1.22-Vielverfasserschrift mit HA unter dem Sachtitel; VW für den Herausgeber; ist kein Herausgeber genannt, VW für den erstgenannten Verfasser als Mitarbeiter am Gesamtwerk.
(B) *Einzelbände:* da die Bände des Sammelwerks definitionsgemäß Stücktitelqualität aufweisen, HA für die einzelnen Bände nach Grundregel 0.7.1.

5.61 Sammlungen von Einzelschriften

DEF   Gewöhnlich einbändiger Druck, der zwei oder mehr Einzelschriften von verschiedenen Verfassern enthält; die Titelangaben der Einzelschriften können auf dem Haupttitelblatt stehen.

PRO   Die in der Sammlung enthaltenen Einzelschriften können denselben Gegenstand oder dasselbe Fachgebiet behandeln, sind jedoch *voneinander unabhängige Einzelwerke:* deshalb kann die Sammlung keinesfalls als gemeinsames Werk der vertretenen Verfasser nach 1.21-Zwei- u. Drei-Verfasser-Schriften oder 1.22-Vielverfasserschriften gelten. • Bei Aufführung der enthaltenen *Einzelschriften auf dem Titelblatt* handelt es sich um 5.40-Beigefügte Schriften (von verschiedenen Verfassern): die EOE erfolgt daher auch wie für 5.40 und ist vor allem davon abhängig, ob die Sammlung einen übergeordneten *Gesamttitel* trägt.

EOE   (A) *Ohne Gesamttitel* (F 2,1d): HA unter der erstgenannten Einzelschrift, VW für die 2. und 3. Einzelschrift; eventuell werden für die VW nur Verfasserschriften berücksichtigt (PI 66).
(B) *Mit Gesamttitel* (F 2,1e): HA unter dem Gesamttitel (Sachtitel), VW für die ersten drei Einzelschriften.
PI 20,3d. 66. F 2,1d.e. 84. 96,3. R 1.2.1,1d u. 2.16 (S.364).

5.62 Anthologien

DEF   Auswahlsammlung von Texten der kleineren literarischen Gattungen, die von unbekannten oder mehr als 3 Verfassern stammen.

PRO   Die „Anthologie" enthält gewöhnlich dichterische Texte, die „Chrestomathie" eher wissenschaftliche Texte oder Zusammenstellungen für didaktische Zwecke. • Typische Fälle: Briefe, Gedichte, Reden, Lieder, Gebete, Predigten, Essays, Aufsätze, Abhandlungen, Novellen, Märchen, Rätsel, Sprichwörter, Anekdoten, Witze, „Sgraffiti". • *Abgrenzung* gegen Auswahlsammlungen von 1–3 Verfassern bereitet Schwierigkeiten: für *einen* Verfasser ist die Verzeichnung unter einer der Sammlungen nach 5.51–5.56 unmittelbar einleuchtend; dagegen fällt es schwer, eine Anthologie mit *2–3 Ver-*

107

fassern als „gemeinsames Werk" der vertretenen Verfasser anzusehen, um sie ebenfalls nach 5.51–5.56 behandeln zu können; PI 36.37 und F 93,1 a verfügen darüber nichts; nur F 93,1 c greift den Gesichtspunkt der Sammlung aus 1–3 Verfassern (für Auszüge) auf und entscheidet für die HA unter dem Verfasser, als sei die Sammlung eine 2–3-Verfasser-Schrift aus gemeinsamer Arbeit. In der Katalogpraxis muß mit *Uneinheitlichkeiten* gerechnet werden: denn wer eine „gemeinsame Arbeit" nicht als gegeben ansieht, muß auch die 2–3-Verfasser-Sammlung als Anthologie behandeln, was zu einer völlig anderen EOE führt. • Die EOE orientiert sich am *erstmaligen Sammeln und Auswählen:* der Herausgeber, der durch seine Auswahl den Inhalt und die Anordnung entscheidend bestimmt, gilt als Verfasser im erweiterten Sinn; wer *dagegen* eine vorgefundene Sammlung nur herausgibt (z.B.: Carmina Burana) oder in seiner Sammlung gar keine Auswahl trifft, sondern Vollständigkeit anstrebt (z.B.: Die Fragmente der Vorsokratiker) oder keine entscheidende Gestaltungsmöglichkeit für den Inhalt hat (z.B. bei der Veröffentlichung der Vorträge von einem Kongreß), der bleibt einfacher Herausgeber, und seine Sammlung fällt nicht unter die Anthologie-Regelung. • Für die *Recherche* geht durch den Herausgeber als Verfasser im erweiterten Sinn in der PI-Regelung der Sachtiteleintrag verloren, den man eigentlich für eine (je nach Interpretation) 1.22-Vielverfasserschrift oder 5.61-Sammlung von Einzelschriften erwartet: um so wichtiger ist die Kenntnis des Herausgebernamens.

EOE   Vgl. 1.13-Auswahl-Sammlungen mit entscheidender Herausgebertätigkeit: (A) Herausgeber genannt; (B) Herausgeber ermittelt; (C) kein Herausgeber genannt.
PI 36. 39. 41. F 20,3. 93,1 a–c. R 2.13.1.

LIT   Der Türmer. 38.1935, 201–208: K. Hobrecker (Die ersten Ausgaben unserer klassischen Kindermärchen). • Das Antiquariat. 4.1948, Nr. 17/18, S. 7–8: E. Mudrak (Alte Märchenbücher). • Reallexikon der deutschen Literaturgeschichte. 2. Aufl. Bd 1. Berlin 1958. S. 68–70: K. Diesch. • Die deutschsprachige Anthologie. Hrsg.: J. Bark, D. Pforte. 1–2. Ffm. 1969–70. • H. Grothe: Anekdote. Stuttgart 1971. 101 S. • Texte und Varianten. Hrsg.: G. Martens, H. Zeller. München 1971. S. 91–116: K. Briegleb (Auswahlphilologie, Editor als Autor). • U. Dustmann: Lyrik-und Prosasammlungen in der öffentlichen Bücherei. Köln: BLI-Ex.-Arb. 1971. • BuB. 24.1972, 967–968: B. Prorini d'Agata (Alte Märchensammlungen, Nachdrucke).

5.63   Florilegien

DEF   Sammlung von Textstellen (Zitaten) aus mehreren Schriften von mehr als 3 Verfassern.

PRO . Sammlung von Textstellen, also von *Auszügen,* nicht von vollständigen Schriften. • Für die verschiedenen Bezeichnungen von Florilegien vgl. 5.53.

EOE   Vgl. 5.62-Anthologien.

LIT   Vgl. 5.53.

5.64   Fragmentsammlungen

DEF   Sammlung von Fragmenten aus Werken von unbekannten oder von mehr als drei Verfassern.

PRO   Für die Verzeichnung ist zu prüfen, ob die Sammlung Auswahlcharakter hat und gegebenenfalls ein Herausgeber als Verfasser im erweiterten Sinn gelten muß, oder ob die Sammlung Vollständigkeit anstrebt (z.B.: Die Fragmente der Vorsokratiker).

EOE   Abhängig von der inhaltlichen Konzeption und der Herausgebertätigkeit.
(A) *Auswahlsammlung* mit entscheidender Herausgebertätigkeit: vgl. 1.13.
(B) *Vollständigkeit angestrebt:* HA unter dem Sachtitel, VW für den Herausgeber.

5.65   Sammlungen mündlicher Tradition

DEF   Sammlungen von mündlich überlieferten Texten (Märchen, Sprichwörtern, Rätseln usw.), deren Verfasser nicht bekannt sind.

PRO   Der Gesichtspunkt der *Vollständigkeit* ist auf derartige Sammlungen nicht anwendbar; die *Verfasserschaft* bleibt grundsätzlich ungeklärt. • Der Sammler und *Herausgeber* gestaltet in jedem Fall entscheidend den Inhalt und die Gliederung der Sammlung: deshalb generell EOE wie für 5.62-Anthologien. PI 39.

LIT   ZfB. 7.1890, 516–556: H. Hayn (Deutsche Rätselliteratur, Bibliographie; Losbücher, Tranchir-, Complimentirbücher). • P. Rühmkorf: Über das Volksvermögen. Exkurse in den literarischen Untergrund. Reinbek 1967. 288 S. • J. Tietjen: Der politische Witz im Dritten Reich. Darstellung u. Vergleich ausgewählter Witzsammlungen. Hamburg: Bibliothekarschule, Ex.-Arb. 1970.

5.66   Briefwechsel

DEF   Sammlung von Briefen, die von mehr als 3 Verfassern stammen und durch gegenseitige Bezugnahme zusammengehören.

PRO   *Abgrenzung:* fehlt die gegenseitige Bezugnahme, so handelt es sich um eine 5.67-Briefsammlung; sind nur 2–3 Verfasser beteiligt, so handelt es sich nach PI 68 um eine gemeinsame Arbeit der beteiligten Korrespondenten, die als 1.21-Zwei- und Drei-Verfasserschrift verzeichnet wird, vgl. 5.54. • Nach dem *Kriterium der „gemeinsamen Arbeit"* und mit mehr als 3 Verfassern wäre der Briefwechsel eigentlich als 1.22-Vielverfasserschrift mit HA unter dem Sachtitel zu verzeichnen; PI 68 definiert den „Briefwechsel" jedoch mit höchstens 3 Verfassern, und PI 38 handelt nur von „Sammlungen" ohne den gegenseitigen Bezug; nur F 91 regelt den Fall ausdrücklich als 1.22-Vielverfasserschrift. • Die *Recherche* ist durch VW für „sämtliche im Titel genannte Schreiber" (F 91) abgesichert.

EOE   Als 1.22-Vielverfasserschrift HA unter dem Sachtitel, VW für alle auf dem Titelblatt genannten Korrespondenten. PI 68. F 91.

LIT   Vgl. 5.54.

5.67   Briefsammlungen

DEF   Sammlung von Briefen von mehr als 3 Verfassern, ohne gegenseitige Bezugnahme der Briefe untereinander.

PRO   Die Sammlung kann nach Anlaß, Thema, Personenkreis usw. definiert sein; der Fall von Briefen an einen Adressaten („Eine Welt schreibt an Goethe") erhält dadurch Bedeutung, daß der Adressat für die Verzeichnung wie ein Verfasser behandelt werden kann. • Die EOE erfolgt nach PI 38 anhand *formaler Kriterien der Titelblattgestaltung,* nämlich abhängig von der Nennung von (a) Korrespondenten, (b) Adressaten und (c) Herausgebern. • Die *Recherche* ist weitgehend abgesichert durch Einträge für die beteiligten und auf dem Titelblatt genannten Personen.

EOE   Abhängig von der *Nennung personaler Beteiligter* auf dem Titelblatt. Bei HA unter Korrespondenten: Formschlagworttitel „Briefe", vgl. 5.54.

(A)   *Nur 1–3 Korrespondenten:* wie 5.54-Briefsammlung von 1–3 Verfassern; HA unter dem 1. Korrespondenten, VW für den 2. u. 3. Korrespondenten.

(B)   *Mehr als 3 Korrespondenten;*

(Ba)   *ohne* Herausgeber: als 1.22-Vielverfasserschrift mit HA unter dem Sachtitel, VW für den 1. Korrespondenten als Mitarbeiter;

(Bb)   *mit* Herausgeber: wird wahrscheinlich wie (Ba) behandelt, nur mit VW vom Herausgeber anstatt vom 1. Korrespondenten; kann jedoch, wenn der Herausgeber als entscheidender Gestalter der Auswahlsammlung aufgefaßt wird, auch als 5.62-Anthologie die HA unter dem Herausgeber erhalten, dann ohne VW für Korrespondenten.

(C)   *Mehr als 3 Korrespondenten und 1 Adressat:* HA unter dem Adressaten, VW für den 1. Korrespondenten.

(D)   *Nur 1–3 Adressaten:* HA unter dem 1. Adressaten als Verfasser, VW für den 2. u. 3. Adressaten.

(E)   *Mehr als 3 Adressaten:* HA unter dem Sachtitel; nach PI 20,3 e fakultative VW für die ersten Adressaten als Personennamen im anonymen Titel; ist ein Herausgeber genannt, entsteht dieselbe Problematik wie für (Bb).

(F)   *Nur 1 Herausgeber:* als 5.62-Anthologie mit HA unter dem Herausgeber als Verfasser im erweiterten Sinn.

(G)   *Keine personalen Beteiligten:* HA unter dem Sachtitel.

PI 38. 68. F 2,1a. 20,5. 78,2d. 79,2. 91. 93,1. R 2.13.2.

LIT   Vgl. 5.54.

5-C. Drucke besonderer inhaltlicher Konzeption

5-Ca. Bedeutung

5.80 Textausgaben besonders bedeutender Quellen

DEF (PI 218:) „Veröffentlichungen einzelner Quellen der Überlieferung, die wegen der Wichtigkeit ihres Inhalts oder der besonderen Art ihrer Publikation eine individuelle Behandlung beanspruchen."

PRO Eine eigenwillige Konstruktion der PI für *äußerst seltene Fälle:* einziges PI-Beispiel ist der Codex Sinaiticus. • Die Definition bleibt *völlig unscharf,* weil für die „Wichtigkeit" und die „besondere Art" der Publikation keine näheren Anhaltspunkte gegeben werden. • Nach PI 218 soll der Fall sein „eigenes OW behalten": hierzu fehlen jegliche Erläuterungen; am Beispiel „Codex Sinaiticus" kann man nur ablesen, daß eine *üblich gewordene Bezeichnung zum Sachtitel* wird: darunter soll die Schrift ihre HA erhalten; der Inhalt (hier: Bibeltext) erhält eine VW von BIBLIA. • Die Weisheit dieser Regelung bleibt unerfindlich; F 79 (S.168) empfiehlt deshalb geradezu, „von dieser Regel keinen Gebrauch zu machen, sondern nach den allgemeinen Bestimmungen zu verfahren". • Für die *Recherche* unproblematisch, weil selten und durch VW abgesichert. • Ähnliche Problematik: 1.10.

5.81 Übersetzungen als Sprachdenkmäler der Übersetzungssprache
Vgl. 1.10-Eigenständige Übersetzungen

5-Cb. Vollständigkeit

5.90 Ausgaben letzter Hand

DEF Von einer Schrift die letzte Ausgabe, die nach Umfang und Textgestaltung noch vom Verfasser selbst bestimmt worden ist und daher seinen Vorstellungen entspricht.

PRO Wenn der Sachverhalt nicht vom Titelblatt, sondern nur aus dem Buchinneren ersichtlich ist, soll er nach F 23,1 in die Titelaufnahme ergänzt werden. • Die EOE bleibt unberührt; und die Ordnung aller Ausgaben und Auflagen derselben Schrift im Katalog erfolgt nach den Erscheinungsjahren, vgl. 13.8.

5.91 Kritische Ausgaben

DEF Ausgabe eines Textes mit einem „kritischen Apparat" von Anmerkungen.

PRO Die *Anmerkungen* betreffen (a) Überlieferung und Varianten in Handschriften und Drucken, (b) Entwicklung und Geschichte des Textes, (c) Begründung der in der kritischen Ausgabe getroffenen Entscheidungen zur Textfeststellung. • Außer den Anmerkungen können auch ausführliche *Einführungen* oder Abhandlungen über den abgedruckten Text enthalten sein. • In der EOE erhält der *Herausgeber* stets eine VW, auch für Verfasserschriften, weil er durch Textfeststellung und Anmerkung die Ausgabe weitgehend gestaltet.

LIT Zeitschrift für deutsche Philologie. 83.1964, Sonderh., 72–95: F. Beißner (Editionsmethoden der neueren deutschen Philologie). • Jahrbuch der Deutschen Schillergesellschaft. 10.1966, 336–377: K. Kanzog (Kritisch durchgesehener Text oder historisch-kritische Ausgabe?). • Probleme altgermanistischer Editionen. Kolloquium, Marbach 1966. Hrsg.: H. Kuhn u.a. Wiesbaden 1968. 180 S. • Probleme mittelalterlicher Überlieferung und Textkritik. Oxforder Colloquium 1966. Hrsg.: P. F. Ganz u.a. Berlin 1968. 196 S. • H.-W. Seiffert: Untersuchungen zur Methode der Herausgabe deutscher Texte. 2. Aufl. Berlin 1969. 222 S. • K. Kanzog: Prolegomena zu einer historisch-kritischen Ausgabe der Werke Heinrich von Kleists. Theorie u. Praxis einer modernen Klassiker-Edition. München 1970. 238 S. • Texte und Varianten. Probleme ihrer Edition und Interpretation. Hrsg.: G. Martens,

H. Zeller u. a. München 1971. 441 S. • H. Kraft: Die Geschichtlichkeit literarischer Texte. Eine Theorie der Edition. Bebenhausen 1973. 112 S. • Probleme der Kommentierung. Kolloquien der DFG, 1970 u. 1972. Hrsg.: W. Frühwald u. a. Boppard 1975. 215 S. • Handbuch der Editionen. Deutschsprachige Schriftsteller, Ausgang d. 15. Jh. bis zur Gegenwart. Bearb.: W. Hagen u. a. München 1979. 607 S. • Vgl. auch 7-C: Handschriften.

5.92 Jubiläumsausgaben

DEF   Gesamtausgabe der Werke (selten: einer Einzelschrift) eines Autors aus Anlaß eines persönlichen Jubiläums wie Geburtstag oder Sterbetag, z. B. „Centenarausgabe“.

PRO   In Textumfang und Beigaben oft besonders ausgestattet, dann zugleich bibliophile Ausgabe, vgl. 3-Gb. • Die EOE bleibt unberührt.

5.93 Synoptische Ausgaben

DEF   Druck, der verschiedene Fassungen derselben Schrift enthält und die inhaltlich einander entsprechenden Absätze aller Fassungen neben- oder untereinander wiedergibt.

PRO   *Abgrenzung:* für synoptische Ausgaben von verschiedenen Schriften zu demselben Gegenstand vgl. 5.194, speziell 5.211-Evangelien-Synopsen. • Typographisch aufwendiger Druck, entsprechend *selten,* nur für besonders bedeutende Quellenschriften anzutreffen. • Die EOE hängt ab vom Verhältnis der enthaltenen Fassungen zueinander: ob sie in derselben oder in verschiedenen Sprachen vorliegen.

EOE   Abhängig vom Inhalt.

(A) Enthält Fassungen in *verschiedenen Sprachen:* Verzeichnung je nach Sachlage als 5.122-Zweisprachige Ausgabe oder als 5.123-Polyglotte.

(B) Enthält verschiedene Fassungen in *derselben Sprache:* Verzeichnung wie eine einfache Ausgabe der Schrift, je nach Sprache als 5.120-Originaltext oder 5.121-Übersetzung.

LIT   Texte und Varianten. Hrsg.: G. Martens, H. Zeller. München 1971. S. 219–232: E. Höpker-Herberg (Synoptisches Verfahren der Variantenzeichnung).

5.94 Gekürzte Ausgaben

DEF   Ausgabe, deren Text gegenüber anderen gedruckt erschienenen Ausgaben derselben Schrift gekürzt worden ist.

PRO   Nach Art und Umfang der Kürzungen sind zu unterscheiden:
5.94-Gekürzte Ausgaben: mit undefinierten Kürzungen;
5.95-Teilausgaben: Abdruck von größeren Teilen einer Schrift, die Teile in sich vollständig;
5.96-Auszüge: Sammlung kürzester Textteile in der Größenordnung von Zitaten;
5.97-Fragmente: durch die Zufälle einer lückenhaften Überlieferung entstandene Textteile.

Der Textumfang der *gekürzten Ausgaben* ist nicht näher zu definieren. Die Kürzung dient gewöhnlich dem Zweck einer kleineren, preiswerten Ausgabe und kann zugleich mit einer gewissen Bearbeitung verbunden sein, um die vorgenommenen Kürzungen nicht spürbar werden zu lassen. • Wenn der Sachverhalt der Textkürzung nicht aus den Titelangaben hervorgeht, muß eine entsprechende *Ausgabebezeichnung* in die Titelaufnahme ergänzt werden, vgl. F 23,1. • Die EOE bleibt unberührt: die gekürzte Ausgabe wird im AK wie eine vollständige Ausgabe eingeordnet. • Nach GK-Praxis werden stellenweise sogar Ausgaben mit Umfangsunterschieden von mehreren hundert Seiten sämtlich als *vollständige Ausgaben* ineinandergeordnet, vgl. BALZAC, Les contes drolatiques, deutsch: GK 10.8381 mit 160 S. und GK 10.8376 mit 818 S.; vgl. ARIOSTO, Orlando furioso, deutsch: GK 6.5179 mit 46 Gesängen, GK 6.5177 mit 30 Gesängen und GK 6.5180 mit 8 Gesängen. • Es stellt sich tatsächlich die Frage, welche *Größenordnung* eigentlich 5.95-Teilausgaben und 5.96-Auszüge haben sollen.

5.95 Teilausgaben

DEF Druck, der von einer Schrift einen oder mehrere größere, in sich vollständige Teile (Abschnitte, Kapitel o.ä.) enthält.

PRO Nach PI 230 wird die Teilausgabe unter *demselben Sachtitel wie die vollständige Ausgabe* verzeichnet; *Ausnahme:* „Bilden jedoch einzelne Teile eines Werkes eine abgeschlossene Einheit mit besonderem feststehenden Titel" (PI 230), so werden sie unter dem besonderen, eigenen Sachtitel verzeichnet, z.B. „Testamentum novum", Dante: „Il paradiso". • Für Teilausgaben unter dem Sachtitel der vollständigen Schrift wird der Sachverhalt der Teilausgabe erst auf unterer Stufe *ordnungsrelevant;* dem Sachtitel wird die Bezeichnung „Teilausgabe" hinzugefügt, und die Ordnung aller Ausgaben der Schrift erfolgt nach PI 238 in 3 Gruppen, in deren letzte auch die Teilausgaben eingeordnet werden:
  1. Vollständige Ausgaben. 2. Fragmente. 3. *Auszüge* (einschließlich Teilausgaben).

Dagegen sieht F 102,3 (E I.II) eine andere Ordnung vor, ohne auf die Differenz zu den PI hinzuweisen:
  1. Vollständige Ausgaben. 2. *„Teile"* (= Teilausgaben). 3. Fragmente. 4. Auszüge.

Regelwerk und Kommentar differieren erheblich; auf eine noch anders lautende Version bei R 1.8 (a: vollständige Ausgaben; b: gekürzte Ausgaben) sei nur hingewiesen; in der *Katalogpraxis* ist mit großen Uneinheitlichkeiten zu rechnen; vgl. die GK-Beispiele in 5.94-Gekürzte Ausgaben. • Für die *Recherche* ist daher beim Nachschlagen in umfangreichen Einträgen, für die die Reihenfolge im Katalog besonders wichtig wird, entsprechende Sorgfalt zu empfehlen. • Vgl. 13.8.

PI 230. 238. F 20,5. 62,6 („Teildruck"). 79,2 (S. 174). 102,3. R 1.8 u. 2.18.2.

5.96 Auszüge

DEF Sammlung von Textstellen (Zitaten) aus einer oder mehreren Schriften.

PRO Abgrenzung gegen 5.95-Teilausgaben: mit Auszügen ist gewöhnlich eine *Auswahl von Textpartien* gemeint, die nach Belieben aus allen Teilen der Schrift zusammengestellt ist und daher nicht näher definiert werden kann. • Die Fälle von *Auszügen aus mehreren Schriften* sind unter 5.53-Florilegien (1–3 Verfasser) und 5.63-Florilegien (mehr als 3 Verfasser) dargestellt. • Für *Auszüge aus einer Schrift* ist der Auszugcharakter *ordnungsrelevant:* Auszüge erhalten die HA wie die vollständige Schrift, jedoch wird dem Sachtitel die Bezeichnung „Auszüge" angefügt, und die Auszüge werden innerhalb aller Ausgaben der Schrift als letzte Gruppe eingeordnet; für die *Differenz zwischen PI und Fuchs* und den Recherchehinweis vgl. 5.95.

EOE Abhängig von der Anzahl der Schriften und der Anzahl der Verfasser.

(A) Auszüge aus *einer Einzelschrift:* HA wie für die vollständige Schrift, mit dem Zusatz „Auszüge" und Ordnung in der entsprechenden 2. oder 3. Gruppe (nach den vollständigen Ausgaben u. Fragmenten), vgl. 13.8.
(B) Auszüge aus *mehreren Schriften von 1–3 Verfassern:* wie 5.53-Florilegien (1–3 Verfasser).
(C) Auszüge aus *mehreren Schriften von mehr als 3 Verfassern:* als 5.63-Florilegien (mehr als 3 Verfasser) mit EOE wie 5.62-Anthologien.

PI 37. 238. F 20,1d. 79,2. 93,1c. R 1.8 u. 2.11.5.

5.97 Fragmente

DEF Durch lückenhafte Überlieferung vorliegende Textteile einer oder mehrerer Schriften.

PRO Fragmente als literarische Fiktion fallen nicht unter die Schriftenklasse. • Die Fälle von *Fragmenten mehrerer Schriften* sind unter 5.52 (1–3 Verfasser) und 5.64 (mehr als 3 Verfasser) dargestellt. • Die EOE für *Fragmente einer Schrift* hängt davon ab, ob die Einzelschrift nur in Fragmenten oder auch vollständig überliefert ist; im letzteren Fall ist der Fragment-Charakter *ordnungsrelevant:* die Fragment-Ausgabe erhält die HA wie die vollständige Schrift, jedoch wird dem Sachtitel die Bezeichnung „Fragmente" angefügt, und die Fragmentausgaben werden nach PI 238 als 1. Gruppe, nach F 102,3 als 2. Gruppe nach den vollständigen Ausgaben eingeordnet; für die Differenz zwischen PI und Fuchs hinsichtlich der Ordnung der nicht-vollständigen Ausgaben vgl. 5.95-Teilausgaben.

EOE Abhängig von der Textüberlieferung, der Anzahl der Schriften und der Anzahl der Verfasser.

112

(A)   Fragmente *einer Einzelschrift;*
(Aa) die Einzelschrift ist *nur als Fragment* überliefert: der Fragment-Charakter hat keinerlei Einfluß auf die EOE;
(Ab) die Einzelschrift ist *auch vollständig überliefert:* HA wie für die vollständige Schrift, mit dem Zusatz „Fragmente" und Ordnung in der entsprechenden 1. oder 2. Gruppe (nach den vollständigen Ausgaben), vgl. 13.8.
(B)   Fragmente *mehrerer Schriften von 1–3 Verfassern:* wie 5.52-Fragmentsammlungen (1–3 Verfasser).
(C)   Fragmente *mehrerer Schriften von mehr als 3 Verfassern:* wie 5.64-Fragmentsammlungen (mehr als 3 Verfasser).

PI 238, Bsp. Nibelungenlied. F 20,1 d. 30. 79,2.

5-Cc.   Ausstattung

5.110 Bibliophile Ausgaben   Vgl. 3-Gb

5.111 Illustrierte Ausgaben   Vgl. 3.111

5.112 Kommentierte Ausgaben

DEF   Ausgabe einer Schrift mit Abdruck eines Kommentars.

PRO   *Abgrenzung* nach mehreren Seiten: gegen reine 5.200-Kommentare (ohne Abdruck der kommentierten Schrift), speziell 5.212-Bibelkommentare, 5.253-Gesetzeskommentare; ferner auch gegen den Normalfall einer Textausgabe mit Einführung wie auch gegen 5.91-Kritische Ausgaben. • Charakteristisch ist die Zuordnung von *Textpassagen und Kommentarpassagen* gewöhnlich auf einer Druckseite; nur selten werden Schrift und Kommentar nacheinander abgedruckt. • Für die EOE werfen viele kommentierten Ausgaben die *Frage* auf, „ob eine Ausgabe eines Textes oder eine Arbeit über einen Text vorliegt" (F 93,1e), wenn *die beiden Inhalte* – Schrift und Kommentar – etwa gleichgewichtig erscheinen: die EOE soll sich daran orientieren, was „im Titel als die Hauptsache hervortritt" (PI 42). • Die *Recherche* ist durch Einträge für beide Inhalte weitgehend abgesichert.

EOE   Abhängig von der Titelblattaussage.

(A) Nach Titelblatt *Textausgabe:* HA für die kommentierte Schrift, VW für den Kommentator; die VW ist für Verfasserschriften nach PI 20,3 a nur fakultativ.
(B) Nach Titelblatt *Kommentar,* d.h. eine Arbeit über die kommentierte Schrift: HA für den Kommentar unter dem Kommentator; nur fakultative VW für die kommentierte Schrift; vgl. 5.200-Kommentare.

PI 20,2 a. 20,3 a. 42. F 62,5. 93,1 e–f. R 2.2.4.

LIT   Vgl. 5.91-Kritische Ausgaben, 5.200-Kommentare.

5.113 Ausgaben mit Beigaben

DEF   Druck, dem Abbildungen, Karten, Schautafeln, Materialproben, Schallplatten, Mikroformen usw. beigegeben sind.

PRO   Die Beigaben sind entweder (a) *fest* mit dem Buchblock verbunden, im fortlaufenden Text mitabgedruckt oder als eigener Anhang zusammengestellt, oder (b) als *lose* Beigaben in Taschen an den Innenseiten der Buchdeckel gesteckt, (c) gelegentlich auch in einem eigenen Band zusammengebunden als Tafelband, Atlasband usw. • Beigaben haben keinen Einfluß auf die EOE; sie sind charakteristisch für bestimmte Ausgaben und werden deshalb in der Titelaufnahme entweder als *Beigabenvermerk* vom Titelblatt übernommen oder in der *Umfangsangabe* nur summarisch erfaßt oder als eigener *Band eines mehrbändigen Werks* aufgeführt. • Vgl. 3.111-Illustrierte Ausgaben, 3.112-Ausgaben mit originaler Druckgraphik.

5-Cd.   Sprache

5.120   Originaltext

DEF   Druck in derjenigen Sprache, in der die abgedruckte Schrift entstanden ist.

PRO   Der Originaltext trägt den *Originaltitel,* unter dem sämtliche Ausgaben der Schrift, d.h.

– Originaltexte und Übersetzungen,
– einsprachige und mehrsprachige Ausgaben,
– vollständige und unvollständige Ausgaben

ihre HA erhalten und dadurch *an einer Stelle im AK* zusammengeführt werden (PI 181–182. 221–222). • Hat sich im Ausnahmefall ein anderer als der Originaltitel im Gebrauch durchgesetzt, so kann anstelle des Originaltitels *der im Gebrauch durchgesetzte Sachtitel* für die Einordnung maßgeblich werden (PI 182. 223). • Die *Recherche* ist durch VW für die nicht-maßgeblichen Sachtitel weitgehend abgesichert (PI 183. 221–223).

EOE   HA nach Grundregel 0.7.1; als Sachtitel gilt

(A)   normalerweise der *Originaltitel* (PI 221–222);
(B)   im Ausnahmefall ein *anderer Sachtitel,* auch in anderer Sprache, wenn er sich im Gebrauch durchgesetzt hat (PI 223): hierunter fallen z.B. generell alle Schriften von *griechischen Autoren des Altertums,* die vorwiegend unter ihren *lateinischen Sachtiteln* zitiert und deshalb im AK auch unter den lateinischen Sachtiteln verzeichnet werden; für diese Gruppe können sogar VW vom griechischen Originaltitel auf den lateinischen Sachtitel entfallen, wenn der lateinische Sachtitel offensichtlich eine Übersetzung des Originaltitels ist (PI 223).

VW (mit Ausnahmen für die altgriechischen) für alle nicht-maßgeblichen Sachtitel, die an den vorhandenen Drucken vorkommen, bei Verfasserschriften als VW innerhalb des Verfassers.

5.121   Übersetzungen

DEF   Druck in einer anderen Sprache als derjenigen, in der die Schrift entstanden ist.

PRO   *Abgrenzung* gegen 5.131-Übersetzung mit gleichzeitiger Bearbeitung des Textes; *Sonderfall:* 1.10-Eigenständige Übersetzungen, z.B. als Sprachdenkmäler für die Übersetzungssprache. • Die Übersetzung kann nach *verschiedenen Vorlagen* erfolgen: gewöhnlich nach dem Originaltext, aber auch nach einer anderen Übersetzung; gewöhnlich nach einem gedruckt erschienenen Text, seltener aus dem Manuskript; „eine Übersetzung aus dem Manuskript eines Verfassers gilt als Original, solange eine Buchausgabe in der Originalsprache nicht vorliegt" (F 79,4). • Übersetzungen können *verschiedenen Sprachstufen* derselben Sprache angehören: z.B. Übersetzungen aus dem Althochdeutschen ins Mittel- oder Neuhochdeutsche (PI 236); auch Übertragungen innerhalb derselben Sprachstufe von der Hochsprache in einen Dialekt werden als Übersetzungen behandelt. • Der *engere Übersetzungsbegriff* verlangt, daß die Übersetzung textlich einer bestimmten anderssprachigen, gedruckten Ausgabe entspricht: nur durch diesen Bezug kann überhaupt der Übersetzungs- oder Bearbeitungscharakter der Ausgabe festgestellt werden; für den AK werden im allgemeinen alle Drucke als Übersetzung angesehen, die sich selbst als solche bezeichnen. • Für *Sammlungen von Schriften* wird nach PI 177. 233 der Übersetzungsbegriff insofern erweitert, daß er bei Sammlungen von 1–3 Verfassern auch dann auf

5.50-Werkausgaben	5.53-Florilegien
5.51-Werkauswahlen	5.54-Briefsammlungen
5.52-Fragmentsammlungen	5.55-Gedichtsammlungen

angewandt wird, wenn z.B. für die Teilsammlung in Übersetzung gar keine inhaltlich identische Teilsammlung in der Originalsprache vorliegt: alle derartigen Sammlungen in Übersetzung erhalten die deutsche Sprachbezeichnung als Ordnungszusatz. • *Andere Schriftensammlungen* von mehr als 3 Verfassern wie

5.60-Sammelwerke
5.61-Sammlungen von Einzelschriften
5.62-Anthologien
usw. bis einschließlich 5.67

gelten dagegen nur dann als Übersetzung, wenn sie nachweislich (möglichst nach Angaben im Copyright-Vermerk oder Vorwort) die Übersetzung einer anderssprachigen Druckausgabe gleichen Inhalts sind; ist eine solche Druckausgabe nicht bekannt, so wird die *Sammlung von übersetzten Schriften* selbst wie ein 5.120-Originaltext verzeichnet. • Erfolgt die EOE für die HA mit dem Originaltitel, so wird dem Originaltitel die *deutsche Bezeichnung der Übersetzungssprache* als Ordnungszusatz hinzugefügt. • Die *Recherche* kann mit VW für die nicht-maßgeblichen Sachtitel – gewöhnlich die Übersetzungstitel – weitgehend rechnen, jedoch mit VW für Übersetzer sicher nur bei Sachtitelschriften. • Vgl. 13.8-Ordnung aller Ausgaben einer Schrift.

EOE Abhängig vom Inhalt (Einzelschrift, Sammlung), Ermittlungslage (Originaltitelfeststellung) und Zitiergebrauch. VW für Übersetzer bei Sachtitelschriften generell (PI 20,2 a), bei Verfasserschriften nur fakultativ (PI 20,3 a).

(A) *Originaltitel festgestellt.*

(Aa) Originaltitel *im Gebrauch durchgesetzt:* HA (unter Verfasser oder Sachtitel) mit dem Originaltitel, VW für den Übersetzungstitel (bei Verfasserschrift innerhalb des Verfassers). PI 182. 221–222.

(Ab) ein *anderer Sachtitel im Gebrauch durchgesetzt:* HA (unter Verfasser oder Sachtitel) mit dem gebräuchlichen Sachtitel. VW für den Originaltitel (bei Verfasserschrift innerhalb des Verfassers). PI 182. 223.

(Ac) *Sonderfall:* eigenständige Übersetzung, vgl. 1.10.

(B) *Kein Originaltitel* festzustellen.

(Ba) *Einzelschrift:* HA (unter Verfasser oder Sachtitel) mit dem vorliegenden Übersetzungstitel. Ist die Schrift nur in Übersetzungen überliefert, so wird der Sachtitel derjenigen Übersetzung maßgeblich, „die das Ansehen eines Originals erlangt hat" (PI 225).

(Baa) *Übersetzung aus dem Manuskript:* die Übersetzung gilt als 5.120-Originaltext, solange das Original nicht gedruckt erschienen ist. F 79,4.

(Bb) *Sammlung* von Schriften von *1–3 Verfassern:* zur Gruppenbezeichnung oder zum Formschlagworttitel wird die deutsche Sprachbezeichnung als Ordnungszusatz hinzugefügt. PI 177.

(Bc) *Sammlung* von Schriften von *mehr als 3 Verfassern:* die Sammlung wird wie ein 5.120-Originaltext verzeichnet.

PI 20,2 a. 20,3 a. 177. 182. 221–226. 233. 236–237. F 20,1 c. 79,1.4. 93,4. R 2.11.2 (S. 281 ff.)

LIT Index translationum. 1.1932 ff. • Bibliographie der Übersetzungen deutschsprachiger Werke. 1.1954 ff. • ZfB. 69.1955, 411–431: H. Kind (Gedanken zu einer Übersetzungsbibliographie). • Nachrichten für Dokumentation. 17.1966, 1–6: W. Schadewaldt (Übersetzung im Zeitalter der Kommunikation). • G. Mounin: Die Übersetzung. München 1967. 214 S. • F. Domay: Formenlehre der bibliographischen Ermittlung. Stuttgart 1968. S. 243–252. • A guide to scientific and technical journals in translation. Ed.: C. J. Himmelsbach, G. E. Brociner. 2. ed. New York 1972. 49. S. • Handling special materials in libraries. Ed.: F. E. Kaiser. New York 1974. S. 111–115. • Bibliothek, Buch, Geschichte. Festschrift H. Köster. Ffm. 1977. S. 35–47: B. Picard (Sammlung von Übersetzungen, Deutsche Bibliothek). • World transindex. 1.1978 ff.

5.122 Zweisprachige Ausgaben

DEF Druck, der dieselbe Schrift in zwei verschiedenen Sprachen enthält.

PRO Die beiden Sprachfassungen können auf gegenüberliegenden Seiten einander zugeordnet sein oder auch im Druck aufeinander folgen. • Zweisprachige Ausgaben für Unterrichtszwecke können gekürzte Texte enthalten. • Für die EOE ist das *Verhältnis zum Originaltext* entscheidend: ob die zweisprachige Ausgabe (a) das Original und eine Übersetzung oder (b) zwei Übersetzungen enthält. • Für die *Recherche* ist gesichert nur der Nachweis der Originalfassung oder der erstgenannten Übersetzung; die zweite Sprachfassung, gewöhnlich eine Übersetzung, erhält nach PI 236 normalerweise nur dann eine VW, wenn es sich um eine Übersetzung ins Deutsche handelt; aber auch für Übersetzungen in seltene Sprachen wird man mit VW rechnen können.

EOE Abhängig vom Inhalt.

(A) *Original und eine Übersetzung:* HA wie für den 5.120-Originaltext; fakultative VW für die beigefügte Übersetzung, obligatorisch nur für eine deutsche Übersetzung.

(B) *Zwei Übersetzungen:* HA für die erstgenannte oder im Druck vorangehende 5.121-Übersetzung; VW für die 2. Übersetzung wie für die Übersetzung unter (A).

PI 233. 236. F 79,4. R 2.11.2 (S. 288).

5.123 Polyglotten

DEF Druck, der dieselbe Schrift in drei oder mehr verschiedenen Sprachen enthält.

PRO Besonders aufwendige, seltene Ausgaben, gewöhnlich nur für *herausragende Texte* der Weltliteratur oder historische Quellen. • *Abgrenzung:* drei- und mehrsprachige Ausgaben von Schriften internationaler oder supranationaler Korporationen (vgl. 4-B u. 4-C) gelten *nicht* als Polyglotten; F 20,3 hält sie nicht für „eigentliche Übersetzungen", obwohl das Übersetzungsverhältnis zwischen den Textfassungen nicht zu leugnen ist; ihr Hauptmerkmal ist es, bereits im erstmaligen Druck mehrsprachig zu erscheinen, ohne eine der Sprachfassungen als Original zu kennzeichnen. • Die *Polyglotten im engeren Sinn* erhalten die HA mit dem Originaltitel und dem Ordnungszusatz „polygl."; vgl. 13.8.

EOE Abhängig von der Zuordnung zu den Polyglotten im engeren Sinn, ferner von der Titelblattgestaltung.

(A) *Polyglotten* im engeren Sinn: HA (unter Verfasser oder Sachtitel) mit dem Originaltitel und der Bezeichnung „polygl." als Ordnungszusatz; VW für anderssprachige, auf dem Titelblatt genannte Sachtitel.

(B) *Drei- u. mehrsprachige Originalausgaben* von internationalen Korporationen: HA (unter Verfasser oder Sachtitel) mit dem erstgenannten Sachtitel; fakultative VW für anderssprachige, auf dem Titelblatt genannte Sachtitel.

PI 233. F 20,3. 78,2c. 79,4. R 2.11.2 (S. 289).

LIT Archiv für Geschichte, Statistik, Literatur und Kunst. 14.1823, 213–215: F. Gräffer (Die berühmten Polyglotten). • F. J. Delitzsch: Studien zur Entstehungsgeschichte der Polyglottenbibel des Kardinals Ximenez. Lpz. 1871. 44 S.; ders.: Fortgesetzte Studien zur Entstehungsgeschichte der complutensischen Polyglotte. Lpz. 1886. 60 S. • Dictionnaire de la Bible. T. 5. Paris 1912. Sp. 513–529: E. Mangenot.

5.124 Parallelausgaben

DEF Veröffentlichung derselben Schrift in verschiedensprachigen Drucken, die etwa gleichzeitig erscheinen und von denen keiner als Originalfassung gekennzeichnet ist.

PRO Wenn keiner der Drucke sich als Originaltext ausgibt und bei gleichzeitigem Erscheinen auch kein Druck die Priorität beanspruchen kann, so ist *kein Original festzustellen.* • Verschiedensprachige Parallelausgaben werden daher nicht als Übersetzungen, sondern wie *voneinander unabhängige und selbständige Schriften* verzeichnet. • Die *Recherche* ist abgesichert durch Verknüpfung der HA der vorhandenen Ausgaben durch bibliographische Notizen.

EOE Für jede Ausgabe eigene HA (unter Verfasser oder Sachtitel) mit ihrem eigenen Sachtitel ohne Sprachbezeichnung wie für einen 5.120-Originaltext: Verknüpfung aller vorhandenen Ausgaben untereinander durch bibliographische Notizen unter allen HA. F 79,4. R 2.11.2 (S. 290).

5.125 Sammlungen mit Schriften in verschiedenen Sprachen

Sammlungen von Schriften – von beliebig vielen Verfassern – können *Texte in verschiedenen Sprachen* enthalten. Die Verzeichnung der Sammlung hängt ab vom *Verhältnis der verschiedensprachigen Texte zueinander:* wenn es sich um verschiedene Schriften handelt, so hat die Verschiedensprachigkeit keinen Einfluß auf die EOE; handelt es sich dagegen um dieselbe Schrift in verschiedensprachigen Fassungen (Original, Übersetzungen), so ist der Druck entweder als 5.122-Zweisprachige Ausgabe oder als 5.123-Polyglotte zu behandeln.

5-Ce. Bearbeitung

5.130 Bearbeitungen

DEF Umarbeitung der ursprünglichen Textfassung einer Schrift in eine andere literarische Form, für einen bestimmten Leserkreis oder mit dem Ziel einer inhaltlichen Abwandlung oder Neudeutung.

116

PRO   *Abgrenzung:* 2.20-Neuauflagen, die als „bearbeitet", „neubearbeitet" usw. bezeichnet sind, fallen nicht unter diese Schriftenklasse; ein *Sonderfall* ist die 5.131-Übersetzung mit Bearbeitung. • Allein die *Nennung eines „Bearbeiters"* auf dem Titelblatt ist kein hinreichendes Kriterium für eine Bearbeitung nach obiger Definition. • Die EOE hängt nach PI 44 ab vom Grad der *Abweichung vom Urtext:* erst wenn die Bearbeitung als „selbständiges Werk" anzusehen ist, soll sie die HA unter dem Bearbeiter als Verfasser im erweiterten Sinn erhalten; PI 44 nennt keine Kriterien für das „selbständige Werk", aber PI 45 macht die Entscheidung von der „Fassung des Titels", also von der Titelblattaussage abhängig; F 79,1 nennt als Anhaltspunkte: (a) auf dem Titelblatt das Fehlen jeglicher Hinweise auf Bearbeitung einer anderen Schrift, (b) völlig neuer Sachtitel, (c) Bearbeitung für Leserkreis, (d) Bearbeitung in anderer literarischer Gattung. • Ist eine Ausgabe als Bearbeitung aufzufassen, so sind die Folgen der EOE weitgehend von der *Person des Bearbeiters* abhängig: ist der Verfasser auch der Bearbeiter, so erhält auch die Bearbeitung die HA im Alphabet der Einzelschriften, eventuell unter einem neuen Sachtitel; stammt die Bearbeitung von einer anderen Person, so wird dieser Andere Verfasser im erweiterten Sinn und vom Urtext (unter Verfasser oder Sachtitel) wird verwiesen, allerdings nur „erforderlichenfalls" (PI 44). • Die *Recherche* ist nur abgesichert, so weit vom Urtext auf die Bearbeitung unter anderer Einordnung verwiesen worden ist.

EOE   Abhängig vom Grad der Bearbeitung.

(A)   Die Bearbeitung ist *„selbständiges Werk":* HA unter dem Bearbeiter als Verfasser im erweiterten Sinn, fakultative VW für den Urtext; vgl. 1.11;

(Aa)   wenn *verschiedene Bearbeitungen desselben Werks* existieren: nach PI 219 sollen alle festgestellten Bearbeitungen (auch solche von Teilen des Urtextes) jede ihre eigene HA erhalten, sie sollen jedoch zusätzlich untereinander verknüpft werden durch bibliographische Notizen unter den HA mit Hinweis auf die anderen Bearbeitungen.

(B)   Bearbeitungen, die *nicht* als selbständig gelten können, erhalten die HA wie der Urtext; VW für den Bearbeiter bei Sachtitelschriften generell, bei Verfasserschriften nur fakultativ.

PI 44. 45. 219. 226.   F 13,3. 21,6. 79,1.4. 93,3.   R 1.2.3,3. 2.2.4. 2.13.1. 2.13.4.

LIT   Jugendliteraturforschung international. Weinheim 1970. S. 65–73: R. Geißler (Bearbeitung von Werken der Weltliteratur – Sakrileg oder Notwendigkeit?). • Informationen. Arbeitskreis f. Jugendliteratur. 1978, H. 3, 44–52: K. Seehafer (Bearbeitung für Kinder); 53–67: C. Krutz-Arnold u. a. (Bearbeitungsprobleme bei Enid Blyton).

5.131   Übersetzung mit Bearbeitung

Texte, die eine *Übersetzung und zugleich auch Bearbeitung* (im Sinne von 5.130-DEF) einer Schrift darstellen, werden nach PI 226 grundsätzlich als selbständige Werke und „jeder Titel für sich" behandelt. • Allein die Titelblattangabe „Übers. u. bearb. von ..." ist nicht ausreichend, es muß vielmehr eine Bearbeitung als selbständiges Werk vorliegen. • Folglich erhält die Übersetzung mit Bearbeitung *generell* dieselbe EOE wie 5.130-Bearbeitungen als selbständige Werke: HA unter dem Übersetzer-Bearbeiter, fakultative VW für den Urtext; bei mehreren Übersetzungen-Bearbeitungen von demselben Urtext wird jedoch auf verknüpfende bibliographische Notizen verzichtet. PI 226. F 79,4 (S. 179). R 2.13.

5.132   Ausgaben für bestimmte Leserkreise

Entweder liegt eine *Schrift* für einen speziellen Leserkreis vor (und existiert nur in dieser Fassung), oder aber von einer Schrift erscheint eine für einen speziellen Leserkreis *bearbeitete Ausgabe:* diese ist als 5.130-Bearbeitung zu behandeln. • Schriften für bestimmte Leserkreise können sich an Jugendliche, Schüler, Berufsstände oder anders definierte Gesellschaftsschichten oder Zielgruppen richten: für sie ist zu prüfen, ob sie eventuell eine besondere Einordnung erhalten als 2.33-Flugschriften oder Schriftenklassen der 5-D: Minderwichtigen Literatur.

5-D. Minderwichtige Literatur

Die Kategorie des „Minderwichtigen" ist stark zeitbedingt; ferner hängt sie vom Erwerbungsprogramm der Bibliothek ab; grundsätzlich ist das Minderwichtige wohl zu unterscheiden vom Minderwertigen. • Nach PI 23 erhalten „Schriftenklassen, die für die öffentlichen wissenschaftlichen Bibliotheken geringen Wert besitzen", eine *vereinfachte Aufnahme,* die – außer Kürzungen in den Formalien – vier wichtige Einschränkungen aufweist:

(1) keine Personalangaben zur Unterscheidung gleichnamiger Verfasser: hierdurch kann die Titelaufnahme beim Einlegen in den Katalog eventuell einem gleichnamigen Verfasser zugeordnet werden, von dem die Schrift gar nicht stammt;
(2) *keine Berücksichtigung von Nebentiteln,* die folglich auch keine VW erhalten können;
(3) allgemeine *Einschränkung des Verweisungsprogramms,* insbesondere keine VW für weitere Beteiligte an Verfasserschriften;
(4) für *Serienstücke kann* auf eigene HA verzichtet werden.

Ausgenommen von der vereinfachten Aufnahme bleiben jedoch die Zeitschriften der minderwichtigen Literatur: sie sollen nach den allgemeinen Bestimmungen behandelt werden, vgl. 2.15 u. 2.16. • Ferner sollen nach F 56,2 von der vereinfachten Aufnahme ausgenommen werden: *Drucke vor 1850* sowie *ausländische* Literatur. • In der Fachliteratur wird die minderwichtige Literatur oft im Zusammenhang mit der sogenannten „toten Literatur" behandelt, worunter man die selten benutzten Bibliotheksbestände versteht. • Für die *Recherche* nach den minderwichtigen Schriftenklassen 5.140–5.172 sollte vor allem Auskunft eingeholt werden, ob diese Literatur in der Bibliothek überhaupt erworben und im AK erschlossen ist: ist die Antwort positiv, so ist noch mit einiger Uneinheitlichkeit im Katalog zu rechnen, angesichts der unterschiedlichen und sich überdies schnell ändernden Auffassungen darüber, was als Minderwichtig zu gelten hat. PI 23. F 56. R 2.18.6.

LIT ZfB. 18.1901, 569–576: R. A. Fritzsche (Das literarisch Wertvolle vom Standpunkt des Bibliothekars); 25.1908, 544–547: preußischer Erlaß, minderwichtige Drucksachen; 41.1924, 404: G. Leyh (bibliothekarische Behandlung). • Selective cataloguing. Catalogers' Round Table, ALA 1924. Ed.: H. Bartlett van Hoesen. New York 1928. 131 S. • ZfB. 48.1931, 394–410: F. Juntke (Tote Literatur); 410–421: Diskussion. • Festschrift Martin Bollert zum 80. Geburtstag. Dresden 1956. S. 36–40: H. Deckert (Wider die Legende von den Bücherfriedhöfen). • ZfB. 73.1959, 85–99: O. Tyszko. • Handbuch der Bibliothekswissenschaft. 2. Aufl. Bd 2. Wiesbaden 1961. S. 726–728: G. Leyh (Tote Literatur). • Buch, Bibliothek, Leser. Festschrift H. Kunze. Berlin 1969. S. 199–208: W. Dube (Minderwichtige u. ä. Literatur in Bibliotheken). • B. Schneider: Die Behandlung „minderwichtiger" Literatur in den laufend erscheinenden nationalen Allgemeinbibliographien. Lpz.: Fachschule f. Bibliothekare an wiss. Bibliotheken, Abschlußarbeit 1970.

5-Da. Belehrendes

5.140 Schulbücher

Fibeln, Lesebücher, Lehrmittel; Lehrbücher „zur Erwerbung elementarer Kenntnisse und Fertigkeiten (darunter auch Sportliteratur), Ratgeber für bestimmte Lebenslagen usw."; PI 23,1 a–b. • Die *Ratgeberliteratur* ist eng verwandt mit 5.143-Populärwissenschaftlicher Literatur und dem 5.182-Sachbuch. Die *Sportliteratur* hat gegenüber 1900 eine völlig andere Bedeutung erlangt und rechnet heute entweder zum 5.181-Fachbuch oder zur 5.222-Unterhaltungsliteratur. Beide Fälle demonstrieren die *Unschärfe* des Begriffs und die *Zeitbedingtheit* der Konzeption vom Minderwichtigen. • *Schulausgaben* literarischer Texte, insbesondere fremdsprachige und zweisprachige Ausgaben, unterliegen nicht der vereinfachten Aufnahme nach PI 23.

LIT E. Schmack: Der Gestaltwandel der Fibel in vier Jahrhunderten. Ratingen 1960. 230 S. • P. Gabele: Pädagogische Epochen im Abbild der Fibel. München 1962. 71 S. • Bilderbuch und Fibel. Hrsg.: K. Doderer. Weinheim 1972. 232 S. • Bertelsmann-Briefe. 78.1973, 7–20: M. Dahrendorf (Neue Lesebuchgeneration). • BuB. 25.1973, 1065–68: F. Löffelholz (Neu konzipierte Arbeitsbücher). • BFB. 7.1979, 211-223: M. Schroedel (Schulbuchsammlung, UB Erlangen-Nürnberg).

5.141 Militärische Instruktionsbücher

PI 23,1e rechnet nur Instruktionsbücher für Unteroffiziere und Mannschaften zum Minderwichtigen. Vgl. 4.30.

5.142 Hauswirtschaftliche Literatur

PI 23,1c rechnet nur hauswirtschaftliche Schriften „ohne wissenschaftliches Interesse" zum Minderwichtigen.

5.143 Populärwissenschaftliche Literatur

PI 23,1d rechnet „volkstümlich belehrende Schriften aus allen Gebieten, namentlich juristischen, naturwissenschaftlichen und medizinisch-hygienischen Inhalts" zum Minderwichtigen. • Vgl. 5.182-Sachbücher.

LIT Der Bibliothekar. 20.1966, 1267–1272: W. Franke (Arbeit mit der populärwissenschaftlichen Literatur). • ZfB. 95.1981, 53–62 u. 102–109: D. Reichelt (Charakter, Spezifik der p. Literatur).

5.144 „Gelehrte Makulatur"

Hierunter fallen von den Schul- und Universitätsschriften die Masse der 4.85-Akademischen Gelegenheitsschriften und der älteren 4.81-Dissertationen; F 60,1.• Ihre Verzeichnung nach PI 24 entspricht im wesentlichen der vereinfachten Aufnahme.

5.145 Abergläubische, okkulte Literatur

PI 23,1f; hierunter fallen alle Schriften, die den Glauben an Geister, Zauberei, Wahrsagerei und andere, von der herrschenden Wissenschaft als obskur bewertete Anschauungen lehren und propagieren; *nicht* jedoch wissenschaftliche Schriften über Aberglauben und Okkultismus.

5.146 Traktatliteratur, Erbauungsliteratur

Schriften, die den Leser in religiösen, politischen und allgemeinen Fragen der Lebensführung beeinflussen und missionieren wollen. • PI 23,1i rechnet Gebetbücher, Erbauungsbücher, Traktate asketischen und moralischen Inhalts – auch Einzeldrucke von Predigten – zum Minderwichtigen. • Für *Gebetbücher* ist nach PI 36 die spezielle EOE als 1.13-Auswahlsammlungen mit entscheidender Herausgebertätigkeit zu beachten; für *Predigten* vgl. 5.147; generell vgl. 2.33-*Flugschriften*.

5.147 Predigten

PI 23,1i rechnet nur die *Einzeldrucke* von Predigten zum Minderwichtigen. • Alle anderen Fälle unterliegen eigenen Regelungen:
4.222-Leichenpredigten; 5.56-Sammlungen, 1–3 Verfasser; 5.62-Anthologien: mehr als 3 Verfasser.

5-Db. Unterhaltendes

5.160 Jugendliteratur

PI 23,1h rechnet Jugendschriften und Bilderbücher zum Minderwichtigen; vgl. 5.226–5.227 sowie 5.182-Sachbücher.

5.161 Minderwertige Unterhaltungsliteratur

PI 23,1g rechnet „minderwertige Unterhaltungsliteratur, Gelegenheitsdichtungen, Lieder für gesellige Zwecke u. ä." zum Minderwichtigen. • Das *Minderwertige* wird für die Unterhaltungsliteratur unterschiedlich weit definiert: (a) Pornographie und andere an niedere Instinkte appellierende Schriften, die sogenannte Schmutz- u. Schundliteratur; (b) im weiteren Sinn wird auch die Trivialliteratur dazugerechnet. • Besonders für die *Recherche* nach minderwertiger Unterhaltungsliteratur ist zu beachten: diese Literatur wird eventuell schon durch das Erwerbungsprogramm der Bibliothek ausgeschlossen; wenn erworben, eventuell durch Pflichtzugang, so wird sie eventuell als Sonderbestand verwaltet, nur summarisch im Sachkatalog vermerkt und nicht formal im AK erschlossen; daher ist unbedingt Auskunft einzuholen.

LIT Buch, Bibliothek, Leser. Festschrift H. Kunze. Berlin 1969. S. 199–208: W. Dube (Minderwichtige, minderwertige und tote Literatur). • Vgl. 5.222-Unterhaltungsliteratur.

5-Dc. *Sonstiges*

5.170 Schriften zu Geschäftszwecken

Vgl. 4.141. • Nach PI 25,3 und F 65,1 erhalten *nach 1850* erschienene Schriften zu Geschäftszwecken eine vereinfachte Aufnahme; da Schriften zu Geschäftszwecken oft nur sehr geringen Umfang haben, werden sie bevorzugt in 5.43-Sammelbänden zusammengefaßt und erhalten dann nach PI 25,3 gewöhnlich *keine* HA für die einzelnen Schriften.

5.171 Verbrauchsliteratur

Unscharfer Sammelbegriff für Adreßbücher, Kalender, Fahrpläne, Preislisten, Vorlesungsverzeichnisse, Schulbücher und andere Schriften, die inhaltlich schnell überholt sind oder im Gebrauch stark abgenutzt werden. • Teile der Verbrauchsliteratur können zu den minderwichtigen Schriftenklassen gehören.

5.172 Literatur von örtlichem Interesse

PI 23,1k rechnet nur *„kleine* Schriften von *rein* örtlichem Interesse *ohne historisch-topographischen Wert"* zum Minderwichtigen und nennt als Beispiele: „Schriften von Vereinen, Erwerbsgesellschaften usw., Berichte über Festlichkeiten, Ausstellungskataloge u. dgl."; jedoch treffen die drei einschränkenden Kriterien (1. klein, 2. rein örtlich, 3. ohne hist. Wert) nicht generell auf alle Beispiele zu, insbesondere wohl nicht auf Ausstellungen, zu denen 4.200-Ausstellungskataloge erscheinen.

5-E. *Fachspezifische Schriftenklassen*

5-Ea. *Für alle Fachgebiete*

5.180 Fachwörterbücher

Vgl. 5.3-Wörterbücher. • Hiermit verwandt sind gedruckt erschienene *Thesauri:* für Zwecke der Sacherschließung und Dokumentation erstellte Listen der Begriffe jeweils eines Fachgebiets.

LIT K. C. Rothkirch-Trach: Prinzipien der Thesauruserstellung. München 1970. 83 S. • C. Tomczak: Die paradigmatische Struktur des Thesaurus in der Literaturdokumentation. Berlin: DBV 1972. 66 S. • Nachrichten für Dokumentation. 24.1973, 231–238: F. Lang (Thesauren, Begriffssysteme für Wörterbücher, automat. Herstellung). • M. MacCafferty: Thesauri and thesauri construction. London 1977. 191 S. • G. Wersig: Thesaurus-Leitfaden.

München 1978. 346 S. • Fachwörterbücher und Lexika. Ein int. Verzeichnis. 6. Ausg. München 1979. 470 S. • Grundlagen der praktischen Information und Dokumentation. 2. Aufl. München 1980. S. 351–417: G. Wersig (Gleichordnende Indexierung).

5.181 Fachbücher

Fachbücher informieren über jeweils ein bestimmtes Fachgebiet, ein Berufsfeld oder über einzelne Gegenstände daraus, und zwar auf wissenschaftlichem oder auf fachkundlichem Niveau. • Besondere EOE sind nur für 5-A: Nachschlagewerke, Handbücher usw. zu beachten.

LIT   G. Abel, K. Bartusch: Literaturkategorien. 2. Aufl. Lpz. 1968. 119 S. • Das wissenschaftliche Buch. Tagung 1969. Hrsg.: P. Meyer-Dohm. Hamburg 1969. 236 S. • ZfB. 84.1970, 449–457: G. Ewert (Begriff Fachbuch). • L. Scheib: Das Angebot wissenschaftlicher Bücher in der BRD. 1–2. Hamburg 1971. • Studie zur Situation der wissenschaftlichen Literatur heute. (Umfrage-Bericht.) Red.: D.W. Ansorge. 3. Aufl. Stuttgart 1979. 96 S. • G. Pflug: Die Bibliotheken und die wissenschaftliche Literatur. Stuttgart 1979. 36 S.

5.182 Sachbücher

Allgemeinverständliche, populärwissenschaftliche Darstellung eines Wissensgebietes oder eines einzelnen Gegenstands, die jedoch den Anspruch auf fachlich und wissenschaftlich zuverlässige Information erfüllt. • Nach PI 23,1 d sollte alle 5.143-Populärwissenschaftliche Literatur eine vereinfachte Aufnahme erhalten; der moderne Typ des Sachbuchs hat jedoch weitgehend ein hohes Darstellungsniveau entwickelt und ist wahrscheinlich zunehmend mit normalen Aufnahmen in den Katalogen verzeichnet worden.

LIT   Aussichten und Probleme des Sachbuches. Hamburg 1965. 120 S. • BöBl. Ffm. 24.1968, 1643–1644: H. Baumeister; 2528–2529: W. Lenz (Begriff). • BuB. 24.1972, 660–665: K. Steinbuch. • Bibliothekarischer Arbeitskreis Hellweg (Hamm). Sachbuch aktuell – Die Welt im Buch 1972. 1972. 86 S. • Kindlers Literaturgeschichte der Gegenwart. Bd 5: Die deutschsprachige Sachliteratur. Hrsg.: R. Radler. Zürich 1978. 992 S.

5.183 Fachzeitschriften   Vgl. 2.15

LIT   DFW. 18.1970, 195–210: P. Samulski (Das Novum Kennziffer-Zeitschrift). • A. Fahnemann-Schulze, R. Födisch: Zum Informationswert von Fachzeitschriften. Berlin DBV 1975. 59 S. • BöBl. Ffm. 32.1976, 1028–1029: H. Großmann (Fachpresse bleibt Informationsquelle Nr. 1); 34.1978, 901–902: E.H. Berninger (Fachzeitschrift in der Bibliothek; Information im Anzeigenteil). • ZfB. 94.1980, 2–12: R. Riese (Rationale Gestaltung).

5.184 Fach-Kalender, Fach-Taschenbücher   Vgl. 5.8

5.185 Jahrbücher, Annalen, Almanache

Periodisch erscheinende, fachliche Veröffentlichungen, die sich *im Titel* „Jahrbuch", „Annalen", „Almanach" oder ähnlich nennen, mit verschiedenen *inhaltlichen Konzeptionen:* (a) Berichte über die Entwicklung des Fachgebiets im Berichtsjahr; (b) bibliographische Erfassung der im Berichtsjahr erschienenen Fachliteratur; (c) normale 5.183-Fachzeitschrift mit Aufsätzen, Rezensionen und Mitteilungen zum Fachgebiet. • *Abgrenzung* gegen Annalen als Geschichtsquellen. • Für die EOE überwiegt die *periodische Erscheinungsweise:* Verzeichnung mit HA unter dem Sachtitel als 2.15-Zeitschriften oder 2.16-Zeitschriftenartige Serien. • Vgl. 5.8.

LIT   Vgl. 2.15, 2.16, 5.8, 5.183.

5.186 Fortschrittsberichte   Vgl. 5.30

5.187 „Graue Literatur"

Unscharfer Sammelbegriff. Gemeint sind Druckschriften unter zwei Kriterien: (a) Schriften mit sehr *engen, speziellen Themenstellungen,* für die sich nur wenige Fachleute interessieren; (b) *schwer beschaffbare,* weil nur in kleinster Auflage oder außerhalb des Buchhandels erschienene Schriften: im Selbstverlag (7.22), als Privatdruck oder Manuskriptdruck (7.10), nur für Mitarbeiter oder Mitglieder einer Korporation, für Teilnehmer einer Tagung (4.190), oder der Geheimhaltung unterliegend wie gewisse Reports (5.270), die jedoch schon nach dem Kriterium (a) generell zur „grauen Literatur" rechnen. • Unter den Sammelbegriff fallen die *verschiedensten Schriftenklassen* mit eigenen EOE, z.B.:

4.3-Jahresberichte, Tätigkeitsberichte, Haushalts-pläne von Korporationen	4.140-Firmenschriften
	4.180-Tarnschriften
4.4-Interne Verwaltungsschriften	4.190-Kongreßschriften
4.5-Hauszeitschriften	5.171-Verbrauchsliteratur
4.6-Personenverzeichnisse	5.270-Reportliteratur
4.20 Amtsdruckschriften	5.272-Patentschriften
4.81-Dissertationen	5.273-Normen
4.86-Sonstige Examensarbeiten	

LIT BuB. 25.1973, 1022-1024: A. Mehl (Graue Literatur in öffentl. Bibliotheken). • Deutsches Institut für Urbanistik (Difu). Dokumentation Graue Literatur zur Orts-, Regional- und Landesplanung. Berlin 1975 ff. • BFB. 4.1976, 141-151: H. Anzinger (Osteuropa). • Graue Literatur. Ihre Sammlung, Beschaffung und Bearbeitung in der Bibliothek. Hrsg.: Arbeitsgemeinschaft d. Parlaments- u. Behördenbibliotheken. Bonn 1976. 41 S. • BöBl. Ffm. 33.1977, 9–10: J. Friedrich (Deutsches Literaturarchiv). • Der Archivar. 31.1978, 49–50: J. Rohwer (Graue Literatur in Bibliotheken). • Interlending review. 7.1979, H.2, 58–59: G.P. Cornish (Problems of grey literature). • Bibliothek. Forschung und Praxis. 3.1979, 122–126: J.M. Gibb, E. Phillips. • Arbeitsgemeinschaft für juristisches Bibliotheks-u. Dokumentationswesen. Mitteilungen. 9.1979, 74–86: U. Fehnemann (Graue Curricula, urheberrechtliche Aspekte).

5-Eb. Geisteswissenschaften

Für die Geisteswissenschaften liegen sowohl ihre *Gegenstände* (ganz überwiegend) wie auch die *Wissenschaft* selbst (vollständig) im Medium der Sprache vor, d.h. als Texte. Zur Unterscheidung der Druckschriften werden die Gegenstände oder Quellen als *Primärliteratur* und die wissenschaftlichen Darstellungen und Abhandlungen als *Sekundärliteratur* bezeichnet.

5-Eba. Primärliteratur

5.190 Quellenschriften

Weitgefaßter Sammelbegriff, der grundsätzlich für alle Wissenschaftsgebiete anzuwenden ist. Für die Geisteswissenschaften deckt sich der Begriff vollständig mit „Primärliteratur": Schriften, die Gegenstand der wissenschaftlichen Arbeiten sind und daher in ihnen ständig zitiert werden. • Von den Quellenschriften erhalten nur wenige Schriftenklassen spezifische Regelungen:

5.191-Inschriften	5.193-Kritische Textausgaben
5.192-Klassische Anonyma	5.194-Synopsen

5.191 Inschriften

DEF An ortsfesten Monumenten oder an beweglichen Objekten der darstellenden Künste angebrachte Inschriften, die etwas zur Zweckbestimmung, Bedeutung und Identifizierung der Objekte aussagen.

PRO Die einzelne Inschrift ist gewöhnlich kurz; daher werden Inschriften häufig als *Sammlungen* veröffentlicht. • Die EOE nach PI 41 hängt davon ab, (a) ob der Druck eine einzelne Inschrift oder eine Sammlung enthält, (b) ob die Sammlung Vollständigkeit anstrebt und (c) ob Verfasser der In-

schriften bekannt sind. • Die Vollständigkeit einer Sammlung soll nach F 93,1b bereits dann angenommen werden, „wenn sie im Titelblatt nicht ausdrücklich verneint wird": im Zweifelsfall ist also
für die Vollständigkeit zu entscheiden.

EOE   Abhängig von Inhalt und Verfasserschaft.

(A)   Druck enthält *eine Inschrift*.

(Aa)   *Verfasser* bekannt: HA unter dem Verfasser.

(Ab)   Nur *Herausgeber* genannt: HA unter dem Herausgeber, keine VW vom Sachtitel.

(Ac)   *Kein personaler Beteiligter* genannt: HA unter dem Sachtitel.

(B)   Druck enthält *Inschriftensammlung*.

(Ba)   *Vollständigkeit* angestrebt: HA unter dem Sachtitel, VW für Herausgeber.

(Bb)   *Auswahlsammlung:* HA unter dem Herausgeber als Verfasser im erweiterten Sinn, vgl. 1.13.

(Bc)   Im seltenen Fall der Inschriften *eines Verfassers:* HA unter dem Verfasser, dort unter dem Sachti-
        tel im Alphabet der Einzelschriften oder in einer Gruppe.

PI 41. F 93,1a–b. 93,6 (S. 208).

LIT   C. M. Kaufmann: Handbuch der altchristlichen Epigraphik. Freiburg 1917. 514 S. • J. E. Sandys: Latin epi-
graphy. 2. ed. Cambridge 1927. 324 S. • K. Brandi: Ausgewählte Aufsätze. Oldenburg 1938. S. 64–89: Grundlegung einer deutschen Inschriftenkunde. • Deutsche Philologie im Aufriß. 2. Aufl. Bd 1. Berlin 1957. Sp. 333–378:
F. Panzer (Deutsche Inschriften, Mittelalter, Neuzeit). • G. Klaffenbach: Griechische Epigraphik. 2. Aufl. Göttingen
1966. 110 S. • Blätter für deutsche Landesgeschichte. 105.1969, 346–351 u. 109.1973, 443–450: R. Neumüllers-
Klauser (Inschriften-Veröffentlichungen). • Allgemeine Grundlagen der Archäologie. Hrsg.: U. Hausmann. München 1969. S. 331–393: A. Rehm. • R. M. Kloos: Einführung in die Epigraphik des Mittelalters und der frühen
Neuzeit. Darmstadt 1980. 171 S., Abb.

5.192 Klassische Anonyma   Vgl. 1.7

5.193 Kritische Textausgaben

Vgl. 5.91. • Kritische Textausgaben enthalten sowohl *Primärliteratur* (den herausgegebenen Text)
als auch *Sekundärliteratur* (kritischer Apparat, Einführung, Abhandlung).

5.194 Synopsen

DEF   Druck, der verschiedene Fassungen derselben Schrift – oder mehrere Schriften zu demselben
Gegenstand – enthält und die inhaltlich einander entsprechenden Absätze aller Fassungen neben- oder
untereinander wiedergibt.

PRO   Typographisch aufwendiger Druck, entsprechend *selten*, nur für besonders bedeutende Quellenschriften anzutreffen; vgl. 5.211-Evangelien-Synopsen.

EOE   Abhängig vom Verhältnis der enthaltenen Fassungen oder Schriften zueinander.

(A)   *Verschiedene Schriften* zu demselben Gegenstand: Verzeichnung als 5.61-Sammlung von Einzel-
        schriften; vgl. 5.211-Evangelien-Synopsen.

(B)   *Verschiedene Fassungen* derselben Schrift;

(Ba)   in *verschiedenen Sprachen:* je nach Sachlage als 5.122-Zweisprachige Ausgabe oder 5.123-
        Polyglotte;

(Bb)   in *derselben Sprache:* vgl. 5.93-Synoptische Ausgaben.

LIT   Vgl. 5.93.

5-Ebb. Sekundärliteratur

5.200 Kommentare

DEF Druck, der den Text einer anderen Schrift Satz für Satz kommentiert und erläutert, nach Sprache, Inhalt, Bedeutung u. a. Gesichtspunkten.

PRO Die *kommentierte Schrift* wird im Kommentar entweder anhand einer bestimmten Ausgabe genau zitiert (Band, Kapitel, Paragraph, Seite, Absatz usw.) oder aber im Kommentar selbst mitabgedruckt. • *Spezielle Formen:* Scholien (antike Kommentare zu lat. u. griech. Autoren), Glossen (mittelalterliche Spracherläuterungen); vgl. insbesondere 5.212-Bibelkommentare, 5.253-Gesetzeskommentare. • *Abgrenzung* gegen 5.112-Kommentierte Ausgaben, die die Schrift *und* den Kommentar enthalten. • Die EOE soll sich nach F 93,1 f. vor allem an der Titelblattaussage orientieren: wenn auf dem Titelblatt der *Kommentar als die Hauptsache* angegeben wird, so ist der Druck als Kommentar zu behandeln, auch wenn er die kommentierte Schrift mitabgedruckt enthält und nach seinem Inhalt eigentlich als 5.112-Kommentierte Ausgabe gelten müßte.

EOE Abhängig von Inhalt und Titelblattaussage.

(A) *Reiner Kommentar* oder nach Titelblattaussage in der Hauptsache Kommentar: HA unter dem Kommentator; VW für das eventuell enthaltene kommentierte Werk nach F 41.94 nur bei besonderer Bedeutung.

(B) *Kommentar und kommentierte Schrift* in einem Druck: vgl. 5.112-Kommentierte Ausgabe.
PI 20,3d. F 93,1f. R 2.2.4. 2.14. 2.18.1.

LIT Probleme der Kommentierung. Kolloquien der DFG, 1970 u. 1972. Hrsg.: W. Frühwald u.a. Boppard 1975. 215 S. • Vgl. 5.91-Kritische Ausgaben, 5.253-Gesetzeskommentare.

5.201 Konkordanzen

DEF Alphabetische Liste aller in einer Schrift – oder in allen Werken eines Autors – enthaltenen Worte (Verbalkonkordanz) oder Sachaussagen (Realkonkordanz) und Angabe aller Parallelstellen.

PRO Die Verbalkonkordanz ist praktisch ein *Wörterbuch* mit Nachweis aller Wortverwendungen im Werk, z.B. „Goethe-Wörterbuch", 5.213-Bibelkonkordanzen bzw. Bibelwörterbücher. • Die *Abgrenzung* der Konkordanzen von den 5.202-Registerwerken ist oft nicht möglich, da sie weitgehend dasselbe tun: Konkordanzen wie Registerwerke erschließen den Text durch *Verweisungen von Begriffen und Textstellen.* PI 36 gibt kein Beispiel für Konkordanzen; F 93,1a gibt 2 Beispiele: zu den Gedichten Petrarcas und zum Neuen Testament. • Für die EOE kann die Unterscheidung zwischen Konkordanzen (HA stets unter dem Herausgeber bzw. Verfasser) und Registerwerken (HA eventuell unter dem erschlossenen Werk, vgl. 5.202) erheblich werden. • Die *Recherche* sollte stets auch die Möglichkeit der EOE als Registerwerk bedenken.

EOE Wie 5.62-Anthologien mit HA unter dem Herausgeber als Verfasser im erweiterten Sinn; *keine* VW für den Sachtitel, *keine* VW für die in der Konkordanz erschlossenen Werke. PI 36. 47. F 93,1a. R 2.13.

5.202 Register-Werke

DEF Liste von Suchbegriffen zur Erschließung einer Schrift oder Gruppe von Schriften durch Verweisung von den Suchbegriffen auf die einschlägigen Textstellen.

PRO Als „Register" betitelte Verzeichnisse anderer Art fallen nicht unter diese Schriftenklasse, weil ihnen der Erschließungsbezug zu einer anderen Veröffentlichung fehlt. • Einer Schrift *im Druck angefügte Register* ohne eigenes Titelblatt gelten als bibliographisch unselbständig erschienen und erhalten keinen Katalogeintrag, vgl. 3.62. • Nur *bibliographisch selbständig erschienene* Register erhalten die EOE nach PI 47, wobei die in vielen Fällen schwierige Abgrenzung zu den 5.201-Konkordanzen zu beachten ist.

EOE Abhängig vom Bezug des Register-Werks auf die Ausgaben der Schrift.

(A) Register *zu einer bestimmten Ausgabe* der erschlossenen Schrift: HA wie für die erschlossene Schrift, als sei das Register ein weiterer Band der Ausgabe; VW für den Registerverfasser.

(B) Register *zu mehreren Ausgaben* der erschlossenen Schrift: HA unter dem Registerverfasser; *keine* VW für das erschlossene Werk.

(C) *Generalregister* zu 2.15-Zeitschriften: wenn bibliographisch selbständig erschienen (Sonderheft, Sonderband), Verzeichnung als Heft oder Band der Zeitschrift; eine VW für den Verfasser oder Bearbeiter ist nur selten zu erwarten.

PI 47. F 18,6. 70,5. 93,3. R 2.13.

LIT H. Kunze: Über das Registermachen. 3. Aufl. Lpz. 1968. 71 S. • R.L. Collison: Indexes and indexing. 3. ed. London 1969. 223 S. • Germanistische Linguistik. 2.1970, 117–178: M. Rössing-Hager (Herstellung von Wortregistern). • Libri. 21.1971, 215–225: R. Bernhardt (Erstellung, EDV-Register). • R. Supper: Neuere Methoden der intellektuellen Indexierung. München 1978. 255 S. • Indexers on indexing. Ed.: L.M. Harrod. New York 1978. 430 S. • G.N. Knight: Indexing, the art of. London 1979. 218 S. • E. Garfield: Citation indexing. New York 1979. 274 S.

5.203 Regesten-Werke

DEF Liste aller überlieferten urkundlichen Belege zur Geschichte einer Korporation oder Person in chronologischer Folge.

PRO Zu den einzelnen Urkunden werden gewöhnlich folgende *Angaben* gemacht: Aussteller, Empfänger, Inhalt, Zeugen, Datierung, Fundort der Originalurkunde, Veröffentlichungen der Urkunde, Abdruck von Textauszügen. • Regestenwerke gehören als *erste Erschließung der Quellen* zum wichtigsten Rüstzeug der historischen Forschung. • *Abgrenzung* gegen 5.256-Urkundenbücher, die die einzelnen Urkunden gewöhnlich vollständig abdrucken. • Die EOE nach PI 36 mit HA unter dem Bearbeiter oder *Herausgeber als Verfasser* im erweiterten Sinn bedeutet für die *Recherche* den Verlust des Sachtitel-Eintrags.

EOE Vgl. 5.62-Anthologien. PI 36. F 93,1a. R 2.13.

LIT Archiv für Urkundenforschung. 10.1928, 217–225: A. Hessel (Zur Geschichte d. Regesten). • Goethe. 29.1967, 65–103: K.-H. Hahn, H.-H. Reuter (Briefe an Goethe, Regestausgabe). • Euphorion. 62.1968, 150–159: H.-H. Reuter (Briefe an Goethe, Regestausgabe). • F.Ch. Dahlmann, G. Waitz: Quellenkunde der deutschen Geschichte. 10. Aufl., Bd. 1 ff. Stuttgart 1965 ff.; Abschnitte 163. 199. 237. 275.

5.204 Zeittafeln

Alle geisteswissenschaftlichen Disziplinen verwenden die Form der Zeittafel zur *Darstellung der historischen Aspekte* ihrer Gegenstände, sowohl als *Beigaben zu einem Druck* (vgl. 5.113) wie auch als *selbständige Veröffentlichungen*, die in Analogie entweder zu 5.203-Regesten-Werken oder als 5.10-Tabellenwerke behandelt werden.

5-Ec. Theologie

5.210 Bibeltexte

PRO Die Druckausgaben der Bibel, einzelner Teile und von Einzelschriften gehören zu den *schwierigsten Gegenständen* der Formalkatalogisierung. Daher ist für ihre Verzeichnung mit Uneinheitlichkeiten und lokalen Besonderheiten zu rechnen.

Spezifische Schwierigkeiten

(a) Die Bibel als *Sammlung* einzelner Schriften hat in den verschiedenen Glaubenstraditionen auch verschieden definierte Textumfänge: die vom jeweiligen Standpunkt aus nicht anerkannten Schriften werden als *Apokryphe* bezeichnet.

(b) Neben den vollständigen Bibelausgaben und den Ausgaben einzelner Schriften gibt es zahlreiche *Zusammenstellungen von Einzelschriften,* die mit jeweils eigenem Gesamttitel erscheinen, wie z.B. Ausgaben mit den Büchern Canticum canticorum, Ruth, Ecclesiastes, Jeremias: Lamentationes und Esther unter dem Gesamttitel „Megillot".

(c) In einer Ausgabe mit mehreren Einzelschriften können die Texte in *verschiedenen Sprachfassungen* (Originale, Übersetzungen) enthalten sein, außerdem können den Bibeltexten *Kommentare beigegeben* sein. Zu beachten ist, daß die Einzelschriften nicht alle dieselbe Originalsprache haben.

(d) Die *Einzelschriften* werfen wegen der jahrhundertelangen handschriftlichen Tradition in mehreren Sprachkreisen für ihre *Sachtitel* dieselben Probleme wie 1.7-Klassische Anonyma auf.

(e) *Verfasserzuschreibungen* (z.B. Moses als Verfasser des Pentateuch) sind nicht nach den allgemeinen Grundsätzen (vgl. 1-A) zu behandeln, sondern haben angesichts des Alters der Texte nur den Charakter von Konventionen.

Kriterien für die Verzeichnung nach PI und Fuchs

(a) *Inhalt* des Druckes: entweder vollständiger Bibeltext oder Gruppe von Schriften („Büchern") oder einzelne Schrift.

(b) *Maßgebliche* Verfassernamen und Sachtitel: hierzu werden die Namens- und Sachtitelformen der Vulgata (lateinischer Bibeltext der katholischen Kirche) verwendet.

(c) *Interpretation der Verfasserschaft*: da sie nur reine Konvention sein kann, hat F-Anlage 3 (S. 265–267) Festsetzungen getroffen, nach denen weitgehend verfahren wird. Alle von Fuchs angegebenen Verfassernamen werden als *persönliche Namen* mit Beinamen geordnet, vgl. 8.3.

(d) *Vollständige Liste aller Verfasseransetzungen* nach Fuchs:

Moses	Abdias Propheta	Matthaeus Apostolus
Isaias Propheta	Ionas Propheta	Marcus Evangelista
Ieremias Propheta	Michaeas Propheta	Lucas Evangelista
Baruch Propheta	Nahum Propheta	Johannes Apostolus
Ezechiel Propheta	Habacuc Propheta	Paulus Apostolus
Daniel Propheta	Sophonias Propheta	Jacobus Apostolus
Osea Propheta	Aggaeus Propheta	Petrus Apostolus
Ioel Propheta	Zacharias Propheta	Judas Apostolus
Amos Propheta	Malachias Propheta	

Unter den in F-Anlage 3 aufgeführten Apokryphen gibt es keine Verfasseransetzungen.

(e) Sofern *Schriften der Propheten* keine individuellen Sachtitel tragen (z.B.: Lamentationes), erhalten sie die Ansetzung unter dem fingierten Titel „Prophetia", also
    Isaias Propheta: Prophetia
    Ieremias Propheta: Prophetia usw.

(f) Nicht unter (d) aufgeführte *Personennamen sind als Sachtitelordnungsworte* zu behandeln, z.B.: Iosue; Ruth; Samuel; Nehemia; Tobias; Iudith; Esther; Iob; Machabei; alle Personennamen in den Apokryphen.

(g) Die *Zusammenstellungen von Einzelschriften* erhalten nach F-Anlage 3 (D) ihre HA unter folgenden maßgeblichen Sachtiteln, in zwei Fällen unter Verfassern (kursiv):

aus dem *Alten Testament*

Moses: Pentateuchus	Prophetae priores	Prophetae minores
Hexateuchus	Libri Salomonis	Hagiographa
Heptateuchus	Prophetae	Prophetae et Hagiographa
Octateuchus	Prophetae posteriores	Libri historici
Megilloth	Prophetae maiores	

aus dem *Neuen Testament*

Evangelia	
Epistolae	*Paulus* Apostolus: Epistolae
	Epistolae catholicae

Recherche-Hinweise

(a) *Auf dem Titelblatt* genannte Personen, die als Verfasser aufgefaßt werden können, und Sachtitel erhalten weitgehend Verweisungen, wenn sie nicht die maßgebliche Ansetzung darstellen.

(b) Die *Verfasserinterpretation* ist mit Ungewißheiten belastet, deshalb Auskunft einholen, ob der AK nach F-Anlage 3 geführt wird.

(c) Es findet *keine Zusammenführung aller Bibeltexte* unter „Biblia" statt, auch nicht durch VW; vielmehr werden alle Ausgaben möglichst unter ihrem eigenen Gesamttitel oder Einzelschriften-Ansetzungen belassen und liegen folglich über den AK verstreut; die Zusammenführung findet jedoch eventuell im Sachkatalog der Bibliothek statt.

(d) Bei der Suche nach *Textfassungen in bestimmten Sprachen,* von Einzelschriften oder Gruppen von Schriften, muß man, wenn Einzelausgaben in der gesuchten Sprache fehlen, auf Ausgaben der größeren Teile (Testamentum vetus; Testamentum novum) oder der vollständigen Bibel (Biblia) zurückgreifen.

EOE   Abhängig vom Inhalt des Druckes.

(A)   *Vollständige Bibelausgabe,* mit oder ohne Apokryphen: HA unter dem Sachtitel „Biblia"; VW für den vorliegenden Sachtitel und personale Beteiligte.

(B)   *Gruppe von Einzelschriften.*

(Ba)   Mit eigenem *Gesamttitel:* HA unter dem Gesamttitel in der maßgeblichen Ansetzung nach F-Anlage 3; VW für den vorliegenden Sachtitel und für personale Beteiligte.

(Bb)   *Ohne* eigenen Gesamttitel: HA unter einem von drei möglichen Einträgen, je nachdem, welchen Teilen der Bibel die enthaltenen Schriften angehören:
   – Testamentum vetus (Teilausgabe)
   – Testamentum novum (Teilausgabe)
   – Biblia (Teilausgabe)
   Fakultative VW für bis zu 3 Schriften, die auf dem Titelblatt genannt sind, vgl. 5.40-Beigefügte Schriften.

(C)   *Einzelschrift:* HA mit Ansetzung nach F-Anlage 3 als Verfasser- oder Sachtitelschrift; VW für den vorliegenden Sachtitel und für personale Beteiligte.

(D)   *Auszüge aus mehreren Einzelschriften:* HA unter dem kleinsten zusammenfassenden Sachtitel, aus dessen Schriften die Auszüge stammen (Biblia; Testamentum vetus; Testamentum novum; Gesamttitel für Gruppen von Schriften), mit dem Ordnungszusatz „Auszüge" und Ordnung nach PI 238 hinter allen vollständigen Ausgaben unter derselben Ansetzung, vgl. 5.96-Auszüge; VW für den vorliegenden Sachtitel und für personale Beteiligte.

(E)   *Synoptische Evangelienausgaben:* vgl. 5.211.

(F)   *Apokryphe:* als apokryph gelten alle Schriften, die nicht zum Kanon der authentischen Vulgata-Schriften gehören (die Vulgata selbst enthält einen Appendix mit 3 apokryphen Büchern); Liste der wichtigsten Apokryphen in F-Anlage 3 mit den *maßgeblichen Sachtitel-Ansetzungen,* unter denen sie die HA erhalten; nach Fuchs gibt es für sie keine Verfasseransetzungen, womit er sich in Widerspruch zur GK-Praxis stellt, der z.B. von „Acta Pilati" (nach Fuchs eine Sachtitel-schrift) auf „Nicodemus Evangelista" als Verfassereintrag verweist. VW für den vorliegenden Sachtitel und für personale Beteiligte.

PI 160. 224. F 20,1c. 79,1(S. 167–168). 79,4(S. 180). 94,2. 97,2.4. 100,1. Anlage 3.

LIT   T.H. Darlow, H.F. Moule: Historical catalogue of the printed editions of Holy Scripture in the library of the British and Foreign Bible Society. 1–2. London 1903–11; Vol. 1: rev. ed. 1968. • Lexikon des Buchwesens. Hrsg.: J. Kirchner. Bd 1. Stuttgart 1952. S. 74–83 u. 87. • A. Schraner: Die ersten deutschen Bibeln und Bibeldrucke. Einsiedeln 1952. 31 S. • O. Paret: Die Überlieferung der Bibel. 3. Aufl. Stuttgart 1963. 279 S. • BöBl. Ffm. 25.1969, 3233–3256: G. Mälzer (Bibelsammlung der Württ. Landesbibliothek). • M. Berve: Die Armenbibel. Herkunft, Gestalt, Typologie. Beuron 1969. 102 S. • DFW. 25.1977, 143–147: H.-O. Weber (Biblische Schriften im AK). • W. Eichenberger, H. Wendland: Deutsche Bibeln vor Luther. Die Buchkunst der 18 dt. Bibeln 1466–1522. Hamburg 1977. 159 S., 227 Abb. • Allgemeine Mitteilungen. Arbeitsgemeinschaft für das Archiv- und Bibliothekswesen der Evang. Kirche. Nr. 20. 1979, April, 24–44: H.-W. Seidel (Katalogisierung nach RAK). • Vgl. 5.123–Polyglotten.

5.211 Evangelien-Synopsen

DEF   Abdruck der vier Evangelien des Neuen Testaments in synoptischer Darstellung, vgl. 5.194.

PRO   *Abgrenzung* gegen „Evangelienharmonien": dies sind aus dem Wortlaut der vier Evangelien zusammengearbeitete Darstellungen der Geschichte Jesu, die als neue, selbständige Schriften die HA unter ihren Verfassern oder Sachtiteln erhalten. • Evangelien-Synopsen erhalten als *Gruppe von Einzelschriften* des Neuen Testaments nach F-Anlage 3(D) den maßgeblichen Gesamttitel „Evangelia".

EOE   HA unter dem Gesamttitel „Evangelia"; VW für den vorliegenden Sachtitel und für personale Beteiligte. F-Anlage 3.

5.212 Bibelkommentare

Vgl. 5.200-Kommentare. • Weil Bibelausgaben leicht verfügbar sind, ist ein Abdruck von Bibeltexten im Kommentar nicht so sehr erforderlich: damit entfällt weitgehend das Problem, eine Ausgabe als Kommentar oder Textausgabe zu interpretieren. • EOE: HA unter dem Verfasser.

5.213 Bibelkonkordanzen, Bibelwörterbücher

Vgl. 5.201-Konkordanzen. • Aufgrund der genauen Zitierweise für Bibeltexte (Buch, Kapitel, Vers) kann eine Konkordanz für alle Textausgaben in derselben Sprache benutzt werden. • EOE: HA unter dem Bearbeiter oder Herausgeber als Verfasser im erweiterten Sinn, vgl. 5.62-Anthologien. F 93,1 a.

LIT W. Michaelis: Übersetzungen, Konkordanzen und konkordante Übersetzungen des Neuen Testaments. Basel 1947. 224 S.

5.214 Liturgische Schriften Vgl. 4.165

5-Ed. Literatur

5.220 Sprachdenkmäler

Ausgaben von Texten, die für die Entwicklung einer Sprache herausragende Bedeutung haben, können eventuell unter folgende besondere Schriftenklassen fallen:

1.7-Klassische Anonyma: HA unter einem maßgeblichen Sachtitel.
1.10-Eigenständige Übersetzungen, wenn sie Sprachdenkmäler für die Übersetzungssprache darstellen: dieser sehr seltene Fall erhält die HA unter dem Übersetzer als Verfasser.
5.80-Textausgaben besonders bedeutsamer Quellen: dieser sehr seltene Fall soll nach PI 218 eine individuelle Behandlung erhalten; eine Regelung, die nicht sehr einleuchtend erscheint und von der auch F 79 abrät.

5.221 Belletristik

Die Belletristik im allgemeinen und speziell jene der europäischen Literaturen im 17.-19. Jh. weist häufiger als andere Schriftenklassen *Verkleidungen der Verfasserangabe* auf: vgl. 1-A: Verifizierung der Verfasserschaft und insbesondere 1.5-Pseudonyme Schriften, 1.6-Anonyme Schriften, 1.7-Klassische Anonyma.

LIT Büchereifragen. Berlin 1924. S. 146–155: E. Ackerknecht (Wiss. Bibliothek). • ZfB. 45.1928, 594–617: W. Schultze (Wiss. Bibliotheken). • Mitt. NRW. NF. 9.1959, 62–70: J. Beer (Sondersammelgebiet in öff. Büchereien). • Der Bibliothekar. 21.1967, 676–689: H. Zenker (Allgemeinbildende Bibliothek); 29.1975, 397–398: I. Rix (Erschließung); 735–737: D. Ahlhelm (Erschließung). • BuB. 28.1976, 531–538: K. Seehafer (Öff. Bibliotheken).

5.222 Unterhaltungsliteratur

DEF Literatur, die nur unterhalten will, ohne ernsthafte Auseinandersetzung mit der Wirklichkeit und ohne künstlerische Wahrhaftigkeit.

PRO Unscharfer Sammelbegriff; umfaßt grundsätzlich auch Trivialliteratur, Schmutz- und Schundliteratur; die Grenze zur hohen Literatur (Belletristik) ist fließend. • Werke der Unterhaltungsliteratur können eventuell unter folgende Schriftenklassen fallen:

5.161-Minderwertige Unterhaltungsliteratur: vereinfachte, eventuell auch gar keine Aufnahme im AK.
5.221-Belletristik.
5.223-Science fiction.
5.224-Bilderbogen.
5.225-Comics.

LIT   P. Heitz, F. Ritter: Versuch einer Zusammenstellung der deutschen Volksbücher des 15. u. 16. Jh. Straßburg 1924. 219 S. • G. Sichelschmidt: Liebe, Mord und Abenteuer. Geschichte der dt. Unterhaltungsliteratur. Berlin 1969. 259 S. • J.-U. Davids: Das Wildwest-Romanheft in der Bundesrepublik. Tübingen 1969. 289 S. • R. Schenda: Volk ohne Buch. Studien zur Sozialgeschichte der populären Lesestoffe, 1770–1910. München 1977. 607 S. • BöBl. Ffm. 27.1971, 1085–1178: R. Schenda (Tausend deutsche populäre Drucke, 19. Jh.). • Der Kriminalroman. Zur Theorie u. Geschichte einer Gattung. Hrsg.: J. Vogt. München 1971. 595 S. • P. Nusser: Romane für die Unterschicht. Groschenhefte u. ihre Leser. Stuttgart 1973. 114 S. • K. Geiger: Kriegsromanhefte in der BRD. Tübingen 1974. 323 S. • C. Ritter: Woche für Woche. Report über die Regenbogenpostillen. Berlin 1974. 256 S. • Biblos. 23.1974, 341–349: U. Baur (Trivialliteratur in wiss. Bibliotheken). • BuB. 27.1975, 229–235: H. Lau (Trivialliteratur, K. May, öff. Bibliotheken). • Literatur für Viele. Studien zur Trivialliteratur u. Massenkommunikation im 19. u. 20. Jh. 1–2. Göttingen 1975–76. • R. Schenda: Die Lesestoffe der kleinen Leute. Studien zur populären Literatur im 19. u. 20. Jh. München 1976. 208 S. • Zur Archäologie der Popularkultur. Eine Dokumentation der Sammlungen von Produkten der Massenkunst, Massenliteratur u. Werbung. Hrsg.: L. Fischer u. a. Berlin: UB der TU 1979. 617 S. • Vgl. 5.161.

5.223   Science fiction

Der Zukunftsroman erfindet eine phantastische, aber möglich erscheinende künftige *Entwicklung der Naturwissenschaften* und der Technik, mit ihren Auswirkungen auf die Organisation der menschlichen Welt. • Eine Auseinandersetzung mit der Wirklichkeit kann man dem Zukunftsroman nicht absprechen: daher seine Verwandtschaft mit dem *5.182-Sachbuch;* durch die Phantastik ist er je nach künstlerischem Anspruch der *5.221-Belletristik* oder der *5.222-Unterhaltungsliteratur* zuzurechnen.

LIT   Neue Volksbildung. 19.1968, 210–216: E. Dolezal (Utopie, Science fiction, Sachbuch). • J. Hienger: Literarische Zukunftsphantastik. Göttingen 1972. 274 S. • Science fiction. Theorie u. Geschichte. Hrsg.: E. Barmeyer. München 1972. 383 S. • BuB. 24.1972, 1201–1202: H.-H. Kersten (Science fiction – was ist das?); 25.1973, 127–134: H. F. Neißer (Neue Gattung oder Stoffgruppe der Unterhaltungsliteratur?) • B. W. Aldiss: Billion year spree. The history of science fiction. London 1973. 339 S. • D. Hasselblatt: Grüne Männchen vom Mars. Düsseldorf 1974. 234 S. • Die deformierte Zukunft. Untersuchungen zur Science fiction. Hrsg.: R. Jehmlich u. a. München 1974. 208 S. • Encyclopedia of science fiction. Ed.: P. Nicholls. London 1979. 672 S.

5.224   Bilderbogen

3.20-Einblattdrucke, die Bilderfolgen mit *volkstümlichen Darstellungen* religiöser oder weltlicher Themen enthalten, zur Erbauung, Belehrung oder Unterhaltung. • Verwandt mit den 2.33-Flugschriften und den 5.225-Comics. • Die *Recherche* muß damit rechnen, daß Bilderbogen, wenn sie überhaupt erhalten sind, gewöhnlich nicht in den AK aufgenommen worden sind, sondern als Sondersammlungen verwaltet werden und *eigene Erschließungen* erhalten haben.

LIT   Die deutsche Volkskunde. Bd 2. Lpz. 1935. S. 476–487: A. Spamer. • Reallexikon der deutschen Kunstgeschichte. Bd 2. Stuttgart 1948. Sp. 549–561: A. Spamer. • Zeitschrift für deutsches Altertum und deutsche Literatur. 85.1954/55, 66–75: H. Rosenfeld (Mittelalterliche Bilderbogen). • Bulletin Jugend + Literatur. 6.1975, 17–18: E. Moser-Rath (Deutsche Bilderbogen). • Das gute Jugendbuch. 25.1975, 151–155: K. Fischer („Bei Gustav Kühn in Neuruppin"). • R. Schenda: Volk ohne Buch. München 1977. S. 271–275. • Vgl. 5.222-LIT: Zur Archäologie der Popularkultur. 1979.

5.225   Comics

DEF   Bildergeschichte mit kurzen erzählenden Texten und Dialogen, die als „Sprechblasen" in die Bilder eingefügt sind.

PRO   Aus dem 5.224-Bilderbogen entwickelte Darstellungsform der Trivialliteratur, jedoch in *Buchform* (oder Heften) und zunehmend auch zur Darstellung anderer Inhalte (Politik, Jugendliteratur) verwendet. • *Zeichnung und Text* stammen gewöhnlich aus einer Hand; mehrere Beteiligte (Zeichner, Textautor) wären als gleichberechtigte Verfasser am gemeinsamen Werk anzusehen, vgl. 1.21–1.22. • Bei der EOE wäre neben dem selbstverständlichen Verfassereintrag zu prüfen, ob für Comics eine *besondere Zitierweise* (eventuell: überwiegende Zitierung nach dem Sachtitel) anzunehmen ist, sodaß in Analogie zu 1.2 eine zusätzliche VW für den Sachtitel in Frage käme. • Für die *Recherche* sollte vorsorglich Auskunft eingeholt werden, ob Comics gesammelt und in den AK aufgenommen worden sind. • Nach dem Inhalt eventuell folgenden Schriftenklassen zuzuordnen:

5.161-Minderwertige Unterhaltungsliteratur
5.222-Unterhaltungsliteratur
5.226-Jugendliteratur
5.227-Kinderbücher

LIT   H. D. Zimmermann: Comic strips. Geschichte, Struktur, Wirkung u. Verbreitung. Ausstellung, Akademie d. Künste 1969/70. Berlin 1969. 103 S. • G. Metken: Comics. Ffm. 1970. 191 S. • K. Riha: Zok roarr wumm. Zur Geschichte der Comics-Literatur. Steinbach 1970. 144 S. • A. C. Baumgärtner: Die Welt der Comics. 4. Aufl. Bochum 1971. 134 S. • A. Stoll: Asterix, das Trivialepos Frankreichs. Köln 1974. 186 S. • Library journal. 99.1974, 2703–2707: W. Eisner (Comic books in the library). • W. U. Drechsel, J. Funhoff, M. Hoffmann: Massenzeichenware. Ffm. 1975. 299 S. • J. Kagelmann: Comics. Aspekte zu Inhalt u. Wirkung. Bad Heilbrunn 1976. 144 S. • W. J. Fuchs, R. Reitberger: Comics-Handbuch. Reinbek 1978. 318 S.

5.226   Jugendliteratur

Gehört in wissenschaftlichen Bibliotheken nach PI 23,1h zur *minderwichtigen Literatur,* vgl. 5.160, und erhält eine vereinfachte Aufnahme; in einschlägigen Fachbibliotheken (Pädagogik, Literaturwiss., Sozialwiss.) wird sie jedoch als *Quellenmaterial* mit normaler Titelaufnahme verzeichnet, vgl. z.B.: Internationale Jugendbibliothek, München. Alphabetischer Katalog. 1–5. Boston 1968; in öffentlichen Bibliotheken hat die Jugendliteratur ohnehin einen festen Platz im Bestand. • *Beziehungen* zum 5.182-Sachbuch, zu 5.225-Comics und 5.227-Kinderbüchern. • Die *Recherche* sollte vorsorglich Auskunft einholen, ob die Bibliothek Jugendliteratur besitzt und verzeichnet hat.

LIT   B. Hürlimann: Europäische Kinderbücher in drei Jahrhunderten. Zürich 1959. 247 S. • Probleme des Sachbuches für die Jugend. Tagung 1966. Hrsg.: R. Bamberger. Wien (1968). 176 S. • Lexikon der Jugendschriftsteller in deutscher Sprache. Hrsg.: L. Binder. Wien, um 1968. 219 S. • Das politische Kinderbuch. Hrsg.: D. Richter. Darmstadt 1973. 369 S. • Historische Aspekte zur Jugendliteratur. Hrsg.: Karl Ernst Maier. Stuttgart 1974. 148 S. • Egon Schmidt: Die deutsche Kinder- u. Jugendliteratur von der Mitte des 18. Jh. bis zum Anfang des 19. Jh. Berlin 1974. 143 S. • Lexikon der Kinder- und Jugendliteratur. Hrsg.: K. Doderer. 1–3. Weinheim 1975–79. • R. Bamberger: Jugendschriftenkunde. Wien 1975. 204 S. • Kinder- und Jugendliteratur. Zur Typologie u. Funktion. Hrsg.: G. Haas. 2. Aufl. Stuttgart 1976. 487 S. • C. Bravo-Villasante: Weltgeschichte der Kinder- u. Jugendliteratur. Hannover 1977. 436 S. • H. Wegehaupt: Alte deutsche Kinderbücher. Bibliographie 1507–1850. Hamburg 1979. 345 S.

5.227   Kinderbücher

Bücher für Kinder bis zu ca. 14 Jahren, werden oft im Zusammenhang mit der 5.226-Jugendliteratur behandelt. • *Besonders problematische* Gattung: von wissenschaftlichen Bibliotheken kaum erworben und erschlossen, in der Benutzung hohem Verschleiß ausgesetzt und daher nur selten und nur schlecht erhalten. • Eine Verzeichnung im AK müßte den Gesichtspunkt der Zitierweise besonders sorgfältig prüfen, vgl. 5.225-Comics.

LIT   C. Niederle: Die Kinderzeitschrift im Urteil ihrer Leser. Wien 1972. 144 S.; BöBl. Ffm. 27.1971, 2509–2547. • Das Bilderbuch. Geschichte u. Entwicklung in Deutschland. Hrsg.: K. Doderer u. a. Weinheim 1973. 542 S. • International library review. 6.1974, 253–291: Bibliographical control of children's literature (Heftthema). • BuB. 26.1974, 516–527: R. Cordes u. a. (85 Spiel- u. Beschäftigungsbücher). • Children's books in the Rare Book Division of the Library of Congress. 1–2. Totowa, N. J. 1975. • Deutsche Kinderbücher des 18. Jh. (Ausstellung). Wolfenbüttel 1978. 82 S. • Library trends. 27.1979, 421–567: The study and collecting of historical children's books (Heftthema). • H. Göbels: Hundert alte Kinderbücher aus dem 19. Jh. Dortmund 1979. 461 S. • BöBl. Ffm. 35.1979, Sonder-Nr. Bibliophilie, 56–59: B. Scharioth (Reprints alter Kinderbücher). • W. Weismann: Deutschsprachige Bilderbücher. Verzeichnis 1945–75 erschienener Titel. München 1980. 480 S.

5-Ee. Kunst

LIT M. W. Chamberlin: Guide to art reference books. Chicago: ALA 1959. 418 S. • D. L. Ehresmann: Fine arts. Bibliographic guide. Littleton, Colo. 1975. 283 S. • G. Muehsam: Guide to basic information sources in the visual arts. Oxford 1978. 266 S.

5.230 Abbildungswerke   Vgl. 6-B

5.231 Kunstdrucke   Vgl. 6.11

5.232 Werkverzeichnisse

Inhaltlich verschiedene Konzeptionen: (a) *Oeuvre-Kataloge* über Gesamtwerk oder Werkteile eines Künstlers; (b) *Kataloge* der Werke einer Sammlung oder eines Museums; (c) *Inventare* der Kunstdenkmäler einer Stadt oder Region. • Derartige Verzeichnisse sind *Nachschlagewerke*, ihr Stoff ist vorgegeben und läßt bei angestrebter Vollständigkeit dem Bearbeiter oder Verfasser nur wenig Gestaltungsspielraum: daher müßten auch Werkverzeichnisse nach 5-A: Quellen der ersten Information mit *enger Auslegung der Verfasserschaft* verzeichnet werden und im Zweifelsfall die HA unter dem Sachtitel erhalten, mit VW für personale Beteiligte. • Verzeichnung in Analogie zu *4.102-Gedruckten Katalogen* von Bibliotheken und Museen. • Die *Recherche* kann die EOE kaum kalkulieren und sollte daher grundsätzlich unter Personennamen *und* Sachtiteln nachschlagen; Einträge für Künstlernamen kann man nur erwarten, wenn das Werkverzeichnis die HA unter dem Sachtitel erhalten hat.

5.233 Kunstkataloge

Unscharfer Begriff. • Je nach Inhalt, Anlaß und Zweck einer der folgenden Schriftenklassen zuzurechnen:

4.121-Museums- u. Sammlungskataloge
4.142-Auktionskataloge
4.200-Ausstellungskataloge
5.232-Werkverzeichnisse
6.12-Kunstbände

5.234 Theaterzettel

Theaterzettel und allgemein *Programmhefte zu künstlerischen Veranstaltungen* jeder Art erscheinen in begrenzter Auflage, eventuell sogar periodisch, haben gewöhnlich geringen Umfang und einen sehr engen Vertriebsweg nur zu den Besuchern der Veranstaltungen; sie sind daher nur *selten erhalten,* stellen jedoch besonders als *Sammlungen* wichtige Quellen zur Geschichte der Künste und der Literatur dar. • Programmzettel werden überwiegend als *7.34-Archivmaterial* betrachtet, in eigenen Sammlungen verwaltet und in *Sonderverzeichnissen* erschlossen. • Sollten Programmzettel in den AK aufgenommen werden, so würden nach PI 18,2 nur Schriften mit eigenem Titelblatt oder von „selbständigem Wert" eigene Einträge erhalten; für die EOE wird nichts verfügt, sie hätte daher verschiedene Möglichkeiten: (a) der Programmtitel als Sachtiteleintrag, da ein Programmverfasser nur selten genannt sein wird; (b) ein Programmurheber (Theaterautor, Komponist usw.) als Verfassereintrag, würde wahrscheinlich auch dem Rechercheinteresse am besten dienen; (c) als 4.140-Firmenschrift unter dem Veranstalter; (d) bei periodischem Erscheinen als 2.14-Serien oder 2.15-Zeitschriften. • Die *Recherche* muß unbedingt Auskunft einholen über Vorhandensein und Erschließung in der Bibliothek.

LIT ZfB. 46.1929, 433–449: J. Gregor (Katalogisierung von theatralischen Beständen). • W. Klara: Vom Aufbau einer Theatersammlung. Berlin 1936. 34 S. • ZfB. 57.1940, 36–44: J. Gregor (Theatersammlung, NB Wien). • British Museum. Department of Printed Books. Register of playbills, programmes and theatre cuttings. London 1950. 54 Bl. • New York Public Library. Research Libraries. Catalog of the theatre and drama collections. P. 3: Non-book collections. Vol. 1–30. Boston 1976. • H. Holba: Film-Programme in der DDR, 1945–75. Wien, Ulm 1976. 266 S. • F. Heidtmann, P. S. Ulrich: Wie finde ich film- u. theaterwissenschaftliche Literatur. Berlin 1978. 186 S.

5-Ef. Musik

Musikalische Kompositionen bilden durch ihre schriftliche Fixierung in *Notenschrift* eine eigene Gruppe von Schriftenklassen. Dagegen unterliegen musiktheoretische und musikgeschichtliche Werke den allgemeinen Regelungen der Verzeichnung.

LIT P. Sieber: Grundsätzliche Fragen zum Sammeln, zur Katalogisierung, Aufstellung und Ausleihe von Musikalien an schweizerischen Bibliotheken nebst einer Wegleitung zur Titelaufnahme von Musikalien. Bern 1945. 43 S. • E. Weiß-Reyscher: Die Musikbücherei. Einrichtung u. Aufgaben, Anweisung zu Titelaufnahmen. Hamburg 1953. 61 S. • ZfB. 71.1957, 267–280: K.-H. Köhler (Sachkatalogisierung der „Musica practica"). • E.T. Bryant: Music librarianship. New York 1959. 503 S. • R. Schaal: Führer durch deutsche Musikbibliotheken. Wilhelmshaven 1971. 163 S. • Reader in music librarianship. Ed.: C. J. Bradley. Washington 1973. 340 S. • B. Bulling, H. Rösner: Die öffentliche Musikbibliothek. Berlin 1974. 126 S. • U. Hein, H. Hell: Musikdrucke, Schriften über Musik, Tonträger. Berlin 1978. 51 S. • International cataloguing. 8.1979, H.2, 18–24: Bibliographical control of printed music. • M. Jones: Music librarianship. London 1979. 130 S. • Musikleben und Musikbibliothek. Hrsg.: H. Waßner. Berlin 1979. 218 S.

5.240 Notendrucke

DEF Druck, der musikalische Kompositionen in Notenschrift wiedergibt, eventuell mit Abdruck dazugehöriger Texte.

PRO Notendrucke werden auch als *Musikalien* oder *musica practica* bezeichnet. • Können in Buchform, als Broschüre oder als Einzelblätter erscheinen. • Die Formalien der *Beschreibung der Noten* nach ihren charakteristischen Merkmalen wie Musikgattung, Besetzung, Tonart, Opuszahl usw. werden nach PI nicht eigens geregelt. • Für die EOE gilt nach PI 48 der *Komponist als Verfasser;* sie hängt ferner davon ab, (a) ob der Notendruck einen dazugehörigen Text enthält, (b) ob eventuell nur der Text zu einer Komposition ohne die Noten abgedruckt ist, (c) ob die Komposition den überwiegenden Inhalt oder nur eine Beigabe darstellt, als Anhang oder als Notenbeispiele im Text. • Die Frage, ob in Analogie zum Verfasser-Eintrag auch im Komponisten-Eintrag *Gruppen* (Werke; Teils.; usw.) vorangestellt werden sollen, bleibt nach PI offen; die Einzelwerke eines Komponisten werden möglichst nach *Opuszählungen* geordnet (anstelle des Alphabets der Sachtitel). • Die spezifischen Probleme in der bibliothekarischen Verwaltung von Notendrucken führen gewöhnlich dazu, daß Noten in *Sondersammlungen* verwaltet und eigens erschlossen werden. • Die *Recherche* sollte Auskunft einholen, ob Noten in den AK aufgenommen worden sind; grundsätzlich ist mit der Behandlung der Komponisten als Verfasser und der Textautoren als Beteiligte zu rechnen; für die von den PI nicht geregelten Fragen ist mit *lokal verschiedenen Regelungen* zu rechnen.

EOE Abhängig vom Inhalt des Druckes.

(A) *Komposition* ist einziger Inhalt: HA unter dem Komponisten als Verfasser.

(Aa) Komposition in *bearbeiteter Form:* fakultative VW für den Bearbeiter; vgl. 5.242-Klavierauszüge.

(B) *Komposition und dazugehöriger Text:* HA unter dem Komponisten als Verfasser, nur fakultative VW für den Textautor.

(C) *Komposition als Beigabe* zu einer Darstellung oder Erörterung: wenn die Komposition „einen wichtigen Bestandteil der Schrift" ausmacht (PI 20,3 c), fakultative VW für den Komponisten.

(D) Vgl. ferner die *Sonderfälle:* 5.241-Partituren; 5.242-Klavierauszüge; 5.243-Textbücher; 5.244-Gesangbücher.

PI 20,3 c. 48. 50–51. F 66,4. 85,2. 93,7. R 2.13.3 (S. 341 f.)

LIT ZfB. 45.1928, 45–50: W. Altmann (Katalogisierung). • E. Weiß-Reyscher: Anweisung zur Titelaufnahme von Musikalien. Lpz. 1938. 29 S. • ZfB. 64.1950, 343–351: W. Schmieder (Katalogisierung); 66.1952, 28–47: F. Grassberger (Einordnung im Autorenkatalog der Musikdrucke). • Papier und Druck. 5.1956, 27–30: R. Menzel (Notenstich, Notendruck). • W. Merlingen: Entwurf einer Katalogisierungsvorschrift für wissenschaftliche Bibliotheken (angewendet bei den Musikalien der UB Wien). H. 1–3. Wien 1954–55; H. 1: 2. Aufl. 1956. • Code international de catalogage de la musique. Vol. 1 ff. Ffm. 1957 ff. • ZfB. 73.1959, 511–516: H.-M. Plesske (Katalogisierung, Deutsche Bücherei). • Regeln zur Katalogisierung der in der Deutschen Bücherei eingehenden Musikalien. Lpz. 1959. 35 S. • G. Hinterhofer: Katalogisierungsvorschrift für Musikalien. In Anlehnung an die PI. München 1959. 159 S. • Regeln für die alphabetische Katalogisierung der Musikalien. Hrsg.: AIBM, Ländergruppe DDR. Lpz. 1962. 57 S. • Bibliothek und Wissenschaft. 2.1965, 85–160: E. Jammers (Neumenschriften, Neumenhandschriften, neumierte Musik). • J. Herzog: Die Ordnung der Musica practica im alphabetischen Katalog mit Hilfe von Formnamen, Gattungsnamen und „Inhaltsdeutenden Titeln". Köln: BLI-Ex.-Arb. 1966. 57 S. • Musik und Verlag. Festschrift K. Vötterle. Kassel 1968. S. 222–231: K. Dorfmüller (Musiktitel als Katalogprobleme). • Die Ordnung der Titel im Autorenkatalog der Musikalien. Empfehlungen. Hrsg.: IVBM, Ländergruppe DDR. Lpz. 1969. 15 S. • Form und Technik. 22.1971, H. 1,7–8: R. Büchner (Notenstich). • Code international de catalogage de la musique. Vol. 3: Rules for full cataloging. Comp.: V. Cunningham. Ffm. 1971. 116 S. • BuB. 24.1972, 64–66: H. Mach (Katalogisierung). • Guide for dating early published music. A manual of bibliographical practices. Comp.: D. W. Krummel. Hackensack, N. J. 1974. 286 S. • B. Redfern: Organizing music in libraries. 2: Cataloguing. Rev. ed. London 1979. 151 S. • Manuale di catalogazione musicale. Red.: A. M. Caproni. Roma 1979. 106 S.

5.241 Partituren

DEF Druck einer mehrstimmigen Komposition mit tabellarischer Darstellung aller Stimmen auf eigenen Liniensystemen derart, daß alle gleichzeitig erklingenden Noten untereinander stehen.

PRO *Abgrenzung* gegen den 5.242-Klavierauszug, der auch als „Klavierpartitur" bezeichnet wird; ferner gegen die Drucke von Einzelstimmen. • Die *Partitur* ist die vollständige, komplexe Darstellung einer mehrstimmigen Komposition; *Einzelstimmen* sind 5.95-Teilausgaben der Komposition; *Klavierauszüge* sind zugleich Bearbeitung und Zusammenfassung der Komposition. • Nach F 66,4 muß der *Charakter des Druckes* (Partitur, Einzelstimme, Auszug) aus der Titelaufnahme ersichtlich sein, erforderlichenfalls in einer Notiz vermerkt sein; Fuchs verwendet diese Angaben offensichtlich *nicht* als Ordnungszusätze.

EOE Vgl. 5.240-Notendrucke; alle Ausgaben (Partitur, Einzelstimme, Auszug) erhalten die HA unter derselben Ansetzung.

LIT K. Haller: Partituranordnung und musikalischer Satz. Tutzing 1970. 320 S.

5.242 Klavierauszüge

DEF Bearbeitung eines nicht für das Klavier komponierten Musikwerks zur Wiedergabe auf dem Klavier.

PRO Ist nur der Instrumentalteil der Komposition für das Klavier bearbeitet und sind die Singstimmen unverändert darübergesetzt, spricht man von einer „Klavierpartitur". • Mit dem *Bearbeiter des Klavierauszugs* kann ein weiterer Beteiligter auftreten und eine fakultative VW erhalten. • Zur Frage eines *Ordnungszusatzes* in der HA des Klavierauszugs, um die ursprüngliche Komposition und den Klavierauszug als verschiedene Ausgaben unter derselben Ansetzung zu gruppieren, vgl. 5.241-Partituren.

EOE Vgl. 5.240-Notendrucke; die ursprüngliche Komposition und der Klavierauszug erhalten die HA unter derselben Ansetzung; fakultative VW für den Bearbeiter, Arrangeur. PI 48.

LIT BuB. 22.1970, 44: A. Ott (Klavierauszüge von Bühnenwerken, Sondersammelgebietskatalog).

5.243 Textbücher zu Kompositionen

DEF Druck eines Textes, der Teil eines musikalischen Werkes ist, ohne die dazugehörige Komposition.

PRO Den größten Anteil stellen Opern-Textbücher, „Opernlibretti", deshalb auch kurz: „Libretti". • Nach PI 51 ist für das Textbuch die *Zugehörigkeit zum musikalischen Werk* entscheidend: deshalb erhält auch das reine Textbuch seine HA unter dem Komponisten.

EOE HA unter dem Komponisten, VW für den Textautor. PI 51. F 66,4. 85,2. 93,7. R 2.13.3 (S. 341).

LIT ZfB. 32.1915, 137–145: R. Kaiser (Katalogisierung); 66.1952, 206–219: F. Grassberger (Bibliographie, Katalogisierung). • E. Thiel: Libretti. Verzeichnis der bis 1800 erschienenen Textbücher (HAB Wolfenbüttel). Ffm. 1970. 395 S.

5.244 Gesangbücher, Liederbücher

Sammlungen von *geistlichen Liedern* (Gesangbuch) und *weltlichen Liedern* (Liederbuch) enthalten gewöhnlich Lieder von mehr als 3 Verfassern und Komponisten und werden nach PI 36 wie *5.62-Antho-logien* verzeichnet, mit HA unter dem Herausgeber als Verfasser im erweiterten Sinn, ohne VW für den Sachtitel. • Wenn *Gesangbücher* von amtlicher kirchlicher Stelle herausgegeben oder autorisiert sind, gehören sie zu den *4.165-Liturgischen Schriften*: in diesem Fall tritt ein personaler Herausgeber (wenn überhaupt einer genannt ist) hinter der Korporation zurück und der Druck erhält die HA unter dem Sachtitel, gegebenenfalls mit VW für den Herausgeber.

LIT P. Wackernagel: Das deutsche Kirchenlied von der ältesten Zeit bis zum Anfang des 17. Jh. 1–5. Lpz. 1864–1877. • W. Bäumker: Das katholische deutsche Kirchenlied in seinen Singweisen. 1–4. Freiburg 1886–1911. • F. Harzmann: In dulci jubilo. Aus der Naturgeschichte des deutschen Kommersbuchs. München 1924. 80 S. • J. Hacker: Die Messe in den deutschen Diözesan-Gesang- und Gebetbüchern von der Aufklärung bis zur Gegenwart. München 1950. 148 S. • C. Mahrenholz: Das evangelische Kirchengesangbuch. Kassel 1950. 119 S. • Günter Müller: Geschichte des deutschen Liedes. Nachdr. Darmstadt 1959. 336 S. • H. J. Moser: Das deutsche Lied seit Mozart. 2. Aufl. Tutzing 1968. 440 S.

5-Eg. Recht

LIT ZfB. 37.1920, 259–266: F. Labes (Aufnahme juristischer Schriftentitel). • H. Kirchner: Abkürzungsverzeichnis der Rechtssprache. 2. Aufl. Berlin 1968. 499 S. • Manual of law librarianship. Ed.: E. M. Moys. London 1976. 733 S. • G. Köbler: Juristisches Wörterbuch für Studium und Ausbildung. München 1979. 334 S. • R.-E. Walter, F. Heidtmann: Wie finde ich juristische Literatur. Berlin 1980. 253 S.

5.250 Rechtsüberlieferungen

Erste Aufzeichnungen von mündlich überlieferten Rechten (Rechtsbücher, Weistümer) sind überwiegend noch in handschriftlicher Form entstanden und überliefert worden; ihre *gedruckten Ausgaben* stellen daher für die Verzeichnung eventuell dieselben Probleme wie *1.7-Klassische Anonyma*, auch wenn es sich um Verfasserschriften handelt.

LIT G. Homeyer: Die deutschen Rechtsbücher des Mittelalters und ihre Handschriften. 1–2. Weimar 1931–34. • H. Conrad: Deutsche Rechtsgeschichte. Bd 1: Frühzeit u. Mittelalter. 2. Aufl. Karlsruhe 1962. 496 S. • D. Werkmüller: Über Aufkommen und Verbreitung der Weistümer. Berlin 1972. 190 S.

5.251 Gesetze, Verordnungen

Erscheinen gewöhnlich in drei verschiedenen Formen: (a) bei der Verkündung im *Gesetzblatt,* (b) als *Einzelausgabe,* (c) in *Sammlungen.* • Ist die Ausgabe von einer Behörde herausgegeben oder veranlaßt, handelt es sich um eine *amtliche Ausgabe,* vgl. *4.20-Amtsdruckschriften,* insbesondere *4.24-Gesetzblätter;* alle anderen Ausgaben sind keine Amtsdruckschriften. • In der Rechtsliteratur haben Kommentare eine besondere Bedeutung; vgl. deshalb *5.253-Gesetzeskommentare,* die oft den Text des kommentierten Gesetzes abgedruckt enthalten. • *Amtliche Abkürzungen* der Gesetzestitel werden oft in die Sachtitelformulierungen der Druckausgaben eingefügt; nach F 104,2 gehören diese eingefügten Abkürzungen (Zitiertitel) *nicht* zum Sachtitel und werden deshalb auch nicht zur Bestimmung der OW herangezogen. • *Datierungen in Sachtiteln* von Gesetzen werden nach PI 202,4 für die Ordnung übergangen, wenn das Gesetz neben der Datierung noch durch eine sachliche Angabe näher bestimmt wird, vgl. 11.12.6. • Hinweise zur *Recherche* siehe EOE.

EOE Abhängig von Erscheinungsform und Inhalt.

(A) *Verkündung im Gesetzblatt*
 Nur das *4.24-Gesetzblatt* als Periodikum erhält eine HA unter dem Sachtitel; die darin abgedruckten Gesetze und Verordnungen tragen keine eigenen Titelblätter, gelten daher als bibliographisch unselbständig erschienen und erhalten keine Katalogeinträge, vgl. 3.62. • Wenn für das Gesetz keine andere Ausgabe (Einzelausgabe; Sammlung; Kommentar mit Text) belegt und die *Recherche* daher auf den Abdruck im Gesetzblatt angewiesen ist, muß über Fachbibliographien der Gesetzblatt-Sachtitel, Jahrgang und Seitenzahl festgestellt werden.

134

(B)   *Einzelausgaben*

(Ba)   *Ältere Gesetze, „Wir"-Verordnungen:* vgl. 4.22-Ältere Amtsdruckschriften.

(Bb)   *Neuere Gesetze:* erhalten in Ermangelung personaler Verfasser grundsätzlich die HA unter dem
       Sachtitel, und zwar nach PI 217 unter dem amtlichen Originaltitel, mit fakultativer VW für
       abweichende Sachtitel; vgl. 4.23-Neuere Amtsdruckschriften.

(C)   *Sammlungen*

       Nach PI 40 und F 93,1 a–b werden auch Sammlungen von Gesetzen und Verordnungen nach
       dem Kriterium der *Vollständigkeit* unterschieden. Nach PI 40 gelten sachlich und örtlich be-
       grenzte Sammlungen als unvollständig; im Zweifelsfall nimmt F 93,1b Vollständigkeit an,
       „wenn sie im Titelblatt nicht ausdrücklich verneint wird"; die von Fuchs bevorzugte Annahme
       der Vollständigkeit ist für die *Recherche* wesentlich vorteilhafter, weil sie zu Einträgen unter
       Sachtitel *und* Herausgeber führt.

(Ca)   *Vollständigkeit anstrebende* Sammlungen: HA unter dem Sachtitel, VW für den Herausgeber;
       als vollständig werden auch alle Sammlungen behandelt, die der Gesetzgeber selbst zusammen-
       stellt, z.B.: BGB, Konkursordnung, Zivilprozeßordnung.

(Cb)   *Auswahl-Sammlungen:* vgl. 5.62-Anthologien, mit HA unter dem Herausgeber, *ohne* VW vom
       Sachtitel.

(D)   *Gesetzeskommentare* mit Abdruck des Gesetzes: vgl. 5.253.

PI 40. 58. 202,4. 217. F 20,1b. 78,2b. 79,1 (S.166). 80,2. 93,1 a.b.f. 104,2. 109,2g. R 2.13. 2.13.1
(S. 323). 2.14.

LIT International Conference on Cataloguing Principles, Paris 1961. Report. London 1963. S. 165–174: V. A.
Vasilevskaya (Entries under corporate authors; laws and treaties). • Mitt. NRW. NF. 13.1963, 88–94: K. Löffler
(Titelaufnahme, Gesetze, juristische Kommentare, Staatsverträge); 15.1965, 126–133: K. Löffler (Titelaufnahme,
Gesetze, amerikanische u. sowjetische Praxis). • Mitteilungen der Arbeitsgemeinschaft für juristisches Bibliotheks-
u. Dokumentationswesen. 6.1976, Nr. 3, 118–130: R. Jung (Einordnung nach RAK: Gesetze, Sammlungen,
Kommentare). • Mitteilungen der Arbeitsgemeinschaft der Parlaments- u. Behördenbibliotheken. Nr. 45.1978,
3–29: R. Jung (Titelaufnahme nach RAK: Gesetze, Sammlungen, Kommentare). • Vgl. 4.20, 4.21; 5-Eg:
Labes 1920.

5.252   Materialien zu Gesetzen

DEF Schriftliche Unterlagen, die im Instanzenweg zur Verabschiedung eines Gesetzes oder zum Erlaß
einer Verordnung eingebracht werden: ältere Gesetze und Verordnungen zum selben Gegenstand,
Dokumente, Akten, Berichte, Gutachten, Stellungnahmen, Anhörungs- und Verhandlungsprotokolle,
Entwürfe für den Gesetzes- oder Verordnungstext.

PRO *Abgrenzung* gegen Stellungnahmen, Abhandlungen oder Kommentare, die nach Erlaß der
Gesetze und Verordnungen erarbeitet werden. • Können als Arbeitsunterlagen *parlamentarischer
Gremien* (z.B. Parlamentsdrucksachen) erscheinen, vgl. 4.21-Parlamentaria; können jedoch auch aus
anderer Initiative und auch später veröffentlicht werden. • Regelwerk und Kommentar stimmen in der
EOE nicht ganz überein:

PI 40: „Sachlich und örtlich begenzte Sammlungen von ... Materialien zu Gesetzen werden unter den
         Herausgeber gestellt." Für Gesetzentwürfe wird keine eigene Regelung getroffen.

F 93,1f (S.202) sieht dagegen für „Begründungen, Materialien, Motive, Register usw., die zu einem
         bestimmten Gesetz oder Gesetzentwurf gehören", die Einordnung unter dem Titel dieses
         Gesetzes oder Entwurfs vor. Er bezieht sich dabei auf PI 47, weil er die Gesetzesmaterialien
         in Analogie zu den Registern behandelt. • Gesetzentwürfe erhalten nach Fuchs die HA unter
         dem personalen Verfasser oder unter ihrem eigenen Sachtitel.

Die *Recherche* muß daher mit Uneinheitlichkeiten in den Katalogen rechnen und vorsorglich (a)
Sammlungen von Materialien stets sowohl unter dem Herausgeber wie auch unter dem Sachtitel des
Gesetzes oder auch unter dem Sachtitel der Sammlung suchen; (b) die Einordnung des Gesetzentwurfs
unter Verfasser oder Sachtitel weist keine Besonderheiten auf.

EOE Abhängig vom Inhalt.

(A)   *Entwurf zum Gesetz:* nach Grundregel 0.7.1 HA unter 1–3 Verfassern oder dem Sachtitel.

(B)   *Materialsammlung zum Gesetz:* nach PI 40 mit HA unter dem Herausgeber, ohne VW vom Sach-
       titel; nach F 93,1f. mit HA unter dem Sachtitel des Gesetzes, gegebenenfalls wird die Material-

sammlung wie ein weiterer Band an die Gesetzesausgabe angeschlossen; fakultative VW für den Herausgeber und den Sachtitel der Sammlung.

PI 40. F 93,1 f (S. 202). R 2.13.1 (Bsp. 267).

LIT ZfB. 17.1900, 505–516: G. Kerber (Katalogisierung parlamentarischer Drucksachen). • Der Archivar. 27.1974, Sp.229–232: H.C. Hillner (Gesetzesmaterialien als Auslegungshilfe). • Vgl. 4.20, 4.21.

5.253 Gesetzeskommentare

PRO Vgl. allgemein 5.200-Kommentare. • Der Gesetzeskommentar ist − stärker als Kommentare zu anderen Werken − gezwungen, den kommentierten Text (das Gesetz, die Verordnung) weitgehend zu zitieren, sodaß der *Kommentar* oft zugleich einen *Abdruck des Gesetzes* enthält: daher muß jeder Druck, der einen Kommentar zu einem Gesetz enthält, daraufhin geprüft werden, ob ein reiner 5.200-Kommentar oder eine 5.112-Kommentierte Gesetzesausgabe vorliegt. • *Sonderfall:* wenn nicht ein Gesetz, sondern eine Gesetzessammlung kommentierend herausgegeben wird, so hat der zusätzliche Kommentar keinen Einfluß auf die Einordnung der Gesetzessammlung nach 5.251-EOE(C). • Die EOE hängt ab vom Charakter des Drucks: Kommentar oder Gesetzesausgabe; nach F 93,1 f soll sich die Unterscheidung an der *Titelblattaussage* orientieren, Fuchs entwickelt folgende Kriterien für den *Kommentar:* (a) „Kommentar zu … (Titel des Gesetzes)", oder (b) im Zusatz zum Sachtitel wird die Schrift deutlich als Kommentar oder Erläuterung bezeichnet, oder (c) der Druck erscheint in einer Serie, die nach ihrem Sachtitel Kommentare vereint, oder (d) wenn der Druck den Sachtitel des Gesetzes trägt und der Kommentator mit „Von …" oder „Kommentar von …" angeschlossen wird; Kriterien für die *Gesetzesausgabe:* (a) der Druck trägt den Sachtitel des Gesetzes und der Kommentator wird mit „Herausgegeben und kommentiert von …", „Mit einem Kommentar von …", „Erläutert von …" angeschlossen, (b) im Zweifelsfall soll für die Gesetzesausgabe entschieden werden, weil damit 2 Einträge entstehen (anstatt des einen Eintrags für einen Kommentar). • Die *Recherche* kann damit rechnen, daß der Kommentator stets einen Eintrag erhält (HA oder VW), daß dagegen das im Kommentar mitabgedruckte Gesetz nur dann einen Eintrag erhält, wenn der Druck als Gesetzesausgabe angesehen wird, was nach den Kriterien von F 93,1 f aus der Sicht der Recherche nicht immer nachzuvollziehen ist.

EOE Abhängig von Inhalt und Titelblattaussage.

(A) *Reiner Kommentar* oder nach Titelblatt in der *Hauptsache Kommentar:* HA unter dem Kommentator; nach F 93,1 f *keine* VW für den eventuell enthaltenen Gesetzestext.
(B) *Kommentar mit Abdruck des kommentierten Gesetzes* und nach Titelblattaussage erscheint der Kommentar nicht als Hauptsache: vgl. 5.112-Kommentierte Ausgabe, mit HA unter dem Gesetz nach 5.251-EOE(Bb) unter seinem amtlichen Originaltitel, mit VW für den Kommentator und fakultativer VW für einen abweichenden Sachtitel.

PI 20,2 a. F 93,1 f. R 2.14.

LIT R.-E. Walter, F. Heidtmann: Wie finde ich juristische Literatur. Berlin 1980. S. 190–194: Gesetzeskommentare.

5.254 Entscheidungssammlungen

PRO Entscheidungen der Gerichte interpretieren das geltende Recht und entwickeln es weiter; Veröffentlichungen von Entscheidungssammlungen gehören daher zu den *wichtigsten Quellen* für Rechtsprechung und Rechtswissenschaft. • Diese Sammlungen sind Listen der ergangenen Urteile mit Angaben der wesentlichen Merkmale der Fälle und der Entscheidungen sowie der Aktenzeichen, unter denen man die vollständigen Urteile bei den betreffenden Gerichten anfordern kann; insofern sind sie den *5.203-Regesten-Werken* vergleichbar. • Als Folge der kontinuierlichen Rechtsprechung und der Bedeutung möglichst aktueller Information wählen die Entscheidungssammlungen überwiegend die *periodische Erscheinungsweise;* inhaltlich erfassen sie überwiegend die Entscheidungen *eines Gerichts,* einer Gruppe von Gerichten, seltener nach Themenkreisen. • Für die EOE ist der *Sammlungscharakter* maßgebend; damit stellt sich die Frage der 1.13-Auswahlsammlung und des 5.203-Regestenwerks: beide Fälle würden zur HA unter dem Herausgeber führen; die überwiegend periodische Erscheinungsweise als 2.15-Zeitschriften oder 2.16-Zeitschriftenartige Serien führt jedoch zur HA unter dem Sachtitel, ebenso für nicht-periodische, aber *vollständige* Sammlungen der Entscheidungen eines Gerichts.

EOE Abhängig von Erscheinungsweise und Inhalt.

(A) *Periodika:* als 2.15-Zeitschriften oder 2.16-Zeitschriftenartige Serien, mit HA unter dem Sachtitel.

(B) *Nicht-periodisches Erscheinen:*

(Ba) *Vollständige* Sammlungen in bezug auf bestimmte Gerichte oder Zeiträume: HA unter dem Sachtitel, VW für Herausgeber oder Bearbeiter.

(Bb) *Auswahlsammlungen:* nach 1.13 oder als 5.203-Regesten-Werk mit HA unter dem Herausgeber oder Bearbeiter, *ohne* VW für den Sachtitel.

LIT R.-E. Walter, F. Heidtmann: Wie finde ich juristische Literatur. Berlin 1980. S. 145–152: Entscheidungssammlungen.

5.255 Factums

DEF In der Rechtsprechung Frankreichs von einer Prozeßpartei zur Vertretung ihrer Interessen vor Gericht eingebrachte und veröffentlichte Sachverhaltsdarstellung.

PRO Factums erscheinen nicht immer in gedruckter Form. • Werden in *französischen Verzeichnissen* (nach: Guide pratique du catalogueur, 1977) unter dem Schlagwort „Factum" mit dem Namen der verantwortlichen Prozeßpartei eingetragen; mehrere VW für: (a) Schlagwort „Factum" mit dem Namen der gegnerischen Prozeßpartei, (b) Namen der verantwortlichen Prozeßpartei, (c) Namen der gegnerischen Prozeßpartei, (d) Namen des unterzeichneten Rechtsanwalts, (e) Sachtitel, die keineswegs immer den Begriff „Factum" enthalten, sondern die Schrift häufig als „Mémoire", „Observation" oder „Réflexions" bezeichnen. • Mit einer Sammlung und Verzeichnung von *Factums in Deutschland* ist nur für wenige, hochspezialisierte Bibliotheken zu rechnen.

LIT Catalogue des factums et d'autres documents judiciaires antérieurs à 1790. (Bibliothèque nationale.) Par A. Corda (u. a). T. 1–7; Tables 1–3. Paris 1890–1936. • Bulletin des bibliothèques de France. 16.1971, 207–217: Le catalogage des factums, procès et recueils de l'histoire de France à la Bibliothèque nationale; 19.1974, 429–451: N. Coisel (Catalogage des factums 1790–1959 de la Bibliothèque nationale). • Centre bibliographique national. Guide pratique du catalogueur. Par M. Pelletier. Paris 1977. S. 171: Factum.

5.256 Urkundenbücher

DEF Sammlung der Texte von Urkunden und urkundlichen Quellen im weiteren Sinn, die sich auf eine Korporation, einen Personenkreis, ein Gebiet oder einen Gegenstand der historischen Forschung beziehen.

PRO *Abgrenzung* gegen 5.203-Regestenwerke, die die urkundlichen Belege nur auflisten und die wichtigsten Daten referieren, jedoch die Urkundentexte nicht vollständig abdrucken. • Die EOE hängt angesichts des *Sammlungscharakters* von der Vollständigkeit oder dem Auswahlcharakter ab; nach F 93,1b soll die Vollständigkeit der Sammlung schon dann angenommen werden, wenn die Vollständigkeit „im Titelblatt nicht ausdrücklich verneint wird". • Die *Recherche* kann stets mit einem Eintrag für den Herausgeber oder Bearbeiter rechnen; jedoch geht bei Verzeichnung als 1.13-Auswahlsammlung der Eintrag für den Sachtitel verloren.

EOE Abhängig von inhaltlicher Konzeption und Titelblattaussage.

(A) *Vollständige* oder Vollständigkeit anstrebende Sammlung: HA unter dem Sachtitel, VW für den Herausgeber.

(B) *Auswahl-Sammlung:* vgl. 1.13, mit HA unter dem Herausgeber als Verfasser im erweiterten Sinn, *ohne* VW für den Sachtitel.

PI 36 (Bsp. 5). F 93,1a–b. R 2.13.1.

5-Eh. Geographie: Kartographie

LIT ZfB. 22.1905, 11–23: H. Meisner (Kartensammlungen, Ordnung, Verwaltung). • M. Eckert: Die Kartenwissenschaft. 1–2. Berlin 1921–25. • ZfB. 48.1931, 269–288: N. Fischer (große Kartensammlungen). • H. Kramm: Verzeichnis deutscher Kartensammlungen. Wiesbaden 1959. 84 S. • Internationales Jahrbuch für Kartographie. 3.1963, 181–212: E. Meynen (Wissenschaftliche Kartensammlung). • H.-J. Kahlfuß: Zentrale Kartensammlungen an westdeutschen Hochschulen. Bad Godesberg 1967. 65 S., 31 Bl. • K. A. Salistschew (Sališčev): Einführung in die Kartographie. 1–2. Gotha 1967. • W. Witt: Thematische Kartographie. 2. Aufl. Hannover 1970. 1152 Sp. • Karten in Bibliotheken. Festgabe H. Kramm. Hrsg.: L. Zögner. Bonn-Bad Godesberg 1971. 133 S. • M. Larsgaard: Map librarianship. An introduction. Littleton 1978. 330 S. • The map librarian in the modern world. Festschrift W. W. Ristow. München 1979. 295 S.

5.260 Karten

DEF Druck mit Abbildung der Oberfläche der Erde (geographische Karte), anderer Planeten, Gestirne oder des Sternenhimmels, gewonnen durch Projektionen der dreidimensionalen Gebilde in die zweidimensionale Darstellungsebene der Karte.

PRO Verschiedene *Erscheinungsformen:* (a) die *Einzelkarte* als bibliographisch selbständiger 3.20-Einblattdruck ist der Normalfall, der die besonderen Verzeichnungsprobleme der Schriftenklasse aufweist; (b) für Einzelkarten in *Buchform* vgl. 5.261-Atlanten; (c) *Kartensätze* werden als Einheit, eventuell aber auch als Einzelkarten verzeichnet; (d) als *Beigaben* zu einer Druckschrift, angebunden oder lose, erscheinen sie bibliographisch unselbständig und werden in der Titelaufnahme nur im Beigabenvermerk oder in der Umfangsangabe vermerkt, vgl. 5.113-Ausgaben mit Beigaben. • *Charakteristische Merkmale* der Karte nach PI-Anlage VI,3: (a) als *Verfasser* gilt derjenige, „der die geographische Situation der Karte entworfen hat, unter Umständen auch der Zeichner oder Stecher"; (b) als weitere *Beteiligte* können Zeichner, Stecher und Herausgeber genannt sein, „als Stecher gilt auch das neben dem Verleger angegebene lithographische oder kartographische Institut"; (c) als *Sachtitel* gilt „die Benennung der Karte und die Angabe ihrer räumlichen (geographischen) Begrenzung", bei fehlendem Sachtitel wird nach F 66,1 ein Sachtitel fingiert und hierzu der Name des in der Karte dargestellten geographischen Bereichs gewählt; (d) bei *Jahresangaben* sind zu unterscheiden „das Jahr der topographischen (geognostischen) Aufnahme und das Jahr des Stiches"; (e) nach PI-Anlage VI,7 werden auch *Reisende und Expeditionsleiter,* „auf deren Untersuchungen und Angaben die Karte beruht", als weitere Beteiligte berücksichtigt. • Die EOE erfolgt auch für Karten nach der Grundregel 0.7.1, jedoch mit ergänzenden Bestimmungen der PI-Anlage VI: nach § 4b erfolgt die HA unter dem Sachtitel, wenn mehr als 3 Verfasser *oder* mehr als 3 Zeichner mitgearbeitet haben, und nach § 7 wird das Verweisungsprogramm erweitert; da auch ein kartographisches Institut als Stecher gelten soll (s.o.), müßte sich bei der VW ein korporativer Eintrag ergeben, wofür jedoch weder PI noch Fuchs Beispiele geben. • Wegen ihrer besonderen Problematik werden Karten gewöhnlich in *Sondersammlungen* verwaltet und oft auch separat erschlossen. • Die *Recherche* sollte unbedingt Auskunft einholen, ob Karten überhaupt in den AK aufgenommen worden sind.

EOE HA unter 1–3 Verfassern; bei mehr als 3 Verfassern oder mehr als 3 Zeichnern HA unter dem Sachtitel; VW für Zeichner, Stecher und Reisende; außerdem alle gewöhnlichen VW nach PI 20.
PI 27. Anl. VI. F 66,1–2. R 1.4.2,10.

LIT ZfB. 37.1920, 227–230: H. Praesent (Kartentiteldrucke, Kartenbibliographien). • M. Eckert: Kartenkunde. 3. Aufl. Berlin 1950. 149 S. • W. Bormann: Allgemeine Kartenkunde. Lahr 1954. 142 S. • ZfBB. 5.1958, 1–11: H. Kramm (Titelaufnahme, Reform der PI-Anlage VI). • F. Engel: Über das Ordnen und Verzeichnen von historischen Karten und Plänen (Nieders. Staatsarchiv, Hannover). Göttingen 1958. 33 S. • ZfBB. 12.1965, 168–179: H. Kramm (Titelaufnahme von alten Karten). • ZfB. 81.1967, 280–283: H. Hofmann (Karten in Büchern, Zeitschriften). • American Geographical Society of New York. Cataloging and filing rules for maps and atlases in the Society's collection. Rev. ed. by R. Drazniowsky. New York 1969. 92 S. • Über Bücher, Bibliotheken und Leser. Festschrift H. Kunze. Lpz. 1969. S. 59–74: E. Klemp (Alte Karten, Erschließungsprobleme). • E. Meynen: Die Titelaufnahme von Karten. Bonn-Bad Godesberg 1970. 53 S. • L. Bagrow, R. A. Skelton: Meister der Kartographie. 4. Aufl. Berlin 1973. 594 S. • Handling special materials in libraries. Ed.: F. E. Kaiser. New York 1974. S. 76–90: F. K. Drew (Cataloging). • ISBD (CM). International standard bibliographic description for cartographic materials. London: IFLA 1977. 58 S.

5.261 Atlanten

DEF   Kartenwerk in Buchform.

PRO   Gelegentlich bezeichnen sich auch Abbildungswerke anderer Fachgebiete als „Atlanten", z.B. in der Medizin; zur Schriftenklasse gehören jedoch nur die geographischen und Himmelsatlanten. • Nach PI-Anlage VI,6 werden *Atlanten wie Bücher* verzeichnet, jedoch mit ergänzenden Regelungen: (a) für *ältere Atlanten* (etwa vor 1750 erschienen) wird wegen ihrer Seltenheit und Bedeutung jedes einzelne Blatt wie eine 5.260-Einzelkarte mit eigener HA verzeichnet; (b) bei *neueren Atlanten* können einzelne Karten zusätzliche HA als 5.260-Einzelkarten erhalten, wenn ihre Verfasser auf dem Haupttitelblatt des Atlas nicht genannt sind. • Atlanten als *Teile von mehrbändigen Werken* unterliegen denselben Regelungen wie alle einzelnen Bände des 2.12-Mehrbändigen Werks, PI 13,1.

EOE   HA nach Grundregel 0.7.1; der Verfasserbegriff ist in Analogie zu 5.260-Karten gegebenenfalls auch auf Zeichner und Stecher auszudehnen. PI 11,6. 13,1. Anlage VI,6. F 66,2.

LIT   Kartographische Studien. Festschrift H. Haack. Gotha 1957. S. 35–68: W. Bormann (Atlaskartographie). • Kartographische Nachrichten. Remagen. 11.1961, 1–8: W. Horn (Geschichte der Atlanten). • Petermanns Geographische Mitteilungen. 107.1963, 57–73: K. A. Sališčev (Regionalatlanten). • R. Habel: Ihr Atlas. Eine Betrachtung zu Entstehung und Inhalt. Gotha 1968. 108 S. • Atlaskartographie. W. Bormann u.a. Karlsruhe 1973. 54 S. • BuB. 25.1973, 343–345: O.-R. Rothbart (Neue Atlanten – alte Bekannte). • The geographical review. 64.1974, H.1, 111–139: M. Murphy (Atlases of the Eastern Hemisphere, survey). • Vgl. 5.260.

5.262 Globen

DEF   Nachbildung der Erde, eines Himmelskörpers oder der scheinbaren Himmelskugel durch ein Kugel-Modell mit kartographischer Darstellung.

PRO   Weder Regelwerk noch Kommentar erwähnen Globen. Für eine EOE nach PI kann nur in Analogie auf 5.260-Karten zurückgegriffen werden.

LIT   M. Fiorini: Erd- und Himmelsgloben, ihre Geschichte und Konstruktion. Lpz. 1895. 137 S. • E.L. Stevenson: Terrestrial and celestial globes. Their history and construction. 1–2. New Haven 1921. • O. Muris, G. Saarmann: Der Globus im Wandel der Zeiten. Berlin 1961. 287 S. • H. Grötzsch: Die ersten Forschungsergebnisse der Globusinventarisierung in der DDR. Berlin 1963. 202 S. • A. Fauser: Die Welt in Händen. Kurze Kulturgeschichte des Globus. Stuttgart 1967. 184 S. • W. Horn: Die alten Globen der Forschungsbibliothek und des Schloßmuseums Gotha. Gotha 1976. 103 S. • Vgl. 5.260.

5.263 Geographische Reliefmodelle

Behandlung in Analogie zu 5.262-Globen.

5-Ej.   *Naturwissenschaften, Technik*

LIT   Lexikon der Geschichte der Naturwissenschaften. 1ff. Wien 1959 ff. • International scientific organizations. Ed.: K.O. Murra. Washington 1962. 794 S. • M. Rehm: Publikationsformen in den Naturwissenschaften. Ihr Wesen u. ihre Bedeutung. Köln: BLI-Ex.-Arb. 1965. 101 S. • UNESCO. World guide to science information and documentation services. Paris 1965. 211 S.; World guide to technical information and documentation services. Paris 1969. 287 S. • J. Fechler: Zum Problem der mathematisch-naturwiss. Formeln bei der Titelaufnahme für den alphabetischen Katalog. Köln: BLI-Ex.-Arb. 1967. 24 S. • S. Passman: Scientific and technological communication. Oxford 1969. 155 S. • J.L. Thornton, R.I.J. Tully: Scientific books, libraries and collectors. 3.ed. London: LA 1971. 508 S. • B. Houghton: Technical information sources. A guide to patent specifications, standards, and technical reports literature. 2.ed. London 1972. 119 S. • D.J. Grogan: Science and technology. An introd. to the literature. 2.ed. Hamden, Conn. 1973. 254 S. • Handling special materials in libraries. Ed.: F.E. Kaiser. New York 1974. 164 S. • C. Hitzeroth, D. Marek, I. Müller: Leitfaden für die formale Erfassung von Dokumenten in der Literaturdokumentation. München 1976. 493 S. • F. Heidtmann, A. Roth, D. Skalski: Wie finde ich Normen, Patente, Reports. Berlin 1978. 274 S. • W. Joswig: Wie finde ich technische Informationen. 1–2. Berlin 1979–81.

5.270 Reports

DEF Bericht über einen Forschungsauftrag, für den gewöhnlich zwei Korporationen als Auftraggeber und Auftragnehmer (Forschungsinstitut) fungieren, und der noch während oder unmittelbar nach Abschluß des Forschungsauftrags erscheint und somit bei Erscheinen hochaktuell ist.

PRO Nicht jede Veröffentlichung, die sich im Sachtitel „report" (Bericht) nennt, gehört zur Schriftenklasse. • Reports gehören als *schwer beschaffbar* zur 5.187-Grauen Literatur. • Sogenannte *„unpublished reports"* werden nur in kleinster Anzahl vervielfältigt, nach Ermessen des Auftraggebers sehr begrenzt und ohnehin außerhalb des Buchhandels zugänglich gemacht oder unterliegen verschiedenen Stufen der Geheimhaltung, *„classified reports"*. • Grundsätzlich können *andere Schriftenklassen* (z.B. Dissertationen, Sonderabdrucke von Zeitschriftenaufsätzen) zum Report erklärt und als solcher behandelt werden. • Als *Erscheinungsform* für Reports wird häufig die rationelle Form des Mikrofiche gewählt, vgl. 3.137. • *Report-Titelblätter* nennen oft noch weitere Korporationen als Projektträger oder Vertriebsstelle; ferner die personalen Verfasser, den Sachtitel und das Erscheinungsjahr; die meisten Reports erscheinen in 5.271-Reportserien und tragen dann den Serientitel in Code-Form und gewöhnlich mehrere Zählungen. • Die *Zitierweise* für Reports beschränkt sich gewöhnlich auf die kürzestmöglichen Angaben zur Identifizierung: die *Serie* in Code-Form sowie eine *Zählung*, z.B.: AGARD-CP-73-71, wobei verschiedene Zählungen nebeneinander auftreten können, die entweder die eigentliche *Report-Nr.* (report series code), die *Zugangs-Nr.* (accession number) der Vertriebsstelle, eine vom Auftraggeber vergebene *Auftrags-Nr.* (contract number, grant number) oder eine *Projekt-Nr.* darstellen; die Zitierweise erfaßt den Report also als Stück einer oder mehrerer Serien, vgl. hierzu 5.271. • Die Schriftenklasse der Reports mit ihren besonderen Formalien und Zitierweisen hat sich erst nach Entstehen der PI herausgebildet, die daher keine Regelungen geben können; aber auch Fuchs und Rusch machen keine Angaben. Für die EOE nach PI für den einzelnen Report kommt daher nur die *Grundregel* 0.7.1 in Frage: HA unter 1–3 Verfassern oder unter dem Sachtitel. • Die *Recherche* muß Auskunft einholen, ob Reports in den AK aufgenommen und wie die Einzelreports und die Reportserien verzeichnet worden sind, vgl. 5.271, Alternativen 1–3.

EOE HA nach Grundregel 0.7.1; für den Stücknachtrag unter der Reportserie vgl. 5.271.

LIT Special libraries. 63.1972, 576–585: H. J. Stiles, J. M. Maier (Automated cataloging of technical reports via optical scanning). • BLL review. 1.1973, H. 2, 39–51: J.P. Chillag (Don't be afraid of reports). • mb. Mitteilungsblatt der Bibliotheken in Niedersachsen. Nr. 30.1974, 1–6: J. Tehnzen (Deutsche Forschungsberichte, TIB Hannover). • Use of reports literature. Ed.: C.P. Auger. London 1975. 226 S. • Handbook of special librarianship and information work. Ed.: W.E. Batten. 4. ed. London 1975. S. 102–123: J.L. Hall (Technical report literature). • Information work with unpublished reports. By A.H. Holloway u.a. London 1976. 302 S. • Bibliothek. Forschung u. Praxis. 1.1977, 123–149: M. Wagner (Report-Literatur in wiss. Bibliotheken). • F. Heidtmann, A. Roth, D. Skalski: Wie finde ich Normen, Patente, Reports. Berlin 1978. S. 165–270: D. Skalski (Reports). • Special libraries. 69.1978, 415–424: W.B. Newman u.a. (Report literature, selecting versus collecting). • Arbeitsgemeinschaft der Spezialbibliotheken. Bericht über die 16. Tagung, Augsburg 1977. Berlin 1979. S. 163–172: C. Hasemann (Erschließung, Nutzung). • Vgl. 5.271.

5.271 Reportserien

DEF Aus Reports bestehende Serie, deren Titelangaben nur in Code-Form vorliegen und gewöhnlich nur aus zwei Merkmalen bestehen: einem korporativen Träger und einer Zählung; als drittes Merkmal kann eine allgemeine Bestimmung für die Art des Reports hinzutreten.

PRO Gegenüber normalen 2.14-Serien weist die Reportserie *Besonderheiten* auf, die eigene Regelungen erfordern, zu denen jedoch Regelwerk und Kommentar keine Angaben machen. • Die Information über die Reportserie ist in der alpha-numerischen *Reportnummer* enthalten und muß durch Auflösung der Buchstabengruppen gewonnen werden; ist daneben die *Zugangs-Nummer* der Vertriebsstelle angegeben, so wird durch sie eine zweite, parallele Reportserie definiert, die ebenso wie die erste Reportserie eine eigene HA erhält; alle Serien, zu denen ein Report gehört, erhalten die gleiche Verzeichnung, auch ohne Unterscheidung nach der Funktion des korporativen Trägers als Auftraggeber oder Auftragnehmer oder Vertriebsstelle. • Für die *Auflösung der Buchstaben-Codes* ist insbesondere heranzuziehen: Dictionary of report series codes, vgl. LIT. • Für die EOE kommen, da eine PI-Regelung nicht vorliegt, die Alternativen 1–3 in Frage.

Alternative 1

In weitgehender Anlehnung an die Grundsätze der PI wird aus dem Code der Sachtitel ermittelt, z.B.:

TN = Technical note　　　　　　　QPR = Quarterly progress report
CP = Congress proceeding　　　　　R&M = Reports and memoranda
CR = Contractor report

Wenn kein derartiger Sachtitel festgestellt werden kann, gilt zwangsläufig der Code für die Korporation als Sachtitel, z.B.:

AGARD = Advisory Group for Aerospace Research and Development
ASTIA　= Armed Service Technical Information Agency

Der Sachtitel oder der Korporationsname als Sachtitel werden für die Bestimmung der Ordnungsworte den allgemeinen Regelungen der Kapitel 9–12 unterworfen; insbesondere ist die *Ergänzung des Sachtitels aus dem Anlaß* nach 9.2 zu berücksichtigen, wenn möglichst PI-gerecht verfahren werden soll.

Alternative 2

Unter Verzicht auf jegliche Auflösung und Interpretation des Buchstabencodes wird einfach die Buchstabengruppe, wie sie in der Reportnummer vorliegt, als Abkürzung des Sachtitels gewertet und als *Kunstwort* wie ein Kompositum als *eine Buchstabenfolge* geordnet, z.B.:

AGARD-CP-73-71　　　　　：　AGARD-CP
　　　　　　　　　　　　　　　　1

AD-718112　　　　　　　　：　AD
　　　　　　　　　　　　　　　1

Diese Alternative bietet die einfachste Lösung für alle Seiten, weil sie die gewöhnlich vorliegende Zitierform unverändert verwendet.

Alternative 3

Aus der Buchstabengruppe der Reportnummer wird nur der Code für die *Korporation* herausgelöst und ohne Auflösung als *Kunstwort* als eine Buchstabenfolge geordnet, z.B.:

AGARD-CP-73-71　　　：　AGARD　　　　　　AD-718112　：　AD
　　　　　　　　　　　　　1　　　　　　　　　　　　　　　　　1

NASA-CR-111909　　　：　NASA
　　　　　　　　　　　　　1

Die Angaben für die Schriftart (CP;CR), die in der Alternative 1 als Sachtitel gewertet werden, erhalten in der Alternative 3 die Bedeutung von Unterserien; in der Alternative 2 werden sie Bestandteil des Kunstworts und treten nicht mehr selbständig auf.

Die *Recherche* muß vor allem Auskünfte einholen: ob und wie Reports im AK verzeichnet worden sind, ob nur als Stücke oder auch unter der Reportserie, und welche Art der Einordnung für die Serie gewählt worden ist.

EOE Für den einzelnen 5.270-Report nach Grundregel 0.7.1; für die Reportserie nach einer der Alternativen 1–3, wie oben dargestellt.

LIT Dictionary of report series codes. Ed.: L.E. Godfrey, H.F. Redman. 2.ed. New York 1973. 645 S. • Global Engineering Documentation Services. Directory of engineering document sources, scientific and management (DEDS). Comp.: D.P. Simonton. 2.ed. Newport Beach, Calif. 1974. Various pagings. • Vgl. 5.270.

5.272 Patentschriften

DEF Schrift, die die Beschreibung einer technischen Erfindung enthält, deren Erfinder oder Rechtsinhaber als Anmelder mit Veröffentlichung der Patentschrift aufgrund der Patentgesetzgebung ein befristetes Schutzrecht (Patent) für die Verwertung der Erfindung erhält.

PRO Patentrechtliche Regelungen werden auf nationaler, aber auch auf supranationaler Ebene getroffen. • In der Reihenfolge des Patentverfahrens in der Bundesrepublik entstehen folgende Unterlagen: die *Offenlegungsschrift (OS)* auf gelbem Papier, die *Auslegeschrift (AS)* auf grünem Papier und die endgültige *Patentschrift (PS)* auf weißem Papier, die in den meisten Fällen inhaltlich mit der AS übereinstimmt. • Zum Kreis der Patentschriften gehört ferner das *Gebrauchsmuster (GM)*, das jedoch nicht als Druckschrift veröffentlicht, sondern nur in Fotokopien vertrieben wird. • Die genannten Schriftenarten erscheinen auch als *Filmlochkarten,* 80-Spalten-Lochkarten mit Bildfenstern für Mikroaufnahmen des Dokuments, vgl. 3.136-Mikroformen. • Die erste Seite jedes Dokuments im Patentverfahren ist als *Formular-Titelblatt* mit allen bibliographischen Daten ausgestattet; neben Angaben über den Inhalt stehen als *formale Merkmale:* (a) das Erteilungsland, (b) die Art des Dokuments, in codierter Form mit Großbuchstaben und Ziffern angegeben, (c) die Nummer des Dokuments, (d) das Ausgabedatum, (e) die Bezeichnung der Erfindung, (f) Name des Anmelders (= Inhabers), (g) Name des Erfinders. • Die besondere *Zitierweise* für Patentschriften lautet gewöhnlich: Erteilungsland, Dokumentenart, Nummer, Ausgabedatum; es sind die codierten, kürzestmöglichen Angaben zur Identifizierung des Dokuments; die sonst in Druckschriftenzitaten üblicherweise angegebenen Verfassernamen und Sachtitel fehlen im Zitat und müßten gegebenenfalls erst über bibliographische Quellen (z. B. aus periodischen Veröffentlichungen der Patentämter, oder dem Patent citation index des Science citation index) ermittelt werden. • PI 58 mit der einzigen Erwähnung von „Patenten" im Regelwerk zeigt, daß er sich *nicht* auf Erfindungspatente nach moderner Patentgesetzgebung bezieht. Nach den Grundsätzen der PI könnten Patentschriften nur unter 1–3 Verfassern oder dem Sachtitel eingetragen werden: eine derartige Verzeichnung widerspräche jedoch völlig den Zitiergewohnheiten für diese Schriftenklasse. Daher werden Patentschriften gewöhnlich *in PI-Kataloge nicht aufgenommen,* vielmehr in Sondersammlungen aufgenommen und separat erschlossen, worüber für die *Recherche* unbedingt Auskunft einzuholen ist.

LIT   Biblos. 3.1959, 128–141: J. Stummvoll (Patentwesen u. Dokumentation). • F. Newby: How to find out about patents. Oxford 1967. 177 S. • W. Wilke: Einführung in das Erfindungs- u. Patentwesen für Informationsstellen. 2. Aufl. Lpz. 1967. 64 S. • H. W. Grace: A handbook on patents. London 1971. 185 S. • Mainly on patents. Ed.: F. Liebesny. Hamden, Conn. 1972. 210 S. • The scientific and technical information contained in patent specifications. Report by F. Liebesny (u. a.). London 1973. Various pagings. • Handling special materials in libraries. Ed.: F. E. Kaiser. New York 1974. S. 26–45: S. Harris (Patent and trademark literature). • A. Wittmann, R. Schiffels: Grundlagen der Patentdokumentation. München 1976. 166 S. • F. Heidtmann, A. Roth, D. Skalski: Wie finde ich Normen, Patente, Reports. Berlin 1978. S. 54–164: A. Roth (Patente). • Journal of documentation. 34.1978, 12–20: P. Ellis (u. a.) (Patent citation networks); 217–229: C. Oppenheim (Recent changes in patent law and their implications for information services). • Journal of librarianship. 10.1978, 97–118: M. W. Hill (Patent documents: changes which will affect libraries). • BFB. 7.1979, 179–206: U.-F. Taube (Internationale Patentklassifikation, Dt. Patentamt). • Aslib proceedings. 31.1979, 180–190: V. S. Dodd (Developments in patent documentation). • Bibliothek. Forschung u. Praxis. 5.1981, 153–159: U.-F. Taube (Patentdokumente in der BRD, Versorgung).

5.273   Normen

DEF   Schrift, die zum Nutzen der Allgemeinheit festgelegte einheitliche Regelungen (Normen, Standards, Richtlinien) für die Terminologie und die Sachfragen auf einem Gebiet der Technik, Wirtschaft oder Verwaltung enthält.

PRO   Normen werden auf nationaler (BRD: DIN) und internationaler (ISO) Ebene erarbeitet oder übernommen, in Abstimmung mit den wichtigsten potentiellen Anwendern der Norm; sie werden nur für solche Fachgebiete erarbeitet, für die eine Vereinheitlichung wünschenswert und durchsetzbar ist. • Zu unterscheiden sind *Normen-Entwürfe* und endgültige *Normen* sowie deren spätere *Neufassungen,* ferner Originaltexte und Übersetzungen von Normen; *Abgrenzung* gegen ergänzende Veröffentlichungen, die sich auf eine Norm beziehen, jedoch selbst keine Norm sind. • Erscheinen als *Einzelausgaben,* in *Normen-Sammlungen* (vgl. 5.61-Sammlungen von Einzelschriften) und in *Normen-Serien* von Einzelausgaben. • Normen-Einzelausgaben haben oft nur geringen Umfang; sie tragen auf der ersten Seite einen *Kopftitel,* der neben inhaltlichen Merkmalen (DK-Nummer, Schlagwort) folgende *formalen Merkmale* trägt: (a) die herausgegebene Korporation, das Normen-Institut; (b) den Serientitel der Normen-Serie; (c) die Zählung innerhalb der Serie, als Kenn-Nr., unter der die Norm zitiert wird; (d) den Sachtitel der Norm; (e) Ausgabedatum oder Berichtsstand. • Für die EOE geben Regelwerk und Kommentar keine speziellen Regelungen; da personale Verfasser für Normen nicht genannt werden, können Einzelausgaben die HA nur unter ihren Sachtiteln erhalten; Normen-Serien unterliegen der allgemeinen Behandlung von 2.14-Serien. • Für die *Recherche* ist Auskunft einzuholen, (a) ob Normen zum Sammelprogramm der Bibliothek gehören, (b) ob sie überhaupt in den AK aufgenommen worden und (c) ob einzelne Normen (Normenblätter) auch unter ihrem Stücktitel oder eventuell nur unter der Normen-Serie verzeichnet sind.

EOE (A) *Einzelausgaben:* HA unter dem Sachtitel.

(B) *Normen-Sammlung:* HA unter dem Sachtitel, VW für personale Herausgeber.

(C) *Normen-Serie:* vgl. 2.14-Serien.

LIT Standardisierung in der Deutschen Demokratischen Republik. Lpz. 1963. 381 S. • E. J. Struglia: Standards and specifications information sources. Detroit 1965. 187 S. • The aims and principles of standardization. Ed.: T. R. B. Sanders. Berlin 1972. 115 S. • Unesco bulletin for libraries. 27.1973, 155–159: B. E. Kuiper (World catalogue of standards). • H. Reihlen: Struktur und Arbeitsweise der Normenorganisationen westeuropäischer Nachbarstaaten. Berlin 1974. 148 S. • Handling special materials in libraries. Ed.: F. E. Kaiser. New York 1974. S. 105–111: Standards and specifications. • Handbuch der Normung. Verschiedene Aufl. 1–4. Berlin 1975–77. • M. Klein: Einführung in die DIN-Normen. 7. Aufl. Stuttgart 1977. 796 S. • F. Heidtmann, A. Roth, D. Skalski: Wie finde ich Normen, Patente, Reports. Berlin 1978. S. 9–53: F. Heidtmann (Normen). • Beuth-Verlagskatalog. Normung, Rationalisierung, Fachausbildung. Berlin 1980/81. 91 S. • ISO Catalog of international standards. Jährl. • Verzeichnis der Normen und Norm-Entwürfe. Hrsg.: DIN. Berlin. Jährl.

5.274 Formelsammlungen

Enthalten Material, das aus der wissenschaftlichen und fachlichen Literatur zusammengetragen wird. • Der Bearbeiter oder Herausgeber ist strenggenommen kein Verfasser; seine Tätigkeit ist jedoch vergleichbar mit der von Regesten-, Wörterbuch- und Konkordanzbearbeitern, deren Werke als 1.13-*Auswahlsammlungen* nach PI 36 die HA unter dem Bearbeiter oder Herausgeber als Verfasser im erweiterten Sinn erhalten. • Die Katalogentscheidung wird weitgehend von der Titelblattgestaltung abhängen und ist nicht sicher zu kalkulieren; die *Recherche* wird, wenn ein personaler Bearbeiter genannt ist, sicher mit einem Eintrag für ihn rechnen können (HA oder VW), muß jedoch auch die Möglichkeit des Sachtiteleintrags bedenken.

5.275 Ephemeriden

Der Begriff (griechisch: Tagebücher) bezeichnet allgemein einen *kontinuierlichen, chronik- oder tagebuchartigen* Bericht und ist seit der Antike in verschiedenen Bezügen verwendet worden; so werden z. B. seit dem 18. Jh. gelegentlich *Zeitschriften* in ihren Sachtiteln als „Ephemeriden" bezeichnet. • In den Naturwissenschaften bezeichnet Ephemeriden eine sehr spezielle Schriftenklasse, nämlich *astronomische oder nautische Jahrbücher* mit den vorausberechneten Stellungen der Himmelskörper. • EOE als 2.15-Zeitschriften oder 2.16-Zeitschriftenartige Reihen, mit HA unter dem Sachtitel.

LIT M. Reichel: Die fortlaufenden astronomischen Veröffentlichungen in ihrer geschichtlichen Entwicklung. Mit einer Gesamtbibliographie. Köln 1957. 124 S.

6. Schriftenklassen des nicht-textlichen Inhalts

Das Hauptmerkmal dieser Schriftenklassen ist der *nicht-textliche* Inhalt, der jedoch *Textzusätze* einschließen kann und gewöhnlich auch aufweist: Vorworte, Einleitungen, Bildunterschriften, Register usw. • Wenn in einer Druckschrift der nicht-textliche Inhalt und der Textanteil annähernd gleiches Gewicht haben, so ist zuerst zu entscheiden, welcher Gruppe von Schriftenklassen der Druck zugeordnet werden soll.

LIT ALA portrait index. Ed.: W. C. Lane, N. E. Browne. Washington 1906. 1600 S. • H. W. Singer: Allgemeiner Bildniskatalog. 1–14. Lpz. 1930–36; ders.: Neuer Bildniskatalog. 1–5. Lpz. 1937–38. • ZfB. 57.1940, 111–127: G. Leyh (Randbemerkungen zu einem Bildniskatalog). • Guide to the special collections of prints and photographs in the Library of Congress. Comp.: P. Vanderbilt. Washington 1955. 200 S. • Special Libraries Association. Picture Division. Picture sources. Ed.: C. G. Frankenberg. 2. ed. New York 1964. 216 S. • H. Evans, M. Evans, A. Nelki: The picture-researcher's handbook. An international guide to picture sources and how to use them. New York 1975. 365 S. • Special Libraries Association. Picture Division. Picture sources 3. Collections of prints and photographs in the U. S. and Canada. New York 1975. 387 S. • Spezialbestände in deutschen Bibliotheken. Bearb.: W. Gebhardt. Berlin 1977. 739 S. • H. Evans: The art of picture research. Newton Abbot 1979. 208 S. • Vgl. 7-Db: Bild- u. Tonbildaufzeichnungen.

6-A. *Originaldrucke*

Der Begriff des Originals in bezug auf nicht-textliche Inhalte hängt von der *Entstehung des Druckstocks* ab, von dem gedruckt wird. Von der Hand des Künstlers oder eines Stechers als nachschaffendem Künstler bearbeitete Holzschnittplatten, Kupferstichplatten, Lithographiesteine usw. sind Originalwerke, und nur von ihnen hergestellte Drucke sind *Originaldrucke*. Alle anderen Drucke des Bildwerks stammen von Druckstöcken, die durch foto- oder chemigraphische Verfahren das Bildwerk sehr getreu wiedergeben können, jedoch nur als *Reproduktionen* der Originale gelten. • Wenn Bildwerke in einer Druckausgabe auch erstmalig nur als Reproduktionen erscheinen, so sind spätere Reproduktionen dieser Reproduktionen nur ihre weiteren Auflagen.

Die *Feststellung,* ob ein Originaldruck vorliegt, ist manchmal nicht leicht zu treffen, weil die für originalgraphische Verfahren charakteristischen Merkmale wie Prägekanten auch bei Reproduktionen auftreten können, wenn sie zwar in einem originalgraphischen Verfahren, jedoch von einem reproduzierten Druckstock gedruckt worden sind. Die positive Feststellung eines Originaldrucks kann speziell für die Katalogisierung zur Folge haben, daß ein Künstler als Urheber von Abbildungen eher eine VW erhält.

Wegen der besonderen Rolle der Originalgraphik in der Bibliophilie vgl.

3.53-Bildertitel	3.111-Illustrierte Ausgaben
3.101-Blockbücher	3.112-Ausgaben mit originaler Druckgraphik
3.110-Ältere Abbildungswerke	3.116-Vorzugsausgaben

6.1 Druckgraphik

DEF   Druck, der in einer der originalgraphischen Techniken wie z.B. Holzschnitt, Linolschnitt, Kupferstich, Radierung, Lithographie oder Vetrographie hergestellt wird, zu der der Künstler selbst die Druckform (den Druckstock) geschaffen hat.

PRO   Erscheint in verschiedenen *Formen:* (a) als Einzelblatt, (b) als Folge von Einzelblättern in einem Mappenwerk oder (c) in Buchform. • Enthält ein Druck *Text und Originalgraphik,* so muß, wenn für Text und Graphik nicht dieselbe Drucktechnik (Hochdruck, Flachdruck usw.) gewählt wird, beides getrennt gedruckt werden. • Für die EOE unterscheidet PI 48 zwischen dem *schaffenden* Künstler, der als Verfasser des gedruckten Bildwerks gelten soll, und dem *nachbildenden* Künstler (Stecher, Zeichner usw.), der nur „erforderlichenfalls" eine VW erhält; ist die Druckgraphik nicht der Hauptinhalt, sondern nur eine *Beigabe (Illustration)* zum Textinhalt, so soll nach PI 20,3 c der Illustrator nur dann eine VW erhalten, wenn der Bilderschmuck einen „wichtigen Bestandteil der Schrift" ausmacht: der originalgraphische Charakter der Beigaben erhöht zweifellos deren Wichtigkeit und müßte zu einer VW auch dann führen, wenn die Anzahl der Beigaben nicht sehr hoch ist. • Drucke, die als Hauptgegenstand oder als Beigaben Druckgraphik enthalten, haben einen besonderen Wert und werden eventuell in *Sondersammlungen* verwaltet und eigens erschlossen. • Die *Recherche* sollte unbedingt Auskunft einholen über die Erschließung von Druckgraphik im AK.

EOE   Abhängig vom inhaltlichen Anteil, von den genannten Beteiligten sowie eventuell vom Verhältnis der Druckgraphik zu Vorlagen.

(A)   *Druckgraphik ist Hauptinhalt.*

(Aa)   Nur *schaffender Künstler* (oder nur nachbildender Künstler) genannt: HA unter dem Künstler; nach F 93,6 gegebenenfalls mit Bildung von Gruppenschriften in Analogie zu Textautoren, vgl. 6.12-Kunstbände.

(Ab)   *Schaffender und nachbildender Künstler* genannt: HA unter dem schaffenden Künstler, fakultative VW für den nachbildenden Künstler.

(B)   *Druckgraphik ist Beigabe:* als Originalgraphik erfüllt sie die Bedingung der „Wichtigkeit" für eine VW für den Künstler (schaffenden oder nachbildenden); vgl. 3.112.

PI 48. 49. F 93,6. R 2.13.3.

LIT   P. Kristeller: Kupferstich und Holzschnitt in vier Jahrhunderten. 4. Aufl. Berlin 1922. 601 S. • Bibliographie der Kunstblätter (Originalgraphik, Reproduktionen). 1.1931–50.1980. Lpz. 1931–80. • H.W. Singer: Fachausdrücke der Graphik. Lpz. 1933. 166 S. • E. Bock: Geschichte der graphischen Kunst von ihren Anfängen bis zur Gegenwart. Berlin 1930. 717 S. • F.W. Hollstein: German engravings, etchings and woodcuts. 1400–1700. Vol. 1–28. Amsterdam 1954–80. • H. Neuburg: Moderne Werbe- und Gebrauchsgraphik. Ravensburg 1960. 130 S. • F. Brunner: Handbuch der Druckgraphik. Ein technischer Leitfaden f. Kunstsammler, Bibliothekare ... 2.ed. Teufen

1964. 379 S. • H. Mock: Einführung in die Techniken der graphischen Künste. München 1965. 40 S., Abb. • Populäre Druckgraphik Europas. (Ungez. Bde für einzelne Länder.) Bearb.: W. Brückner, J. Laver, P. Toschi, V.E. Clausen, A. Duran i Sanpere. München 1967 ff. • G. Piltz: Deutsche Graphik. Lpz. 1968. 307 S. • A. Dannenberg: Die Graphothek in der Öffentlichen Bücherei. Berlin: DBV 1972. 47 S. • A.H. Mayor: Populäre Druckgraphik Amerika. 16.–20. Jh. München 1974. 194 S., Abb. • L. Mason, J. Ludman: Print reference sources. A select bibliography, 18.–20. centuries. Millwood, N.Y. 1975. 246 S. • C. Shapiro, L. Mason: Fine prints. Collecting, buying, and selling. With glossaries of French and German terms. New York 1976. 256 S. • K. Sotriffer: Die Druckgraphik. Rev. Aufl. Wien 1977. 144 S., 48 Taf. • T.B. Donson: Prints and the print market. A handbook. New York 1977. 493 S. • L. Lang: Der Graphiksammler. Berlin 1979. 217 S. • A. Griffiths: Prints and printmaking. London 1980. 160 S. • Vgl. 3.111-Illustrierte Ausgaben. – *Einzelne Techniken:* O. Fischer: Geschichte der deutschen Zeichnung und Graphik. München 1951. 528 S. • R. Graefe: Die Farbenlithografie, Chromolithografie und Fotolithografie. Halle 1953. 140 S. • F. Hollenberg: Radierung, Ätzkunst und Kupfertiefdruck. Ravensburg 1962. 119 S. • F. Lippmann: Der Kupferstich. 7. Aufl. Berlin 1963. 245 S. • T. Musper: Der Holzschnitt in fünf Jahrhunderten. Stuttgart 1964. 400 S. • R. Vicary: The Thames and Hudson manual of lithography. London 1976. 152 S. • W. Chamberlain: The Thames and Hudson manual of woodcut printmaking and related techniques. London 1978. 184 S.; ders.: The Thames and Hudson manual of wood engraving. London 1978. 192 S. • Vgl. auch 3-B.

6.2 Plakate

Werden nur in wenigen Bibliotheken gesammelt; gewöhnlich als *Sondersammlung* verwaltet und eigens erschlossen. • Der Form nach 3.20-Einblattdrucke; der Technik nach entweder zu 6.1-Druckgraphik, 6.10-Reproduktionen oder spezieller 6.11-Kunstdrucken gehörend. • Für die *Recherche* ist unbedingt Auskunft einzuholen, ob Plakate gesammelt und wie sie gegebenenfalls erschlossen worden sind.

LIT K. Schifner: Deutsche Plakatkunst. Berlin 1956. 183 S. • Die Jugend der Plakate. 1887–1917. Hrsg.: P. Wember. Krefeld 1961. 28, 342 S. • H. Rademacher: Das deutsche Plakat. Von den Anfängen bis zur Gegenwart. Dresden 1965. 306 S., Abb.; ders.: Deutsche Plakatkunst und ihre Meister. Hanau/M. 1965. 138 S. • J. Müller-Brockmann, S. Müller-Brockmann: Geschichte des Plakates. Zürich 1971. 244 S., Abb. • A. Sailer: Das Plakat. Geschichte, Stil u. gezielter Einsatz. 3. Aufl. München 1971. 207 S., Abb. • B. Hillier: 100 Jahre Plakate. 96 Reproduktionen. Berlin 1972. 96 S. • Das frühe Plakat in Europa und den USA. Bestandskatalog. Hrsg.: Kunstbibliothek, Staatl. Museen Pr.K., Berlin. 1–3. Berlin 1973–80. • K. Popitz: Plakate der zwanziger Jahre aus der Kunstbibliothek Berlin. 2. Aufl. Berlin 1978. 119 S., Abb. • R. Marx: 250 Meisterwerke der Plakatkunst 1896–1900. Einf.: A. Weill. Gütersloh 1978. 96 S., Abb.

6.3 Kartenwerke   Vgl. 5.260–5.261

6.4 Reliefmodelle   Vgl. 5.263

6.5 Globen   Vgl. 5.262

6.6 Notendrucke   Vgl. 5.240–5.242

6.7 Anschauungstafeln

Als Einzeltafeln oder Folgen von Tafeln für didaktische Zwecke den 5.140-*Schulbüchern und Lehrmitteln* zuzuordnen. • Erhalten, wenn überhaupt erworben, in wissenschaftlichen Bibliotheken als minderwichtige Drucke nur eine vereinfachte Aufnahme.

6-B. Abbildungswerke

6.10 Reproduktionen

DEF Wiedergabe einer handschriftlichen, typographischen oder bildlichen Vorlage im Druck durch originalgraphische oder fotochemigraphische Techniken.

PRO Für die *Vorlage* gibt es nach Inhalt und Technik grundsätzlich keinerlei Einschränkung. • Vor der Durchsetzung der Fotografie im 19. Jh. standen als *alte Reproduktionstechniken* im Druck nur die originalgraphischen Verfahren (vgl. 6.1) zur Verfügung: eine Zeichnung oder Malerei als Vorlage wurde vom „nachbildenden Künstler" in Holz oder Metall geschnitten oder gestochen oder in anderer Technik auf einen Druckstock übertragen, von dem die Reproduktion gedruckt werden konnte; dabei stellte die Reproduktion *in ihrer Technik* ein neues „Original" von Künstlerhand dar. • Mit Erfindung der *Fotografie* und in Verbindung mit chemigraphischen Verfahren konnten Vorlagen auf rein technischem Weg – ohne die Einschaltung des nachbildenden Künstlers – auf den Druckstock übertragen werden. • Durch die Weiterentwicklung und den umfassenden Einsatz *reprografischer Techniken* fallen mehrere Schriftenklassen unter den Begriff der Reproduktion:

(A) Reproduktionen, die selbst *Originalgraphik* sind:
   3.110-Ältere Abbildungswerke
   3.112-Ausgaben mit originaler Druckgraphik
   6.1-Druckgraphik

(B) *Fotochemigraphische* Reproduktionen:

2.21-Reprints	6.2-Plakate
2.24-On-demand publishing	6.11-Kunstdrucke
3.111-Illustrierte Ausgaben	6.12-Kunstbände
3.113-Faksimiles	6.13-Bildbände
3.137-Mikroformen	6.14-Abbildungswerke von Illustrationen
5.113-Ausgaben mit Beigaben	7.60-Fotografien

LIT M. Bartran: Guide to color reproductions. 2. ed. Metuchen, N. J. 1971. 625 S. • F. Heidtmann: Kunstphotographische Edeldruckverfahren heute. Berlin 1978. 349 S. • Vgl. 6.11.

6.11 Kunstdrucke

DEF Gedruckte Reproduktion eines Werkes der bildenden Kunst in hochwertiger Technik zur möglichst getreuen Wiedergabe aller Halbtöne und Farbstufen.

PRO Die für die optimale Reproduktion von Werken der bildenden Kunst verwendeten Drucktechniken (Tiefdruck, Lichtdruck; hochauflösende Raster) und Materialien (Kunstdruckpapier) werden grundsätzlich auch für andere Reproduktionszwecke verwendet. • Erscheinen in verschiedenen Formen und fallen dann unter folgende Schriftenklassen:

3.20-Einblattdrucke	6.12-Kunstbände
3.111-Illustrierte Ausgaben	6.13-Bildbände
3.113-Faksimiles	6.14-Abbildungswerke von Illustrationen

LIT I.S. Monro, K.M. Monro: Index to reproductions of American paintings. A guide to pictures occurring in more than 800 books. Bronx, N.Y. 1948; Suppl. 1964; ders.: Index to reproductions of European paintings. Bronx, N.Y. 1956. 668 S. • Bibliographie der Kunstblätter (Originalgraphik, Reproduktionen). 1.1931–50.1980. Lpz. 1931–80. • M. Brooke, H.J. Dubester: Guide to color prints. Washington 1953. 257 S. • New York Graphic Society. Fine art reproductions of old and modern masters. Illustrated catalog. Greenwich, Conn. 1972. 550 S. • UNESCO. Catalogue de reproductions de peintures antérieures à 1860. 9. éd. Paris 1972. 501 S. • UNESCO. Catalogue de reproductions de peintures 1860 à 1973. 10. éd. Paris 1974. 343 S. • Lyn W. Smith, N.D.W. Moure: Index to reproductions of American paintings appearing in more than 400 books, published since 1960. Metuchen, N.J. 1977. 931 S.

146

6.12 Kunstbände

DEF   Druck, der hauptsächlich 6.11-Kunstdrucke in Buchform vereinigt, daneben aber auch einführende, darstellende und kommentierende Texte enthalten kann.

PRO   Kunstbände werden nach den verschiedensten Gesichtspunkten zusammengestellt: Epoche, Herkunft, Sujet, Künstlergruppe, einzelner Künstler usw.; bei *Kunstbänden über 1–3 Künstler* wird durch die Erweiterung des Verfasserbegriffs die EOE stark beeinflußt. • Wenn der Kunstband zugleich den spezielleren Schriftenklassen der *4.120–4.122-Museumskataloge, 4.142-Auktionskataloge* oder *4.200-Ausstellungskataloge* zuzurechnen ist, so gelten deren spezifische EOE. • Die EOE hängt von folgenden Gesichtspunkten ab: (a) ob es sich um Abbildungen *anonymer Kunstwerke* oder Kulturdenkmäler handelt oder (b) ob *Künstler als Verfasser* in Frage kommen; (c) welchen Anteil ein *Textautor* hat; (d) ob ein *Herausgeber* einer Auswahlsammlung als Verfasser im erweiterten Sinn anzusehen ist; (e) wie die Anteile von *Text und Abbildungen* zu bewerten sind; (f) wie bei Eintrag unter dem Künstler als Verfasser die nach F 93,6 vorgesehene Bildung von „*Gruppenschriften*" (Werke; Teilsammlungen usw.) in Analogie zu den Textautoren erfolgen soll. • Angesichts der besonderen Komplexität der für Kunstbände zu beachtenden Gesichtspunkte kann die *Recherche* mit einer gewissen Uneinheitlichkeit in den Katalogen rechnen: vorsorglich ist daher unter allen gegebenen Daten nachzuschlagen, mit Vorrang jedoch unter personalen Beteiligten.

EOE   Abhängig vom Inhalt (Abb., Text, Sammlungscharakter) und von den genannten Beteiligten.

(A)   *Werke von 1–3 Künstlern*
HA unter dem Künstler als Verfasser; VW für 2. u. 3. Künstler, gegebenenfalls auch für einen „nachbildenden Künstler" und Herausgeber; innerhalb des Künstler-Eintrags Gruppenbildung in Analogie zu Textautoren: Werke, Teilsammlungen usw. nach F 93,6 mit Beispielen, aber ohne scharfe Kriterien, jedoch immer dann, wenn die Veröffentlichung als Sachtitel nur den Namen des Künstlers trägt, ein richtiger Sachtitel also fehlt.

(B)   *Werke von mehr als 3 Künstlern:*
HA unter dem Sachtitel, VW für den erstgenannten Künstler und einen Herausgeber;

(Ba)   ein *Stecher* als nachbildender Künstler genannt: HA unter dem Stecher, VW wie zu (B), vgl. F 93,6 (S. 207);

(Bb)   *Auswahlsammlung* mit entscheidender Herausgebertätigkeit: HA unter dem Herausgeber als Verfasser, vgl. 1.13.

(C)   *Anonyme Kunstwerke, Kulturdenkmäler:*
HA unter dem Herausgeber, keine VW für den Sachtitel;

(Ca)   *Auswahlsammlung:* wie (C).

(Cb)   *Sammlung, die Vollständigkeit* anstrebt: für Abbildungswerke nicht ausdrücklich geregelt, aber in der Katalogpraxis wohl in Analogie zur Regelung nach F 93,1b mit HA unter dem Sachtitel, VW für den Herausgeber.

(D)   *Studie über einen Künstler,* die Werkabbildungen enthält: HA unter dem Textautor, fakultative VW für den Künstler als Illustrator;

(Da)   der *Zweifelsfall,* ob Abbildungswerk (Kunstband) oder Studie über einen Künstler vorliegt, wird grundsätzlich als Studie behandelt.

PI 48. 49. F 93,6. R 2.13.3.

LIT   Encyclopedia of library and information science. Vol. 1. New York 1968. S. 571–621: W. M. Freitag (Art libraries and collections; S. 600–606: cataloging, classification). • Nachrichten – Nouvelles – Notizie. 47.1971, 289–291: A. Lehner (Was ist ein Kunstbuch?). • I. Pallmert: Internationale Bibliographie des Kunstbuchs. Basel 1979. 266 S. • Vgl. 4.200.

6.13 Bildbände

DEF   Druck, der hauptsächlich Abbildungen jeglicher Art und Thematik (Fotografien, Zeichnungen, Kunstwerke) mit Begleittexten in Buchform vereinigt.

PRO   Wegen des überwiegend fotografischen Materials, das sie enthalten, auch als „Fotobände" bezeichnet. • *Abgrenzung* gegen die spezielleren Fälle der „Fotoromane" in der 5.222-Unterhaltungsliteratur, der 5.225-Comics, der Bilderbücher unter den 5.227-Kinderbüchern, der 6.12-Kunstbände. • Für die EOE bei Bildbänden können grundsätzlich Beteiligte in drei Funktionen konkurrieren: (a)

Urheber der Abbildungen, gewöhnlich Fotografen, die jedoch gewöhnlich nur dann berücksichtigt werden, wenn sie auf dem Titelblatt genannt sind; sind sie nur im Inneren des Buches, z.B. im Bildquellennachweis genannt, so erscheint ihr Anteil am Zustandekommen des Druckes nicht so erheblich, besonders wenn eine Vielzahl von Fotografen beteiligt ist; (b) *Textautoren* der Begleittexte; (c) *Herausgeber* mit entscheidendem Einfluß auf die Gestaltung von 1.13-Auswahlsammlungen. Wenn die verschiedenen Funktionen nicht von einer Person wahrgenommen werden, so kann speziell für Bildbände im Sinne von PI 67 eine *„gemeinsame Arbeit"* von Fotografen, Textautoren und Herausgebern vorliegen, die bei dieser Interpretation als gleichberechtigte Verfasser behandelt werden könnten. • Regelwerk und Kommentar behandeln Bildbände nur als speziellen Fall der 6.12-Kunstbände. • Die *Recherche* kann in der Grundtendenz des Regelwerks vorwiegend mit Einträgen für die personalen Beteiligten rechnen (HA oder VW), die auf dem Titelblatt genannt sind.

EOE Abhängig von der Anzahl der auf dem Titelblatt genannten personalen Beteiligten und der Interpretation ihrer Funktionen.

(A) *1–3 Beteiligte als gemeinsame Verfasser:* vgl. 1.20–1.21, HA unter dem Verfasser, VW für 2. u. 3. Verfasser, keine VW für den Sachtitel.

(B) *Herausgeber einer Auswahlsammlung:* vgl. 1.13, HA unter dem Herausgeber, keine VW für den Sachtitel.

(C) *Mehr als 3 Beteiligte:* vgl. 1.22, HA unter dem Sachtitel, VW für Herausgeber oder erstgenannten Beteiligten.

6.14 Abbildungswerke von Illustrationen (ohne den dazugehörigen Text)

Dieser seltene Fall wird der allgemeinen Regelung nach PI 48 unterworfen: HA unter dem Künstler als Verfasser. • Die Frage einer *Verknüpfung mit den Ausgaben des dazugehörigen Textes* wird nach F 93,6 verneint: *keine* VW vom Textautor auf den Illustrator. • Bei der *Recherche* nach Texten mit Illustrationen muß daher, wenn mit dem separaten Erscheinen der Illustrationen zu rechnen ist, stets zusätzlich unter dem Illustrator gesucht werden.

7. Sonstige Schriftenklassen

7-A. *Schriftenklassen der druckrechtlichen Verhältnisse*

Regelung durch Urheberrechtsgesetzgebungen der einzelnen Länder und durch internationale Abkommen. • *Veröffentlichung als Vorgang* ist die Bekanntmachung eines Werkes in der Öffentlichkeit durch Vortrag, Aufführung, Ausstellung, Rundfunksendung, Druck usw. • *Erscheinen* im verlagsrechtlichen Sinn ist die Herstellung des Werks in körperhafter Form durch Vervielfältigung im Druck oder anderen Techniken und ein Angebot des Werkes für die Öffentlichkeit in größerer Menge. Ein Werk kann „veröffentlicht" (Vortrag, Aufführung usw.) und doch noch nicht „erschienen" sein; auch ein Werk, das bereits in körperhafter Form vervielfältigt vorliegt, kann als Privatdruck oder Manuskriptdruck gekennzeichnet und der Öffentlichkeit vorenthalten werden und in diesem Fall als noch nicht „erschienen" gelten. • Mit *Veröffentlichung als Objekt* ist gewöhnlich der Druck gemeint.

LIT W. Bappert: Wege zum Urheberrecht. Die geschichtliche Entwicklung des Urheberrechtsgedankens. Ffm. 1962. 326 S. • B. Samson: Urheberrecht. Ein kommentierendes Lehrbuch. Pullach 1973. 259 S. • D.F. Johnston: Copyright handbook. New York 1978. 309 S. • M. Vogel: Deutsche Urheber- und Verlagsrechtsgeschichte zwischen 1450 und 1850. Ffm. 1978. 190 Sp. • H. Hubmann: Urheber- u. Verlagsrecht. Studienbuch. 4. Aufl. München 1978. 301 S. • G. Roellecke: Das Kopieren zum eigenen wissenschaftlichen Gebrauch. Rechtsgutachten. Berlin: DBV 1978. 58 S. • G. Krüger-Nieland: Kopierrecht. (Stellungnahme zum Gutachten G. Roelleckes.) Ffm. 1979. 16 S.; zugl.: BöBl. Ffm. 35.1979, Nr.61, Beilage. • E. Ulmer: Urheber- und Verlagsrecht. 3. Aufl. Berlin 1980. 610 S.

In der *Verzeichnung* im Katalog kommen die druckrechtlichen Verhältnisse keineswegs immer zum Ausdruck. *Nie* haben sie Einfluß auf die Einordnung; im beschreibenden Teil der Titelaufnahme können sie an drei Stellen erwähnt werden: (a) in der Ausgabebezeichnung, (b) im Erscheinungsvermerk und (c) nur in Ausnahmefällen in besonderen Notizen unter der Aufnahme.

7.1 Originalausgaben

Alle *rechtmäßigen* Ausgaben mit Textfassungen, die *vom Verfasser* stammen, also auch nach der 7.2-Urausgabe und der 7.3-Erstausgabe erschienene Ausgaben.

LIT Vgl. 7.3-Erstausgaben.

7.2 Urausgaben

Erste rechtmäßige Ausgabe eines Werkes; muß nicht im buchhändlerischen Sinn „erschienen" sein, kann also z.B. in einer Zeitschrift oder Zeitung veröffentlicht worden sein und gilt dann als bibliographisch unselbständig erschienen, vgl. 3.62.

LIT Vgl. 7.3-Erstausgaben.

7.3 Erstausgaben

Erste, auch unrechtmäßige *Buchhandelsausgabe* eines Werkes; Editio princeps. • Erstausgaben haben *besondere Bedeutung* für die Literaturgeschichte sowie als Objekte der Bibliophilie, vgl. 3-Gb. • Die Titelaufnahme wird der Bedeutung der Erstausgabe gewöhnlich nicht gerecht, weil Erstausgaben sich auf ihren Titelblättern nicht als solche zu erkennen geben; eine spezielle bibliographische Notiz, wenn der Sachverhalt erkannt wird, ist nach F 44 nicht ausdrücklich vorgesehen, aber auch nicht ausgeschlossen.

LIT P. Dauze (P. Dreyfus-Bing): Manuel de l'amateur d'éditions originales, 1800–1911. Paris 1911. 156 S. • E. Schulte-Strathaus: Bibliographie der Originalausgaben deutscher Dichtungen im Zeitalter Goethes. In 3 Bänden. 1,1. München 1913. 272 S. • L. Carteret: Le trésor du bibliophile romantique et moderne, 1801–75, éditions originales. 1–4. Paris 1924–28. • L. Brieger: Ein Jahrhundert deutscher Erstausgaben. (Ca. 1750–1880.) Stuttgart 1925. 206 S. • J. Le Petit: Bibliographie des principales éditions originales d'écrivains français du 15. au 18. siècle. Paris 1927. 583 S. • A. Tchemerzine: Bibliographie d'éditions originales et rares d'auteurs français. (15.–18. Jh.) 1–10. Paris 1927–33. • B.D. Cutler, V. Stiles: Modern British authors: their first editions. London 1930. 171 S. • Festschrift für Georg Leidinger zum 60. Geburtstag. München 1930. S. 283–288: M. Stois (Editio princeps, Bibliothek). • J.R. Brussel: Anglo-American first editions. 1–2. London 1935–36. • M. de Vore Johnson: American first editions. 4. ed. New York 1942. 553 S. • M. Parenti: Prime edizioni italiane. 2. ed. Milano 1948. 526 S. • G. v. Wilpert, A. Gühring: Erstausgaben deutscher Dichtung. Bibliographie, 1600–1960. Stuttgart 1967. 1468 S.

7.4 Neuausgaben

Der Begriff der „Ausgabe" ist nicht eindeutig definiert; gemeint ist gewöhnlich nur ein weiterer, erneuter Druck im Sinne von „Auflage"; vgl. 2.20-Neuauflage.

7.5 Lizenzausgaben

Ausgabe, die nicht vom Originalverleger des Werkes, sondern aufgrund eines Lizenzvertrages mit dem Originalverleger (= Lizenzgeber) von einem anderen Verlag (= Lizenznehmer) herausgebracht wird: z.B. Ausgaben in 7.23-Buchgemeinschaften und zahlreiche 3.131-Taschenbuchausgaben. • Der Sachverhalt kommt in der Titelaufnahme fast nie zum Ausdruck; im Erscheinungsvermerk steht nur der Verleger der Lizenzausgabe.

LIT H. Rambour: Die Lizenzausgabe. München 1954. 91 S.

7.6 Raubdrucke

Nachdruck eines Werkes, von dem der Originalverleger gewöhnlich bereits eine Ausgabe herausgebracht hat; der Raubdruck erfolgt ohne Genehmigung des Inhabers der Nutzungsrechte (Verfasser oder Verlag) und ohne Zahlung des Autorenhonorars und kann daher billiger angeboten werden; gelegentlich erfolgen Raubdrucke auch, um vergriffene Werke wieder verfügbar zu machen. • In der formalen Gestaltung wird gelegentlich versucht, im Raubdruck die Originalausgabe möglichst getreu zu kopieren (fotoreprographische Techniken), um unentdeckt zu bleiben. • Der Raubdruck kann sich verschieden präsentieren: (a) der Raubdrucker oder -verleger nennt sich mit wirklichem Namen und bezeichnet sein Produkt offen als Raubdruck, oder (b) er nennt sich zwar mit wirklichem Namen, gibt aber keinen Hinweis auf den Raubdruckcharakter, oder (c) der Raubdrucker verhüllt seine Identität durch einen fingierten Erscheinungsvermerk. • Die *Recherche* kann einerseits damit rechnen, daß ermittelte wahre Sachverhalte und wirkliche Verleger- und Druckernamen in Ausgabebezeichnung und Erscheinungsvermerk ergänzt worden sind, muß aber auch damit rechnen, daß der Raubdruckcharakter einer Ausgabe eventuell unerkannt geblieben ist. Vgl. 3.74-Titelblatt mit fingiertem Erscheinungsvermerk.

LIT H. Widmann: Geschichte des Buchhandels vom Altertum bis zur Gegenwart. Wiesbaden 1952. 189 S.; Neubearb.: T. 1. 1975. 308 S.; ders.: Der deutsche Buchhandel in Urkunden und Quellen. 1–2. Hamburg 1965. • Buchmarkt. 5.1970, H. 6, 59–64: Götz v. Olenhusen (Raubdruck, Urheberrecht, Informationsfreiheit). • BöBl. Ffm. 26.1970, 1290–1293: F. W. Peter. • BuB. 23.1971, 1123–1124: C. Gnirß, A. Götz v. Olenhusen (Bibliographie). • Literaturbetrieb in Deutschland. Hrsg.: H. L. Arnold. Stuttgart 1971. S. 164–172: A. Götz v. Olenhusen (Raubdruckbewegung). • A. Götz v. Olenhusen, C. Gnirß: Handbuch der Raubdrucke. 2. Theorie und Klassenkampf. Sozialisierte Drucke u. proletarische Reprints. Bibliographie. Pullach 1973. 509 S. • Buchmarkt. 10.1975, H. 12, 82–84: M. Lemberg (Schwarze Kunst und rote Räuber).

7.7 Fälschungen

Wenn man unter Fälschung jede absichtliche Täuschung über wahre Sachverhalte versteht, so können Drucke in vielfältiger Hinsicht und aus sehr unterschiedlichen Motiven gefälscht erscheinen: in bezug auf die Verfasserschaft, die Textidentität, den Druck und die Umstände des Erscheinens. • Das Regelwerk sieht grundsätzlich vor, *für erkannte Fälschungen die wahren Sachverhalte zu ermitteln* und die richtigen Angaben in die Titelaufnahme einzufügen. • Für die EOE haben – mit Ausnahme der 4.180-Tarnschriften, die auch gefälschte Sachtitel tragen – normalerweise nur *Fälschungen der Verfasserschaft* Bedeutung: sie erstrecken sich (a) von nur irreführenden *Verkleidungen* der Verfasserschaft durch 1.5-Pseudonyme, vgl. auch 3.72-Titelblatt mit verkleideter Verfasserangabe, (b) bis zum *Plagiat*, wenn eine Schrift ganz oder teilweise von einem anderen als dem Urheber als eigene geistige Schöpfung ausgegeben oder (c) durch 7.6-*Raubdruck* verwertet wird. • Für Fälschungen im *Erscheinungsvermerk* vgl. 3.74. • Die *Recherche* kann damit rechnen, daß entweder (a) eine Fälschung nicht als solche erkannt und daher nur unter den Namen und Sachtiteln der Fälschung verzeichnet worden ist, oder daß (b) der wahre Sachverhalt ermittelt und die Schrift unter den ermittelten wahren Namen und Sachtiteln eingeordnet worden ist: in diesem Fall mit VW für die Namen und Sachtitel der Fälschung.

LIT J.-M. Quérard: Les supercheries littéraires dévoilées. 2. éd. T. 1. Paris 1882. Sp. 69–84: Des plagiaires; 85–92: Des vols littéraires; 93–100: Des imposteurs en littérature. • ZfB. 17.1900, 94–96: O. v. Gebhardt (Gefälschte Büchertitel); 19.1902, 467–468: E. Nestle (Doppelveröffentlichungen: eine Schrift als zwei Veröffentlichungen angeboten). • J. Carter, G. Pollard: An enquiry into the nature of certain 19. century pamphlets. London 1934. 400 S. (Fälschungen von Thomas Wise). • BöBl. Ffm. 25.1969, Beilage, S. 3211–3228: H. Rosenfeld (Zur Geschichte von Nachdruck und Plagiat). • W. Speyer: Die literarische Fälschung im heidnischen und christlichen Altertum. München 1971. 343 S. • Nachrichten – Nouvelles – Notizie. 52.1976, 39–51: S. Schaltenbrand (Plagiat im Zeitalter der Bücherinflation). • Vgl. 1.5, 3.74, 4.180, 7.6.

7.8 Vorabdrucke

Vorabdruck ist der Abdruck eines Werkes vor seinem „Erscheinen" im verlagsrechtlichen Sinn, d. h. vor seinem Erscheinen als Buch. Der Vorabdruck erfolgt in einer Zeitung oder Zeitschrift und gilt zwar als „veröffentlicht", aber noch nicht als „erschienen". • Der Vorabdruck erscheint ohne eigenes Titelblatt für den vorabgedruckten Text und gilt deshalb als bibliographisch unselbständig, vgl. 3.62.

7.9 Preprints

DEF   Vorveröffentlichung; vorzeitiger Abdruck eines Textes, dessen ausführliche oder endgültige Veröffentlichung – eventuell als Vortrag auf einem Kongreß – zu einem späteren Zeitpunkt vorgesehen ist.

PRO   Besonders wichtig für die *Naturwissenschaften,* die an schnellster Information über neueste Forschungsergebnisse interessiert sind. • In vielen Fällen wird „Preprint" als *Sachtitel* verwendet, ohne daß eine nochmalige spätere Veröffentlichung beabsichtigt ist. • Nach der *Titelblattgestaltung* ist zu prüfen, ob mit „Preprint" nur eine Ausgabebezeichnung oder wirklich ein Sachtitel vorliegt; eindeutige Sachtitel sind z.B. die Pluralform Preprints sowie: Preprint series, Preprint of papers, Preprints of paper summaries. • Die EOE hängt davon ab, ob Preprint als selbständiger Sachtitel anzusehen ist: in diesem Fall kann die Veröffentlichung verschiedenen Schriftenklassen angehören. • Für die *Recherche* sollte im Zweifelsfall auch unter dem ersten OW Preprint nachgeschlagen werden.

EOE   Abhängig von Titelblattaussage.

(A) Preprint *selbständiger Sachtitel:* kann je nach Erscheinungsweise eine 2.1-Monographie, 2.14-Serie oder 2.15-Zeitschrift sein.

(B) Preprint *nur Ausgabebezeichnung* oder Zusatz zum Sachtitel: kein Einfluß auf die EOE.

LIT   Journal of chemical documentation. 5.1965, 126–128: C.A. Moore (Preprints, an old information device with new outlooks).

7.10 Manuskriptdrucke

Manuskriptdruck (auch: Privatdruck) im *engeren* Sinn bezeichnet einen Druck, der den Vermerk „Als Manuskript gedruckt" trägt und nur sehr beschränkt zugänglich gemacht wird: seine gewerbsmäßige Verbreitung wird verhindert, er bleibt der breiten Öffentlichkeit vorenthalten und gilt daher zwar als „veröffentlicht", jedoch im verlagsrechtlichen Sinn als noch nicht „erschienen". • Im *weiteren* Sinn als zusammenfassende Bezeichnung für alle nicht im Buchhandel vertriebenen Schriften gebraucht: für die von Privatpersonen oder Korporationen ohne kommerzielle Absicht veranstalteten Drucke; vgl. 7.21-Veröffentlichungen außerhalb des Buchhandels. • Der Vermerk „Als Manuskript gedruckt" wird als *Ausgabebezeichnung* in der Titelaufnahme wiedergegeben; das Erscheinen außerhalb des Buchhandels wird im *Erscheinungsvermerk* der Titelaufnahme ausgedrückt, durch Fehlen eines Verlagsnamens, an dessen Stelle tritt eventuell die Angabe „Selbstverlag" oder „Auteur" usw. oder der Name der herausgebenden Korporation, oder es wird auf jegliche Angabe für die Verlegerfunktion verzichtet, wenn eine herausgebende Korporation bereits im Text der Aufnahme genannt ist und nur dieselbe Korporation im Erscheinungsvermerk zu wiederholen wäre. F 33,1–2. R 1.4.2,9.

7-B.   *Schriftenklassen der Vertriebswege*

Die Art des Vertriebsweges hat keinen Einfluß auf die Einordnung nach PI. • Der Sachverhalt wird überwiegend aus der Titelaufnahme ersichtlich sein, jedoch nur selten für die Fälle der

  7.24-Veröffentlichungen für den Schriftentausch
  7.25-Veröffentlichungen mit behinderter Verbreitung

weil diese Sachverhalte an den Drucken selbst nicht zu erkennen sind. • Als einzige, unwesentliche Ausnahme soll der Vertriebsweg nach F 62,5 die EOE beeinflussen, wenn eine Textausgabe mit Kommentar zugleich als Dissertation und als Buchhandelsausgabe vorliegt (Beispiel Werhahn/Gregorius); vgl. 4.82.

7.20   Buchhandelsveröffentlichungen

LIT   S. Taubert: Bibliopola. Bilder und Texte aus der Welt des Buchhandels. 1–2. Hamburg 1966. • P. Meyer-Dohm: Buchhandel als kulturwirtschaftliche Aufgabe. Gütersloh 1967. 224 S. • The book trade of the world. Ed.: S. Taubert. 1–2. Hamburg 1972–76. • Handbuch des Buchhandels. Hrsg.: P. Meyer-Dohm, W. Strauß. 1–4. Hamburg 1974–77. • B. Wendt: Der Antiquariatsbuchhandel. Eine Fachkunde f. junge Antiquare. 3. Aufl. Hamburg

1974. 215 S. • Der deutsche Buchhandel. Hrsg.: H. Hiller, W. Strauß. 5. Aufl. Hamburg 1975. 491, 35 S. • H. Widmann: Geschichte des Buchhandels vom Altertum bis zur Gegenwart. Neubearb. T. 1: Bis zur Erfindung des Buchdrucks sowie Geschichte des deutschen Buchhandels. Wiesbaden 1975. 308 S. • Dokumentation deutschsprachiger Verlage. Hrsg.: C. Vinz, G. Olzog. 7. Ausg. München 1980. 596 S.

7.21 Veröffentlichungen außerhalb des Buchhandels

Zusammenfassende Bezeichnung für alle Veröffentlichungen, die generell oder überwiegend nicht über den Buchhandel vertrieben werden; hierzu rechnen z.B. folgende Schriftenklassen:

4.1-Gründungsurkunden, Satzungen usw.
4.3-Jahresberichte usw.
4.4-Interne Verwaltungsschriften
4.5-Hauszeitschriften
4.8-Gelegenheitsschriften
4.20-Amtsdruckschriften
4.21-Parlamentaria
4.30-Dienstanweisungen usw.
4.41-Plakate
4.42-Tarife
4.44-Veranstaltungspläne, Programme usw.
4.81–4.82-Dissertationen
4.83-Habilitationsschriften
4.84-Sonstige Examensarbeiten
4.85-Akademische Gelegenheitsschriften
4.86-Programmabhandlungen
4.90-Schulprogramme
4.91-Programmabhandlungen

4.140-Firmenschriften
4.180-Tarnschriften
4.220-Personalschriften
4.231-Nozze-Schriften
5.187-Graue Literatur
5.234-Theaterzettel
5.270-Reports
5.271-Reportserien
5.272-Patentschriften
7.8-Vorabdrucke
7.10-Manuskriptdrucke
7.23-Buchgemeinschaftsausgaben
7.24-Veröffentlichungen für den Schriftentausch
7.25-Veröffentlichungen mit behinderter Verbreitung
7-C: Nicht-gedruckte Schriftenklassen
7-D: Nicht-schriftliche Information
7-E: Sonstige Informationsträger

LIT ZfB. 83.1969, 222–223: H. Lohse; 531–533: A. Guthjahr (Erfassung); 533–534: G. Fröhlich (Probleme).

7.22 Selbstverlagsschriften

Druckschrift, deren Herstellungskosten, Veröffentlichung und Absatzrisiko vom Verfasser der Schrift getragen werden: der Verfasser übernimmt selbst für seine Schrift die Funktionen des Verlegers. • Der Begriff des Selbstverlags wird teils nur auf *personale Verfasser* oder Herausgeber angewendet, teils auch auf *korporative Urheber* ausgedehnt. • Der Sachverhalt des Selbstverlages wird in der Titelaufnahme im *Erscheinungsvermerk* nur dann angegeben, wenn er auf dem Titelblatt direkt zum Ausdruck kommt. PI 7,10. F 33,2. R 1.4.2,9.

LIT H. Widmann: Der deutsche Buchhandel in Urkunden und Quellen. 2. Hamburg 1965. S. 248–257. • Archiv für Geschichte des Buchwesens. 6.1965, 1371–1396: G. Berg (Selbstverlagsidee bei deutschen Autoren im 18. Jh.). • B. Kühl: Der Selbstverlag. Geschichte u. Bedeutung für die Literaturverbreitung. Berlin: IfB-Ex.-Arb. 1978.

7.23 Buchgemeinschaftsausgaben

Die Buchgemeinschaft (der Buchclub) ist ein Gewerbezweig des Buchhandels, der die Prinzipien der *Subskription* und des *Abonnements* verbindet, dadurch eine besonders günstige Kostenkalkulation erreicht und seine Mitglieder zu erheblich niedrigeren Preisen als der Sortimentsbuchhandel beliefern kann. • Buchgemeinschaftsausgaben werden für die Mitglieder produziert und *ohne Zwischenhandel* vertrieben, oft jedoch auch an Außenstehende verkauft. • In der Titelaufnahme erscheint normalerweise die Buchgemeinschaft im *Erscheinungsvermerk* als Verleger.

LIT K. Zickfeld: Die Umgestaltung des Buchmarktes durch Buchgemeinschaften. Osterwieck a.H. 1927. 128 S. • Das Buch zwischen gestern und morgen. Festschrift G. v. Holtzbrinck. Stuttgart 1969. 264 S. • Buchgemeinschaften in Deutschland. 2. Aufl. Hamburg 1969. • Literaturbetrieb in Deutschland. Hrsg.: H.L. Arnold. Stuttgart 1971. S. 135–146: P. Kliemann. • R.W. Langenbucher, W.F. Truchses: Buchmarkt der neuen Leser. Studien zum

152

Programmangebot der Buchgemeinschaften (1962–71). Berlin 1974. 199 S. • R. Bigler: Literatur im Abonnement. Die Arbeit der Buchgemeinschaften in der BRD. Gütersloh 1975. • Handbuch des Buchhandels. Hrsg.: P. Meyer-Dohm, W. Strauß. 4. Hamburg 1977. S. 406–454.

7.24 Veröffentlichungen für den Schriftentausch

Druckschriften, die von wissenschaftlichen Gesellschaften, Universitäten, Behörden und anderen korporativen Trägern herausgegeben und – außer an die eigenen Mitglieder – nur an andere Korporationen abgegeben werden, mit denen sie Tauschbeziehungen unterhalten: derartige Drucke sind also ohne *Mitgliedschaft oder Tauschbeziehungen* zur herausgebenden Korporation nicht zu erwerben. • Für den Schriftentausch typische Schriftenklassen sind z. B.:

4.20-Amtsdruckschriften   4-Fb: Akademie- u. Gesellschaftsschriften
4.82-Dissertationen

In der *Titelaufnahme* kommt der spezielle Vertriebsweg des Schriftentauschs nicht zum Ausdruck; er kann allenfalls bei maschinenschriftlichen Dissertationen durch den Vermerk „Nicht für den Austausch" indirekt erwähnt sein.

LIT Aus der Arbeit der Deutschen Staatsbibliothek. Lpz. 1961. S. 23–57: P. Genzel (Schriftentausch). • Unesco bulletin for libraries. 25.1971, 267–281: I. Gombocz (Economic aspects of the international exchange); 26.1972, 141–149: B.P. Kanevskij (International exchange, free flow of books); 30.1976, 83–88: P. Genzel (International exchange, national exchange, efficiency). • ZfB. 86.1972, 521–536: I.G. Karžanevič (Internationaler Tausch, Fragebogenaktion); 537–541: P. Genzel (Europäische Konferenz über den internationalen Tausch). • The international exchange of publications. IFLA, European Conference, Vienna 1972. Ed.: M.J. Schiltman. Pullach 1973. 135 S. • IFLA. Exchange of official government publications. Report. Pretoria 1974. 163 S. • Handbook on the international exchange of publications. Ed.: F. Vanwijngaerden. 4. ed. Paris: Unesco 1978. 165 S.

7.25 Veröffentlichungen mit behinderter Verbreitung

Die Verbreitung einer Druckschrift kann, rechtmäßig oder unrechtmäßig, durch Zensur, Verbot, Beschlagnahme, einschränkende Bedingungen für den Vertrieb u.a. behindert werden; derartige Drucke sind entsprechend selten erhalten und können eventuell als 3.120-Rara gelten. • Verbotene oder unerwünschte Schriften werden gelegentlich in speziellen Verzeichnissen erfaßt. • Die Titelaufnahme enthält keine Angaben über eventuelle Einschränkungen der Verbreitung.

LIT ZfB. 20.1903, 444–456: J. Hilgers (Indices verbotener Bücher, 16. Jh.); 28.1911, 108–122: J. Hilgers (Italien, 16. Jh.); 31.1914, 49–67: C. Roth (Zensur im alten Basel); 52.1935, 459–471: H.P. des Coudres (Wissenschaftliche Bibliotheken); 62.1948, 128–132: J. Vorstius (Aussonderung nationalsozialistischer u. militärischer Literatur). • H. Lackmann: Die kirchliche Bücherzensur nach geltendem kanonischem Recht. Köln 1962. 101 S. • A.L. Haight: Banned books. 3. ed. New York 1970. 166 S. • U. Eisenhardt: Die kaiserliche Aufsicht über Buchdruck, Buchhandel und Presse im Heiligen Römischen Reich deutscher Nation (1496–1806). Karlsruhe 1970. 168 S. • Archiv für Geschichte des Buchwesens. 11.1971, Sp. 933–1034: D. Aigner (Die Indizierung „schädlichen u. unerwünschten Schrifttums" im Dritten Reich). • H. Sauter: Bücherverbote einst und jetzt. Mainz 1972. 34 S. • BöBl. Ffm. 28.1972, 1567–1569: H. Krössner (Jugendgefährdende Schriften, Rechtsprechung des BVG). • D. Bécourt: Livres condamnés, livres interdits, régime juridique du livre: liberté ou censure? Paris 1972. 584 S. • Hans-Burkard Meyer: Die strafrechtliche Verantwortlichkeit des Bibliothekars. Das Verbot der Verbreitung verfassungsfeindlicher Schriften (§ 86 StGB), unzüchtiger Schriften (§ 184 StGB) und jugendgefährdender Schriften (§§ 1.3.6.21 GjS). Köln 1972. 73 S. • M. Pope: Sex and the undecided librarian. Opinions on sexually oriented literature. Metuchen, N.J. 1974. 209 S. • G. McShean: Running a message parlor. A librarian's medium-rare memoir about censorship. Palo Alto, Cal. 1977. 237 S.

7-C. *Nicht-gedruckte Schriftenklassen*

LIT Spezialbestände in deutschen Bibliotheken. Bearb.: W. Gebhardt. Berlin 1977. 739 S.

Während Druckschriften durch die Vervielfältigung in jeweils zahlreichen Exemplaren existieren, die alle an den Formalien ihrer Titelblätter identifiziert und nach diesen Formalien im AK katalogisiert werden können, entstehen *nicht-gedruckte schriftliche Dokumente* handschriftlich (Manuskript) oder maschinenschriftlich (Typoskript) als *einmalige Dokumente* (Unikate), von denen jedes einzelne *indi-*

viduell gestaltet ist. Die Einmaligkeit und die Individualität der nicht-gedruckten Schriftdokumente bereiten spezifische Verzeichnungsprobleme und erfordern eine *Erschließung in eigenen Verzeichnissen.*

In den Bibliotheksbeständen wird eine *Trennung zwischen gedrucktem und nicht-gedrucktem Material* zwar prinzipiell angestrebt, kann jedoch aus praktischen Erwägungen nicht vollständig durchgeführt werden. Einzelne Bände des Druckschriftenbestands können handschriftliche Widmungen oder Marginalien oder angebundene Handschriften enthalten; andererseits können in Akten und Nachlaßmaterialien Druckschriften enthalten sein und mit handschriftlichem Material derart eine Einheit bilden, daß ein Ausgliedern aus den Akten, Nachlässen usw. nicht sinnvoll erscheint.

Ist eine Trennung des Materials nicht immer möglich oder sinnvoll, so steht einer konsequenten *Trennung der Erschließungen* und der Vollständigkeit jeder Erschließung prinzipiell nichts im Wege, sodaß im Idealfall sowohl (a) alle handschriftlichen Dokumente aus dem Druckschriftenbestand in den Handschriftenkatalogen wie auch umgekehrt (b) alle Druckschriften aus den Handschriften- und Nachlaßbeständen in den Druckschriftenkatalogen verzeichnet sein müßten. Für die *Recherche* ist unbedingt Auskunft darüber einzuholen, wie in der Bibliothek verfahren worden ist.

7.30 Handschriften

Sammelbegriff für alle nicht-gedruckten und nicht-vervielfältigten schriftlichen Dokumente in allen Formen (Rolle, Kodex, Einzelblatt usw.) einschließlich der Typoskripte. • Vgl. die einzelnen Schriftenklassen:

7.31-Autographen	7.35-Akten
7.32-Typoskripte	7.36-Urkunden
7.33-Druckschriften mit handschrift-	7.37-Ungedruckte Arbeiten
lichen Marginalien	7.38-Nachlaßmaterial
7.34-Archivalien	

LIT K. Löffler: Einführung in die Handschriftenkunde. Lpz. 1929. 214 S. • ZfB. 57.1940, 45–51: L. Denecke (Verzeichnis der Handschriften); 52–60: E. Wallner (Inventarisierung, Katalogisierung). • J. Kirchner: Germanistische Handschriftenpraxis. (Lehrbuch.) München 1950. 130 S. • Deutsche Philologie im Aufriß. Hrsg.: W. Stammler. 2. Aufl. 1. Berlin 1957. S. 379–452: B. Bischoff (Paläographie). • W. Wattenbach: Das Schriftwesen im Mittelalter. 4. Aufl. Graz 1958. 670 S. • Zur Katalogisierung mittelalterlicher und neuerer Handschriften. Hrsg.: C. Köttelwesch. Ffm. 1963. 191 S. • H. Foerster: Abriß der lateinischen Paläographie. 2. Aufl. Stuttgart 1963. 322 S. • ZfBB. 12.1965, 65–80: W. Schmidt (Katalogisierung, neuere Handschriften). • Die Erschließung der Handschriften- und Autographenbestände in den Bibliotheken der DDR. Hrsg.: H. Lülfing, U. Winter. Berlin 1968. 100 S. • ZfBB. 16.1969, 201–216: W. Schmidt (Katalogisierung). • DFG. Unterausschuß für Handschriftenkatalogisierung. Richtlinien: Handschriftenkatalogisierung. Bonn–Bad Godesberg 1973. 20 S. • C. Hamilton: Collecting autographs and manuscripts. 2. ed. Norman 1975. 270 S. • Handschriftenbeschreibung in Österreich. Referate, Beratungen u. Ergebnisse d. Arbeitstagungen Kremsmünster (1973) und Zwettl (1974). Hrsg.: O. Mazal. Wien 1975. 174 S. • Jahrbuch Preußischer Kulturbesitz. 13.1976, 157–167: W. Voigt (Katalogisierung orientalischer Handschriften). • Zur Praxis des Handschriftenbibliothekars. DBI, Kommission für Handschriftenfragen. Ffm. 1980. 81 S. • ZfBB. 29.1982, 25–34: K. Dachs (Beschreibung des Buchschmucks). • Vgl. 3-Gb: Bibliophile Ausgaben, 3.113-Faksimileausgaben, 5.91-Kritische Ausgaben.

7.31 Autographen

Schriftstück, das der Verfasser des Textes selbst von Hand geschrieben oder, wenn mit der Schreibmaschine geschrieben, eigenhändig unterzeichnet hat. • Autor und Schreiber sind identisch: derartige Dokumente haben eventuell besondere Bedeutung für die Textkritik, stets jedoch als Sammelobjekte einen besonderen Handelswert.

LIT E. Wolbe: Handbuch für Autographensammler. Berlin 1923. 630 S. • W. Frels: Deutsche Dichterhandschriften von 1400–1900. Gesamtkatalog. Lpz. 1934. 382 S. • P. Raabe: Quellenkunde zur neueren deutschen Literaturgeschichte. Stuttgart 1962. 144 S. • G. Mecklenburg: Vom Autographensammeln. Marburg 1963. 166 S. • C. Hamilton: Collecting autographs and manuscripts. 2. ed. Norman 1970. 269 S. • H. Jung: Ullstein Autographenbuch. Ffm. 1971. 240 S. • Staatsbibliothek Preußischer Kulturbesitz. Mitteilungen. 7.1975, 27–34: H. J. Mey (Zentralkartei der Autographen). • Der Archivar. 31.1978, Sp. 361–366: H. J. Mey (Zentralkartei der Autographen). • C. Hamilton: The book of autographs. New York 1978. 208 S.

7.32 Typoskripte

Mit der Schreibmaschine (industrielle Fertigung seit ca. 1875) geschriebene Dokumente, einschließlich der in geringer Anzahl möglichen Durchschriften. • Ein vom Textverfasser eigenhändig unterzeichnetes Typoskript gilt als 7.31-Autograph. • Es ist nicht auszuschließen, daß gelegentlich Typoskripte in den AK aufgenommen werden, z.B. maschinenschriftliche Dissertationen, die nicht gedruckt worden sind.

LIT W. v. Eye: Kurzgefaßte Geschichte der Schreibmaschine und des Maschinenschreibens. 2. Aufl. Berlin 1958. 139 S. • R. Krcal: 1864–1964. P. Mitterhofer und seine Schreibmaschine. Wien 1964. 106 S.

7.33 Druckexemplare mit handschriftlichen Marginalien

Der Doppelcharakter als Druckschrift und Handschrift erfordet eine Erschließung in beiden Katalogbereichen; für die *Verzeichnung als Druckschrift* vgl. 3.118; eine *Verzeichnung der handschriftlichen Einträge* (Widmungen, Besitzvermerke, Marginalien, Korrekturen usw.) im Rahmen der Handschriftenkatalogisierung setzt voraus, daß die Marginalien festgestellt, in ihrer Bedeutung richtig eingeschätzt und je nach Sachlage als 7.31-Autographen oder wie 7.38-Nachlaßmaterial erfaßt und erschlossen werden. • Die *Recherche* sollte unbedingt Auskunft über die Erfassung und Erschließung der handschriftlichen Einträge in Druckschriften einholen.

LIT Vgl. 3.118, 7.31, 7.38.

7.34 Archivalien

Sammelbegriff für alle seltenen oder *einmaligen Schrift-, Bild- oder Ton-Dokumente,* die wegen ihrer Bedeutung als Informationsquellen unbefristet und gesichert in Archiven aufbewahrt und verwaltet werden; vgl. 4-Fg: Archive. • Den größten Anteil an den Archivalien stellen, je nach den Aufgaben des Archivs, die 7.35-Akten, 7.36-Urkunden, 7.37-Ungedruckte Arbeiten, 7.38-Nachlaßmaterial, 5.260-Karten und Pläne: daraus ergibt sich eine gewisse Verwandtschaft mit den Beständen und der Erschließungsproblematik in Bibliotheken.

LIT Archivalische Zeitschrift. Folge 3, 3.1926, 151–163: I. Striedinger (Archivgut, Bibliotheksgut). • ZfB. 68.1954, 321–334: O. Wenig (Bibliotheksgut, Archivgut). • Archivmitteilungen. 12.1962, 158–167: H.-S. Brather (Registraturgut, Archivgut, Sammlungen). • Ordnungs- und Verzeichnungsgrundsätze für die staatlichen Archive der DDR. Grundwerk u. Erg. 1–3. Potsdam 1964–71. • G. Enders: Archivverwaltungslehre. 3. Aufl. Berlin 1968. 240 S. • H.O. Meisner: Archivalienkunde vom 16. Jh. bis 1918. Göttingen 1969. 365 S. • J.H. Hodson: The administration of archives. Oxford 1972. 217 S. • J. Papritz: Archivwissenschaft. 1–4. Marburg 1976; Bd 3–4: Archivische Ordnungslehre. • Der Archivar. 31.1978, 50–54: G. Heyl (Drucksachen in Archiven); 195–204: H. Romeyk (Indexierarbeit im Archiv). • Vgl. 4-Fg: Archive.

7.35 Akten

Sammlung von Schriftstücken zu Verwaltungsvorgängen in allen Bereichen der öffentlichen oder privaten Verwaltungstätigkeit, zusammengefaßt nach Gegenständen oder Schriftwechselpartnern. • Akten werden innerhalb gesetzlich vorgeschriebener Fristen von der aktenführenden Stelle aufbewahrt, danach je nach Bedeutung archiviert oder vernichtet.

LIT H.O. Meisner: Urkunden- und Aktenlehre der Neuzeit. 2. Aufl. Lpz. 1952. 241 S. • A. v. Brandt: Werkzeug des Historikers. 8. Aufl. Stuttgart 1958. S. 81–118. • R. Schatz: Behördenschriftgut. Aktenbildung, Aktenverwaltung, Archivierung. Boppard 1961. 383 S. • Der Archivar. 27.1974, Sp. 315–332: S. Büttner (Abgabe von Akten der mittleren u. unteren Bundesbehörden); 28.1975, 417–422: H.-G. Seraphin (Erschließung der Nürnberger Prozeßakten). • Vgl. 7.34-Archivalien.

7.36 Urkunden

Schriftliche Dokumente, die entweder einen Rechtsakt enthalten (konstitutive Urkunden: Gerichtsurteil, Vertragsurkunde, Wechsel usw.) oder über bestimmte Sachverhalte berichten (Berichtsurkunden: Protokolle, Geschäftsbücher, Briefe usw.). • Für Veröffentlichungen von Urkundentexten im

Druck vgl. 5.203-Regestenwerke, 5.256-Urkundenbücher sowie 5.54 u. 5.67-Briefsammlungen, 5.66-Briefwechsel.

LIT H. Bresslau: Handbuch der Urkundenlehre für Deutschland und Italien. 4. Aufl. 1–2. Berlin 1968–69. • C. Reithmann: Allgemeines Urkundenrecht. Köln 1972. 91 S. • Vgl. 7.34-Archivalien, 7.35-Akten.

7.37 Ungedruckte Arbeiten

Schriften, die mit der Absicht der Veröffentlichung verfaßt, später jedoch nicht oder nicht vollständig gedruckt erschienen sind. • Unveröffentlichte oder nur zum Teil veröffentlichte Manuskripte bilden aus bibliographischer Sicht eine eigene Schriftenklasse, weil sie eventuell in anderen Veröffentlichungen erwähnt, eventuell sogar als bereits erschienen bezeichnet worden sein können: dadurch können sie als sogenannte „Geistertitel" in Literaturangaben weiterleben. • Für die·Erschließung haben derartige Werke einen *Doppelcharakter:* einerseits sind sie als Manuskripte Unikate und sind Gegenstand der Handschriftenkatalogisierung, speziell als 7.38-Nachlaßmaterial – andererseits stehen sie durch Zitierungen und besonders bei bereits erfolgten Teilveröffentlichungen in der Nähe der Druckschriften und werden in seltenen Fällen im Zusammenhang mit den Druckschriften verzeichnet.

LIT ZfB. 41.1924, 474–477: W. Herse (Erhaltung ungedruckter Arbeiten eine Aufgabe der lokalen Bibliotheken). • Deutsche Bibliographie. Wöchentliches Verzeichnis. Beilage: Archiv ungedruckter wissenschaftlicher Arbeiten. Folge 1–8. Ffm. 1958–70.

7.38 Nachlaßmaterial

Sammlung ungedruckter wie auch gedruckter schriftlicher und anderer Dokumente des persönlichen und beruflichen Bereichs, die der Nachlasser im Laufe seines Lebens aufbewahrt oder gesammelt hat. • Für Nachlaßmaterial ist grundsätzlich keine Art von Dokumenten oder Objekten auszuschließen: diese Vielfalt der möglichen Objekte erfordert *spezifische Erschließungsregeln* für Nachlaßmaterialien. • PI 38 über „literarische Nachlässe" bezieht sich nicht auf das originale Nachlaßmaterial, sondern nur auf dessen *Veröffentlichung im Druck:* HA unter dem Nachlasser. • Für die *Recherche* ist mit erheblichen Uneinheitlichkeiten in den Grundsätzen und im Aufwand für die Nachlaßerschließung zu rechnen; insbesondere ist Auskunft darüber einzuholen, ob und wie weit die *Druckschriften in Nachlaßbeständen* in die Druckschriftenkataloge der Bibliothek aufgenommen worden sind.

LIT ZfB. 61.1947, 261–271: A. v. Harnack (Nachlässe von Politikern u. Gelehrten); 73.1959, 1–9: O. Wenig (Erschließung in wiss. Bibliotheken der DDR, Literaturarchiv der Dt. Akademie d. Wiss.). • Gelehrten- und Schriftstellernachlässe in den Bibliotheken der DDR. 1–3. Berlin 1959–71. • Zur Katalogisierung mittelalterlicher und neuerer Handschriften. Hrsg.: C. Köttelwesch. Ffm. 1963. S. 35–54: W. Hoffmann (Neuere Nachlässe); 55–58: L. Denecke (Verzeichnis der Nachlässe); 59–71: W. A. Mommsen (Nachlässe in Archiven). • ZfBB. 12.1965, 80–95: K. Dachs (Katalogisierungsprinzipien). • Deutsche Staatsbibliothek 1661–1961. Vorträge, Berichte. Berlin 1965. S. 371–400: H. Lülfing (Nachlässe als Quellen historischer Forschung). • K. Dachs: Die schriftlichen Nachlässe in der BSB München. Wiesbaden 1970. 201 S. • W. A. Mommsen: Die Nachlässe in den deutschen Archiven. T. 1. Boppard 1971. 582 S.; S. XI–XXVI: Einleitung, Nachlaßgruppen. • ZfB. 86.1972, 131–152: H.-E. Teitge (Literarische Nachlässe). • L. Denecke: Die Nachlässe in den Bibliotheken der BRD. 2. Aufl. Boppard 1981. 538 S. • Vgl. 7.30.

7-D. *Klassen der nicht-schriftlichen Information*

Texte und Bilder können in nicht-schriftlicher bzw. in nicht-gedruckter Form als *Ton- und Bildaufzeichnungen* auf mechanischen, fotografischen, magnetischen u. a. Informationsträgern veröffentlicht werden: sie werden unter dem Begriff der *audiovisuellen Medien (AV-Medien)* zusammengefaßt. • Sie erscheinen selbständig, gelegentlich auch im Zusammenhang mit Druckschriften, werden zunehmend auch in Bibliotheken gesammelt und stehen nach Inhalt und Erschließungsproblematik in *enger Beziehung zu den Druckschriften.*

In der deutschen Fachliteratur wird auch der englische Begriff „non-book material" oder „non-books" verwendet und oft als Synonym für AV-Medien gebraucht, obwohl die „non-books" genaugenommen außer den AV-Medien auch eine Reihe von Druckschriftenklassen umfassen, die keine Bücher sind, also Karten, Noten, Reports usw., die in der englischen Terminologie gewöhnlich als „special materials" und im Deutschen als „Sonderbestände" zusammenfassend bezeichnet werden.

Für die *Verzeichnung der AV-Medien* können die PI keine direkten Anweisungen bieten, denn zur Zeit ihrer Entstehung waren die ersten Medien (Fotografie, Schallplatte) noch keine Massenartikel und keine Sammelobjekte für Bibliotheken. Müssen AV-Medien in einen nach PI geführten AK aufgenommen werden, so ist zu unterscheiden zwischen der Beschreibung und der Einordnung: (a) für die *Einordnung* können nur die Grundsätze der PI in Analogie angewendet, also personale Urheber und Sachtitel berücksichtigt werden; (b) für die *Beschreibung* müssen für jeden Informationsträger spezifische Regelungen entwickelt werden. • Für die *Recherche* ist unbedingt Auskunft über die Erwerbung und Erschließung von AV-Medien einzuholen.

LIT Spezialbestände in deutschen Bibliotheken. Bearb.: W. Gebhardt. Berlin 1977. 739 S.

7.45 Audiovisuelle Medien

LIT H. Heinrichs: Lexikon der audio-visuellen Bildungsmittel. München 1971. 362 S. • R.L. Collison: Indexes and indexing. Guide to the indexing of books, collections of books, periodicals, music, recordings, films and other material. 4. ed. London 1972. 232 S. • P.S. Grove, E.G. Clement: Bibliographic control of nonprint media. Chicago: ALA 1972. 415 S. • Audiovisuelle Medien in Hochschulbibliotheken. Seminar, Bochum 1972. Hrsg.: E. Franzen u.a. Pullach 1972. 103 S. • J.E. Daily: Organizing non-print materials. A guide for librarians. New York 1972. 190 S. • BöBl. Ffm. 29.1973, Nr. 38 (= S. 705–764): Themenheft Non-books; Schallplatte, Spiel, Poster, Graphik, AV-Medien. • Bibliotheksdienst. 1973, 596–598: E. Baer (Katalogisierung, int. Konferenz). • ZfBB. 21.1974, 23–27: H. Mach u.a. (Katalogisierung, RAK); 22.1975, 334–339: E. Franzen (AV-Medien in Hochschulbibliotheken). • Nonprint media in academic libraries. Ed.: P.S. Grove. Chicago: ALA 1975. 239 S. • Anglo-American cataloging rules. North American text. Chapter 12 rev.: Audiovisual media and social instructional materials. Chicago: ALA 1975. 56 S. • International Film and Television Council. Int. Conference on the Cataloguing of Audiovisual Materials, London 1973. London 1975. 185 S. • C.P. Ravilious: A survey of existing systems and current proposals for the cataloguing and description of nonbook materials collected by libraries. Paris: Unesco 1975. 132 S. • Audiovisuelle Medien in der öffentlichen Bibliothek. Berlin: DBV 1976. 107 S. • A.M. Tillin, W.J. Quinly: Standards for cataloging nonprint materials. 4. ed. Washington 1976. 230 S. • ISBD (NBM). International standard bibliographic description for non-book material. London: IFLA 1977. 61 S. • R. Fothergill, I. Butchard: Non-book materials in libraries. A practical guide. London 1978. 256 S. • IFLA journal. 5.1979, 30–34: IFLA's involvement in the bibliographic standardization of audio-visual and non-book materials. • ZfBB. 28.1981, 29–43: J. Fligge (Bibliotheksrelevante Entwicklungen im AV-Bereich).

7-Da. Tonaufzeichnungen

LIT National union catalog. 1953–57. Vol. 27: Music and phonorecords. Ann Arbor 1958; lfd. • Code for cataloging music and phonorecords. Chicago: ALA 1958. 88 S. • M.D. Pearson: Recordings in the public library. Chicago: ALA 1963. 153 S. • Rules for descriptive cataloging in the Library of Congress; phonorecords. 2. preliminary ed. Washington 1964. 11 S. • H. Roach: Spoken records. 3. ed. Metuchen, N.J. 1970. 288 S. • Library trends. 21.1972, 3–155: Trends in archival and reference collections of recorded sound (Heftthema). • BuB. 24.1972, 935–940: H. Rösner (Tonträger in öff. Bibliotheken). • Tonträgersystematik Musik für Öffentliche Musikbibliotheken. TSM. Berlin: DBV 1973. 57 S. • Library resources and technical services. 18.1974, 213–219: R. Miles (Music on phonorecords, cataloging). • The audiovisual librarian. 2.1975, 65–69: A. Trebble (BBC sound archives). • J.E. Daily: Cataloging phonorecordings: problems and possibilities. New York 1975. 172 S. • F.W. Hoffmann: The development of library collections of sound recordings. New York 1979. 169 S. • Forum Musikbibliothek. 1980, H. 3, 18–23: W. König (Tonträger für mechanische Musikinstrumente: Stiftwalze, Metallscheibe, Kartonscheibe, perforierte Papierrolle).

7.50 Schallplatten

LIT ZfB. 74.1960, 102–106: K.-H. Köhler (Katalogisierung). • Der Bibliothekar. 15.1961, 687–698: F. Hirsch (Sammlungen in öff. Bibliotheken). • G. Soffke: Anlage und Verwaltung von Schallplattensammlungen in wissenschaftlichen Bibliotheken. Köln 1961. 109 S. • ZfB. 81.1967, 449–464: W. Reich (Bibliothek u. Schallplatte). • Bulletin des bibliothèques de France. 12.1967, 35–60: R. Décollogne (La phonotèque nationale). • Der Bibliothekar. 23.1969, 1121–1131: I. Unger (Öff. Bibliotheken, DDR). • Gramophone record libraries. Ed.: H.F.J. Currall. London 1970. 303 S. • Schallplattenausleihe und Musikdokumentation in öffentlichen Musikbibliotheken. 3 Referate. A. Maagh u.a. Berlin 1972. 34 S. • Library trends. 21.1972, 101–135: G. Stevenson (Discography: scientific, analytical, historical, systematic). • L. Foreman: Systematic discography. Hamden, Conn. 1974. 144 S. • Biblos. 28.1979, 241–244: E. Bamberger (Österr. Phonothek, Wien).

7.51 Tonbänder

Spulentonbänder, Tonbandkassetten; vgl. 7.52-Hörbücher.

LIT Archivmitteilungen. 19.1969, 32–37: H. Müller (Magnetbandarchivierung). • BuB. 24.1972, 158–168: S. Dörffeldt (Tonkassetten, öff. Bibliotheken, Urheberrecht); 993–994: H. Ernestus (Tonband-Kassetten, Bibliothek). • Library journal. 97.1972, 1511–1515: J. Higgings (Coping with cassettes). • BuB. 26.1974, H. 3 (Themenheft); 27.1975, 58–62: I. Hempel (Compact-Cassetten, öff. Büchereien). • G.H. Saddington, E. Cooper: Audiocassettes as library materials. An introduction. London 1976. 72 S. • I. Carstens: Kompaktkassetten in öffentlichen Bibliotheken. Berlin: DBV 1979. 60 S.

7.52 Hörbücher

DEF Tonträger, die gesprochene Buchtexte enthalten, zum Gebrauch für Blinde und stark Sehbehinderte.

PRO Auch als „Sprechende Bücher" bezeichnet. • Als Tonträger dienten seit ca. 1935 zunächst Schallplatten, nach 1945 setzte sich die Verwendung von Tonbändern durch. • Inhaltlich auch auf Zeitschriftentexte ausgedehnt: Hörzeitschriften. • Durch den aus einer Druckschrift (Buch, Zeitschrift) stammenden textlichen Inhalt könnte die Katalogisierung sich weitgehend an den Grundsätzen der Druckschriftenkatalogisierung orientieren.

LIT BuB. 18.1966, 123–136: H. Thiekötter (Von der Blindenpunktschrift zum „sprechenden Buch"). • Stadtbibliothek Essen. Tonbandaufnahmen für Blinde. Grundwerk u. Nachtr. 1–2. 1968–73. • Die Brücke. Ein Jahrbuch für die Blinden 1971. Berlin 1970. S. 66–71: H. Jakob (Auch wir helfen qualifizieren). • Library journal. 99.1974, 2123–2125: H. Kamisar, D. Pollet (Talking books and the library). • H. Waßner, G. Rottacker, K. Ackstaller: Gutachten zum Ausbau und zur Förderung der Blindenhörbibliotheken. Berlin: DBV 1975. 64 S. • BFB. 4.1976, 3–16: H. Fikenscher (Die Bayerische Blindenhörbücherei).

7-Db. Bild- und Tonbild-Aufzeichnungen

LIT ZfB. 53.1936, 134–142: A. Boeckler (Bildarchiv der Preußischen Staatsbibliothek). • Rules for descriptive cataloging in the Library of Congress: pictures, designs, and other two-dimensional representations. Preliminary ed. Washington 1959. 16 S. • Special libraries. 56.1965, 15–48: Picture and art librarianship. • ZfB. 80.1966, 339–343: H. Wolf (Porträtsammlung der DSB). • G.N. Gould, I.C. Wolfe: How to organize and maintain the library picture/pamphlet file. Dobbs Ferry, N.Y. 1968. 146 S. • Free Public Library, Newark, N.J. The picture collection. Subject headings. By W.J. Dane. 6.ed. Hamden, Conn. 1968. 103 S. • Automatic interpretation and classification of images. Ed.: A. Grasselli. London 1969. 436 S. • Das Bildstellenwesen der Siebziger Jahre. Denkschrift. München 1970. 20 S. • SBPK. Mitteilungen. 4.1972, 2–6: R. Klemig (Das Bildarchiv). • H. Evans, M. Evans, A. Nelki: The picture-researcher's handbook. An international guide to picture sources and how to use them. New York 1975. 365 S. • Le traitement automatisé de l'image. Ed.: F. Levy. Paris 1977. 480 S. • H. Evans: Picture librarianship. London 1980. 136 S. • R. Klemig: Wie ordnet man 100 000 Bilder? Sachsystematik u. Ordnungsprinzipien im Bildarchiv. München 1981. 31 S. • Vgl. 6-A: Originaldrucke; 6-B: Abbildungswerke.

7.60 Fotografien

Negative, Papierabzüge, Diapositive.

LIT H. Pauer: Das Bildarchiv der Österreichischen Nationalbibliothek. Wien 1947. 130 S., Abb. • UNESCO. Répertoire international des archives photographiques d'œuvres d'art. 1–2. Paris 1950–54. • American Library Color Slide Company, New York. The American Library compendium and index of world art. New York 1961. 465 S. • ZfB. 76.1962, 349–351: H.-H. Richter (Deutsche Fotothek, Dresden). • Der Bibliothekar. 24.1970, 934–940: H.-J. Fritzsche (Aufbau einer Diathek). • W.W. Simons, L.C. Tansey: A slide classification system for the organization and automatic indexing of interdisciplinary collections of slides and pictures. Santa Cruz 1970. 263 S. • BuB. 24.1972, 989–993: Dias in Bibliotheken. Umfrageergebnis. • Accademie e biblioteche d'Italia. 43.1975, 157–171: A. Grazia (Catalogazione delle fotografie). • Nachrichten für Dokumentation. 28.1977, 26–28:

O. Nacke, G. Murza (Einfaches Dokumentationssystem für Diapositive). • Special libraries. 69.1978, 281–285: C. R. Clawson u. a. (Classification and cataloging of slides using color photocopying). • F. Heidtmann: Wie finde ich photographische Informationen. 2. Aufl. Berlin 1979. 270 S. • B. J. Irvine, P. E. Fry: Slide libraries. 2. ed. Littleton, Colo. 1979. 321 S. • Special libraries. 70.1979, 462–470: G. E. Evans, L. Stein (Image-bearing catalogue cards for photolibrarians).

7.61 Filme

Stummfilm, Tonfilm.

LIT ZfB. 48.1931, 382–394: J. Gregor (Bibliothekarische Aufgaben zum Filmwesen). • Rules for descriptive cataloging in the Library of Congress; motion pictures and filmstrips. 2. preliminary ed. Washington 1953. 18 S. • Library of Congress author catalog. 1948–52. Vol. 24: Films. Ann Arbor 1953; Forts.: National union catalog. 1953–57. Vol. 28: Motion pictures and filmstrips. Ann Arbor 1958; lfd. • Library trends. 4.1955, 174–181: D. L. Day (Films in the library). • International rules for the cataloguing of educational, scientific and cultural films and filmstrips on 3 × 5 inch (7.5 × 12,5 cm) cards. Paris: Unesco 1956. 53 S. • Filmlexicon degli autori e delle opere. 1–7 u. Aggiornamenti (1958–71) 1–2. Roma 1958–74. • H. P. Harrison: Film library techniques. Principles of administration. London 1973. 277 S. • J. Horner: Special cataloguing. London 1973. S. 137–190: Films. • G. McKee: Film collecting. London 1978. 224 S. • Library trends. 27.1978, H. 1 (= S. 3–106): Films in public libraries. • Unsere Sammlung. Zeitschrift f. d. Buch- u. Büchereiarbeit in den Bistümern. Köln. 1979, 14–17: F.-J. Heinz (Kurzfilm, Medium für die Bibliothek). • The audiovisual librarian. 5.1979, 21–23: E. Redmond (Film selection in the public library).

7.62 Video-Aufzeichnungen

Bildplatte, Magnetband.

LIT BöBl. Ffm. 26.1970, 978: A. Meuer (Romane in Dosen. Bücher auf Mikrofilm und Fernsehschirmen). • D. E. Zimmer: Ein Medium kommt auf die Welt. Video-Kassetten und das neue multimediale Lernen. Hamburg 1970. 95 S. • BuB. 23.1971, 454–461: S. Dörffeldt (Ausleihe von Bildkassetten durch öff. Bibliotheken). • Annual review of information science and technology. 7.1972, 197–238: R. C. Kletter, H. Hudson (Video cartridges and cassettes). • B. L. Kenney, R. Esteves: Video and cable communications. Guidelines for librarians. Chicago: ALA 1975. 84 S. • La vidéo, un nouveau circuit d'information? Direction: A.-M. Laulan. Paris: CNRS 1977. 107 S. • S. Goldstein: Video in libraries: a status report 1977–78. White Plains, N. Y. 1977. 104 S. • Videoarbeit im Unterricht. Hrsg.: G. Krankenhagen. Stuttgart 1977. 119 S. • Der Archivar. 31.1978, 211–220: O. Sprenger (Das Regelwerk Fernsehen. EDV-gestützte Fernseharchivdokumentation). • Library trends. 28.1979, 297–309: B. K. L. Genova (Video and cable: emerging forms of library service). • The audiovisual librarian. 5.1979, H. 4, 123–127: S. Sabberton (Classifying video by UDC).

7.63 Tonbildbücher

DEF Verbindung von Bilderbuch und Tonbandkassette, die den dazugehörigen Text enthält, insbesondere für die Arbeit mit behinderten Kindern entwickelt.

LIT Schulbibliothek aktuell. 1975, H. 4, 13–40: R. Kreuzer (Bücher für Behinderte; S. 33–35: Tonbildbücher). • Das gute Jugendbuch. 26.1976, 77–79: R. Kreuzer. • Jugend und Buch. 25.1976, 10–11: (Kurznachricht). • Bulletin Jugend + Literatur. 9.1977, Beih. 4, 67–69: R. Kreuzer (Das Tonbildbuch, Arbeitsmittel für Unterricht u. Freizeit).

7-E.   Sonstige Informationsträger

LIT   Spezialbestände in deutschen Bibliotheken. Bearb.: W. Gebhardt. Berlin 1977. 739 S.

7.70   Spiele

Unterhaltungs-, Rätsel-, Quiz-, Lernspiele u. a.

LIT   BuB. 16.1964, 242–247: W. Jahrmann (Rätsel- u. Quizspiele). • Bibliotheksdienst. 1971, 463–464: Düren, Stadtbücherei. Entleihung von Spielen. • BuB. 24.1972, 1085–1098: Spiele, Beurteilungskriterien, Lernspiele, Vorschulmaterialien. • Unsere Sammlung. Zeitschrift f. d. Buch- u. Büchereiarbeit in den Bistümern. Köln. 1973, 97–100: R. Stratmann (Ausleihe). • BuB. 25.1973, 246–256: Spiele; Lusothek; Kriterienkatalog zur Beurteilung der Spiele; 578–580: S. Lehmann-Bodem (Spiele oder Spielen in der Bibliothek?); 1074–1077: H. Eismann u. a. (Grundbestandsliste „Unterhaltungsspiele"); 26.1974, 477–490: A. Etzel u. a. (Spiele in der öff. Bibliothek). • Der evangelische Buchberater. 28.1974, 3–4: Die Einarbeitung von Spielen.

8.   Der Eintrag unter dem Personennamen

PI 78–180. F 75–76. 99–102. R 1.6.1 u. 2.3.

Erhält eine Schriftenklasse der Kapitel 1–7 gemäß ihrer EOE Einträge für *Personen als Verfasser oder weitere Beteiligte*, so werden die Personennamen nach ihren Arten und Teilen definiert und für die Ordnung sehr differenzierten Regelungen unterworfen.

Die Definition und Ordnung aller Personennamen erfolgt in gleicher Weise, unabhängig davon, ob es sich um Verfasser oder weitere Beteiligte handelt, oder ob der Personenname eine Hauptaufnahme oder eine Verweisung erhält. Regelwerk, Kommentare und Fachliteratur sprechen stets vom *Verfassernamen* und der *Verfasseransetzung*, meinen jedoch damit genaugenommen den Personeneintrag in allen Funktionen: Verfasser, Mitarbeiter, Bearbeiter, Herausgeber, Übersetzer, Kommentator usw.

8.1   Arten und Formen der Personennamen

Das Regelwerk unterscheidet folgende *Namensarten* und *Namensteile*, die hier – abweichend von der Reihenfolge im Regelwerk – etwa in der *Reihenfolge ihrer Häufigkeit* vorgestellt werden, um das Nachschlagen von der Durchsicht der entlegenen Fälle möglichst zu entlasten; *im häufigsten Fall liegt ein Familienname vor, sodaß dann nur der Abschnitt 8.2 durchzusehen ist:*

> *8.2-Familiennamen* (einfache, zusammengesetzte, doppelte, mehrteilige)
> *8.3-Persönliche Namen* (einfache, doppelte, mehrteilige)
> *8.4-Beinamen*
> *8.5-Adelsnamen, geistliche Würden, komplexe Bildungen*
> *8.6-Pseudonyme*
> *8.7-Firmennamen*
> *8.8-Namen aus bestimmten Epochen und Sprachkreisen* (Altertum, Mittelalter, Orient)

Zur Schreibung der Namensbeispiele in den folgenden Kapiteln: sie geben die Namen in Schreibungen, wie sie auch auf den Titelblättern zu finden sind; sind Namensteile (z.B. Vornamen) umgestellt worden, so wird die Umstellung durch Komma angezeigt; die Reihenfolge der Ordnungsworte wird durch Zahlenindices angegeben; für die Ordnung nicht heranzuziehende Worte bleiben ohne Index, nur in Ausnahmefällen erhalten sie der Deutlichkeit wegen den Index „Ü" = Übergehung; auf die Schreibung in der für die Ordnung maßgeblichen Form (die sogen. „Kopfform") mit Auflösung der Umlaute und des -ß-, Komposita-Bindestrichen usw. wird, von Ausnahmen abgesehen, verzichtet.

LIT   Zu 8.1–8.7: ZfB. 19.1902, 328–337: H. Krüger (Verfassernamen, Ermittlung); 20.1903, 366–370: P.E. Richter (Namensvarianten, 17./18. Jh., Beispiel Cruselius). • E. Richter: Die Behandlung der Vornamen in den alphabetischen Zettelkatalogen d. UB Göttingen. 2. Aufl. Göttingen 1962. 16 S. • International Conference on Cataloguing Principles, Paris 1961. Report. London 1963. S.219–227: P. Kalan (Authors whose names vary); 229–241: F. Ascarelli (Compound surnames, prefixes); 243–254: M.L. Monteiro da Cunha (Brazilian and Portuguese names). • Mitt. NRW. NF. 15. 1965, 133–137: G. Näther (Zusammengesetzte Familiennamen). • ZfBB. 13. 1966, 69–81: F.G. Kaltwasser (Mehrgliedrige persönliche Namen); 22. 1975, 287–308: F. Junginger, K. Haller (Moderne Personennamen, europäische Sprachen, RAK, KRAK). • Mitt. NRW. NF. 25. 1975, 113–119: M. Steinhagen (Vornamen). • Names of persons. National usages for entry in catalogues. 3. ed. London: IFLA 1977. 193 S.

8.1.1 Ansetzung der maßgeblichen Namensform

Ein Verfasser wird *stets unter derselben Namensform* angesetzt (PI 78): dies führt zur Vereinigung aller seiner Schriften an einer Stelle im Katalog.

Sind für einen Verfasser *mehrere Namensformen* belegt, so kann nur eine Namensform maßgeblich für die Ansetzung im Katalog werden. „Der Verfasser wird unter seinem *ursprünglichen und vollständigen* Namen eingeordnet, wenn sich nicht eine andere Benennung im Gebrauche durchgesetzt hat" (PI 79). Für das Kriterium *„im Gebrauche durchgesetzt"* kann man bibliographische Quellen, also auch den eigenen Katalog heranziehen: dennoch gibt es für die Entscheidung, welche Namensform als durchgesetzt gelten kann, nicht immer eindeutige Anhaltspunkte und Auffassungen. Die Namensform unterliegt ferner noch einer Reihe von *Normierungen,* vgl. 8.9.

Für die *Recherche* ist gewöhnlich weder die ursprüngliche, vollständige Namensform noch die Katalogentscheidung über die durchgesetzte Namensform bekannt: man kann nur darauf bauen, daß alle übrigen, nicht-maßgeblichen Namensformen, die sich an den Drucken finden und unter denen man sucht, Verweisungen erhalten haben; das Regelwerk schreibt diese *Verweisungen* so weitgehend vor, wie es „im Interesse der sicheren Auffindung des Verfassers geboten erscheint" (PI 80).

8.2 Familienname

PI 107–140. F 8. 101–102. R 2.3.1.

In Europa haben sich die Familiennamen erst im 12.–14. Jh. herausgebildet. Für Personen der *Übergangszeit* ist die Ansetzung nicht sicher vorherzusagen: sie werden tendenziell wohl eher unter dem neuzeitlichen Familiennamen eingetragen, können aber auch noch unter dem persönlichen Namen aufgenommen worden sein. Vgl. 8.3.
Bei Vorliegen eines *Familiennamens wird dieser 1.OW;* nach einem Komma werden die Vornamen in der im Namen gegebenen Reihenfolge angeschlossen. (PI 107)

8.2.1 Einfacher Familienname

Besteht aus einem einteiligen Familiennamen und einem oder mehreren Vornamen:

– Luther, Martin   – Rousseau, Jean Jacques
   1   2   1   2   3

Abgekürzte Vornamen werden im Katalog *nach Möglichkeit* zur vollständigen Form ergänzt (PI 132): die Recherche muß also damit rechnen, daß von den Vornamen eines gesuchten Verfassers eventuell nur ihre Initialen eingeordnet worden sind. Führt ein Verfasser *unterschiedlich viele Vornamen* oder in wechselnder Reihenfolge, so sind in gewissem Umfang VW vorgesehen, um die Recherche abzusichern (PI 132–136), vgl. 14.3.2 a.

8.2.2 Einfacher zusammengesetzter Familienname

Einem Familiennamen können, verbunden oder unverbunden, folgende Ausdrücke vorangestellt sein:
   – Artikel,
   – Präpositionen,
   – Attribute und Präfixe.

Für die Ansetzung stellt sich die Frage, ob diese Ausdrücke zum Namen gehören und mit ihm eine *Ordnungseinheit* bilden sollen oder nicht. Hierzu haben die Instruktionen eine differenzierte Regelung entwickelt.

(a) Artikel

(aa) *unverbunden* wird der Artikel in germanischen Sprachen nicht berücksichtigt, in den romanischen Sprachen dagegen zum Namen gezogen (PI 108):

germanische Sprachen:	*romanische* Sprachen:
– de Vries 1	– Le Sage 1 (Ordnung: Lesage)
– den Duyts 1	– La Marmora 1 (Ordnung: Lamarmora)
– der Kinderen 1	– Las Casas 1 (Ordnung: Lascasas)

(ab) dagegen wird ein mit dem Namen *verbundener* Artikel stets, auch in den germanischen Sprachen, zum Namen gezogen (PI 112):

– de-Vries
  1 (Ordnung: Devries)

(b) Präposition

(ba) *unverbunden* vor dem Artikel oder vor dem Namen wird sie nie berücksichtigt (PI 109):

– von Humboldt 1	– da Farina 1
– van der Velde 1	– de Las Casas 1 (Ordnung: Lascasas)
– von Hausen 1	– de Lagarde 1

(bb) Dagegen wird eine in der Schrift mit dem Namen *verbundene* Präposition zum Namen gezogen (PI 112):

– Vonhausen 1	– Delagarde 1

(c) Präposition und Artikel: miteinander verschmolzen oder fest verbunden

Werden zum Namen gezogen und bilden, für die Ordnung, mit dem Familiennamen ein Wort (PI 110):

– Vom Hagen 1 (Ordnung: Vomhagen)	– Ten Brink 1 (Ordnung: Tenbrink)
– Zum Berge 1 (Ordnung: Zumberge)	– Thor Straten 1 (Ordnung: Thorstraten)
– Zur Megede 1 (Ordnung: Zurmegede)	– Vander Haeghen 1 (Ordnung: Vanderhaeghen)
– Du Pin 1 (Ordnung: Dupin)	– Della Torre 1 (Ordnung: Dellatorre)
– Degli Uberti 1 (Ordnung: Degliuberti)	

(ca) Sonderfälle: Italienisch und Portugiesisch

In diesen Sprachen können Präpositionen und Artikel derart miteinander verschmelzen, daß das Produkt einer einfachen Präposition ähnlich sieht oder gleicht: in diesen Fällen *erhalten beide Formen Einträge;* folglich spielt es für die Recherche keine erhebliche Rolle, welche Form den Haupteintrag und welche den Verweisungseintrag erhalten hat. (PI 111)

	HA	VW
Italienisch: de + gli = dei wird zu *de'* oder *de:*	– De Santi 1 (Ordnung: Desanti)	– Santi 1
Portugiesisch: de + a wird zu *da:*	– Da Costa 1 (Ordnung: Dacosta)	– Costa 1
de + o wird zu *do:*	– Do Couto 1 (Ordnung: Docouto)	– Couto 1

(d) Attribute, Präfixe

Alle dem Namen vorangehenden und *ständig* geführten Attribute und Präfixe werden zum Namen gezogen. Hierunter fallen insbesondere die Bezeichnungen für Abstammungsverhältnisse sowie die Bezeichnung „Sankt" in allen Sprachen. (PI 113)

Werden die Präfixe *nicht ständig* geführt, so wird unter der Namensform *ohne* Präfix angesetzt und von der Namensform *mit* Präfix, wenn sie in einer katalogisierten Schrift auftritt, verwiesen. (PI 114)

Formen und Bedeutungen der Attribute und Präfixe (Auswahl)

In allen Sprachen: Alt-, Neu-, Groß-, Sankt-, usw.
Normannisch: Fitz (= Sohn)
Irisch und Schottisch: Mac, Mc, M (= Sohn)
    Dieses Präfix tritt in unterschiedlich vollständigen Schreibungen auf, wird jedoch für die Ordnung
    im Katalog stets in der vollständigen Form „Mac" angesetzt.
Irisch: O' (= Enkel, Abkömmling)
Walisisch: Ap, Ab (= Sohn)

– Fitz Gerald   – Mc Culloch
   1 (Ordnung: Fitzgerald)   1 (Ordnung: Macculloch)
– O'Brien   – Ap Rhys
   1 (Ordnung: Obrien)   1 (Ordnung: Aprhys)
– Ab Gwilyn   – Saint-Exupéry
   1 (Ordnung: Abgwilyn)   1 (Ordnung: Saintexupéry)

8.2.3 Familiendoppelname   PI 115–124

Die Teile des Namens stehen entweder (a) unverbunden nebeneinander oder sind durch (b) Bindestrich oder (c) Präposition oder (d) Konjunktion miteinander verbunden.

Normale Ansetzung

Der Doppelname wird *nach seinen Teilen getrennt* geordnet; die nur der Verknüpfung dienenden Präpositionen oder Konjunktionen werden für die Ordnung übergangen; Bindestriche zwischen den Namensteilen haben für die Ordnung keine Bedeutung.

(a) – de Bosch Kemper   – Lopes Ferreira
          1   2   1   2
(b) – Schulze-Delitzsch   – Du Bois-Reymond
        1   2   1   2
(c) – Hoffmann von Fallersleben   – Calderon de La Barca
        1   2   1   2 (Ordnung: Labarca)
(d) – von Lieres und Wilkau   – Nieto y Serrano
           1   2   1   2

Ausnahmefälle mit anderer Ansetzung

Für eine Reihe von Fällen wird der Doppelname aufgetrennt und der Verfasser unter dem 2. *Teil des Doppelnamens* angesetzt:

– wenn der 2. Namensteil gebräuchlicher ist (PI 118),
– bei ungarischen Doppelnamen ohne Bindestrich (PI 119),
– wenn durch vorangestellte Familiennamen der Mutter, des Paten usw. nur scheinbare Doppelnamen vorliegen (PI 120–121),
– wenn der 1. Namensteil eigentlich ein Vorname, das Ganze also nur ein scheinbarer Doppelname
   ist (PI 122),
– wenn durch die Verknüpfung mehrerer Autorennamen eines Werkes durch Bindestriche ein
   scheinbarer Doppelname entstanden ist (PI 124).

In einem Fall wird der Doppelname wie ein Name, d.h. *wie ein Wort* angesetzt:

– wenn der Doppelname nur ein scheinbarer ist und in Wirklichkeit nur *einen* Namen darstellt
   (PI 123).

Alle diese Ausnahmen sind für die *Recherche* kaum abzuschätzen: man muß darauf bauen, daß alle wichtigen Namensformen weitgehend VW erhalten haben, wie es PI 118–123 vorsehen.

VW-Programm

Der *2. Namensteil* des Doppelnamens soll „in der Regel" eine VW erhalten (PI 116), in der der 1. Namensteil wie ein weiterer Vorname geordnet wird:

Titelblatt:	Pedro Calderón de la Barca
Ansetzung als Doppelname:	Calderón de La Barca, Pedro
	1 2 (Labarca)3
VW vom 2. Namensteil:	La Barca, Pedro Calderón de
	1 (Labarca) 2 3

Die VW unterbleibt, wenn der 2. Namensteil nur ein Ortsname zum Zweck der Unterscheidung ist, z.B. Schulze-Delitzsch, Müller-Rosenheim usw. Aus der Sicht der *Recherche* ist jedoch gewöhnlich nicht sicher zu erkennen, ob ein Ortsname als 2. Teil des Doppelnamens oder nur als unterscheidender Zusatz aufgefaßt worden ist: die VW für derartige Namensteile ist leider ungewiß. F 76 c. R 2.3.1.3.

8.2.4 Mehrteiliger Familienname

Der Familienname mit *mehr als zwei Namensteilen* wird nur in PI 118 direkt erwähnt („Ist bei Doppelnamen der zweite oder einer der folgenden ...") und in PI 115 und 118 mit je einem Beispiel belegt. Daraus ist zu ersehen, daß die Instruktionen den mehrteiligen Familiennamen *prinzipiell wie den Familiendoppelnamen* behandeln. Folglich erhalten auch ein 3., 4. und weiterer Namensteil „in der Regel" VW wie der 2. Teil des Doppelnamens (PI 116); alle durch Umstellung hinter das Komma tretenden Namensteile werden dabei wie *weitere Vornamen* geordnet:

— Almeida e Araujo Corrêa de Lacerda, José Maria de
  1   2   3   4   5 6   Ü

    Hierzu VW vom 2., 3. u. 4. Namensteil:

    — Araujo Corrêa de Lacerda, José Maria de Almeida e
    — Corrêa de Lacerda, José Maria de Almeida e Araujo
    — Lacerda, José Maria de Almeida e Araujo Corrêa de

— Salignac de La Mothe Fénelon, François
  1   2   3   4

    Nach PI 79 und speziell PI 118 (durchgesetzter Gebrauch) ist dieser Name jedoch unter dem 3. Namensteil anzusetzen:

    — Fénelon, François Salignac de La Mothe
      1   2   3   4

    Folglich ist hier von den vorangehenden Namensteilen, unter denen eventuell gesucht wird, zu verweisen:

    — Salignac de La Mothe Fénelon, François
    — La Mothe Fénelon, François Salignac de

— Taques de Almeida Paes Leme, Pedro de (VW vom 2., 3. u. 4. Teil)
  1   2   3 4   5

— Hurtado de Mendoza y de La Cerda, Diego (VW vom 2. u. 3. Teil)
  1   2   3   4

Sonderfälle

Zu einfachen oder mehrteiligen Familiennamen können *8.5-Adelsnamen* als weitere Namensteile hinzutreten. Dadurch entstehen gelegentlich *8.5.4-Komplexe Bildungen,* für die die Katalogansetzungen nur nach Ermittlungen und genauer Prüfung des Einzelfalles festzustellen sind: das Ergebnis ist für die *Recherche* überhaupt nicht abzuschätzen, daher muß im Falle sehr komplexer Bildungen möglicherweise unter allen gegebenen Namensteilen gesucht werden.

8.2.5 Ordnung der Familiennamen im Katalog

PI 171–175. F 102,2. R 1.8.

Alle Familiennamen mit *gleichlautendem 1. Namensteil* bilden für die Ordnung im Katalog 2 Gruppen:

> 1. Gruppe: *einfache* Familiennamen, einschließlich der einfachen zusammengesetzten, vgl. 8.2.1 u. 8.2.2.
> 2. Gruppe: *mehrteilige* Familiennamen, einschließlich der Doppelnamen, vgl. 8.2.3 u. 8.2.4.

Für Ordnungsbeispiele vgl. 13.4 u. 13.10.

8.3 Persönlicher Name

PI 91–106. F 8,3. 76e. 101,3–4. R 2.3.2.

Vor der Herausbildung des Familiennamens im Abendland etwa seit dem 12. Jh. überwog der *Gebrauch des persönlichen Namens,* der im christlichen Kulturkreis der *Taufname* war. Zum persönlichen Namen traten unterscheidende Zusätze nach der Herkunft, Abstammung oder Persönlichkeitsmerkmalen mit der Funktion von *Beinamen:*

– Thomas von Aquin	– Petrus Abaelardus
– Alexander der Große	– Notker der Stammler

In der Entwicklung seit dem 12. Jh. wurden die Beinamen zu Familiennamen, die persönlichen Namen zu Vornamen. Die Konzeptionen des „persönlichen Namens" und des „Familiennamens" sind daher nur definiert als *unterschiedlicher Gebrauch* desselben Namenmaterials, z.B.:

Persönlicher Name: Alexander der Große: – Alexander Magnus
                                                                1   2

Familienname: Alexander Müller: – Müller, Alexander
                                                                1   2

Ansetzungsfälle

Unter dem persönlichen Namen werden angesetzt

> – einige Namen des Altertums, vgl. 8.8.1
> – alle Namen des Mittelalters, vgl. 8.8.2
> – in der Neuzeit die Namen von weltlichen Herrschern und geistlichen Würdenträgern, vgl. 8.3.1
> – in orientalischen Sprachkreisen die älteren Namen, vgl. 8.8.3

Die Herausbildung der Familiennamen in Europa ist ein längerer Prozeß, der in Italien beginnt und im 12. Jh. die anderen Länder erfaßt, sodaß mit einer *Übergangszeit* für das 12.–14. Jh. zu rechnen ist. Die Ansetzung von Personennamen der Übergangszeit ist für die *Recherche* ungewiß: wenn die Person unter dem Familiennamen angesetzt worden ist, erhält jedoch der persönliche Name eine VW (PI 93; F 76e).

8.3.1 Einfacher persönlicher Name

Da der einfache persönliche Name (z.B.: Alexander; Heinrich; Karl) nicht ausreicht, um seinen Träger von anderen Personen gleichen Namens zu unterscheiden, treten zum persönlichen Namen unterscheidende Zusätze als *Beinamen,* bei denen es sich handeln kann um

> – *Herkunftsbezeichnungen* (a Villa Dei; Aphrodisiensis; de Joinville; von der Vogelweide)
> – *Abstammungsbezeichnungen* (ab Alexandro; a Jesu)
> – *Amtsbezeichnungen* (König von Frankreich; Abt von Fürstenfeld; Papst)
> – *persönliche Merkmale* (der Große; Löwenherz; der Kahle; der Stotterer)

Die große Bedeutung des Beinamens für die Ordnung im Katalog erhellt aus der Vorschrift des Regelwerks (PI 106), daß Verfasser mit persönlichen Namen, die keinen oder keinen festen Beinamen führen, *vom Katalogbearbeiter* einen in deutscher Sprache oder auch in der Muttersprache des Verfassers *fingierten Beinamen* erhalten: dieser soll gewählt werden „nach dem Vaterlande, dem Amte, der Art ihrer Schriftstellerei usw.; so Päpste den Beinamen Papa, Bischöfe und Äbte den Namen ihrer Diözese oder Abtei, Fürsten den ihres Landes usw.;" z.B.:

– Alexander Aphrodisiensis
 1   2

– Alexander ab Alexandro
 1   Ü 2

– Alexander Papa
 1   2

– Alexander Abt von Fürstenfeld
 1   Ü Ü 2

– Alexander Magnus
 1   2

Für die Arten, die Ansetzung und die Ordnung von Beinamen vgl. 8.4.

Sonderfall: Weltliche Herrscher, geistliche Würdenträger.

Vgl. 8.5.1. 8.5.3.

Beide Personengruppen werden unter dem persönlichen Namen angesetzt. Ihre Behandlung weist folgende Besonderheiten auf:

(a) Enthält der Beiname einen *geographischen Namen*, auch nur *adjektivisch,* so wird nach dem persönlichen Namen nur noch der geographische Name zur Ordnung herangezogen; alle Titulaturen (König, Kaiser usw.) und alle zusätzlichen Beinamen (der Große usw.) bleiben dann unberücksichtigt: sie würden erst bei ansonsten völlig gleicher Namensform herangezogen, was nur äußerst selten vorkommt.

(b) *Zählungen* für gleichnamige Personen aus derselben Familie oder in demselben Amt werden für die Ordnung herangezogen, jedoch nur innerhalb der Familie, des Amts.

(c) Die *Formulierung der Beinamen* soll den historischen Sachverhalt möglichst genau ausdrücken, so daß z. B. deutsche Herrscher aus verschiedenen Epochen folgendermaßen anzusetzen sind.

– Karl der Große, Römischer Kaiser
 1 Ü Ü   2   Ü

– Konrad I. Deutscher König
 1   2   Ü

– Albrecht I. Römisch-deutscher Kaiser
 1   2   Ü

– Franz II. Römisch-deutscher Kaiser
 1   2   Ü

  derselbe seit 1806: – Franz I. Kaiser von Österreich
                        1 Ü Ü 2

Für dieselbe Person kann selbstverständlich nur *eine* der beiden Namensformen im Katalog maßgeblich werden; die andere Namensform erhält eine VW, wenn sie in Druckschriften genannt ist.

– Wilhelm I. Deutscher Kaiser
 1   2   Ü

Sofern in *geistlichen Ämtern* Analogien zu weltlichen Herrschernamen auftreten, werden die Inhaber der geistlichen Ämter ebenso angesetzt:

– Pius II. Papa
 1   2

– Alexander Episcopus Lycopolitanus
 1   Ü   2

– Alexander Abbas Telesinus
 1   Ü 2

Für Ansetzung und Ordnung geistlicher Würdenträger vgl. 8.5.3.

8.3.2 Mehrteiliger persönlicher Name

Mehrere persönliche Namen für eine Person werden nacheinander geordnet (PI 97). Ein mehrteiliger persönlicher Name liegt nur vor, wenn zwei oder mehr persönliche Namen *in fester Verbindung geführt* werden: damit ist der stetige und ausschließliche Gebrauch einer bestimmten Gruppe von Namen in stets derselben Reihenfolge gemeint. Die Bildung von *Beinamen* erfolgt unverändert wie für einfache persönliche Namen:

– Ernst August Bischof von Osnabrück
  1   2   Ü   Ü   3

– Maria Theresia Römisch-deutsche Kaiserin
  1   2   3   Ü

– Karl XIV. Johann König von Schweden
  1   2   Ü   Ü   3

Die Reihenfolge der OW nach F 8,3 betrachtet „Karl Johann" als echten zweiteiligen persönlichen Namen, an dem die später nur zum ersten Namensteil getretene Zählung im Amt nichts ändert. Die Recherche sollte immerhin mit der Möglichkeit rechnen, daß der Namensteil nach der Zählung (Johann) eventuell für die Ordnung im Katalog übergangen worden ist.

8.3.3 Ordnung der persönlichen Namen im Katalog

PI 103–106. 171–175. F 8,3. 102,2. R 1.8.

Zunächst werden nur die *persönlichen Namen* geordnet, ohne Berücksichtigung der Beinamen. Bei gleichlautendem 1. Namensteil werden zwei Gruppen gebildet (PI 172):

1. Gruppe: *Einfache* persönliche Namen
2. Gruppe: *Mehrteilige* persönliche Namen

Erst wenn innerhalb jeder Gruppe nach allen persönlichen Namen geordnet ist, werden für die weitere Ordnung der gleichlautenden persönlichen Namen die *Beinamen* herangezogen (PI 103). Als Beinamen gelten auch *Papa* für Päpste (PI 106) und *Sanctus* für Heilige (PI 98). Wenn der Beiname einen geographischen Namen enthält, so wird *nur nach dem geographischen Namen* geordnet (F 8,3), und die Titulaturen, Amts- und Standesbezeichnungen werden für die Ordnung übergangen. Ebenfalls übergangen werden generell alle Präpositionen oder Artikel, die den Beinamen mit dem persönlichen Namen verknüpfen.

1. *Einfache* persönliche Namen:

   – Ernst Markgraf zu Brandenburg
     1   Ü   Ü   2

   – Ernst Herzog zu Braunschweig
     1   Ü   Ü   2

   – Ernst Landgraf zu Hessen
     1   Ü   Ü   2

2. *Mehrteilige* persönliche Namen:

   – Ernst August König von Hannover
     1   2   Ü   Ü   3

   – Ernst August Bischof von Osnabrück
     1   2   Ü   Ü   3

   – Ernst August von Sachsen
     1   2   Ü   3

   – Ernst Friedrich Markgraf zu Baden
     1   2   Ü   Ü 3

Für Ordnungsbeispiele vgl. auch 13.10.

8.4 Beiname

PI 86. 88. 90–93. 98. 103–106. 151. F 8,3. 76d–e. 100,2. 102,2. R 2.3.2 u. 2.3.4.

Der Beiname tritt nie allein auf: er ist stets nur Ergänzung und Zusatz zu einem Namen, sodaß der Beiname in der maßgeblichen Ansetzung eines Namens nie das 1. OW wird. Da in gewissen Fällen vom Beinamen verwiesen werden soll (PI 88. 91. 92. 105. 151), wird der Beiname nur in diesen Verweisungen zum 1. OW.
Der *Begriff* des Beinamens wird im Regelwerk an keiner Stelle definiert, sondern nur an einigen Stellen erwähnt: im Zusammenhang mit *altgriechischen, byzantinischen, mittelalterlichen und hebräischen*

Namen sowie bei Namen *weltlicher und geistlicher Würdenträger*. Praktisch kann ein Beiname jedoch auch zu *modernen Familiennamen* treten.

Es ist daher zweckmäßig, an einer Stelle einen Überblick zu geben, wenn dabei auch gewisse Wiederholungen und Verweisungen auf andere Abschnitte dieses Kapitels unvermeidlich sind.

8.4.1 Die Bildung der Beinamen

Erfolgt im wesentlichen nach vier Gesichtspunkten: Herkunft, Abstammung (oder Zugehörigkeit), Amt oder persönliche Merkmale; für Beispiele vgl. 8.3.1-Einfacher persönlicher Name.

Ergänzend ist darauf hinzuweisen, daß eine zum Ausdruck gebrachte *Abstammung* (Zugehörigkeit) nicht immer genealogisch, sondern oft im übertragenen Sinn zu verstehen ist (a Jesu; ab Undecim Mille Virginibus); bei Bildungen nach dem *Amt* (Abt von Fürstenfeld) können Beinamen entstehen, die starke Ähnlichkeiten mit 8.5-Adelsnamen aufweisen, die ursprünglich Ämterfunktionen (Herzog von Sachsen) darstellten: die Unterscheidung zwischen *Beiname nach dem Amt* und *Adelsname* ist von größter Bedeutung für die Ordnung, weil die Adelsnamen nichtregierender Häuser als Familiennamen angesetzt werden, vgl. 8.5.2.

Kein Beiname ist ein Zusatz der Form „genannt ..." (franz.: dit. ...; ital.: detto ...): derartige Zusätze gelten nach F 76 g vielmehr als Pseudonyme, vgl. 8.6.

„Zusammengesetzte Beinamen"   PI 104

Nur wenige Beinamen bestehen aus einem Wort (Magnus; Löwenherz; Aphrodisiensis); die meisten Beinamen werden durch Artikel oder Präpositionen angeschlossen und bestehen dann aus zwei Worten (der Große; ab Alexandro); Beinamen nach Amtsbezeichnungen können aus drei Worten bestehen (Abt von Fürstenfeld). Diese Beinamen mit mehreren Worten gelten *nicht* als zusammengesetzt.

Vielmehr fallen unter den Begriff des zusammengesetzten Beinamens nach PI 104 offensichtlich nur solche Beinamen, die *nicht Amtsbezeichnungen* sind und außer einer anknüpfenden Präposition aus *mehreren Worten* bestehen:

– Paulinus a Sancto Bartholomaeo
– Abraham a Sancta Clara
– Quirinus a Sanctissima Trinitate
– Emmanuel ab Undecim Mille Virginibus

Die Konzeption des „zusammengesetzten" Beinamens dient nur einer besonderen *Ordnungsvorschrift*: unter Übergehung der Präposition sollen alle Worte des Beinamens wie *ein Wort*, also als Kompositum geordnet werden:

– Paulinus a Sancto Bartholomaeo
  1   2 (Sanctobartholomaeo)
– Abraham a Sancta Clara
  1   2 (Sanctaclara)
– Quirinus a Sanctissima Trinitate
  1   2 (Sanctissimatrinitate)
– Emmanuel ab Undecim Mille Virginibus
  1   2 (Undecimmillevirginibus)

8.4.2 Ordnung der Beinamen im Katalog   PI 103–106

Hierzu gelten folgende Regeln:

(a) Der Beiname wird grundsätzlich nur zur *weiteren Ordnung* ansonsten völlig gleichlautender Namen herangezogen; *keinesfalls* darf ein Beiname wie ein weiterer persönlicher Name geordnet werden.

(b) *Anknüpfende Präpositionen* oder Artikel werden übergangen.

(c) Beinamen, die *geographische Namen* (auch adjektivisch) enthalten, werden nur nach dem geographischen Namen geordnet, Titulaturen und Amtsbezeichnungen werden übergangen:

– Alexander Abt von Fürstenfeld
  1   Ü Ü   2

Fehlte ein geographischer Name, so wäre „Abt" wie z.B. Papa, Sanctus, Monachus, Imperator als Beiname zu ordnen.

(d) *Zusammengesetzte* Beinamen nach PI 104 werden als ein Wort geordnet.

(e) *Herrschernamen* mit zwei Beinamen, einem nach persönlichem Merkmal und einem nach dem Amt, werden nur nach dem Amt – und darin nach (c) nur nach dem geographischen Namen – geordnet:

– Karl der Große, Römischer Kaiser
  1   Ü Ü   2   Ü

8.5 Adelsname

Der europäische Adelsname wird in den Instruktionen nicht ausdrücklich definiert und nicht vollständig dargestellt. Nur der Sonderfall der regierenden Häuser wird in PI 94. 106 behandelt; der Normalfall der nicht-regierenden Adelsfamilien wird nur durch Erwähnungen in den Beispielen zu PI 109. 110. 115. 116. 118 belegt. Diesen für die Katalogarbeit unbefriedigenden Befund hat Fuchs in F 8. 100,2. 101,4. 101,6 durch ausführliche Ergänzungen auszugleichen versucht. Vgl. R 2.3.1.1.

Da die Instruktionen den Adelsnamen aufgrund der geschichtlichen Entwicklung stets in engem Zusammenhang mit den *geistlichen Würdenträgern* behandeln, wird deren Ansetzung ebenfalls im folgenden unter 8.5.3 angeschlossen.

Mittelalterlicher *Geburtsadel, Dienstadel und Lehensadel* entstehen etwa bis 1400; bei später *Neugeadelten* (Briefadel) werden fingierte Ortsnamen als Geschlechtsnamen verliehen, seit ungefähr 1630 setzen Neugeadelte oft nur ein „von" vor den Familiennamen. Insgesamt ist daher in der Gestaltung und im Gebrauch von Adelsnamen mit der größten Vielfalt zu rechnen, außerdem mit ganz unterschiedlichen Traditionen von Land zu Land; so gibt es z.B. auch Konstruktionen mit „von", die keinen Adelsstand, sondern nur die Herkunft ausdrücken sollen.

Im Prinzip bestehen die Adelsnamen aus zwei Elementen, dem *Adelsprädikat* und dem *Geschlechtsnamen;* das Adelsprädikat kann eventuell auf ein „von" reduziert sein, und als Geschlechtsname kann eventuell ein früherer bürgerlicher Familienname dienen.

Adelsprädikate (Auswahl):

Deutsch: von, Baron, Graf, Markgraf, Fürst, Herzog.

Englisch: Sir, Lady, Baronet, Count, Viscount, Earl, Marquess, Lord, Duke.

Französisch: de, Baron, Comte, Vicomte, Marquis, Prince, Duc.

Italienisch: Barone, Conte, Marchese, Principe, Duca.

Die Prädikate *König, Kaiser* usw. sind unter dem 8.3-Persönlichen Namen dargestellt worden, als Beinamen nach dem Amt. Für den *Nom de terre* vgl. 8.5.4.

8.5.1 Regierender Adel

PI 94. 106. F 101,4. R 2.3.2.

Für die Katalogansetzung soll nach dem Kriterium der *Regierungsfunktion* entschieden werden; als regierend gelten nur die im „Gothaischen Kalender. Genealogisches Jahrbuch. Abt. 1" genannten Häuser.

Alle Mitglieder regierender Häuser, nach F 101,4 auch abgesetzte Regenten und Prinzen und Prinzessinnen ausgestorbener oder abgesetzter Häuser, werden unter ihren *persönlichen Namen* angesetzt, z.B.

– Alexander Prinz von Hessen
  1   Ü   Ü 2

Für weitere Beispiele für Ansetzung und Ordnung vgl. 8.3.1–8.3.3.

8.5.2 Nicht-regierender Adel

Stellt den größten Anteil der Adelsnamen. Die *Reihenfolge der Namensteile* ist je nach Sprachkreis verschieden, z.B.

    im Deutschen, Französischen, Italienischen:
        Vorname – *Adelsprädikat* – Geschlechtsname
    im Englischen und in den slavischen Sprachen:
        Adelsprädikat – Vorname – Geschlechtsname

Die Katalogansetzung erfolgt – im Gegensatz zur Ansetzung regierender Häuser – unter dem *Geschlechtsnamen* wie einem Familiennamen. Daher ergibt sich stets eine Umstellung der vorangehenden Namensteile hinter das Komma. Adelsprädikate werden auch hier für die Ordnung übergangen:

– Humboldt, Wilhelm von
  1   2   Ü

– Ballestrem, Eufemia Gräfin von
  1   2   Ü   Ü

– Hohenlohe-Ingelfingen, Friedrich Ludwig Fürst von
 1   2   3   4   Ü   Ü
 (Der Geschlechtsname ist als Familiendoppelname zu ordnen.)

– Baldwin, Sir Timothy
 1   Ü   2

– Baillet, Alfred Comte de
 1   2   Ü   Ü

– Balbo, Prospero Conte
 1   2   Ü

Zur *Verdeutlichung des Unterschieds* in der Ansetzung ein Beispiel. Philippe I. Duc d'Orléans wäre anzusetzen

 als *regierender* Fürst:

– Philippe I. Duc d'Orléans
 1   Ü   Ü 2

 als *nicht-regierender* Adliger:

– Orléans, Philippe I. Duc d'
 1   2   Ü   Ü

Wo im *Recherchefall* Ungewißheit über die Regierungsfunktion besteht, sind beide Möglichkeiten zu berücksichtigen.

8.5.3 Geistliche Würdenträger

PI 94–96. 98. 106.   F 8,3. 101,4.   R 2.3.2.

Hierunter fallen Päpste, Gegenpäpste, Patriarchen, Erzbischöfe, Bischöfe, Äbte, Ordensmitglieder usw.; auch Heilige sind in diesem Zusammenhang zu behandeln. Gemeinsam ist dieser Personengruppe, daß die Tradition ihrer Namengebung aus dem christlich geprägten europäischen Mittelalter stammt *und in die Neuzeit hinein erhalten geblieben ist:* deshalb erfolgt die Katalogansetzung grundsätzlich unter dem *persönlichen Namen,* vgl. 8.3 sowie auch 8.4-Beinamen.

– Alexander I. Papa
 1   2

– Alexander Episcopus Lycopolitanus
 1   Ü   2

– Ernst Erzbischof von Köln
 1   Ü   Ü   2

– Alexander Abt von Fürstenfeld
 1   Ü   Ü   2

– Georgius Monachus
 1   2

– Maria Gabriela O.S.D.
 1   2   Ü (O.S.D. = Ordo Sancti Dominici)

Die *Sprache,* in der die Beinamen formuliert werden, ist nicht generell festgelegt: es kann Latein, Deutsch oder auch die Landessprache der betreffenden Person sein. Als *Beinamen* gelten *Papa, Antipapa, Sanctus* und andere Würden wie z.B. Monachus ohne einen geographischen Namen; tritt jedoch im Beinamen ein *geographischer Name* auf, so ordnet nur dieser, und alle Titulaturen werden für die Ordnung übergangen, vgl. 8.4.2.

Erst in der *Neuzeit* tritt das Problem auf, daß Vertreter dieser Personengruppe vor ihrem Eintritt in das geistliche Amt oder die Würde einen *weltlichen Familiennamen* tragen und daß es in Druckschriften zu einem Nebeneinander des früheren weltlichen Familiennamens mit dem später angenommenen geistlichen Namen kommt, zu dem gegebenenfalls noch eine Amtsbezeichnung tritt. Die Instruktionen (PI 95.96) regeln auch hier die Ansetzung konsequent nach den allgemeinen Grundsätzen (PI 79.80): *der im Gebrauch durchgesetzte Name* wird maßgebliche Ansetzung, und von anderen auf den Titelblättern genannten Namensformen wird verwiesen. Ein Beispiel für die Ansetzung unter dem weltlichen Namen:

– Ketteler, Bischof Wilhelm Emanuel Freiherr von
 1   Ü   2   3   Ü   Ü

 mit VW: Wilhelm Emanuel Bischof von Mainz
          1   2   Ü   Ü   3

Vgl. auch 8.5.4e: Beispiel v. Schrötter.

8.5.3.1 Heiligenname   PI 98

Das Attribut „Heilige(r)" kann in verschiedenen landessprachlichen Formen (Saint, Sainte; Santo, Santa; usw.) vorliegen, wird jedoch in der Kataloganzetzung entsprechend der lateinischen Tradition der katholischen Kirche stets in der lateinischen Form „Sanctus, Sancta" angesetzt und wie ein *Beiname* geordnet, z. B.

– Hieronymus Sanctus
  1   2

Zur Beachtung: Das Attribut Sanctus (in allen sprachlichen Formen) wird in den Instruktionen *je nach seiner Verwendung* unterschiedlich behandelt und seine Behandlung in verschiedenen Paragraphen geregelt; im Heiligennamen: PI 98; im Familiennamen: PI 113; in Ortsnamen und Appellativa: PI 195,3.

8.5.4 Komplexe Bildungen

PI 165. 166.   F 8,3. 8,4. 76. 101,6.

Die Möglichkeiten der Namensbildung durch

(a) Verbindung von (früheren) bürgerlichen Namen mit (späteren) verliehenen Adelsnamen,
(b) Verbindung von weltlichen (bürgerlichen oder adeligen) Namen mit geistlichen Namen und Ämtern bzw. Würden,
(c) Verbindung eines Adelsnamens mit einem sogenannten „nom de terre", der formal wie ein zweiter Adelstitel aussieht, jedoch keiner ist: der Eigentümer eines ererbten oder gekauften Landbesitzes kann davon eine Benennung ableiten und seinem Namen anfügen, nach Belieben und ohne Anspruch auf einen Adelstitel;
(d) Hinzufügung von Beinamen,
(e) Kombinationen der Möglichkeiten (a)–(d)

führen nicht selten zu sehr komplexen Namensbildungen, die *unübersichtlich* wirken und deren einzelne Teile ohne nähere Kenntnis des Einzelfalles oft nicht sicher zu interpretieren sind; oft gleichen diese komplexen Bildungen den *mehrteiligen Familiennamen.* Für die Kataloganzetzung stellt sich somit die Frage, ob derartige Namensbildungen dann auch wie mehrteilige Familiennamen anzusetzen sind. Hierzu ist in allen Katalogen mit *Uneinheitlichkeit* zu rechnen, da in dieser Frage die Instruktionen, der Kommentar von Fuchs und die Praxis des GK nicht übereinstimmen und es daher völlig offen ist, welcher Regelung ein Katalogbearbeiter im Einzelfall gefolgt ist.

(a) *Francis Bacon Baron (of) Verulam*

    nach PI 166 und F 8,4 mit Ansetzung unter dem *bürgerlichen Namen:*
    – Bacon, Francis, Baron Verulam
      1   2   Ü   3

    nach PI 166 mit VW vom Adelsnamen:
    – Verulam, Francis Bacon Baron
      1   2   3   Ü

    dagegen nach GK 9.5300 mit Ansetzung unter dem *scheinbaren Doppelnamen:*
    – Bacon Baron Verulam, Francis
      1   Ü   2   3

    mit VW vom 2. Teil des Doppelnamens, dem Adelsnamen:
    – Verulam, Francis Bacon Baron
      1   2   3   Ü

    und mit VW vom bürgerlichen Namen:
    – Bacon, Francis
      1   2

Die Ansetzung unter dem scheinbaren Doppelnamen ist kein Einzelfall, sondern deutliche Tendenz des GK, vgl. GK 3.2150: Alexander Earl of Stirling, William.

André Boniface Louis Riquetti Vicomte de Mirabeau
mit Ansetzung unter dem *Adelsnamen:*

    – Mirabeau, André Boniface Louis Riquetti Vicomte de
      1   2   3   4   5   Ü   Ü

mit VW vom *bürgerlichen Namen:*

– Riquetti, André Boniface Louis
  1   2   3   4

(b) *Wilhelm Emanuel Freiherr von Ketteler, Bischof v. Mainz*

mit Ansetzung unter dem *weltlichen Namen* und VW vom geistlichen Namen, vgl. 8.5.3.

Papst Aeneas Sylvius de' Piccolomini, Pius II.

mit Ansetzung unter dem *geistlichen* Namen:

– Pius II. Papa
  1   2

    mit 2 VW vom *weltlichen Namen:*

    – Aeneas Sylvius de' Piccolomini (als persönlicher Name)
      1   2   Ü 3

    – Piccolomini, Aeneas Sylvius de' (als Adelsname)
      1   2   3   Ü

Wenn in Druckschriften vorkommend, wäre auch von der italienischen Namensform „Enea Silvio de' Piccolomini" zu verweisen. Die Interpretation als „De' Piccolomini" nach 8.2.2 ca gälte nur für einen Familiennamen, nicht jedoch für den Adelsnamen Piccolomini, in dem das „de'" nur die sprachliche Verknüpfung herstellt, aber *nicht* Teil des Namens ist.

(c) *Pierre d'Hozier sieur de La Garde*

mit Ansetzung unter dem *Adelsnamen:*

– Hozier, Pierre d', sieur de La Garde
  1   2   Ü Ü   Ü 3

    wenn VW erforderlich nach PI 80 vom *nom de terre:*

    – La Garde, Pierre d'Hozier sieur de
      1   2   Ü3   Ü   Ü

Victor Masséna Duc de Rivoli Prince d'Essling

mit Ansetzung unter dem *zweiten Adelsnamen:*

– Essling, Victor Masséna Duc de Rivoli Prince d'
  1   2   3   Ü Ü 4   Ü   Ü

    mit VW vom *ersten Adelsnamen:*

    Rivoli Prince d'Essling, Victor Masséna Duc de
    1   Ü   Ü 2   3   4   Ü Ü

    und mit VW vom *bürgerlichen Namen:*

    Masséna, Victor
    1   2

(d) *Richard I. Löwenherz König von England*

In der *Ansetzung als Herrscher* wird der Beiname „Löwenherz" zwar mitgeschrieben, aber geklammert und für die Ordnung übergangen:

– Richard I. [Löwenherz] König von England
  1   Ü   Ü   Ü 2

    mit Verweisung von der *Ansetzung mit Beinamen:*
    – Richard I. Löwenherz
      1   2

(e) *Joaquim José Queipo de Llano y Valdes, Conde de Toreno*

Spanischer mehrteiliger Familienname und Adelsname, mit Ansetzung unter dem *Familiennamen:*

– Queipo de Llano y Valdes, Joaquim José, Conde de Toreno
  1   2 3   4 5   6   Ü Ü 7

mit Verweisungen vom *zweiten* und *dritten* Teil des Familiennamens und vom *Adelsnamen:*

172

- Llano y Valdes, Joaquim José Queipo de, Conde de Toreno
- Valdes, Joaquim José Queipo de Llano y, Conde de Toreno
- Toreno, Joaquim José Queipo de Llano y Valdes, Conde de

nach der Tendenz des GK wäre eine Ansetzung unter dem *scheinbaren Doppelnamen* (vgl. 8.5.4a) nicht ganz auszuschließen:

- Queipo de Llano y Valdes Conde de Toreno, Joaquim José

Elisabeth Freiin von Schrötter, Schwester Maria Gabriela O.S.D., Felicitas vom Berge

Ursprünglicher weltlicher Adelsname, angenommener geistlicher Name und angenommener literarischer Name (= Pseudonym); nach PI 94 mit Ansetzung unter dem *geistlichen Namen,* so auch in BTD 05.13531:

- Maria Gabriela O.S.D.
  1   2   Ü

mit Verweisung vom Pseudonym in beiden Möglichkeiten, als *persönlicher Name:*

- Felicitas vom Berge
  1   Ü   2

und als *Familienname:*

- Vom Berge, Felicitas
  1 (Vomberge) 2

die Verweisung von Schrötter als dem ursprünglichen weltlichen Namen wird nach PI 94 nicht gemacht, weil die Autorin erst im geistlichen Stand veröffentlicht hat; andernfalls wäre die Verweisung vom *weltlichen Namen* jedoch zu machen:

- Schrötter, Elisabeth Freiin von
  1   2   Ü   Ü

Ab 1906 haben die BTD – wohl wegen des überwiegenden Gebrauchs – die Ansetzung geändert auf den *literarischen Namen als Familiennamen:* Vom Berge, Felicitas; vgl. BTD 06.2733, 06.5402, 07.14148. In späteren Jahrgängen sind die BTD wieder zur ersten Ansetzung von 1905 unter dem *geistlichen Namen* zurückgekehrt, vgl. BTD A 17.10098a, 30.23333, 30.23788, 31.30448.

8.5.5 Rechercheprobleme

Die *Katalogansetzungen* dieser Namensgruppe sind charakterisiert durch

(a) die Unterscheidung von regierenden Häusern und nicht-regierenden Häusern, *im Einzelfall nach dem „Gotha" als maßgeblicher Quelle,*
(b) die Unterscheidung von früheren und späteren Namen und die Ansetzung erst nach Prüfung *des Einzelfalles unter der im Gebrauch durchgesetzten Form.*

Dazu kommen als *Recherchebedingungen*

(c) eventuell das Vorliegen *nur* von verkürzten Namensformen oder *nur* des früheren oder *nur* des späteren Namens und
(d) *Unkenntnis* des genauen Sachverhalts, der im Einzelfall zu einer bestimmten Ansetzung geführt hat.

Die Katalogansetzungen für etwas komplexere Namen lösen sich also in Einzelfälle auf, die nicht mehr generell und zwingend vorherzusagen sind. Die Recherche ist daher stärker als sonst auf *pragmatisches Nachschlagen unter allen Möglichkeiten* angewiesen.

Für die Recherche wären hier besonders zahlreiche Verweisungen erforderlich von allen Namensformen, unter denen berechtigterweise gesucht werden könnte. Die Instruktionen und noch ausdrücklicher Fuchs entsprechen dieser Forderung weitgehend. Je nach Ansetzung wird verwiesen

- von früheren Namen,
- von späteren Namen,
- von allen Namensteilen, die als Teile von mehrteiligen Familiennamen aufgefaßt werden könnten.

Leider *nicht* durch Verweisungen berücksichtigt werden
- generell die Adelsnamen von Angehörigen regierender Häuser;

– nach F 101,6 gewisse verliehene. Adelsnamen, wenn die Ansetzung unter dem bürgerlichen Namen erfolgt ist (Beispiel Howard);

– offen bleibt die Frage der Verweisung vom Nom de terre: die Instruktionen erwähnen diesen Fall nicht eigens; Fuchs schreibt eine Verweisung nicht vor.

8.6 Pseudonym

PI 72. 73. 141. 169. 170. 171. F 76g. 101,8. R 2.3.5.

Pseudonyme sind Verkleidungen der Verfassernamen auf den Titelblättern in solchen *Formen, die wie Namen aussehen* oder noch als solche gewertet werden können, die jedoch die wirklichen Verfassernamen verbergen. Verkleidungen in anderen *Formen, die nicht als Verfassername gewertet* werden können, gelten für die Instruktionen nicht als Verfasserangabe, und die Druckschriften gelten infolgedessen als *anonym* erschienen. Ein Hauptproblem wird es daher sein, festzustellen, welche Verfasserangaben als Namensformen gelten sollen und damit für den Katalog als Pseudonyme anzuerkennen sind, vgl. 8.6.3.

8.6.1 Ansetzung: Pseudonym oder wirklicher Name

Ist nur das Pseudonym bekannt, so wird der Verfasser unter dem Pseudonym angesetzt. Ist jedoch der wirkliche Name des Verfassers ermittelt, so stehen Pseudonym und wirklicher Name in *Konkurrenz*. Den Vorzug hat grundsätzlich der ermittelte wirkliche Name (PI 79) – wenn jedoch Autoren vornehmlich unter dem Pseudonym zitiert werden, so sind sie unter dem Pseudonym anzusetzen (PI 169.170). Hierin kommt wieder der allgemeine Grundsatz des durchgesetzten Gebrauchs (PI 79) zum Ausdruck. Für die *Recherche* ist der Pseudonym-Charakter einer Verfasserangabe in den meisten Fällen nicht zu erkennen, außerdem ist die Katalogentscheidung (wirklicher Name oder Pseudonym) nicht abzuschätzen: daher wird die gegenseitige VW zwingend vorgeschrieben, entweder vom Pseudonym auf den wirklichen Namen (PI 169) oder umgekehrt (PI 170).

8.6.2 Bildung der Pseudonyme

Aus der Fülle aller denkbaren Verkleidungen treten folgende Fälle genauer umrissen hervor:

(a) *Verselbständigung von Teilen* des wirklichen Namens:

Jean Paul (aus: Johann Paul Friedrich Richter)

(b) *Übersetzung des wirklichen Namens (Traduktionym):*

Jakob Corvinus (aus: Wilhelm Raabe)

Nicht jede Übersetzung eines Namens ist als Pseudonym gedacht gewesen, so z.B. die üblichen Latinisierungen im 16.–18. Jh., vgl. 8.9.1; bei der Recherche können sie jedoch dieselben Probleme für das Auffinden und Identifizieren bereiten.

(c) *Rückläufige Lesung* des wirklichen Namens (Palindrom):

Ceram (aus: Marek)

(d) *Umstellung der Buchstaben* des wirklichen Namens (Anagramm):

Goldioni   (aus: Doglioni)

Voltaire   (aus: Arouet le jeune; wertet -u- als -v-, verwendet von le und jeune nur die Anfangsbuchstaben, und wertet -j- als -i-.)

(e) *Freie Erfindung* von Namen: ohne verborgene Beziehungen zum wirklichen Namen, unter Verwendung beliebigen Wortmaterials;

Ego   Strebesam Holzwurm

Rideamus   Mephisto der Jüngere

(f) *Verwendung eines berühmten Autorennamens* als Pseudonym: verkleidet nicht nur die Verfasserschaft, sondern täuscht eine falsche Identität vor; so sind z.B. mehrere Schriften mit der Verfasserangabe „Voltaire" als Pseudonym oder Decknamen erschienen.

(–) Bildungen in der Art „Jean Baptiste Poquelin dit Molière" wecken den Verdacht, daß ein wahrer Name vorliegt und nach *„dit" (= genannt)* vielleicht eine Verkleidung folgt, jedoch müssen diese Bildungen in jedem Einzelfall bibliographisch überprüft werden.

174

(–) Nicht als Pseudonyme gelten die *Kryptonyme* im weiteren Sinn, d.h. Decknamenbildungen in beliebigen Formen: z.B. nur Angabe der Namensinitialen oder einzelner Silben des Namens, Verstecken der Buchstaben des Namens in mehreren Worten oder in einem Satz, Einsetzen von Punkten, Strichen, Sternchen usw. Die Instruktionen werten diese Bildungen überhaupt *nicht als Verfasserangabe,* vgl. 8.6.5.

8.6.3 Abgrenzung der Pseudonyme von den Anonyma   PI 72–73

Jedes Regelwerk, das nicht die gesamte verkleidete Literatur einer einheitlichen Regelung unterwirft, sondern wie die Instruktionen zwischen *Pseudonymen* und *Anonyma* unterscheidet, muß hier genaue Definitionen entwickeln. Die Begriffe „pseudonym" und „anonym" beziehen sich wohlgemerkt nur auf die *Titelblattgestaltung.* Eine Schrift, auf deren Titelblatt der Verfasser nicht genannt ist, gilt als „anonym" erschienen, selbst wenn im Vorwort oder an anderer Stelle im Buch der wirkliche Verfassername genannt ist. Ebenso gilt eine Schrift, deren Verfasser sich auf dem Titelblatt mit einem Pseudonym nennt, als „pseudonym" erschienen, selbst wenn das Pseudonym durch Angabe des wahren Namens im Buch gelüftet wird. In beiden Fällen gilt der Verfassername als (aus dem Buch selbst oder aus anderen Quellen) „ermittelt".

Die Instruktionen werten als *Pseudonyme* nur

– Angaben, die Namenscharakter haben,
– Angaben, die als gewollte Pseudonyme zu erkennen sind;

alle anderen Fälle gelten als anonym erschienen und werden unter ihren Sachtiteln eingetragen.

8.6.4 Definition der Pseudonyme nach PI

Als Verfassernamen und damit auch als Pseudonyme werden anerkannt:

(a) alle namensartigen Bezeichnungen, vgl. 8.6.2;
(b) ferner alle solchen Appellativa, mit denen „*bestimmte* Personen *dauernd* benannt worden sind" (PI 73), womit ein *literaturgeschichtliches* Kriterium eingeführt wird, sodaß nur anhand entsprechender maßgeblicher Quellen darüber entschieden werden kann, z.B.:

– Anonymus Bernensis		– Der Pleier	
1	2	1	
– Geographus Ravennas		– Le Carrateyron	
1	2	1	
– Monachus Sangallensis		– Le Flaneur	
1	2	1	
– Der Mönch von Heilsbronn		– Le Renclus de Moiliens	
1	2	1	2

derartige Appellativa werden angesetzt wie *persönliche Namen* (vgl. 8.3), gegebenenfalls mit Beinamen (vgl. 8.4);
die französischsprachigen Beispiele mit Artikeln vor den Appellativa (Le Carrateyron, Le Flaneur, Le Renclus ...) dürfen *nicht* nach 8.2.2a behandelt werden (Artikel in romanischen Sprachen zum Namen ziehen), da diese Appellativa nicht als Familiennamen interpretiert werden;
(c) ferner alle Bezeichnungen, die auf den ersten Blick als *gewollte Pseudonyme* zu erkennen sind, auch wenn diese Bezeichnungen ihrer Bedeutung nach keinen Namenscharakter haben;
weil auch diese Pseudonyme wie Namen in den Katalog eingehen sollen, muß auch für jede noch so kuriose Pseudonymform notwendigerweise die Analogie zu einer der vier Gruppen von Verfassernamen gefunden werden (vgl. 13.4): hierzu schreibt PI 171 (F 102,2) vor, einen *persönlichen Namen* nur dann anzunehmen, wenn dies durch einen Zusatz ausdrücklich nahegelegt wird; alle anderen Pseudonymformen sollen als *Familiennamen* interpretiert werden; allerdings gibt es in der unerschöpflichen Vielfalt der Pseudonymbildungen dennoch Fälle wie das berühmte Pseudonym „Roda Roda", deren Behandlung unter allen Möglichkeiten denkbar ist; z.B.:

Hieronimus Dumrian	– Dumrian, Hieronimus	
(Familienname)	1	2
Ego	– Ego,	
(Familienname, vornamenlos)	1	

175

Samiel Eulenspiegel-Hilf	– Eulenspiegel-Hilf, Samiel
(Familiendoppelname)	1 2 3
Strebesam Holzwurm	– Holzwurm, Strebesam
(Familienname)	1 2
Mephisto der Jüngere	– Mephisto der Jüngere
(persönl. Name mit Beiname)	1 2
F. v. Nonsens	– Nonsens, F. v.
(Adelsname)	1 2
Ubique	– Ubique,
(Familienname, vornamenlos)	1
Rideamus	– Rideamus,
(Familienname, vornamenlos)	1
Ja also	– Ja Also,
(Familienname, vornamenlos)	1 (Ordnung: Jaalso)
Quien sabe	– Quien Sabe,
(Familienname, vornamenlos)	1 (Ordnung: Quiensabe)
Quousque tandem	– Quousque Tandem,
(Familienname, vornamenlos)	1 (Ordnung: Quousquetandem)

Strikt formal interpretiert wäre es sogar denkbar, die letzten drei Beispiele als Familiendoppelnamen aufzufassen. Angesichts der *Unsicherheiten* in der Behandlung derartiger Pseudonymenbildungen ist bei der Recherche unter allen denkbaren Ansetzungen nachzuschlagen. Vgl. 1.5-Pseudonyme Schriften.

8.6.5 Ausschlußregelungen

Nicht als Verfasserangabe gewertet und folglich *nicht* als pseudonym, sondern als *anonym* erschienen, werden die folgenden Fälle behandelt (PI 72):

(a) allgemeine Appellativa (PI 72: „bloße" Appellativa), mit denen *nicht* wiederholt eine bestimmte Person bezeichnet worden ist, z. B.:

Von einem Laien
Von einem Staatsbürger
Von einem Deutschen

(b) Bezeichnung als Autor einer anderen Schrift, z. B.:

Vom Verfasser des „(Titel eines anderen Werkes)"

(c) Angabe allein der Namensinitialen, z. B.:

von A. F. M.
par R.-A. B.
Marquis Henri Gaston de B...

(d) Angaben von Zeichen wie Punkten, Strichen, Kreuzen, Sternchen (Asterisken; diese Verfassernennung heißt Asteronym), z. B.:

von xxx
von ₓ*ₓ

Vgl. 1.6-Anonyme Schriften.

8.7 Firmenname

PI 60. 142–145. F 8,2. 65. 100,1 101,9. R 2.13.5.

Im Sinne der im Regelwerk ausgeprägten Bevorzugung des personalen Verfassers sollen Firmen, *in deren Namen ein Familienname enthalten* ist, unter diesem Familiennamen angesetzt werden, auch wenn er nur in adjektivischer Form vorliegt.
Für Firmen, in deren Namen *kein Familienname* vorkommt, werden die Ordnungsworte nach denselben Regeln wie für Sachtitel bestimmt, vgl. Kap. 11-Titel in gewöhnlicher Form.

8.7.1 Firmenname mit Familiennamen

Paul Parey   – Parey, Paul
                                                 1   2

Dietrich Reimer (Ernst Vohsen)   – Reimer, Dietrich
                                                 1   2

abgekürzte Vornamen werden nicht ergänzt, z. B.:

J. C. Hinrichs'sche Buchhandlung   – Hinrichs, J. C.
                                                 1   2 3

neben dem Familiennamen genannte (gegenwärtige oder frühere) *Inhaber* werden nicht für die Ordnung herangezogen, z. B.:

J. Morgenbesser (vorm. J. D. Noltenius)   – Morgenbesser, J.
                                                 1   2

Nicolaische Buchh. (Borstell & Reimarus)   – Nicolai,
                                                 1

bei *mehreren Familiennamen in einem Firmennamen* wird für die Ansetzung entscheidend, *ob zum erstgenannten Familiennamen Vornamen angegeben sind:*

(a) sind zum erstgenannten Familiennamen Vornamen angegeben, so wird nach dem ersten Familiennamen samt Vornamen geordnet und alle weiteren Familiennamen bleiben für die Ordnung unberücksichtigt, z. B.:

Ed. Bote & G. Bock   – Bote, Ed.
                                                 1   2

(b) sind zum ersten Familiennamen *keine* Vornamen angegeben, so fehlen sie gewöhnlich auch zu den weiteren Familiennamen: in diesem Fall werden alle Familiennamen wie Teile eines Doppelnamens angesetzt (PI 144), z. B.:

Amsler & Ruthard   – Amsler & Ruthard,
                                                 1   2

Breitkopf & Härtel   – Breitkopf & Härtel,
                                                 1   2

Der Doppelnamenregelung entsprechend müßte vom 2. Teil des Doppelnamens verwiesen werden (vgl. 8.2.3), was nach F 101,9 jedoch unterbleibt.

8.7.2 Firmenname ohne Familiennamen

Die Ansetzung erfolgt nach denselben Regeln *wie für Sachtitel* (vgl. Kap. 11). Über die Reihenfolge bei gleichlautenden ersten Ordnungswort, wenn Verfassernamen, Sachtitel und Firmennamen zusammentreffen, wird über eine besondere Ordnung der Firmen nichts ausgesagt, sodaß die Firmennamen ohne Familiennamen auch für die Ordnung wohl wie Sachtiteleinträge behandelt werden müssen, z. B.:

– Buchhandlung des Waisenhauses
  1   2

– Bibliographisches Institut (Meyer)
  2   1   (als Inhaber nicht geordnet)

– Akademischer Verlag, München (Für OW vgl. 11.8.6 c)
  2   1   (3)

Die Heranziehung des Ortsnamens als weiteres Ordnungswort hängt von der Interpretation des Einzelfalles ab: der Ortsname als Sitz sollte nur dann Ordnungswort werden, wenn er als untrennbar zum Firmennamen gehörig anzusehen ist.

8.7.3 Zusätze zu Firmeneinträgen

Während die Instruktionen und der GK keine Zusätze zu den Ordnungsworten von Firmennamen vorsehen, empfiehlt Fuchs (F 8,2): „Bei Firmennamen, die aus einem Familiennamen mit oder ohne Vornamen bestehen, als Verfassernamen sind stets die *Art* und der *Sitz* des Geschäftsbetriebes hinzuzufügen", z. B.:

– Balcke, Maschinenbau-A.G., Bochum
  1
– Ballard, S. & E., Buchhandlung, London
  1   2   3
– Bartholomew, John, & Sohn, Geogr. Institut, Edinburgh
  1   2

Diese Zusätze werden in deutscher Sprache formuliert und *nicht zur Ordnung herangezogen,* sondern dienen nur der Identifizierung.[*]
Fuchs beschränkt seine Empfehlung auf Firmennamen mit einem Familiennamen. Er nennt jedoch keine Gründe, die gegen eine einheitliche Behandlung aller Firmennamen-Einträge sprächen.

8.7.4 Ordnung der Firmennamen

Die Ordnungsprobleme sind je nach Ansetzung verschieden.

Ansetzung unter Familiennamen (vgl. 8.7.1)

Der Familienname als Firmeneintrag wird wie jeder andere Verfassereintrag behandelt; für die innere Ordnung werden jedoch gewöhnlich die Gruppenschriften (Werke, Teils. usw.) entfallen, sodaß nur ein *Alphabet der Einzelschriften* entsteht.

Ansetzung unter sachlichen Ordnungsworten (vgl. 8.7.2)

Die sachlichen OW erwecken den Eindruck eines Sachtiteleintrags, wie z.B.:

– Buchhandlung Waisenhaus

Dennoch handelt es sich um einen *Verfassereintrag* (F 101,9), der im Katalog nur schwer von Sachtiteleinträgen zu unterscheiden ist, wenn er keinen Zusatz (vgl. 8.7.3) erhält, was nach Fuchs nicht erforderlich ist. Die innere Ordnung besteht deshalb auch hier aus einem *Alphabet der Einzelschriften.* *Ungeklärt* ist jedoch, ob bei gleichlautendem 1. OW dem Firmeneintrag – wie einem Verfassereintrag – wirklich alle Sachtiteleinträge vorangehen sollen; ebenso *ungeklärt* ist in diesem Fall die weitere Einordnung bei den Verfassernamen, weil die sachlichen OW des Firmeneintrags keine Analogien zu Familiennamen, Vornamen usw. aufweisen. Diese Lücken im Regelwerk bereiten jedoch wegen der *Seltenheit* des Firmeneintrags und der noch größeren Seltenheit der Firmennamen ohne Familiennamen keine besonderen Probleme.

8.8 Namen aus bestimmten Epochen und Sprachkreisen

Namen außerhalb der modernen europäischen Sprachen, also Namen *früherer Epochen* und in *nicht-europäischen Sprachen,* erfordern wegen ihrer Besonderheiten im Aufbau und in der Zitierweise entsprechende eigene Regelungen für die Ansetzung und Ordnung im Katalog.

Die Instruktionen regeln nur die folgenden Komplexe:
  Antike: altgriechische, altrömische Namen;
  Mittelalter: byzantinische, westeuropäische Namen;
  Orientalische Sprachen: arabische, hebräische, indische Namen und eine pauschale Anweisung für alle anderen orientalischen Namen.

Das Regelwerk, das die europäischen Namensarten in vier Gruppen gliedert und bei gleichlautendem ersten Namensteil für sie eine bestimmte Reihenfolge festgelegt hat, nämlich

  (1) Einfache persönliche Namen
  (2) Mehrteilige persönliche Namen
  (3) Einfache Familiennamen
  (4) Mehrteilige Familiennamen

ordnet auch die Namen früherer Epochen und bestimmter Sprachkreise in dieses Gruppenschema ein. So wird z.B. deshalb für die altrömischen Namen bestimmt, daß bei Ansetzung unter dem Gentilnamen der Gentilname und der Zuname wie ein Familiendoppelname einzuordnen sind (vgl. 8.8.1b). Diese Art der Festlegung hat oft etwas Willkürliches an sich, dient jedoch der *Einheitlichkeit* in der Behandlung aller Katalogeinträge und erspart dem Benutzer weitere Sonderregelungen.

178

8.8.1 Altertum

LIT H. Polack: Probleme der alphabetischen Katalogisierung der antiken und byzantinischen Literatur. Köln: BLI-Ex.-Arb. 1963. 31 S. • E. Laspe: Probleme und Vorschläge zur Behandlung der antiken Literatur im alphabetischen Katalog einer wissenschaftlichen Bibliothek. Köln: BLI-Ex.-Arb. 1966. 44 S. • B. Bader: Probleme der Katalogisierung antiker Werke nach den RAK. Köln: BLI-Ex.-Arb. 1976. 93 Bl.

Die Ansetzung von Namen antiker Autoren soll unter dem „gebräuchlichen Namen" erfolgen (PI 85: für altgriechische, PI 81: für altrömische Autoren).
Bei schwankendem Gebrauch sollen die nicht zur Ansetzung gewählten Namensformen einen Verweisungseintrag erhalten (PI 82).
Für die *Recherche* gibt es wegen des unscharfen Kriteriums des „gebräuchlichen Namens" keine genaueren Anhaltspunkte. Man kann nur darauf bauen, daß die meisten vorkommenden Namensformen wenigstens eine Verweisung erhalten haben (allgemein: PI 80; speziell: PI 82).

(a) Altgriechische Namen   PI 85–87

Werden stets in der latinisierten Form angesetzt, „in der Regel" *ohne Verweisung von der ursprünglichen (= griechischen) Namensform* oder anderen fremdsprachlichen Formen (PI 87). Den Grund für diese Entscheidung liefert die Zitierpraxis: auch griechische Autoren der Antike werden gewöhnlich unter ihren lateinischen Namensformen zitiert, ebenso ihre Schriften unter den lateinischen Sachtiteln, z. B.:

– Aeschylus;   ohne VW von: Aischylos (transkribierte griechische Form)
  1   Eschyle (franz. Form)
                                                    Eschilo (ital. Form)

Altgriechische Autoren führen gewöhnlich nur *einen* Namen, der als *persönlicher Name* eingeordnet wird; deshalb wird zur weiteren Ordnung nach Möglichkeit ein Beiname herangezogen, sofern der Autor in der Literatur einen Beinamen erhalten hat (PI 86), z. B.:

– Dionysios Periegeta
  1   2

Zur Beachtung: Im Unterschied zur Regelung für die mittelalterlichen persönlichen Namen (vgl. 8.3.1) sollen für altgriechische Namen keine Beinamen fingiert werden.

(b) Altrömische Namen   PI 81–84

Bestehen gewöhnlich aus drei Teilen:

   – dem Vornamen (praenomen)
   – dem Gentilnamen (nomen gentile)
   – dem Zunamen (cognomen)

Da die Ansetzung unter dem „gebräuchlichen Namen" (PI 81) erfolgen soll, kann grundsätzlich jeder der drei Teile zum ersten Ordnungswort werden:

(ba) Ansetzung unter dem Vornamen:

– Martianus Capella   – Valerius Maximus   Valerius Antias
  1   2   1   2   1   2

Die Vornamen werden wie *persönliche Namen* geordnet; die zweiten Teile der Namen sind hier Zunamen und werden wie *Beinamen* geordnet.

(bb) Ansetzung unter dem Gentilnamen:

Quintus Horatius Flaccus: – Horatius Flaccus, Quintus
                                    1   2   3

Gaius Sallustius Crispus: – Sallustius Crispus, Gaius
                                    1   2   3

Bei Ansetzung unter dem Gentilnamen sollen Gentilname und Zuname für die Ordnung wie ein *Familiendoppelname* behandelt werden.

(bc) Ansetzung unter dem Zunamen:

Marcus Tullius Cicero:	– Cicero, Marcus Tullius
	1 2 3
Gajus Julius Caesar:	– Caesar, Gajus Julius
	1 2 3
Marcus Valerius Martialis:	– Martialis, Marcus Valerius
	1 2 3

Für die Ordnung im Katalog wird der Zuname wie ein *Familienname* behandelt, und Vorname und Gentilname werden zu *Vornamen*.

(bd) *Zur Beachtung:* Die Katalogansetzung unter dem „gebräuchlichen Namen" deckt sich *nicht unbedingt* mit den Ansetzungen in der für die klassische Philologie maßgeblichen „Realencyclopädie der classischen Altertumswissenschaft (RE)" von Pauly/Wissowa: dort werden die altrömischen Namen bis auf die Zeit Diocletians stets unter dem Gentilnamen angesetzt.

8.8.2 Mittelalter

LIT J.F. Macey: The cataloging of medieval names. A definition of the problem and a proposed solution. Thesis. Pittsburgh 1974. 179 S. • ZfBB. 28.1981, 249–256: J.C. Wilmanns (Erschließung der Vielnamigkeit mittelalterlicher Verfasser, Münchner Projekt). • Vgl. 8.8.1: Polack 1963.

Die Ansetzung von Namen ma. Autoren erfolgt unter dem *persönlichen Namen,* der im christlich geprägten europäischen Mittelalter der Taufname ist (PI 88: für byzantinische, PI 91: für alle anderen europäischen Namen).
Beinamen erhalten Verweisungen: bei byzantinischen Autoren „in der Regel" (PI 88), bei anderen mittelalterlichen Autoren nur „erforderlichenfalls" (PI 91).
Soweit im folgenden keine spezifischen Regelungen genannt werden, gilt für Struktur, Ansetzung und Ordnung das unter 8.3 Gesagte.

(a) Byzantinische Namen   PI 88–90

Das Byzantinische Reich umfaßt ungefähr den Zeitraum vom 5.–15. Jh. n.Chr.
Die Namen von Autoren aus dem byzantinischen Kulturkreis werden nicht in ihrer ursprünglichen (= griechischen), sondern in der *latinisierten Form* angesetzt. (Vgl. hierzu 8.8.1 a: Altgriechische Namen.)
Die byzantinischen Namen bestehen gewöhnlich aus *persönlichen Namen mit Beinamen,* z.B.:

– Johannes Chrysostomus	– Theodorus Prodromus
1 2	1 2
– Georgius Pisides	– Anna Comnena
1 2	1 2

Für die byzantinischen Namen *bleiben die Beinamen stets Beinamen* auch dann, wenn sie offensichtlich und eindeutig „zum Familiennamen geworden" sind (PI 88.90): mit dieser Regelung unterscheiden die PI die byzantinischen Namen von den anderen mittelalterlichen Namen.
Für die *Recherche* entstehen daraus keine Probleme, da „von dem Beinamen in der Regel und jedenfalls dann verwiesen wird, wenn er zum Familiennamen geworden ist" (PI 88).

(b) Andere europäisch-mittelalterliche Namen   PI 91–106

Werden stets als *persönliche Namen* angesetzt, vgl. 8.3. Für die *Übergangszeit,* in der sich die Beinamen zu Familiennamen weiterentwickeln, ist die Ansetzung eventuell nicht sicher vorherzusagen. Deshalb ist die Recherche hier besonders auf Verweisungen von den nicht maßgeblich gewordenen Formen angewiesen.

8.8.3 Namen in orientalischen Sprachen

PI 146–160. F 100,1.

LIT ZfB. 4.1887, 118–121: H. Feigl (Ansetzung u. Ordnung semitischer Namen); 46.1929, 612–615: F.E.A. Krause (Die chinesische Wiedergabe mongolischer Eigennamen). • Von Büchern und Bibliotheken. Festschrift E. Kuhnert. Berlin 1928. S. 254–260: H. Hülle (Chinesische, japan. Titelaufnahmen, Ordnung). • H.-W. Köhler: Zur alphabetischen Katalogisierung indischer Verfassernamen. Köln: BLI-Ex.-Arb. 1952. 23 S. • E. Kümmerer: Zur Katalogisierung der arabischen und nach arabischer Weise gebildeten (türkischen, persischen usw.) Namen. Zu einer Neufassung der §§ 146 u. 147 der PI. Köln: BLI-Ex.-Arb. 1954. 38 S. • E. Wagner: Regeln für die alphabetische Katalogisierung von Druckschriften in den islamischen Sprachen. Wiesbaden 1961. 73 S. • International Conference on Cataloguing Principles, Paris 1961. Report. London 1963. S. 255–265: B. Sengupta (Indic names); 267–276: M. Sheniti (Arabic names); 277–279: R. Edelmann (Names in Hebrew characters). • Bulletin des bibliothèques de France. 13.1968, 489–507: J. Fontvieille (Le patronyme des auteurs négro-africains et malgaches d'expression française). • Libri. 22.1972, 200–226: M. R. Jain (Hindi names). • International library review. 5.1973, 351–377: R. C. Dogra (Urdu names); 8.1976, 327–347: R. C. Dogra (Hindi names); 349–352: L. Çankaya (Turkish authors); 9.1977, 491–500: M. S. Ashoor (Formation of Muslim names). • F. M. Douglas, G. Fourcade: The treatment by computer of medieval Arabic bibliographical data. Introd. to the Onomasticum Arabicum. Paris: CNRS 1976. 138 S. • International cataloguing. 7.1978, H. 4, 42–48: J. Okell u. a. (Burmese names). • Vgl. 3.37-Orientalia.

Orientalische Sprachen werden überwiegend in eigenen (= nicht-lateinischen) Schriften geschrieben. Deshalb müssen Namen aus diesen Sprachgebieten in die lateinische Schrift *umgeschrieben* (transkribiert) werden. Hierfür schreiben die Instruktionen bestimmte Transkriptionsschemata vor, in der *Anlage 2* mit Schemata nicht nur für orientalische Sprachen: Russisch, Kleinrussisch (Ukrainisch), Altbulgarisch, Neubulgarisch, Serbisch, Walachisch, Sanskrit, Arabisch, Persisch, Türkisch, Hindustani, Malaiisch, Hebräisch, Syrisch, Äthiopisch, Koptisch, Armenisch, Georgisch.

Für die Recherche unter orientalischen Namen erhebt sich das Problem der *Sprachkenntnisse*, die nicht allgemein vorausgesetzt werden können. Ohne Sprachkenntnisse kann man zwar gegebene Formen am Katalog nachschlagen, aber eventuell einen Sachverhalt, der den Erfolg behindert, nicht erkennen.

Als weitere Schwierigkeit kommt hinzu, daß die Transkriptionen orientalischer Sprachen trotz der gegebenen Schemata in ihrer Anwendung von Bibliothek zu Bibliothek und sogar von Bearbeiter zu Bearbeiter gewisse *Uneinheitlichkeiten* aufweisen können.

Da die Instruktionen für die *Ansetzung* der orientalischen Personennamen keine ausreichenden Regelungen geben, ist mit *Uneinheitlichkeiten* in den Katalogen zu rechnen. Eventuell können auch in PI-Katalogen Regeln angewendet worden sein, die ihre konkrete Ausformung erst im Rahmen der RAK-Ausarbeitung erhalten haben, so z. B. für indische (RAK, Anl. 6, Teil 1), birmanische (Entwurf 1981), ceylonesische (Entwurf 1974) und tibetische (Entwurf 1974) Namen.

Vgl. 3.37-Orientalia.

(a) Arabische Namen   PI 146–150

Die folgende Regelung gilt ebenfalls für alle nach arabischer Weise gebildeten Namen im Türkischen, Persischen usw. Das *Modell* eines vollständigen arabischen Namens besteht aus 6 Teilen:

(1) Ehrenname

(2) Benennung nach der Nachkommenschaft (z. B.: Vater des …)

(3) *persönlicher Name*

(4) Benennung nach der Abstammung (z. B.: Sohn des …)

(5) Benennung nach einer hervorstechenden Eigenschaft oder nach dem Geburts- oder Wohnort

(6) – vorangestellt oder angeschlossen – die Bezeichnung des Berufs oder der Würde.

Die Identifizierung der einzelnen Namensteile ist nur mit arabischen (oder entsprechenden landessprachlichen) Sprachkenntnissen möglich. Beispiel:

Fahr-ad-Din Abu-Abdallah Muhammad Ibn-Umar al-Hatib ar-Razi
(1) Ruhm des Glaubens
        (2) Vater des Abdallah
                (3) persönl. Name
                        (4) Sohn des Umar
                            (6)Imam (5) aus Rai

Die Ansetzung soll unter dem *persönlichen Namen* erfolgen; verwiesen werden soll „erforderlichenfalls" vom *Ortsbeinamen* und vom *ersten Verwandtschaftsnamen*. Aber auch hier wird nach dem Grundsatz des überwiegenden Gebrauchs (PI 79) gegebenenfalls ein anderer Namensteil für die Katalogansetzung gewählt (PI 147): eine Entscheidung, die nur mit Sprachkenntnissen und literaturgeschichtlicher Recherche begründet zu treffen und aus der Sicht der Recherche nicht sicher vorherzusagen ist.

181

In zusammengesetzten Namen (PI 148) werden auch hier die *Verwandtschaftsbezeichnungen zum Namen gezogen,* z.B.:

Abu, Ebu (= Vater)
Umm (= Mutter)
Ibn, Ebu, Bin, Ben, Wald, Ould (= Sohn)
Bint (= Tochter)
Ahu (= Bruder) usw.

Der *Artikel*

al, el, ul, ar-, as- usw.

wird *übergangen,* wenn er am Anfang eines Namensteils steht, z.B.:

– ad-Dimisqi
   1

er wird jedoch *mitgeordnet,* wenn er in der Mitte des Namensteils steht, z.B.:

– Abd-al-Latif
   1 (Ordnung: Abdallatif)

– Abu'l-Ala
   1 (Ordnung: Abulala)

(aa) Die Ordnung im Katalog

Der für die Ansetzung maßgebliche Namensteil – im Normalfall: der persönliche Name – tritt in der Ansetzung an die erste Stelle, gefolgt von den weiteren Namensteilen bis zum Schluß des Namens; die *vor* dem maßgeblichen Namensteil stehenden Teile werden nach Komma angeschlossen: das Komma signalisiert also die erfolgte Umstellung; z.B.:

Abu-Abdallah Muhammad Ibn-Ahmad al-Qurasi

Ansetzung: – Muhammad Ibn-Ahmad al-Qurasi, Abu-Abdallah
            1   2   3   4

1. VW: – Abu-Abdallah Muhammad Ibn-Ahmad al-Qurasi
             1   2   3   4

2. VW: – Qurasi, Abu-Abdallah Muhammad Ibn-Ahmad al-
             1   2   3   4

„Ibn-Ahmad" als zweiter Verwandtschaftsname erhält normalerweise keine Verweisung (PI 146).

Für die *Einordnung* der arabischen Namen im Katalog lassen die Instruktionen eine Frage offen: ob und wie die einzelnen Namensteile als persönliche Namen oder Familiennamen zu interpretieren sind (PI 150). Hierzu wurde um 1930 das *Merkblatt* „Alphabetische Einordnung orientalischer Namen in der Ansetzung der Berliner Titeldrucke" herausgegeben, vgl. 0.4-Orientalia 1930. Die §§ 1–3 des Merkblatts enthalten die erforderlichen *Klarstellungen zur Ordnung* der orientalischen Namen generell. • § 1: „Die orientalischen Namen sowohl in ihrer originalen wie in abendländisch-latinisierter Form (§§ 159, 160 der Preußischen Instruktionen) gelten als persönliche Namen im Sinne der §§ 91 und 171. Sie gehen daher allen etwa gleichlautenden europäischen Familiennamen voraus, auch dann, wenn eine Ansetzung wie *Sakir, Mahmud* (beides in Fettdruck als erstes Glied einer Verweisung) scheinbar einen Familiennamen mit invertiertem Vornamen darstellt. Auch moderne indische und armenische Namen (§§ 157, 158) fallen hinsichtlich ihrer Einordnung unter die allgemeine Regel." • § 2: „Für die Ordnung innerhalb der Gruppe des gleichen orientalischen Namens wird zunächst § 172 derart angewandt, daß die Träger *eines* Namens den Vorrang vor allen Trägern *mehrerer* Namen haben." • § 3: „Die weitere Ordnung innerhalb gleichlautender Namen erfolgt aufgrund des § 150 derart, daß alle nicht in Petitschrift gedruckten Namensteile (gleichgültig, ob in fetter oder magerer Type gedruckt) in ihrer räumlichen Abfolge ohne Rücksicht auf ein zwischenstehendes Komma oder auf die Sperrung irgendeines Namensteiles für die Einordnung maßgebend sind." • § 7 formuliert eine Ausnahme von § 1: die *jüdischen Familiennamen der neueren* Zeit sollen wie moderne Familiennamen behandelt werden.
Als Vorschrift für die BTD ist dieses Merkblatt zugleich eine *maßgebliche Ergänzung* des Regelwerks. Zusammengefaßt lautet die Ordnungsvorschrift:

182

1. alle orientalischen Namen (Ausnahme: neuere jüdische) gelten als persönliche Namen, vgl. 8.3;
2. bei gleichlautendem 1. OW werden ganz regelgemäß zwei Gruppen gebildet: es gehen voran die *einfachen* persönlichen Namen, gefolgt von den *mehrteiligen* persönlichen Namen, vgl. 8.3.3;
3. alle weiteren Namensteile sind gleichrangige Teile des persönlichen Namens und *keine* Beinamen;
4. der Behandlung als persönliche Namen werden auch solche Namen unterworfen, die wie Familiennamen aussehen und mit Umstellung von Namensteilen hinter ein Komma angesetzt werden.

Die *Recherche* muß berücksichtigen, daß diese ergänzende Regelung erst 30 Jahre nach Inkrafttreten des Regelwerks kodifiziert worden ist und die *generelle Uneinheitlichkeit* in der Behandlung der Orientalia sicher nicht abgestellt hat.

(b) Hebräische Namen   PI 151–153

Für hebräische Namen wird eine zu den europäischen Namen analoge Regelung getroffen, die nur an einer anderen Zeitgrenze orientiert ist:

(ba) ältere hebräische Namen (ungefähr bis 1800) werden unter dem *persönlichen Namen* angesetzt, vgl. 8.3,

(bb) neuere hebräische Namen (etwa seit 1800) werden wie europäische *Familiennamen* angesetzt, vgl. 8.2.

(ba) – Eliezer Askenazi Ben-Elijja   – Jehuda hal-Lewi   – Josef Qaro
       1   2   3   1   2   1   2

(bb) – Lewi, Jehuda   – Qaro, Josef
       1   2   1   2

Für die Ordnung im Katalog sollen die älteren hebräischen Namen wie die arabischen Namen behandelt werden (PI 152).

(c) Indische Namen   PI 154–157

Grundsätzlich werden unterschieden:

(ca) die Namen nach traditionellem indischen Gebrauch,
(cb) die Namen in neuerer Zeit nach abendländischem Gebrauch.

(ca) Traditioneller indischer Gebrauch

Namen nach traditionellem indischen Gebrauch werden unter dem *persönlichen Namen* angesetzt; „von den weiteren Namen wird nach Bedarf verwiesen" (PI 154), jedoch nicht von Kastenbezeichnungen; auch hier (PI 155) fehlt eine Analogie zu den vier Gruppen für die europäischen Namen; für die Einordnung im Katalog sollen die indischen wie die arabischen Namen behandelt werden (PI 156), vgl. 8.8.3 aa.

(cb) Moderner abendländischer Gebrauch

Die nach moderner abendländischer Weise gebrauchten indischen Namen sollten *nach PI 157* ursprünglich „in der Regel wie die modernen Familiennamen behandelt" werden. Im Widerspruch dazu hat das *Merkblatt* „Alphabetische Einordnung orientalischer Namen ..." (vgl. 8.8.3 aa) auch für die modernen indischen Namen die Behandlung als persönliche Namen festgelegt. Die *Recherche* muß daher auch für indische Namen mit größter Uneinheitlichkeit in der Katalogpraxis rechnen.

(d) Andere orientalische Namen

Da für die Länder des Orients generell mit gewissen westlichen Einflüssen zu rechnen ist, sollte nach PI 158–159 in Analogie zu den indischen Namen grundsätzlich auch für alle anderen orientalischen Namen zwischen *traditionellem* und *modern-westlichem* Namensgebrauch unterschieden und dementsprechend unterschiedlich angesetzt und geordnet werden.
Da das *Merkblatt* „Alphabetische Einordnung orientalischer Namen ..." (vgl. 8.8.3 aa) mit einer einzigen Ausnahme (neuere jüdische Namen) *sämtliche orientalische Namen* betreffen soll, hat der durch das Merkblatt geschaffene Widerspruch für die Ordnung orientalischer Namen im Katalog eine geradezu fundamentale Bedeutung. Wenn man falsche Vereinfachungen vermeiden will, die der *Recherche* nichts nützen, so kann man die Konsequenzen dieses Widerspruchs nicht genau beschrei-

ben. Einerseits wird das Merkblatt durch die zentrale Dienstleistung der BTD eine gewisse Anwendung in den Katalogen gefunden haben; andererseits widerspricht die darin vorgesehene Ordnung auch der modernen Familiennamensformen als persönliche Namen derart allen Grundsätzen des Regelwerks, daß eine strikte Befolgung des Merkblatts in diesem Punkt unwahrscheinlich erscheint. Die fundamentale Neuregelung ist einem *Merkblatt mit unsicherer Verbreitung* anvertraut worden und hat keinen Eingang in das Regelwerk, den Kommentar oder das Lehrbuch gefunden.

8.9 Sprachliche Formen und Schreibungen des Namens

PI 99–102. 125–131. 161–164. 167–168. F 8. 100. 101,7. R 1.6.1 u. 2.3.

Nach den Entscheidungen über die *Ansetzung des maßgeblichen Verfassernamens* (nach 8.0–8.8):

- Zugehörigkeit zu Epochen und Sprachkreisen,
- persönlicher Name oder Familienname,
- einteiliger oder mehrteiliger Name,
- mit oder ohne Beiname,
- mit oder ohne Adelsprädikat,
- Anzahl und Reihenfolge der Vornamen,
- wirklicher Name oder Pseudonym

kann der festgestellte maßgebliche Verfassername in den verschiedenen Druckschriften und biographischen und bibliographischen Quellen eventuell noch – zufällige oder absichtliche – *Schwankungen*

- der sprachlichen Form und
- der Schreibung

aufweisen. Für derartige Schwankungen schreiben die Instruktionen eine *einheitliche Behandlung* vor, deren Tendenz die Recherche zu beachten hat.

8.9.1 Formen in verschiedenen Sprachen

Hierbei sind zwei Fälle zu unterscheiden:

(a) *Übersetzungen* eines Namens oder einzelner Namensteile ins Lateinische oder Griechische (diese Praxis aus humanistischer Gesinnung ist vornehmlich für das 15. u. 16. Jh. festzustellen) oder auch in andere Sprachen;

(b) *formale Angleichungen* (Umformung nach den Gesetzen einer fremden Sprache) überwiegend durch latinisierende Endungen, damit sich der nicht-lateinische Verfassername organisch in ein lateinisch formuliertes Titelblatt einfügt: diese Praxis endet mit dem diskursiven Gebrauch des Lateinischen als Wissenschaftssprache zur Mitte des 19. Jh. (während der terminologische Gebrauch des Lateins bis heute anhält).

(a) Übersetzungen des Namens   PI 167–168

Im Fall der wirklichen Übersetzung entsteht ein *völlig anderer Name,* der eventuell als Pseudonym dienen soll (vgl. 8.6) oder einfach in Konkurrenz zu den anderen bezeugten Namen eines Verfassers tritt. Deshalb werden die Namensübersetzungen oft bereits dem Entscheidungsverfahren nach 8.0–8.8 unterworfen.

(aa) Übersetzungen ins *Hebräische:*

- Wächter, Küster, Köster:

	(Wächter: schomer)	Schomerus

(ab) Übersetzungen ins *Griechische:*

– Holzmann:	(Holz: xylon; Mann: aner, andros)	Xylander
– Neumann:	(neu: neos)	Neander
– Eppelmann:	(Apfel: melon)	Melander
– Müller:	(myleus)	Mylius
– Reuchlin:	(kleiner Rauch: kapnion)	Capnio
– Schwarzert:	(schwarz: melas; Erde: chthon)	Melanchthon, Melanthon

(ac) Übersetzungen ins *Lateinische:*

– Bauer:	Agricola	– Hahn:	Gallus
– Schmied,		– Schütze:	Sagittarius
Schmidt:	Faber	– Rabe:	Corvinus
– Krämer, Kremer:	Mercator	– Wagner, Rademacher:	Carpentarius
– Weber:	Textor		
– Müller:	Molitor		

(ad) Übersetzungen in *andere Sprachen:*

– Herzfeld:	Heartfield	– Theophil:	Gottlieb, Amadeus
– Battenberg:	Mountbatten		

(ae) Ansetzung   Vgl. 8.1.1

Ist die Namensübersetzung die auf Titelblättern *einzige oder überwiegend gebrauchte* Namensform, so wird der Verfasser unter der Namensübersetzung angesetzt (PI 79: überwiegender Gebrauch), abweichende Namensformen auf den Titelblättern erhalten VW (PI 80).
Ist die *Namensübersetzung als Pseudonym* aufzufassen (vgl. 8.6.2), so erfolgt die Ansetzung wie unter 8.6.1 dargestellt.
Für *Schriftsteller der Renaissance* mit übersetzten Namen (oder auch ohne Übersetzungsverhältnis angenommenen Namen in den klassischen Sprachen) geben PI 167–168 im Prinzip eine weitere Anwendung der Grundsätze nach PI 79–80, allerdings ergänzt durch eine für die Recherche vorteilhafte *generelle VW* für den übersetzten oder angenommenen Namen, wenn der Verfasser unter seinem ursprünglichen Namen angesetzt worden ist.

(b) Formale Angleichungen des Namens

Die Umformung eines Namens nach den Gesetzen einer fremden Sprache stellt keine völlig neue Namensbildung wie durch Übersetzung dar. Sie kann zwar auch in die *Wortsubstanz* eingreifen (Wilhelm: Guilelmus), führt jedoch in den meisten Fällen nur zu einer Änderung der *Namensendungen*. In größerem Umfang und geradezu regelmäßig handelt es sich in europäischen Drucken des 15.–18. Jh. um *Latinisierungen,* damit die landessprachlichen Verfassernamen sich in die lateinisch formulierten Titelblattangaben grammatisch einfügen lassen. Vgl. 3.51-Frühdruck-Titelblätter, 3.52-Barock-Titelblätter, 3.103-Frühdrucke, 3.104-Drucke des 17. Jh.

(ba) Familiennamen   PI 130–131

Deutsche Namen	Bauer:	Bauerus
	Landmann:	Landmannius
	Schmidt:	Schmittius
	Müller:	Mullerus
	Schulz(e):	Scultetus
	Hahn:	Hahnius
	Frank, Franke:	Frankius, Frankenius
	Schnabel:	Schnabelius
	Schuster:	Schusterus
	Rolfinck	Rolfincius
Niederländische Namen	de Groot:	Grotius
	Dodoens:	Dodonaeus
	Ortels:	Ortelius
Englische Namen	Bentley:	Bentleius
	More:	Morus
Französische Namen	Gruytère:	Gruterus
	Plantin:	Plantinus

Die Angleichung kann für denselben Namen zu verschiedenen latinisierten Formen führen, so daß bei Kenntnis nur der latinisierten Form nicht mit Sicherheit auf die genaue ursprüngliche Namensform geschlossen werden kann.

Ansetzung Vgl. 8.1

Entspricht den Grundsatzregelungen nach PI 79–80: Ansetzung unter der ursprünglichen, national-sprachlichen Form, wenn sich nicht die umgeformte Namensform im Gebrauch durchgesetzt hat; mit fakultativer VW für die nicht-maßgeblichen Namensformen.

(bb) Vornamen, persönliche Namen   PI 99–102. 139–140.

Zusammen mit den Familiennamen können auch die landessprachlichen Vornamen latinisiert werden; sofern die Vornamen von lateinischen Namen abgeleitet worden sind, wird zum Zweck der Latinisie-rung auf die lateinische Namensform zurückgegriffen.

– Johannes: Joannes	– Ulrich: Udalricus
– Wilhelm: Guilelmus	– Diego: Didacus
– Heinrich: Henricus	– Konrad: Conradus

Außerdem kann der Vorname in verschiedenen landessprachlichen Formen angegeben sein:

– Friedrich, Frédéric, Frederick, Fridericus usw.
– Johannes, Jean, Giovanni, Juan usw.

Ansetzung

Für die Ansetzung sollen die Vornamen in derjenigen „Sprache" gewählt werden, der der Verfasser „seiner Nationalität nach angehört" (PI 101): d.h. in der *Sprache,* aus der sein Familienname stammt oder in der er überwiegend geschrieben hat. F 107,1 präzisiert, daß bei modernen Autoren der Fami-lienname und die Vornamen in derselben Sprache angesetzt werden müssen.

8.9.2 Verschiedene Schreibungen für denselben Namen

Das Problem der Schreibung der Verfassernamen ist weitgehend an die Sprache gebunden, der die Namen angehören. Für Familiennamen gibt es grundsätzlich *keine Normierung:* sie müssen gege-benenfalls auch in individuell erscheinenden Schreibungen als maßgeblich angesetzt werden. Für Vornamen dagegen gibt es in jeder Sprache eine *Normierung* aufgrund lexikalischer Quellen.

(a) Genusformen

PI 126: „In Sprachen, die eine besondere weibliche Form des Familiennamens kennen, wird diese OW, wenn sich die Verfasserin ihrer regelmäßig bedient."

(b) Kasusformen

PI 161: „Der Name wird im Nominativ angesetzt, gleichviel in welchem Kasus er im Titel erscheint." Hierzu ist auf ältere deutsche Kasusformen bei Personennamen hinzuweisen:

– von Franz Müllern	– von Gottfried Freytagen	– von Zachariae Raben

Diese Kasusformen müssen erkannt und für die Ansetzung abgetrennt werden: Müller, Freytag, Rabe.

(c) Orthographie

Für *Familiennamen* gibt es keine Rechtschreibungsvorschriften. In ihren Schreibungen sind sie frei und können Traditionen oder individuelle Auffassungen ausdrücken, weshalb für die Katalogansetzung „die vom Verfasser selbst gebrauchte Form" gewählt wird (PI 125–129).

Dagegen unterliegen *Vornamen* in allen Sprachen einer Normierung in der Rechtschreibung, weshalb sie auch in Sprachwörterbücher aufgenommen werden, aus denen die maßgeblichen Schreibungen zu ermitteln sind. Im Katalog sind die Vornamen stets in der gebräuchlichsten Form anzusetzen (PI 101), was der Recherche sehr entgegenkommt, weil man gewöhnlich unter der gebräuchlichen Form zu suchen beginnt.

Für Vornamen, die aus dem Lateinischen übernommen worden sind, können mehrere *Stufen der Umwandlung* zur nationalsprachlichen Form belegt sein, so z.B. im Deutschen:

lateinischer Name:	*deutsche Schreibung:*	*deutscher Name:*
Franciscus	Franziskus	Franz

Für deutsche Vornamen, die *schwankende Schreibungen* aufweisen, soll für die Kataloganansetzung die moderne Schreibung gewählt werden (PI 102):

ältere Schreibung:	*moderne Schreibung:*
Adolph, Rudolph, Joseph	Adolf, Rudolf, Josef
Carl, Curt, Nicolaus	Karl, Kurt, Nikolaus
Berthold, Günther, Walther	Bertold, Günter, Walter
Egidius, Cecilie	Ägidius, Cäcilie

Wo jedoch keine modernen Schreibungen entstanden sind, bleiben die *älteren Schreibungen* maßgeblich (F 101,7), z.B.:

– Stephan, Sophie, Christoph

Die Normierung alter Schreibweisen mit -ph- usw. erfolgt also *für Vornamen* keineswegs generell und automatisch, sondern nur, soweit für den einzelnen Vornamen eine moderne Schreibung lexikalisch belegt ist. Grundsätzlich gilt die Normierungsvorschrift für Vornamen in allen Sprachen; ihre Durchsetzung in den Katalogen erscheint jedoch für fremdsprachige Vornamen ungewiß.

8.9.3 Transkription nicht-lateinischer Schriftzeichen

PI 22. F 7. R 1.6

Während alle 3.34-Nicht-lateinischen Schriften vollständig in die lateinische Schrift des Kataloges umgeschrieben werden müssen, entfällt der Transkriptionsaufwand für solche *Sprachen, die selbst in lateinischer Schrift* geschrieben vorliegen. Allerdings gibt es in diesen Sprachen und besonders in ihren früheren Sprachstufen gewisse Laute, für deren schriftliche Fixierung *spezielle Schriftzeichen* verwendet werden, die nicht zum deutschen Alphabet der lateinischen Schrift gehören; vgl. 13.1–2. Diese nicht-lateinischen Sonderzeichen müssen zur eindeutigen Ordnung im Katalog umgeschrieben werden.

(a) Generelle Umlautauflösung

In allen Sprachen und in *allen OW,* daher auch in Personennamen sind alle Umlaute aufzulösen und in ihren Bestandteilen zu schreiben:

-ä- zu schreiben und zu ordnen als: -ae-
-ö-   -oe-
-ü-   -ue-

Für alle *nicht-ordnenden Worte* in den Verfasseransetzungen wird folglich keine Umlautauflösung vorgenommen; dies betrifft insbesondere die Titulaturen in den Ansetzungen weltlicher und geistlicher Würdenträger (vgl. 8.3; 8.5), z.B.:

König, Äbtissin, Mönch, Gräfin.

(b) Sprachenspezifische Umschreibungen

Im *Deutschen:*   -ß- zu schreiben und zu ordnen als: -ss-
Im *Niederländischen:*   -ij-   -y-
In den *skandinavischen Sprachen:* -ø-   -oe-

-å- soll nach F 7,3 nicht umgeschrieben werden; da es im Dänischen und Norwegischen einen Laut bezeichnet, der früher als -aa- geschrieben wurde, kann jedoch dasselbe Wort in beiden Schreibungen auftreten, sodaß eine *Normierung auf eine Schreibung* zwingend erforderlich wird, um nach PI 181 dasselbe Wort stets in derselben Schreibung anzusetzen; nach F 7,3 müßte die Normierung auf -å- erfolgen, was jedoch in älteren Katalogen ein Umarbeiten aller Einträge mit der Schreibung -aa- zur Folge gehabt hätte. Für die *Recherche* sollte Auskunft über die gewählte Normierung eingeholt werden; außerdem ist mit gewissen Uneinheitlichkeiten zu rechnen, da nach PI 22,2 eine Normierung auf -aa- nicht ausgeschlossen worden ist und die Festschreibung durch F 7,3 mit der Normierung auf -å- erst verhältnismäßig spät erfolgt ist.

Für Umschreibungen einzelner *Sonderzeichen in weiteren Sprachen und Sprachstufen* wie z.B. Altnordisch, Altenglisch, Mittelenglisch, Isländisch, Färöisch, Tschechisch und Polnisch vgl. PI 22,2 und F 7,3.

8.10 Die Ordnung der Schriften innerhalb eines Verfassers

PI 176–180. F 102. R 2.11.4.

„Derselbe Verfasser wird stets unter demselben Namen eingeordnet" (PI 78): dadurch wird erreicht, daß alle Ausgaben seiner Schriften – aus allen Erscheinungsjahren, allen Herkunftsländern, in allen Sprachen und Bearbeitungen – an einer Stelle im Katalog vereinigt werden. Der Katalog kann daher direkt Auskunft geben darüber, *welche Schriften eines Verfassers in welchen Ausgaben* im Bestand vorhanden sind; durch die Verweisungen kann er ferner darüber Auskunft geben, in welchen *anderen Funktionen* der Verfasser am Zustandekommen anderer Veröffentlichungen beteiligt gewesen ist: zum Umfang des Verweisungsprogramms vgl. 0.7.1.

Der Verfassereintrag gliedert sich in *zwei Abschnitte:*

– im ersten Abschnitt alle Drucke, die *Sammlungen* von Schriften des Verfassers enthalten (wobei als Sammlungen alle Drucke mit mehr als zwei Einzelschriften gelten),
– im zweiten Abschnitt alle Drucke, die jeweils nur eine oder zwei *Einzelschriften* enthalten.

Die Begriffe der ‚Sammlung' und der ‚Einzelschrift' bedürfen näherer Erläuterungen; vgl. 5-B u. 8.10.2: Exkurs.
Für die *Recherche* ergibt sich bereits aus dieser Gliederung ein Leitsatz: ist eine gesuchte Einzelschrift im zweiten Abschnitt als Einzelausgabe nicht enthalten, so kann die gesuchte Einzelschrift eventuell in einer der Sammlungen im ersten Abschnitt zu finden sein.

8.10.1 Abschnitt 1: Die Sammlungen   PI 176–177

Sammlungen von Einzelschriften eines Verfassers können in *größter Vielfalt* zusammengestellt werden – nach Themen, nach Literaturgattungen, nach Schaffensperioden, nach Leserkreisen, nach Popularität usw. – sodaß sich das Problem der inneren Gliederung für die Gruppe der Sammlungen stellt. Die Instruktionen haben das *Kriterium der Vollständigkeit* gewählt, und zwar entweder bezogen auf das Gesamtwerk des Verfassers oder auf die Vollständigkeit der in den Sammlungen abgedruckten Einzelschriften, und haben 4 Gruppen gebildet; jede Gruppe wird durch einen geklammerten Zusatz gekennzeichnet:

1. Gruppe: [Werke]	Auf *Vollständigkeit* bedachte Sammlungen sämtlicher Schriften des Verfassers, seine sogenannten Gesammelten Werke oder Werkausgaben. Vgl. 5.50.
2. Gruppe: [Teils.]	*Unvollständige* Sammlungen von Schriften eines Verfassers, sogenannte Teilsammlungen. Vgl. 5.51.
3. Gruppe: [Fragm.]	Sammlungen von *Textfragmenten* eines Verfassers, die aus mehreren Schriften stammen. Vgl. 5.52.
4. Gruppe: [Werke, Ausz.]	Sammlungen von *Textstellen aus den Schriften* eines Verfassers, sogenannte Florilegien oder Blütenlesen oder Zitatenschätze; als „Auszüge aus den Werken" oder „Werke, Auszüge" bezeichnet. Vgl. 5.53.

Verweisungsprogramm

Ist die Einordnung in eine der 4 Gruppen von Sammlungen am Sachtitel der Sammlung nicht zu erkennen, so erhält der Sachtitel eine VW innerhalb des Verfassers vom Alphabet der Einzelschriften auf die Gruppe.

Ordnung innerhalb der vier Gruppen

Die 2. Gruppe [Teils.] kann, da sie normalerweise die umfangreichste ist, in „Abteilungen zerlegt" werden (PI 177): ein eindrucksvolles Beispiel hierfür bietet der GK-Sonderband „Goethe".
Im übrigen werden alle Gruppen gleichermaßen untergliedert:

1. *Polyglotte Ausgaben,* d.h. Ausgaben in mehr als zwei Sprachen.
2. *Originalsprachige Ausgaben,* auch solche mit einer beigefügten Übersetzung.
3. *Übersetzungen,* auch solche mit einer beigefügten zweiten Übersetzung.

Für die weitere Ordnung vgl. 13.8.

8.10.2 Exkurs: Zur Interpretation der Gruppenschriften

Die Sammlungen von Einzelschriften eines Verfassers sind für alle Katalogregelwerke höchst problematische Objekte. Der Begriff der *Einzelschrift* (oder: des Einzelwerks) muß gegen den Begriff der
Sammlung abgegrenzt sein; und die verschiedenen *Arten von Sammlungen,* die im Katalog unterschieden werden sollen, müssen definiert werden. Diese Definitionen werden sich sowohl an *inhaltlichen*
Kriterien (thematische Einheit, Konzeptionen und Absichten von Autor und Verleger) wie auch an
formalen Kriterien (Titelgebungen, Titelblattaussagen, Einteilungen der Veröffentlichungen) orientieren.

(a) Einzelschrift und Sammlung

Die *Instruktionen* enthalten keine Ansätze zur Abgrenzung zwischen Einzelschrift und Sammlung, sodaß die Fälle von Sammlungen, die unter einem individuell klingenden Sachtitel erscheinen und eventuell noch vom Autor selbst in dieser Zusammenstellung erstmalig veröffentlicht worden sind, ungeklärt bleiben. Je subtilere Kriterien zur Argumentation für oder gegen die Sammlung herangezogen
werden, um so schwerer ist natürlich der Einzelfall zu entscheiden: er verwandelt sich vom Katalog-
problem in ein literaturgeschichtliches Problem, insbesondere wenn man nach der Herkunft der Sach-
titelgebung fragen will.

Der *Kommentar* versucht in F 79,2 die Lücke zu schließen, mit folgenden Kriterien *für die Sammlung:*
(a) die in der Sammlung abgedruckten Einzelschriften sind ursprünglich selbständig erschienen und (b)
zur Sammlung erst nachträglich zusammengestellt worden, (c) wobei die Zusammenstellung vom
Verfasser selbst oder noch häufiger vom Herausgeber besorgt worden ist. Dagegen soll ein Druck, der
mehrere Einzelschriften enthält, selbst als *Einzelschrift* gelten, (a) wenn die enthaltenen Einzelschriften
ursprünglich in dieser Zusammenstellung als Sammlung mit individuellem Sachtitel erschienen sind,
oder (b) wenn der Druck als Sachtitel den Titel einer der enthaltenen Einzelschriften trägt, was besonders häufig bei Erzählungs- und Novellensammlungen anzutreffen ist, oder (c) wenn der Druck eine
Sammlung von „Briefen, Gedichten, Reden, Predigten, Essays usw." enthält. Insgesamt also wird der
Sammlungsbegriff stark eingeschränkt: *nur bestimmte Sammlungen gelten als Sammlungen, während
alle anderen Sammlungen wie Einzelschriften zu behandeln sind.*

Gegenüber dem Regelwerk stellen die von Fuchs gegebenen Regelungen einen Fortschritt in Richtung
zu einer einheitlicheren Katalogpraxis dar. Da Fuchs jedoch seinen Begriff vom „individuellen" Sachtitel und das „usw." in der Aufzählung der vom Sammlungsfall ausgeschlossenen kleinen Literaturgattungen nicht näher erläutert, und da er obendrein die an Widersprüchlichkeit grenzende Subtilität
konstruiert, *Essay-Sammlungen* generell vom Sammlungsfall auszuschließen, jedoch in seinen Beispielen eine *Aufsatz-Sammlung* (Beispiel Schrenck-Notzing) als Sammlung zu behandeln, haben auch seine
Regelungen keine weitgehende Einheitlichkeit bewirken können. Daher sind in den Bibliotheken, je
nach Auffassung über „individuelle" Sachtitel und über die weiteren vom Sammlungsbegriff auszu-
schließenden Literaturgattungen, lokale „Hausregelungen" zum Sammlungsbegriff entstanden; auch
die Berliner Titeldrucke als maßgebliche Anwendung der PI haben *keine Einheitlichkeit* in der Auslegung des Sammlungsbegriffs erreicht.

(b) Die 4 Gruppen von Sammlungen

Hat man für einen Druck den Sammlungscharakter nach PI oder Fuchs oder „Hausregel" positiv
festgestellt bzw. entschieden, so bereitet die Zuordnung des Druckes zu einer der 4 Gruppen keine
besonderen Schwierigkeiten.

[Werke]:	Umfaßt alle Schriftensammlungen mit Sachtiteln, die den Eindruck vermitteln, daß *Vollständigkeit* angestrebt oder zumindest nicht ausgeschlossen wird: „Werke", „Gesammelte Werke", „Gesammelte Schriften", „Schriften"; ferner auch Werkausgaben, die als Sachtitel nur den Verfassernamen tragen. Zur Annahme der Vollständigkeit, wenn sie nicht ausdrücklich verneint wird, vgl. F 93,1b (S. 198) in anderem Zusammenhang.
[Teils.]:	Umfaßt nur Sammlungen von Schriften eines Verfassers, die nicht alle seine Schriften enthalten, also bezogen auf sein Gesamtwerk *unvollstän-dig* sind; jede der enthaltenen Schriften ist jedoch vollständig abge-druckt; typische Sachtitel: „Ausgewählte Werke", „Meisterwerke",

„Nachgelassene Werke", „Populäre Schriften", „Inedita", „Opera po-
stuma", „Dramatische Werke", „Poetische Schriften", oder die Aufführung von drei oder mehr enthaltenen Einzelschriften auf dem Titelblatt.
Nur diese Gruppe ist gewöhnlich vom *Problem der Abgrenzung* zwischen Sammlung und Einzelschrift (s. o.) betroffen, weshalb im Hinblick
auf die PI oft vom „Teilsammlungsproblem" gesprochen wird, obwohl
es sich in Wirklichkeit um die grundsätzlichere Frage des Sammlungsbegriffs handelt. Nach PI 176,2 soll im *Zweifelsfall* angenommen werden,
daß keine Teilsammlung vorliegt: diese restriktive Auslegung hat F 79,2
genauer zu regeln versucht. Die *Recherche* muß für unvollständige
Schriftensammlungen stets mit den beschriebenen Uneinheitlichkeiten
rechnen und diese Sammlungen vorsorglich auch unter ihren Sachtiteln
im Alphabet der Einzelschriften suchen.

[Fragm.]: Umfaßt nur Sammlungen von *Textfragmenten aus mehreren Schriften,*
weil die Fragmente aus einer Schrift unter dem Titel der Schrift einzutragen wären. Überwiegend handelt es sich um Fragmente von Schriften,
die überhaupt nur als Fragmente überliefert sind.

[Werke, Ausz.]: Umfaßt alle Sammlungen von Auszügen, d. h. *Zitaten und Textpassagen*
aus mehreren oder allen Schriften eines Verfassers; die Sammlungen
enthalten jedoch keine vollständigen Abdrucke von Schriften. Die Sachtitel dieser Sammlungen lassen den Inhalt oft nicht sicher erkennen: deshalb kann über die Zugehörigkeit zur Gruppe der Auszüge nur aufgrund
inhaltlicher Prüfung des Druckes entschieden werden.

8.10.3 Abschnitt 2: Die Einzelschriften   PI 178–180

Die Einzelschrift wird im *Regelwerk* nicht näher definiert; an den Beispielen kann man jedoch erkennen, daß die Einzelschrift offensichtlich durch einen Titel (die Überschrift) als in sich geschlossene,
selbständige Texteinheit ausgewiesen ist; die Grenze zu kleineren Einheiten wie Kapiteln oder Abschnitten ist nur nach dem Kriterium der inneren Selbständigkeit zu ziehen.

Der *Kommentar* definiert in F 2,1a das Einzelwerk zunächst nur nach der Verfasserschaft; „zu den
Einzelwerken gehören auch Sammlungen von bereits vorhandenem, aber verstreutem Schriftgut, z. B.
Sammlungen von Gesetzen, Briefen, Liedern, Gedichten, Sagen, Märchen, Sprichwörtern, Urkunden,
Inschriften usw."; hierzu sind noch aus F 79,3 die ebenfalls nicht als Sammlungen geltenden Sammlungen von „Reden, Predigten, Essays usw." zu ergänzen, um deutlich zu machen, *wieviele Sammlungen
im PI-Katalog als Einzelschriften verzeichnet* werden, wobei verschiedene Gründe zusammenwirken:
(a) die „individuellen" Sachtitel von Sammlungen, (b) das ursprüngliche Erscheinen als Sammlung und
(c) die Erweiterung des Verfasserbegriffs auf Herausgeber von 1.13-Auswahlsammlungen.

(a) Ordnung: Alphabet der Sachtitel

Alle Einzelschriften des Verfassers und die ihnen zugerechneten Sammlungen werden in *ein* Alphabet
ihrer *Sachtitel* geordnet (PI 178); 5.121-Übersetzungen werden unter den *Originaltiteln* eingeordnet
(PI 221–222). Die OW der Sachtitel werden hierzu nach denselben Regeln wie für die Sachtitel der
Anonyma und Vielverfasserschriften bestimmt, vgl. Kapitel 9–12.

(aa) Sonderfälle: Sammlungen von Briefen und Gedichten

Als Ausnahmen werden im Alphabet der Einzelschriften
    5.54-Briefsammlungen
    5.55-Gedichtsammlungen
eines Verfassers entsprechend späterer BTD-Praxis und nach F 20,5. 78,2d *nicht* unter ihren Sachtiteln
eingetragen, sondern unter den fingierten *Formschlagworttiteln:*
    [Briefe];   [Gedichte].

Dadurch werden alle Sammlungen von Briefen und weitgehend auch von Gedichten eines Verfassers
an jeweils einer Stelle im Katalog vereint. Die Formschlagworttitel werden für alle Verfasser in *deutscher
Sprache* angesetzt. Vgl. 5.56-Sonstige Sammlungen kleinerer literarischer Gattungen.

(b) Ordnung aller Ausgaben einer Schrift

    A. *Vollständige* Ausgaben:

        1. Polyglotten

        2. Originaltexte

        3. Übersetzungen

    B. *Unvollständige* Ausgaben.

Vgl. ausführliches Ordnungsschema unter 13.8.

9. Der Eintrag unter dem Sachtitel

PI 181–214.   F 103–112.   R 1.5–1.6 u. 2.5.

LIT   F. Domay: Formenlehre der bibliographischen Ermittlung. Stuttgart 1968. S. 64–77.

Die Instruktionen kennen nur *zwei Alternativen* der Einordnung für eine Schrift: unter einem Personennamen oder unter dem Sachtitel. Diese Alternativen gelten für Hauptaufnahmen wie für Verweisungen.

Erhält eine Schriftenklasse der Kapitel 1–7 gemäß ihrer EOE Einträge unter Sachtiteln, so werden diese Sachtitel in mehreren Schritten abgegrenzt, analysiert und interpretiert, um die Reihenfolge ihrer OW bestimmen zu können. Diese Prozedur ist nach allgemeinem Urteil der *problematischste und schwierigste Teil des Regelwerks,* der in besonderem Maße auf die ergänzenden Regelungen des Kommentars angewiesen ist. Die Paragraphen des Regelwerks (S. 70–85) und des Kommentars (S. 235–258) für die Einordnung der Sachtitel haben einen Umfang von rund 40 Druckseiten.

9.1-Abgrenzung des Sachtitels

Der Sachtitel muß gegen die anderen Angaben des Titelblatts abgegrenzt sein, bevor die OW bestimmt werden können. Für die *Recherche* liegt zwar das Titelblatt der gesuchten Schrift gewöhnlich nicht vor, dennoch hat die Abgrenzung große Bedeutung, wenn das Zitat der gesuchten Schrift eine dem Sachtitel vorangehende *veranlassende Korporation* und einen nachfolgenden *Zusatz zum Sachtitel* nennt: beides muß für die Bestimmung der OW vom Sachtitel abgetrennt werden.

9.2-Ergänzung des Sachtitels aus dem Anlaß

Nur in verhältnismäßig *seltenen* Fällen, wenn ein Sachtitel z. B. nur aus generischen Bezeichnungen besteht wie „Jahresbericht", „Report", „Mitteilungen" usw., sind weitere OW aus einer genannten veranlassenden Korporation zu ergänzen.

9.3-Bestimmung des Sachtiteltyps

Die Instruktionen unterscheiden *3 Typen von Sachtiteln;* jeder Sachtitel muß zunächst einem Typus zugeordnet werden, erst dann erfolgt die Bestimmung der OW *für jede Titelart nach eigenen Regeln,* die in eigenen Kapiteln dargelegt werden:

Kap. 10: Titel in Satzform („Satztitel")

Kap. 11: Titel in gewöhnlicher Form

Kap. 12: Titel in gemischter Form

Der gesuchte Sachtitel ist in dieser Reihenfolge der Kapitel darauf zu prüfen, zu welchem Sachtiteltyp er gehört. Um entscheidende Fehler in der *Recherche* zu vermeiden, muß als erstes die – relativ seltene – „Satztitel"-Möglichkeit erkannt oder ausgeschlossen werden. Liegt *kein* „Satztitel" vor, dann gehört der Sachtitel mit großer Wahrscheinlichkeit zum Typ des Titels in gewöhnlicher Form; nur in höchst seltenen Fällen, geradezu als Raritäten, findet man Titel in gemischter Form. Nachdem anhand der Kapitel 10–12 die OW des Sachtitels bestimmt worden sind, wobei es sich in der Praxis ganz *überwiegend um einen Titel in gewöhnlicher Form* des Kapitels 11 handeln wird, müssen noch gewisse allgemeine Grundregeln zur Form der OW beachtet werden.

9.4-Ansetzung der OW

Entscheidung über Numerus, Kasus und Orthographie der OW, sowie über die Ergänzung von Abkürzungen. Für die *Recherche* haben diese Entscheidungen unterschiedliche Bedeutung: für die Ordnung am folgenreichsten ist die Auflösung von *Abkürzungen* und die Umsetzung von *Zahlen und Zeichen,* weil die Behandlung dieser Fälle zu völlig anderen Alphabetstellen führen kann; an zweiter Stelle kann sich die *Orthographie* entscheidend auswirken; *Numerus* und *Kasus* haben dagegen eine wesentliche Bedeutung normalerweise pur für das 1. OW, dagegen für die weiteren OW nur dann, wenn sie die Wortsubstanz z. B. durch Umlaute verändern.

9.5-Ordnung innerhalb desselben Sachtitels

Hier sind zwei Fälle zu unterscheiden und bei der *Recherche* unbedingt zu beachten, damit man sicher sein kann, daß man an der richtigen Stelle sucht: (a) verschiedene, *voneinander völlig unabhängige Schriften,* die alle denselben Sachtitel tragen; (b) verschiedene Ausgaben *derselben Schrift,* die unter demselben Sachtitel an einer Stelle vereinigt werden.

Die Schritte 9.1–9.5 zur Bestimmung der OW gelten ebenso für die Bestimmung der OW in Sachtiteln von Verfasserschriften. Vgl. 8.10.3-Einzelschriften des Verfassers.

9.1. Abgrenzung des Sachtitels

PI 184–185. F 104. R 2.5.1 (1–2).

Die Abgrenzung des Sachtitels von den anderen Angaben des Titelblatts erweist sich als problematisch eher für Drucke der früheren Jahrhunderte. Seit dem 19. Jh. werden die verschiedenen Angaben auf dem modernen Titelblatt gewöhnlich formal gegeneinander abgesetzt und sind daher leicht zu erkennen.

9.1.1 Einleitende Wendungen

„Sätze und Wörter, die den Titel nur ankündigen oder einleiten" (PI 185,1) werden als unmaßgeblich für die Ordnung *übergangen,* z. B.:

- Hoc libello continentur infrascripta. Dialogus Christiani et mortis …
  Sachtitel: Dialogus Christiani et mortis …
- Opusculum continens aequivoca quaedam ex Ricciolo aliisque collecta.
  Sachtitel: Aequivoca quaedam ex Ricciolo aliisque collecta.
- In diesem büchlein findet man, wie man einem yegklichen Teutschen Fürsten schreyben soll.
  Sachtitel: Wie man einem jeglichen deutschen Fürsten schreiben soll.   Vgl. 10.1.3 d
- Hie hebt sich an das buch des glucks der kinder Adams.
  Sachtitel: Das Buch des Glücks der Kinder Adams.   Vgl. 10.1.3 d

Nachgestellte Wendungen

Auch nachgestellte Wendungen können ankündigen oder einleiten und sind dann zu *übergehen:*

- Quid in aede sacra altare significet quaeritur.
  Sachtitel: Quid in aede sacra altare significet.

9.1.2 Anlässe

Es kann sich um Anlässe *korporativer* Art (Behörden, Gesellschaften, Vereine usw.) oder auch *nichtkorporativer* Art (Feiern, Geburtstage, Jubiläen usw.) handeln. Die Anlässe können dem Sachtitel vorangehen oder auf ihn folgen.

(a) Vorangestellte Anlässe

Gehören grundsätzlich und ausnahmslos nicht zum Sachtitel, z. B.:

- Königliche Museen zu Berlin. Kunsthandbuch für Deutschland.
  Sachtitel: Kunsthandbuch für Deutschland.
- Bücherauktion in Breslau. Index librorum quos olim collegit Frid. Haase.
  Sachtitel: Index librorum quos olim collegit Frid. Haase.

192

(b) Nachgestellte Anlässe

Werden ebenfalls grundsätzlich, aber nicht ausnahmslos vom Sachtitel abgetrennt, z.B.:

– Carmen max. part. ineditum ex cod. ms. chart. profert Societas Lat. Altorfina.
  Sachtitel: Carmen max(ima) part(e) ineditum.

Ausnahme:

wenn der Sachtitel nur eine generische Bestimmung enthält, sodaß erst durch den nachfolgenden Anlaß die Schrift identifiziert werden kann, gehört der Anlaß zum Sachtitel, z.B.:

– Abhandlungen, hrsg. von der Gesellschaft für Deutsche Sprache in Zürich.
  Sachtitel: Abhandlungen, hrsg. von der Gesellschaft für Deutsche Sprache in Zürich.

9.1.3 Beiwerk

Motti, Segensformeln, Wünsche und Sprüche, die auf den Titelblättern stehen. Ihre Behandlung richtet sich danach, ob sie eine Aussage über den Inhalt der Schrift machen.

(a) Inhaltlich Teil des Sachtitels:

– O Land, höre des Herrn Wort! Ein Jahrgang Volkspredigten über die Episteln des Kirchenjahres.
  Sachtitel: O Land, höre des Herrn Wort!

(b) Keine Aussage zum Inhalt:

– Viel Vergnügen. Wegweiser für alle Besucher der Gewerbe- und Industrie-Ausstellung.
  Sachtitel: Wegweiser für alle Besucher der Gewerbe- und Industrie-Ausstellung.

Da eine begründete Entscheidung über das Beiwerk nur nach inhaltlicher Prüfung der Schrift getroffen werden kann, was der *Recherche* gewöhnlich nicht möglich ist, sollten beim Nachschlagen alle Möglichkeiten bedacht werden.

9.1.4 Zusätze zum Sachtitel   F 4,2. 12.

Angaben, die auf dem Titelblatt im Anschluß an den Sachtitel Näheres über Inhalt und Charakter der Schrift mitteilen, werden umgangssprachlich „Untertitel" genannt, von den Instruktionen jedoch als „Zusätze zum Sachtitel" bezeichnet (weil sie für den Katalog keine „Titel"-Qualität haben). Als Zusätze zum Sachtitel gelten außerdem auch sogenannte „Alternativtitel", die mit „oder", „das ist ..." u.ä. an den Sachtitel anschließen.

(a) Zusätze zum Sachtitel sind grundsätzlich und ausnahmslos *nicht* Teil des Sachtitels und werden für die Ordnung im Katalog *stets übergangen.* Auch die Tatsache, daß nach Abtrennen des Zusatzes eventuell nur ein sehr kurzer Sachtitel übrigbleibt, ändert nichts an der Übergehung aller Zusätze für die Ordnung im Katalog.

  – Das Hauslexikon. Vollständiges Handbuch praktischer Lebenskenntnisse.
    Sachtitel: Das Hauslexikon.
  – Das Nibelungenlied or Lay of the last Nibelungers.
    Sachtitel: Das Nibelungenlied.

(b) Zusatz (zum Sachtitel) oder Nebentitel

Gelegentlich können die Titelangaben Zweifel darüber entstehen lassen, ob Zusätze zum Sachtitel vorliegen oder regelrechte Nebentitel, die als Titel gelten und VW erhalten können; vgl. hierzu: PI 215. 220. F 12,2.
Aus der Sicht der *Recherche* stellt sich das Problem kaum. Nach F 12,2 kann eine auf den Haupttitel folgende Formulierung nur dann Nebentitel sein, wenn sie *unverbunden* folgt und in *anderer Sprache* als der Haupttitel vorliegt, wie es sich z.B. in Abwandlung des letzten Beispiels durch Wegfall der Konjunktion „or" ergäbe:

– Das Nibelungenlied. Lay of the last Nibelungers.
  Sachtitel: Das Nibelungenlied. (Haupttitel)
          Lay of the last Nibelungers. (Nebentitel)

193

9.1.5 Sonstige Angaben des Titelblatts

Die Abgrenzung des Sachtitels gegen alle sonstigen Angaben des Titelblatts ist unproblematisch, weil eventuell ein engerer sprachlicher Zusammenhang ohnehin nur die *Verfasserangabe* betrifft. *Folgt* der Verfassername (oder Name eines anderen Beteiligten) auf den Sachtitel, so ist die Abgrenzung meist leicht vorzunehmen und durch entsprechende Interpunktion zu kennzeichnen. Ist der Verfassername *vorangestellt oder eingefügt,* so kann es gelegentlich Zweifel darüber geben, ob der Name zum Sachtitel gehört oder nicht. F 104,2 rechnet im wesentlichen nur solche Verfasserangaben zum Sachtitel, deren sprachliche Verbindung unauflösbar erscheint oder deren Verfasser nur mit allgemeinem Appellativum bezeichnet wird, z. B.:

– Abdruck eines Schreibens amici ad amicum die Stadt Möllen betreffend.
  (Das Ganze gilt als Sachtitel)
– Abhandlung eines aufrichtigen Publicisten von der Absetzung eines römischen Kaisers.
  (Das Ganze gilt als Sachtitel)

Dagegen ist eine Abtrennung der Verfasserangabe in folgenden Fällen sprachlich möglich:

– Incerti autoris Chronica Montis Sereni.
  Sachtitel: Chronica Montis Sereni.
– Barthold Blunck erzählt aus den Denkwürdigkeiten des Freiherrn Gottfried von Spiegel.
  Sachtitel: Denkwürdigkeiten des Freiherrn Gottfried von Spiegel.

9.2 Ergänzung des Sachtitels aus dem Anlaß

PI 186. F 14. 104,2. R 1.5.2(6) u. Bsp. 182.

Wenn nach 9.1 ein Sachtitel festgestellt worden ist, der nur aus einer *generischen* Bezeichnung besteht wie z. B.:

– Abhandlungen   – Jahresbericht   – Publication
– Bericht   – Katalog   – Report
– Bulletin   – Mitteilungen   – Transactions

wobei die generische Bezeichnung durch eine nähere Bestimmung erweitert sein kann, die wiederum nur eine allgemeine Aussage macht und nicht zur Identifizierung der Schrift beiträgt wie z. B.:

– Bulletin historique et littéraire
– Katalog der Handbibliothek
– Notice des objets exposés

dann wird ein derartiger Sachtitel, weil er allein *noch keine genaue Vorstellung vom Gegenstand der Schrift* vermittelt und zur Identifizierung der Schrift nicht ausreicht, „erforderlichenfalls aus dem Anlaß vervollständigt" (PI 186), wenn ein Anlaß genannt ist, z. B.:

Titelblattangaben: Bibliothek des Reichstages. Katalog der Handbibliothek.
Sachtitelabgrenzung: Katalog der Handbibliothek.
Ergänzung aus dem Anlaß: Katalog der Handbibliothek [der] Bibliothek des Reichstages.

Die Umstellung des Anlasses und die Einfügung des verbindenden Artikels dienen nur der Erklärung und inneren Begründung der Ergänzung; in der Titelaufnahme werden Anlaß und Sachtitel gemäß ihrer Anordnung auf dem Titelblatt ohne formale Veränderungen abgeschrieben. Die *Bestimmung der OW* erfolgt jedoch so, als ob die Schrift den fiktiven, ergänzten Sachtitel trägt.

Wenn im Anlaß *korporative Untergliederungen* auftreten, die als eigene Einheiten genannt und sprachlich unverbunden sind, so wird zuerst die kleinere und dann die größere Einheit zum Sachtitel ergänzt, z. B.:

Titelblattangaben: Bibliothèque nationale. Département des estampes. Notice des objets exposés.
Sachtitelabgrenzung: Notice des objets exposés.
Ergänzung aus dem Anlaß: Notice des objets exposés [du] Département des estampes [de la] Bibliothèque nationale.

Die Frage, *ob* ein bestimmter Sachtitel zur Bestimmung der OW überhaupt aus dem Anlaß zu ergänzen ist, wird nach PI 186 lakonisch mit „erforderlichenfalls" beantwortet; F 104,2 präzisiert: „wenn der

Sachtitel allein nicht die genügende Anzahl von OW hergibt", wobei Fuchs aber, nach seinen Beispielen zu urteilen, voraussetzt, daß es sich um generische Sachtitel handelt. *Keinesfalls* werden individuelle Sachtitel, wenn sie sehr kurz sind und eventuell nur ein oder zwei OW ergeben, allein wegen ihrer Kürze aus einem Anlaß ergänzt, wie es das Titelbeispiel „Germania" in PI 231 deutlich zeigt; vgl. 13.5.

9.3 Bestimmung des Sachtiteltyps

PI 187–206.   F 105,1.   R 1.5.1.

Die Instruktionen teilen sämtliche vorkommenden Sachtitel in drei Arten ein:

(a) *Titel in gewöhnlicher Form*

Die *häufigste* Titelart; sie drückt den Inhalt der Schrift durch ein Substantiv (oder substantivisch gebrauchtes Wort einer anderen Wortart) aus, das durch beliebig viele nähere Bestimmungen ergänzt werden kann. Das Substantiv heißt „substantivum regens" oder kurz das „Regens", das regierende Substantiv.

(b) *Titel in Satzform*

Eine *seltene* Titelart; die Titel haben die Form von vollständigen oder verkürzten Sätzen; werden auch kurz als „Satztitel" bezeichnet.

(c) *Titel in gemischter Form*

Diese Titelart ist nur mit einer *verschwindend geringen Anzahl* vertreten und ist eine ausgesprochene Rarität; die Titel beginnen wie Titel in gewöhnlicher Form und gehen dann in Titel in Satzform über.

Die Aufreihung der drei Titelarten nach ihrer Häufigkeit (a)–(c) ist allerdings für die Darstellung der *Rechercheprobleme* nicht geeignet. Da die Definition des (b)-Satztitels besonders schwierig und auch durch F 105,1–2 nicht einfacher geworden ist, *muß in jedem Fall die Satztitel-Möglichkeit als erste* geprüft werden; nur wenn der Satztitel sicher auszuschließen ist, kommt an zweiter Stelle der (a)-Titel in gewöhnlicher Form in Betracht; der (c)-Titel in gemischter Form bleibt in der Erörterung an dritter und letzter Stelle, weil seine Behandlung Elemente der beiden ersten Titelarten vereinigt.

Wegen der Problemzusammenhänge werden die drei Sachtitelarten daher in folgender Reihenfolge dargestellt und jeder Titelart wird ein eigenes Kapitel gewidmet:

Kap. 10:   *Satztitel*
Kap. 11:   Titel in *gewöhnlicher* Form
Kap. 12:   Titel in *gemischter* Form

9.3.1 Zur Benutzung der vorliegenden Darstellung

An dieser Stelle müßte der Leser, wenn er sich über die *Titelart* oder über die *Ordnungsworte* (OW) eines gesuchten Titels nicht im klaren ist, zu den Kapiteln 10 und 11 weitergehen (nur in höchst seltenen Fällen zum Kapitel 12), um sich beide Fragen (Titelart; OW) zu beantworten.

Sind zuerst die Titelart und dann die OW sicher bestimmt worden, dann kann der Leser hier den Faden wiederaufnehmen und die Fragen prüfen, in welcher Form die OW im Katalog anzusetzen sind (vgl. 9.4) und wie innerhalb desselben Sachtitels im Katalog geordnet wird (vgl. 9.5).

9.3.2 Zur Ansetzung der OW in Satztiteln

Die Instruktionen behandeln in PI 187–206 nacheinander die 3 Sachtitelarten (Titel in gewöhnlicher Form; Satztitel; Titel in gemischter Form) und anschließend, *für alle 3 Titelarten einheitlich*, in PI 207–214 die „Form der sachlichen Ordnungswörter", so daß PI 207–214 zweifellos auch auf Satztitel anzuwenden wären. Diese Aussage des Regelwerks trifft jedoch offensichtlich nicht zu: eine eklatante Fehlleistung. Es gibt nämlich im Regelwerk nicht den geringsten Hinweis dafür, daß PI 209 über die Kasusformen deutscher Substantive (Umwandlung in den Nominativ) auf Satztitel angewendet werden sollte.

Fuchs bestätigt diesen Eindruck. In F 111 über die „Form der sachlichen Ordnungswörter" ist von Satztiteln nicht die Rede, nur ein Beispiel wird kommentarlos aufgeführt; an versteckter Stelle in F 109,1 dagegen *regelt er für Satztitel ausdrücklich:* (a) ihre OW sind in der Form der Vorlage zu übernehmen, (b) Abkürzungen und Elisionen werden dabei ergänzt, (c) Zahlen und Zeichen werden in Worten wiedergegeben, (d) der Kasus wird in der Vorlageform übernommen, (e) die Schreibung wird in der Vorlageform übernommen. Mit der Anweisung, den Kasus der Vorlage für das OW zu übernehmen, *setzt Fuchs den PI 209 für Satztitel außer Kraft;* und er geht noch einen Schritt weiter, indem er auch für die Schreibung der OW die Vorlageform übernimmt, also eine Normierung auf die moderne Orthographie ausschließt, womit er *auch PI 210 für die Satztitel außer Kraft setzt.* Fuchs erwähnt mit keinem Wort, daß er mit seinen Regelungen für die Satztitel in klarem Gegensatz zu 2 PI-Paragraphen steht.

Der bereits im Regelwerk selbst liegende Widerspruch zwischen Paragraphenwerk und der offensichtlichen Praxis sowie die von Fuchs noch erweiterte *Sonderstellung der Satztitel* in der Ansetzung der OW können zu Uneinheitlichkeiten in den Katalogen geführt haben; andererseits erscheinen die von Fuchs festgeschriebenen Regelungen als zweckmäßig, sie sind überhaupt die einzige ausdrückliche Anweisung zum Gegenstand gewesen und haben daher die Katalogarbeit wahrscheinlich maßgeblich beeinflußt, sodaß sich auch die *Recherche* auf die Fuchs'sche Lösung einstellen sollte. Im folgenden Abschnitt ist daher zu den beiden Punkten

9.4.3-Ausnahme 1: Kasus deutscher Substantive
9.4.4-Orthographie

vermerkt worden, daß sie nicht für Satztitel gelten.

9.4 Ansetzung der Ordnungsworte (OW)

PI 181–183. 207–214. F 20,4. 105,3. 111. R 1.6.2.

Die OW der Sachtitel, wie sie sich aus den Titelblattformulierungen der Druckschriften ergeben, können in verschiedenen Abkürzungen, in Einzahl- und Mehrzahlformen, in verschiedenen Fällen der Deklination und in veralteten und modernen Schreibungen vorliegen. Diese sogenannten *Vorlageformen* der OW können nicht ohne weiteres in den Katalog aufgenommen, sondern müssen geprüft und eventuell durch eine Normierung zur *Ansetzungsform* verändert werden, um es zu ermöglichen, *sämtliche Ausgaben einer Schrift an einer Stelle im Katalog zu vereinen.*

Dieser Katalogzweck kann nur erreicht werden, wenn nach PI 181

– dieselbe Schrift stets unter demselben Titel eingeordnet
und
– dieselben Worte stets in derselben Form angesetzt werden.

Die *Ansetzung desselben Worts stets in derselben Form* bedeutet eine *Normierung,* die einheitlich geregelt sein muß; und wie bei jeder anderen Normierung im Katalog muß auch hier eine Berücksichtigung der abweichenden Vorlageformen durch VW erfolgen, wie es PI 183 auch vorsieht, „wenn es im Interesse der sicheren Auffindung der Schrift geboten erscheint". Die Ansetzungsformen der OW werden durch Prüfung der folgenden 5 Gesichtspunkte festgestellt:

9.4.1-Vollständigkeit der OW
9.4.2-Numerus der OW
9.4.3-Kasus der OW
9.4.4-Orthographie der OW
9.4.5-Transkription nicht-lateinischer Schriftzeichen

9.4.1 Vollständigkeit der OW

OW können durch Abkürzungen der Worte oder durch die Verwendung von Zahlen und anderen Zeichen (§; &; %; +; ∞; Einzelbuchstaben usw.) unvollständig vorliegen. Tendenziell sollen Abkürzungen aufgelöst und Zahlen und Zeichen in Worte umgesetzt werden, jedoch sieht das Regelwerk in einigen Fällen auch andere Lösungen vor.

(a) Abkürzungen

Im Sachtitel abgekürzt geschriebene Worte werden normalerweise zur vollständigen Form ergänzt (PI 213), z. B.:

– B.G.B.   ergänzt zu: Bürgerliches Gesetzbuch
– j', qu' (franz.)   je, que
– k.k.   kaiserlich-königlich

Ausnahme 1

Abkürzungen, die Teile von Komposita sind, werden *nicht ergänzt* (PI 213), z.B.:

– A.D.B.-Zeitschrift   – A.L.A. Catalogue

Zum Problem von Abkürzungen in Komposita vgl. auch 11.7.2 e.

Ausnahme von der Ausnahme 1

Nach PI 214 (Beispiel 3) und F 107,2–3 sollen solche Abkürzungen, die *ergänzt ausgesprochen* werden, doch im Kompositum aufgelöst werden, z.B.:

– 7,5 cm Kanone   ergänzt zu: Sieben-Komma-Fünf-Zentimeter-Kanone
– Dr. Theodor Heuss – Spende   ergänzt zu: Doktor-Theodor-Heuss-Spende

Ausnahme 2

Personennamen in Sachtiteln bleiben als OW in der Vorlageform (nur die Schreibung soll auf die moderne Orthographie normalisiert werden), d.h. abgekürzt vorliegende Namen werden *nicht ergänzt*, z.B.:

– J.A. Seuffert's Archiv (OW: Archiv Seuffert J A)

Jeder Einzelbuchstabe als Namensinitiale stellt ein eigenes OW dar.

Ausnahme 3

Nach dem Kriterium der Sprechweise, mit ausdrücklicher Regelung nur durch F 9,1, werden in manchen Katalogen auch solche Abkürzungen, die man gewöhnlich wie *Kunstworte* spricht, z.B. Unesco, Hapag, Demag, Degussa, Bafög usw. *nicht aufgelöst.* Die *Recherche* sollte gegebenenfalls beide Ordnungsmöglichkeiten – Kunstwort oder Auflösung der Abkürzung – bedenken.

(b)   **Zahlen und Zeichen**

Werden als OW in *Worten* ausgedrückt, und zwar in der *Sprache des Titels;* für die Zahlen ab 1000 stellt sich dabei die Frage der Ausdrucksweise: in den germanischen Sprachen sollen die Zahlen von 1100 bis 1999 als Hunderter angesetzt werden (PI 214).

– 1866 und 1870.   1. OW: Achtzehnhundertsechsundsechzig
– 1871. Enquête sur la
  Commune de Paris.   1. OW: Mil-huit-cent-soixante-onze
– § 143 …   1.–2. OW: Paragraph hundertdreiundvierzig
– ß-Brompropylamin   1. OW: Betabrompropylamin

Die Ausdrucksweise für die Zahlen ab 1100 ist zwar durch PI 214 und F 9,5 für den Katalog festgesetzt, sie kann jedoch der *heutigen lexikalischen Auskunft* widersprechen; so wird z.B. für das Französische heute eine andere Ausdrucksweise belegt: 1871 = Dix-huit cent soixante-onze.

Für die Bestimmung der OW enthält das Regelwerk zwar *keine* Vorschrift, zusammengesetzte Zahlausdrücke generell als Komposita zu behandeln: als Folge des Beispiels „Mil-huit-cent-soixante-onze" ist damit allerdings weitgehend zu rechnen. Wenn jedoch *verschiedene Wortarten* (Substantive, Adjektive) eindeutig zu unterscheiden sind, so werden im Titel in gewöhnlicher Form Ausdrücke wie „deux cents" oder „cinq millions" zweifellos als 14.4.4.-Substantive mit Adjektiv-Attributen zu behandeln sein; vgl. 14.4.5. In manchen Sprachen können für dieselbe Zahl verschiedene Ausdrucksweisen nebeneinander gebräuchlich sein, z.B. für die Ordnungszahlen in romanischen Sprachen. Für die *Recherche* ist daher bei Zahlen als OW sowohl mit verschiedenen Ausdrucksweisen wie auch mit Unsicherheiten in der OW-Bestimmung zu rechnen.

LIT J. Fechler: Zum Problem der mathematischen und naturwissenschaftlichen Formeln bei der Titelaufnahme für den alphabetischen Katalog. Köln: BLI-Ex.-Arb. 1967. 24 S.

9.4.2   Numerus der OW

Die OW werden *grundsätzlich im Numerus der Vorlage* unverändert angesetzt, d.h. dasselbe Wort wird je nach Vorlage im Singular oder im Plural angesetzt und kann daher, wenn Singularform und Pluralform sich unterscheiden, in zwei verschiedenen Formen im Katalog erscheinen. *Genaugenommen* wird hiermit die Grundregel nach PI 181, „dieselben Wörter stets in derselben Form" anzusetzen, nicht mehr erfüllt, denn auch bei unterschiedlichen Formen für Singular und Plural handelt es sich doch um dasselbe Wort.

Da bestimmte Schriftenklassen in ihrer Titelgestaltung gewisse Begriffe bevorzugen und sie nach Belieben *abwechselnd in beiden Numeri* verwenden, wie z.B.

- Bericht / – Berichte
- Bulletin / – Bulletins
- Compte-rendu / – Comptes-rendus

- Nachricht / – Nachrichten
- Publication / – Publications
- Report / – Reports

und da aus der Sicht der *Recherche* oft keine Gewißheit über den Numerus des 1. OW besteht, werden in manchen Katalogen für einige sehr häufige OW die formal verschiedenen Numerusformen an der alphabetisch früheren Stelle (gewöhnlich bei der Singularform) vereinigt und ineinandergeordnet: auf diese durchaus zweckmäßige Abweichung von den PI wird dann durch Leitkarten oder VW aufmerksam gemacht. Übrigens wird erst durch diese Vereinigung aller Numerusformen desselben OW an einer Stelle die oben erwähnte Grundregel nach PI 181 voll erfüllt. Vgl. F 113,5.

9.4.3 Kasus der OW

PI 207–209. F 111,1.

Die OW werden in dem Kasus der Vorlage angesetzt (PI 207), d.h. die Titelblattform wird unverändert OW, z.B.:

- Um Gottes und der Menschen willen
- In guten Händen
- De Catulli carminibus

1. OW: Gottes
1. OW: Händen
1. OW: Carminibus

Indem die vielen möglichen verschiedenen Kasusformen desselben Wortes unverändert von den Titelblättern in den Katalog übernommen werden, wird *genaugenommen* die Grundregel nach PI 181 verletzt, wonach „dieselben Wörter stets in derselben Form" anzusetzen sind.

Ausnahme 1   (Gilt nicht für Satztitel! Vgl. 9.3.2)

Bei deutschen Substantiven als zweiten und weiteren OW (also nie beim 1. OW!) werden „die an die Nominativform angehängten Kasusendungen" (PI 209) nicht berücksichtigt, d.h. nach dem 1. OW werden alle deutschen Substantive in den Nominativ umgewandelt, z.B.:

- Bericht des Vereins für Naturkunde
- Die Geschichte vom Soldaten
- Die Geschichte der Soldaten
- Dantons Tod

2. OW: Verein
2. OW: Soldat
2. OW: Soldaten
2. OW: Danton

Zu beachten ist, daß die Umwandlung in den Nominativ unter *Beibehaltung des Numerus* erfolgt, d.h. daß ein Kasus im Plural auch in den Nominativ des Plurals umgewandelt wird.

Ausnahme 2

Betrifft vornehmlich *ältere Druckschriften* mit komplexen, floskelhaften, diskursiven Titelformulierungen (vgl. 11.9.1),

- von denen bestimmte Ausdrücke als nicht zum Sachtitel gehörig erklärt worden sind (vgl. 9.1) oder
- bestimmte Worte für die Ordnung der Titel in gewöhnlicher Form übergangen werden (vgl. 11.12).

In beiden Fällen kann das 1. OW in seinem Kasus von den übergangenen Bestandteilen abhängen: wenn es wirklich *direkt* von übergangenen Teilen abhängt, dann wird das 1. OW in den Nominativ umgewandelt (PI 208). Vgl. die Darstellungen unter
11.12.3: 1. OW bezeichnet Umfang der Schrift,
11.12.4: 1. OW bezeichnet Wesen der Schrift im allgemeinen.

9.4.4 Orthographie der OW   (Gilt nicht für Satztitel! Vgl. 9.3.2)

PI 210–212. F 9. 111,2. R 1.6.2.

Die Grundregel nach PI 181, „dieselben Wörter stets in derselben Form" anzusetzen, verlangt in besonderer Weise eine *Normierung der zahlreichen verschiedenen Schreibungen*, die für dasselbe Wort möglich sind in älteren Sprachstufen und regionalen Sprachformen sowie in verschiedenen Rechtschreibungen derselben Sprachstufe.

(a) Sprachgebundenheit

Die Schreibung eines OW ist grundsätzlich an die jeweilige Sprache gebunden, sodaß Normierungen sich auf *Sprachwörterbücher* stützen müssen.

(b) Ältere Sprachstufen

Relativ selten treten in Titelblattangaben ältere Sprachstufen auf, die nach PI 211 als *eigene Formensysteme* auch in den OW erhalten bleiben; als in diesem Sinne selbständige Sprachstufen gelten z.B. im Deutschen das Althochdeutsche und das Mittelhochdeutsche, während das Frühneuhochdeutsche der Jahrzehnte vor Luther dem Neuhochdeutschen zugeordnet und wie dieses auf die moderne Orthographie normalisiert wird.

– Buochlin   neben: – Büchlein

(c) Regionale Sprachformen

Sprachformen, die als selbständige Dialekte gelten, bleiben nach F 9,3 ebenfalls als *eigene Formensysteme* in den OW erhalten. Handelt es sich dagegen nur um „leichte sprachliche Abweichungen" nach PI 211, so sollen diese Formen auf die *gebräuchlichste moderne Form* normiert werden; allerdings ist die Grenze zwischen selbständigen Sprachformen, die erhalten bleiben, und den „leichten Abweichungen" des PI 211, die normiert werden sollen, *höchst unscharf* und nur aus Beispielen der Instruktion und des Kommentars zu interpretieren:

Dialektformen: keine Beispiele.

Selbständige Sprachformen, die erhalten bleiben:

– Vermahnung	neben:	– Ermahnung
– Landpot	neben:	– Landbote
– Dialogus	neben:	– Dialog
– Istoria (ital.)	neben:	– Storia
– Chançun	neben:	– Chanson
– Seidenbau-Entrepreneurs		
– Kreis-Physici		

Leichte Abweichungen, die normiert werden:

– Articul	normiert zu:	– Artikel
– Regul		– Regel
– Circulair		– Zirkular
– Residenzien		– Residenzen
– Postillions		– Postillione
– specifiquen		– spezifischen
– Notarien		– Notare

(d) Heutige Sprachstufe: moderne Orthographie

Die heutigen Sprachstufen der westlichen Sprachen haben sich spätestens mit Beginn der Neuzeit herausgebildet und umfassen daher Zeiträume von mehreren Jahrhunderten, in deren Verlauf sich verschiedene Schreibweisen bis zur heute geltenden Rechtschreibung entwickelt haben; alle *Worte der Hochsprache in der heutigen Sprachstufe* – aber, wohlgemerkt, nicht die Dialekte und nicht die früheren Sprachstufen – sind als OW nach PI 210 in der *heute geltenden Rechtschreibung* anzusetzen, d.h. alle veralteten Schreibungen der heutigen Sprachstufe müssen normiert werden, z.B.:

im Neuhochdeutschen:

ältere Schreibweisen:		*heutige* Orthographie:
Centralkatalog	normiert zu:	Zentralkatalog
Documente		Dokumente
Mittheilungen		Mitteilungen
Bureau		Büro
Beyträge		Beiträge
Monatschrift		Monatsschrift
Quartalschrift		Quartalsschrift
Doublette		Dublette
teutsch		deutsch
giebt		gibt
lobet		lobt
Zeytung, Zeitung		Zeitung
Litteratur		Literatur

Zur Orthographie der *Vornamen* vgl. 8.9.2 c.

Die *Unterscheidung* zwischen älteren Schreibungen nach PI 210 (Zeytung, Beyträge, Mittheilung usw.) und „leichten sprachlichen Abweichungen" nach PI 211 u. F 9,3 (Teutsch, Articul, Regul usw.) ist nicht immer eindeutig zu treffen: im Ergebnis werden jedoch beide normiert.

im Englischen:

es handelt sich weniger um veraltete Schreibungen als vielmehr um verschiedene Schreibungen im britischen und im amerikanischen Englisch; nach F 9,2 soll grundsätzlich auf die *britische Form* normiert werden;

amerikanische Form:		*britische* Form:
Labor	normiert zu:	Labour
Center		Centre
Honor		Honour
Catalog		Catalogue
Archeology		Archaeology
Encyclopedia		Encyclopaedia

Für die Normierung sind im Zweifelsfall die modernen Sprachwörterbücher maßgebend. Wenn im Laufe der Katalogführung die *Orthographie einer Sprache sich ändert,* so müssen nach F 9,2 ältere Titelaufnahmen gegebenenfalls geändert werden, damit der Katalog die Forderung nach Ansetzung in der jeweils modernen Orthographie erfüllt. Für die *Recherche* ist entscheidend, daß grundsätzlich unter modernen Schreibungen gesucht wird; enthält der Katalog Ansetzungen in veralteten Schreibungen, so müßte die Recherche durch VW von den modernen Schreibungen auf die veralteten Schreibungen hingeführt werden: wieweit diese Forderung erfüllt wird, ist ungewiß.

(e) Groß- und Kleinschreibung

Die Instruktionen übernehmen weitgehend die Groß- und Kleinschreibung nach landessprachlicher Orthographie (Wörterbuch), regeln bestimmte Fälle jedoch, unabhängig von landessprachlichem Gebrauch, durch *kataloginterne Festsetzungen* in der Anlage V: Regeln über den Gebrauch großer Anfangsbuchstaben. Die Groß- und Kleinschreibung hat für das sichere Wiederauffinden im Katalog und für die Identifizierung der Druckschriften *keine Bedeutung*.

9.4.5 Transkription nicht-lateinischer Schriftzeichen

Alle 3.34-Nicht-lateinischen Schriften müssen vollständig in die lateinische Schrift des Kataloges umgeschrieben werden. In den Sprachen, die selbst in lateinischer Schrift des Kataloges geschrieben werden, gibt es eine Reihe von Zeichen, die nicht zum deutschen Alphabet der lateinischen Schrift gehören, z.B.:

– die Umlaute ä, ö, ü, å,
– die Sonderzeichen ß, ø sowie andere Zeichen in nordischen Sprachen.

Vgl. die Darstellung unter 8.9.3.

9.5 Ordnung innerhalb desselben Sachtitels

Treffen mehrere Einträge mit vollständig übereinstimmenden Sachtiteln an derselben Stelle im Katalog zusammen, so erfolgt die innere Ordnung in zwei Schritten durch (a) die Identifizierung *verschiedener Schriften* und (b) die Zusammenführung aller *verschiedenen Ausgaben derselben Schrift.*

(a) Gleiche Sachtitel für verschiedene Schriften

Die verschiedenen Schriften werden *chronologisch nach ihren Ersterscheinungsjahren* geordnet. Vgl. die eingehende Darstellung unter 13.5.

(b) Ordnung aller Ausgaben derselben Schrift

A. *Vollständige* Ausgaben:
  1. Polyglotten.
  2. Originaltexte.
  3. Übersetzungen.
B. *Unvollständige* Ausgaben.
Vgl. die eingehende Darstellung unter 13.8.

10. Titel in Satzform (Satztitel)

PI 204–205.   F 105,1–2. 109,1.   R 1.5.1 (S. 52–54). 1.6.2 (S. 64).

Die Instruktionen und Fuchs unterscheiden insgesamt 10 Fälle, von denen nur 4 Fälle *eindeutig Sätze* sind:

  10.2-Vollständige Sätze
  10.3-Nebensätze
  10.4-Infinitivsätze
  10.5-Gekürzte Sätze

Die weiteren Fälle, die für die Katalogarbeit als Satztitel interpretiert werden, sind *Formulierungen, die ihrer Konstruktion nach aus Sätzen stammen bzw. in Sätzen vorkommen könnten.* Sie wirken wie Verkürzungen; sie suggerieren einen Zusammenhang, aus dem sie herausgelöst worden sind. Da eine solche allgemeine Charakterisierung für eine einheitliche Katalogpraxis nicht ausreicht, werden diese Fälle genauer definiert:

  10.6-Durch Adverbien regierte Ausdrücke
  10.7-Durch Partizipien oder Adjektive regierte Ausdrücke
  10.8-Ausdrücke mit unabhängigen und nicht-koordinierten Substantiven
  10.9-Ausdrücke ohne Substantive
  10.10-Zweifelsfälle
  10.11-Sachtitel in nichtflektierenden Sprachen

10.1 Die Ordnungsworte des Satztitels

10.1.1 Die gegebene Wortfolge

Ist ein Titel als Satztitel erkannt, so werden die Ordnungsworte in der im Sachtitel „gegebenen Reihenfolge" (PI 204) bestimmt; dieser Grundsatz wird auch als *Ordnung nach der gegebenen Wortfolge* bezeichnet. Beispiel:

— Ich bin so frei
  1   2   3   4

201

10.1.2 Übergehungen im Satztitel

Nur ein *Artikel* am Anfang des Satztitels wird für die Ordnung übergangen, z. B.:

– Der Herr ist mein Hirte   – Die Wüste ruft
  Ü   1   2   3   4   Ü   1   2

Ausnahmen:

Ist ein Artikel am Anfang jedoch *substantivisch* oder *pronominal* gebraucht oder ein *Zahlwort*, so wird er für die Ordnung *nicht übergangen*, z. B.:

– Ein Tag ist kein Tag   (1. OW ist Zahlwort)
  1   2   3   4   5

  Dagegen: – Ein Tag geht zu Ende   (1. Wort ist Artikel)
            Ü   1   2   3   4

– Das hat die Welt noch nicht gesehen   (1. OW ist Pronomen)
  1   2   3   4   5   6   7

  Dagegen: – Die Zukunft hat schon begonnen (1. Wort ist Artikel)
            Ü   1   2   3   4

Diese Ausnahmen sind nur aus dem Sinn der Titelaussage zu erkennen: man muß also den Titel richtig verstehen, um die OW bestimmen zu können, und dies in allen Sprachen.

10.1.3 Ansetzung der OW

Nach Darstellung der Instruktionen hätten die Paragraphen PI 207–214 über die „Form der sachlichen Ordnungswörter" einheitlich für alle 3 Titelarten, also auch für Satztitel zu gelten. Die Instruktionen selbst haben praktisch PI 209 für Satztitel nicht angewendet, und Fuchs hat auch PI 210 für Satztitel ausgeschlossen. Aus bestimmten Gründen, die wegen der übergreifenden Gesichtspunkte unter 9.3.2 dargelegt worden sind, entfaltet die folgende Darstellung die Regelung nach F 109,1.

(a) Vollständigkeit der OW

Die allgemeine Regelung unter 9.4.1 gilt unverändert auch für Satztitel. *Abkürzungen* und *Elisionen* werden zur vollständigen Form ergänzt, z. B.:

Vorlage: W. v. Diebelmann auch amtsmüde   Vorlage: J'accuse
Ansetzung: W von Diebelmann auch amtsmüde   Ansetzung: Je accuse
            1 2   3   4   5   1 2

Die Initialen für Personennamen werden nicht ergänzt (PI 212). *Zahlen* und *Zeichen* werden in Worten wiedergegeben, z. B.:

Vorlage: Saßnitz 100 Jahre Badeort
Ansetzung: Saßnitz hundert Jahre Badeort
            1   2   3   4

(b) Numerus der OW

Die OW bleiben unverändert im Numerus der Vorlage. Vgl. 9.4.2.

(c) Kasus der OW

Die OW bleiben unverändert im Kasus der Vorlage. Vgl. 9.4.3, dessen Ausnahme 1 nicht auf Satztitel anzuwenden ist.

(d) Orthographie der OW

Die OW bleiben unverändert in der Orthographie der Vorlage. Die allgemeine Regelung unter 9.4.4 gilt für Satztitel nicht. Demzufolge wäre z. B. der Titel aus PI 185,1

– Wie man einem yegklichen Teutschen Fürsten schreyben soll

mit unveränderter Schreibung anzusetzen: es ist *zweifelhaft*, ob die Kataloge in derartigen Fällen wirklich Fuchs gefolgt sind. Für die *Recherche* wäre anzuraten, Satztitel vorsorglich unter ihren veralteten und modernen Schreibungen zu suchen.

(e) Transkription nicht-lateinischer Schriftzeichen

Die allgemeine Regelung unter 9.4.5 (oder eingehende Darstellung unter 8.9.3) gilt unverändert auch für Satztitel.

10.1.4 Komposita in Satztiteln

Auch in Satztiteln stellt sich für die OW die Frage der *Worteinheit* (vgl. 11.6) und damit das Problem des *Kompositums* (vgl. 11.7). In ihren Regelungen für Satztitel gehen jedoch weder die Instruktionen noch der Kommentar auf das Kompositaproblem ein, als stellte es sich nicht.

In Ermangelung spezifischer Regelungen erscheint es naheliegend, die *Kompositaregelung für Titel in gewöhnlicher Form* (vgl. 11.7-Komposita generell, 11.10.4-Komposita im Englischen) auch für Satztitel heranzuziehen, obwohl ein derartiger Hinweis in Regelwerk und Kommentar fehlt.

Die Anwendung der Kompositaregelung für Titel in gewöhnlicher Form auf die Satztitel ist für *einfache Komposita* durchaus sinnvoll, praktikabel und unproblematisch, und es ist anzunehmen, daß in den meisten Katalogen auch so verfahren worden ist. Für *zusammengesetzte Komposita* nach PI 196–197 stellt sich jedoch das Problem ihrer Auflösung: sie bedeutet einen gravierenden Eingriff in das Wortmaterial des Titels und widerspräche damit der Tendenz aller anderen Regelungen für die Satztitel, die darauf abzielen, für die Ansetzung der OW so wenig wie möglich zu ändern. Insgesamt bieten sich folgende Alternativen als Lösungen an, z.B.:

Vorlage:	Staats- und Lebensgeschichte
Alternative A:	Auflösung nach PI 196: – Staatsgeschichte und Lebensgeschichte
Alternative B:	Zusammenziehung zu einem Kompositum: – Staats-und-Lebensgeschichte
Alternative C:	Trennung aller Bestandteile: – Staats und Lebensgeschichte

Da das Problem für Regelwerk und Kommentar nicht existiert und es daher keine verbindliche Regelung geben kann, muß sich die *Recherche* auf völlige Ungewißheit einstellen. Eine gewisse Entschärfung des Problems ergibt sich aus der Überlegung, daß Satztitel ohnehin selten und Komposita in Satztiteln noch seltener auftreten.

Hinweis: Vorstius 1927 (vgl. 0.4), Übungsbeispiele. T.2: Schlüssel. Wählt in Bsp. 14 für ein zusammengezogenes Kompositum im Satztitel die Alternative A.

10.2 Vollständige Sätze

Sie sind definiert durch das Vorhandensein einer *finiten Verbform* (konjugierte Form) und daher leicht und sicher zu erkennen; vgl. hierzu alle Beispiele unter 10.1.1–2. Satztitel können auch komplexere Formen annehmen, z.B.:

– Den Geburtstag Friedrich des Größten feiert die Deutsche Gesellschaft zu Halle
 Ü   1   2   3 4   5   6 7   8   9 10

Für den Sonderfall des 3.52-Barocktitelblatts, das oft in einer *zusammenhängenden, diskursiven Formulierung* viele oder alle Titelblattangaben wie Sachtitel, Zusatz zum Sachtitel, Verfasser oder andere Beteiligte mit Personalangaben, Beigaben- und Ausgabenvermerk und auch die Bandangabe in der *Form eines Satzes* zusammenfaßt, ist darauf hinzuweisen, daß die Titelformulierung in ihre Teile zu zerlegen und der Sachtitel der Schrift herauszuarbeiten ist, nach den Regeln zur Abgrenzung des Sachtitels, vgl. 9.1; nur wenn der herauspräparierte Sachtitel noch die Form eines Satzes hat, ist er als Satztitel zu behandeln; *keinesfalls* darf die gesamte Titelblattformulierung als Satztitel angesetzt werden.

10.3 Nebensätze

(a) „Relativsätze sind als vollwertige Sätze anzusehen, soweit sie nicht ... zu übergehen sind" (F 109,1); vgl. das Beispiel aus PI 204:

– Wie man einem yegklichen Teutschen Fürsten schreyben soll.
 1   2   3   4   5   6   7   8

(b) „Steht in einem Nebensatz das ihn unterordnende Wort nicht an der Spitze, so wird das erste in nicht attributivem Verhältnisse stehende Substantiv OW" (PI 205), z.B.:

— De haeresi abiuranda *quid* statuat Ecclesia Romano-Catholica
— L. Annaei Senecae epistolae morales *quo* ordine et quo tempore sint scriptae
— Antiquae Britorum Scotorumque Ecclesiae *quales* fuerint mores

Die „unterordnenden Worte" sind: quid; quo; quales. Die Bestimmung des 1. OW ergibt: haeresi; epistolae; Ecclesiae. Die Bestimmung der weiteren OW kann man nur den Beispielen der PI entnehmen: *auf alle anderen Worte des Titels* wird, unter Auslassung des 1. OW, der Grundsatz der strikten Wortfolge angewendet, z.B.:

— L. Annaei Senecae epistolae morales quo ordine et ...
  2 3   4   1   5   6 7   8

(c) Hinzuweisen ist auf die Fälle, wo ein Nebensatz zu übergehen ist, vgl. PI 202,1:

— Mandat, *darinnen mit hohem Ernst befohlen wird,* die ketzerischen Bücher nit zu leiden
— Friedens-Traktat, *welcher geschlossen und vereinbaret worden* zu Nimwegen

Derartige eingefügte Nebensätze sind daher stets darauf zu prüfen, ob sie in ihrer Sachaussage im Grunde nur *verbindende Wendungen* sind. Vgl. 11.12.1 b.

10.4 Infinitivsätze

Auch Infinitivsätze gelten als *vollständige Sätze,* jedoch mit einer Einschränkung: „Infinitivsätze ..., die attributiv bei einem Substantiv stehen, werden nach den Regeln für die Titel in gewöhnlicher Form behandelt" (F 109,1. PI 199: 3. Beispiel); z.B.:

(a) *selbständiger* Infinitivsatz: (Satztitel)

— Sich und andern die Karte schlagen
  1 2 3   4 5   6

(b) *attributiv stehender* Infinitivsatz: (gewöhnl. Form, vgl. 11.4.11)

— Die Kunst, sich und andern die Karte zu schlagen
    1   3   4   5   2

10.5 Gekürzte Sätze

Eine finite Verbform fehlt; ein *Hilfszeitwort* kann den Ausdruck zum vollständigen Satz ergänzen (F 105,2 b), z.B.:

— Ein mächtiges Österreich nur auf zwei Wegen möglich
   1   2   3 4 5 6   7
— Pakistan calling
  1   2

Auch *modale Hilfsverben* (können, sollen, müssen usw.) können den Ausdruck ergänzen, wenn dies für das Verständnis erforderlich ist. *Keinesfalls* dürfen jedoch zu irgendwelchen substantivischen Ausdrücken beliebig Verben hinzugedacht werden: auf diese Weise würden künstlich Satztitel hergestellt.
Keinesfalls darf auch allein ein Ausrufungszeichen zur Begründung eines Satztitels gewertet werden: Titel wie „Mit Gott!" oder „Auf die Barrikaden!" sind Titel in gewöhnlicher Form, vgl. hierzu 10.8 c u. 11.3.2. „Mit Gott" wurde zwar in PI-Anl. I, Bsp. 31, noch als Satztitel aufgefaßt, was jedoch nicht der später herrschenden Interpretation entspricht, wie sie F 105,2 e ausdrückt: „Man beachte demgegenüber, daß Sachtitel, die aus einem nur von einer Präposition abhängigen Substantiv bestehen, Titel in gewöhnlicher Form sind."

10.6 Durch Adverbien regierte Ausdrücke

In diesem Fall spielt die *Wortstellung* in der Sachtitelformulierung eine erhebliche Rolle für die Bestimmung der Titelart.

(a) Das regierende *Adverb ist vorangestellt:* Satztitel, z.B.:

– Täglich 30 Minuten Gymnastik   – Nur für Damen
  1   2   3   4   1   2   3

– Jenseits von Gut und Böse   – Hinaus ins Freie
  1   2   3   4   5   1   2   3

– Noch einmal in Frankreich   – Damals in Gera
  1   2   3 4   1   2   3

(b) *Nachgestellte Adverbien* stehen prädikativ zum Substantiv, auf das sie sich beziehen, und gelten für die Titelaufnahme als abhängig; diese Ausdrücke gelten *meistens* als Titel in *gewöhnlicher Form,* vgl. 11.4.10b; so entstehen durch Umstellung aus den obigen Beispielen:

– Ins Freie hinaus   – 30 Minuten Gymnastik täglich
    1   2   3 2   1   4

– In Gera damals   – In Frankreich noch einmal
    1   2   1   3   2

(c) Die Behandlung der Adverbien als regierende Ausdrücke ist für die Einordnung von größter Bedeutung, weil sie über die *Titelart* entscheidet – und zugleich ist sie mit großen Schwierigkeiten verbunden, die zu Uneinheitlichkeiten führen. Ursache aller Probleme ist die *Unschärfe der Wortartbestimmung.* Wortarten werden durch Wortgebrauch überlagert, dasselbe Wort kann durch verschiedenen Gebrauch verschiedenen Wortarten zugerechnet werden. Das führt nach R 1.5.1 (Aufgabe 7) zu folgenden Beispielen:

– Jenseits der Friedensgrenze   (1. Wort: Präposition; Titel in gewöhnlicher Form)
              1

– Jenseits von Gut und Böse   (1. Wort: Adverb; Satztitel)
  1   2   2   4   5

F 105,2 d–e gibt zwei Beispiele mit nachgestelltem Adverb, in verschiedenen Sprachen:

– Ins Freie hinaus   (Titel in gewöhnlicher Form, weil das Adverb nur die Präposition verstärkt)
    1   2

– Vingt ans après   (Titel in Satzform, weil das Adverb den Ausdruck regiert)
  1   2   3

An diesen Beispielen wird deutlich, daß auch die *Funktion des „Regierens"* nicht scharf zu fassen ist. Für die *Recherche* sind die Adverb-Ausdrücke mit größtem Risiko verbunden: sie setzen subtile grammatische Unterscheidungen voraus, in allen Sprachen, und können dennoch – aus Unkenntnis oder besonders guter Kenntnis – leicht unterschiedlich interpretiert werden.

10.7 Durch Partizipien oder Adjektive regierte Ausdrücke

(a) Das regierende Partizip oder Adjektiv ist *vorangestellt:* Satztitel; z.B.:

– Geboren von der Jungfrau   – Nackt unter Wölfen
  1   2   3   4   1   2   3

– Getreu dem Gebot   – Berufen zur Freiheit
  1   2   3   1   2   3

– Entschlossen zum Widerstand   – Frei für die Welt
  1   2   3   1   2   3   4

– Heller als tausend Sonnen   – Bittersüß wie Schlehenduft
  1   2   3   4   1   2   3

(b) Auch ein *nachgestelltes* Partizip oder Adjektiv regiert den Ausdruck: Satztitel; z.B.:

– Vom Winde verweht   – Auf einem Auge blind
  1   2   3   1   2   3   4

– In die Falle gelockt — Zur Freiheit berufen
  1 2   3   4   1   2   3

– Von der Jungfrau geboren — Zum Widerstand entschlossen
  1   2   3   4   1   2   3

Allerdings ist nicht auszuschließen, daß in manchen Ausdrücken ein nachgestelltes Adjektiv nicht mehr als wirklich den Ausdruck „regierend" aufgefaßt und der Titel daher als Titel in gewöhnlicher Form behandelt wird, etwa in den Fällen: – Dem Gebot getreu; – Unter Wölfen nackt.

10.8 Ausdrücke mit unabhängigen und nicht koordinierten Substantiven

Gemeint sind Titelformulierungen mit folgendem Aufbau:

– Aus dem Krieg in die Heimat — Durch Nacht zum Licht
  1   2   3   4 5 6   1   2   3   4

– Auf Adlersflügeln in die Höhe — Mit Lotte in Weimar
  1 2   3 4 5   1   2   3 4

– Mit Gott für König und Vaterland — Mit wenig Geld um die Welt
  1 2   3   4   5   6   1   2   3   4   5 6

Derartige Ausdrücke gelten als Satztitel, weil in ihnen keiner der beiden Teile (z.B.: „Durch Nacht" und „zum Licht") als den anderen „regierend" interpretiert werden kann: weder ist „zum Licht" eine nähere Bestimmung zu „durch Nacht" oder umgekehrt, darin drückt sich ihre *Unabhängigkeit voneinander* aus. Die zweite Bedingung, die diese Ausdrücke erfüllen, ist die *Nicht-Koordinierung* der beiden Teile: die beiden Teile sind nicht durch Konjunktionen (und; oder) und auch nicht durch Kommata miteinander verbunden; durch das Kriterium der Koordinierung spielt hier die *Interpunktion* eine erhebliche Rolle in der Bestimmung der Sachtitelart, denn durch ein gesetztes Komma oder nach dem Verständnis des Katalogbearbeiters zu setzendes Komma (PI 6: „Interpunktionszeichen werden eingefügt oder weggelassen, wo es für das Verständnis nötig erscheint.") werden die beiden Teile in einem derartigen Ausdruck koordiniert, und der Titel gilt als Titel in gewöhnlicher Form. Der Charakter dieser Ausdrücke, die Satztitel darstellen, tritt am deutlichsten hervor, wenn man durch Veränderung der Ausdrücke zeigt, wie sie zu Titeln in gewöhnlicher Form werden, wenn eine der beiden Bedingungen (Unabhängigkeit; Nicht-Koordinierung) nicht mehr erfüllt wird:

(a) Die beiden Teile sind *voneinander abhängig:* es handelt sich um *Titel in gewöhnlicher Form;* z.B.:

– Aus dem Krieg gegen Frankreich
       1   2

Die Abhängigkeit kann durch Fragen festgestellt werden: „Aus welchem Krieg?" – „Dem Krieg gegen Frankreich". Der zweite Teil ist eine nähere Bestimmung zum ersten Teil, deshalb gilt der zweite Teil als abhängig, und der erste Teil ist der „regierende".

– Mit Lotte aus Weimar
   1   2

   Die Frage: „Mit welcher Lotte?" – „Der Lotte aus Weimar".

– Am Brunnen vor dem Tore
   1   2

   Die Frage: „An welchem Brunnen?" – „Dem Brunnen vor dem Tore".

– Auf dem Wege nach Damaskus
     1   2

   Die Frage: „Auf welchem Weg?" – „Dem Weg nach Damaskus".

(b) Die beiden Teile sind *koordiniert:* es handelt sich um *Titel in gewöhnlicher Form;* z.B.:

– Aus dem Krieg und in die Heimat   (Koordinierung durch „und")
     1   2

– Auf Adlersflügeln, in die Höhe   (Koordinierung durch Komma)
  1   2

(c) Der Ausdruck besteht nur aus *einem* Substantiv mit Präposition: es handelt sich um *Titel in gewöhnlicher Form;* z.B.:

- Auf Adlersflügeln   - Aus dem Krieg   - In die Heimat
  1   1   1
- Mit Gott   - Nach Damaskus   - Für König und Vaterland
  1   1   1   2

Für das Beispiel „Mit Gott" aus PI-Anl. I, Bsp. 31, vgl. 10.5 u. 11.3.2.

(d) **Strittige Fälle**

Die 4.232-Festschriften haben eine typische Sachtitelformulierung herausgebildet, die als *Präsentationstitel* in den meisten Fällen auch einen Katalogeintrag erhält, sodaß ihre OW bestimmt werden müssen, z.B.:

- In memoriam H.A. Krüss
- Adolf Harnack in memoriam
- Dem Verstorbenen Ernst Lübbert zum Gedächtnis
- Franz von Krones zum 19. November 1895

Diesen Titelformulierungen ist gemeinsam, daß die Personennamen als Dative aufgefaßt werden können, auch wenn sie mangels Kasusendungen dies nicht formal zeigen; ferner ist ihnen gemeinsam, daß zwischen ihren Teilen wie z.B. „Adolf Harnack" und „in memoriam" keine strikte Abhängigkeit nachzuweisen ist; aus beidem könnte man *folgern,* daß diese Ausdrücke dem Fall 10.8 verwandt oder geradezu gleich sind und daher als Satztitel zu behandeln wären.
Diese Auffassung kann sich jedoch nicht auf das *Regelwerk* stützen: die spärlichen Aussagen und wenigen Beispiele zu dem problematischen Fall des Satztitels geben nicht den geringsten Hinweis darauf, daß diese Titel als Satztitel zu behandeln wären. Auch die *BTD* bieten keine Beispiele für diese Interpretation. Die Quelle für die Behandlung als Satztitel ist *Fuchs,* der jedoch ohne weitere Begründungen eine widersprüchlich erscheinende Entscheidung trifft: der erstgenannte Titel ist nach F 105,1 ein Titel in *gewöhnlicher Form:*

- In memoriam H.A. Krüss
  1   3 4 2

während die anderen drei Titel nach F 105,2e *Satztitel* sein sollen, z.B.:

- Adolf Harnack in memoriam
  1   2   3 4

Sinn und sprachliche Form beider Titel sind gleich, der einzige Unterschied ist die Wortstellung: Fuchs gibt keine Begründung für die völlig verschiedene Behandlung derartig gleichgelagerter Fälle.
Die *Recherche* sollte bei Titeln dieser Art grundsätzlich unter beiden Interpretationen suchen, weil zu befürchten ist, daß auch innerhalb *eines* Kataloges keine weitgehende Einheitlichkeit zu erreichen ist.

10.9 Ausdrücke ohne Substantive

Für die Bestimmung der OW nach PI hat die *Wortart Substantiv* eine zentrale Bedeutung, und dem Substantiv gleichgestellt wird der *substantivische Gebrauch* von Worten anderer Wortarten (vgl. PI 187: „... Substantiv oder substantivisch gebrauchtes Wort ..."). Damit werden Katalogentscheidungen von größter Tragweite, nämlich über die Titelart und außerdem über das jeweils 1. OW, von Erkenntnissen über den *Wortgebrauch im Sachtitel* (!) abhängig gemacht. Daraus ergeben sich oft unlösbare Probleme, die zu Ungewißheit im Katalog führen: angesichts der Kürze der Sachtitelformulierung ist der Wortgebrauch oft nicht sicher zu erkennen, zumal in fremden Sprachen, und in Sprachen, die ihre Substantive durch Großschreibung herausheben, wird die Entscheidung über den Wortgebrauch eventuell von der Schreibung auf dem Titelblatt abhängig. Diese Problematik muß jede *Recherche* in den folgenden Fällen zu besonderer Vorsicht veranlassen.

(a) *Sachtitel ohne Substantive oder substantivisch gebrauchte Worte* gelten als Satztitel, z.B.:

- Heute und morgen   - Auch einer   - Umsonst geopfert
  1   2   3   1   2   1   2

- Gesund und schlank — Trop vengée — Auf und ab
  1   2   3   1   2   1   2   3

- Unglaublich und doch wahr — Elle et moi — Hier und da
  1   2   3   4   1   2   3   1   2   3

- Immer lustig und fidel — Gut gedacht – halb gelöst
  1   2   3   4   1   2   3   4

(b) *Sachtitel mit substantivisch gebrauchten Worten:* sie können immer noch nach den Kriterien 10.2–10.8 als Satztitel gelten, was zu prüfen ist; andernfalls gehören sie zu den Titeln in gewöhnlicher Form, vgl. Kap. 11.

(ba) Substantivischer Gebrauch durch *Artikel* angezeigt:

- Das Auf und Ab   (Titel in gewöhnlicher Form)
  1   2

- Das Heute und das Morgen   (Titel in gewöhnlicher Form)
  1   2

- Jedem das Seine   (Satztitel nach 10.5-Gekürzte Sätze)
  1   2   3

(bb) *Großschreibung* im Deutschen

Sie führt dazu, daß man eine Substantivierung annehmen kann; andererseits kann man die Großschreibung als typographische Gestaltung des Titelblatts werten und eine Substantivierung verneinen; diese Fälle sind daher weitgehend *interpretationsfähig*. Nimmt man eine absichtliche Großschreibung und damit substantivischen Gebrauch an, so können Titel in gewöhnlicher Form entstehen, z. B.:

- Heute und Morgen — Auf und Ab — Lehren und Lernen
  1   2   1   2   1   2

Das Beispiel „Auch Einer" würde jedoch auch bei substantivischem Gebrauch ein Satztitel bleiben, weil das Adverb „auch" den Ausdruck regiert, vgl. 10.6.

(bc) *Zweifel* über den substantivischen Gebrauch

Der Wortgebrauch ist, wie die Grammatiken zeigen, gar nicht immer scharf zu fassen, außerdem hängt die oft nur vage Interpretation sehr vom Textzusammenhang ab. Bei kurzen Sachtitelformulierungen grenzen daher die entscheidenden Annahmen über den Wortgebrauch ans *Willkürliche;* Fuchs selbst bietet eklatante Beispiele dafür:

F 105,1:   — Ich oder er
               1   2

Substantivischer Gebrauch für die beiden Pronomen angenommen, deshalb Titel in gewöhnlicher Form.

F 105,2 c: — Auch einer
               1   2

Kein substantivischer Gebrauch für das Pronomen angenommen, deshalb Satztitel. Daß dieser Fall auch bei substantivischem Gebrauch Satztitel wird, vgl. (bb).

Die *Recherche* tut daher gut daran, bei jeder Möglichkeit von substantivischem Gebrauch stets vorsorglich auch die gegenteilige Version im Katalog nachzuschlagen. Der Zweifel über den substantivischen Gebrauch kann zum grundsätzlichen Zweifel über die Titelart führen, vgl. 10.10.

10.10 Zweifelsfall-Regelung

Im *begründeten* Zweifelsfall, wenn also bestimmte Gründe *für* den Satztitel und bestimmte andere Gründe *dagegen* sprechen, „wird angenommen, daß ... ein Titel in Satzform vorliegt" (PI 204). Die Zweifelsfall-Regelung ist also keine Kann-Vorschrift, sondern *muß* angewandt werden; allerdings darf nicht bereits jede Unsicherheit des Katalogbearbeiters als Zweifelsfall behandelt werden, obwohl hier die Grenze schwer zu ziehen ist.

Daß *im Zweifel für den Satztitel* zu entscheiden ist, kann die Katalogpraxis und auch die Recherche erleichtern, bietet jedoch auch noch keine Garantie für die Einheitlichkeit des Kataloges. Denn die *Annahme des Zweifelsfalles* ist wiederum Ermessenssache: wer in den Beispielen aus 10.9

— Heute und Morgen   — Lehren und Lernen   — Auf und Ab

keine Zweifelsfälle sieht, wird sie nach seiner eigenen, für unbezweifelbar gehaltenen Auffassung entscheiden. Die Zweifelsfall-Regelung kann das Satztitelproblem daher nicht wirklich entschärfen.

10.11 Sachtitel in nichtflektierenden Sprachen

Unterwirft man

– *nichtflektierende* Sprachen wie die agglutinierenden Sprachen (z.B. Ungarisch, Türkisch, Japanisch) und die isolierenden Sprachen (z.B. Chinesisch, Tibetisch, Tai-Sprachen) sowie
– *gewisse flektierende* Sprachen wie die semitischen Sprachen (z.B. Arabisch, Hebräisch) und die hamitischen Sprachen (z.B. Koptisch, Berberisch)

einer grammatikalischen Analyse nach Wortarten, Wortgebrauch und grammatischen Abhängigkeiten, wie die Instruktionen sie zur Ordnungswortbestimmung vorschreiben, so erhält man keine oder *keine eindeutigen Bestimmungen* im Sinne des Regelwerks: dies hat zur Folge, daß man Sachtitel in derartigen Sprachen nicht als Titel in gewöhnlicher Form behandeln kann. Hieran erweisen sich die Instruktionen als ein Regelwerk, das im Grunde nur für Titelmaterial in indogermanischen Sprachen konzipiert ist.

So bleibt für Sachtitel in derartigen Sprachen im Rahmen der Instruktionen *nur die Möglichkeit, sie als Satztitel zu behandeln* und die Ordnungsworte nach der im Titel gegebenen Wortfolge auszuwerfen, gewissermaßen als eine Notlösung, nach F 105,2 f. Allerdings setzt Fuchs in seiner Begründung für diesen Schritt einen anderen Akzent: der durchschnittliche Katalogbearbeiter könne diese Sprachen nicht durchschauen.

Für die *Recherche* empfiehlt es sich, vor der Benutzung eines Kataloges Auskunft darüber einzuholen, wie Sachtitel in den Sprachen der genannten Sprachgruppen behandelt worden sind. Vgl. 11.11.5.

10.12 Bewertung des Satztitels

Die *Bestimmung der Titelart* ist durch die Fälle 10.6–10.9, die keine eindeutigen Sätze definieren, mit ungewöhnlichen Schwierigkeiten belastet, die das Regelwerk nicht gesehen und der Kommentar auch nicht befriedigend gelöst hat. Auch die Zweifelsfall-Regelung hilft nicht entscheidend weiter. Daher muß schon von der Titelart her der Satztitel als *sehr problematisch* bewertet werden.

Die *Bestimmung der OW* dagegen ist durch den Ordnungsgrundsatz „Wort für Wort in der gegebenen Reihenfolge" erfreulich *klar definiert* und verhältnismäßig leicht anzuwenden; das Problem der eventuellen formalen Gleichheit von Artikel und Zahlwort am Titelanfang und das Problem der Worteinheit (Komposita) stellen nur leichte Einschränkungen dar.

Der *Nachvollzug in der Recherche* hängt daher vor allem davon ab, den Satztitelcharakter überhaupt zu erkennen. Deshalb sollte jeder Sachtitel grundsätzlich zu allererst daraufhin geprüft werden, ob ein Satztitel vorliegt. Ist der Satztitel als solcher erkannt, sollten die weiteren Probleme den Rechercheerfolg eigentlich nicht mehr in Frage stellen.

11. Titel in gewöhnlicher Form (Titel i. g. F.)

PI 187–203. F 105,3. 106–110. R 1.5 u. 2.5.

Wenn ein Sachtitel mit Sicherheit *nicht als Satztitel* nach Kap. 10 aufzufassen ist, kann es sich nur noch

- entweder um einen *Titel i. g. F.*
- oder um einen *Titel in gemischter Form*

handeln. Eine andere Möglichkeit gibt es nach PI nicht. Zur Identifizierung des Titels in gemischter Form vgl. (b).

(a) Definition des Titels i. g. F.

Zur vollständigen Definition im Sinne des Regelwerks sind drei Kriterien aus PI 187 u. 204 heranzuziehen. Der Titel i. g. F.

- enthält *mindestens ein Substantiv* oder substantivisch gebrauchtes Wort anderer Wortart, das den Inhalt der Schrift bezeichnet;
- dieses Substantiv ist *nicht Teil eines Satzes* oder gleichwertiger Ausdrücke, die nach 10.3–10.8 als Satztitel gelten,
- dieses Substantiv kann jedoch durch *Attribute beliebiger Art und Anzahl* näher bestimmt sein.

Jedes der drei Kriterien wirft Probleme auf. Der „substantivische Gebrauch" verlangt die Bestimmung des Wortgebrauchs in allen Sprachen, eine der schwierigsten Fragen der Grammatik überhaupt; der Ausschluß der Satztitelfälle erfordert die sorgfältige Beachtung aller Problemfälle des Kap. 10; und die Attribute werfen zwar nicht an sich, wohl aber durch die für sie vorgesehene OW-Bestimmung mit den 11.7-Komposita und den 11.8-Mehrteiligen Appositionen zum Teil unlösbare Probleme auf. Der Titel i. g. F. als der weitaus überwiegende, also der *Standardfall im Katalogmaterial* ist bereits in seiner Konzeption durch Wortgebrauch- und Satztitelkriterium schwer belastet; die zusätzlichen Probleme in der OW-Bestimmung haben dann dazu geführt, daß der Titel i. g. F. und damit die Standardlösung für die Sachtitelordnung sehr bald als entscheidender Mißgriff des Regelwerks kritisiert worden ist, eine Kritik, der kaum Argumente entgegenzuhalten sind. Eine Korrektur des Mißgriffs ist in den ersten Jahrzehnten aus Rücksicht auf die laufenden Katalogvorhaben unterblieben; als die Korrektur nach 1945 erwogen und ausgearbeitet worden ist, kam sie zu spät und erschien im Hinblick auf die angestrebte internationale Vereinheitlichung aller nationalen Katalogregelwerke als eine nicht mehr lohnende Maßnahme für ein als überholt anzusehendes Regelwerk.

(b) Identifizierung und Aussonderung des Titels in gemischter Form

Unter dem *Titel in gemischter Form* versteht das Regelwerk den Fall, daß „ein Titel in gewöhnlicher Form in einen Satztitel übergeht" (PI 206), z. B.:

- Mais und wo er wächst
- Das Lustspiel: Was ihr wollt
- Der geistreiche Kirchengesang: Nun bitten wir den heiligen Geist

Für eine eingehende Darstellung und die Bestimmung der OW vgl. Kap. 12.

(c) Gliederung der Darstellung

Keine Darstellung des Titels i. g. F. kann der Problematik dieser Konzeption ausweichen, eine *kritische Darstellung* erst recht nicht: Nur eine Kenntnis der Probleme kann es überhaupt ermöglichen, ihre Folgen für die Katalogentscheidungen und für die Recherche richtig einzuschätzen. Recherche ist *stets* Erprobung und Kritik der Katalogregeln, die letzte Instanz im Urteil über den Wert und die Funktionstüchtigkeit dieser Regeln. Eine Darstellung aus der Sicht der Recherche ist ohne die vollständige Entfaltung der Problematik nicht sinnvoll.

Die Darstellung kann sich jedoch darum bemühen, aus der Sicht der Recherche dem Leser nur soviel an Problematik zuzumuten, wie für die Klärung seiner jeweiligen Fragestellung erforderlich ist. Durch eine *Gliederung, die mit den einfachen, grundlegenden und häufigsten Fällen beginnt* und schrittweise das Kompliziertere, Speziellere und Seltenere entfaltet, kann der Leser seinen Recherchefall mit den Beispielen vergleichen und die Darstellung so weit durchsehen, bis er die *Analogie* für seinen Fall

210

gefunden hat; dadurch bleibt ihm dann die Durchsicht aller weiteren Fälle und Regelungen erspart. Diesem Zweck soll die folgende Gliederung entsprechen:

11.2-Der einfachste Fall
11.3-Unwesentliche Worte
11.4-Weitere wesentliche Worte
11.5-Komplexe Sachtitelbildungen
11.6-Worteinheit
11.7-Kompositum
11.8-Mehrteilige Appositionen
11.9-Lateinische Sachtitel
11.10-Englische Sachtitel
11.11-Besonderheiten anderer Sprachen
11.12-Übergehung von Worten für die Ordnung
11.13-Ansetzung der Ordnungsworte

11.1 Die Bestimmung der OW

Erfolgt völlig anders als für die Satztitel (vgl. 10.1), d.h. *nicht* nach der gegebenen Wortfolge.
Der Titel i.g.F. wird einer *grammatischen Analyse* unterzogen. Sie führt zu Erkenntnissen der grammatischen *Abhängigkeiten* zwischen den Worten des Titels. Damit wird zur Bestimmung der OW stillschweigend vorausgesetzt, daß der Katalogbearbeiter und der Katalogbenutzer stets die jeweilige *Sprache des Titels und ihre Grammatik* einigermaßen kennen. Hinzuweisen ist auf die Besonderheit des Regelwerks in seiner Paragraphengliederung,

– daß mit dem Begriff „das Ordnungswort (OW)" stets das *erste* OW des Sachtitels gemeint ist, abgehandelt in PI 187–197, und
– daß mit der „weiteren Ordnung" oder den „weiteren OW" stets das 2. und alle weiteren OW des Sachtitels gemeint sind, abgehandelt in PI 198–203.

11.1.1 Das „regierende Wort", das Regens

Das 1. OW des Titels i.g.F. wird als *regierendes Wort* oder, weil es stets ein Substantiv oder substantivisch gebrauchtes Wort ist, als *substantivum regens* oder kurz als *Regens* bezeichnet. Regens wird grundsätzlich „das erste nicht in attributivem oder adverbiellem Verhältnisse stehende Substantiv oder substantivisch gebrauchte Wort" des Titels (PI 187).
Die Bedingung, daß das Regens nicht in attributivem oder adverbiellem Verhältnis zu anderen Worten stehen darf, wird oft auch als seine *grammatische Unabhängigkeit* bezeichnet. Wenn man diesen Begriff seiner Kürze wegen einführt, muß man jedoch darauf hinweisen, daß diese grammatische Unabhängigkeit auch noch als gegeben angesehen wird, wenn das erste unabhängige Substantiv in seinem Kasus von einer Präposition bestimmt ist, z.B. in

– Über die Kunst

gilt das Substantiv als unabhängig und damit als Regens des Titels. Für das Regens spielt es *keine Rolle, „in welchem Kasus* es vorliegt" (PI 187).

11.1.2 Die weiteren OW

Als weitere, also als 2. und weiteres OW werden *nicht alle* Worte und diese auch *nicht immer* in der Reihenfolge der Titelformulierung herangezogen. In diesem Punkt ist die Aussage des PI 198, „und zwar gelten diese in der im Titel gegebenen Reihenfolge", *leider unzutreffend,* weil im nächsten Paragraphen PI 199 ein entscheidender *Eingriff in die Reihenfolge* der Titelformulierung vorgenommen wird: „Grammatisch abhängige Wörter, die ihrem Regens voraufgehen, gelten erst nach diesem."
Als weitere OW werden nur die sogenannten *wesentlichen* Worte herangezogen, nach den Wortarten, die in allen Sprachen erkannt werden müssen: Substantive, Pronomen, Verbformen wie Infinitive und Partizipien, Adverbien, Adjektive, Zahlworte; als *unwesentlich* gelten und werden daher nicht zu OW: Artikel, Konjunktionen, Präpositionen, Interjektionen, ferner Wendungen, die mit Präpositionen gleichwertig sind, ferner unbestimmte Zahlworte, die nicht substantivisch gebraucht sind, sowie Ordnungszahlen, die nur die Reihenfolge der Veröffentlichung angeben.

Die *Reihenfolge* der weiteren OW hängt von den grammatischen Abhängigkeiten und erst in zweiter Linie von der Reihenfolge der Worte im Titel ab. Das teilweise recht komplizierte Verfahren zur Bestimmung der Reihenfolge der OW wird unter 11.2 ff. durch Titelbeispiele dargelegt und erläutert.

11.1.3 Übergehungen von Worten für die Ordnung

Im Titel i.g.F. werden unter zwei Gesichtspunkten gewisse Worte oder Formulierungen übergangen, d.h. sie *werden nicht* OW:

(a) *alle unwesentlichen Worte:* Artikel, Konjunktionen, Präpositionen und Interjektionen; vgl. 11.3;
(b) *bestimmte Worte und Wendungen* unter bestimmten Bedingungen, wie z.B.

   – Wendungen, die mit Präpositionen gleichwertig sind oder nur verbindenden Charakter haben;
   – unbestimmte Zahlworte, die adjektivisch gebraucht sind;
   – Ordnungszahlen, die nur die Reihenfolge der Publikation angeben;
   – 1. OW, das nur den Umfang der Schrift bezeichnet;
   – 1. OW, das das Wesen der Schrift nur allgemein bezeichnet und nachgestellt ist;
   – appositionelle Titulaturen;
   – von Titulaturen abgeleitete Adjektiva, unter bestimmten Bedingungen;
   – Datierungen bei Gesetzen, unter bestimmten Bedingungen.

Für eingehende Darstellungen vgl. 11.12.

11.1.4 Ansetzung der OW

Für die Form der OW sind nach den Gesichtspunkten
   (a) Vollständigkeit
   (b) Numerus
   (c) Kasus
   (d) Orthographie
   (e) Transkription nicht-lateinischer Schriftzeichen
die allgemeinen Regeln zu beachten, wie unter 9.4 dargelegt.

11.1.5 Darstellungsmethode

Die Problematik des Titels i.g.F. ist wegen der unerläßlichen grammatischen Analyse weitgehend sprachlicher Art. Deshalb wird die Darstellung *sprachorientiert* gegliedert: in 11.2–11.8 wird die Problematik fast ausschließlich an *deutschsprachigen Sachtiteln* entfaltet, weil sie dadurch für den deutschen Leser unmittelbar einsichtig wird. In drei Abschnitten schließen sich die Besonderheiten von Sachtiteln in Fremdsprachen an:
   11.9-Lateinische Sachtitel i.g.F.
   11.10-Englische Sachtitel i.g.F.
   11.11-Besonderheiten anderer Sprachen

Für *komplizierte* Sachtitel wird anhand einer graphischen Darstellung die grammatische Analyse verdeutlicht: *Nebenordnungen* (Koordinierungen, Aufzählungen) werden in waagerechter Reihung und *Unterordnungen* (grammatische Abhängigkeiten) werden in senkrechter Reihung dargestellt, mit Numerierung der OW und, wenn besonders erforderlich, mit Kennzeichnung der für die Ordnung zu übergehenden Worte durch „Ü". Eine derartige graphische Darstellung grammatischer Abhängigkeiten würde z.B. für den Sachtitel „Vollständiges Handbuch praktischer Lebenskenntnisse" folgendes Bild geben:

Analyse: Handbuch
          1
          vollständiges   Lebenskenntnisse
          2   3
                          praktischer
                          4

Der Zählung entsprechend ergibt sich für den Eintrag im Katalog, mit Beachtung der Regeln für die 9.4-Ansetzung der OW, folgende Reihenfolge:

Handbuch vollstaendiges Lebenskenntnisse praktischer

212

11.2 Der einfachste Fall

Der Sachtitel besteht nur aus *einem Substantiv* oder substantivisch gebrauchten Wort, sodaß das Substantiv das einzige OW des Titels ist, z.B.:

– Hamlet	– Endspiel	– Deutschstunde	– Außergewöhnliches
1	1	1	1

11.3 Unwesentliche Worte

„Die weitere Ordnung ... regelt sich nach den übrigen wesentlichen Wörtern" (PI 198), d.h. die *unwesentlichen* Worte werden für die Ordnung übergangen: als solche gelten die 4 Wortarten Artikel, Präposition, Konjunktion, Interjektion. Man beachte jedoch: *nicht übergangen* werden diese Wortarten, wenn sie Bestandteile von Komposita sind, vgl. 11.7.2.

11.3.1 Artikel

(a) Gelten grundsätzlich als *unwesentliche* Worte und werden für die Ordnung übergangen (PI 188), z.B.:

– Die Blechtrommel	– Die Gerechten	– Der Untertan
Ü 1	Ü 1	Ü 1

(b) Wenn – wie z.B. im Deutschen – Artikel und *Zahlwort* formal übereinstimmen können, ist nach der Titelaussage zu prüfen, welche Wortart vorliegt; Zahlworte sind nach 11.4.5 zu behandeln, d.h. sie werden OW, z.B.:

– Ein Dollar	– Ein Volk
2 1	2 1

(c) Wenn – wie z.B. in skandinavischen Sprachen und im Rumänischen – der *Artikel an das Substantiv angehängt* ist, so wird er Teil des OW (PI 188), z.B.:

– Samlaren	– Dagbladet	– Anuarul
1	1	1

11.3.2 Präpositionen

(a) Gelten grundsätzlich als *unwesentliche* Worte und werden für die Ordnung übergangen, z.B.:

– In der Strafkolonie	– Über das Komische	– Unterm Rad
Ü Ü 1	Ü Ü 1	Ü 1
– Vor Sonnenuntergang	– Für Gerechtigkeit	– Mit Gott
Ü 1	Ü 1	Ü 1

Zum Beispiel „Mit Gott" vgl. 10.5 u. 10.8c.

(b) Wenn – wie z.B. im Lateinischen – eine *Präposition an ein anderes Wort angehängt ist,* so wird sie Teil des OW, z.B.: – tecum.

11.3.3 Konjunktionen

(a) Gelten grundsätzlich als unwesentliche Worte und werden für die Ordnung übergangen. Für Beispiele vgl. 11.4.1.

(b) Wenn – wie z.B. im Lateinischen – die *Konjunktion an das Substantiv angehängt ist,* so wird sie Teil des OW, z.B.: – Scotorumque.

11.3.4 Interjektionen

Hauptmerkmal der Interjektion ist nach Duden-Grammatik, daß noch keine „eigene begriffliche Prägung" vorliegt. Das Regelwerk erwähnt Interjektionen nicht; F 109,2c bezeichnet sie als unwesentliche Worte, die für die Ordnung zu übergehen sind, z.B.:

– O Land, höre des Herrn Wort (Titel in gemischter Form, vgl. Kap. 12)
  Ü

Als Interjektionen im Sinne von F 109 gelten Worte wie: Ach, o, oh, pfui, brr und andere Bildungen, die nur unscharfe Empfindungen ausdrücken. *Unsicher* ist jedoch die Behandlung von anderen Bildungen, die nach Duden-Grammatik ebenfalls als Interjektionen gelten, wie z.B.: juchheisa, juchheirassa, eiapopeia, autsch, husch, hottehü und bestimmtere Nachahmungen von Lauten.

Man bedenke, daß bei konsequenter Übergehung der Interjektionen der Sachtitel „Huy! und Pfuy! der Welt" (Abraham a Santa Clara) nur „Welt" als erstes und einziges OW hergeben würde, wenn man nicht über das Argument eines substantivischen Gebrauchs die Interjektionen für ordnungsrelevant erklären will.

11.4 Weitere wesentliche Worte

„Die weitere Ordnung ... regelt sich nach den übrigen wesentlichen Wörtern" (PI 198): *nur die wesentlichen* Worte werden zur Ordnung herangezogen, und als solche gelten alle außer den 4 unwesentlichen Wortarten (Artikel, Präpositionen, Konjunktionen, Interjektionen, vgl. 11.3).

11.4.1 Aufzählung von Substantiven

Durch „und", „oder", „sowohl ... als auch", „weder ... noch" u.a. Konjunktionen oder durch Kommata angeschlossene weitere Substantive oder substantivisch gebrauchte Worte werden *in der Reihenfolge der Titelformulierung zur Ordnung herangezogen,* z.B.:

- Wind, Sand und Sterne
  1   2   3
- Die Ausnahme und die Regel
  1   2
- Auf Heller und Pfennig
  1   2

- Sein oder Nichtsein
  1   2
- Katz und Maus
  1   2
- Mario und der Zauberer
  1   2

Anschlüsse mit „oder" sind jedoch stets darauf zu prüfen, ob sie eventuell einen *Alternativtitel anknüpfen,* vgl. 9.1.4; wenn das „oder" einen Nebentitel in anderer Sprache oder einen Alternativtitel anknüpft, so gehören Nebentitel und Alternativtitel nicht mehr zum Sachtitel.

11.4.2 Pronomina

(a) Als *Attribute* zu Substantiven gelten sie als *grammatisch abhängig* von ihrem Regens und ordnen stets nach diesem, z.B.:

- Mein Leben
  2 1
- Unsere Welt
  2 1
- Diese Kinder
  2 1

(b) Pronomina werden oft *substantivisch gebraucht* und werden dann wie 11.4.1-Substantive behandelt, z.B.:

- Die Welt und Wir
  1   2
- Dieses und Jenes
  1   2
- Mein und Dein
  1   2

(c) Wenn – wie z.B. im Deutschen – Pronomen und *Artikel* formal übereinstimmen können (z.B.: der, die, das) oder Pronomen und *Zahlwort* (z.B.: einer, keiner, alle), so ist nach der Titelaussage zu prüfen, welche Wortart vorliegt, und gegebenenfalls sind die Regelungen 11.3.1-Artikel und 11.4.5-Zahlworte zu beachten.

11.4.3 Genitiv-Attribute

Das Genitiv-Attribut ist eine nähere Bestimmung zum Regens und gilt als *grammatisch von ihm abhängig:* deshalb *ordnet es stets unmittelbar nach seinem Regens,* ohne Beachtung der Wortstellung in der Titelformulierung (PI 199), z.B.:

vorangehender Genitiv:

- Dantons Tod
  2   1
- Trotzköpfchens Brautzeit
  2   1

nachgestellter Genitiv:

- Der Aufstand der Massen
  1   2
- Das Leben des Galilei
  1   2

214

11.4.4 Adjektiv-Attribute

Das Adjektiv-Attribut ist eine nähere Bestimmung zum Regens und gilt als *grammatisch von ihm abhängig:* deshalb *ordnet es stets unmittelbar nach seinem Regens,* ohne Beachtung der Wortstellung in der Titelformulierung (PI 199), z.B.:

vorangehendes Adjektiv: *nachgestelltes* Adjektiv:

– Historische Zeitschrift   – Journal historique
  2   1   1   2

– Das doppelte Lottchen   – Bollettino bibliografico
      2   1   1   2

Als *Ausnahmen* sind jedoch gewisse Kompositum-Bildungen nach 11.7.3 zu beachten.
Wie Adjektiv-Attribute sind auch alle *Partizipien* als Attribute zu behandeln.

11.4.5 Zahlworte

Für ihre Behandlung ist nach PI 202,2 zu unterscheiden zwischen bestimmten und unbestimmten Zahlworten sowie zwischen adjektivischem und substantivischem Gebrauch. Vgl. 9.4.1b.

(a) Bestimmte Zahlworte

Zahlworte wie eins, zwei, drei usw. sowie auch „alle" und „keine" sind nähere Bestimmungen zu ihrem Regens und gelten als *grammatisch von ihm abhängig;* sie werden OW und ordnen stets nach ihrem Regens, z.B.:

– Sieben Legenden   – Die achtundvierziger Revolution
  2   1   2   1

– Das siebente Siegel   – Keine Angst vor großen Tieren
     2   1   2   1   4   3

(aa) *Ausnahme:* handelt es sich um *Ordnungszahlen,* die nur die Reihenfolge der Publikationen bezeichnen, also eine bibliographische Zählung darstellen, so werden sie für die Ordnung übergangen, z.B.:

– Dritter Bericht über …
  Ü   1

Für eine eingehende Darstellung vgl. 11.12.2.

(b) Unbestimmte Zahlworte

Hierzu rechnen Worte wie einige, manche, wenige, mehrere, viele usw., jedoch nicht „alle" und „keine", vgl. (a).

(ba) Nur bei *substantivischem Gebrauch* werden unbestimmte Zahlworte wie allgemein Substantive zur Ordnung herangezogen, vgl. 11.2 u. 11.4.1; z.B.:

– Etwas von und über Musik   – Einige der schönsten Lieder
  1   2   1   3   2

(bb) Bei *adjektivischem Gebrauch* werden unbestimmte Zahlworte für die Ordnung übergangen, vgl. 11.12.1c, z.B.:

– Etwas Neues   – Einige Lieder und Gesänge
  Ü   1   Ü   1   2

11.4.6 Präpositionale Attribute

Wird über eine Präposition ein Substantiv als nähere Bestimmung zum Regens angefügt (Präpositionales Attribut), so gilt das Attribut als *grammatisch abhängig* und *ordnet stets unmittelbar nach seinem Regens,* z.B.:

– Zeitschrift für Rechtsgeschichte   – Worte an die Jugend
  1   2   1   2

– Der Prinz von Theben   – Die Inseln unter dem Winde
     1   2   1   2

11.4.7 Nachgestellte Attribute im gleichen Kasus

Das nachgestellte Attribut im gleichen Kasus wie das Regens gilt als *grammatisch abhängig* und *ordnet stets unmittelbar nach seinem Regens*, z.B.:

(a) *unverbunden:*

– Das Jahr Zehn	– Mulier domina	– Leibniz philosophe
1 2	1 2	1 2

Zu dem Beispiel „Das Jahr Zehn" vgl. 11.8.7-Appositionsverdächtige Ausdrücke, (a) Substantive.

(b) *durch Komma verbunden:*

– Berlin, Alexanderplatz	– London, eine Weltstadt	– Leibniz, der Philosoph
1 2	1 2	1 2

(c) *durch „als", „wie", „nämlich" usw. verbunden:*

– Die Frau als Herrin	– Leibniz als Philosoph
1 2	1 2

11.4.8 Vornamen zu Familiennamen

Vornamen gelten als *grammatisch abhängig* von dem Familiennamen, auf den sie sich beziehen, und ordnen daher stets nach dem Familiennamen (PI 200), unabhängig davon, ob sie in der Titelformulierung dem Familiennamen vorangehen oder auf ihn folgen, z.B.:

– Tonio Kröger	– Peter Camendzind	– Körösi Sandor
2 1	2 1	1 2

Im Ungarischen ist die traditionelle Nachstellung der Vornamen zu beachten. Für die besonderen Ordnungsprobleme von *Personennamen in Titeln i.g.F.* vgl. 11.5.3.

11.4.9 Einfache Appositionen

Für *mehrteilige* Appositionen vgl. 11.8.

(a) Methodische Hinweise

Die Apposition im Titel i.g.F. ist eine der fragwürdigen Konzeptionen des Regelwerks und bereitet erhebliche Schwierigkeiten in der Sachtitelordnung. Nach den in 11c dargelegten Grundsätzen wird die *Behandlung der Appositionen aufgeteilt*, um den Leser zunächst nur mit dem Prinzip und den einfachen Appositionen vertraut zu machen, die noch einigermaßen sicher zu entscheiden sind. Erst wenn der gesuchte Titel einen komplexeren Aufbau zeigt und eine Apposition enthalten könnte, muß der Leser den Abschnitt über 11.8-Mehrteilige Appositionen aufsuchen.

(b) Die Konzeption des Regelwerks

Der Appositions-Begriff der PI ist zwar der Grammatik entnommen, aber durch PI 193. 200 und F 106 zu einem *von der Grammatik unabhängigen, reinen Katalogbegriff* entwickelt worden: deshalb kann die Grammatik nicht zur Begriffsdefinition beitragen. PI 193. 200 regeln den Appositionsfall derart kurz, daß sie zu den Problemfällen nicht mehr Stellung nehmen können; erst mit F 106 werden Begründungen und Regelungen der Zweifelsfälle versucht.

(c) Definition der Apposition

Der Katalogbegriff wird vollständig mit 5 Kriterien definiert: die Apposition besteht aus (1) *zwei Substantiven*, die (2) *kein Kompositum* bilden und im (3) *gleichen Kasus* und (4) *unverbunden* nebeneinanderstehen, und von denen (5) *das erste Substantiv Attribut zum zweiten* ist und nicht umgekehrt. Nach Aufbau und Inhalt kann man verschiedene Arten von Appositionsbildungen feststellen:

(ca) Bezeichnung und Name

– Hotel Kaiserhof	– Der Fall Oppenheimer
– Motorschiff Anna	– Turnverein Jahn
– Segelschulschiff Pamir	– Das Schauspiel Hamlet

- Verlag Die Arche
- Blickpunkt Berlin
- Der Begriff Transzendental
- Bibliothek Varnhagen
- Festschrift Leyh

- Die Dogge Senta
- Mein Freund Harvey
- Sammlung Vom Stein
- Schloß Neuenstein
- Bauordnung Nordrhein-Westfalen

(cb)   Mengenbezeichnung und Stoff oder Gegenstand

- Zwei Säckchen Gold
- Eine Sammlung Lieder
- Ein Hauch Glückseligkeit
- Tausend Kilometer Autobahn

- Eine Handvoll Knittelverse
- Zwölf Jahre Sozialistengesetz
- Drei Tage Sonne
- Zwei Stunden Mittagspause

(cc)   Zwei Sachbegriffe

- Prüfungsfach Mathematik
- Fernkurs Personalführung
- Lexikon Technik

- Stichwort Sozialpolitik
- Jahrbuch Linguistik
- Programm Drogenberatung

(cd)   Generischer Korporationsname und Ortsname (Sitz)

- Handelskammer Düsseldorf
- Arbeitgeberverband Unter-Elbe
- Universität Marburg
- Deichschule Cuxhaven
- Landesbibliothek Stuttgart
- Kunsthalle Tübingen

- Kreiskrankenhaus Memmingen
- Stadt München
- Stadtsparkasse Mannheim
- Hauptbahnhof Speyer
- Studentenheim Charlottenburg
- Stadtmuseum Göttingen

Keine Apposition liegt vor, wenn ein individueller Korporationsname und Ortsname genannt sind, z.B.:

- Die Bayerische Staatsbibliothek München

weil es nur eine Korporation dieses Namens gibt und der Ortsname zur Identifizierung der Korporation nicht erforderlich ist. Allerdings sind die Auffassungen darüber, was ein generischer und was ein individueller Korporationsname ist, schwankend; so sehen z.B. in der Bezeichnung

- Akademischer Verlag München

PI 193 *keine* Apposition, F 106,3 e dagegen behandelt den Ausdruck als Apposition. Derartige *Zweifelsfälle* sind relativ häufig; „Mittelrheinmuseum Koblenz" würde man auf den ersten Blick wohl für eine Apposition halten wollen – wenn es sich jedoch herausstellen sollte, daß es nur ein Mittelrheinmuseum gibt (und zwar das in Koblenz), so dürfte der Ausdruck nicht als Apposition behandelt werden. Vgl. 11.8.6.

(d)   Ordnungsworte der Apposition

„Von zwei appositionell neben einander stehenden, nicht ein Kompositum bildenden Substantiven wird das zweite OW" (PI 193), d.h. das *zweite Wort ist das Grundwort* und wird 1. OW, und das erste Wort der Apposition wird 2. OW, z.B.:

- Hotel Kaiserhof
  2   1
- Verlag Die Arche
  2   1
- Zwei Säckchen Gold
  3   2   1
- Zwölf Jahre Sozialistengesetz
  3   2   1
- Stichwort Sozialpolitik
  2   1
- Deichschule Cuxhaven
  2   1

- Der Fall Oppenheimer
  2   1
- Mein Freund Harvey
  3   2   1
- Eine Handvoll Knittelverse
  2   1
- Prüfungsfach Mathematik
  2   1
- Universität Marburg
  2   1
- Hauptbahnhof Speyer
  2   1

11.4.10 Adverbien zum Substantiv

Die Hinzufügung von Adverbien zu Substantiven entspricht zwar nicht dem normalen Gebrauch dieser Wortart, wird jedoch in Sachtiteln als stark verkürzte, stilistisch suggestive Ausdrucksweise angewendet.

(a) Das Adverb ist vorangestellt

Derartige Ausdrücke sind nach 10.6 *Satztitel,* weil das vorangehende Adverb den Ausdruck zu beherrschen scheint und das folgende Substantiv vom Adverb abhängig erscheint, z.B.:

– Täglich 30 Minuten Gymnastik   (Satztitel)
  1   2 3   4

(b) Nachgestellte Adverbien und die Schwierigkeiten ihrer Interpretation sind ebenfalls unter 10.6 erörtert worden. Die *Recherche* muß wegen der erheblichen Unsicherheiten vorsorglich alle Auffassungen berücksichtigen und derartige Ausdrücke *sowohl als Satztitel wie auch als Titel i.g.F.* suchen. Folgende Fälle werden *wahrscheinlich* eher als Titel i.g.F. behandelt worden sein:

– Ins Freie hinaus   (als Titel i. g. F.)
    1   2

Für dieses Beispiel erweckt F 105,2e sogar den Eindruck, als wolle er das Adverb „hinaus" *überhaupt nicht* als OW berücksichtigen, wofür jedoch kein Grund vorliegt. R 1.5.1 (S. 54, Fußnote) bringt das Beispiel, macht aber keine Aussage über das zweite OW. Dadurch werden die an sich schon höchst problematischen Adverb-Ausdrücke noch mit zusätzlichen Unsicherheiten belastet.

– 30 Minuten Gymnastik täglich   (als Titel i. g. F.)
  3 2   1   4

11.4.11 Infinitiv-Attribute

(a) Ein einfacher oder erweiterter Infinitiv, der von einem Substantiv grammatisch abhängt, *ordnet stets nach seinem Regens* (PI 199), z.B.:

– Die Kunst zu leben
    1   2

– Die Kunst, sich und andern die Karte zu schlagen

  Analyse: Kunst
             1
             schlagen
             2
             sich andern Karte
             3   4   5

(b) *Dagegen* wird ein Infinitiv, der *nicht grammatisch abhängig* ist, nach 10.4 als Infinitivsatz zum *Satztitel,* z.B.:

– Sich und andern die Karte schlagen   (Satztitel)
  1   2   3   4 5   6

11.5 Komplexe Sachtitelbildungen

Hinzufügungen nach 11.3 (Unwesentliche Worte) und 11.4 (Wesentliche Worte) treten gewöhnlich in vielfältigen Kombinationen auf, die weitere Probleme für die Bestimmung der OW aufwerfen.
Die Vielfalt aller denkbaren Kombinationen ist *fast unbegrenzt;* sie kann in Regelwerken und Kommentaren und speziell in summarischen Darstellungen nur durch *wenige Beispiele* prinzipiell dargestellt werden, aus denen durch Analogieschlüsse die Lösungen für die zahlreichen Fälle der Praxis gewonnen werden müssen.

11.5.1 Ein Regens und mehrere Attribute

Alle Attribute (Genitiv, Adjektiv, präpositionaler Ausdruck, nachgestellter gleicher Kasus usw.) sind für die Ordnung *gleichwertig:* keine Art des Attributs wird bevorzugt behandelt. Die Ordnung aller Attribute zu demselben Regens geschieht nach ihrer *Reihenfolge in der Titelformulierung* (PI 198), solange nicht von diesen Attributen abhängige Worte die *Reihenfolge durchbrechen.*

(a) *Mehrere Attribute ohne abhängige Worte*

— Die grünen Hügel Afrikas

Analyse: Hügel
1
grünen Afrikas
2   3

— Großmutters gute Weihnachtsbäckerei

Analyse: Weihnachtsbäckerei
1
Großmutters gute
2   3

— Wadzeks Kampf mit der Dampfturbine

Analyse: Kampf
1
Wadzeks Dampfturbine
2   3

(b) *Mehrere Attribute mit abhängigen Worten*

— Christliche Philosophie von ihren Anfängen bis zu Romano Guardini

Analyse: Philosophie
1
christliche Anfängen Guardini
2   3 | 5 |
ihren   Romano
4   6

Das Possessivpronomen „ihren" ordnet nach seinem Regens „Anfängen" und schiebt sich deshalb zwischen „Anfänge" und „Guardini" und unterbricht die Reihenfolge der OW in der Titelformulierung.

11.5.2 Ein Attribut zu mehreren Substantiven

Bezieht sich ein und dasselbe Attribut auf mehrere Substantive zugleich, so gilt es *nur einmal als OW,* und zwar als dem nächststehenden Substantiv zugeordnet. Dadurch wird die Bestimmung der OW von der *Wortstellung im Sachtitel* abhängig.

(a) *Vorangehendes Attribut*

Nur das *erste* der Substantive gilt als Regens (PI 201), z.B.:

— Theologische Studien und Kritiken

Analyse: Studien + Kritiken
1 | 3
theologische
2

— Goethes Hermann und Dorothea

Analyse: Hermann + Dorothea
1 | 3
Goethes
2

(b) *Nachfolgendes Attribut*

Nur das *letzte* der Substantive gilt als Regens (PI 198, Bsp. „Studien und Mitteilungen aus dem Benedictinerorden"), z.B.:

— Grundlagen und Funktion des Romans

Analyse: Grundlagen + Funktion
1   2 |
Romans
3

219

11.5.3 Personennamen im Titel i.g.F.

Die Unterscheidungen der Verfasseransetzung (vgl. Kap. 8: Familienname, persönlicher Name, Adelsname usw.) und die Reihenfolge ihrer OW werden auch auf *Personennamen in Titeln i.g.F.* übertragen: daher stellen Personennamen eine besondere Art von OW im Titel i.g.F. dar. Zusätzlich werden für bestimmte Fälle durch Fuchs *spezielle Lösungen* eingeführt. Insgesamt stellen daher Personennamen in Sachtiteln ein *besonderes Risiko* für Katalogisierung und Recherche nach PI dar.

(a) Personenname wird 1. OW des Sachtitels

In diesem Fall kann der Sachtiteleintrag mit Verfassereinträgen mit *gleichlautendem 1. OW* zusammentreffen: nach PI 239 gehen alle Sachtiteleinträge allen Verfassereinträgen voran, vgl. 13.4.

(b) Persönlicher Name mit Beiname

Der persönliche Name wird 1. OW, der Beiname gilt als abhängig (PI 239), z.B.:

– Nikolaus von Cues	– Thomas Aquinus
1 2	1 2

(c) Familienname mit Vorname

Der Familienname wird 1. OW, der Vorname gilt als abhängig (PI 200), vgl. 11.4.8; z.B.:

– Nikolaus von Müller (Adelsname)	– Thomas Mann
2 1	2 1

Die formal ähnlich aufgebauten Namen erhalten bei Interpretation nach (b) oder (c) völlig verschiedene OW-Reihenfolgen.

(d) Namensabkürzungen, Initialen

Werden – im Gegensatz zu den anderen OW im Sachtitel, vgl. 9.4.1a – grundsätzlich *nicht aufgelöst* und ergänzt, sondern die vorliegende abgekürzte Form wird als OW angesetzt (PI 198. 199. 212), z.B.:

– Joh. Seb. Bachs Kunst und Leben
   3   4   2   1   5

OW: Kunst Bach Joh Seb Leben

– J.A. Seuffert's Archiv für Entscheidungen der obersten Gerichte in den deutschen Staaten

Analyse:

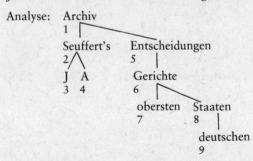

OW: Archiv Seuffert J A Entscheidungen Gerichte obersten Staaten deutschen

Eine weitere Besonderheit ist nach PI 198 für die *Ordnung* zu beachten, wenn *sämtliche* Teile des Personennamens nur mit ihren *Initialen* gegeben sind: auf eine Feststellung von Abhängigkeiten zwischen den Namensteilen wird verzichtet und alle Initialen werden in der *vorliegenden Reihenfolge geordnet*, z.B.:

– Catalogue de la bibliothèque de M. B. D. G.
   1   2   Ü 3 4 5

Zur Übergehung von „M" = Monsieur vgl. 11.11.3a u. 11.12.5a.

(e) Familiendoppelnamen

Werden als OW des Sachtitels im Regelwerk nicht eigens behandelt. Nach F 108,2 erhalten sie eine *merkwürdige Sonderstellung:* einerseits sollen sie als Worteinheit (Kompositum, vgl. 11.7.4) angesehen werden, andererseits sollen sie für die Ordnung *nicht als gewöhnliches Kompositum, sondern als Doppelname* (vgl. 8.2.3) behandelt werden: der Doppelname als 1. OW des Sachtitels soll vor allen gleichlautenden Doppelnamen als Verfasseransetzungen eingelegt werden. Vgl. 13.4.

– Annette von Droste-Hülshoff, ihr Leben und ihre Werke

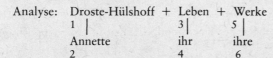

Analyse:　Droste-Hülshoff　+　Leben　+　Werke
　　　　　　1 |　　　　　　　　 3|　　　　 5 |
　　　　　　Annette　　　　　　ihr　　　 ihre
　　　　　　2　　　　　　　　　　4　　　　 6

OW:　Droste-Huelshoff Annette Leben ihr Werke ihre

Mit der Behandlung des Doppelnamens als Kompositum steht Fuchs im Gegensatz zu BTD 1930–34, wo der Doppelname aufgetrennt und wie zwei selbständige OW behandelt wird, z.B.:

– Paula Modersohn-Becker. Ein Buch der Freundschaft. 1932.
　OW:　Modersohn Becker Paula

Für die *Recherche* ist der Familiendoppelname nach Fuchs ein Kompositum mit besonderer Einordnung; in den Katalogen muß man mit unterschiedlicher Ordnung rechnen, wie das BTD-Beispiel zeigt.

(f) Firmendoppelnamen

Werden als OW des Sachtitels im Regelwerk nicht eigens behandelt. Nach F 108,2, der nur Beispiele mit der *Verknüpfung durch Ligatur* anführt, werden sie nach ihren Bestandteilen getrennt geordnet, z.B.:

– Velhagen & Klasing　　　　　　　　 – Breitkopf & Härtel
　1　　　　　　2　　　　　　　　　　　　1　　　　　　2

Wie Fälle mit *Bindestrich-Schreibung* zu ordnen sind, bleibt nach F 108,2 offen; da das Regelwerk keine gegenteilige Verfügung trifft, *darf man annehmen,* daß sie als echte Komposita behandelt werden, obwohl auch das Auftrennen in die einzelnen Namensteile nicht auszuschließen ist; z.B.:

– Daimler-Benz　　　　　　　　　　　 – Klöckner-Humboldt-Deutz
　1　　　　　　　　　　　　　　　　　　1

(fa)　Ein weiteres Problem stellen *Firmendoppelnamen in einer Apposition* dar, vgl. 11.8.3c. Nach F 108,2 soll der Firmendoppelname hier zwar auch nach seinen Teilen geordnet werden, jedoch – abweichend von den allgemeinen Appositionsregeln – eine *Sonderstellung* einnehmen: die Namensteile sollen keine ganz selbständigen OW sein, sondern eine Art Gruppe bilden, die gemeinsam ausgeworfen wird, z.B.:

– Der Verlag Velhagen & Klasing
　　　　　　3　　　1　　　　2

wohingegen nach den allgemeinen Appositionsregeln das grammatisch völlig gleichartig aufgebaute Beispiel ohne Firmenname eine andere Reihenfolge der OW erhält:

– Das Epos Hermann und Dorothea
　　2　　1　　　　　3

Die Regelung des Verlagsbeispiels ist eine willkürliche Festsetzung von Fuchs, eine grammatische Begründung ist nicht ersichtlich. Für die *Recherche* gehören Firmendoppelnamen im Sachtitel wegen der Willkür der Sonderregelungen zu den problematischsten OW.

(g) Scheinbare Doppelnamen in Appositionen

Sie entstehen durch Bezeichnungen für bestimmte Sachverhalte, in denen mehrere Personennamen miteinander verknüpft werden, z.B.:

– Stammbaum Becker-Glauch (d.h. der Familien Becker u. Glauch)
– Prozeß Hilger-Krämer (d.h. Hilger gegen Krämer)
– Das Dreigestirn Wagner-Berlioz-Liszt

Die Ausdrücke sind *Appositionen,* vgl. 11.8.3; die Namensverbindungen sind nach PI 194 keine „einheitlichen Begriffe" und gelten deshalb trotz Bindestrichschreibung nicht als Komposita, sondern als *einzelne Namen.* Für die Bestimmung der OW bilden sie jedoch – abweichend von den allgemeinen Appositionsregeln – keine ganz selbständigen OW, sondern eine Art Gruppe, die gemeinsam ausgeworfen wird:

– Stammbaum Becker-Glauch   – Prozeß Hilger-Krämer
      3   1   2   3   1   2

– Das Dreigestirn Wagner-Berlioz-Liszt
         4   1   2   3

Diese Behandlung nach F 108,2 entspricht derjenigen der Firmendoppelnamen in einer Apposition, vgl. (f).

Scheinbare Doppelnamen werden ständig gebildet in den Sachtiteln der *4.231-Nozze-Schriften,* z.B.:

– Nozze Baschiera-Sartogo   – Nozze Centazzo-Tamassia
    3   1   2   3   1   2

Auch diese Ausdrücke sind Appositionen; die scheinbaren Doppelnamen werden aufgetrennt, nach den einzelnen Namen geordnet und hierbei dem Ordnungsmuster „Prozeß Hilger-Krämer" unterworfen.

(h) Personennamen in Komposita

Alle Wortarten können Komposita bilden, vgl. 11.7; Personennamen treten gewöhnlich als *Bestimmungsworte* zum Grundwort, z.B.:

– Goethe-Gesellschaft   – Richard Wagner-Verein
   1   1 (OW: Richard-Wagner-Verein)

– Oskar und Helene Meyer-Stiftung
   1 (OW: Oskar-und-Helene-Meyer-Stiftung)

(i) Form der Personennamen in Sachtiteln

PI 212: „Werden Personennamen als sachliche OW gebraucht, so bleibt die vorliegende Wortform unverändert, doch wird sie in der zur Zeit üblichen Schreibung angesetzt." Die *vorliegende Wortform* ist durch das Titelblatt gegeben: sie soll unverändert OW werden, z.B. Abkürzungen werden nicht aufgelöst, Namensinitialen nicht ergänzt, vgl. (d). Die *Normierung auf die moderne Orthographie,* die eigentlich nur Vornamen betreffen kann, weil es für Familiennamen keine Rechtschreibung gibt, soll dennoch *auch die Familiennamen* betreffen, wie die Beispiele zeigen: die Vorlageformen „Horatz" und „Shakspeare" sollen als OW zu „Horaz" und „Shakespeare" normiert werden.

11.6 Die Worteinheit

Nach PI 35 werden die Einträge im AK alphabetisch *Wort für Wort* geordnet: „Jedes selbständige Wort gilt bei der Einordnung für sich allein, ..."

Als Voraussetzungen für ein gutes Funktionieren verlangt die Ordnung Wort für Wort eine klare *Definition* des „selbständigen Worts" oder der Worteinheit sowie sicher anwendbare *Ordnungsregelungen.* Dieses zentrale Problem haben weder das Regelwerk noch die Kommentare befriedigend gelöst. Als Folge davon ist mit Uneinheitlichkeiten in den Katalogen zu rechnen, die speziell im Falle englischsprachiger Sachtitel zu Ungewißheiten anwachsen können, vgl. 11.10.4.

11.6.1 Das „selbständige Wort"

Dieser zentrale Begriff wird zwar im Regelwerk nicht definiert, meint jedoch offensichtlich die *lexikalisch belegte Worteinheit,* die als allgemein bekannt gilt, leicht festzustellen ist und zunächst einmal den Vorzug hat, einen überwiegenden Teil aller Titelformulierungen eindeutig in Worteinheiten und damit in Ordnungseinheiten zu gliedern.

11.6.2 Zusammengesetzte Worte (Komposita)

Alle lexikalisch belegten Worteinheiten können allerdings durch den *Sprachgebrauch* in Wortverbindungen oder „zusammengesetzte Worte" eingebracht werden. Damit stellt sich dann das Problem der Worteinheit für zusammengesetzte Worte, das nicht mehr lexikalisch zu lösen ist. Im Regelwerk werden die zusammengesetzten Worte als Komposita (oder auch: Kompositionen) bezeichnet.
Das Problem der Worteinheit bzw. des Kompositums stellt sich auch für die *Satztitel*, vgl. 10.1.4. Das Regelwerk behandelt das Komposita-Problem eigentlich nur für den Titel i.g.F.; praktisch ist man jedoch gezwungen, diese Regelung auch für den Satztitel anzuwenden.

11.7 Das Kompositum

PI 194–197. 210. F 107–108. R 2.5.3.

Weder Regelwerk noch Kommentare geben eine *Definition* des Kompositums. PI 194 kann man allenfalls den Hinweis entnehmen, daß ein Kompositum eine Verbindung von mehreren Worten ist, die einen *„einheitlichen Begriff"* ausdrückt, was immer man darunter verstehen mag. F 107,1 spricht von „echten Komposita, die nach dem *Sprachgebrauch* als eine Einheit gelten", will also auch auf den einheitlichen Begriff hinaus, ohne anzugeben, welche Kriterien der Sprachgebrauch liefert. F 107,2f spricht von einem *„individuellen Begriff"* und weist aber selbst darauf hin, daß „die Bedeutung dessen, was ein individueller Begriff ist, nur schwer festzustellen ist".
Eine Definition des Kompositums liegt also nicht vor; man darf daher auch *keine befriedigenden Regeln* darüber erwarten, welche Ausdrücke als Komposita gelten und welche nicht. Hierin liegt ein fundamentales Problem des Regelwerks. Um dennoch das Regelwerk in diesem Punkt funktionsfähig zu erhalten, hat Fuchs versucht, eine Reihe von Fällen herauszuarbeiten und durch *willkürliche Festsetzungen* zu regeln; so erklärt F 107,2f z.B.

– United States	*zum Kompositum:*	OW: United-States
– United Nations	*zum Regens mit Attribut:*	OW: Nations united

und entscheidet die sprachlich genauen Übersetzungen von United States gegenteilig:

– Vereinigte Staaten	*als Regens mit Attribut:*	OW: Staaten vereinigte
– Etats unis	*als Regens mit Attribut:*	OW: Etats unis

Der „einheitliche Begriff", der „individuelle Begriff" und der „Sprachgebrauch" können *keine Begründungen* für derartige Festsetzungen liefern: ihnen fehlt daher jegliche Schlüssigkeit und Überzeugungskraft, und für die in der Katalogarbeit unerläßliche Analogiebildung geben sie keine Anhaltspunkte, sondern verleiten einfach zu weiterer Willkür, insbesondere wenn es schwierig wird wie in englischsprachigen Titeln.
Für die *Recherche* muß die Kompositaregelung der Instruktionen eindeutig negativ bewertet werden, weil Regelwerk und Kommentar für ganze Fallgruppen keine sicheren Lösungen mehr bieten. F 107,2f erkennt das Problem und empfiehlt zu dessen Entschärfung VW von den „scheinbaren Komposita", d.h. von den nicht eindeutig zu entscheidenden Alternativen. Die Befolgung dieser Empfehlung würde ein allgemeines, klares Problembewußtsein voraussetzen müssen; Regelwerk, Kommentare und Lehrbücher haben jedoch die wirkliche Dimension der Kompositaproblematik nicht dargestellt.

11.7.1 Bestimmungswort und Grundwort

Im einfachsten Fall besteht das Kompositum aus zwei Substantiven; die Worteinheit ist oft formal an der *Zusammenschreibung* oder am *Bindestrich,* eventuell aber auch *formal gar nicht* zu erkennen, z.B.:

– Textbibliothek	– Goethe-Gesellschaft	– United States
1	1	1 (OW: United-States)

Das zuletztstehende Wort ist *Grundwort* und nimmt die Genus-, Numerus- und Kasusformen für den gesamten Ausdruck an; das vorangehende Wort ist *Bestimmungswort* und bleibt unverändert.

11.7.2 Mehrere Bestimmungsworte

Zum Grundwort können mehrere Bestimmungsworte *aller Wortarten* treten. Unabhängig von der Schreibung in der Titelformulierung (Zusammenschreibung, Bindestrich, unverbunden) wird das Kompositum als OW im Katalog stets mit *Bindestrichen zwischen allen seinen Teilen* geschrieben, wenn die Worteinheit nicht bereits durch Zusammenschreibung gegeben ist, z.B.:

– Richard Wagner-Verein
   1 (OW: Richard-Wagner-Verein)

– Oskar und Helene Meyer-Stiftung
   1 (OW: Oskar-und-Helene-Meyer-Stiftung)

Die Bestimmungsworte können auch einen *Satz* darstellen, z.B.:

– Hilf dir selbst-Reihe
   1 (OW: Hilf-dir-selbst-Reihe)

Da grundsätzlich *alle* Wortarten als Bestimmungsworte Teile von Komposita werden können, gilt dies auch für *Artikel, Präpositionen, Konjunktionen und Interjektionen,* also für die „unwesentlichen Worte" nach 11.3, sodaß sie als Teile von Komposita doch ordnungsrelevante Worte werden: damit greift die Kompositaregelung in eine Grundsatzregelung ein.

Beispiele für weitere Wortarten als Bestimmungsworte:

(a) Konjunktionen, Präpositionen, Adverbien

– Peter-und-Paul-Kirche   – Ohne-mich-Parole
– Los-von-Rom-Bewegung   – Pro-memoria

Grundsätzlich können auch Artikel Bestimmungsworte werden, jedoch eher in ausgefallenen Titelformulierungen mit Sätzen als Bestimmungsworten.

(b) Pronomina: – Ich-Bewußtsein

(c) Zahlworte: – Drei-Groschen-Oper

In Ziffern geschriebene Zahlen werden in Zahlworten wiedergegeben, vgl. 9.4.1b, z.B.:

– 700-Jahr-Feier   OW: Siebenhundert-Jahr-Feier

(d) Präfix Sankt-

In Ortsnamen und Appellativa bildet es Komposita, z.B.:

– Sankt-Gallen   – Sankt-Wenzels-Kirche

– Sankt-Petersburg   – Sankt-Josephs-Büchlein

Für das Präfix Sankt- in anderen Funktionen vgl. 8.2.2d: Einfacher zusammengesetzter Familienname, 8.5.3.1: Heiligenname.

(e) Abkürzungen

Die Behandlung wird von der *Aussprache* abhängig gemacht, vgl. 9.4.1a.

(ea) Die Abkürzung wird *als Abkürzung gesprochen:* sie wird ohne Auflösung Teil des Kompositums, z.B.:

– I.-G.-Farben   – AEG-Dynamo   – J.-P.-Bemberg-Aktiengesellschaft

Personennamenabkürzungen werden auch in Komposita grundsätzlich nicht aufgelöst.

(eb) Die Abkürzung wird *aufgelöst gesprochen:* die aufgelöste, gesprochene Form wird Teil des Kompositums, z.B.:

– Dr. Theodor-Heuss-Spende
   1 (OW: Doktor-Theodor-Heuss-Spende)

– 7,5 cm Kanone
   1 (OW: Sieben-Komma-Fuenf-Zentimeter-Kanone)

(f) Adjektive

Erfordern wegen besonderer Probleme eine eingehende Darstellung, vgl. 11.7.3.

11.7.3 Adjektive als Bestimmungsworte

Nach 11.4.4 gilt ein Adjektiv-Attribut zu einem Substantiv als grammatisch abhängig und ordnet stets nach seinem Regens. *Abweichend von dieser Grundsatzregelung* gibt es für die Instruktionen gewisse Adjektiv-Attribute, die nicht als selbständige OW gelten sollen, sondern als *Teile von Komposita* behandelt werden sollen: Regelwerk (PI 195,4) und Kommentar (F 107,2 f) rechnen hierzu zwei Fälle, (a) den sogenannten „einheitlichen Begriff" und (b) das Adjektiv, wenn es sich nur auf das Bestimmungswort bezieht.

(a) Der „einheitliche Begriff"

Der „einheitliche Begriff" (PI) oder „individuelle Begriff" (F) wird überwiegend in zusammengesetzten geographischen Namen oder anderen *namensartigen Bezeichnungen* gesehen, z.B.:

- Schwäbisch-Hall
  1
- Hannoversch-Münden
  1
- Belgisch-Kongo
  1

- Deutsch-Südwest-Afrika
  1
- Heilig-Geist-Kirche
  1
- Rot-Kreuz-Sammlung
  1

Im Deutschen werden derartige Ausdrücke durch Bindestriche als Einheit gekennzeichnet, in anderen Sprachen fehlt eine formale Einheit, z.B.:

- New York
  1 (OW: New-York)
- United States
  1 (OW: United-States)

- East Persia
  1 (OW: East-Persia)
- Great Britain
  1 (OW: Great-Britain)

Grundsätzlich wird der „einheitliche Begriff" auch in gewissen *Sachbegriffen* gesehen, z.B.:

- Legis actio
  1 (OW: Legis-actio)
- Chemin de fer
  1 (OW: Chemin-de-fer)
- Belles-lettres
  1

- Compte-rendu
  1
- Procès-verbal
  1
- Coup d'oeil
  1 (OW: Coup-d'-oeil)

- Comptes-rendus
  1
- Procès-verbaux
  1
- Inventaire sommaire
  1 (OW: Inventaire-sommaire)

Wie die Beispiele für Sachbegriffe zeigen, kann innerhalb des „einheitlichen Begriffs" das Adjektiv auch nachgestellt sein. Während die geographischen und korporativen *Namen* noch eine verhältnismäßig klar begrenzte Fallgruppe darstellen, wird mit den *Sachbegriffen* ein weites Feld von Möglichkeiten eröffnet, Komposita zu bilden, weil niemand weiß, was noch ein „einheitlicher Begriff" ist und wo das „Regens mit Adjektiv-Attribut" nach 11.4.4 anfängt. F 107,2 f sieht die Gefahr; es sei daher „vor jeder zu weit gehenden Auslegung zu warnen"; außer allgemeinen Hinweisen, die keine Fallentscheidung ermöglichen, und Kriterien für das ganz *spezielle Problem der 11.10.4-Komposita im Englischen* gibt er allerdings nur *ein* faßbares Kriterium: ein „einheitlicher Begriff" oder „individueller Begriff" könne nur vorliegen, „solange die einzelnen Teile nicht jeder für sich flektiert" seien. Dieses Kriterium macht die Konzeption des „einheitlichen Begriffs", der ursprünglich nach PI 195,4 ganz *inhaltlich* zu verstehen war und deshalb sogar „Chemin de fer" als Kompositum einschließen konnte (was selbst im Französischen kein Kompositum ist), *abhängig von den verschiedenen Sprachstrukturen:* Sprachen ohne Flexionsendungen würden demzufolge mehr „einheitliche Begriffe" produzieren als solche mit Flexionsendungen wie z.B. das Deutsche, und völlig analoge Übersetzungen wären verschieden zu behandeln, wie das prominente Beispiel zeigt:

- United States   dagegen: - Vereinigte Staaten
  1 (OW: United-States)   2   1

PI 195,4 hat die OW-Bestimmung mit einem unlösbaren Problem belastet; F 107,2 f hat das Problem nicht lösen können. Fuchs hat nur eine Eindämmung des „einheitlichen Begriffs" versucht durch Aufstellung einer *Liste von Negativ-Fällen,* die also keine „einheitlichen Begriffe" darstellen sollen; da diese Liste viele Fälle enthält, die man mit einiger Berechtigung durchaus als „einheitliche Begriffe" im Sinne der PI-Konzeption auffassen könnte, insbesondere die geographischen und korporativen Namen, kann man die Liste nur als *willkürliche Festsetzung* betrachten, die in der Katalogpraxis – mangels einer wirklichen Problemlösung – wahrscheinlich weitgehend Anwendung gefunden hat:

– Deutsches Reich
  2   1
	– Rotes Kreuz
	  2 1
		– Red Cross
		  2 1

– Vereinigte Staaten
  2   1
	– Yellow Book
	  2 1
		– Blue Book
		  2 1

– United Nations
  2   1
	– Vereinte Nationen
	  2 1
		– Alma mater
		  2 1

– Public school
  2   1
	– Foreign Office
	  2 1
		– General Assembly
		  2 1

– Secret Service
  2   1
	– Military Government
	  2 1
		– Fiscal policy
		  2 1

– Common prayer
  2   1
	– Joint Committee
	  2 1
		– Marine engineer
		  2 1

Die Negativ-Liste ist nicht erschöpfend, sondern stellt nur besonders typische Beispiele zusammen, die leicht für „einheitliche Begriffe" gehalten und infolgedessen als Komposita behandelt werden könnten. Für den letztgenannten Fall sieht Fuchs eine VW für das Kompositum Marine-engineer vor: hierzu und generell zum Problem der Adjektive in *englischen Komposita* vgl. 11.10.4 b.

(b) Adjektiv bezieht sich nur auf das Bestimmungswort

Wenn sich das Adjektiv *nicht auf das Grundwort,* sondern auf ein vorangehendes Bestimmungswort bezieht, so wird das Akjektiv Teil des Kompositums, z.B.:

– Heilig-Geist-Kirche
  1
	– Rot-Kreuz-Sammlung
	  1

– Natural-history-review
  1
	– Foreign-Office-List
	  1

„Heilig" bezieht sich nur auf „Geist", „Rot" nur auf „Kreuz", „Natural" nur auf „history", „Foreign" nur auf „office".

Im Deutschen fehlt den Adjektiven oft die Kasusendung, jedoch nicht immer, z.B.:

– Abstrakte-Kunst-Ausstellung
  1
	– Grauer-Star-Operation
	  1

Zum Problem derartiger Verbindungen vgl. Duden-Grammatik, 3. Aufl. 1973, § 519, um die Grenze zu falschen Ausdrücken durch falsche Schreibung zu erkennen (z.B.: eisernes Hochzeitspaar; siebenköpfiger Familienvater).

Dagegen: Bezieht sich das Adjektiv auf das Grundwort und damit auf das ganze Kompositum, so wird das Adjektiv nicht Teil des Kompositums, z.B.:

– Große Kunst-Ausstellung
  2   1
	– Yearly health-report
	  2 1

Zweifelsfall: Erscheint es zweifelhaft, ob sich ein Adjektiv auf das Bestimmungswort oder auf den ganzen Ausdruck bezieht, soll nach F 108,1 e das Adjektiv Teil des Kompositums werden, z.B.:

– American-labour-yearbook
  1
	– American-trade-journal
	  1

Aber auch darüber, ob ein Zweifelsfall vorliegt, kann es unterschiedliche Auffassungen geben; so sieht z.B. F 108,1 d das folgende Beispiel *nicht* als Zweifelsfall und trennt folglich das Adjektiv ab:

– American engineer-weekly
  2   1

Für das Problem der Adjektive in *englischen Komposita* vgl. 11.10.4 bb.

11.7.4 Grundwort ein Name

(a) Ausdrücke mit *Personennamen* oder *geographischen Namen* als Grundwort bilden nach PI 194 und F 108,2 nur dann ein *Kompositum, wenn sie einen „einheitlichen Begriff" ausdrücken:* auch für diesen

226

Fall wird der „einheitliche Begriff" nicht näher bestimmt, weder im Regelwerk noch im Kommentar. Durch die gegebenen Beispiele kann immerhin der vage Eindruck entstehen, mit dem „einheitlichen Begriff" seien hier vielleicht Namen für *in Raum und Zeit historisch belegte Einheiten* gemeint: Menschen, Länder, Regionen, Städte usw., z.B.:

- Droste-Hülshoff (Vgl. 11.5.3 e)   - Barmen-Elberfeld
  1   1

- Elsaß-Lothringen   - Der Gau Halle-Merseburg
  1   2   1

- Deutsch-Südwest-Afrika   - Sachsen-Coburg-Gotha
  1   1

(b) *Keine Komposita* sollen dagegen formal ähnliche Ausdrücke sein, in denen nach Belieben gewissermaßen „unhistorische" Namensverbindungen hergestellt werden, mögen die bezeichneten Sachverhalte auch real und historisch belegt sein oder nicht; die Namensverbindungen werden für die Ordnung aufgelöst, jeder Name wird einzeln geordnet, z.B.:

- Prozeß Hilger-Krämer   (Aber: - Der Fall Droste-Hülshoff; vgl. 11.5.3 e.)
  3   1   2   2   1

- Kollisionsfall Sophie-Hohenstaufen   - Die Städtepartnerschaft Göttingen-Toulouse
  3   1   2   3   1   2

- Die Autobahn München-Salzburg   - Das Dreigestirn Wagner-Berlioz-Liszt
  3   1   2   4   1   2   3

Für die *merkwürdige Behandlung* dieser Namensverbindungen in Appositionen vgl. 11.8.3 (c).

(c) Zu beachten ist, wie stark die Bestimmung der OW durch diese Regelung von der *richtigen inhaltlichen Interpretation* des Sachtitels abhängig ist, auch für alle fremdsprachigen Sachtitel! Daher muß die *Recherche* bei derartigen Ausdrücken besonders mit Zweifelsfällen und schlichten Irrtümern in den Katalogen rechnen und vorsorglich auch die jeweils andere Möglichkeit prüfen.
Die Namen als Grundworte in Komposita sind ein besonders eindringlicher Fall der allgemeinen Problematik der *Personennamen in Titeln i.g.F.*, vgl. 11.5.3.

11.7.5 Grundwort kein Substantiv

In den meisten Kompositabildungen sind die Grundworte Substantive. Grundsätzlich können jedoch auch andere Wortarten diese Funktion übernehmen.

(a) Substantivischer Gebrauch

- Das Als-Ob   - Das So-Sein   - Das Über-Ich
  1   1   1

(b) Partizipien, Adjektive, Adverbien

Zu ihnen können verschiedene Wortarten als Bestimmungsworte hinzutreten, z.B.:

	Komposita:
- Ein zu errichtendes Gebäude	zu-errichtendes
- Sankt Gallische Analekten	sankt-gallische
- Das St. Joachimsthalsche Gymnasium	sankt-joachimsthalsche
- Die Rudolf von Raumerschen Vorschläge	Rudolf-von-Raumerschen
- Die Dr. Müllersche Apotheke	Doktor-Müllersche

(ba) Sonderfall: vor das Adjektiv-Grundwort tritt ein Adverb oder adverbiell gebrauchtes Adjektiv als Bestimmungswort. Nach PI 195,5 und F 107,2 g tritt hier eine *differenzierte Regelung* ein: nur wenn der Begriff des Adjektiv-Grundworts „modifiziert", also in der Bedeutung verändert wird, entsteht ein Kompositum, z.B.:

- nicht-christlich   - römisch-katholisch
  1   1

- deutsch-französisch   - königlich-privilegiert
  1   1

- öffentlich-rechtlich   - allerhöchst-genehmigt
  1   1

Dagegen: Wird das Adjektiv-Grundwort nur gesteigert oder gemindert, so entsteht *kein Kompositum,* z. B.:

– sehr reich	– très-joyeux	– wenig bekannt
2 1	2 1	2 1
– viel größer	– plus grand	– äußerst vorteilhaft
2 1	2 1	2 1
– kaum erfahren	– allseits geschätzt	
2 1	2 1	

Auch hier kann es über die Zuordnung von Fällen wie „allseits geschätzt" *Zweifel* geben, wenn man ihn mit „allerhöchst-genehmigt" vergleicht.

11.7.6 Zusammengezogene Komposita

Zusammengezogene Komposita werden *aufgelöst* (PI 196–197), von wenigen Ausnahmen abgesehen (F 108,3). Wird – in seltenen Fällen – das Grundwort des Kompositums 1. OW, so erhält das Kompositum eine VW (PI 197).

(a) Zwei Komposita mit gemeinsamem Grundwort

Die Zusammenziehung wird aufgelöst, jedes Kompositum in seiner vollständigen Form wird OW, z. B.:

– Staats- und Lebensgeschichte
   Auflösung: Staatsgeschichte und Lebensgeschichte
                1   2

– Hals-, Nasen- und Ohren-Klinik
   Auflösung: Hals-Klinik, Nasen-Klinik und Ohren-Klinik
              1   2   3

– 1870/71   (F 109,3)
   Auflösung: Achtzehnhundertsiebzig achtzehnhunderteinundsiebzig
              1   2

Hier wird nach Fuchs die Auflösung bemerkenswerterweise nicht an der Aussprache orientiert, die eher „Achtzehnhundertsiebzig-einundsiebzig" nahegelegt hätte.

(b) Kompositum und einfaches Wort, das mit dem Grundwort des Kompositums übereinstimmt.

(ba) Das Kompositum ist gekürzt:

das Kompositum wird vervollständigt und in seiner vollständigen Form OW, z. B.:

– Staats- und gelehrte Zeitung
   Auflösung: Staatszeitung und gelehrte Zeitung
             1   3   2

– Chur- und Fürsten
   Auflösung: Churfürsten und Fürsten   (OW: Kurfuersten Fuersten)
             1   2

– Erinner- und Vermahnung
   Auflösung: Erinnerung und Vermahnung
             1   2

(bb) Das einfache Wort ist ausgelassen:

das ausgelassene Wort wird ergänzt, z. B.:

– Gelehrte und Kunstnachrichten
   Ergänzung: Gelehrte Nachrichten und Kunstnachrichten
            2   1   3
   Nach PI 197 VW für „Kunstnachrichten".

– Königliche und Staatsbibliothek
   Ergänzung: Königliche Bibliothek und Staatsbibliothek
            2   1   3
   Nach PI 197 VW für „Staatsbibliothek".

228

(c) Zusammenziehungen im Englischen

Im Englischen fehlen bei derartigen Zusammenziehungen die formalen Anzeichen der Bindestrich-Schreibung, sodaß erst eine sorgfältige Prüfung der Titelaussage herausfinden kann, welche Auflösung vorzunehmen ist, z.B.:

- Danger, distress and storm signal codes
  Auflösung: danger signal codes, distress signal codes and storm signal codes
- Coast and geodetic survey
  Auflösung: Coast survey and geodetic survey
- Geological and natural history survey
  Auflösung: Geological survey and natural history survey
- Social and labour news
  Auflösung: Social news and labour news
- American college and university series
  Auflösung: American college series and university series

Für die Bestimmung der OW in den aufgelösten Ausdrücken vgl. 11.10-Englische Sachtitel i.g.F.

(d) Besondere Schreibungen

Wenn in der Zusammenziehung Gliederungselemente wie Kommata und Konjunktionen fehlen, dann kann die Bindestrichschreibung ein *neues Kompositum* suggerieren, dessen Entstehung aus einer Zusammenziehung nicht mehr berücksichtigt wird, z.B.:

- Hals-Nasen-Ohren-Klinik
  1

Vgl. die andere Schreibung unter (a).

(e) Verbindungen gleichstarker Bestimmungsworte

Nach F 108,3 sollen Zusammenziehungen der folgenden Art *nicht aufgelöst* werden, sondern ein *neues Kompositum* bilden:

- Blut-und-Boden-Lehre
- Peter-und-Paul-Kirche
- Vater-und-Sohn-Problem
- Reich-und-Volk-Verlag
- Arbeiter-und-Bauern-Staat
- Hammer-und-Sichel-Emblem
- Frau-und-Mutter-Hilfsbuch

Kriterien sind nach Fuchs die Verknüpfung durch „und" sowie die gleich starke Betonung der Substantive. Vgl. ähnlich gelagerte Zweifelsfälle unter 11.10.4a-Zusammengezogene Komposita.

11.8 Mehrteilige Appositionen

PI 193. 200.   F 106.   R 2.5.2.

Während die 11.4.9-Einfachen Appositionen keine Schwierigkeiten bereiten, führen die mehrteiligen Appositionen zu *völlig neuen Problemen.* Sie erwachsen aus weitgehend katalogeigenen Regelungen, die nicht mehr aus grammatischen Überlegungen herzuleiten, sondern nur als *willkürliche Festsetzungen* zur Kenntnis zu nehmen sind.

Mit der Appositionsregelung „schaffen die Pr.I. leider eine neue Unsicherheit, die zu den stärksten Angriffen gegen die Pr.I. Anlaß gegeben hat, und die in der Tat nicht leicht zu erklären ist, so daß wegen des sicheren Auffindens solcher Titel vielfach Vw. nicht zu umgehen sind" (F 106,1). Wie weit das Fuchs'sche Drängen auf VW in der Katalogpraxis wirklich Gehör gefunden hat, kann nicht skeptisch genug beurteilt werden; die allgemeine Neigung zu Sicherheits-VW ist nicht sehr groß, und im Falle der besonders problematischen Appositionen könnte man nicht einmal angeben, von *welchen* OW eigentlich dringend verwiesen werden müßte. (Die einzige konsequente und praktikable Lösung, nämlich alle Titel mit problematischen Appositionen für eine Sicherheits-VW als Satztitel nach gegebener Wortfolge einzuordnen, ist in der Literatur nie vorgeschlagen worden.) Die *Recherche* muß sich damit abfinden, daß mehrteilige Appositionen *ohne* Regelwerkkenntnisse überhaupt nicht und *mit* Regelwerkkenntnissen nicht sicher zu kalkulieren sind.

11.8.1 Attribute zum ersten Teil der Apposition

Die einfache Apposition besteht nach 11.4.9 c aus zwei Substantiven, die kein Kompositum bilden und im gleichen Kasus und unverbunden nebeneinanderstehen, und von denen das erste Substantiv Attribut zum zweiten ist und nicht umgekehrt; z.B.:

– Bibliothek Varnhagen
   2   1

– Stadt Berlin
   2   1

– Hotel Kaiserhof
   2   1

– Handelskammer Düsseldorf
   2   1

Der zweite Teil gilt als *Grundwort* und wird 1. OW (PI 193), der erste Teil gilt als grammatisch abhängig (PI 200) und ordnet nach dem Grundwort. Tritt nun zum ersten Teil ein Attribut (Adjektiv, Genitiv) hinzu, so gilt es nach den allgemeinen Ordnungsregeln 11.4.3 ff. als grammatisch von ihm abhängig und ordnet nach seinem Regens, z.B.:

– Die bedeutende Bibliothek Varnhagen
     3   2   1

– Hamburgs Hotel Kaiserhof
   3   2   1

– Meine Stadt Berlin
   3   2   1

– Zwölf Jahre Sozialistengesetz
   3   2   1

Die Erweiterung des *ersten* Teils der Apposition durch *ein* Attribut führt zu einer auffälligen Reihenfolge der OW entgegen der Leserichtung.

11.8.2 Attribute zu beiden Teilen einer Apposition

Hierunter fallen Ausdrücke der folgenden Art, in denen zur leichteren Überschaubarkeit ein senkrechter Strich die beiden Teile der Apposition trennen soll:

– Fünfzig Jahre | rheinische Kunst
   3   2   4   1

– Der juristische Begriff | anfechtbare Rechtshandlung
    3   2   4   1

Die OW sollen nach F 106,2 in folgender *Reihenfolge* bestimmt werden:

1. OW: Grundwort (Kunst; Rechtshandlung)
2. OW: appositionelles Substantiv (Jahre; Begriff)
3. OW: Attribut zum appositionellen Substantiv (fünfzig; juristische)
4. OW: Attribut zum Grundwort (rheinische; anfechtbare)

Im fachsprachlichen Jargon werden die beiden Teile der Apposition auch als linke und rechte Seite (Hälfte) der Apposition bezeichnet und das *Ordnungsmuster* kurz so beschrieben: zuerst das Grundwort in der rechten Hälfte, dann die linke Hälfte vollständig, dann den Rest in der rechten Hälfte.
Das Ergebnis, die Reihenfolge der OW, ist für jeden Außenstehenden überraschend und unverständlich. Eine PI-gemäße Begründung läge in der Feststellung, daß – im ersten Beispiel – „Jahre" und „rheinische" völlig gleichberechtigte Attribute zu „Kunst" sein sollen: akzeptiert man dies, so ist alles weitere nur die konsequente Anwendung des Grundsatzes, daß abhängige Worte unmittelbar nach ihrem Regens ordnen.

11.8.3 Aufzählungen in der Apposition

(a) Steht die Aufzählung auf der *linken* Seite, so entspricht die Ordnung dem Grundmuster nach 11.8.2:

– Stift und Stadt | Aschaffenburg
   2   3   1

(b) Steht die Aufzählung auf der *rechten* Seite, so wird geordnet, als bilde nur das 1. Wort der Aufzählung die Apposition:

– Gewerkschaft | Bau, Steine, Erden
   2   1   3   4

(c) Hier sind die Fälle der *Firmendoppelnamen* und *scheinbaren Doppelnamen* aus 11.5.3 e–g nochmals aufzugreifen: sie gelten einerseits nicht als Komposita, andererseits werden sie auch nicht zu völlig

230

selbständigen Worten aufgelöst, sondern bilden ein nicht näher definiertes Mittelding, wie die Ordnung in der Apposition zeigt, die *gegen das Grundmuster von 11.8.2 verstößt*:

- Der Verlag | Velhagen & Klasing
     3   1   2

- Prozeß | Hilger-Krämer
  3   1   2

- Nozze | Baschiera-Sartogo
  3   1   2

- Das Dreigestirn | Wagner-Berlioz-Liszt
  4   1   2   3

Nach PI 194 sind diese Namensverbindungen *keine* „einheitlichen Begriffe" und deshalb *keine* Komposita und „die einzelnen Namen (gelten) als selbständig" – jedoch *in der Apposition erweisen sie sich keineswegs als selbständig*. Diese Regelung wird weder im Regelwerk noch im Kommentar begründet, man muß sie als *willkürliche Festsetzung* hinnehmen. Weitere Beispiele:

- Der Kollisionsfall | Sophie-Hohenstaufen
      3   1   2

- Die Autobahn | Hamburg-Hannover-Kassel
    4   1   2   3

(Wären die Bestandteile der Namensverbindungen wirklich selbständig, wie PI 194 sagt, so wären alle Beispiele unter (c) wie das Beispiel unter (b) zu behandeln.)
Für die Fälle von *Namensverbindungen als echte Komposita* vgl. 11.7.4.

(d) Aufzählungen in *beiden Teilen* einer Apposition zugleich sind möglich, jedoch selten wegen der sprachlichen Umständlichkeit:

- Die preußischen Städte und Universitäten | Bonn und Münster
    3   2   4   1   5

11.8.4 Appositionen in der Apposition

Wenn der rechte Teil der Apposition selbst eine Apposition darstellt (für den linken Teil ist es kaum denkbar), so gibt es eine „große" und eine „kleine" Apposition, die durch große und kleine Trennungsstriche markiert werden sollen.

Für die Bestimmung der OW wird zunächst die „große" Apposition ins Auge gefaßt und das *Ordnungsmuster* nach 11.8.2 angewandt: das Grundwort in der rechten Seite, dann die linke Seite vollständig, dann der Rest in der rechten Seite, die selbst wieder eine (die „kleine") Apposition ist.

- Ausstellung | Fünfzig Jahre | rheinische Malerei
  2   4   3   5   1

- 100 Jahre | Zoologischer Garten | Basel
  3 2   5   4   1

Im folgenden Beispiel ist zu beachten, daß „Otto von Guericke" moderner Familienname ist, „Otto" also als abhängig gilt (PI 200):

- Zehn Jahre | Technische Hochschule | Otto von Guericke
  3 2   5   4   6   1

(Wäre „Otto von Guericke" als persönlicher Name z.B. eines regierenden Hauses anzusetzen, vgl. 8.5.1, so würde „Otto" 1. OW und „Guericke" 6. OW, die anderen OW würden in ihrer Reihenfolge nicht tangiert.)

11.8.5 Zusammengezogene Komposita in der Apposition

Zusammengezogene Komposita nach 11.7.6 können in beiden Teilen der Apposition auftreten, jedoch kaum in beiden Teilen zugleich. Für die Bestimmung der OW ist zunächst die Zusammenziehung aufzulösen (wenn möglich), dann die Apposition nach dem *Ordnungsmuster* von 11.8.2 zu behandeln:

- 15 Jahre | Königliche und Staatsbibliothek
          Auflösung:
  15 Jahre | Königliche Bibliothek und Staatsbibliothek
  3 2   4   1   5

- Geschäfts- und Verhandlungssprache | Deutsch

Auflösung:

Geschäftssprache und Verhandlungssprache | Deutsch
2   3   1

11.8.6 Geographische Namen in der Apposition

In Appositionen treten geographische Namen gewöhnlich im rechten Teil auf, als *Grundwort;* oft bezeichnet die Apposition dann eine *Korporation:* derartige Ausdrücke sollen nach PI 193 nur dann als Apposition gelten, wenn zur Identifizierung der Korporation der geographische Name erforderlich ist.

(a) Generische Korporationsbezeichnung

Wird eine Korporation nur mit einem Gattungsbegriff wie Krankenhaus, Handelskammer, Verlag, Universität, Stadt, Gemeinde, Institut usw. bezeichnet, so ist ein geographischer Name zur Identifizierung erforderlich: der *gesamte Ausdruck gilt als Apposition,* vgl. 11.4.9 cd; z.B.:

– Handelskammer Düsseldorf
  2   1

– Deichschule Cuxhaven
  2   1

– Kreiskrankenhaus Memmingen
  2   1

– Landesbibliothek Stuttgart
  2   1

(b) Individueller Korporationsname

Wird eine Korporation mit einem individuellen Namen bezeichnet, der zur Identifizierung ausreicht, so bildet ein hinzugefügter geographischer Name (als Sitz oder Kompetenzbereich) *keine Apposition,* sondern gilt als nachgestelltes Attribut im gleichen Kasus, vgl. 11.4.7; z.B.:

– Friedrich-Wilhelms-Universität Berlin
  1   2

– Bayerische Staatsbibliothek München
  2   1   3

      Dagegen: Staatsbibliothek München (Apposition)
                    2   1

– Württembergische Landesbibliothek Stuttgart
  2   1   3

      Dagegen: Landesbibliothek Stuttgart (Apposition)
                    2   1

– Sächsische Höhere Fachschule für Textilindustrie, Chemnitz
  2   3   1   4   5

      Dagegen: Fachschule Chemnitz (Apposition)
                    2   1

(c) Zweifelsfall

Es können durchaus Zweifel darüber bestehen, ob eine Bezeichnung als generisch oder individuell aufzufassen ist. Für dasselbe Beispiel differieren schon Regelwerk und Kommentar:

nach PI 193 *keine* Apposition:

– Akademischer Verlag(,) München
  2   1   3

nach F 106,3 e *Apposition:*

– Akademischer Verlag München
  3   2   1

Eigentlich ist der Zweifelsfall nur durch Recherchen begründet zu entscheiden, wie z.B. für „Mittelrheinmuseum Koblenz" festgestellt werden muß, ob es noch andere Mittelrheinmuseen gibt: nur wenn es mehrere so bezeichnete Museen gibt, bildet der Ausdruck mit Koblenz eine Apposition. Wenn die Korporationsbezeichnung mit dem geographischen Namen *verbunden* wird durch eine *Präposition* (zu; in; von; „Landesbibliothek zu Stuttgart") oder *Komma* (wie es PI 193 für das Beispiel „Akademischer Verlag[,] München" interpretiert), kann ohnehin keine Apposition vorliegen, weil die Definition 11.4.9 c in einem Punkt (unverbunden nebeneinanderstehen) nicht erfüllt ist.
Nach F 106,3 e soll *im Zweifelsfall für die Apposition* entschieden werden: dies entspricht wahrscheinlich auch den ersten Annahmen bei der *Recherche.*

232

11.8.7 Appositionsverdächtige Ausdrücke

Alle Ausdrücke, die man auf den ersten Blick für Appositionen halten möchte, ohne sich dessen ganz sicher zu sein, müssen anhand der *Kriterien der Definition* 11.4.9 c geprüft werden, ob sie die Definition *in allen Punkten* erfüllen: nur dann handelt es sich um eine Apposition. Ist eines der 5 Kriterien nicht erfüllt, so liegt keine Apposition im Sinne des Regelwerks vor.

(a) 1. Kriterium: Substantive   F 106,3 a

Ist der 2. Teil des Ausdrucks *kein Substantiv*, so ist – mit gewissen Ausnahmen, s. u. – der Ausdruck *keine Apposition*, z. B.:

- Paragraph 143   – Das Gewehr M. 96   – Baustahl St 58
  1   2   1   2 3   1   2 3
- Das Schauspiel Was ihr wollt   (Titel in gemischter Form, vgl. Kap. 12)
  1   2   3   4
- Wir beide   (Diese OW ergäben sich auch nach 10.9-Ausdrücke ohne Substantive)
  1   2

  Dagegen Apposition: – Wir Unteroffiziere; für das Pronomen „wir" ist hier substantivischer
                        2   1   Gebrauch anzunehmen.
- Das Jahr Zehn
  1   2

  Dagegen Apposition: – Die Zahl Zehn
                         2   1

Für derartig *subtile Unterscheidungen* (Jahr Zehn; Zahl Zehn) wird zur Begründung gern argumentiert, die Zehn *sei tatsächlich* eine Zahl, deshalb sei „Zahl Zehn" eine Apposition; dagegen sei die Zehn kein Jahr, sondern nur eine nähere Bestimmung zu Jahr und somit abhängiges Attribut. Wie sachgerecht und konsequent die Katalogisierung und die *Recherche* solche Unterscheidungen in allen Sprachen und Fachgebieten anwenden können, steht dahin.

- Staatsfeind Nr 1   (F 106,3 a)
  1   2 3

Die Auflösung der Abkürzung und die Umschreibung der Ziffer in ein Zahlwort ergeben: Staatsfeind Nummer Eins. Wer diesen Fall mit ähnlicher Subtilität behandelt wie das Beispiel „Zahl Zehn", könnte in „Nummer Eins" ebenfalls eine Apposition sehen und zu einer anderen Reihenfolge der OW kommen: – Staatsfeind Nummer Eins
                          1   3   2
- Die Funktion Log G (a)   (F 106,3 a)
  1   2   3 4

Die Auflösung der Abkürzung ergibt: Die Funktion Logarithmus G von a; auch hier könnte man im aufgelösten Ausdruck noch eine Apposition sehen („Funktion Logarithmus") und zu einer anderen Reihenfolge der OW kommen als Fuchs.

(aa) *Ausnahmen*

Nach PI 193 gibt es eine Reihe von Fällen, in denen der 2. Teil ein Adjektiv oder Adverb ist, die dennoch als Appositionen gelten sollen, z. B.:

- Kollektion „Sofort"   – Kollektion „Chic"
  2   1   2   1
- 50 Jahre „Christlich-Sozial"   (F 106,3 b)
  3   2   1

Analoge Bildungen sind sehr zahlreich möglich. Auch Fuchs schätzt diese Ausnahmen als „problematisch" ein; für ihn kann es „jedoch kein Zweifel sein, daß auch hier eine appositionsartige Bildung vorliegt, in der der zweite Bestandteil, obwohl nur ein Adjektiv, am stärksten hervortritt". Das *„Stärkere Hervortreten"* ist allerdings ein unscharfes und dehnbares Kriterium, aufgrund dessen schließlich alle Wortarten als Grundworte von Appositionen fungieren könnten, sodaß auf diese Weise ein Punkt der Definition außer Kraft gesetzt werden kann. PI 193 argumentiert nicht mit stärkerem Hervortreten, sondern spricht nur von der Wortart Substantiv: demzufolge wäre die Appositionsbildung mit Adjektiv oder Adverb am einfachsten mit *substantivischem Gebrauch* zu begründen.

(b) 2. Kriterium: Kein Kompositum   F 106,2

Der appositionsverdächtige Ausdruck ist daraufhin zu prüfen, ob er ein Kompositum darstellt, vgl. 11.7 und – für englischsprachige Ausdrücke – 11.10.4. Nur ein Ausdruck, der kein Kompositum ist, kann eine Apposition sein.

(c) 3. Kriterium: Keine Verbindung zwischen den Substantiven   F 106,3 c

Nur wenn die Substantive unverbunden nebeneinanderstehen, kann eine Apposition vorliegen. Sind die Substantive dagegen *durch eine Präposition, ein Partizip oder anderes Wort oder durch ein Komma verbunden,* so ist der Ausdruck *keine Apposition,* z.B.:

– Gasthaus zum Lamm   Dagegen Apposition: – Gasthaus Lamm
  1   2   2   1

– Loge Zur Sonne   Dagegen Apposition: – Loge Pforte zur Ewigkeit
  1   2   2   1   3

– Über eine Schrift betitelt Beantwortung zweier Fragen
  1   Ü   2   4   3

„Betitelt" ist verbindende Wendung nach PI 202,1 und wird für die Ordnung übergangen, vgl. 11.12.1 b. Ohne die verbindende Wendung läge eine Apposition vor:

– Über die Schrift Beantwortung zweier Fragen
  2   1   4   3

Jedoch ist zu beachten, daß *nicht jede Präposition* in derartigen Ausdrücken die beiden Substantive verbindet: deshalb muß der *Bezug der Präposition* oder des verbindenden anderen Wortes genau geprüft werden, in allen Sprachen und Sachverhalten. So gelten z.B. in

– Regiment von Steinmetz   (Apposition!)
  2   1

beide Substantive als unverbunden, weil die Präposition „von" als Adelsprädikat zum Adelsnamen Steinmetz gehört; es ist kein Regiment *von* einem Steinmetz, sondern nach einem „von Steinmetz" benannt; hieße der Namenspatron nur „Steinmetz", so hieße es „Regiment Steinmetz". Derlei Subtilitäten können in der *Katalogpraxis* angesichts der fremdsprachigen Titel leicht untergehen.

Sind die beiden Substantive *durch Komma verbunden,* so liegt ein *nachgestelltes Attribut im gleichen Kasus* vor, vgl. 11.4.7, das als abhängig nach seinem Regens ordnet, z.B.:

– Berlin, Alexanderplatz   – London, eine Weltstadt
  1   2   1   2

(d) 4. Kriterium: Gleicher Kasus der Substantive   F 106,3 b

Stehen die beiden Substantive *nicht im gleichen Kasus,* so ist der Ausdruck *keine Apposition,* z.B.:

– Fünfzig Jahre preußischer Finanzverwaltung
  2   1   4   3

Der Genitiv des 2. Teils ist nur an der Adjektivendung -er zu erkennen; *dagegen:*

– Fünfzig Jahre preußische Finanzverwaltung   (Apposition)
  3   2   4   1

Hier kann es *Zweifelsfälle* geben, wenn der Kasus des 2. Teils nicht eindeutig zu bestimmen ist, insbesondere bei Personennamen und im Deutschen bei Ortsnamenadjektiven auf -er: nach Fuchs soll ein Genitiv nur dann angenommen werden, „wenn er als solcher aus seiner Form einwandfrei zu erkennen ist", d.h. im Zweifelsfall wird *für die Apposition* entschieden, z.B.:

– Fünfzig Jahre Berliner Volksbibliotheken
  3   2   4   1

(e) 5. Kriterium: Das erste Substantiv ist Attribut zum zweiten   F 106,3 d

Welches der beiden Substantive Attribut zum anderen ist, kann nur durch Prüfung der Titelaussage festgestellt werden, hängt also in hohem Maße vom richtigen Verständnis der Titel in allen Sprachen ab. Ist also *das zweite Substantiv Attribut zum ersten,* so ist der Ausdruck *keine Apposition,* z.B.:

- London, eine Weltstadt   - London als Weltstadt
  1   2   1   2

Das zweite Substantiv ist ein *nachgestelltes Attribut im gleichen Kasus* wie unter 11.4.7 beschrieben. Im Deutschen wird das prädikative Verhältnis durch Verknüpfungen wie „als", „nämlich", „wie" usw. ausgedrückt, während es in anderen Sprachen ohne formale Indizien nur aus der *Bedeutung* zu erkennen ist, z.B.:

- Mulier domina   („Die Frau als Herrin")
  1   2

- L'homme machine   („Der Mensch als Maschine")
    1   2

- La serva padrona   („Die Dienerin als Herrin")
    1   2

- Leibniz philosophe   („Leibniz als Philosoph")
  1   2

Aber auch im Deutschen kann es *schwierige Fälle* geben, die sehr subtile Unterscheidungen erfordern, z.B.:

- Zwei Handwerksburschen Hinz und Kunz
  2   1   3   4

Nach „Handwerksburschen" ist sinngemäß ein Komma oder „nämlich" oder „genannt" einzufügen, wodurch das abhängige Verhältnis deutlich hervortreten würde: der Ausdruck ist daher keine Apposition. Dagegen:

- Die Handwerksburschen Hinz und Kunz   (Apposition)
     2   1   3

11.9 Lateinische Sachtitel i.g.F.

LIT   J.H. Zedler: Großes vollständiges Universal-Lexicon aller Wissenschaften und Künste. 1–64. Lpz. 1732–50. • Ch. Dufresne, sieur Du Cange: Glossarium mediae et infimae Latinitatis. 1–10. Niort 1883–87; Nachdr. 1937–38 u. 1954. • Mittellateinisches Wörterbuch. Bis zum ausgehenden 13. Jh. Hrsg.: Bayer. Akad. d. Wiss. u.a. 1ff. München 1959 ff. • Novum glossarium mediae Latinitatis. Ed.: Consilium Academiarum consociatarum. Hafniae 1959 ff. • E. Habel: Mittellateinisches Glossar. 2. Aufl. Paderborn 1959. • P.A. Grun: Schlüssel zu alten und neuen Abkürzungen. Wörterbuch lat. u. dt. Abkürzungen d. späten Mittelalters u. d. Neuzeit. Limburg 1966. 314 S. • J.F. Niermeyer: Mediae Latinitatis lexicon minus. A medieval Latin – French/English dictionary. Leiden 1976. 1138 S. • W. Rust: Lateinisch-griechische Fachwörter des Buch- und Schriftwesens. Mit Verz. lat. Ortsnamen. 2. Aufl. Wiesbaden 1977. 71 S.

Wie alle anderen Sachtitel i.g.F. unterliegen auch lateinische Titel den *Regelungen nach 11.1–11.8.7;* für die Behandlung im Katalog weisen sie jedoch einige Besonderheiten auf, die teils sprachbedingt sind, teils auf bestimmten Regelungen der Instruktionen beruhen.

11.9.1 Allgemeines

(a) Die Autoren des klassischen Altertums und damit auch die altgriechischen Autoren werden als Verfasser unter den lateinischen Formen ihrer Namen angesetzt, vgl. 8.8.1; in Analogie dazu werden auch ihre Schriften und damit auch solche in griechischer Sprache unter ihren *lateinischen Sachtiteln* angesetzt, weil diese sich im Gebrauch durchgesetzt haben (PI 223. F 79,4). Vgl. 5.120-Originaltexte, 5.121-Übersetzungen.

(b) Lateinische Titelblätter von *Drucken des 16.–18. Jh.* sind im Wissenschaftslatein der Zeit abgefaßt, für das es nur unzureichende lexikalische Quellen gibt; einen gewissen Ersatz bietet das enzyklopädische Lexikon von *Zedler* (vgl. 11.9-LIT) aus der Mitte des 18. Jh., das zwar kein Sprachlexikon ist, aber doch weitgehend die *wissenschaftslateinischen Begriffe* enthält und erläutert, oft nur den deutschen Begriff angibt.
3.52-Barocktitelblätter binden gewöhnlich möglichst viele Angaben auf dem Titelblatt in ein langes, syntaktisches Gefüge ein, das oft einen Satz bildet; bei lateinischen Titelformulierungen führt dies dazu, daß dasjenige Substantiv, das als *1. OW des Sachtitels* anzusehen ist, in seinem *Kasus* von der weit entfernt stehenden *Verbform* bestimmt wird. Da die Verbform gewöhnlich zu übergehen ist,

235

entfällt mit der Verbform auch die Begründung für die Kasusform des 1. OW, das deshalb *als OW in den Nominativ umgewandelt* wird; zur Kasusumwandlung vgl. 9.4.3 u. 11.12.3.

(c) Die *Wortstellung* im Wissenschaftslatein des 16.–18. Jh. unterliegt keinen starren Regeln; inhaltlich und grammatisch zusammengehörende Worte können innerhalb der Titelformulierung entfernt voneinander stehen: dies ändert jedoch nichts an der Regel, daß das *abhängige Wort nach seinem Regens* ordnet. Die allgemeine Bedingung, daß man zur Anwendung der PI den Sachtitel stets *genau verstehen* muß, hat daher für lateinische Titel besondere Bedeutung.

11.9.2 Adjektive

Im Lateinischen werden die Adjektive dem Substantiv, auf das sie sich beziehen, gewöhnlich nachgestellt; vorangestellt werden sie nur bei besonderer Betonung; z.B.:

– Triga opusculorum criticorum rariorum
  1   2   3   4

– Theodosianus codex   – Alma mater
  2   1   2   1

Ein substantivischer Gebrauch ist im Lateinischen nicht immer sicher zu interpretieren.

11.9.3 Eingefügte Nebensätze

In Ausdrücken, die *als Ganzes Titel i.g.F.* darstellen, können besonders in lateinischen Titeln der früheren Jahrhunderte Nebensätze eingefügt sein, z.B.:

– Monumentorum Italiae *quae a Christianis posita sunt* libri 4   (PI 189)
– Oratorum Graecorum *quae supersunt* monumenta ingenii   (PI 190)
– In pustulas malas, morbum *quem malum de Francia vulgus appellat,* ... salubre consilium.   (PI-Anl. I, Bsp. 93)

Weder Regelwerk noch Kommentar geben an, wie derartige eingefügte Nebensätze bei der Bestimmung der OW zu behandeln sind. Der Fall „quae supersunt" ist nur dadurch entschieden, daß dieser Ausdruck nach PI 190 zu übergehen ist. Für die *Recherche* ist das Problem etwas entschärft durch die Tatsache, daß diese Nebensätze gewöhnlich nicht die ersten OW berühren.

11.9.4 Komposita

Im Lateinischen ist – wie übrigens auch in den daraus entwickelten romanischen Sprachen – nur *selten* mit Kompositabildungen zu rechnen: damit bleibt dem Katalogbenutzer in lateinischen Titeln eine der problematischsten PI-Regelungen erspart. PI 194–195 bringen nur wenige lateinische Komposita, bei denen es sich offensichtlich um *feststehende Wendungen* im Sinne des „einheitlichen Begriffs" handelt, z.B.:

– Principes-electores	– Pro-memoria	– Species-facti
1	1	1
– Legis-actio	– Ex-libris	– Facti-species
1	1	1 (F 107,2d)

Für zusammengezogene Komposita gibt es keine Beispiele. Der kompositumverdächtige Ausdruck „Alma mater" wird nach F 107,2f vorsorglich ausgeschlossen und ist als Adjektiv-Attribut zu behandeln, vgl. 11.9.2.

11.9.5 Appositionen

PI 193 und F 106,2 führen nur Beispiele an, die *nur ein lateinisches Substantiv* enthalten, also keine echte Ausdrücke der lateinischen Sprache sind, z.B.:

– Papyrus Ebers   – Gonococcus Neisser
  2   1   2   1

Echte lateinische Appositionen sind jedoch möglich, wenn auch *selten*, sodaß dem Katalogbenutzer in lateinischen Titeln auch eine zweite höchst problematische PI-Regelung weitgehend erspart bleibt; z.B.:

– Urbs Verona   – Oppidum Paestum
  2   1   2   1

Allerdings kann das Zusammentreffen *mehrerer Genitive* im Lateinischen die Interpretation der Bezüge und Abhängigkeiten erschweren und zu *Zweifeln* Anlaß geben, sodaß diese Fälle besonders sorgfältig zu prüfen sind. So erfüllt z.B. im folgenden Titel der Ausdruck „genitricis Mariae" alle 5 Kriterien der Apposition, da der *gleiche Kasus* auch ein Genitiv sein kann, sodaß sich folgende Reihenfolge der OW ergibt:

– De assumptione Sanctissimae Dei genitricis Mariae
    1   4   5 3   2

Dagegen stellt im folgenden Titel der zweite Genitiv-Ausdruck „Regis Sueciae" ein prädikatives Attribut zum vorhergehenden Genitiv-Ausdruck dar, sodaß *keine Apposition* vorliegt:

– Vita et miracula Sancti Erici Regis Sueciae
   1   2   4   3   5   6

Derartige nachgestellte, prädikative Substantive im gleichen Kasus, die *keine Appositionen* bilden, sind im Lateinischen wie auch in den romanischen Sprachen häufig anzutreffen, z.B.:

– Mulier domina   – Fridericus rex   – Princeps monopola   – Helvetia mediatrix
   1   2   1   2   1   2   1   2

Vgl. 11.8.7-Appositionsverdächtige Ausdrücke (e).

11.9.6 Übergehungen

Lateinische Titel unterliegen denselben Übergehungen bei der Bestimmung der OW wie alle Titel i.g.F., vgl. 11.12. Daher ist nur auf einige *typische Fälle* hinzuweisen.

(a) Lateinische Dissertationen, 16.–18. Jh.

Vgl. 4.81-Dissertationen: ältere Form. Nach PI-Anl. I, Bsp. 63 u. F 63 werden bei Dissertationen zur Gradverleihung die *traditionellen Einleitungsformeln* für die Bestimmung der OW übergangen: „Die immer wiederkehrende Einleitung wird weggelassen, da sonst, namentlich bei vielschreibenden Professoren durch den gleichlautenden Anfang des Sachtitels die Ordnung der Titel erschwert würde" (F 63,2), z.B.:

Titelblatt: – Dissertatio inauguralis botanica de fungorum origine ...
Sachtitel: – De fungorum origine ...
                    2   1

(b) Bezeichnung für Umfang der Schrift, Verhältnis zu anderen Teilen   Vgl. 11.12.3

(ba) Bezeichnungen für den *Umfang oder die Einteilung* der Schrift (volumen, pars, tomus, liber, fasciculum usw.) oder ihr *Verhältnis zu anderen Teilen* (continuatio, supplementum usw.) werden, wenn sie nach den allgemeinen Regeln 1. OW sind, nach PI 189 u. F 81. 105,3 für die Ordnung übergangen und neues 1. OW wird das vom übergangenen Begriff abhängige Substantiv, z.B.:

   – Scriptorum rerum Bohemicarum *tomus primus*
     1   2   3   Ü
    (OW: Scriptores)

PI 190 erweitert diese Regelung dahingehend, daß auch *Wendungen, die ein derartiges 1. OW vertreten*, für die Ordnung übergangen werden, z.B.:

   – Oratorum Graecorum *quae supersunt monumenta ingenii*
     1   2   Ü

    (OW: Oratores Graeci)   PI 190 sieht eine VW vor für das im übergangenen Ausdruck stehende eigentliche 1. OW „monumenta".

(bb) Ausnahmen

PI 191 nimmt zwei Fälle von den Übergehungen aus: (1) wenn derartige erste OW „*untrennbar zum Titel gehören*", sollen sie nicht übergangen werden, z.B.:

   – Volumina legum   – Liber iuris civilis urbis Veronae
     1   2   1   2   3   5   4

(Für „urbis Veronae" als Apposition und die Zweifelsfälle bei mehreren zusammentreffenden Genitiven vgl. 11.9.5.)

(2) wenn derartige erste OW „Zahlbegriffe in fester substantivischer Form" sind, sollen sie ebenfalls nicht übergangen werden, z.B.:

– Triga opusculorum criticorum rariorum
  1   2   3   4

(c) *Allgemeine Charakterisierung der Schrift: nachgestellt*   Vgl. 11.12.4

Nur wenn sie am *Schluß des Sachtitels* stehen, sollen nach PI 192 u. F 105,3 solche Worte, die „mehr im allgemeinen das Wesen der Schrift charakterisieren als eigentlich zum Titel gehören", für die Ordnung übergangen werden, z.B.:
– De nervorum in musculos actione dissertatio
   2   3   1   Ü

Diese Regelung gilt für *alle* Schriftenklassen, während 11.9.6a nur die Schriftenklasse der Dissertationen zur Gradverleihung betrifft.

– Historico-ecclesiasticus de Paschate libellus
  Ü   1   Ü

„Historico-ecclesiasticus" hängt vom übergangenen „libellus" ab und muß daher ebenfalls übergangen werden.

Außer den Begriffen der Beispiele (dissertatio, libellus) werden noch genannt: commentatio, disputatio, observatio, epistola, tractatus. Allerdings sollen auch hier nach PI 192 *gewisse Ausnahmen* gemacht werden, vgl. 11.12.4b.

(d) *Den Präpositionen gleichwertige Wendungen*   Vgl. 11.12.1b

Da Präpositionen im Titel i.g.F. als „unwesentliche Worte" gelten, vgl. 11.3.2, die für die Ordnung nicht herangezogen werden, sollen auch *Wendungen, die mit Präpositionen gleichwertig* sind oder nur *verbindenden Charakter* haben, für die Ordnung übergangen werden. PI 202,1 u. F 109,2d geben folgende lateinischen Ausdrücke: loco; in puncto; ad materiam; ad usum; in honorem; in gratiam; z.B.:

– Acta synodorum habitarum Romae 498
  1   2   Ü   3   4

– Acta quaedam Ecclesiae Ultraiectinae exhibita in defensionem iurium
  1   Ü   2   3   Ü   4   5

Übergehung von „quaedam" als unbestimmtes Zahlwort, adjektivisch gebraucht, vgl. 11.12.1c.

– Acta colloquii quod habitum est inter Andream et Bezam
  1   2   Ü   3   4

Der eingeschobene Nebensatz „quod habitum est" hat nur verbindenden Charakter.

(e) *Unbestimmte Zahlworte: adjektivisch gebraucht*   Vgl. 11.12.1c.

Zu den zu übergehenden *adjektivisch* gebrauchten *unbestimmten* Zahlworten gehören im Lateinischen insbesondere: nonnullus, paucus, multus, aliquot, quaedam; z.B.:

– Scriptores aliquot gnomici   – Acta quaedam Ecclesiae ... (vgl. 11.9.6d)
  1   Ü   2   1   Ü   2

Dagegen gelten *totus* und *nullus* als bestimmte Zahlworte und sind daher nicht zu übergehen.

(f) *Unwesentliche Worte*

Im Lateinischen ergeben sich *2 Ausnahmefälle,* in denen unwesentliche Worte an andere Worte angehängt werden können und in diesen Fällen nicht übergangen, sondern *Teil des OW* werden, vgl.

11.3.2-Präpositionen (b): – tecum
11.3.3-Konjunktionen (b): – Scotorumque

238

(g) *Sonstige Übergehungen*   Vgl. 11.12

Die anderen Fälle von Übergehungen im Titel i.g.F., insbesondere

11.12.2-Ordnungszahlen für die Reihenfolge der Publikationen
11.12.5-Appositionelle Titulaturen, Titulaturadjektive
11.12.6-Datierungen bei Gesetzen

weisen keine spezifisch lateinischsprachigen Probleme auf.

11.9.7 Schwierige lateinische Titel i.g.F.

Umfangreiche lateinische Titel wirken wegen der im Lateinischen nicht strikt geregelten Wortstellung leicht unübersichtlich und bereiten dann beim Bestimmen der OW besondere Schwierigkeiten. In diesen Fällen kann die *grammatische Analyse in graphischer Darstellung* hilfreich sein; hierzu 2 Beispiele:

– De libris aliquot vetustissimis bibliothecae academicae Erlangensis sermone Italico conscriptis.

Analyse:

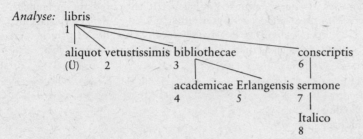

– Indices constitutionum codicis Justiniani ex libris Nomocanonis XIV titulorum collecti.

Analyse:

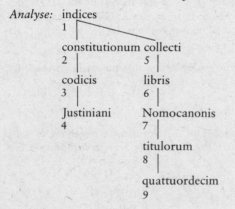

11.10 Englische Sachtitel i.g.F.

Wie alle anderen Sachtitel i.g.F. unterliegen auch englische Titel den Regelungen nach 11.1–11.8.7; für die Behandlung im Katalog weisen sie jedoch Besonderheiten auf, die *erhebliche Probleme* bereiten.

11.10.1 Allgemeines

(a) Das Kernproblem der englischen Sachtitel im PI-Katalog wird verursacht durch die *Sprachentwicklung des Englischen* seit dem Entstehen des Regelwerks um die Jahrhundertwende.

Wortarten

Die Bestimmung der Worte nach Wortarten hat sich tendenziell dahingehend geändert, daß Worte, die früher nur Substantive waren, ohne Änderungen in ihren Formen zunehmend auch als Adjektive gelten.

239

Komposita

Zahlreiche Ausdrücke, die früher als zwei Worte galten, werden allmählich zu Komposita, z.B. „short story" zu „short-story".

Englische Sprachwörterbücher

Beide Veränderungstendenzen werden in den *Wörterbüchern* jeweils zum Redaktionsschluß nach aktuellem Stand festgeschrieben, sodaß verschiedene Wörterbücher verschiedene Aussagen über Wortart und Worteinheit geben und ihre Benutzung infolgedessen leicht zu *völlig verschiedenen OW für denselben Sachtitel* führen kann. Wenn der Katalog die Grundregel nach PI 181 einhalten soll, dieselben Worte stets in derselben Form anzusetzen, so muß daher an jedem PI-Katalog für die Behandlung der englischen Sachtitel *ein bestimmtes Wörterbuch in einer bestimmten Ausgabe* als maßgeblich zugrunde gelegt werden.

(b) Divergierende Entwicklungen im englischen Sprachkreis, vor allem in *Nordamerika,* haben *verschiedene Rechtschreibungen für dasselbe Wort* zur Folge. Solange man daher an der Einheit der englischen Sprache festhält (und nicht Amerikanisch als eigene Sprache mit eigener Rechtschreibung behandelt), muß im Englischen für eine *Normierung* im Katalog gesorgt werden, die über den Grundsatz der „modernen Orthographie" nach 9.4.4 hinausgeht. Das Regelwerk greift dieses Problem nicht auf; F 9,2 schreibt eine Normierung der amerikanischen Schreibungen auf die „englische Form" vor:

labor	normiert zu:	labour
honor		honour
center		centre
catalog		catalogue
archeology		archaeology
encyclopedia		encyclopaedia

Für die *Recherche* sind diese divergierenden Schreibungen ein Problem eigentlich nur im 1. OW des Sachtitels, weshalb nach PI 210 und F 77 nur für abweichende Formen des 1. OW fakultative VW vorgeschrieben werden; in den weiteren OW können die Schreibungsunterschiede den Erfolg der Recherche nur noch in besonders verzwickten Fällen in Frage stellen.

(c) Sprachbesonderheiten, die keinen nennenswerten Veränderungen unterliegen, sind im Englischen der *sächsische Genitiv* und das *Gerundium,* s.u.

11.10.2 Sächsischer Genitiv   Vgl. F 111,1

Der sächsische Genitiv wird gebildet durch ein an das Substantiv mit Apostroph angehängtes „s"; endet das Substantiv bereits durch Pluralbildung auf -s, so wird hinter das bereits vorhandene Endungs-„s" nur ein Apostroph gesetzt:

– Prince of Wales's own regiment	
– Palestine Pilgrims' Text Society	(F 108,1 b)
– Bell's modern language series	(F 108,1 d)
– Harper's public health series	(F 108,1 d)
– Liverpool Working Men's Church Association	(F 108,1 d)

Für die Behandlung als OW nach PI *gehört das angehängte „s" zum Substantiv;* das Substantiv gilt wie ein normaler Genitiv als abhängig von seinem Regens. Ein Problem entsteht, wenn auf dem Titelblatt (wegen des Satzes in Versalien) ein *Wort mit Plural-„s" ohne Apostroph* gesetzt worden ist, das nach dem Bedeutungszusammenhang ein sächsischer Genitiv sein könnte, z.B.:

– FARMERS MAGAZINE   *Nominativ:*   – Farmers-magazine (Kompositum)
                                          1

          Sächsischer Genitiv: – Farmers' magazine
                                    2   1

Je nach Interpretation ergibt sich ein Kompositum oder ein Genitiv-Attribut. Nach F 111,1 soll in diesem Fall geprüft werden, wie der fragliche Ausdruck im *Buchinnern* geschrieben wird: finden sich keine Anhaltspunkte für den Genitiv, so ist im *Zweifelsfall* kein Genitiv, sondern ein Nominativ anzunehmen, der dann gewöhnlich ein Kompositum bildet; hat man sich für den Genitiv entschieden, soll die andere Alternative nach Fuchs eine VW erhalten.

11.10.3 Gerundium, Formen auf -ing

Im Englischen ist das Gerundium das *Verbalsubstantiv* und wird gebildet mit der Endung auf -ing:

> the reading: das Lesen
> the teaching: das Lehren
> the learning: das Lernen, die Gelehrsamkeit

Ein Problem entsteht aus der *formalen Gleichheit des Gerundiums mit dem Partizip des Präsens:*

> reading: lesend; teaching: lehrend; learning: lernend

Für ein Regelwerk, das die Reihenfolge der OW weitgehend von den Wortarten abhängig macht, sind *formal nicht unterscheidbare Wortarten* ein Problem ersten Ranges, und zwar für die PI in allen 3 Sachtitelarten (Satzform, gewöhnliche und gemischte Form). Es kommt erschwerend hinzu, daß auch nach maßgeblichen Grammatiken der englischen Sprache eine Diagnose über die Wortart eines Wortes mit Endung auf -ing entscheidend vom *Kontext* abhängt: und der Kontext einer Titelformulierung reicht oft zur Entscheidung nicht aus.

Die Problematik des Gerundiums kann hier nur so weit dargestellt werden, wie es für die *Zwecke der Recherche* unerläßlich ist; die Darstellung stützt sich auf R. W. Zandvoort: A handbook of English grammar. 13. ed. Groningen 1974. S. 36ff. Für die Worte auf -ing ist demnach mit folgenden Fällen zu rechnen:

(a) Das Wort auf -ing ist reines Substantiv

Es hat keinerlei Verb-Funktionen; die Ausdrücke sind Titel i. g. F.:

> – A human being   – Good evening
>   2   1   2   1
> – The Chrysler building (Kompositum)
>   1

(b) Das Wort auf -ing ist reines Adjektiv

Es hat keinerlei Verb-Funktionen; die Ausdrücke sind Titel i. g. F.:

> – An amusing story   – A charming hostess
>   2   1   2   1

(c) Das Wort auf -ing ist Partizip

Es ist *Verbaladjektiv* in zweierlei Gebrauch:

attributiv: – The burning house   – Playing children
Titel i. g. F.   2   1   2   1

prädikativ: – The house was burning   – The children are playing
Satztitel   1   2   3   1   2   3

                  – Pakistan calling (verkürzter Satz; zu ergänzen: „is")
                     1   2

(d) Das Wort auf -ing ist Gerundium

Es ist *Verbalsubstantiv* mit allen Merkmalen des Nomens wie vorangehende Artikel, Präpositionen, Possessiv- und Demonstrativpronomen, Adjektive und Genitiv-Attribute sowie nachfolgende präpositionale Ausdrücke:

> – The opening of the exhibition   – The history of banking
>   1   2   1   2
> – His handling of the situation   – Reading and writing as common acquirements
>   1   2   1   2   4   3

Obwohl Substantiv, kann das Gerundium jedoch zugleich *verbale Bedeutung* und auch *verbale Funktionen* haben, was daran zu erkennen ist, daß es z. B. durch ein Adverb näher bestimmt werden und – wenn es von einem transitiven Verb abgeleitet worden ist – ein Objekt regieren kann:

– He educated himself by reading widely
   (die vorangehende Präposition „by" zeigt den Charakter des Nomens, das folgende Adverb „widely"
   den Verbcharakter)
– I am fond of smoking a pipe
   (durch das Objekt wird der Verbcharakter deutlich)

(e) Diagnose der Formen auf -ing

Für Titelformulierungen mit Formen auf -ing muß zur Bestimmung der OW die Wortart bestimmt
werden. Dies wird einerseits durch den Doppelcharakter des Gerundiums (Nomen/Verbform), andererseits durch seine formale Übereinstimmung mit dem Partizip Präsens erschwert.
Verhältnismäßig leicht ist das Gerundium vom Verbaladjektiv zu unterscheiden:

Verbaladjektiv, abhängig	*Gerundium, kompositum-bildend*
– the dancing master	– the dancing-master
2 1	1
(der tanzende Meister)	(der Tanzmeister)
– growing children	– growing-pains
2 1	1
(heranwachsende Kinder)	(Wachstumsbeschwerden)

Der Unterschied ist gewöhnlich auch am *Wortakzent* zu erkennen: das Kompositum hat nur einen
Akzent auf dem Gerundium (dáncing-master), während Verbaladjektiv und Substantiv als getrennte
Worte eigene Akzente haben (dáncing máster). *Inhaltlich* ist das Gerundium daran zu erkennen, daß
der vom Kompositum bezeichnete Gegenstand die vom Gerundium bezeichnete Tätigkeit nicht aus-
führt, sondern nur vermittelt:

– swimming-pool   (Schwimmbecken; nicht: schwimmendes Becken)
  1

– reading-room   (Lesesaal; nicht: lesender Saal)
  1

– calculating-machines   – looking-glass   – cataloguing-rules
  1   1   1

Schwierig wird jedoch die Diagnose von *Titelformulierungen, die verhältnismäßig kurz sind und nur
wenige Anhaltspunkte für die Interpretation bieten.* Hiermit sind folgende Formen gemeint:

– Writing letters   – Smoking a pipe
– Climbing trees   – Going to a cinema

Sind die Formen writing, climbing, smoking und going *Partizipien, so haben die Titel Satzform;* PI 204
u. F 105,2 d geben kein einziges derartiges Beispiel. Sind diese Formen *Gerundia, so haben die Titel
gewöhnliche Form;* auch hierfür geben PI 187–203 u. F 105,3–110 kein einziges Beispiel. R 2.5.3
behandelt das Gerundium nur als Problem der Komposita. Dale Sass (vgl. 0.4-1927, S. 124–147)
erwähnt das Gerundium nicht und gibt auch keine derartigen Beispiele. Als einzige Stellungnahme, die
das Gerundium nicht nur als ein Unterproblem der Komposita behandelt, sondern endlich einmal die
(ea) viel entscheidendere Frage *Verb oder Substantiv* aufgreift, ist der Aufsatz von F. MÜLLEJANS (vgl.
0.4-1956) nach rund einem halben Jahrhundert PI-Anwendung erschienen. Müllejans bringt die wirklich problematischen Beispiele:

– Germanizing Prussian Poland   – Redirecting farm policy
– Exploring our national parcs   – Recruiting applicants
– Financing Canadian federation   – Making birds preserve
– Giving wings to words   – Handling people
– Improving human relations through school and activities

Müllejans gebührt zwar das Verdienst, das Problem in Form häufig vorkommender Titelformulierungen zur Sprache gebracht zu haben; er läßt es jedoch an einer *grammatischen Erörterung* der Frage
fehlen, ob in der Form auf -ing ein Gerundium oder ein Partizip vorliegt; der Autor meint vielmehr,
man habe „aus dem Sinn und der Bedeutung des Ganzen zu schließen, ob es sich bei dem Glied auf
-ing um ein Partizip oder ein Gerundium handelt" (S. 116), und sieht insbesondere in allen Fällen, in

242

denen eine Übersetzung ins Deutsche ein Substantiv auf -ung ergibt, den typischen Fall des Substantivs gegeben und behandelt alle Beispiele – bei diesem Verfahren folgerichtig – als Titel i.g.F., und zwar als Substantive mit abhängigen Attributen, z.B.:

- Germanizing Prussian Poland   - Making birds preserve
  1   3   2   1   3   2
  („Germanisierung")

- Exploring our national parcs   - Giving wings to words
  1   3   4   2   1   2   3
  („Erforschung")

Die Behandlung dieser Fälle nach Müllejans erfolgt so, als ob (im 1. Beispiel) der Titel lautete: The Germanizing of Prussian Poland. Da es in der bibliothekarischen Fachliteratur keine anderslautenden Stellungnahmen gegeben hat und das Regelwerk und der Kommentar zu dem Problem schweigen, muß in den PI-Katalogen mit einer Handhabung nach Müllejans gerechnet werden.

(eb) Der Behandlung nach Müllejans stehen jedoch die Aussagen mehrerer *englischer Grammatiken* entgegen, die übereinstimmend zwei Gesichtspunkte herausstellen: (1) die Interpretation der Formen auf -ing hänge vom *Satzzusammenhang* ab, nämlich von im Hauptsatz verwendeten Verben und von der Bedeutung in der Form auf -ing; (2) es gebe zahlreiche Beispiele von *Zweifelsfällen*, deren Formen auf -ing selbst in den Grammatiken sowohl als Partizip wie auch als Gerundium interpretiert werden, vgl. Zandvoort, S. 63: „though in the majority of cases verbal forms in -ing naturally fall into one of the two clearly marked categories, their formal identity has favoured the development of certain uses that do not easily fit into either."

Die Grammatiken bestehen auf der Interpretation eines Satzzusammenhangs, den die obigen Beispiele gar nicht aufweisen; über derartig isolierte, kurze Ausdrücke machen die Grammatiken keine Aussagen. Und sogar bei vorliegendem Satzzusammenhang gibt es den Grammatiken zufolge Fälle, in denen die Frage Partizip oder Gerundium unentscheidbar bleibt, weil sie mit sowohl als auch beantwortet wird. Die Entscheidung der Frage Partizip oder Gerundium hat für die OW der Sachtitel nach PI allergrößte Bedeutung, weil *von der Wortart die Titelart abhängt:* regiert ein Partizip den Ausdruck, so liegt ein Satztitel mit OW nach gegebener Wortfolge vor, vgl. 10.7; regiert das Gerundium als Verbalsubstantiv den Ausdruck, so liegt ein Titel i.g.F. mit OW nach grammatischen Abhängigkeiten vor.

Entgegen Müllejans ist das Problem der englischen Form auf -ing in Ausdrücken wie den obengenannten *unentscheidbar;* diese Ausdrücke sind daher objektiv *Zweifelsfälle im Sinne von PI 204:* bereits im Zweifelsfall, ob ein Satztitel vorliegt, „wird angenommen, daß nicht ein Titel in gewöhnlicher Form, sondern ein Titel in Satzform vorliegt", sodaß alle obengenannten Titelbeispiele als *Satztitel* zu behandeln sind, vgl. 10.10, z.B.:

- Germanizing Prussian Poland   - Giving wings to words
  1   2   3   1   2   3   4

- Exploring our national parcs   - Making birds preserve
  1   2   3   4   1   2   3

- Improving human relations through school and activities
  1   2   3   4   5   6   7

(ec) *Formen auf -ing in der Recherche*

Unproblematisch sind die reinen Substantive (good evening; a human being) und die reinen Adjektive (an amusing story; a charming hostess) sowie die Partizipien als Adjektive (the burning house); mit *einiger Aufmerksamkeit* sind die kompositumbildenden Gerundia zu erkennen (swimming-pool; reading-room); *gänzlich ungewiß* ist allerdings die Behandlung von Ausdrücken, die von vorangehenden Formen auf -ing regiert werden, weil jeder Katalogbearbeiter sich mit den Grammatiken für die Zweifelsfallregelung nach PI 204 oder aber mit Müllejans für das Gerundium entschieden haben kann: die Recherche muß derartige Titelformulierungen unter *beiden Alternativen* suchen.

11.10.4 Komposita im Englischen   Vgl. 11.7

Die Komposita bereiten im Englischen besondere Probleme, die eine eingehende Darstellung erfordern. Dabei handelt es sich außer um den in allen Sprachen problematischen *„einheitlichen Begriff"* (Great Britain; New York; United States) um das spezifisch englische *Gerundium als Bestimmungswort* (swimming-pool; reading-room) und um das im Englischen oft schier unlösbare *Problem der Adjektive* durch die zahlreichenWorte, die bei formaler Gleichheit Adjektiv und Substantiv sein können, also wieder um ein Problem der *Wortart.*

Grundsätzlich können auch im Englischen alle Wortarten als Bestimmungsworte zum Grundwort in einem Kompositum fungieren, überwiegend ohne Bindestrich-Schreibung.

(a) Unproblematische Bestimmungsworte   F 107–108

Substantive, Gerundia, Eigennamen:

- History-review
  1
- Swimming-pool
  1
- Yale-University
  1
- Mount-Wilson-Observatory
  1
- Johns-Hopkins-University-Studies
  1
- The Samuel-D.-Cross-Prize-Essays
  1

Zahlworte:

- The one-thousand-dollar-question
  1

Adverbien, Präpositionen:

- Non-ferrous metals
  2   1
- Post-war-Germany (F 107,2 d)
  1
- Non-self-governing territories
  2   1
- Present-day-problems (F 108,1 b)
  1

Für Ausdrücke wie „post war Germany", die *von Fuchs noch zweifelsfrei* als Komposita behandelt worden sind, weil „war" ein Substantiv ist und „post" sich nur auf „war" bezieht, vgl. 11.10.4 bb, entstehen durch die neueren lexikalischen Quellen insofern Probleme, daß z.B. „post-war" übereinstimmend als Adjektiv ausgewiesen wird, sodaß durch diese Sprachentwicklung das *Kompositum aufgelöst* wird, z.B.:

- Post-war Germany
  2   1
- Present-day problems
  2   1

Hier deutet sich eine Entwicklung an, die die Einheitlichkeit der Katalogpraxis in Frage stellt.

Präfix Saint-:

- Saint-Vitus-Day
  1

Komplexe Ausdrücke:

- Women-in-industry-series
  1
- Second-war-with-Great-Britain-series
  1
- Some-ways-of-managing-series
  1
- On-active-service-series
  1

Sätze:

- How-to-help-series
  1
- Teach-yourself-series
  1
- The forget-about-meat-cookbook
  1
- Look-at-America-series
  1

Wortabkürzungen:

werden entsprechend ihrer Aussprache aufgelöst oder unaufgelöst Teil des Kompositums, vgl. 11.7.2 e;

- The Samuel-D.-Cross-Prize-Essays
  1
- M(a)c-Graw-Hill-Series
  1

Zusammengezogene Komposita: F 108,3

Vgl. 11.7.6. Da im Englischen bei zusammengezogenen Komposita die formalen Anzeichen der Binde-strich-Schreibung fehlen, muß man durch eine sorgfältige Prüfung der Titelaussage herausfinden, welche Auflösung vorzunehmen ist, z.B.:

– Danger, distress and storm signal codes
  Auflösung: Danger-signal-codes, distress-signal-codes and storm-signal-codes
            1   2   3

– Geological and natural history survey
  Auflösung: Geological survey and natural-history-survey
           2   1   3

          Nach PI 197 VW für „natural-history-survey"; vgl. 11.10.4 bb.

– American college and university series
  Auflösung: American-college-series and university-series
          1   2

          Die Annahme des Kompositums für „American-college-series" erfolgt aufgrund der Zweifelsfallregelung nach 11.10.4 bb, weil sich „American" vielleicht nur auf „college", vielleicht aber auch auf das Ganze beziehen soll.

Es sind jedoch *Zweifel* angebracht, ob Beispiele dieser Art überhaupt noch immer als Zusammenzie-hungen von Komposita aufgefaßt worden sind; die *Recherche* muß vorsorglich damit rechnen, daß das obige Beispiel ohne Auflösung als ein Kompositum behandelt worden ist:

– American-college-and-university-series
  1

Die Problematik ist vergleichbar mit Fällen der Bindestrich-Schreibung im Deutschen, z.B.: Hals-Nasen-Ohren-Klinik; vgl. 11.7.6 d.

(b) Hauptproblem im engl. Kompositum: das Adjektiv   F 108,1

Das Problem des Adjektivs im englischen Kompositum hat mehrere Ursachen, die unter drei Gesichts-punkten zusammenzufassen sind:

(1) Es gibt im Englischen zahlreiche Worte, die bei formaler Gleichheit *sowohl Adjektiv wie auch Sub-stantiv* sein können und damit die Bestimmung der Wortart erheblich erschweren, was in den mei-sten Fällen nur noch durch Heranziehen lexikalischer Quellen möglich ist.

(2) Die Zugehörigkeit des Adjektivs zum Kompositum hängt davon ab, an welcher *Stelle im Ausdruck* es steht und auf welches der Worte es sich *bezieht*, was ein genaues Verständnis der Titelaussage erfordert.

(3) Die *Sprachentwicklung* im Englischen hat in den letzten Jahrzehnten nach Ausweis der lexikali-schen Quellen zwei für das Kompositum folgenreiche Ergebnisse gebracht: immer mehr Worte, die ursprünglich nur als Substantive galten, können laut Lexikon auch Adjektive sein, sodaß eine ältere und eine neuere Titelaufnahme nach PI für denselben Sachtitel zu verschiedenen OW kom-men konnten (z.B.: Sanskrit textbook); immer mehr Substantive mit Adjektiv-Attribut (z.B.: short story) werden bereits im Englischen als Komposita ausgewiesen, was eine Ausweitung jener Fälle bedeutet, die PI 194 unter dem problematischen „einheitlichen Begriff" verstand, vgl. 11.7.3 a, und die F 107,2 f möglichst eng ausgelegt wissen wollte: hier verläuft die Sprachentwicklung gegen die Tendenz des Kommentars. Diese Ergebnisse der Sprachentwicklung werden allerdings in den Lexika verschieden festgehalten, sodaß die Katalogentscheidung über die OW des Sachtitels auch noch von dem benutzten Lexikon abhängen kann, wie es im Exkurs 11.10.4 be gezeigt werden soll.

Die Probleme des Adjektivs summieren sich derart, daß in manchen Fällen die OW für einen engli-schen Sachtitel nur nach längerer Betrachtung und Befragen der Lexika bestimmt werden können. Die *Recherche* sollte jeden englischen Sachtitel, der nicht auf Anhieb im Katalog zu finden ist, auf eventuell übersehene Kompositaprobleme prüfen, sorgfältig interpretieren und unter allen denkbaren Möglich-keiten nachschlagen. *Wer nur an einer zügigen Recherchearbeit interessiert ist* und keinen Ehrgeiz verspürt, die nach PI richtige Entscheidung für einen schwierigen Sachtitel herauszufinden, wird schneller zum Ziel kommen, wenn er sich darauf beschränkt, nur *alle möglichen Alternativen für die*

OW-Bestimmung zu überlegen und sie der Reihe nach am Katalog zu prüfen: die Alternativen wird man schnell überblicken und eine zweite oder maximal dritte OW-Reihenfolge sind ebenfalls schnell aufgesucht.

(ba) Adjektiv ist einziges Bestimmungswort

Dies ist der Fall des problematischen „einheitlichen Begriffs" (PI 194) wie unter 11.7.3 a dargelegt, z. B.:

– Great-Britain   – New-York   – United-States
1   1   1

Diese Fallgruppe wird, wie die Lexika zeigen, durch die Sprachentwicklung ausgeweitet, indem z. B. auch Ausdrücke wie „short story" und „post war" zu Komposita werden.

Dagegen bilden in allen anderen Ausdrücken dieser Art, die nicht unter den enggefaßten „einheitlichen Begriff" fallen, die Adjektive *keine Komposita*, sondern sind normale abhängige Attribute, vgl. die Negativ-Liste unter 11.7.3 a, z. B.:

– United Nations	– Common prayer	– Foreign Office	– Red Cross
2 1	2 1	2 1	2 1
– Public school	– Yellow Book	– Joint Committee	– Fiscal policy
2 1	2 1	2 1	2 1
– Secret Service	– Blue Book	– Military Government	– General Assembly
2 1	2 1	2 1	2 1

Die Negativ-Liste ist nicht erschöpfend, sondern stellt nur besonders typische Beispiele zusammen.

Im *Zweifel über die Wortart*, wenn im Englischen dasselbe Wort Adjektiv und Substantiv sein kann, soll nach F 107,2 f angenommen werden, daß ein *Adjektiv* vorliegt und der Ausdruck infolgedessen *kein Kompositum* ist, z. B.:

– Marine animal   – Marine engineer
2   1   2   1

Nach F 107,2 f VW für: – Marine-engineer
                                         1

F 107,2 f empfiehlt eine VW für das „scheinbare Kompositum": wie weit derartige VW gemacht worden sind, steht dahin. Fuchs geht jedoch nicht auf *mögliche Bedeutungsunterschiede für dasselbe Wort in verschiedenen Wortarten* ein, wie sie von den Lexika ausgewiesen werden, z. B.:

„marine" als Adjektiv: zum Meer gehörig
„marine" als Substantiv: Schiffahrtswesen, Marine, Marinesoldat

Einer generellen Adjektiv-Annahme nach F 107,2 f stehen daher alle Fälle entgegen, in denen *die Bedeutung zweifelsfrei ein Substantiv ausweist* wie z. B. „marine" als Substantiv „Marinesoldat" in:

– Marine-Corps
1

Dieser Ausdruck kann daher nur als Kompositum gelten. Für weitere Beispiele von Bedeutungsunterschieden vgl. den Exkurs unter 11.10.4 be.

(bb) Adjektiv bezieht sich nur auf ein Bestimmungswort

Wenn zwei Substantive bereits ein Kompositum bilden, z. B.:

– History-review   – Drama-series
1   1

und in diesem Fall ein Adjektiv hinzutritt, das sich *nur auf das Bestimmungswort* bezieht, so wird das Adjektiv Teil des Kompositums, z. B.:

– Natural-history-review   – Contemporary-drama-series
1   1

(„natural" bezieht sich nur auf „history")   („contemporary" bezieht sich nur auf „drama")

Im *Zweifelsfall* darüber, worauf sich ein vorangehendes Adjektiv bezieht, soll *für* das Kompositum entschieden werden, vgl. 11.7.3 b, z. B.:

- American-labour-yearbook   - American-trade-journal
  1   1

Dagegen ist nach F 108,1 d das folgende Beispiel kein Zweifelsfall und infolgedessen wird das Adjektiv kein Teil des Kompositums, sondern bleibt Attribut:

- American engineer-weekly
  2   1

(bc) Adjektiv bezieht sich auf das gesamte Kompositum

Wenn zu Ausdrücken, die bereits Komposita sind, z. B.:

- Modern-language-series   - Evening-school   - Health-report
  1   1   1

ein Adjektiv hinzutritt, das sich auf das Grundwort und damit auf das gesamte Kompositum bezieht, so gilt das Adjektiv nicht als Teil des Kompositums, sondern bleibt Attribut, z. B.:

- New modern-language-series   - Agricultural evening-school   - Yearly health-report
  2   1   2   1   2   1

(bd) Eingeschobenes Adjektiv

Wenn in Ausdrücke, die Komposita sind, z. B.:

- Loeb-library   - The British-journal-almanac
  1   1

- Philadelphia-Times   - Freer-Gallery-of-Art-papers
  1   1

vor dem Grundwort (oder auch an anderer Stelle) *ein Adjektiv* eingeschoben wird, so sprengt es das Kompositum, und die vor dem Grundwort stehenden Worte werden als abhängige Attribute behandelt, z. B.:

- Loeb classical library   - The British journal photographic almanac
  2   3   1   3   2   4   1

- Philadelphia weekly Times   - Freer-Gallery of Art occasional papers
  2   3   1   2   3   4   1

(be) Exkurs: Kompositum-Diagnose, Wortart-Bestimmung und die Aussagen der Lexika

Für die Kompositum-Diagnose hängt alles von der Bestimmung der Wortart ab, die ihrerseits nur auf Grund maßgeblicher Lexika vorgenommen werden kann; die Lexika jedoch geben oft keine übereinstimmenden Auskünfte. Welche Auswirkungen die Verwendung verschiedener Lexika für die Bestimmung der OW haben kann, soll im folgenden an einigen Beispielen gezeigt werden, aufgrund der beiden Werke von K. WILDHAGEN (Englisch-deutsches, deutsch-englisches Wörterbuch in 2 Bänden. 12. Aufl. Wiesbaden 1963) und E. MURET/D. SANDERS (Langenscheidts enzyklopädisches Wörterbuch der englischen und deutschen Sprache. Neubearb. 1962. 3. Aufl. Berlin 1969).

1. Beispiel: „marine"

Ein unproblematischer Fall, weil beide Quellen darin übereinstimmen, daß das *Adjektiv* „zum Meer gehörig" und das *Substantiv* „Schiffahrtswesen, Marine" und auch „Marinesoldat, Seesoldat" bedeuten. Nur an diesen Bedeutungsunterschieden erkennt man in Wortverbindungen, welche Wortart von „marine" vorliegt und welche OW nach PI daraus folgen:

Adjektiv: - marine animal   - marine fauna
                2   1   2   1

Substantiv: - marine-division   - Marine-Corps
                1   1

Wer z.B. „marine fauna" zum Kompositum machen wollte, müßte mit „marine" die Substantivbedeutung einbringen und würde von einer „Marinesoldatenfauna" oder „Schiffahrtswesenfauna" sprechen. Für die richtige Entscheidung über Komposita im Englischen ist ganz besonders das richtige Verständnis des Titels erforderlich, und dies wiederum hängt oft von einem Blick in das Buch ab: damit steigen die Risiken für die Recherche erheblich.

2. Beispiel: „executive"

Beide Quellen stimmen darin überein, daß das *Adjektiv* „ausübend, vollziehend, leitend" und das *Substantiv* „Exekutive, ausübende Gewalt" bedeuten. Unter den Wortverbindungen gibt Wildhagen denselben Ausdruck beim Adjektiv und beim Substantiv mit verschiedenen Bedeutungen:

Adjektiv: – executive officer   = Batterieoffizier, amerikan.-milit. Begriff
                    2   1

Substantiv: – executive-officer   = erster, geschäftsführender Beamter
                       1   (Beamter der Exekutive)

Nach Muret/Sanders ist jedoch auch im Batterieoffizier das „executive" ein Substantiv und der ganze Ausdruck für PI ein Kompositum. Dieses Beispiel zeigt, daß verschiedene Wörterbücher zu verschiedenen OW im PI-Katalog führen können.

3. Beispiel: „state"

Nach Wildhagen ist „state" *nur Substantiv*. Folglich sind alle Verbindungen mit anderen Substantiven als Komposita nach PI zu werten:

– state-department   – state-criminal
1   1

– state-papers   – state-trial
1   1

Dagegen vermittelt Muret/Sanders eine völlig andere Sachlage: „state" kann *Substantiv und Adjektiv* sein; als *Substantiv* bedeutet es „Staat" und „Zustand", als *Adjektiv* „politisch, Staats ..."; die Wortverbindungen werden folgendermaßen den beiden Wortarten zugeordnet:

Substantiv: – state-affair   – state-department
                       1   1

                    – state-university   – state-aid
                       1   1

Adjektiv: – state criminal   – state trial
                    2   1   2   1

                    – state papers   – state secret
                    2   1   2   1

                    – state documents   – state property
                    2   1   2   1

In diesem Fall differieren die Quellen im Grundsätzlichen. Die von Muret/Sanders eingeführte Unterscheidung zweier Wortarten für das Wort „state" ist an den Bedeutungsunterschieden nur schwer nachzuvollziehen: so ist z.B. in „state aid" und „state property" kein Bedeutungsunterschied für „state" ersichtlich, der den Wortartunterschied begründen könnte. Die Unterscheidung nach Muret/Sanders kann man ohne nähere philologische Studien nur als Festsetzung des Wörterbuchs hinnehmen.

Die Beispiele zeigen, daß die verschiedenen PI-geführten Kataloge und auch die verschiedenen Bearbeitungsphasen desselben Kataloges *erheblich differieren* können, je nachdem, wann das Problem der englischen Sprachentwicklung im Adjektivgebrauch gesehen und seit wann die verschiedenen Quellenlagen erkannt worden sind, ob eine Vereinheitlichung der Arbeit durch Festlegung auf ein bestimmtes Wörterbuch erfolgt ist und ob ältere Katalogeinträge umgearbeitet oder durch VW mit neuen Ansetzungen verknüpft worden sind.

11.11 Besonderheiten anderer Sprachen

Anders als in den beiden größeren Komplexen *Latein* und *Englisch* (vgl. 11.9–11.10) ergeben sich aus den Besonderheiten der anderen Sprachen und Sprachfamilien nur wenige zusätzliche Regelungen für Titel i.g. F. Die folgende Übersicht enthält Hinweise auf:

11.11.1-Skandinavische Sprachen
11.11.2-Romanische Sprachen
11.11.3-Französische Sprache
11.11.4-Rumänische Sprache
11.11.5-Orientalische Sprachen

11.11.1 Skandinavische Sprachen

LIT G. Lohse: Grundsätzliches zur Bildung, Bibliographie und alphabetischen Katalogisierung altnordischer Titel. Köln 1954. 45 S.

(a) Nach PI 188 wird ein dem Substantiv *angehängter Artikel* Teil des OW, vgl. 11.3.1c, z.B.:

– Samlaren   – Dagbladet
  1   1

(b) In *Komposita* können Genitive als Bestimmungsworte auftreten, z.B.:

– Riksdags-protokoll (schwed.)   – Videnskabs-Selskab (dän.)
  1   1

F 107,1 weist jedoch auf Beispiele im Schwedischen hin, in denen die Genitiv-Attribute keine Komposita bilden:

– Bergens Museums arsberetning   – Lunds Universitets arsskrifft
  3   2   1   3   2   1

In diesen Beispielen muß zusätzlich die Abhängigkeit des einen Genitivs vom anderen erkannt werden.

11.11.2 Romanische Sprachen

(a) Eine Besonderheit sind häufig *nachgestellte Substantiv-Attribute* im gleichen Kasus, vgl. 11.4.7, die bereits im Lateinischen auftreten, vgl. 11.9.5; z.B.:

Latein: – Mulier domina   – Fridericus rex
                   1   2   1   2
Französisch: – L'homme machine   – Leibniz philosophe
                   1   2   1   2
Italienisch: – La serva padrona   – Leibniz filosofo
                   1   2   1   2

Derartige Ausdrücke müssen unbedingt von den Appositionen abgegrenzt werden, vgl. 11.8.7e.

(b) Eine weitere Besonderheit der romanischen Sprachen ist die Anknüpfung näherer Bestimmungen über *Infinitive, Partizipien oder präpositionale Ausdrücke,* die nur floskelhafte Bedeutung haben und deshalb nach PI 202,1 als *den Präpositionen gleichwertige Wendungen* gelten und für die Ordnung übergangen werden, vgl. 11.12.1b, z.B.:

– Pièces *pour servir à l'histoire* …   – Delle ricerche *a proposito di* …
– Des études *au sujet de* …   – La conferenza stampa *tenuta a* …
– L'incendie *causé par* …   – Il miracolo *avvenuto a* …

Bei Übersetzung ins Deutsche erscheinen diese Wendungen an sich als aussagekräftig, besagen jedoch im Sachzusammenhang nur Selbstverständliches: der Brand verursacht durch …; die Pressekonferenz gehalten im …; das Wunder geschehen in …

11.11.3 Französische Sprache   Vgl. 11.11.2

(a) Titelblattformulierungen im Französischen enthalten vor Namensangaben oft die *Anrede „Monsieur"*, auch auf die Initiale gekürzt, die dann richtig als solche erkannt werden muß, weil die dem Namen vorangehende Titulatur für die Ordnung übergangen wird, vgl. 11.12.5 a:

– Catalogue de la bibliothèque de M. B. D. G.
  1   2   (Ü) 3 4 5

Für die Ordnung der Namensinitialen nach ihrer Reihenfolge vgl. 11.5.3 d.

(b) Als *Komposita* im Sinne des problematischen „einheitlichen Begriffs" gelten im Französischen nach PI 195,4:

– Beaux-arts 1	– Belles-lettres 1	– Compte-rendu 1
– Comptes-rendus 1	– Procès-verbal 1	– Procès-verbaux 1
– Inventaire-sommaire 1	– Chemin-de-fer 1	– Coup-d'oeil 1

Hierunter finden sich auch Ausdrücke mit nachgestelltem Partizip bzw. Adjektiv und mit präpositionalen Attributen (de fer). Einige der Beispiele sind auch nach lexikalischen Quellen (z.B. *Bertaux/Lepointe*) Komposita, *andere jedoch nicht,* z.B.: compte rendu, inventaire sommaire, chemin de fer, coup d'oeil. Der „einheitliche Begriff" der PI ist auch im Französischen nicht auf die Wörterbuchaussagen zu stützen.

11.11.4 Rumänische Sprache   Vgl. 11.11.2

Im Rumänischen wird der *Artikel dem Substantiv angehängt:* er wird nach PI 188 Teil des OW, vgl. 11.3.1 c, z.B.:

– Anuarul   – Analele
  1   1

11.11.5 Orientalische Sprachen   Vgl. 3.37

(a) Die Einordnung von Drucken in orientalischen Sprachen in den PI-Katalog bereitet besondere Schwierigkeiten in vieler Hinsicht:

– die orientalische Schrift muß in die lateinische Schrift des Kataloges umgesetzt – *transliteriert oder transkribiert* – werden;
– orientalische Schriften unterliegen oft *besonderen Zitiergewohnheiten,* z.B. Zitierung auch von Verfasserschriften überwiegend unter ihren Sachtiteln; vgl. 1.2-Authentische Schriften mit besonderer Zitierweise;
– *orientalische Namen* haben je nach ihrer kulturellen Tradition einen eigenen Aufbau, sodaß für ihre Behandlung im Katalog spezielle Regelungen erforderlich sind, vgl. 8.8.3-Namen in orientalischen Sprachen;
– zur Behandlung von Sachtiteleinträgen nach PI gehört grundsätzlich das *richtige Verständnis der Sachtitelformulierung:* diese Voraussetzung können Katalogbearbeiter nur in Ausnahmefällen erfüllen; immerhin kann auch ein Sprachunkundiger einen orientalischen Titel im Katalog nachzuschlagen versuchen, wenn der Titel in Transkription vorliegt.

(b) Im Hebräischen und Arabischen beginnen zahlreiche Sachtitel mit der *Gattungsbezeichnung* für Buch oder Schrift: *Sefer* (hebr.) und *Kitab* (arab.); diese Gattungsbezeichnungen werden, obwohl grammatisch erstes unabhängiges Substantiv, nach PI 192 „in der Regel übergangen", z.B.:

– Sefer haz-zikrōnōt
  (Ü)   1
– Kitab ar-ri'āja li-ḥuqūq Allah
  (Ü)   1

Hängt jedoch von diesen Gattungsbezeichnungen ein Adjektiv ab, so werden sie nach E. WAGNER (vgl. 0.4-1961) nicht übergangen: ein Kriterium, das nur mit Sprachkenntnissen angewendet werden kann.

Eine dem Ordnungswort vorangehende Silbe, die durch Bindestrichschreibung sichtbar abgeteilt ist, ist in den meisten Fällen der Artikel und wird ebenfalls für die Ordnung übergangen (s. o.: haz; ar).

(c) Hinsichtlich der *Sachtitelordnung* im Katalog ist für orientalische Titel mit ziemlicher Uneinheitlichkeit in den Bibliotheken zu rechnen. Da die Anwendung der PI-Regeln für Titel i. g. F. auf Titel in orientalischen Sprachen wegen deren sprachlicher Eigenarten keine brauchbaren Ergebnisse liefert (so gehen z. B. einige Wortarten ineinander über, der status constructus wäre überhaupt nicht zu klären und würde die Kompositafrage neu aufrollen), muß man mit folgenden *Alternativen* in der Katalogpraxis rechnen:

(1) In *einigen* orientalischen Sprachen werden die Sachtitel nach PI, in den *anderen* nach gegebener Wortfolge geordnet.

(2) In allen orientalischen Sprachen werden die Sachtitel nach *Wortfolge* geordnet.

(3) Als Variante zu (1) und (2) werden eventuell Sachtitel in einigen orientalischen Sprachen, vorzugsweise in den fernöstlichen, nicht einmal nach Wortfolge, sondern jeder Titel mit allen seinen Worten als eine *Buchstabenfolge* geordnet, um das Problem der Wortabgrenzung und Worteinheit auszuschalten.

PI schreiben für orientalische Sachtitel keine abweichende Ordnung vor; F 105,2 f empfiehlt die Behandlung als Satztitel, also nach gegebener Wortfolge; nach E. WAGNER (vgl. 0.4-1961, S. 34–39) ist *für Orientalia die Ordnung nach Wortfolge* die Regel, womit er wahrscheinlich die aktuelle Entwicklung der Katalogpraxis beschreibt. Für die *Recherche* nach orientalischen Sachtiteln ist daher unbedingt Auskunft über die Handhabung im jeweiligen Katalog einzuholen. Vgl. 10.11.

11.12 Übergehung von Worten für die Ordnung

PI 188–192. 198. 202–203. F 105,3. 109,2. R 1.5.2 u. 2.5.1.

Grundsätzlich sind folgende Unterscheidungen zu beachten:

– die *Abgrenzung des Sachtitels* von anderen Angaben des Titelblatts, vgl. 9.1; hierbei handelt es sich noch nicht um Übergehungen von OW;
– die *Übergehungen sind nach Titelarten verschieden* geregelt; für die *Satztitel* vgl. 10.1.2; für die *Titel i. g. F.* sind insgesamt 8 Paragraphen der PI heranzuziehen: sie sind die Grundlage der folgenden Darstellung.

11.12.1 Unwesentliche Worte   Vgl. 11.3

(a) Generell als unwesentlich gelten die folgenden *Wortarten:*

– Artikel, vgl. 11.3.1   – Konjunktionen, vgl. 11.3.3
– Präpositionen, vgl. 11.3.2   – Interjektionen, vgl. 11.3.4

Diese Wortarten werden für die Ordnung übergangen, mit zwei *Ausnahmen:* wenn die Worte an andere Worte angehängt sind oder Bestandteil von Komposita werden, vgl. 11.7.2.

(b) Den Präpositionen gleichgestellt und deshalb für die Ordnung übergangen werden nach PI 202,2 solche sprachlichen *Wendungen, die mit Präpositionen gleichwertig* sind, weil sie inhaltlich nicht mehr als einen Anschluß mit einfacher Präposition ausdrücken:

– Gießener Studien *auf dem Gebiet* der Geschichte
  2   1   Ü   3
– Pièces *pour servir* à l'histoire du 19. siècle
  1   Ü   2   4 3
– Documents *relating to* New-England-federalism
  1   Ü   2

PI 202,2 gibt eine Liste weiterer derartiger Wendungen:

in betreff	in Angelegenheiten	ad materiam
mit Rücksicht auf	zum Gebrauche	ad usum
infolge	herausgegeben von	in honorem
auf Grund	zu Ehren	in gratiam

unter der Leitung	zugunsten	au sujet de
auf Befehl	editus a	to illustrate
im Namen	loco	governing
in Sachen	in puncto	publié par

In den romanischen Sprachen sind derartige verbindende Wendungen verhältnismäßig häufig, vgl. 11.11.2 b. Nach F 109,2 d soll jedoch geprüft werden, ob eine Wendung eventuell doch mehr als eine einfache Präposition aussagt: z.B.: „auf dem Gesamtgebiet", „aus den Grenzgebieten" und ähnliche Wendungen sollen deshalb *nicht* übergangen werden. Auch diese Regelung erfordert ein genaues Verständnis der Titelaussage – in allen Sprachen – um eine einheitliche Katalogpraxis zu erreichen.

(c) Ferner gelten *adjektivisch gebrauchte unbestimmte Zahlworte* als unwesentlich und werden nach PI 202,2 und F 109,2 e für die Ordnung übergangen:

- Scriptores aliquot gnomici
  1   Ü   2
- Etwas Neues
  Ü   1
- Einige Bemerkungen über den deutschen Adel
  Ü   1   3   2

Bestimmte Zahlworte und substantivisch gebrauchte Zahlworte dagegen werden OW, vgl. 11.4.5.

11.12.2 Ordnungszahlen für die Reihenfolge der Publikationen

Solche Ordnungszahlen, die nur die *Reihenfolge* der Publikationen angeben, werden nach PI 202,2 und F 109,2 e für die Ordnung übergangen:

- 11. Jahresbericht der Deutschen Handelskammer in Ägypten
  Ü 1   3   2   4
- Lily-Braun-Schule. Bericht zum Schuljahr 1950
  2   1   Ü   Ü
- Proceedings of the 5. annual meeting of the Connecticut Pomological Society
  1   Ü 3   2   5   6   4
- Natural-Law-Institute. Report for the year ending on July 31st, 1910
  2   1   Ü   Ü   Ü   Ü   Ü
- Congrès international des éditeurs. Compte-rendu de la 2. session
  3   4   5   1   Ü 2

Wie die Beispiele zeigen, werden auch Jahresbezeichnungen zu den Ordnungszahlen (Schuljahr; year ending) übergangen, nicht jedoch andere gezählte Objekte wie Jahresbericht, annual meeting, session usw. Nach F 109,2 e muß sorgfältig geprüft werden, ob es sich wirklich um die Zählung einer *bibliographisch zusammenhängenden Folge von Veröffentlichungen* handelt: z.B. bei Titeln der Form „Festschrift zur 34. Versammlung ..." kann es sich durchaus um eine einmalige Veröffentlichung handeln, und dann gibt die Ordnungszahl nicht die Reihenfolge der Publikation an und wäre sehr wohl als OW heranzuziehen (die Interpretation von Fuchs zu seinem eigenen Beispiel erscheint daher widersprüchlich).

11.12.3 1. OW bezeichnet Umfang der Schrift

(a) Bezeichnet das erste unabhängige Substantiv des Sachtitels nur den *Umfang* der Schrift oder ihr *Verhältnis zu anderen Teilen* desselben Werks, so wird dieses Substantiv nach PI 189 u. F 105,3 für die Ordnung übergangen, und das vom übergangenen Wort *nächste abhängige Substantiv* wird 1. OW, z.B.:

- Scriptorum rerum Bohemicarum tomus primus
  1   2   3   Ü

  OW: Scriptores rerum Bohemicarum
- Actorum et gestorum Sueco-Polonorum semestrale primum
  1   2   3   Ü

  OW: Acta gesta Sueco-Polona
- Handausgabe der Reichsversicherungsordnung
  Ü   1

252

– Geographiae veteris scriptorum Graecorum minorum libri 4
   2   3   1   4   5   Ü

   OW: Scriptores geographiae veteris Graeci minores

– De Messiae duplici adventu libri 2
      2   3   1   Ü

   OW: Adventu Messiae duplici

Ist der *Kasus des neuen 1.* OW (und auch die Kasus zu ihm gehöriger Attribute) *direkt abhängig* von dem übergangenen Substantiv, so werden das 1. OW und eventuelle kasusgleiche Attribute in den Nominativ verändert (PI 208), wie die obigen Beispiele zeigen; dabei ist zu beachten, daß ein durch eine Präposition bedingter Kasus (De ... adventu) nicht verändert wird. Für die *Recherche* ist es wichtig, daß das übergangene Substantiv eine fakultative VW erhält, „wenn es beim Zitieren einen festen Bestandteil des Titels bildet" (PI 189). Vgl. 9.4.3.

(b) „Ebenfalls übergangen werden die *ein derartiges Substantiv vertretenden Wendungen*, wie „quae supersunt" u. dgl., selbst wenn ihnen noch ein Substantiv beigefügt ist" (PI 190), z.B.:

– Herculanensium voluminum quae supersunt
   2   1   Ü   Ü

   OW: Volumina Herculanensia

– Oratorum Graecorum quae supersunt monumenta ingenii
   1   2   Ü   Ü   Ü   Ü

   OW: Oratores Graeci

Die Veränderung der direkt abhängigen Kasus in den Nominativ erfolgt auch hier; im 2. Beispiel wird von „monumenta" verwiesen.

(c) *Ausnahme:* Gehören derartige zu übergehende Substantive *untrennbar zum Titel,* so werden sie nach PI 191 doch 1. OW, z.B.:

– Buch der Weisheit   – Zwölf Bücher preußischer Geschichte
   1   2   2   1   4   3

– Volumina legum   – Ein Dutzend schöner und üblicher Kirchengesänge
   1   2   1   3   4   2

11.12.4 1. OW bezeichnet Wesen der Schrift im allgemeinen

(a) Wenn ein am *Schluß(!) des Sachtitels* stehendes unabhängiges Substantiv das Wesen der Schrift nur sehr allgemein charakterisiert, so wird es nach PI 192 für die Ordnung übergangen und an seiner Stelle wird *das nächste von ihm abhängige Substantiv* 1. OW; als allgemein charakterisierende Begriffe gelten z.B.:

cenno	libellus
commentatio	observatio
disputatio	epistola
dissertatio	sefer (hebr.)
tractatus	kitab (arab.)

„Sefer" und „kitab" werden auch übergangen, wenn sie am *Anfang* des Sachtitels stehen: dies ist nach dem Sprachgebrauch im Hebräischen und Arabischen sogar der Normalfall; vgl. 11.11.5 b.

– De nervorum in musculos actione dissertatio
      2   3   1   Ü

– Historico-ecclesiasticus de paschate ... libellus
   Ü   1   Ü
   (Historico-ecclesiasticus: übergangen, weil abhängig von libellus)

– Sefer haz-zikronot
   Ü   1

(b) Hat jedoch ein solches nachgestelltes Substantiv *Bedeutung für die Titelaussage* (z.B. „epistola" nicht nur als Kennzeichnung eines literarischen Genres, sondern zur Bezeichnung eines Einzelbriefs), so wird es doch OW (PI 192), z.B.:

- Ad Johannem Vahlen epistola
   3   2   1

- In festo assumptionis SS. Dei genitricis Mariae oratio
  2   3   6 7 5   4   1

Zur Interpretation des Ausdrucks „SS. Dei genitricis Mariae" vgl. 11.9.5.

11.12.5 Appositionelle Titulaturen; Titulaturadjektive

(a) Enthält ein Sachtitel *Personennamen* und gehen dem Personennamen *Titulaturen, Amts- und Standes-bezeichnungen* unmittelbar voran, so werden die Titulaturen usw. für die Ordnung übergangen (PI 202,3), z. B.:

- Fürst Bismarck im deutschen Liede
  Ü   1   3   2

- Herzog Friedrich VIII. von Schleswig-Holstein
  Ü   1   2   3

- Versteigerung der Bücher aus dem Besitz von Herrn Prof. H. Müller
  1   2   3   Ü Ü 5 4

Während Adelstitel, akademische Titel und Anredeformen sicher als solche zu erkennen sind und übergangen werden, können Unsicherheiten entstehen bei *Berufsbezeichnungen, die mit Ämtern identisch* sind oder mit ihnen verwechselt werden, vor allem in den Bereichen des Unterrichts- und Justizwesens. So wären z. B. „Lehrer, Volksschullehrer, Schulmann, Gymnasiallehrer" als reine *Berufsbezeichnungen* aufzufassen und daher *nicht zu übergehen,* während „Hauptlehrer, Rektor, Studienrat, Professor" sicher Ämter bezeichnen und zu übergehen sind. Auch im kirchlichen Bereich und ganz allgemein in älteren Buchtiteln können Bezeichnungen vorkommen, die nicht leicht und eindeutig als Beruf oder Amt zu diagnostizieren sind. Da weder Regelwerk noch Kommentar hierin ein Problem sehen, ist mit *unsicherer Handhabung* in den Katalogen zu rechnen.

(b) Auch *Adjektive und Adverbien, die von Titulaturen abgeleitet* sind, also z. B. „kaiserlich, königlich, fürstlich, herzoglich, gräflich, freiherrlich", sollen nur unter zwei höchst speziellen Bedingungen übergangen werden, nämlich wenn ein (1) *Länderadjektiv* folgt, das (2) zugleich ein *„dazugehöriges",* nämlich sachlich zum Titulaturadjektiv gehöriges sein soll. Damit ist folgendes gemeint: im „königlich-preußisch" gehört preußisch dazu, denn es gibt einen preußischen König – in dem Ausdruck „königlich-asiatisch" gehört asiatisch nicht dazu, weil es keinen König von Asien gibt. Es sind daher 3 Fälle zu unterscheiden:

(ba) Titulaturadjektiv ohne Länderadjektiv

Das Titulaturadjektiv wird stets OW, z. B.:

- Die Königliche Bibliothek
  2   1

- The Royal Society
      2   1

(bb) Titulaturadjektiv mit dazugehörigem Länderadjektiv

Das Titulaturadjektiv wird übergangen, das Länderadjektiv wird OW, z. B.:

- Das königlich preußische Ministerium
     Ü   2   1

- Der fürstliche Münstersche Besitz
     Ü   2   1

Wenn der erste Teil als Adverb keine Kasusendungen annimmt, gelten solche Ausdrücke als *Komposita,* vgl. 11.7.5; wie das Beispiel „königlich preußisch" in PI 202,3 zeigt, hebt die Übergehung des Titulaturadjektivs sogar eine Kompositum-Bindung auf!

(bc) Titulaturadjektiv mit nicht-dazugehörigem Länderadjektiv

Beide Adjektive werden OW; ist das Titulaturadjektiv eine adverbielle Bestimmung zum Länderadjektiv, so bilden beide ein Kompositum, vgl. 11.7.5.

- The Royal Asiatic Society
    2   3   1

- Der kaiserlich-französische Friedensschluß 1714
    2   1   3

Hinweis: Die *inhaltliche* Prüfung ist entscheidend. 1714 gab es keinen französischen Kaiser: gemeint ist der Friedensschluß zwischen dem Kaiser und Frankreich; folglich ist *französisch* „nicht-dazugehörig" und beide Adjektive ordnen, hier als Kompositum. Nach Napoleons Selbstkrönung zum Kaiser der Franzosen 1804 wäre im Sachtitel

– Die kaiserlich-französische Herrschaft
   (Ü)   2   1

französisch nun als „dazugehörig" anzusehen, und das Titulaturadjektiv wäre zu übergehen.

(bd) Insgesamt ist die Regelung für Titulaturadjektive und -adverbien sehr eng begrenzt worden und durch die *inhaltliche Prüfung der „Dazugehörigkeit"* erschwert. F 109,2f weist darauf hin, daß „heute die von Titulaturen abgeleiteten Adjektiva vielfach überhaupt weggelassen (werden), nicht nur wenn ihnen ein dazugehöriges Länderadjektiv folgt", spricht sich jedoch gegen diese Handhabung aus. Für die *Recherche* muß daher mit einiger Uneinheitlichkeit in den Katalogen gerechnet werden.
Fuchs begründet seine Ablehnung der weitergehenden Übergehung *aller* Titulaturadjektive damit, daß sonst „nach und nach immer mehr Regeln der Pr.I. außer Kraft gesetzt und so die Pr.I. ausgehöhlt werden, nur weil einzelne Bearbeiter mit ihnen nicht fertig zu werden vermögen."

11.12.6 Datierungen bei Gesetzen usw.

(a) Enthalten Sachtitel von Gesetzen, Verordnungen, Verträgen oder Verhandlungsprotokollen eine *sachliche Bestimmung* (z.B.: Gesetz zum Schutze der Jugend; Verhandlungen über wissenschaftlich-technische Zusammenarbeit; Friedenstraktat zu Nimwegen; Schul-Reglement für die Universität Breslau), so wird nach PI 202,4 ein *zusätzlich angegebenes Datum für die Ordnung übergangen*, z.B.:

– Gesetz vom 28. Juli 1906, betreffend die Unterhaltung der öffentlichen Volksschulen
   1   Ü   Ü   Ü   (Ü: 11.12.1b)   2   4   3

(b) Ist dagegen das *Datum die einzige Sachaussage*, so werden seine Angaben OW, z.B.:

– Das Gesetz vom 5. Februar 1875
   1   3 2   4

OW: Gesetz Februar fuenften achtzehnhundertfuenfundsiebzig

11.12.7 Übergangene Bestandteile

Nach PI 203 sollen übergangene Bestandteile doch noch zur Ordnung herangezogen werden, wenn *zwei oder mehr Sachtitel mit völlig übereinstimmenden Ordnungsworten* im Katalog zusammentreffen: in diesem relativ seltenen Fall sollen dann die übergangenen Bestandteile wieder berücksichtigt werden, z.B.:

– An die Kunst   – Über die Kunst
   Ü   1   Ü   1

Dieser Fall stellt jedoch für die *Recherche* kein nennenswertes Problem dar.

11.13 Ansetzung der Ordnungsworte

Vgl. hierzu die ausführliche Darstellung für alle Sachtitelarten:

9.4.1-Vollständigkeit der OW
9.4.2-Numerus der OW
9.4.3-Kasus der OW
9.4.4-Orthographie der OW
9.4.5-Transkription nicht-lateinischer Schriftzeichen

11.14 Schlußbemerkung

Von allen Teilen des Regelwerks ist die Sachtitelordnung stets am stärksten kritisiert worden, und ganz besonders die problematischen Fälle der Komposita und Appositionen in den Titeln in gewöhnlicher Form.

Eine nüchterne Betrachtung wird zu dem Schluß kommen, daß ein großer und sicherlich *der überwiegende Teil aller Sachtitel* auch nach PI durchaus sicher einzuordnen und wiederaufzufinden ist. Zu dieser Einschätzung trägt wesentlich die Tatsache bei, daß für Verfasserschriften überwiegend nur das erste, allenfalls noch das zweite Ordnungswort des Sachtitels zur Ordnung benötigt werden, sodaß viele knifflige Fragen auf sich beruhen können und keine Probleme verursachen. Die Existenz und das Funktionieren von PI-Katalogen über viele Jahrzehnte hin sowie ihre Bewährung in der Praxis sind schließlich nicht zu leugnen. Zugleich muß man sich aber auch klar darüber sein, daß Einträge, die wegen der Ordnungsproblematik nicht wiederaufgefunden werden, sich nicht von selbst bemerkbar machen.

So bleibt ein kleinerer, wie immer auch zu beziffernder, sicher aber erheblicher Rest von Sachtiteln, für deren Einordnung die Probleme allerdings schlagartig anwachsen bis hin zur schieren Ungewißheit darüber, wie mit ihnen zu verfahren sei. Dabei hilft es wenig, daß aus der *Sicht und Kenntnis des Regelwerks* die Ungewißheit sich meistens doch auf eine klare Alternative reduzieren läßt; denn ein Blick auf den bibliothekarisch nicht vorgebildeten Benutzer macht erschreckend deutlich, daß das Regelwerk mit ihm offensichtlich nicht gerechnet und bei der Regelung der Problemfälle die *Sicht des Benutzers* nirgends berücksichtigt hat.

Angesichts der Tatsache, daß ein gewisser Teil der Sachtitel mit PI nicht zweifelsfrei einzuordnen und wiederaufzufinden ist, nicht einmal von den Bibliothekaren selbst, ganz zu schweigen von den Benutzern, stellt sich jedem kritischen Betrachter die Frage, ob ein Katalogregelwerk sich eine derart hohe *Problemrate* überhaupt leisten darf, und worin ihre Ursachen liegen.

Eine der Ursachen – und m.E. die entscheidende – ist darin zu sehen, daß das Regelwerk die Sachtitelordnung aus dem Aufbau und den Unterscheidungen der *umgangssprachlichen Grammatik* ableitet. Das richtige Einordnen und sichere Wiederauffinden der Einträge wird dadurch abhängig gemacht vom richtigen Verständnis jedes Sachtitels bis in die Feinheiten der Formulierung – und dies in allen Sprachen. Zu diesen normalerweise unerfüllbaren Voraussetzungen kommt die Tatsache, daß die lebenden Sprachen in Wortschatz, Wortgebrauch und Satzbau bereits in jedem Augenblick mehrdeutig sein können, daß alle Sprachen sich weiter entwickeln und obendrein jede Sprache ihre eigene individuelle Entwicklung gehabt hat und nehmen wird. Wie man hoffen konnte, auf derart lebendigem Untergrund eine zwingend eindeutige Reihenfolge für Millionen von Katalogkarten zu begründen, die möglichst auch noch nach Jahrzehnten Bestand haben und weitergeführt werden sollte, das ist uns heute ein Rätsel. Vielleicht hat die Vertrautheit der Gebildeten um 1900 mit den alten Sprachen, die in Wörterbuch und Grammatik festgeschrieben waren, den Blick auf die problematische Vieldeutigkeit und das Entwicklungspotential lebender Sprachen etwas verstellt.

12. Titel in gemischter Form

PI 206.   F 105,1.   R 1.5.

Hierunter sind solche Titelformulierungen zu verstehen, die wie ein 11.-Titel in gewöhnlicher Form anfangen und dann in einen 10.-Titel in Satzform übergehen.

Der umgekehrte Fall, daß ein Titel in Satzform in einen Titel in gewöhnlicher Form übergeht, ist vom Regelwerk nicht vorgesehen.

Bezogen auf das gesamte Titelmaterial eines Kataloges stellt der Titel in gemischter Form eine *Rarität* dar, wie die Titelbeispiele zeigen werden.

12.1 Der Aufbau des Titels

Der erste Teil der Titelformulierung muß ein *Substantivum regens* enthalten wie ein Titel in gewöhnlicher Form; der zweite Tiel muß die Merkmale des Titels in Satzform aufweisen, und zwar in der engen Auslegung, daß eine *konjugierte Verbform* vorhanden sein muß; beide Teile sind in den Beispielen unter PI 206 stets durch eine Konjunktion, ein Komma oder einen Doppelpunkt verbunden.

– Mais und wo er wächst   – Das Lustspiel: Was ihr wollt
  (gewöhnl. (Satzform)   (gewöhnl. Form) (Satzform)
  Form)

– Die Bundesexekution und was wir dabei zu tun haben
  (gewöhnl. Form)   (Satzform)

Wird die Verbindung zwischen beiden Teilen durch ein Wort (Konjunktion) hergestellt, so gehört dieses Wort zum ersten Teil: dies hat für die Bestimmung der OW grundsätzliche Bedeutung, vgl. 12.3.

12.2 Abgrenzungen

Um Mißverständnisse zu vermeiden, ist auf einige Konstruktionen hinzuweisen, die *keine* Titel in gemischter Form darstellen.

12.2.1 Willkürliche Trennungen unzulässig

Ist eine Titelformulierung sehr lang und dabei das Ganze ein *Satz,* so darf *keinesfalls* das vorangehende Satzsubjekt abgetrennt und das Ganze etwa als Titel in gemischter Form behandelt werden, wozu vielleicht Titel der folgenden Art verleiten könnten:

– Eine der denkwürdigsten Episoden aus dem Kriege 1870/71 ist der nächtliche Überfall der Franzosen in Etrépagny

An welcher Stelle man diesen Ausdruck auch teilen wollte, um einen Titel in gemischter Form zu konstruieren, in jedem Falle stünden die beiden Teile *ohne verbindendes Element* (Konjunktion, Komma, Doppelpunkt usw.) nebeneinander. Der obige Titel kann daher nur als Titel in Satzform behandelt werden.

12.2.2 Alternativtitel

Alternativtitel, deren Teile nach „oder" oder „das ist ..." Satzform haben, dürfen keinesfalls zu Titeln in gemischter Form gemacht werden, sondern bleiben Alternativtitel, deren zweiter Teil nur als *Zusatz zum Sachtitel* gilt und für die Ordnung außer Betracht bleibt, vgl. 9.1.4; z.B.:

– Amédée oder Wie wird man ihn los
  1   (Alternativtitel = Zusatz)

12.2.3 Erweiterte Infinitive

Für erweiterte Infinitive gibt es 2 Möglichkeiten der Konstruktion, die beide *nicht* zu Titeln in gemischter Form werden.

(a) Der erweiterte Infinitiv hängt von einem Substantiv ab, das Ganze ist ein *Titel in gewöhnlicher Form*, vgl. 11.4.11 a, z. B.:

– Die Kunst, sich und andern die Karte zu schlagen
   1   3   4   5   2

(b) Der erweiterte Infinitiv steht allein und damit unabhängig, das Ganze ist ein *Titel in Satzform*, vgl. 10.4, z. B.:

– Sich und andern die Karte schlagen
   1   2   3   4   5   6

12.2.4 Satztitel-Konstruktionen

Wird den nach PI 204 und F 105,2 e zu *Satztiteln* erklärten Ausdrücken der Form

– Durch Nacht zum Licht   – Vom Nordpol zum Südpol
   1   2   3   4   1   2   3   4

ein *Substantiv vorangestellt*, auf das sich die beiden präpositionalen Ausdrücke beziehen, so werden daraus *Titel in gewöhnlicher Form*, z. B.:

– Das Streben durch Nacht zum Licht   – Die Reise vom Nordpol zum Südpol
   1   2   3   1   2   3

Die präpositionalen Ausdrücke sind nun nähere Bestimmungen des ersten unabhängigen Substantivs und damit abhängige präpositionale Attribute, vgl. 11.4.6. Daher gibt es *keine* Möglichkeit, derartige Formulierungen zu Titeln in gemischter Form zu erklären. Die gegenteilige Auffassung vertritt R 1.5.1 (S. 56) in Aufgabe 7, Bsp. 41: „Die Ausstellung Vom Kienspan zur Glühlampe", das er als Titel in gemischter Form behandelt, obwohl er andererseits das Bsp. 36 „Karl Marx' Entwicklung vom Demokraten zum Kommunisten" als Titel in gewöhnlicher Form interpretiert.

12.3 Bestimmung der OW

Die beiden Teile des Titels in gemischter Form werden *jeder nach seinen eigenen Regeln getrennt* behandelt; ein eventuell vorhandenes koordinierendes und verbindendes Wort zwischen den beiden Teilen wird zum ersten Teil gerechnet, z. B.:

– Mais und wo er wächst   – Die Bundesexekution und was wir dabei zu tun haben
   1   2 3 4   1   2   3   4   5 6 7

– Des Kgl. Gouvernements in Pommern Verordnung, welchergestalt nach jetziger Zeitgelegenheit die
   3 2   4   1   5   6 7   8   9

    Bawr....ordnung practiciert werden solle
    10   11   12   13

PI 206 spricht speziell von dem Fall, daß „eine Apposition zu einem ganzen Satze tritt", der ebenfalls zum Titel in gemischter Form werden soll; dieser Fall hat jedoch nichts mit der Apposition im Titel in gewöhnlicher Form zu tun, z. B.:

– Das Lustspiel: Was ihr wollt   – Der Satz: Cuius regio eius religio
   1   2   3   4   1   2   3   4   5

– Der geistreiche Kirchengesang: Nun bitten wir den heiligen Geist
   2   1   3   4   5 6 7   8

Weitere *Beispiele mit Relativanschluß*:

– Der Hund, der Gott gesehen hatte   – Lebenslauf eines dicken Mannes, der Hamlet hieß
   1   2 3 4   5   1   3   2   4 5   6

Die relativischen Anschlüsse mit „der" sind *Pronomina* und deshalb nicht zu übergehen wie etwa ein *Artikel* am Satzanfang, z. B.:

– Das Schauspiel: Die Dame ist nicht fürs Feuer
    1   Ü 2   3 4   5   6

12.4 Schlußbemerkung

Angesichts der Rarität der Titel in gemischter Form stellt sich die Frage, ob es lohnend gewesen ist, für diese Titelform, die man für die Bestimmung der OW leicht und problemlos unter die Titel in Satzform hätte subsumieren können, eine eigene Kategorie mit neuen Problemen insbesondere der Abgrenzung zu schaffen.

13. Ordnung der Einträge im Katalog

PI 231–240. F 102. 113. R 1.8.

13.1 Ein Alphabet

Sämtliche Einträge – Verfasser und Sachtitel, Hauptaufnahmen und Verweisungen – werden nach PI 239 in ein Alphabet geordnet.
Abweichend hiervon werden in den Bibliotheken häufig *mehrere Alphabete* aufgebaut, wofür es die verschiedensten Gründe geben kann: (a) Katalogschnitte nach Erscheinungszeiträumen; (b) Ausgliederung besonderer Schriftenklassen wie etwa Dissertationen oder Zeitschriften, um bestimmte Verwaltungsarbeiten zu erleichtern oder zu vereinfachen; (c) eventuell wird ein weiteres Alphabet durch abweichende Ordnungsverfahren erforderlich. Für die *Recherche* ist daher Auskunft über das *Katalogsystem der Bibliothek* einzuholen.

13.2 Deutsches Alphabet

Nach PI 33 ist „die Buchstabenfolge ... die des deutschen Alphabets, doch werden i und j nicht unterschieden." Daraus ergibt sich das Erfordernis, Ordnungsworte in anderen Schriften oder mit Sonderzeichen in die Buchstaben des deutschen Alphabets umzuschreiben. Vgl. 3.34-Nicht-lateinische Schriften, ferner 8.9.3.

13.3 Ordnung Wort für Wort

Nach PI 35 gilt „jedes selbständige Wort ... bei der Einordnung für sich allein": d.h. es wird Wort für Wort geordnet, und es stellt sich das Problem der *Worteinheit* (vgl. 11.6), insbesondere in der Frage der *Komposita* (vgl. 11.7), die deshalb für Titel aller Formen (Satzform, gewöhnliche Form, gemischte Form) Bedeutung hat.

13.4 Gleichlautendes 1. OW

Treffen mehrere Einträge mit gleichlautendem 1. OW zusammen, so hat nach PI 239 „das sachliche OW den Vorrang vor allen gleichlautenden Verfassernamen, auch wenn es selbst ein Personenname ist".
Die folgende Auswahl von Beispielen aus PI 175 und 239 mit dem gleichlautenden 1. OW ERNST zeigt die für den PI-Katalog *charakteristische Gliederung*:

(1. Sachtiteleintrag)

ERNST. – Herzog Ernst. (Trauerspiel.)
ERNST evangelische. – Der evangelische Ernst.
ERNST Falk. – Ernst und Falk. Gespräche für Freimaurer.
ERNST Ferdinand. – Ernst und Ferdinand, oder der Christ und der Weltmann.
ERNST Frohsinn. – Ernst und Frohsinn.
ERNST Laune. – Ernst und Laune. Eine periodische Schrift.

(2. Verfassereintrag: einfache persönliche Namen)

ERNST Herzog zu *Braunschweig*
ERNST Landgraf von *Hessen*

(3. Verfassereintrag: mehrere persönliche Namen)

ERNST August König von *Hannover*

(4. Verfassereintrag: einfache Familiennamen)

ERNST, Adolf
ERNST, Adolf Wilhelm
ERNST, Heinrich

(5. Verfassereintrag: mehrteilige Familiennamen)

ERNST von *Ernsthausen*, Adolf
ERNST-*Müncheberg*, J.F.

Der Hinweis in PI 239 auf den *Personennamen als Sachtitelordnungswort* („sachliches OW") kann für die Recherche wichtig werden, wenn sich an einer Stelle im Katalog die Einträge mit gleichlautendem 1. OW häufen: um sicher zu sein, daß man wirklich im zutreffenden Abschnitt sucht, sollte man zuerst genau feststellen, wo der Sachtiteleintrag aufhört und der Verfassereintrag beginnt.
Tritt dasselbe 1. Sachtitel-OW sehr häufig sowohl in Singular- als auch Pluralformen auf (z.B.: Bericht; Berichte), so können zur sicheren und einfachen Benutzung des Kataloges die Singular- und Pluralformen an einer Stelle vereinigt werden, vgl. 9.4.2.

13.5   Gleiche Sachtitel für verschiedene Schriften

Treffen im Katalog mehrere *verschiedene* Sachtitelschriften zusammen, *die in ihren Ordnungsworten vollständig übereinstimmen,* so müssen sie nach PI 231 voneinander unterschieden und *chronologisch* nach ihren Ersterscheinungsjahren geordnet werden; erforderlichenfalls sind sie bei gleichem Jahr nach den Erscheinungsorten zu ordnen.
Eventuell wird auch, wenn das Ersterscheinungsjahr nicht festgestellt worden ist, an seiner Stelle das Jahr der frühesten in der Bibliothek vorhandenen Ausgabe der Schrift herangezogen. Für die *Recherche* empfiehlt es sich unbedingt, sämtliche Einträge mit identischen OW durchzusehen, z.B.:

GERMANIA. Oldenburg *1814.*
GERMANIA. Berlin *1836.*
GERMANIA. Jahrbuch für Belletristik. *Bremen 1851.*
GERMANIA. *Leipzig 1851.*
GERMANIA. Illustrierte Wochenschrift. Göttingen *1863.*
GERMANIA. Politische Zeitung. Berlin *1871.*

Hat ein Verfasser – was selten vorkommen wird – zwei seiner Schriften mit dem gleichen Sachtitel ausgestattet, so ist dieser Fall zwar eigens mit PI 232 geregelt, jedoch für die Recherche absolut problemlos, da beide Schriften im Katalog unmittelbar aufeinanderfolgen.

13.6   Gleiche Namen für verschiedene Verfasser

Treffen im Katalog mehrere Einträge für verschiedene Verfasser mit *vollständig übereinstimmend angesetzten Namensformen* zusammen, so müssen die einzelnen Verfasserindividuen voneinander unterschieden werden, und zwar werden sie *chronologisch* nach den Erscheinungsjahren der ältesten ihrer in der Bibliothek vorhandenen Ausgaben geordnet.

Das Regelwerk schreibt in PI 175 diese Ordnung nur für Verfasser mit Familiennamen vor, in der Praxis werden Verfasser aller Namensarten so behandelt; PI 175 spricht von der ältesten vorhandenen „Schrift", meint jedoch offensichtlich „Ausgabe" (von irgendeiner Schrift des Verfassers).

Besonders häufig stellt sich dieses Ordnungsproblem bei Familiennamen ohne jegliche Vornamen, aber auch bei vollständiger Übereinstimmung in den Vornamen:

ERNST (1781)	ERNST, Heinrich (1636)
ERNST (1847)	ERNST. Heinrich (1801)
ERNST (1859)	
ERNST (1869)	

Hinzuweisen ist auf die Möglichkeit, daß in einem Katalog auf die *Feststellung der Verfasseridentitäten* verzichtet worden ist: in diesem Fall werden die Einträge für alle Verfasser gleichen Namens (also z.B. für alle Hermann Müller) wie *ein* Verfasser geordnet; die Suche nach einem bestimmten Werk wird dadurch nicht behindert, wohl aber wird die Feststellung aller vorhandener Schriften eines Verfassers erschwert, wenn nicht sogar unmöglich gemacht.

13.7 Ordnung innerhalb des Verfassereintrags   Vgl. 8.10

PI 176–177. F 102. R 1.8. 2.11.4.

Sämtliche Ausgaben von Schriften desselben Verfassers werden zunächst nach *Sammlungen* und *Einzelschriften* unterschieden, wobei Ausgaben mit 2 Schriften, die auf dem Titelblatt genannt sind, noch den Einzelschriften zugeordnet werden. Die Sammlungen ihrerseits werden in 4 Gruppen eingeteilt und daher auch als *„Gruppenschriften"* bezeichnet; die *Einzelschriften* werden alphabetisch nach ihren Sachtiteln geordnet, wobei die Bestimmung der OW nach denselben Regeln vor sich geht wie für Sachtitelschriften: zur Ordnung der Einzelschriften werden ebenfalls sämtliche OW des Sachtitels herangezogen, wenn es erforderlich ist, obwohl nur das erste OW durch Unterstreichung gekennzeichnet wird.

Verfassereintrag	In die Titelaufnahmen
Sammlungen:	eingefügte Bezeichnungen:
(1) Werkausgaben	[Werke]
(2) Teilsammlungen	[Teils.]
(3) Fragmentsammlungen	[Fragm.]
(4) Auszüge aus den Werken	[Werke, Ausz.]
Einzelschriften:	
(5) Alphabet: Sachtitel	

Wird die Gruppe (2) sehr umfangreich, so soll sie entsprechend untergliedert werden; als Beispiel hierfür ist insbesondere der Sonderband „Goethe" des Deutschen Gesamtkatalogs heranzuziehen.

13.8 Ordnung aller Ausgaben einer Schrift

PI 178–179. 233–238. F 102. 113. R 1.8.

Nachdem die Ordnung im Katalog bis zur Unterscheidung aller *verschiedenen Schriften* (= Werke) geregelt ist, sowohl der Sachtitelschriften wie der Verfasserschriften, muß abschließend über die Ordnung *verschiedener Ausgaben* derselben Schrift (desselben Werks) entschieden werden.

Nach PI 178–179 u. 233–238 wird hierzu für Sachtitelschriften und Verfasserschriften *ein* Ordnungsschema entwickelt. Im Verfassereintrag wird auch jede der 4 Gruppen von Sammlungen nach diesem Ordnungsschema untergliedert.

Ordnungsschema für alle Ausgaben derselben Einzelschrift

Gilt für alle Schriften unter Sachtiteln sowie für alle Einzelschriften unter Verfassern. Dagegen gilt für Sammlungen von Schriften unter Verfassern (Werke, Teils., Fragmente, Auszüge aus den Werken), daß sie wie (A)-Vollständige Ausgaben geordnet werden: unvollständige Ausgaben von Sammlungen unter Verfassern gibt es nicht.

(A) Vollständige Ausgaben

Weitere Ordnung:

1. *Polyglotten* vgl. 5.123	• chronologisch: Erscheinungsjahre	• A–Z: Erscheinungsorte	• A–Z: Verlage
2. *Originaltexte* vgl. 5.120; einschließlich beigefügter Übersetzung	• chronologisch: Erscheinungsjahre	• A–Z: Erscheinungsorte	• A–Z: Verlage

3. *Übersetzungen* vgl. 5.121; einschließlich beigefügter Übersetzung	• A–Z: deutsche Sprachbezeichnungen -albanisch -arabisch -bulgarisch usw.	• chronologisch: Erscheinungsjahre	• A–Z: Erscheinungs- orte	• A–Z: Verlage

(B) Unvollständige Ausgaben

Nach Regelwerk und Kommentar unterschiedliche Regelung:

nach PI 238: vgl.
Bsp. Nibelungenlied

1. *Fragmente*
   vgl. 5.97
2. *Auszüge*
   vgl. 5.96

nach F 102,3:
vgl. E II

1. *„Teile" = Teilausgaben*,
   vgl. 5.95
2. *Fragmente*
   vgl. 5.97
3. *Auszüge*
   vgl. 5.96

Die *weitere Ordnung* innerhalb der 2 Gruppen (nach PI) bzw. der 3 Gruppen (nach Fuchs) erfolgt wie für (A) Vollständige Ausgaben.

13.9 Einordnung der Verweisungen   F 71–96

Für die Einordnung der Verweisungen ist ebenfalls grundsätzlich zu unterscheiden zwischen *Verweisungen von Sachtiteln* und *Verweisungen von Verfassernamen*. Während Sachtitel-Verweisungen keiner besonderen Regelungen bedürfen, weil ihre OW nach denselben Regeln wie für alle anderen Sachtiteleinträge bestimmt werden, ist für die Einordnung von *Personalverweisungen* auf Besonderheiten hinzuweisen, obwohl die Personalverweisungen nach PI 180 kurz und bündig „für die Einordnung wie Schriften des Verfassers behandelt" werden sollen.

Die Einordnung der Personalverweisungen hängt von den *Formen der Verweisung* ab: sie können „einteilig" oder „zweiteilig" sein und jede der beiden Formen führt zu einer anderen Einordnung. Die *Recherche* kann jedoch nicht sicher abschätzen, welche Form der Verweisung gewählt worden ist, weshalb stets die *vollständige Durchsicht eines Verfassereintrags* grundsätzlich und unbedingt zu empfehlen ist: nur so kann man die eventuell für die Recherche entscheidende Verweisung auffinden.

(a) **Zweiteilige** Verweisungen können tatsächlich wie Schriften des Verfassers eingeordnet werden. Sie entstehen aus den verschiedensten Gründen, z.B.:

Zweiter u. dritter Verfasser:

Russell, Bertrand. – Principia mathematica. 2. ed., reprint. 1–3. 1978
   s. *Whitehead*, Alfred North.

Titeländerung bei späterer Auflage:

Schramm, Erwin. – Griechisch-römische *Geschütze*. Neubearb. 1918
   s. *Schramm:* Die antiken Geschütze der Saalburg.

Übersetzungstitel:

Adler, Mortimer Jerome. – Wie man ein Buch liest
  s. *Adler:* How to read a book [deutsch].

Herausgeber eines klass. Anonymums:

Lerch, Eugen [Hrsg.]. – Das *Rolandslied.* 1923
  s. *Chanson,* La, de Roland.

Herausgeber von Auszügen:

Schlaeger, Friedrich [Hrsg.]. – *Schillerworte.* 1905
  s. *Schiller,* Friedrich von: [Werke, Ausz.]

(b) Einteilige Verweisungen dagegen nennen nach dem Namen, von dem verwiesen wird, *nicht immer einen Sachtitel,* sondern geben als nächstes direkt an, worauf verwiesen wird, z. B.:

Personenname im Titel einer Sachtitelschrift:

Bach, Johann Sebastian
  s. *Festgabe* zur deutschen Bachfeier, Leipzig 1950. 1950.

Briefe an einen Adressaten, VW vom erstgenannten Schreiber:

Goethe, Johann Wolfgang von
  s. *Merck,* Johann Heinrich: Briefe an Merck von Goethe, Herder, Wieland und andern Zeitgenossen. 1835.

Beteiligte an Verfasserschriften:

Schaefer, August [Übers.]
  s. *Barthélemy,* Auguste Marseille: Napoleons Bildsäule [La statue de Napoléon, franz. u. deutsch]. 1831.

Gautier, Théophile [Hrsg.]
  s. *Baudelaire,* Charles: Oeuvres complètes [Werke]. 1868–70.

Beteiligte an Sachtitelschriften:

Petersen, Hans [Komm.]
  s. *Konkursordnung* für das Deutsche Reich. 1905.

Bickell, Ludwig [Mitarb.]
  s. *Baudenkmaeler.* – Die Bau- und Kunstdenkmäler im Regierungsbezirk Cassel. Bd. 1.1901.

Die Stelle, auf die verwiesen wird, kann ein Sachtiteleintrag oder ein Verfassereintrag sein. Die einteilige Verweisung *ordnet in jedem Falle nach dem 1. OW nach „siehe"*, in den obengenannten Beispielen also nach Festgabe, Merck, Barthélemy, Baudelaire, Konkursordnung, Baudenkmäler.

13.10 Deutscher Gesamtkatalog: ALEXANDER

Zur anschaulichen Darstellung der Ordnung im Katalog folgt eine *Auswahl* nur der *Ordnungszeilen* von Einträgen unter ALEXANDER im Deutschen Gesamtkatalog. Mit Beginn des Verfassereintrags wird das 2. OW durch Kursive hervorgehoben, wenn Übergehungen stattfinden.

ALEXANDER beiden. – Die beiden Alexander.
ALEXANDER bezwingende. – Der sich selbst bezwingende Alexander.
ALEXANDER Dindimus. – Alexander und Dindimus.
ALEXANDER Dritte. – Alexander III. und die Konstitution.
ALEXANDER Erste. – Alexander I. zu Berlin …
ALEXANDER Gesegnete. – Alexander der Gesegnete.
ALEXANDER Gobineaus. – Gobineaus Alexander in Weimar. (Gobineaus: Genitiv, gegen 9.4.3, Ausnahme 1)
ALEXANDER Magnus. – (Sachtiteleintrag für klassisches Anonymum; maßgeblicher Titel für alle anonymen Bearbeitungen der Legende von Alexander dem Großen.)

ALEXANDER Metz. – Alexander von Metz. (Sachtitel)

ALEXANDER Porus. – Alexander und Porus.

ALEXANDER Ritter. – Von dem aller schönsten Ritter Alexander ...

ALEXANDER Sanctus. – Sanctus Alexander Jerosolymitanus Episcopus in ...

ALEXANDER Sechste. – Papst Alexander VI. (Sachtitel)

ALEXANDER Zweite. – Alexander der Zweite, Großfürst von ... (Sachtitel)

ALEXANDER, Grammatiker, geb. um 1170 *1480* (der erste Verfassereintrag unter Alexander; alle Alexander ohne Beinamen werden nach dem Erscheinungsjahr ihrer frühesten in der Bibliothek vorhandenen Drucke geordnet; „Grammatiker" ist hier nicht Beiname und ordnet daher nicht, vgl. dagegen: Alexander Grammaticus)

ALEXANDER, Kommentator des Aristoteles, um 200 n. Chr. *1488*

ALEXANDER, Ital. Rechtsgelehrter, *1501*

ALEXANDER, Griech. Arzt, 6. Jh. n. Chr. *1504*

ALEXANDER, Übers. u. Fortsetzer von Fleury: Historia ecclesiastica *1767*

ALEXANDER Acoemetus, gest. um 430 (Acoemetus = Beiname)

ALEXANDER Aetolus

ALEXANDER Alensis

ALEXANDER de *Ales* (nur der Beiname ordnet)

ALEXANDER Alesius

ALEXANDER Episcopus *Alexandrinus* (nur der geogr. Beiname ordnet)

ALEXANDER ab *Alexandro* (nur die Abstammungsbezeichnung ordnet)

ALEXANDER de *Angelis* (nur der Beiname ordnet)

ALEXANDER Anglus

ALEXANDER Aphrodisiensis

ALEXANDER Benedictus

ALEXANDER Markgraf zu *Brandenburg* (nur der geogr. Beiname ordnet)

ALEXANDER Kaiser von *Byzanz*

ALEXANDER Episcopus *Cappadocum*

ALEXANDER Gallus

ALEXANDER Grammaticus

ALEXANDER der *Große* (Namensform-VW auf Alexander Magnus)

ALEXANDER Prinz von *Hessen*

ALEXANDER Episcopus *Hierosolymitanus*

ALEXANDER Episcopus *Jerosolymitanus*

ALEXANDER a *Jesu*

ALEXANDER ab *Immaculata Conceptione*

ALEXANDER de *Insula*

ALEXANDER a *Latere Christi*

ALEXANDER *Magnus* König von Makedonien

ALEXANDER a *Matre Dei*

ALEXANDER Graf von *Metz*

ALEXANDER Prinz der *Niederlande*

ALEXANDER II. *Papa*   (Nach dem gleichen Beinamen

ALEXANDER III. *Papa*   „Papa" ordnet die Zählung)

ALEXANDER VI. *Papa*

ALEXANDER Prinz von *Parma*

ALEXANDER Petrusinus

ALEXANDER König von *Polen*

ALEXANDER Kaiser von *Rußland*

ALEXANDER a *Sancta Theresia*

ALEXANDER *Sanctus* Episcopus Alexandrinus (Sanctus ist Beiname, ordnet deshalb vor der Herkunftsbezeichnung)

ALEXANDER Abbas *Telesinus*

ALEXANDER de *Villa Dei*

ALEXANDER Graf von *Wuerttemberg*

ALEXANDER Friedrich Karl Herzog zu *Wuerttemberg* (der erste Eintrag für mehrteilige persönliche Namen)

ALEXANDER Leopold Erzherzog von *Oesterreich*
ALEXANDER Polemius, Julius Valerius (antiker Name, geordnet wie zwei persönliche Namen)
ALEXANDER Severus, Aurelius, Römischer Kaiser
ALEXANDER. *1827* (der erste Eintrag für den einfachen Familiennamen; alle vornamenlosen Familien-
namen ordnen nach den Erscheinungsjahren ihrer frühesten in der Bibliothek vorhandenen Drucke)
ALEXANDER. *1828*
ALEXANDER, Dirigierender Arzt *1888*
ALEXANDER, Pfarrer *1895*
ALEXANDER, Reg.-Baumeister *1896*
ALEXANDER, Reg.- und Medizinalrat, Breslau *1898*
ALEXANDER, Dr. med., Berlin *1922*
ALEXANDER, A. *1835* (der erste Eintrag für Familiennamen mit Vornamen; alle Familiennamen mit
derselben Vornamensinitiale ordnen wiederum nach den Erscheinungsjahren s. o.)
ALEXANDER, A. *1841*
ALEXANDER, A. *1921*
ALEXANDER, A., Dr. med., Berlin *1926*
ALEXANDER, A.B.
ALEXANDER, A.V.
ALEXANDER, Adolf
ALEXANDER, Albert V.
ALEXANDER, Alexander, Traveller, *1830*
ALEXANDER, Alexander, Fellow of the Royal Geographical Society *1921*
ALEXANDER, Alexander, Dr. med., Berlin *1922*
ALEXANDER, Andreas, Mathematiker, Regensburg *1504*
ALEXANDER, Andreas, aus der Mark Brandenburg *1659*
ALEXANDER, William, Arzt, Edinburgh *1768*
ALEXANDER, William, Aberdeen *1873*
ALEXANDER, William H.
ALEXANDER, William Hardy
ALEXANDER, William Henry
ALEXANDER, William Lindsay
ALEXANDER, William P.
ALEXANDER-Katz, Bruno (erster Familiendoppelname)
ALEXANDER-Katz, Erwin
ALEXANDER-Katz, Paul
ALEXANDER-Katz, W.
ALEXANDER-Kleimann, Paul
ALEXANDER & Posnansky (Firmenname, geordnet wie ein Familiendoppelname)

14. Faustregeln zur Recherche

Wenn es um Methoden der Recherche an Druckschriftenverzeichnissen geht, spricht die Fachliteratur
gern von „Suchstrategien". Die Konzeption der Suchstrategie leidet jedoch daran, daß man die Ziele
und die Bedingungen der bibliographischen Recherche *entweder* nur allgemein und im weitesten Sinn
angeben kann – dann lauten auch die Suchstrategien sehr allgemein und beinahe trivial – *oder* aber
man beschreibt die Ziele und Bedingungen der Recherche ganz genau: dann kann auch die Suchstrategie sehr genau angegeben werden, aber sie läuft auf den Einzelfall hinaus und besagt nichts Allgemeines mehr. Erst eine klare Typologie der Recherchefälle (Ziele) und eine Typologie der zur Verfügung
stehenden Apparate (Umfang und Inhalt des bibliographischen Apparats) und der Zeitbedingungen
wird brauchbare allgemeinere Aussagen ermöglichen, die man dann zu Recht Suchstrategien nennen
kann.

Bezogen auf die Recherche am PI-Katalog heißt das: der Apparat ist sehr genau bekannt; es müßte jedoch noch eine *Typologie der Fälle* gewonnen werden.

Geht es um die Suche nach Drucken einer *bestimmten Schriftenklasse,* so ist dieser Gesichtspunkt in der Systematik der Schriftenklassen abgedeckt, vgl. Kapitel 1–7. Dort sind zu jeder Schriftenklasse auch Hinweise für die Recherche gegeben worden, wenn erforderlich.

Es wären hier also nur noch allgemeine Hinweise zu geben, die die *Tendenzen der Verzeichnung nach PI* herausarbeiten und in Faustregeln fassen.

Der Katalog enthält nur zwei Arten von Einträgen: *Personennamen* und *Sachtitel.* In manchen Fällen wird man *Zweifel* haben, ob unter einem Personennamen oder unter dem Sachtitel oder unter beidem zu suchen ist. Und grundsätzlich wird der Benutzer eines PI-Kataloges in allen Fällen eigener Unsicherheit *Auskunft* einholen müssen. Daher erscheint es naheliegend, die Faustregeln folgendermaßen zu gliedern:

14.1 – Suche unter Personennamen
14.2 – Suche unter Sachtiteln
14.3 – Zweifelsfälle
14.4 – Auskünfte
14.5 – Ablauf der Recherche

14.1 Suche unter Personennamen

Liegen für eine Recherche Personennamen vor, so stellt sich die Frage, in welchen *Funktionen* die genannten Personen am Zustandekommen der gesuchten Veröffentlichung beteiligt gewesen sind: als Verfasser, Herausgeber, Bearbeiter, Begründer, Redakteur, Übersetzer, Kommentator, Illustrator, Vorredner, Mitarbeiter usw. Auch wenn die Funktion einer genannten Person nicht sicher zu bestimmen ist, so bieten Personennamen grundsätzlich den *wichtigsten Einstieg in die Recherche.*

14.1.1 Bevorzugung aller Personennamen

Dies ist ein Grundsatz im PI-Katalog. Deshalb ist es ratsam – wenn nicht besondere Sachverhalte ein anderes Vorgehen nahelegen – prinzipiell *zuerst unter Personennamen nachzuschlagen:* sie werden nach PI für die EOE stark bevorzugt und der Name als Ordnungswort ist erheblich leichter zu erkennen als die Ordnungsworte der Sachtitel.

14.1.2 Verfasser

Bei *gemeinsamer* Verfasserschaft werden bis zu 3 Verfasser berücksichtigt; bei *nicht-gemeinsamer* Verfasserschaft (also z.B. Beitragsverfasser zu Sammelwerken) wird gewöhnlich keiner der Verfasser berücksichtigt, höchstens ein auf dem Titelblatt zuerst genannter als Mitarbeiter. *Erweiterung* des Verfasserbegriffs auf gewisse Herausgeberfunktionen ist eine Besonderheit des PI-Kataloges.

14.1.3 Weitere Beteiligte

Für alle weiteren Beteiligten (wie unter 14.1 aufgeführt) hängen die Einträge (VW) von der EOE für die Hauptaufnahme ab:

– bei *Verfasserschriften* werden weitere Beteiligte nur sehr zurückhaltend mit VW berücksichtigt;
– bei *Sachtitelschriften* werden weitere Beteiligte dagegen sehr weitgehend berücksichtigt.

14.1.4 Personennamen im Sachtitel

Personennamen sind den PI derart wichtig, daß allerdings *nur bei Sachtitelschriften* auch solche Personen eine VW erhalten, die nur im Sachtitel *genannt,* jedoch am Zustandekommen der Veröffentlichung gar nicht beteiligt gewesen sein müssen. Deshalb sollte man bei Schriften, die unter ihren Sachtiteln eingeordnet werden, sicherheitshalber auch unter einem im Sachtitel erwähnten Personennamen nachschlagen.

Wird der Personenname allerdings nur adjektivisch genannt und ist er zugleich rein *generisch* gemeint, so gibt es keine VW: lutherisches Bekenntnis, pythagoreischer Lehrsatz, goethische Weisheit braucht man also nicht unter Luther, Pythagoras oder Goethe zu suchen – dagegen „Das Goethesche Lebenswerk" als Sachtitelschrift sollte wohl eine VW unter Goethe erhalten haben.

266

14.1.5 Gefeierte

Personen, die durch einen *persönlichen Anlaß* (Geburt, Geburtstage, Hochzeit, Jubiläen, Tod usw.) das Erscheinen einer Druckschrift veranlaßt haben, jedoch an der Entstehung der Veröffentlichung selbst nicht beteiligt gewesen sein müssen, gelten als *Gefeierte* und erhalten *mit Sicherheit einen Eintrag,* als Hauptaufnahme oder Verweisung. Dies gilt insbesondere für die folgenden Schriftenklassen:

- Festschriften,
- Gelegenheitsschriften,
- Personalschriften.

14.1.6 Sammler

Auch der Sammler ist – wie der Gefeierte – gewöhnlich nur die Anlaß gebende Person, nicht direkt am Zustandekommen der Veröffentlichung beteiligt, vor allem wenn es sich um *Sammlungs- und Auktionskataloge* handelt. Weil der Sammler jedoch eng mit der Veröffentlichung zusammenhängt und diese eventuell unter ihm zitiert wird, wird generell vom Sammler verwiesen.

14.1.7 Firmennamen

Sofern Firmennamen einen *Personennamen* enthalten, kann, eingeschränkt auf den Fall der Firmenschrift zu *geschäftlichen Zwecken,* mit einem Eintrag unter dem Personennamen aus dem Firmennamen gerechnet werden.

14.1.8 Ordnung innerhalb des Verfassers

Gliederung in 2 Abschnitte: *Gruppenschriften* und Alphabet der *Einzelschriften.*
Bei den Gruppenschriften ist vor allem problematisch die *Zuordnung zu den Teilsammlungen* für alle Sammlungen von kleineren literarischen Gattungen: diese können eventuell auch im Alphabet der Einzelschriften liegen!
Im Alphabet der Einzelschriften wird zur Ordnung zwar nur das erste Ordnungswort des Sachtitels unterstrichen: es werden jedoch auch hier *alle Ordnungsworte* der Sachtitel zur Ordnung herangezogen, wenn es erforderlich ist, d. h. bei Verfassern mit mehreren Einträgen für gleichartige Sachtitelformulierungen.
Zum *Verhältnis* zwischen Gruppenschriften und Einzelschriften ist auf folgenden Fall hinzuweisen: wird eine *Einzelschrift gesucht* und ist sie nicht mit eigenen Ausgaben im Alphabet der Einzelschriften vertreten, so kann man den Text oft doch noch in Ausgaben der Gruppenschriften feststellen, in *Werkausgaben* und *Teilsammlungen.* Deshalb werden Ausgaben dieser beiden Gruppen in mehreren Bänden möglichst mit Inhaltsangaben für die einzelnen Bände in den Katalog aufgenommen, damit man schon der Titelaufnahme entnehmen kann, in welchem Band der Werkausgabe oder Teilsammlung die gesuchte Einzelschrift enthalten ist.
Verweisungen im Verfassereintrag sollen wie Schriften des Verfassers eingeordnet werden: ihre tatsächliche Einordnung innerhalb des Verfassers ist jedoch nicht sicher vorherzusehen. Deshalb sollte man bei der Recherche *grundsätzlich den gesamten Verfassereintrag durchsehen* – wenn es nicht gerade z. B. der Goethe-Eintrag im Katalog einer großen Bibliothek ist!

14.2 Suche unter Sachtiteln

Grundvoraussetzung der PI für jegliche Sachtitelbehandlung ist es, daß man den gesuchten Sachtitel *richtig versteht.* Ist diese Voraussetzung nicht erfüllt, so können ungeahnte Risiken den Erfolg der Recherche in Frage stellen.
Jede Sachtitelrecherche sollte sich deshalb prinzipiell, so weit es praktisch möglich ist, um das Verstehen des Sachtitels bemühen. Versteht man den gesuchten Sachtitel nicht, was jedem leicht passiert, wenn er die Sprache des Titels nicht kennt, so kann man (a) zunächst versuchen, ob ein Personenname vielleicht die Sachtitelrecherche vermeiden hilft, dann (b) durch schlichtes Ausprobieren von Ordnungswortkombinationen sein Glück versuchen, bei negativem Ergebnis jedoch (c) unbedingt sprachliche Auskunft einholen, um die Suche mit einer kompetenten Ordnungswortbestimmung und eventuell erneutem Nachschlagen abzuschließen.

14.2.1 Erkennen der problematischen Fälle

Angesichts der großen Probleme in der Bestimmung der Sachtitel-OW nach PI sollte *der erste Schritt* jeder Sachtitelrecherche prüfen, ob der gesuchte Sachtitel eventuell zur Kategorie der problematischen Fälle gehört:

— kompositumverdächtige Ausdrücke, speziell in englischen Sachtiteln,
— appositionsverdächtige Ausdrücke,
— Verdacht auf Übergehung des 1. OW,
— Verdacht auf Satztitel-Charakter,
— aufzulösende Abkürzungen.
— verbal auszudrückende Zahlen, Zeichen, Formeln,
— Schreibungen, die älteren Sprachstufen oder bestimmten veralteten Orthographien angehören und eventuell im Katalog unter normalisierten Formen (moderne Orthographie) zu suchen sind.

14.2.2 Behandlung der problematischen Fälle

Hält man einen gesuchten Sachtitel nach den Gesichtspunkten unter 14.2.1 für problematisch, so sollte man schnell den *Aufwand für die Problemlösung* abzuschätzen versuchen.

Ein *Nachschlagen* in den einschlägigen Abschnitten des Regelwerks, des Kommentars oder im vorliegenden Band in den Kapiteln 8–12 und eventuell ein Heranziehen lexikalischer Quellen wird die Erledigung der Recherchearbeit spürbar aufhalten – und in vielen der wirklich problematischen Fälle doch *keine Gewißheit* für die Recherche verschaffen: denn niemand garantiert, daß man aus der Sicht der Recherche zu demselben „richtigen" Ergebnis kommt wie der Katalogbearbeiter, der das Buch in der Hand hatte und einsehen konnte, mehr Zeit für sprachliche Ermittlungen aufgewendet und eventuell für das Englische ein anderes Wörterbuch benutzt hat. Dieser Weg empfiehlt sich daher nur, wenn man außer dem Recherchezweck, eine Druckschrift aufzufinden, das Ziel verfolgt, die Katalogprobleme zu studieren und gegebenenfalls mit dem Katalog auch um die „richtige" Lösung zu rechten.

Beschränkt man sich darauf, eine gesuchte Druckschrift im Katalog aufzufinden, so ist es für die wirklich problematischen Fälle eine durchaus realistische *Alternative,* durch Ausprobieren der – meist nur zwei oder drei – in Frage kommenden Ordnungswortkombinationen die Recherche beschleunigt zu erledigen. Dieses *unprofessionelle* Vorgehen ist – wohlgemerkt nur für die wirklich problematischen Fälle – ganz bestimmt *sicherer und schneller* als eine geduldige Auseinandersetzung mit dem Regelwerk, die trotz allen Aufwands zu keiner sicheren Handhabung führt.

14.2.3 Mehrbändige Werke und Serien

Obwohl mehrbändige Werke auch als Verfasserschriften erscheinen können, ist es zweckmäßig, sie hier im Zusammenhang mit den Serien zu behandeln, die nur unter *Sachtiteln* verzeichnet werden.

Beide Schriftenklassen haben ein Merkmal gemeinsam, das für die Recherche oft nicht abzuschätzen ist: die Untergliederungsverhältnisse zwischen dem *Gesamtwerk* (dem mehrbändigen Werk, der Serie) und seinen *Teilen* (den einzelnen Bänden, den Stücken der Serie).

Besteht der Verdacht, daß die gesuchte Druckschrift in irgendeiner Weise *Teil eines größeren Ganzen* sein könnte, so muß nach folgenden Grundsätzen mit besonderer Umsicht recherchiert werden:

(A) Am sichersten kann man mit Einträgen für das *Gesamtwerk oder die Serie* rechnen. Deshalb sollte man die Recherche nicht ohne ein Nachschlagen unter dem Gesamttitel – oder was man dafür hält – abschließen.

(B) Wenn der Gesamttitel eine *gezählte Serie* ist, kann man sicher mit *Stücktiteleinträgen* für alle Stücke der Serie rechnen.

(C) Wenn der Gesamttitel ein *mehrbändiges Werk* ist, so kann man mit Stücktiteleinträgen für die einzelnen Bände *keineswegs sicher* rechnen; nicht einmal über die Wahrscheinlichkeit der Stücktitel kann man spekulieren; um so wichtiger wird hier der *Eintrag unter dem Gesamtwerk* (als Verfasserschrift oder Sachtitelschrift): er könnte der einzige Eintrag sein für alle Bände!

(D) Wenn man eine gesuchte Schrift nicht im Katalog findet und der *Verdacht auf Zugehörigkeit zu einem größeren Ganzen* besteht, so sollte man diesem Verdacht nachgehen, weil eventuell die gesuchte Schrift nur unter dem Gesamttitel verzeichnet ist. Hierzu ist eine *bibliographische Recherche* zur genauen Feststellung eines eventuell vorhandenen Gesamttitels einzuschalten: die Zugehörigkeit, die bibliographischen Zusammenhänge können sehr diffiziler Art und überhaupt erst durch bibliographische Ermittlungen zu erkennen sein; so kann es sich z.B. handeln um

- Sonderhefte von Zeitschriften,
- Stücktitel von Zeitschriftenjahrgängen,
- Beihefte zu Zeitschriften, die eine selbständige Serie bilden,
- Titeländerungen bei späteren Auflagen,
- sehr verspätetes Erscheinen von weiteren Bänden mit veränderten bibliographischen Daten, z.B. neuen Fortsetzern, Bearbeitern, Verfassern, Sachtiteln.

14.2.4 Personal-VW zu Sachtitelschriften

Das Regelwerk hat sein Verweisungsprogramm ausdrücklich am Unterschied der Einordnung der Hauptaufnahmen orientiert: handelt es sich um Sachtitelschriften, so wird das *VW-Programm nämlich erheblich erweitert,* um angesichts der Ordnungsproblematik der Sachtiteleinträge den Hauptzweck des Kataloges zu erfüllen, die „sichere Auffindung der Schrift" (PI 183).

Einige Personal-VW, die bei Verfasserschriften nur als Kann-VW in das Ermessen der Katalogbearbeiter gestellt sind, werden *für Sachtitelschriften zwingend* vorgeschrieben; insgesamt ist daher zu rechnen mit VW

- für bis zu 2 Herausgeber,
- für einen Mitarbeiter nur, wenn *kein* Herausgeber genannt ist,
- für einen Bearbeiter,
- für einen Übersetzer,
- für einen Vorredner oder Nachwortverfasser,
- für einen Illustrator,
- für einen Kommentator,
- für mehrere Gefeierte,
- für Fortsetzer
- für Beteiligte in anderen, selteneren Funktionen,
- für Personen, die im Sachtitel nur genannt sind.

Insgesamt also kann man für Sachtitelschriften mit VW *von fast allen genannten Personen* rechnen.

14.3 Zweifelsfälle

Im Zusammenhang mit bibliographischen Recherchen können Zweifel in jeder Hinsicht auftreten: an der Einordnung der gesuchten Schrift, an der Richtigkeit der gegebenen Daten, an der Richtigkeit der Arbeitshypothesen für die Recherche.

14.3.1 Verfasserschrift oder Sachtitelschrift?

Ist man im Zweifel darüber, ob eine gesuchte Veröffentlichung unter dem Verfasser oder dem Sachtitel verzeichnet sein wird, so bleibt kein anderer Weg, als unter *beiden Einträgen zu suchen.*

Angesichts des oben (vgl. 14.1) dargelegten Grundsatzes der Bevorzugung aller Personennamen im Katalog wäre auch hier zweckmäßigerweise *zuerst unter dem potentiellen Verfasser* nachzuschlagen; denn entweder ist die genannte Person wirklich Verfasser oder sie ist nur weiterer Beteiligter und könnte dann immerhin eine VW erhalten haben.

Im zweiten Schritt müßte *unbedingt auch unter dem Sachtitel* gesucht werden, denn es ist durchaus möglich, daß die als potentieller Verfasser betrachtete Person nicht einmal eine VW als weiterer Beteiligter erhalten hat.

14.3.2 Richtigkeit der gegebenen bibliographischen Daten

Kommen Zweifel über die Richtigkeit der Daten auf, mit denen man operieren muß, so gibt es prinzipiell zwei Wege für die weitere Recherche: entweder man schaltet eine *bibliographische Ermittlung* ein, oder man entschließt sich dazu, die Formalerschließung aufzugeben und sich dem *Sachkatalog der Bibliothek* zuzuwenden. Welchen Weg man wählt, hängt sehr vom einzelnen Recherchefall, von der Ausstattung des bibliographischen Apparats und von der Katalogsituation der Bibliothek ab.

Allgemeingültige Faustregeln sind hier eigentlich nicht mehr möglich. Allenfalls kann man drei typische Situationen skizzieren.

Jede Formalrecherche ist weitgehend auf *korrekte Formalien* angewiesen, d.h. auf Vollständigkeit und richtige Schreibung der (a) Vornamen, (b) Familiennamen, (c) Sachtitel.

(a) Vornamen

Ein als „Merck, Michael" gesuchter Autor ist nicht aufzufinden, wenn er im Katalog unter „Merck, Ignaz Michael" verzeichnet worden ist (es sei denn, es gäbe im Katalog nur sehr wenige Einträge unter „Merck" oder beim suchenden Durchblättern stieße man zufällig auf den richtigen Eintrag und erkennte die Identität). Keineswegs ist dem Katalogbenutzer zuzumuten, etwa sicherheitshalber sämtliche Einträge unter „Merck" mit dem *zweiten* Vornamen Michael daraufhin zu prüfen, ob sie den gesuchten Verfasser darstellen. Dieselbe Situation entsteht für die Recherche, wenn die Katalogansetzung des Verfassernamens nur mit *Vornameninitialen* oder auch *ohne jegliche Vornamen* erfolgt ist: um auch diesen Fall vorbeugend zu berücksichtigen, müßte man auch die Einträge

    – Merck,
    – Merck, M.

durchsehen. Angesichts dieser vielfältigen Problematik ist die Recherche besonders auf Verweisungen angewiesen. Das *VW-Programm für die Vornamen* stellt sich nach PI 132–140 kurz zusammengefaßt folgendermaßen dar:

– nur „erforderlichenfalls" soll von *abgekürzten Namensformen* auf die vollständigen Formen der Ansetzung verwiesen werden, vor allem bei stark vertretenen Familiennamen, z.B.:

    Mueller, C.F.W.   s. Mueller, Karl Friedrich Wilhelm

– ebenso nur „erforderlichenfalls" soll von *Namensformen mit mehr oder weniger Vornamen* (als die Ansetzungsform enthält) verwiesen werden, z.B.:

    Neumann, Franz   s. Neumann, Franz Ernst
    Hinschius, Franz Karl Paul   s. Hinschius, Paul
    Ernst, (1864)   s. Ernst, Karl Christian Ludwig

– ebenso nur „erforderlichenfalls" soll von *Namensformen mit anderer Reihenfolge der Vornamen* (als in der Ansetzungsform) verwiesen werden, z.B.:

    Kleist, Christian Ewald   s. Kleist, Ewald Christian

Über die „Erforderlichkeit" dieser VW entscheidet der Katalogbearbeiter, wobei er sich einerseits am *Stand des Kataloges* orientiert (Anzahl gleichartiger Einträge), andererseits an den Namensformen, die die *Druckschrift* aufweist: nur von Namensformen, die in den katalogisierten Druckschriften belegt sind, können VW geschrieben werden; arbeitet die *Recherche* mit einer Namensform, die nicht an einer vorhandenen Druckschrift belegt ist, so kann sie mit einer VW überhaupt nicht rechnen.

Die Einschränkung der VW aufs Erforderliche, das Ermessen des Katalogbearbeiters und die Beschränkung auf gedruckt vorliegende Namensformen bedeuten insgesamt ein gewisses Risiko für die Recherche. Deshalb wäre bei negativem Ergebnis der Katalogrecherche und bei Ungewißheit über die Vornamen eine *bibliographische Ermittlung* zu erwägen, um für die Formalrecherche am PI-Katalog hinreichend korrekte Formalien zu gewinnen.

(b) Familiennamen

Erheblich gravierender als bei den Vornamen wirken sich unvollständige und unrichtige Schreibungen in Familiennamen aus. Hier können kleinere Irrtümer schon den Rechercheerfolg vereiteln, und *es gibt kein Verweisungsprogramm* und kann keines geben, das falsche Schreibungen in Familiennamen abfangen könnte. Für die Familiennamen kommt erschwerend hinzu, daß sie – anders als die Vornamen – grundsätzlich *keinerlei Normierungen* unterliegen, weder gibt es landessprachliche Rechtschreibungen für Familiennamen noch eine Normierung von seiten des Regelwerks; da sie *jede* Schreibweise annehmen können, ist eine fehlerhafte Schreibung auch viel schwieriger zu vermuten oder zu erkennen. Lediglich für mehrteilige Familiennamen gibt es VW von einzelnen Namensteilen.

Hat man Gründe, an der Richtigkeit eines gegebenen Familiennamens zu zweifeln, so ist damit eigentlich die Grundlage für jede Formalrecherche entzogen, und man muß zur *Sachrecherche* übergehen. Ob man hierfür den *bibliographischen Apparat* oder den *Sachkatalog der Bibliothek* wählt, ist vom Recherchefall, seinem Sachgegenstand, den in Frage kommenden bibliographischen Quellen und dem Aufbau des Sachkatalogs abhängig, insgesamt also eine Abwägung mehrerer Gesichtspunkte, die in jedem Einzelfall zu einer anderen Entscheidung führen wird. Allgemein gilt in diesem Fall nur, daß die Formalrecherche und damit das Nachschlagen am PI-Katalog aufgegeben werden muß.

(c) **Sachtitel**

Unvollständige Zitierungen oder falsche Schreibungen für Sachtitel sind entweder leicht zu erkennen (Formulierungen, Orthographie) oder gar nicht. Entsteht ein entsprechender Verdacht, so bleiben auch hier nur die *bibliographische* oder die *Sachrecherche* als einzige Möglichkeiten, die Ermittlungen voranzutreiben. Der PI-Katalog kann dazu nicht beitragen.

14.3.3 Richtigkeit der Arbeitshypothesen

Jede bibliographische Recherche muß, damit sie praktisch durchgeführt werden kann, zuerst eine *Interpretation der gegebenen Daten* vornehmen: daß eine genannte Person der Verfasser sei, daß eine Formulierung als Anlaß oder als Sachtitel anzusehen sei usw. Die Interpretation liefert die *Arbeitshypothesen* für die Recherche, wenn es um die *Bestimmung der Ordnungsworte* geht, unter denen man schließlich zu suchen beginnt.

Führt die *erste* Arbeitshypothese nicht zum Erfolg, so ist entweder die Arbeitshypothese richtig gewesen, die Schrift jedoch im Katalog nicht verzeichnet – oder aber die Arbeitshypothese war falsch, hat zu falscher Bestimmung der Ordnungsworte geführt und damit die Auffindung der Schrift im Katalog verhindert.

Gewöhnlich ist der Grund für den Mißerfolg nicht sicher zu erkennen. Da immerhin die Arbeitshypothese falsch gewesen sein kann, ist unbedingt zu prüfen, ob die gegebenen Daten auch eine *andere Interpretation* zulassen, die zu einer neuen, *zweiten* Arbeitshypothese führt, mit der die Recherche weitergeführt werden kann.

Zur Bearbeitung einer bibliographischen Rechercheaufgabe gehört einerseits die Interpretation der gegebenen Daten und die Gewinnung einer Arbeitshypothese, andererseits aber auch *Distanz* zu den eigenen Annahmen und die Fähigkeit, sie erneut zu überprüfen, sie gegebenenfalls zu verwerfen und zu neuen Annahmen zu kommen.

Immer wieder stellt sich heraus, daß *eine für bibliographisch selbständig gehaltene Schrift* doch nur ein Zeitschriftenaufsatz oder ein Festschriftenbeitrag ist, und daß deshalb zunächst erst die Zeitschrift oder Festschrift bibliographisch festgestellt und dann im Katalog gesucht werden muß. Oder eine Vielverfasserschrift ist zwar korrekt mit ihrem Sachtitel zitiert, jedoch ohne Angabe des personalen Herausgebers, der nach PI als Verfasser im erweiterten Sinn die Hauptaufnahme als einzigen Eintrag für die Schrift erhalten hat. Oder eine genannte Person, die man für den Verfasser halten möchte, ist mit der gesuchten Druckschrift gar nicht oder nicht so eng verbunden, daß man mit einer Verweisung rechnen darf, sodaß allein das Suchen unter dem Sachtitel Erfolg haben kann. In allen derartigen Fällen muß man die *Arbeitshypothesen wechseln, um die Recherche voranzubringen.* Distanz und Flexibilität im Umgang mit den eigenen unbewiesenen Annahmen über die gegebenen bibliographischen Daten gehören daher zu aller Recherchearbeit.

14.4 Auskünfte

Hinsichtlich der Katalogauskunft ist zwar grundsätzlich zwischen bibliothekarisch unbelasteten Benutzern und Bibliothekarskollegen zu unterscheiden, wenn es um die Art der Erläuterungen geht, nicht jedoch hinsichtlich des sachlichen Kerns der Information über den Katalog, *was* er enthält und *wie* er es enthält und *welche Besonderheiten* zu beachten sind. Ein Bibliothekskatalog ist das Arbeitsergebnis oft vieler Generationen von Bibliothekaren mit unterschiedlichen Auffassungen, Arbeitsanweisungen und Entscheidungen, deren Auswirkungen auf die im Katalog vorhandene Verzeichnung niemand ohne nähere Auskünfte erraten kann.

14.4.1 Fragen ist keine Schande

Dies gilt sowohl für die *Benutzer,* die am PI-Katalog auf Auskunft und Beratung unbedingt angewiesen sind, wie auch für *Bibliothekarskollegen.* Fragen verschafft gewöhnlich erhebliche Vorteile, auf die niemand freiwillig verzichten sollte: man wird schlauer, man findet mehr und man findet künftig schneller.

Über Anlaß zur Auskunft und Inhalte der Auskünfte ist kaum Allgemeines zu sagen. *Jeder Zweifel und jede Unsicherheit* über das Vorgehen in der Recherche und über vorgefundene Katalogeinträge sollte Anlaß sein, Auskunft einzuholen, um damit die Recherche auf eine möglichst solide Grundlage zu stellen.

14.5 Der Ablauf der Recherche

Abschließend soll in allgemeinster Weise der Ablauf der Recherche skizziert werden, mit Hinweisen darauf, welche Kapitel dieses Buches in den einzelnen Phasen der Ermittlung heranzuziehen sind.

1. Schritt: **Interpretation der gegebenen Daten**

Annahmen darüber, was die einzelnen Angaben, die vorliegen, eigentlich *bedeuten* sollen. Ergeben sich hierbei erhebliche Zweifel an den Daten, so sollte man rechtzeitig *bibliographische Ermittlungen* zwischenschalten: Feststellung einer Namensform, des genauen Sachtitelwortlauts, weiterer Beteiligter, übergeordneter Gesamttitel. Für die Formalrecherche am PI-Katalog benötigt man die *richtigen formalen Merkmale der gesuchten Schrift*.

2. Schritt: **Arbeitshypothese über die Schriftenklasse**

Vor allem sollte man prüfen, ob es sich wirklich um eine bibliographisch *selbständige* Schrift handelt. Bei speziellen und älteren Schriftenklassen können in den Kapiteln 1–7 nähere Informationen über die Verzeichnungsproblematik eingeholt werden, entweder über das *Inhaltsverzeichnis* für ganze Gruppen von Schriftenklassen oder über das *Register* für einzelne Schriftenklassen. Mit der Schriftenklasse kommt man zu der Entscheidung, unter welchen Merkmalen begründeterweise zu suchen ist.

3. Schritt: **Feststellung der Ordnungsworte**

Hierbei ist für Personen- und Sachtiteleinträge völlig verschieden vorzugehen.

(a) Für *Personeneinträge* für Verfasser oder weitere Beteiligte muß zunächst die *Art des Namens* nach den Unterscheidungen des Regelwerks bestimmt werden:

- einfacher persönlicher Name
- mehrteiliger persönlicher Name
- einfacher Familienname
- mehrteiliger Familienname

Dann kann die *Ansetzung der Namensform* überlegt werden. Hierzu kann man z.B. die ersten Absätze im Kapitel 8: *Eintrag unter dem Verfasser* durchblättern und wird dabei vor allem an den Namensbeispielen leicht erkennen, welchem Fall mit welchen Besonderheiten der vorliegende Name zuzuordnen ist. Das Kapitel 8 ist so aufgebaut, daß die verschiedenen Fälle *ungefähr* in der Reihenfolge ihrer Häufigkeit angeordnet sind, *die häufigsten Fälle zuerst,* sodaß ein unnötiges Durchsehen der seltenen und schwierigeren Regelungen meistens vermieden werden kann.
Weist der gesuchte Name auffallende ältere Formen und Schreibungen auf, so sollte man noch den Absatz 8.9: *Sprachliche Form und Schreibung* auf einschlägige Aussagen durchsehen.
Unter der bis dahin festgestellten Namensform kann dann am Katalog gesucht werden. Stößt man bei der Ordnung innerhalb eines Namens auf Probleme, so wäre Absatz 8.10: *Ordnung der Schriften innerhalb eines Verfassers* heranzuziehen; für die Einordnung von Verweisungen wäre Absatz 13.9 nachzulesen.

(b) Für *Sachtiteleinträge* muß zunächst die *Art des Sachtitels* nach den Unterscheidungen des Regelwerks festgestellt werden:

- Titel in Satzform
- Titel in gewöhnlicher Form
- Titel in gemischter Form

(Eine Abgrenzung des Sachtitels von den anderen Angaben des Titelblatts ist aus der Sicht der Recherche gewöhnlich nicht erforderlich; im Ausnahmefall wäre Kapitel 9 mit den Absätzen 9.1: *Abgrenzung* und 9.2: *Ergänzung aus dem Anlaß* heranzuziehen.)

Wenn ein *Verdacht auf Satztitelcharakter* besteht, so sind die Absätze des Kapitels 10: Titel in Satzform durchzusehen. Erst wenn feststeht, daß kein Satztitel vorliegt, kann man den Sachtitel unter den Gesichtspunkten des Titels in gewöhnlicher Form behandeln.
Der *Titel in gewöhnlicher Form* wird dann schrittweise folgenden Behandlungen unterworfen:

1. Grammatische Analyse.
2. Bestimmung der Ordnungsworte.
3. Prüfung, ob außer den unwesentlichen Worten noch gewisse Worte oder Formulierungen zu übergehen sind, und ob die Übergehungen Veränderungen der Ordnungsworte bewirken.
4. Prüfung der Kasusformen und Schreibungen.

Für die Bestimmung der Ordnungsworte des *Titels in gewöhnlicher Form* kann man die Absätze des Kapitels 11 durchsehen, um an den Beispielen die Analogie für den gesuchten Sachtitel leichter herauszufinden. Auch im Kapitel 11 sind die Fälle ungefähr nach ihrer Komplexität aufgereiht, die einfachen Fälle vorangestellt.

Der äußerst seltene Fall des *Titels in gemischter Form* ist verhältnismäßig leicht zu erkennen und dürfte in der Bestimmung seiner Ordnungsworte keine besonderen Probleme bereiten.

15. Register

Enthält die relevanten *Stichworte* des Textes (jedoch nicht der Literaturangaben) sowie mehrere wichtige *Schlagworte*. Verweisungen innerhalb des Registers wurden nach Möglichkeit vermieden, um von den Einträgen direkt auf den Text zu verweisen durch Angabe der numerischen Gliederung. Die Ordnung der Unterschlagworte erfolgt teils alphabetisch, teils nach sachlichen Zusammenhängen.

16. Liste der Abkürzungen

ADS	Amtsdruckschriften
AK	Alphabetischer Katalog
ALA	American Library Association
Aslib	Association of Special Libraries and Information Bureaux
BFB	Bibliotheksforum Bayern
BLI	Bibliothekar-Lehrinstitut
BöBl. Ffm.	Börsenblatt für den deutschen Buchhandel. Frankfurter Ausgabe.
BöBl. Lpz.	Börsenblatt für den deutschen Buchhandel. Leipziger Ausgabe.
BSB	Bayerische Staatsbibliothek
BuB	Buch und Bibliothek; vor 1971: Bücherei und Bildung
DBV	Deutscher Bibliotheksverband
DBV	Deutsches Bücherverzeichnis
DEF	Definition; vgl. 0.7
DFG	Deutsche Forschungsgemeinschaft
DFW	Dokumentation, Fachbibliothek, Werksbücherei; ab Jg 20: DFW. Dokumentation, Information.
DIN	Deutsches Institut für Normung e. V., Berlin; vgl. 5.273
Dipl.-Arb.	Diplomarbeit
EOE	Einordnungsentscheidung; vgl. 0.7.1
Ex.-Arb.	Examensarbeit
F	Vgl. 0.4-1955: H. Fuchs, Kommentar zu den Instruktionen …
Ffm.	Frankfurt a. Main
GAZ	Vgl. 0.4-1929, 0.4-1961
GAZS	Gesamtverzeichnis ausländischer Zeitschriften und Serien 1939–58
gez.	gezählt
GK	Gesamtkatalog der Preußischen Bibliotheken; ab Bd 9: Deutscher Gesamtkatalog; vgl. 0.4-1931
GW	Gesamtkatalog der Wiegendrucke
GZV	Gesamt-Zeitschriften-Verzeichnis; vgl. 0.4-1914
HA	Hauptaufnahme
HAB	Herzog-August-Bibliothek, Wolfenbüttel
IfB	Institut für Bibliothekarausbildung
IFLA	International Federation of Library Associations
ISBD(CM)	Vgl. 5.260-LIT
ISBD(M)	Vgl. 2.1-LIT
ISBD(NBM)	Vgl. 7.45-LIT
ISBD(S)	Vgl. 2.13-LIT
ISBN	International Standard Book Number; vgl. 3.78
ISO	International Organization for Standardization
ISSN	International Standard Serial Number; vgl. 3.78
KRAK	Kurz-RAK
LA	Library Association, London
LIT	Literatur; vgl. 0.7.2
Lpz.	Leipzig
Mitt. NRW. NF.	Verband der Bibliotheken des Landes Nordrhein-Westfalen. Mitteilungsblatt. Neue Folge.
MKO	Münchner Katalogisierungsordnung; vgl. 0.4-1965
NF.	Neue Folge
NRW	Nordrhein-Westfalen
NS.	Nouvelle série; New Series
ODP	On-demand publishing; vgl. 2.24
OW	Ordnungswort(e)
PI	Preußische Instruktionen; vgl. 0.4-1899, 0.4-1909
PRO	Problematik; vgl. 0.7
R	Vgl. 0.4-1965: G. Rusch, Einführung in die Titelaufnahme …
RAK	Regeln für die alphabetische Katalogisierung. Wiesbaden 1977.
Rez.	Rezensionen
TIB	Technische Informationsbibliothek, Hannover
Titel i.g.F.	Titel in gewöhnlicher Form; vgl. Kap. 11
UB	Universitätsbibliothek
ungez.	ungezählt
VDB	Verein Deutscher Bibliothekare
VW	Verweisung
ZAZ	Vgl. 0.4-1962
ZfB	Zentralblatt für Bibliothekswesen
ZfBB	Zeitschrift für Bibliothekswesen und Bibliographie